Hessische Staatskanzlei (Hrsg.)

Die Familienpolitik muss neue Wege gehen!

Hessische Staatskanzlei (Hrsg.)

Die Familienpolitik muss neue Wege gehen!

Der „Wiesbadener Entwurf" zur Familienpolitik. Referate und Diskussionsbeiträge

Westdeutscher Verlag

Bibliografische Information Der Deutschen Bibliothek
Die Deutsche Bibliothek verzeichnet diese Publikation in der Deutschen Nationalbibliografie;
detaillierte bibliografische Daten sind im Internet über <http://dnb.ddb.de> abrufbar.

1. Auflage April 2003

Alle Rechte vorbehalten
© Westdeutscher Verlag GmbH, Wiesbaden 2003

Der Westdeutsche Verlag ist ein Unternehmen der Fachverlagsgruppe BertelsmannSpringer.
www.westdeutscher-verlag.de

Das Werk einschließlich aller seiner Teile ist urheberrechtlich geschützt. Jede Verwertung außerhalb der engen Grenzen des Urheberrechtsgesetzes ist ohne Zustimmung des Verlags unzulässig und strafbar. Das gilt insbesondere für Vervielfältigungen, Übersetzungen, Mikroverfilmungen und die Einspeicherung und Verarbeitung in elektronischen Systemen.

Die Wiedergabe von Gebrauchsnamen, Handelsnamen, Warenbezeichnungen usw. in diesem Werk berechtigt auch ohne besondere Kennzeichnung nicht zu der Annahme, dass solche Namen im Sinne der Warenzeichen- und Markenschutz-Gesetzgebung als frei zu betrachten wären und daher von jedermann benutzt werden dürften.

Umschlaggestaltung: Horst Dieter Bürkle, Darmstadt
Druck und buchbinderische Verarbeitung: Wilhelm & Adam, Heusenstamm
Gedruckt auf säurefreiem und chlorfrei gebleichtem Papier
Printed in Germany

ISBN 3-531-13881-2

Vorwort zur Dokumentation: „Muss die Familienpolitik neue Wege gehen? – Der Wiesbadener Entwurf"

Liebe Leserinnen und Leser,

wir betrachten die Familie als die Keimzelle unserer Gesellschaft. Diesem Anspruch müssen wir heute mit einer neuen familienpolitischen Offensive gerecht werden. Es gilt, Müttern und Vätern ideell wie materiell wieder die gesellschaftliche Anerkennung zuteil werden zu lassen, die sie verdienen. Da die Hessische Landesregierung der Familie einen hohen Stellenwert beimisst, kann und will sie sich nicht mit einer systematischen Benachteiligung von Familien abfinden. Weil es richtig ist, dass Kinder die Zukunft unserer Gesellschaft sind, stehen wir auch in der Verantwortung, dafür zu sorgen, dass sie für eine Familie nicht zum Armutsrisiko werden.

Die vorliegende Dokumentation: „Muss die Familienpolitik neue Wege gehen? – Der Wiesbadener Entwurf", die das Ergebnis der konzeptionellen Arbeit des Darmstädter Sozialrichters Dr. Jürgen Borchert zur grundlegenden Strukturreform des Sozialstaates ist und neben dem eigentlichen Text des Wiesbadener Entwurfs auch die Diskussionsbeiträge und Stellungnahmen von Verbänden und hochrangigen Experten der familienpolitischen Tagung der Hessischen Landesregierung am 31.1./1.2.2002 enthält, ist eine gute Grundlage, die dringend notwendige Neuorientierung voranzutreiben.

Politisches Handeln im Hinblick auf eine Beseitigung der unangemessenen Belastung von Familien ist der Bundesregierung durch das Bundesverfassungsgericht schon lange aufgegeben. Diese Bringschuld hat die Bundesregierung bisher leider nicht erfüllt. Sie hat nicht nur ihre ureigensten Hausaufgaben nicht gemacht, sondern zwischenzeitlich durch eine verfehlte Politik die wirtschaftlichen Rahmenbedingungen für eine Strukturreform in der Familienpolitik sogar deutlich verschlechtert. Der Wiesbadener Entwurf wird – die in der Dokumentation ebenfalls aufgeführten kritischen inhaltlichen Einwendungen einmal ausgeblendet – schon deshalb sicherlich nicht in Reinform und von heute auf morgen umzusetzen sein.

Für die Hessische Landesregierung steht allerdings trotzdem fest, dass vor dem Hintergrund des Wiesbadener Entwurfs systematisch, Schritt für Schritt und mit dem Blick für das Machbare die Herkules-Aufgabe angegangen wird, die Nachteile für Familien in unserem sozialen Sicherungssystem abzubauen und die Situation der Familien in Hessen und in Deutschland insgesamt zu verbessern. Zwar ist der Einfluss der Hessischen Landesregierung auf die Bundespolitik nur mittelbar über den Bundesrat gegeben, aber auch auf diesem Wege werden wir mitwirken, um der Familienpolitik von Hessen aus den notwendigen und bislang leider ausgebliebenen Schub zur verleihen.

Hessen zu einem vorbildlichen Familienland zu machen, ist eine außergewöhnliche Herausforderung, die besondere und – wie im Falle der Arbeit von Dr. Jürgen Borchert – auch eher unübliche Diskussionswege erforderlich macht. Ohne Vorgaben konnte ein vorbehaltsfreier Dialog von ausgewählten Experten in Deutschland zum Thema Familienpolitik entstehen. Das Ergebnis ist ein Werk mit analytischem Tiefgang, das ebenso schonungslos in seinen Befunden wie zukunftsorientiert in seinen Ergebnissen ist. Wer sich mit den Beiträgen auseinandersetzt, wird die teilweise radikal anmutende Konsequenz der Autorinnen und Autoren bisweilen als eine Provokation an politisch Handelnde verstehen – gleichgültig, ob es sich dabei um die demographische Entwicklung, Nachhaltigkeitsprobleme, angedachte Strukturreformen in der Sozialversicherung oder dem Steuersystem zu Gunsten von Familien, die eher gewöhnungsbedürftige Frage nach der bei Familien so wichtigen horizontalen Verteilungsgerechtigkeit oder auch Erfahrungen aus der alltäglichen Arbeit familiennaher Institutionen handelt.

Als die Bitte an Dr. Jürgen Borchert gerichtet wurde, sich einer familienpolitischen Strukturreform anzunehmen, war aber genau dies beabsichtigt. Mit dem Wiesbadener Entwurf und der begleitenden Diskussion entstand die Grundlage für ein familienpolitisches Konzept, das der Politik nicht mehr die Möglichkeit lässt, sich auf Nichtwissen oder fehlende Lösungsvorschläge zurückzuziehen.

Niemand wird alles von dem, was im Wiesbadener Entwurf oder den Diskussionsbeiträgen steht, komplett teilen. Gleichzeitig stößt aber der Wiesbadener Entwurf als familienpolitische Goldgrube in ganz Deutschland auf Interesse. Die Hessische Landesregierung bedankt sich bei Dr. Jürgen Borchert dafür, dass er gemeinsam mit den anderen Experten dieses Gebiet für Hessen abgesteckt, ja den neuen familienpolitischen Anspruch gerade im Wiesbadener Entwurf beurkundet hat. Das Land Hessen wird diese „Schürfrechte" intensiv nutzen, denn wir wollen, dass es bald schon heißt: Familien haben neue Chancen – Hessen wird Familienland.

Wir werden dabei weiterhin der Unterstützung von Experten bedürfen. Veranstaltungen in der Reihe „Zukunftsmotor Hessen", die dann mehr der konkreten Umsetzung als der Analyse dienen, werden dafür sorgen, dass die Zugkraft des hessischen Motors für eine bessere Familienpolitik in Deutschland nicht nachlässt. Die Arbeit der Stabstelle „Familienpolitik" im Hessischen Sozialministerium wird darüber hinaus ein weithin sichtbares Signal für die herausragende Stellung sein, die Familienpolitik in Hessen in den vor uns liegenden Jahren hat. Sie garantiert, dass die konkreten inhaltlichen und organisatorischen Schritte erfolgen, die dafür sorgen, dass wissenschaftliche Erkenntnis und mit großer Sorgfalt produzierte Konzepte nicht in der Schublade verschwinden, sondern in notwendiges politisches Handeln einfließen.

Vorwort Roland Koch

Wir haben in den vorangegangenen Jahren mit der „Offensive für Kinderbetreuung", dem konsequenten Ausbau der Kinderbetreuung in der Grundschule, der Gründung einer Familienstiftung, der „Offensive für Tagesmütter" oder der Einrichtung eines Familientages wichtige Schritte in Hessen unternommen, die uns unserer Vorstellung vom Familienland Hessen näher bringen. Das Land Hessen wird immer mehr zum Familienland. Wer uns auf unserem Weg zu diesem Ziel konstruktiv begleiten will, ist auch in Zukunft herzlich dazu eingeladen.

Ihr
Roland Koch
Hessischer Ministerpräsident

Vorwort Jürgen Borchert

Ein Frosch, der in heißes Wasser geworfen wird, so lehrt die Neurophysiologie, springt wieder heraus und überlebt, wenn auch verletzt. Setzt man ihn hingegen in kaltes Wasser und erhitzt dieses nur sehr langsam, bleibt der Frosch sitzen und stirbt. Die gesellschaftlichen Rezeptoren funktionieren offenbar ähnlich, denn der seit 1965 stattfindende Raubbau am Humanvermögen und die fatalen Konsequenzen der Bevölkerungsentwicklung, bei welcher die Geburtenrate seit nunmehr 35 Jahren unter dem zur Bestandserhaltung notwendigen Niveau liegt, werden von den politischen Steuerungsinstanzen bis heute nicht in ihrer Tragweite wahrgenommen. Zwar sah es im Jahr 2002 zunächst ganz danach aus, als würde Familienpolitik als Megathema etabliert, nach der Bundestagswahl vom 22. September 2002 wurde es jedoch wieder vollkommen still. So findet sich weder in der Koalitionsvereinbarung vom 15. Oktober 2002 noch in der Regierungserklärung des Bundeskanzlers vom 22. Oktober 2002 oder im Auftrag an die am 21. November 2002 einberufenen Kommission zur Zukunft der Sozialsysteme („Rürup-Kommission") ein klares Wort zu dem Verfassungsauftrag im „Pflegeurteil" des Bundesverfassungsgerichts vom 3. April 2001. Danach soll bis zum Jahresende 2004 eine familiengerechte Reform des Beitragsrechts bei der Pflegeversicherung ins Werk gesetzt und im Übrigen geprüft werden, ob die anderen Sozialversicherungssysteme den soeben neu definierten Kriterien der Familiengerechtigkeit entsprechen. Im Klartext – und vor allem im Kontext mit einer Reihe weiterer Entscheidungen aus Karlsruhe – war das aber ein Auftrag zu einer umfassenden Sozialreform mit einem familienpolitischen Schwerpunkt.

Ohne eine radikale familienpolitische Strukturreform des Sozialstaats ist der kulturelle, wissenschaftliche, wirtschaftliche und soziale Niedergang Deutschlands vorprogrammiert: Das ist die Quintessenz des „Wiesbadener Entwurfs für eine familienpolitische Strukturreform des Sozialstaats", der auf Einladung des hessischen Ministerpräsidenten Roland Koch während einer halbjährigen Abordnung vom Richteramt in Darmstadt in die hessische Staatskanzlei entstand und hiermit zur öffentlichen Diskussion gestellt wird. Der hochkarätig besetzte Fachkongress „Zukunftsmotor Hessen: Muss die Familienpolitik neue Wege gehen? Der Wiesbadener Entwurf" hat diese These ebenso wie die Reformkonzeption, jedenfalls in ihren Grundsätzen, am 31. Januar und 1. Februar 2002 mit großer Mehrheit geteilt. Umso heftiger war allerdings die Ablehnung durch Vertreter des sozialpolitischen Establishments, namentlich den Vorsitzenden des Sozialbeirats Prof. Dr. Bert Rürup.

Der „Wiesbadener Entwurf" im ersten Teil dieser Veröffentlichung konzentriert sich vor allem auf die Sozialversicherung und das Steuersystem und damit bundespolitische Aspekte. Das hat seinen Grund in der einfachen Tatsache, dass hier die Schwerpunkte der Arbeiten des Verfassers in den letzten zwei Jahrzehnten lagen. Zudem war mit nur sechs Monaten die Zeit für ein Projekt dieser Größenordnung äußerst knapp bemessen. Darüber hinaus standen für die nur vorübergehend in der Staatskanzlei eingerichtete Stelle kaum personelle und sachliche Ressourcen zur Verfügung. Aus dieser Einsicht heraus wurde aber der Kongress konzipiert. Die Erweiterung des Blickwinkels auf die weiteren Ebenen und Fragestellungen einer umfassenden familienpolitischen Strukturreform des Sozialstaats findet sich in den Referaten und Diskussionen des Kongresses in Teil B dieses Bandes.

Zwischen der Beendigung der Abordnung und dem Startschuss für diese Veröffentlichung lagen gut sieben Monate, während derer die Diskussion der hier behandelten Fragen rasch voranschritt. Soweit möglich wurde deshalb der „Wiesbadener Entwurf" in Teil A sowie das Referat „Familienpolitische Strukturreform der Sozialversicherung" in Teil B aktualisiert und die bis Dezember 2002 gesichtete Literatur eingearbeitet.

Die Abordnung in die Hessische Staatskanzlei war eine lehrreiche, spannende und ehrende Aufgabe. Großen Dank schulde ich allen, welche mich mit konstruktiver Kritik, intensiven Diskussionen, Informationen und Korrekturhinweisen unterstützt haben, insbesondere Herrn Professor Dr. Heinz Lampert, der sich auch durch eine schwere Erkrankung nicht davon abhalten ließ, eine frühe Fassung des Entwurfs im Dezember 2001 ebenso akribisch wie kritisch durchzuarbeiten. Bei der Überarbeitung des Entwurfs wurde mancher Kritik und vielen Anregungen Rechnung getragen. Teilweise enttäuschen musste ich allerdings Herrn Prof. Dr. Werner Zohlnhöfer, wenn dieser in seiner Anmerkung eine intensivere Befassung mit der theoretischen Begründung der Notwendigkeit einer Familienpolitik sowie eine umfassende und differenzierte Quantifizierung der monetären Belastungen anregt. Denn das würde zum einen eine Wiederholung der umfangreichen Arbeiten beinhalten, welche im Zusammenhang mit dem „Trümmerfrauenverfahren" geleistet wurde. Die vollständige Lektüre des „Trümmerfrauenurteils" ist aber in der familienpolitischen Diskussion vorauszusetzen. Des Weiteren findet sich dazu alles Notwendige und Wissenswerte im grundlegenden Fünften Familienbericht von 1994, der ebenfalls zur familienpolitischen Pflichtlektüre gehört. Dass zahlreiche Literaturbeiträge, vor allem aus jüngerer Zeit, diese Materialien offenbar nicht rezipiert haben und Argumentationen wiederholen, welche erschöpfend im Zusammenhang mit dem „Trümmerfrauenurteil" des Bundesverfassungsgerichts vom 7. Juli 1992 erörtert und damals entschieden wurden, ist selbst ein Teil des familienpolitischen Elends hierzulande

Besonderen Dank verdienen Frau Rel. Päd. Sabine Leitert und Herr Dipl. Theol. und Päd. Axel Bohmeyer, deren engagierte und kundige Hilfe die Arbeit am Manuskript entscheidend voranbrachte. Letzterem gebührt auch das unschätzbare Verdienst, dass der Wortinhalt der Debatten auf dem Wiesbadener Kongress einschließlich des Symposiums von einer nahezu unleserlichen Bandabschrift in eine auf die wesentlichen Aspekte konzentrierte Lektüre verwandelt wurde. Dass die bibliografischen Angaben und Zitierweisen differieren, ließ sich wegen des interdisziplinären Konzepts nicht vermeiden.

Jürgen Borchert
Heidelberg/ Darmstadt, Januar 2003

Inhaltsverzeichnis

Vorwort
Roland Koch... 5
Vorwort
Jürgen Borchert.. 9

Teil A:
Der „Wiesbadener Entwurf" einer familienpolitischen Strukturreform des Sozialstaats

Zusammenfassung
I. Familienpolitik?... 22
II. Soziales Chaos vorprogrammiert..................................... 22
III. Ursachen der Deklassierung der Familien......................... 23
IV. Notwendig: Familienpolitische Strukturreform des Sozialstaats.. 25
V. Neue Rangordnung sozialer Ansprüche und Pflichten notwendig.. 29
VI. Drohender Legitimationsverlust des politischen Systems........... 30

Teil 1:
Bevölkerungsentwicklung und Humanvermögen:
Fakten und Folgen... 32
I. Fakten.. 32
II. Folgen.. 37

Teil 2:
Ursachen der Deklassierung von Familien........................... 50
I. Industrialisierung und Familie....................................... 52
II. Die bundesdeutsche Familienpolitik seit der Rentenreform 1957.. 55
III. Kardinale Deklassierungsursache: Die regressive Belastungsstruktur des Abgabensystems................................. 60
IV. Musterbeispiel für Fehlverteilung: Die Pflegeversicherung......... 77
V. Rot/Grünes Versagen in der Familienpolitik................... 78
VI. Insbesondere: die Rentenreform 2001............................ 79

VII.	Exkurs: Solidarwidrige Verteilungsmechanismen der Rentenversicherung...	84
VIII.	Zusammenfassung Teil 2..	88

Teil 3:
Familienpolitische Strukturreform des Sozialstaats............................. 92

I.	Strukturreform vor „Vereinbarkeit"..	92
II.	Grundzüge der Reform..	94
III.	Familienwahlrecht – eine „Notlösung"...	96
IV.	Definition des Existenzminimums durch den Gesetzgeber........	97
V.	Schaffung eines universalen Sicherungssystems für alle Bevölkerungsgruppen...	100
VI.	Beitragsgestaltung nach dem Muster des „Solidaritätszuschlags"...	104
VII.	Beendigung der Transferausbeutung in den Altersversorgungssytemen...	106
VIII.	Die Schweizer „Erste Säule" als verbesserungsfähiges Reformmodell...	111
IX.	Korrekturen im Steuersystem..	113
X.	Wahlfreiheit/Vereinbarkeit von Erwerb und Familie.................	118
XI.	Pflegeversicherung, „Riester-Rente", Sozialhilfe......................	123
XII.	Ministerium für Familie und Ökologie, Familienverträglichkeitsprüfung, Querschnittsreferat, Kinderombudsmann.............	124
XIII.	Irrweg: Familiengeld und Erziehungsgehalt...............................	125
XIV.	Diskussion der bevölkerungspolitischen Wirkung einer familienpolitischen Strukturreform...	129
XV.	Hindernisse..	131
XVI.	Bundesverfassungsgericht als Patron der Familien respektieren..	144

Teil B:

Zukunftsmotor Hessen – Muss die Familienpolitik neue Wege gehen?

Dokumentation der Tagung zum Wiesbadener Entwurf am 31. Januar und 1. Februar 2002 in den Räumen des Hessischen Ministeriums für Wissenschaft und Kunst

Vorwort
Silke Lautenschläger.. 155

I.	**Demographie, Familie und Recht**..	157
	Prof. Dr. Herwig Birg	
	Demographische Zeitenwende..	157

Inhalt

	Prof. Dr. Paul Kirchhof Zukunftsfähigkeit einer Gesellschaft in ihren Kindern............ 1. Diskussionsteil nach den Referaten von Prof. Dr. Herwig Birg und Prof. Dr. Paul Kirchhof................	189 198
II.	**Kinder- und Familienarmut: Befunde**...........................	206
	Erich Stutzer Die Einkommenslage von Familien und Kindern................	206
	Prof. Dr. Diether Döring Niedrigeinkommenslagen von Kindern und Kindererziehende in Frankfurt am Main..	218
	2. Diskussionsteil nach den Referaten von Prof. Dr. Diether Döring und Erich Stutzer.......................	227
III.	**Kinder- und Familienarmut: Ursachen**...........................	232
	Prof. Dr. Max Wingen Auf der Suche nach tieferen Ursachen für die familienpolitischen Strukturfehler und Defizite der staatlichen und gesellschaftlichen Systeme...	232
IV.	**Hindernisse und Notwendigkeiten der Familienpolitik**.........	269
	Prof. Dr. Bernd Raffelhüschen Familienpolitik in der Zwickmühle: Nachhaltigkeit in der Sozialpolitik..	269
	Prof. Dr. Franz-Xaver Kaufmann Für einen kinderfreundlichen Generationenvertrag..............	290
V.	**Elemente der familienpolitischen Strukturreform**...............	299
	Prof. Dr. Joachim Lang Familienpolitische Strukturreform des Steuersystems...........	299
	Dr. Jürgen Borchert Die familienpolitische Strukturreform der Sozialversicherung....	307
	3. Diskussionsteil nach den Referaten von Prof. Dr. Max Wingen, Prof. Dr. Bernd Raffelhüschen, Prof. Dr. Franz-Xaver Kaufmann, Prof. Dr. Joachim Lang und Dr. Jürgen Borchert..	339
	Eva Orth und Hannelore Weskamp Familie leben – Mütterzentren: Generationsübergreifendes Miteinander..	346
	Dr. Kerstin Wessig Die Ganztagsschule: Mehr Leben in der Schule – mehr Schule im Leben?...	365

VI.	**Symposium mit dem Hessischen Ministerpräsidenten Roland Koch und den Ministerinnen Ruth Wagner und Silke Lautenschläger**.....................	379
VII.	**Der „Wiesbadener Entwurf" aus Sicht von Ökonomen**.........	405
	Prof. Dr. Bert Rürup Kommentar zum „Wiesbadener Entwurf" einer familienpolitischen Strukturreform.............	405
	Notburga Ott Reiche Alte – Arme Junge? Verteilungskonflikte zwischen und innerhalb der Generationen.............	413
	4. Diskussionsteil nach den Referaten von Prof. Dr. Bert Rürup und Notburga Ott.............	417
	Prof. Dr. Hans-Günter Krüsselberg Der „Wiesbadener Entwurf" aus Sicht der Familienökonomik.............	423
VIII.	**Familien und Sozialpolitik international**.............	430
	Prof. Dr. Hans-Joachim Schulze Familien- und Bevölkerungspolitik in Europa.............	430
	Prof. Dr. Wilhelm Hankel Familien- und Sozialpolitik in Zeiten der Globalisierung?.........	447
	5. Diskussionsteil zu den Referaten von Prof. Dr. Hans-Günter Krüsselberg, Prof. Dr. Hans-Joachim Schulze und Prof. Dr. Wilhelm Hankel.............	462
IX.	**Stellungnahmen von Verbänden und Wissenschaftlern zum „Wiesbadener Entwurf"**.............	470
	Stellungnahme des Familienbundes der Katholiken zum „Wiesbadener Entwurf".............	470
	Stellungnahme der Katholischen Arbeitnehmer Bewegung zum „Wiesbadener Entwurf".............	473
	Stellungnahme des Deutschen Familienverbandes zum „Wiesbadener Entwurf".............	475
	Stellungnahme des Deutschen Frauenrates zum „Wiesbadener Entwurf".............	480
	Stellungnahme des Verbandes Deutscher Rentenversicherungsträger zum „Wiesbadener Entwurf".............	481
	Stellungnahme des Bundesverbands allein erziehender Mütter und Väter zum „Wiesbadener Entwurf".............	500
	Stellungnahme der Arbeiterwohlfahrt zum „Wiesbadener Entwurf".............	504
	Stellungnahme des Deutschen Caritasverbandes zum „Wiesbadener Entwurf".............	512

Sabine Fritzen-Herkenhoff
Integrierte Familien- und Bildungspolitik: Vorstellung der
Ergebnisse aus der Arbeit der Konrad-Adenauer-Stiftung........... 518
Prof. Dr. Werner Zohlnhöfer
Anmerkungen zum Wiesbadener Entwurf....................................... 520

Anhang
Abkürzungsverzeichnis... 523
Teilnehmerverzeichnis.. 525

Teil A

Der „Wiesbadener Entwurf" einer familienpolitischen Strukturreform des Sozialstaates

Der „Wiesbadener Entwurf" einer familienpolitischen Strukturreform des Sozialstaats

von Jürgen Borchert

„Die Menschen sterben, neue werden geboren […], und so kann man in der Tat, ohne sich besonders Gewalt anzutun, die stets vorhandene Arbeitskraft ähnlich behandeln wie das Land. Wohl muss im Gegensatz zu letzterem eine Reproduktion erfolgen, aber dieselbe fällt aus dem Rahmen ökonomischer Betrachtung heraus"
Alois Joseph Schumpeter

„Wer Schweine erzieht, ist ein produktives und wer Menschen erzieht, ein unproduktives Mitglied der Gesellschaft!"
Friedrich List

„Kinder kriegen die Leute immer!"
Konrad Adenauer

Zusammenfassung

I. Familienpolitik?

Kinder sind die wichtigste Zukunftsressource eines Landes. Ihre Begabung, Ausbildung, Leistungsfähigkeit und Zahl sind von entscheidender Bedeutung. Das gilt erst recht für das rohstoffarme Deutschland. Familien-, Bildungs- und Bevölkerungspolitik müssten in der Hierarchie der Politiken deshalb einen Spitzenplatz einnehmen.[1] Das Gegenteil ist jedoch der Fall. Obwohl sich die Geburtenzahlen seit den Wirtschaftswunderjahren fast halbierten und der Anteil der Sozialausgaben verdoppelte, hat sich die materielle Situation vieler Familien nicht etwa verbessert, sondern erheblich verschlechtert. Schon eine vierköpfige Familie mit Durchschnittsgehalt lebt im Jahr 2002 unter dem Existenzminimum. Seit 1965 hat sich der Anteil der Kinder im Sozialhilfebezug auf nahezu das 16fache erhöht. Besonders prekär ist die Einkommenslage bei allein Erziehenden. Weiterhin zeigen uns die OECD-Statistiken, dass Deutschland bei den Bildungsanstrengungen unter den entwickelten Ländern weit abgeschlagen auf einem der hinteren Plätze liegt![2]

II. Soziales Chaos vorprogrammiert

Durch die Familienarmut und die fehlenden Bildungsanstrengungen wird das Humanvermögen, dem für die wirtschaftliche, die soziale, die kulturelle und die wissenschaftliche Qualität der Gesellschaft grundlegende Bedeutung zukommt, nachhaltig beschädigt. Parallel dazu altert die Bevölkerung Deutschlands trotz hoher Zuwanderungszahlen. In Kürze wird sie, sich beschleunigend, schrumpfen. Der Verlust an Innovationsfähigkeit und der als Produktivkraft eigener Art angesehenen Risikobereitschaft wird immens. Während die sozialen Belastungen durch die Alterung und die notwendigen Integrationsanstrengungen wachsen, verliert die Wirtschaft an Dynamik. Die rapide Verschärfung gesellschaftli-

---

1 Koch, Roland, Kinderfreundliche Gesellschaft: Familienförderung ist die beste Wirtschaftsförderung, in: Soziale Ordnung 1/2002, S. 12 ff.
2 Nach Merkel, Wolfgang, Soziale Gerechtigkeit und die drei Welten des Wohlfahrtskapitalismus, Berliner Journal für Soziologie 2/2001, zu Tabelle 2, nahezu gleichauf mit Mexiko; die alarmierenden Ergebnisse der so genannten PISA-Studie machen die Konsequenzen bereits sichtbar. Dazu siehe Wissenschaftlicher Beirat für Familienfragen, Die bildungspolitische Bedeutung der Familie – Folgerungen aus der PISA-Studie, in: Bundesministerium für Familie, Senioren, Frauen und Jugend, Schriftenreihe Band 224, Stuttgart 2002.

cher Verteilungskonflikte ist damit vorprogrammiert. Mit dem Instrumentarium der lohnbasierten Sicherungssysteme sind sie nicht zu lösen, weil deren Verteilungsmechanismen in zunehmendem Maße die Probleme selbst produzieren, zu deren Lösung sie einst geschaffen wurden. Ein so konstruierter Sozialstaat gefährdet die gesellschaftliche Stabilität und den sozialen Frieden. Durch die Veränderung der Arbeitswelt infolge der Informations- und Kommunikationstechnologien sowie der Globalisierung wird diese Entwicklung verschärft.[3] Auch die vielfach geforderte Umstellung auf kapitalgedeckte Systeme bietet keinen Ausweg, sondern schafft im Gegenteil gravierende zusätzliche Probleme.[4]

III. Ursachen der Deklassierung der Familien

Wenn die Politik diese Fehlentwicklung stoppen und umlenken will, müssen zunächst die tieferen Ursachen der Familienverarmung verstanden werden. Entgegen verbreiteter Meinung lassen sich weder Unterschichtungsphänomene infolge vermehrter Zuwanderung oder die verfestigte Massenarbeitslosigkeit, noch die nach wie vor unzureichende Vereinbarkeit von Erwerb und Familie als dominante Ursachen dieser Entwicklung identifizieren. Denn die Zahlen der Sozialhilfeempfänger stiegen auch in jenen Jahren fast ungebrochen, in welchen kaum Zuwanderung stattfand oder die Arbeitslosenzahlen signifikant zurückgingen. Ebenso ist festzustellen, dass auch die deutliche Zunahme mütterlicher Erwerbstätigkeit in den vergangenen Jahrzehnten den Prozess in den alten Bundesländern nicht stoppen konnte und Familienarmut jetzt auch in den neuen Bundesländern grassiert, in denen bekanntlich eine flächendeckende Versorgung mit institutioneller Kinderbetreuung besteht.

Darüber hinaus ist die Frage zu beantworten, warum die Deklassierung der Familien auch durch den steten Ausbau des Sozialstaates nicht verhindert wurde. Die nähere Betrachtung dieser Phänomene zeigt, dass die Familien tatsächlich gerade dem Ausbau der staatlichen Aktivitäten, dabei insbesondere der Sozialversicherung, zum Opfer gefallen sind, weil bei deren Finanzierung elementare Gerechtigkeitsgrundsätze missachtet wurden. Das beginnt mit der Feststellung, dass der Sozialstaat die Hauptlast der sozialen Sicherung den Arbeitnehmern aufbürdet, andere Einkommensarten jedoch verschont. Ungerecht ist auch die Revenue selbst: Während die Einkommens- bzw. Lohnsteuer aufgrund der Interventionen des Bundesverfassungsgerichts zumindest das Existenzminimum freistellt, ist dies bei den Sozialversicherungsbeiträgen überhaupt nicht und bei den indirekten Steuern durch die Staffelung des Mehrwertsteuertarifs nur

---
3 Zur Globalisierung Hankel, Wilhelm, Sozialstaat und Nationalismus, in: Wiegand (Hg.), Sozialstaat am Ende, Wiesbaden 1994, S. 57ff.; zur EU-Perspektive kritisch Hankel et al., Die Euro-Illusion, Hamburg 2001; aus anderem Blickwinkel Radermacher, Franz Josef, Balance oder Zerstörung, Wien 2002.
4 Borchert, Jürgen, Fragen zur Finanzierung der gesetzlichen Rentenversicherung, in: Boecken/Hänlein/Kruse/Steinmeyer (Hg.), Öffentliche und private Sicherung gegen soziale Risiken, Baden-Baden 2000, S. 134 ff.; Ruland, Franz, Die Rentenreform unter besonderer Berücksichtigung der staatlich geförderten Altersvorsorge, Neue Zeitschrift für Sozialrecht (NZS) 10/2002, S. 505 ff.

rudimentär der Fall. Hinzu kommt die Tatsache, dass die Beitragsstruktur der Sozialversicherung wegen der fehlenden Progression sowie aufgrund der Beitragsbemessungsgrenzen implizit zu einer „Umverteilung von unten nach oben" führt. Ebenso weisen die indirekten Abgaben eine „regressive" Belastungsstruktur auf, weil der Verbrauchsanteil an der Verwendung des Einkommens zwangsläufig umso höher wird, je mehr Haushaltsmitglieder konsumieren und je niedriger die Einkommen sind.

In den letzten vierzig Jahren ist dabei nicht nur eine massive Erhöhung der Abgabenlast insgesamt zu konstatieren, sondern zugleich eine Umschichtung der staatlichen Einnahmen weg von der Einkommensteuer hin zu Sozialversicherungsbeiträgen und indirekten Steuern. Inzwischen werden fast drei Viertel der staatlichen Einnahmen über Sozialversicherungsbeiträge und indirekte Steuern und damit „familienfeindliche" Abgaben erhoben. Familien und allgemein die Bezieher von Niedrigeinkommen werden so durch die Abgabesysteme deklassiert. Dem gegenüber nehmen Einkommensüberhänge des kinderlosen Teils der Bevölkerung (einschließlich der Eltern erwachsener Kinder) relativ zu, die infolge der Marktmechanismen auf zahlreichen Gütermärkten (z.B. dem Wohnungsmarkt) weitere negative Effekte für Familien generieren. Während der Anteil der Familienhaushalte in den letzten Jahrzehnten kontinuierlich auf mittlerweile unter 25 v.H. zurückging, stieg der Anteil der Haushalte ohne Kinder entsprechend an. Eine Fülle von Wechselwirkungen führt so dazu, dass die Schlagseite in der gesellschaftlichen Einkommens- und Chancenverteilung immer krasser und bedrohlicher wird. Hier liegen zugleich die tieferen Ursachen der Massen- und Langzeitarbeitslosigkeit und der Armutszunahme überhaupt.[5]

Die wesentliche Ursache ist also in dem falsch konzipierten Sozialstaat zu suchen, der zugleich die Lasten der Kindererziehung weitgehend privatisiert, obwohl der Nutzen, nämlich das von den Kindern später erwirtschaftete Sozialprodukt, über die „Generationenverträge" der Renten-, Kranken- und Pflegeversicherung sozialisiert ist. Statt den von der Verfassung verlangten sozialen Ausgleich herbeizuführen, verstärken die Sozialsysteme auf diese Weise sogar noch die Ungleichheiten zwischen Familien und Nichtfamilien, Jung und Alt und Arm und Reich, und statt den Ausfall an Humanvermögen bei Personen ohne Unterhaltsverpflichtungen gegenüber Kindern durch die Einschränkung von Konsum, Luxus und Freizeit und entsprechende Investitionen in Bildung, Kinderbetreuung und Infrastruktur wettzumachen, passiert durch diese Fehlverteilungen genau das Gegenteil. Das schmälert das reale Wachstumspotenzial und damit die Finanzierungsbasis des Sozialstaats noch mehr.

---

5 Diese Einsicht spiegelt sich zunehmend auch in den verschiedenen Vorschlägen der Lohnsubvention („Mainzer Modell") bzw. der Schaffung eines abgabenfreien Niedriglohnsektors wider; dass daneben noch technologische Entwicklungen sowie der weltwirtschaftliche Strukturwandel wirksame Ursachen der Arbeitslosigkeit setzen, soll nicht bestritten werden.

IV. Notwendig: Familienpolitische Strukturreform des Sozialstaats

Die einfachste und wirksamste Strategie zur Behebung der „strukturellen Rücksichtslosigkeiten"[6] des gesellschaftlichen und staatlichen Systems besteht in der konsequenten Anwendung der grundgesetzlich normierten Verteilungsregeln, an welche das Bundesverfassungsgericht seit 1990 bereits mehrfach nachdrücklich erinnert hat. Familien müssen in den Stand versetzt werden, ihre Kinder aus dem selbst erwirtschafteten Einkommen zu unterhalten, statt in die Rolle von Almosenempfängern gedrängt zu werden. Dabei geht es keineswegs um eine Erhöhung des Volumens des Familienlastenausgleichs im Sozialbudget, also mehr Umverteilung. Im Gegenteil: Familiengerechte Proportionalitäten lassen sich mit weniger Umverteilungsmasse schon durch eine präzise Ausrichtung der staatlichen Eingriffe am Maßstab der Leistungsfähigkeit herstellen. Die verfassungsrechtlich gebotene Familienförderung setzt ohnehin zunächst die Beseitigung der vom Grundgesetz kategorisch verbotenen Benachteiligungen der Familie voraus. Deshalb besteht die vorrangige Aufgabe darin, das System der Sozialversicherungsbeiträge ebenso grundsätzlich neu zu justieren wie das der Einkommens- und Verbrauchssteuern. Im Einzelnen sind folgende Schritte notwendig:

1. „Familienwahlrecht"

Um die Durchsetzungschancen dieser Strukturreform des Transferstaates bei den gegebenen Wählerquantitäten von Jung und Alt sowie Familien und Nichtfamilien zu erhöhen, gehört an den Anfang der politischen Debatte die Forderung nach einem „Familienwahlrecht", denn eine Gesellschaftsordnung auf der Basis von „Generationenverträgen" bedarf der „Re"-„Präsentation" der „dritten Generation".[7]

2. Definition eines einheitlichen Existenzminimums

Eine konsequent am Gleichheitssatz und dem Prinzip der Familiengerechtigkeit ausgerichtete Reform des Sozialsystems setzt Transparenz und klare Maßstäbe voraus. Dreh- und Angelpunkt für die Beurteilung der Lasten- und Leistungsgerechtigkeit ist das Existenzminimum, denn nur das jenseits des Existenzminimums frei verfügbare Einkommen steht für Abgaben zur Verfügung. Zugleich hat das Existenzminimum in vielen Bereichen die Funktion einer Einkommensgrenze für diverse Sozialleistungen, Zuzahlungspflichten oder Pfändungsverschonung und ähnliches. Der gegenwärtige Rechtszustand ist aber chaotisch. Welche Willkür hier anzutreffen ist, unterstreicht die Tatsache, dass das Exis-

---

6 Zur strukturellen Rücksichtslosigkeit ausführlich der 5. Familienbericht, BT-Drucks. 12/7560, S. 21 ff.
7 So vollkommen überzeugend unter Rückgriff auf den Wortsinn Merk, Kurt-Peter, Die Dritte Generation: Generationenvertrag und Demokratie-Mythos und Begriff, Aachen 2002, S. 183.

tenzminimum in Gestalt der zum Jahresanfang 2003 in Kraft tretenden Grundsicherung für Rentner in Höhe von bis zu 844 € das Existenzminimum für sonstige erwachsene Sozialhilfeempfänger um etwa 200 € überschreitet.[8]

3. Maßnahmen zum Ausgleich von Nachteilen

a) *Finanzierung der Sozialversicherung*: Die Sozialversicherung ist vom Arbeitsverhältnis ab- und ihre Finanzierung nach dem Muster des Solidaritätszuschlags an die Einkommenssteuer anzukoppeln: Das bedeutet die Schaffung einer Volksversicherung unter Einbeziehung aller Personengruppen und sämtlicher personengebundener Einkommen. Bestehende Sonderversorgungssysteme sind ggf. als Zusatzsysteme auszugestalten. Für die Rentenleistungen sollte ein Korridor von Mindest- und Maximalrenten im Sinne des „Schweizer Modells" geschaffen werden. Eine deutliche Verbreiterung der Finanzbasis und eine ebenso spürbare Absenkung der Beitragssätze – etwa in der Größenordnung um 50 bis 60 v.H. – wäre die Folge.[9]

b) *Indirekte Steuern*: Im Steuersystem sind vorrangig die immer schärferen Belastungsasymmetrien zum Nachteil der Familien zu beseitigen, welche durch die wachsenden indirekten Steuerlasten entstehen. Hier dürfte nur eine Erstattung der auf dem durchschnittlichen Kindesunterhalt lastenden indirekten Steuern in Form von Kindergeld als Lösung in Frage kommen.

c) *Einkommenssteuer*: Bei der Einkommenssteuer besteht nach wie vor ein deutlicher Widerspruch zum familiären Unterhaltsrecht, welches den Eltern nicht nur das Kinderexistenzminimum, sondern den jeweils schichtangemessenen – und damit im steuerrechtlichen Sinne indisponiblen! – Kindesunterhalt abverlangt. Dieser Widerspruch zum familiären Unterhaltsrecht lässt sich im Steuerrecht dadurch beseitigen, dass nicht nur das Existenzminimum der Kinder, sondern der ihnen tatsächlich nach den Vorschriften des Familienrechts geschuldete Unterhalt freigestellt wird. Alternativ käme auch ein Familiensplitting (z.B. nach französischem Vorbild) in Betracht. Eine dritte Variante wäre die Pauschalisierung der Kinderfreibeträge in Höhe des Durchschnittsunterhalts oder der Erwachsenenfreibeträge. Jede dieser Lösungsmöglichkeiten sollte die Kombination mit dem Kindergeld für die Fälle fehlender Besteuerung beinhalten wie auch das geltende so genannte Duale System des Familienlastenausgleichs. Diese Fragen sind im Zusammenhang mit anderen Rechtsbereichen – zum Beispiel dem ehelichen Güterrecht und dem Scheidungsfolgenrecht – zu sehen und zu lösen, wenn Brüche in der Rechtsordnung und systemimmanente Widersprüche vermieden werden sollen. Ihre Beantwortung hängt nicht zuletzt

---

8 Vgl. die Pressemeldung des VDR vom 15.10.2002 (www.vdr.de) und Tabelle 13, S. 99.
9 So Wilhelm Hankel 2002 in seinem Referat in Teil B – Dokumentation; siehe ferner das Gutachten des DIW zum Rentenmodell der IG BAU: Meinhardt/Kirner/Grabka/Lohmann/Schulz, Finanzielle Konsequenzen eines universellen Systems der gesetzlichen Alterssicherung, Düsseldorf 2002, S. 123.

davon ab, ob man Ehe und/oder Familie als Wirtschafts- oder Unterhaltsgemeinschaft behandelt.[10]

d) *„Beitragsäquivalente" Berücksichtigung der Kindererziehung im Leistungsrecht*: Auf der Leistungsseite der Altersversorgungssysteme ist dem konstitutiven Charakter der Kindererziehung schließlich durch Herstellung einer intragenerationellen Balance der Rentenleistungen zwischen Kinderlosen und Eltern Rechnung zu tragen. Die in nennenswertem Umfang nur für Geburten ab 1992 geltenden „Babyjahre", die erst in ferner Zukunft rentenwirksam werden und überdies als Mehraufwand intergenerationell von den Kindern der bedachten Eltern selbst zu finanzieren sind, leisten dies nicht.

e) *Pflegeversicherung*: Plädiert wird schließlich für eine Umgestaltung der Pflegeversicherung in ein steuerfinanziertes Leistungsgesetz in der materiellen Verantwortung des Bundes, mit Bedürftigkeitsprüfung nach dem Muster der Sozialhilfe, denn die 1994 neu geschaffene 5. Säule der Sozialversicherung weist extreme Verteilungsungerechtigkeiten auf.

f) *„Riester-Rente"*: Auch die „Riester-Rente" beinhaltet eklatante Gerechtigkeitsdefizite zu Lasten der Familien und Niedrigeinkommen. Dieser Umstand sowie die sich abzeichnenden Schwierigkeiten an den Kapitalmärkten infolge der massiven Veränderungen in der Bevölkerungsentwicklung sollten Anlass geben, über das Projekt der staatlich gelenkten kapitalgedeckten Vorsorge erneut nachzudenken. In welchem Ausmaß eine Gesellschaft durch einen Crash an den Börsen destabilisiert werden kann, der die Alterssicherung in Mitleidenschaft zieht, zeigen gerade die deutschen Erfahrungen in den 1920er und 1930er Jahren („Wenn die Rente wackelt, rast der Mob" (Hockerts)).

g) *Fazit*: An die Stelle der extrem regressiven Belastung durch die gegenwärtigen Abgaben träte so – umgekehrt – eine regressive Entlastung, welche vor allem den Niedriglohnsektor und Familieneinkommen bis in den Bereich der Durchschnittseinkommen abgabenfrei stellt und damit zugleich eine kardinale Ursache der Massen- und Langzeitarbeitslosigkeit beseitigt. Diese Abgabengerechtigkeit ist zudem die beste Lohnsubvention, da sie deren zahllose Widersprüche vermeidet. Bewirkt würde darüber hinaus eine bessere Kongruenz von Einkommen und Bedarf, welche die marginale Konsumquote erhöht und damit konjunkturell belebend wirkt.[11]

Durch diese Maßnahmen werden nur die eklatanten und zu Lasten der Familien als verfassungswidrig erkannten Verteilungsasymmetrien ausgeglichen. Sie

---

[10] Vgl. dazu den Diskussionsbeitrag von Eva M. Welskop-Deffaa im Anschluss an das Referat von Paul Kirchhof in Teil B – Dokumentation; ferner Borchert, Jürgen, Wozu noch Familie?, in: Die ZEIT v. 17.1.2002 (=ZEIT-Dokument 2/2002, S. 32 ff.).

[11] Nach Ansicht des Verfassers sind es neben diesem Effekt vor allem folgende Gründe, die erhebliche Arbeitsmarktimpulse erwarten lassen: Zum einen erhöht die Verminderung der Brutto-/Nettokluft in den unteren Lohngruppen die Arbeitsanreize und senkt – zweitens – den Rationalisierungsdruck in diesem Arbeitsmarktsegment, drittens wird die Arbeitsteilung deblockiert, welche gegenwärtig durch den hohen so genannten Nebenkostenanteil behindert wird: Ein Handwerker, der von seinem Nettoeinkommen eine Arbeitsstunde eines Fachmannes einer anderen Zunft privat in Anspruch nimmt, muss für dessen Bruttovergütung inkl. MwSt. selbst durchschnittlich 4-5 Bruttoarbeitsstunden aufwenden; das Ausweichen in die Schattenwirtschaft ist dadurch ebenso wie der „do-it-yourself"-Effekt vorprogrammiert.

beinhalten noch nicht die verfassungsrechtlich zusätzlich gebotene Familienförderung, denn diese kann begriffsnotwendig erst hier beginnen; das übersieht beispielsweise, wer Kinderbetreuung und Kindergeld in Fiskalkonkurrenz setzen will.[12] Zudem lassen sich die Konzepte der „Wahlfreiheit" wie der „Vereinbarkeit von Erwerb und Familie" ohne eine vorherige familienpolitische Strukturreform des Sozialstaats nicht sinnvoll und folgerichtig verwirklichen.

4. Maßnahmen der Familienförderung

a) *„Wahlfreiheit und Vereinbarkeit"*: Zur Herstellung der ebenfalls verfassungsrechtlich gebotenen „Wahlfreiheit" und der „Vereinbarkeit" ist eine Fülle von Maßnahmen zu ergreifen, welche auch „die Wirtschaft" betreffen, die derzeit überwiegend jedoch in die Zuständigkeit der Länder und Kommunen fallen, insbesondere im Bereich der institutionellen Kinderbetreuung einschließlich der Ganztagsschulen. Diese Maßnahmen wiederum setzen zunächst eine Veränderung der Verteilungsschlüssel der Finanzverfassung und eventuell auch des Länderfinanzausgleichs voraus, um dem erheblichen Aufgabenzuwachs der unteren Ebenen Rechnung zu tragen. Denn wer danach fragt, weshalb das allseits als notwendig konsentierte Projekt der flächendeckenden öffentlichen Kinderbetreuung seit über 20 Jahren nicht voran kommt, der stößt auf die Tatsache, dass die Finanzlage der Kommunen, welche für 70 bis 80 v.H. der öffentlichen Investitionen zuständig, aber nur zu rund 15 v.H. am Gemeinschaftssteueraufkommen beteiligt sind, schon durch den steten Ausgabenzuwachs bei der Sozialhilfe insbesondere wegen der Familienverarmung immer desolater wird. Alternativ wäre auch daran zu denken, die Sozialhilfe zwar als Auftragsverwaltung bei den Kommunen zu belassen, die materielle Verantwortung jedoch beim Bund anzusiedeln; das würde übrigens den ursprünglichen Vorstellungen bei der Einführung der Sozialhilfe im Jahre 1961 am ehesten entsprechen, dass sie wegen des Ausbaus der vorrangigen Sozialversicherungssysteme nämlich kontinuierlich an Bedeutung verlieren werde.

b) *„Eltern(teil)zeit"*: Um die Wahlfreiheit und damit den ebenfalls ausdrücklich von der Verfassungsjudikatur erwähnten „teilweisen und zeitweisen Erwerbsverzicht zugunsten der persönlichen Betreuung der Kinder" zu ermöglichen, ist ferner eine entsprechende Sozialleistung zu schaffen. Konzepte der Honorierung der Erziehungsleistung einschließlich des „Familiengeldes" werden abgelehnt. Stattdessen wird dafür plädiert, einen neuen Lohnersatztatbestand in der Zuständigkeit der Bundesanstalt für Arbeit zu integrieren (die vorhergehende Strukturreform der Transfersysteme natürlich vorausgesetzt). Hier bietet sich zugleich eine Kombination mit den Überlegungen an, welche bei der Kinderbetreuung einen Wechsel von der Objekt- zur Subjektförderung vorschlagen. Zugleich ist für eine „Elternteilzeit" die bereits geltende Regelung der Altersteilzeit „vorbildlich", bei welcher die Arbeitszeit für bis zu zehn Jahren hal-

---

[12] Wie beispielsweise die Ministerpräsidentin von Schleswig-Holstein Heide Simonis im ZEIT-Gespräch Nr. 36/01 vom 30.8.2001 „Kinderpause für Väter".

biert und die Ausfälle an Lohn und sozialer Sicherung weitgehend kompensiert werden.

c) *"Kinderombudsman", "Elternquote" etc.*: Notwendig erscheinen zur Familienförderung nicht nur andere materielle Weichenstellungen, sondern ebenso grundlegende Veränderungen im formellen staatlichen und gesellschaftlichen System. In die Gesetzgebungsverfahren sollte beispielsweise generell eine Familienverträglichkeitsprüfung eingebaut werden.[13] Zu diskutieren wäre auch ein neuer ministerialer Zuschnitt etwa im Sinne eines „Ministeriums für Familie und Ökologie", um dem Prinzip der ökosozialen Nachhaltigkeit einen passenden administrativen Rahmen zu geben. Auch das offenbar erfolgreiche norwegische Beispiel eines „Kinderombudsmanns" regt zur Nachahmung an. Statt der so genannten „Frauenquote" dürfte endlich eine „Elternquote" zur Erreichung von Vereinbarkeit und partnerschaftlicher Erziehung deutlich zielführender sein.

V. Neue Rangordnung sozialer Ansprüche und Pflichten notwendig

Diese Reformaufgaben sind ihrer Natur nach reine Verteilungsfragen. Finanzierungseinwände greifen deshalb nicht. Es geht um die Rangfolge der gesellschaftlichen Prioritäten, welche sich prinzipiell fiskalneutral festlegen lässt. Der Sozialstaat verlangt diese Wertentscheidungen. Was ist wichtig, wichtiger, am wichtigsten? Zum Beispiel: Kindertagesstätten oder die 13. Pension? Wie viele bestausgestattete Kindergärten lassen sich finanzieren, wenn wir den Ruheständlern das Weihnachtsgeld streichen würden, das Rentnern der GRV ohnehin versagt bleibt?[14] Sind zweite und dritte Herzschrittmacher oder Hüftgelenke für über 90-jährige als Kassen- oder Beihilfeleistung wichtiger als Kieferkorrekturen oder Zahnbehandlungen für Kinder?

Allerdings ist nicht zu übersehen, dass die falschen und grundgesetzwidrigen Weichenstellungen von 50 Jahren bundesdeutscher Verteilungspolitik sich zu strukturellen Bestandteilen des gesellschaftlichen Systems selbst verfestigt haben. Die eingetretene Schlagseite in der gesellschaftlichen Verteilung zu Lasten der Familien und der Jüngeren wird nämlich von den privilegierten Mehrheiten der Senioren und der sonstigen Personen ohne Unterhaltsverpflichtungen längst als Besitzstand wahrgenommen und verteidigt. Die Mehrkinderfamilie hingegen, die von der Fehlverteilung am meisten betroffen ist, hat in diesem Verteilungskampf keine Lobby. Zudem verleitet die Kürze der Legislaturperioden Regierung und Legislative immer wieder dazu, den notwendigen, aber schmerzhaften Entscheidungen mit Rücksicht auf vermeintliche Wahlnachteile auszuweichen.

---

13 So eine Forderung des VAMV, Stellungnahme Teil B – Dokumentation.
14 Vgl. Koch, Roland 2002 (Fn.1).

VI. Drohender Legitimationsverlust des politischen Systems

Angesichts der absehbaren Widerstände ist deshalb daran zu erinnern, dass die wesentlichen Verteilungsfragen – mit Ausnahme der indirekten Besteuerung des Kinderunterhalts – vom Bundesverfassungsgericht bereits geklärt sind und die jeweiligen Verfassungsaufträge noch der Umsetzung harren. Das, was der Gesetzgeber bisher unternommen hat, erfüllt die Gebote nicht. Im Gegenteil: Die relative Einkommenssituation der Familien hat sich sogar noch weiter verschlechtert. Der Legitimationsverlust eines politischen Systems, welches sich der Lösung der drängenden Probleme versagt, ist aber vorprogrammiert.[15] Vielleicht ist die Tatsache, dass die jeweils herrschende politische Mehrheit seit 1990 die einschlägige Verfassungsjudikatur ignoriert, unterläuft und konterkariert, bereits der Ausdruck einer finalen Krise. Ein Übriges werden die rapide wachsenden Probleme im Bereich der sozialen Sicherungssysteme bewirken. Was beispielsweise der Krankenversicherung bei der absehbaren Erhöhung des Altenanteils von 23 auf ca. 36 v.H. bevorsteht, ist angesichts der Tatsache, dass heute schon rd. 50 v.H. der Ausgaben für Senioren über 60 benötigt werden und kaum 5 v.H. an unter 17-Jährige gehen, einfach auszurechnen. Zu berücksichtigen ist dabei ferner, dass die Gesundheitskosten der Senioren deutlich schneller steigen als die der anderen Versicherten: Während sich die Kosten für einen Rentner im Jahr 1980 auf 1462 € und für einen allgemein Versicherten auf 1151 € beliefen (= Differenz von 27 v.H.), lauteten die entsprechenden Zahlen für 2000 3688 € zu 1936 € (= Differenz von 90.5 v.H.).[16] Weil die Entwicklung damit aber immer massiver die Eigeninteressen des politischen Systems selbst berührt, steigen zugleich die Chancen, dass es „in letzter Minute" doch noch zu einer Gegensteuerung kommt. Die Anzeichen dafür mehren sich. So zeigen die unter dem Druck ansteigender Arbeitslosigkeit zu Beginn des Wahljahres 2002 aufgestellten Forderungen von Bündnis90/Die Grünen nach einer Korrektur der 325-Euro-Jobs sowie nach Abgabenfreiheit/Lohnzuschüssen im Niedriglohnbereich von 325-870 €, dass die asymmetrischen Belastungswirkungen der Transfersysteme zu Lasten der Niedrigeinkommen, die in diesem Entwurf ausführlich behandelt werden, zumindest ansatzweise auch im politischen Raum mittlerweile erkannt werden.[17] Ähnliches gilt für die Beurteilung der Verteilungswirkungen der gesetzlichen Rentenversicherung, wie Forderungen aus dem Gewerkschaftsbereich nach Aufstockung der Rentenanwartschaften von Teilzeitbeschäftigten[18] oder sogar der Vorschlag der Industriegewerkschaft Bauen-Agrar-Umwelt eines an das Modell der Schweiz angelehnten vollständig neuen Alters-

---

15 Der wachsende Rechtradikalismus kann in diese Richtung gedeutet werden, vgl. Borchert, Jürgen, „Wenn das der Kaiser wüsste..." Über Rechtsradikalismus und das Versagen der Sozialdemokratie, in: Humanwirtschaft, 6-7/2001, S. 16 ff.
16 Soziale Selbstverwaltung 1/03, S. 7 f.
17 Vgl. z.B. Berliner Morgenpost v. 11.1.2002; diese Frage sah auch für die „Hartz-Kommission" als wesentlich für eine Belebung des Arbeitsmarkts an.
18 Vgl. Osnabrücker Zeitung v. 2.10.2000; vgl. dazu auch Diether Döring 2002 in Teil B – Dokumentation.

sicherungssystems[19] zeigen. Auch im Entwurf eines neuen Grundsatzprogramms von Bündnis90/Die Grünen schließlich wird offenbar die Ausweitung der Beitragspflicht zur Sozialversicherung auf alle Einkommensarten angestrebt.[20]

---

19 Vgl. Wiesehügel, Klaus, Solidarität ist machbar, in: Soziale Sicherheit 7/2000, S. 230 ff.
20 Vgl. Berliner Zeitung v. 17.1.2002.

Teil 1: Bevölkerungsentwicklung und Humanvermögen: Fakten und Folgen

I. Fakten

1. Demographische Entwicklung[21]

Seit 1972 liegt die Geburtenrate in Deutschland konstant unter jener der schlimmsten Kriegsjahre 1917/18 und 1944/45. Bis 2030 wird der Anteil junger Frauen an der Gesamtbevölkerung gegenüber 1971 um etwa 60 v.H. gefallen sein. Im weltweiten Vergleich der Geburtenraten lagen wir lange an letzter Stelle; inzwischen haben uns Italien und Spanien diesen „Rang" abgelaufen. Während hier zu Lande auf jede Frau im Lebenslauf nach dem Stand von 1999 durchschnittlich noch rund 1,35 Geburten entfallen, sind es in Italien 1,27, in Spanien 1,20. Dagegen zählt man in Frankreich 1,77, in Großbritannien und Dänemark 1,70 und in den USA sogar 2,0 Geburten je Frau. Noch bis in die Mitte der 1960er Jahre lag Deutschland mit 2,5 Kindern je Frau in Europa auf einem Spitzenplatz (hinter Irland und Frankreich). Um 1965 wurden pro Jahr noch rund 1,3 Millionen Kinder geboren; im Jahr 2001 waren es – einschließlich der ausländischen Kinder – nur noch 730.000, obwohl die stark besetzte Generation des Babybooms noch im Elternalter stand. Erstmals hat das 58-Millionen-Land Frankreich in 2001 mit 779.000 Geburten mehr Nachwuchs bekommen als Deutschland mit seinen 82 Millionen Einwohnern.

Die demographische Situation unterscheidet sich in Deutschland im Vergleich zu den Nachbarstaaten aber nicht nur dadurch, dass der auf den ausgeprägten Babyboom folgende Geburtenrückgang früher und schärfer einsetzte, sondern dass der so genannte Altenlastquotient bis in die späten neunziger Jahre des 20. Jahrhunderts infolge der Geburtenausfälle im Ersten und der Todesfälle im Zweiten Weltkrieg besonders gering ausfiel. Der demographisch bedingte Lastenanstieg aus Geburten- und Sterblichkeitsrückgang wird hier zu Lande

---

21 Die Daten zur Demographie in diesem Papier stützen sich auf Birg, Herwig, Die demographische Zeitenwende, München 2001; Enquete-Kommission „Demographischer Wandel", Zur Sache 8/1998; Schwarz, Karl, Rückblick auf eine demographische Revolution, Zeitschrift für Bevölkerungswissenschaft (ZfBevWiss) 3/1999, S. 229 ff.; ders., Aufforderung an die Demographen zum Einstieg in die Bevölkerungspolitik" Zeitschrift für Bevölkerungswissenschaft (ZfBevWiss), 3-4/2000, S. 431 ff., ferner verschiedene noch unveröffentlichte Manuskripte dieses Autors; Adrian, Hermann, Die Entwicklung der Bevölkerung in Deutschland und ihre Auswirkungen auf Wirtschaft und Gesellschaft, Manuskript/Universität Mainz, Stand 15.10.2000.

deshalb viel abrupter und schroffer vonstatten gehen als in unseren Nachbarländern. Deutschland ist derzeit das am schnellsten alternde Land der Welt.

2. Kinder- und Familienarmut

Trotz des starken Rückgangs der Kinderzahlen insgesamt ebenso wie der Zahl der Kinder pro Familie in Deutschland hat sich die relative materielle Lage der Familien seit 1961 fortlaufend verschlechtert. Dabei hätten das rasante Wirtschaftswachstum des „Wirtschaftswunders" und die Vollbeschäftigung große Spielräume für eine substanzielle Familienpolitik geboten. Für die Ausweitung des Systems sozialer Sicherheit hat die Politik diese Spielräume ja tatsächlich auch genutzt.[22] So stieg die Sozialquote[23] von 16,4 v.H. im Jahre 1955 auf rund 34 v.H. im Jahre 2000, und der Anteil der Staatsausgaben insgesamt,[24] gemessen am Bruttoinlandsprodukt, von ca. 30 v.H. auf fast 50 v.H.[25] Immerhin wurde das duale System des Familienlastenausgleichs aus Kindergeld und Steuerfreibeträgen bis 1961 weiter ausgebaut und erreichte damals, gemessen am relativen Lohnniveau, seinen Höchststand.[26] Dabei ist festzuhalten, dass der Anteil der lebenslang Kinderlosen, an der Gesamtbevölkerung, welcher sich heute auf 40 v.H. zu bewegt, damals bei etwa 10 v.H. lag und deshalb die Notwendigkeit eines Familienlastenausgleichs viel geringer war als heute. In den folgenden 40 Jahren fiel das Wohlstandsniveau der Familien jedoch immer weiter zurück, obwohl die Realeinkommen der Beschäftigten weiter zunahmen.[27] So stieg der Anteil der Familien und der Kinder an den stetig wachsenden Zahlen der Sozialhilfeempfänger (Hilfe zum Lebensunterhalt) deutlich überproportional. Seit 1965 hat sich der Anteil der Kinder im Sozialhilfebezug auf nahezu das 16fache erhöht. Etwa alle zehn Jahre verdoppelte sich der Anteil der Kinder in der Sozialhilfe gemessen an ihrer Altersgruppe. Wuchs beispielsweise 1965 nur etwa jedes 75. Kind unter sieben Jahren zeitweilig oder auf Dauer in einem Sozialhilfehaushalt auf, war es 1990 schon jedes elfte Kind, 1992 jedes neunte, 1994 jedes siebte. Die jüngsten Studien zu diesem Thema belegen, dass 1998 sogar jedes siebte Kind insgesamt von Armut betroffen war.[28] Jeder dritte Sozialhilfe-

---

22 Vgl. dazu von Maydell, Bernd Baron, Der Wandel des Sozialversicherungssystems im allgemeinen Rechtssystem in den letzten 100 Jahren, Die Sozialgerichtsbarkeit (SGb) 1981, S. 413 ff.
23 Sozialleistungen im Verhältnis zum Bruttosozialprodukt in Prozent.
24 Gebietskörperschaften und Sozialversicherung.
25 Zahlen nach Institut der Deutschen Wirtschaft, Zahlen (IW) 1981 und 1999, 29 sowie Sozialbericht 1993 – BT-Drucks. 12/7130, S. 244.
26 Vgl. Borchert, Jürgen 1993, S.188 f.; Lampert, Heinz, Priorität für die Familie, Berlin 1996, S. 154 f.
27 Bis weit in die 1970er Jahre mit Raten von durchschnittlich 5 v.H., danach allmählich sinkend vgl. IW, Zahlen 1981, 18; IW, Zahlen 1999, S. 39.
28 Hock, Beate et al., Gute Kindheit – schlechte Kindheit? Armut und Zukunftschancen von Kindern und Jugendlichen in Deutschland, Abschlußbericht zur AWO-Studie, ISS-Ffm 2000; vgl. ferner: Lebenslagen in Deutschland – Erster Armuts- und Reichtumsbericht, BT-Drucks. 14/5990, S. 88 ff.; Wagner, Gert u.a., Einkommensarmut von Kindern – Ein deutsch-britischer Vergleich für die 90er Jahre; DIW-Wochenbericht 5/02, ermitteln – allerdings mit anderer Methodik – sogar jedes 5. Kind in Deutschland als arm.

empfänger ist ein Kind unter 18 Jahren (37,2 v.H.). Von den ca. 2,8 Millionen überschuldeten Haushalten (= 7 v.H. der bundesdeutschen Haushalte insgesamt/1999) waren ca. 45 v.H. Familienhaushalte, deren Anteil an den Haushalten insgesamt aber nur noch bei 23 v.H. liegt. Bis zu 500.000 Kinder, so manche Schätzung, sind von Obdachlosigkeit betroffen oder bedroht. Familienarmut expandiert und unstreitig ist das Kinderhaben, insbesondere in Verbindung mit niedrigen Einkommen oder der Arbeitslosigkeit von Eltern, in Verbindung mit Trennung und Scheidung oder der Entscheidung allein zu erziehen, zur kardinalen Armutsursache geworden.[29] Lag 1998 die Sozialhilfequote bei unter 3-jährigen Kindern, die mit beiden Eltern aufwuchsen, zum Beispiel in Baden – Württemberg bei 2 v.H., steigerte sich der Anteil auf 62 v.H., wenn sie bei allein erziehenden Eltern lebten.[30]

Erstaunlich ist das Phänomen, dass selbst erhebliche Ausweitungen familienpolitischer Elemente aufgrund der mehrfachen Interventionen des Bundesverfassungsgerichts in den 1990er Jahren (wie z.B. die Erhöhung des Erstkindergeldes von 50 auf 220 DM (25,56 auf 112,49 €)) nicht dazu führten, den epochalen Trend umzukehren. Wie eine empirische Untersuchung des Statistischen Landesamtes Baden-Württemberg „Einkommensverhältnisse junger Ehepaare in Baden-Württemberg" im April 2000 zu Tage förderte, blieb das Verhältnis der Nettoeinkommen von kinderlosen jungen Ehepaaren einerseits zu jungen Familien andererseits in den letzten Jahrzehnten nahezu unverändert.[31] Von 1998 bis 2000 ist es sogar deutlich gefallen, wie die nachfolgende Tabelle zeigt:

---

[29] BT-Drucks.14/5990, S. 14, 63 ff.; Borchert, Jürgen, Prolegomena zur familienpolitischen Strukturreform des Sozialstaats, ZSR 1994, S. 440 ff. (mwN).
[30] Eggen, Bernd, Kinder und Jugendliche in der Sozialhilfe. Baden-Württemberg im Ost-West-Vergleich, in: Baden-Württemberg in Wort und Zahl 7/2000, S. 303 ff. (304); zur prekären Situation allein Erziehender vgl. auch Diether Döring 2002 Teil B – Dokumentation.
[31] „Nach diesen Ergebnissen ist davon auszugehen, dass Familien mit Kindern gerade in der Familienphase, in der weit reichende Entscheidungen über die mögliche Anzahl der Kinder oder über berufliche und damit auch ökonomische Entwicklungen gefällt werden, deutliche Einkommensnachteile gegenüber gleichaltrigen Kinderlosen erfahren", Stutzer, Erich, Einkommensverhältnisse junger Ehepaare in Baden-Württemberg, Baden-Württemberg in Wort und Zahl, 4/2000, S. 147 ff.; siehe auch Grabka, Markus M./Kirner, Ellen, Einkommen von Haushalten mit Kindern, DIW-Wochenbericht 32/02, 528 ff. „Position der Familienhaushalte in der Einkommenshierarchie im Durchschnitt ungünstig und tendenziell verschlechtert".

Tabelle 1: Entwicklung der Pro-Kopf-Einkommen junger Ehepaare* in Baden-Württemberg seit 1982

Familientyp	Pro-Kopf-Einkommen					
	1982	1986	1990	1992	1998	2000
	Messziffer					
Ehepaare ohne Kinder	100	100	100	100	100	100
Ehepaare mit 1 Kind	62	63	61	61	63	60
Ehepaar mit 2 Kindern	48	50	50	49	51	50
Ehepaare mit 3 Kindern	40	43	42	42	43	41

Quelle: Stutzer, Erich: Familienwissenschaftliche Forschungsstelle im Statistischen Landesamt Baden-Württemberg: Erich Stutzer 2002 – Teil B – Dokumentation
* Alter des Ehemannes zwischen 25 und 35 Jahren
Ergebnisse der Mikrozensen 1982 bis 2000 (nicht berücksichtigt sind mithelfende Familienangehörige und selbstständige Landwirte).

Dieses ernüchternde Ergebnis ist indes nur die halbe Wahrheit, weil die seit 1982 massiv angehobenen Verbrauchssteuern Familien überproportional belasten. Als Fazit ergibt sich somit, dass die relative Einkommenslage der Familien schlechter ist denn je.

Familienarmut ist längst kein randständiges Thema mehr, sondern betrifft inzwischen die Mitte der Gesellschaft. Wie die nachfolgende Tabelle nämlich verdeutlicht, leben im Jahr 2002 bereits vierköpfige Familien mit Durchschnittsverdienst unter dem Existenzminimum.

Tabelle 2: Frei verfügbares Einkommen bei Durchschnittsverdienst (nach Kinderzahlen)

Einkommen/Abzüge volle Euro/pro Jahr	ledig o. Kind			Ehepaar o. Kind			Ehepaar 1 Kind			Ehepaar 2 Kinder			Ehepaar 3 Kinder		
	2002	2003	2004	2002	2003	2004	2002	2003	2004	2002	2003	2004	2002	2003	2004
Jahresbrutto	30.678	30.678	30.678	30.678	30.678	30.678	30.678	30.678	30.678	30.678	30.678	30.678	30.678	30.678	30.678
abzg. Lohnsteuer	5.612	5.612	5.437	2.332	2.332	1.998	2.332	2.332	1.998	2.332	2.332	1.998	2.332	2.332	1.998
abzg. Soli 5,5%	309	309	299	78	78	11	84	84	64	0	0	0	0	0	0
abzg. Kirchensteuer	505	505	489	210	210	180	84	84	64	0	0	0	0	0	0
abzg. SozVers	6.396	6.458	6.381	6.396	6.458	6.381	6.396	6.458	6.381	6.396	6.458	6.381	6.396	6.458	6.381
zzgl. Kindergeld							1.848	1.848	1.848	3.696	3.696	3.696	5.544	5.544	5.544
Netto	17.856	17.794	18.072	21.662	21.600	22.108	23.714	23.652	24.083	25.646	25.584	25.995	27.494	27.432	27.843
Differenz zu Vorjahr		-62	278		-62	508		-62	431		-62	411		-62	411
Steuerliches Existenzminimum															
Erwachsene	7.235	7.235	7.426	14.470	14.470	14.852	14.470	14.470	14.852	14.470	14.470	14.852	14.470	14.470	14.852
Kinder							5.808	5.808	5.808	11.616	11.616	11.616	17.424	17.424	17.424
Frei verfügbares Einkommen															
pro Haushalt	10.621	10.559	10.646	7.192	7.130	7.256	3.436	3.374	3.423	-440	-502	-473	-4.400	-4.462	-4.433
pro Person	10.621	10.559	10.646	3.596	3.565	3.628	1.145	1.125	1.141	-110	-126	-118	-880	-892	-887

Anmerkungen (Bearbeitung durch HMdF):

- Berechnung anhand der Allgemeinen Jahreslohnsteuertabelle 2002.
- Bei der Sozialversicherung wurden die Werte für 2001 auch im Jahr 2002 zu Grunde gelegt.
- Existenzminimum für Kinder: 2001 sächliches Existenzminimum 3.534 € (6.930 DM); Betreuungsfreibetrag (Kinder bis 16 Jahre) 1.546 € (3.024 DM); sächliches Existenzminimum 3.648 € (1.865 DM); Freibetrag für Betreuung, Erziehung, Ausbildung (Kinder bis max. 27 Jahre) 2.160 € (4.225 DM).
- Ergebnisse mit Nachkommastellen wurden bis 0,49 ab- und ab 0,50 aufgerundet.

Teil 1: Bevölkerungsentwicklung und Humanvermögen 37

II. Folgen

Bereits aus diesen wenigen Fakten ergeben sich eine Fülle von Folgen, von denen hier nur einige wichtige skizziert werden:

1. Deutschland altert

1998 war jeder zweite Einwohner Deutschlands älter als 38 Jahre (= „Medianalter"), dieses wird bis 2050 auf 53 Jahre ansteigen, mit kleinen Zu- bzw. Abschlägen je nach Erhöhung oder Abnahme der Geburtenrate bzw. des Zuwanderungssaldos oder der Lebenserwartung. Der Anteil der 60plus-Generation wird dann bei 34 bis 36 v.H. gegenüber 23 v.H. in 1999 liegen. Das Tempo der demographischen Veränderung wird auch bei der Betrachtung des Durchschnittsalters deutlich. Lag dieses 1950 noch bei rund 35 und 2001 bei etwa 40 Jahren, steigt es innerhalb der nächsten 40 Jahre in mehr als doppelter Geschwindigkeit auf gut 50 Jahre. Zwar nimmt bei vielen älteren Arbeitnehmern die Urteilsfähigkeit zu, jedoch fehlt es ihnen oft an den auf dem Arbeitsmarkt nachgefragten Eigenschaften wie Innovations- und Umstellungsfähigkeit.[32] Ferner wird die als Produktivkraft eigener Art geschätzte Risikobereitschaft zurückgehen, das Sicherheitsbedürfnis der alternden Bevölkerung hingegen wachsen. Wer weiß, dass international konkurrierende Firmen wie beispielsweise IBM bis vor wenigen Jahren Vorruhestandsprogramme aufgelegt hatten, welche bereits bei den 49-Jährigen ansetzten, der gewinnt vielleicht eine Vorstellung von den Konsequenzen für die wirtschaftlichen Aussichten und die Konkurrenzfähigkeit des Standortes „D" insgesamt.[33]

2. Bevölkerungsschrumpfung

Gleichzeitig führt die demographische Alterung Deutschlands zur Bevölkerungsschrumpfung. Bei im Wesentlichen gleichen Geburten- und Zuwanderungssalden sowie gleichbleibender Lebenserwartung wird die Bevölkerung ab dem Jahr 2010 jährlich um etwa 1,4 v.H. abnehmen. Schon derzeit verzeichnet Deutschland einen Sterbeüberschuss der deutschen Bevölkerung von etwa 150.000 und insgesamt um zirka 80.000 Personen pro Jahr; er wird – einen jährlichen Zuwanderungsüberschuss von 170.000 Zuwanderern unterstellt – bis zum Jahr 2050 auf etwa 600.000 pro Jahr steigen. Die damit verbundene Bevölkerungsabnahme hat für die Wirtschaft nicht nur wachstumshemmende Konsequenzen, sondern zwingt zum massiven Abbau von Überkapazitäten in allen Bereichen, wenn aufgrund des Geburtenrückgangs solche Überkapazitäten ent-

---

[32] Vgl. dazu Rürup, Bert, Bevölkerungsalterung: Nicht nur eine sozialpolitische Herausforderung, Rede auf der Tagung der Programmkommission der SPD am 12.02.2001.
[33] Die Börsen-Zeitung berichtete z.B. in ihrer Ausgabe v. 10.1.02, S. 4, unter der Überschrift „Überalterung schädlich für europäische Länderratings" von einer Standard&Poor's – Studie zu den Auswirkungen der demographischen Entwicklung auf die Bonitätsratings.

stehen sollten: Schließung von geburtshilflichen Abteilungen, Kinderbetreuungseinrichtungen, Schulen und Universitäten usw. 400.000 Kinder weniger heute bedeuten auch, grob geschätzt, ein Minus von ca. 300.000 Kraftfahrzeugkäufern, Bahnkunden oder Mietern in 30 Jahren.

3. Beschädigung des Humanvermögens

Hinsichtlich der Kinder und Jugendlichen aus verarmten Familien gilt dabei jedoch, dass Lebensverhältnisse wie enger Wohnraum, schlechte Ernährung, gesellschaftliche Stigmatisierung, Perspektivlosigkeit der Familien etc. insgesamt die Gefahr einer defizitären, wenn nicht ausgesprochen neurotisierenden Sozialisation der Heranwachsenden sowie auch gesundheitliche Beeinträchtigungen erhöhen, die sich nicht selten in Fehlentwicklung und Krankheitsanfälligkeit äußern. Hier wurden und werden durch zunehmende Familienarmut die Qualifikationsprobleme der Zukunft vorbereitet, deren Lösung gesamtwirtschaftliche Ressourcen verbrauchen wird.[34]

4. Lastenkumulationen in den sozialen Sicherungssystemen

Spätestens ab 2010 erzwingt die demographische Entwicklung rasant steigende Beitragssätze in der Sozialversicherung. Der Bielefelder Bevölkerungswissenschaftler Herwig Birg rechnet bei eher konstanten Grundannahmen bis 2040 mit einer annähernden Verdoppelung der Belastung im Alterversorgungssystem, Rentenversicherung, Krankenversicherung und Pflegeversicherung oder alternativ entsprechenden Kürzungen.[35] Gleichzeitig werden die öffentlichen Haushalte noch stärker als die Sozialversicherungen von der Versorgungslawine betroffen. Massive Erhöhungen der Steuerlasten oder ebenso drastische Einschränkungen des öffentlichen Aufgaben- und Leistungsspektrums sind die zwingende Folge.

Die Prognosen hinsichtlich der Steigerung der Gesamtbelastungen aus der Sozialversicherung sind dabei in mehrfacher Hinsicht eher zurückhaltend. So liegt ihnen hinsichtlich der Pro-Kopf-Gesundheitsausgaben die Annahme zu Grunde, dass sich deren Verhältnis zwischen Jung und Alt nicht verändert. Derzeit beträgt es etwa 1:8, wenn man die 20-Jährigen mit Senioren vergleicht. Verlängert man allerdings den Trend der vergangenen Jahrzehnte in die Zu-

---

34 Ulrich Schneider, Die volkswirtschaftlichen Kosten von Armut und Arbeitslosigkeit, in: Blätter für Wohlfahrtspflege 11-12/1989, S. 284 ff; ebenso BT-Drucks. 13/1368 und 14/5990, S. 90 ff. Die Tatsache, dass allein in Hessen die Jugendhilfeausgaben (zusätzlich zu der Sozialhilfe und anderen kindbezogenen Leistungen) im Jahr 2000 auf drei Milliarden Mark und damit um 3 v.H. gegenüber 1999 gestiegen sind (FR v. 30.10.2001), ist nach Mitteilung des Hessischen Sozialministeriums in diesem Zusammenhang zu sehen.
35 Unklar ist bei der Prognose, wie die beitragssatzdämpfende Rückkoppelung an den Bundeszuschuss eingerechnet wurde. Wegen der Kopplung des Bundeszuschusses an die Rentenbeiträge hätte der Beitragsanstieg nämlich zugleich dramatische Konsequenzen für den Fiskus, der ohnehin schon mit einer mindestens ähnlich dramatischen Steigerung der Versorgungslasten konfrontiert ist. Gemäß § 213 SGB 6 steigt der Bundeszuschuss nämlich in dem Maße, in dem sich der Beitragssatz des Folgejahres zum Vorjahr verändert.

kunft, so würde sich das Verhältnis nach den Feststellungen der Enquete-Kommission „Demographischer Wandel" bis 2040 jedoch auf über 1:20 erhöhen.[36] Dass dies zugleich die Ausgabengewichte zwischen Alt und Jung deutlich verändert, ist evident. Insoweit ist anzumerken, dass gegenwärtig die Gesundheitskosten für Kinder bis 16 unter 5 v.H. des Etats der GKV ausmachen, während sich die Gesundheitskosten der Seniorenschaft über 60 heute bereits auf ca. 50 v.H. belaufen.[37] Hinsichtlich der Kostenentwicklung in der Pflegeversicherung ist zu bedenken, welche Effekte ein weiterer Rückgang der familiären Pflegepotenziale und die entsprechende weitere Verlagerung der Pflegelasten von der Familie auf die institutionellen Pflegeträger haben werden.[38]

5. Rückgang der Arbeitslosigkeit?

Schätzungen hinsichtlich der Entwicklungen auf dem Arbeitsmarkt und damit der Beitragsentwicklung in der Arbeitslosenversicherung gehen weit auseinander. Für die herrschende Auffassung, dass die Arbeitslosigkeit aus Gründen der Bevölkerungsentwicklung und der Verknappung des Arbeitsangebots nach 2010 von selbst verschwinden wird, spricht bei einer Beibehaltung des gegenwärtigen Systems jedoch wenig. Denn es ist zum einen nicht zu übersehen, dass steigende Sozialversicherungsbeiträge auch den Rationalisierungsdruck erhöhen. Andererseits ist wegen der Alterung und Schrumpfung der Bevölkerung nicht ersichtlich, woher die Produktivitätszuwächse kommen sollen, die nicht ohne ausreichenden und qualifizierten Nachwuchs zu erreichen sind. Nach allem, was aus der Vergangenheit zu lernen ist, muss deshalb mit einer weiteren Zunahme der Massenarbeitslosigkeit in den mittleren und unteren Lohnsegmenten sowie dem Ausweichen in die Schattenwirtschaft und mit neuen Formen der Selbständigkeit gerechnet werden, womit sich die Problemspirale dynamisch weiter dreht. Im Übrigen entfallen wegen der sinkenden Kinderzahlen viele kinderbezogene Arbeitsplätze.

---

36 Zur Sache 8/98, S. 407 ff.
37 Vgl. Gaßner, Maximilian, in: Mitteilungen der Landesversicherungsanstalt Oberfranken und Mittelfranken, Nr. 12/2001, S. 706 ff. (dort Fußnote 40); über andere Zahlen berichtete die FR v. 12.2.2000 „Jüngste Patienten sind unrentabel"(mit der Angabe von 82 v.H. für die 65plus-Generation). Siehe auch Birg, Herwig 2001, S. 184 ff. Die These der Kostenexplosion der Altersmedizin wird laut Pressemeldungen vom 17.11.2001 bestritten, vgl. Berliner Zeitung „Regierungsstudie: Horrende Kassenbeiträge drohen"; dennoch sollen die Beiträge auf 28 bis 34 v.H. steigen!
38 Margot von Renesse (MdB/SPD) befürchtet beispielsweise den „finanziellen SuperGAU des Sozialstaates"; siehe auch Borchert, Jürgen, ZSR 1991, S. 366 ff.; Bertram, Hans, Kulturelles Kapital und familiale Solidarität: Zur Krise der modernen Familie und deren Folgen für die Entwicklung von Solidarität in der gegenwärtigen Gesellschaft, in: v. Tippelskirch/Spielmann (Hg.), Solidarität zwischen den Generationen, Stuttgart/Berlin/Köln 2000, S. 17 ff.; zu den dramatischen Auswirkungen der Alterung auf KV und Pflege ferner Bernd Raffelhüschen 2002 – Teil B – Dokumentation.

6. Bruch der Systemgrenzen

Eine zu erwartende Steigerung der Beitragssätze ohne Erhöhung der Nettorealeinkommen hat nicht nur für Familien und Niedrigverdiener dramatische Auswirkungen, sondern hebt die Rationalität des gegliederten Systems der sozialen Sicherung und seiner Grenzen auf. Wie in Tabelle 2 zu erkennen ist, liegt das frei verfügbare Einkommen einer vierköpfigen Familie bei einem Durchschnittsverdienst von 30.678 € im Jahre 2002 um insgesamt 349,73 € unter dem steuerrechtlichen Existenzminimum. Steigen die Beiträge von derzeit rund 40 v.H. beispielsweise auf 67 v.H., dann bedeutet das ceteris paribus hinsichtlich der Arbeitnehmer-Hälfte ein Minus von 4.141,53 €/Jahr (=13.5 x 306,78 €) im Portemonnaie, womit die Familie noch weiter unter die Sozialhilfeschwelle absinkt. Entsprechend verstärken sich für Niedrigverdiener die Negativanreize gegen eine Erwerbstätigkeit und für die Arbeitgeber der Rationalisierungsdruck. Wie mit dem verbleibenden schmalen Nettolohnsektor, der sich bis in den Bereich der gehobenen Durchschnittseinkommen abzeichnet, bei Familien überhaupt noch irgendein Lohnabstandsniveau zur Sozialhilfe realisiert werden sollte, ist nicht ersichtlich. Ebenso wird deutlich, dass auch die Durchschnittsrente das Sozialhilfeniveau deutlich unterschreiten wird.[39] Faktisch wird die Sozialhilfe damit entgegen ihrer ursprünglichen Konzeption zur dominierenden Sicherungsebene, was auch die föderale Lasten- und Finanzordnung in Frage stellt.

7. Verlust an wirtschaftlicher Dynamik

Fast allen Zukunftsprognosen hinsichtlich der sozialen Sicherungssysteme ist gemeinsam, dass sie ein kontinuierliches Wirtschaftswachstum zu Grunde legen. Nüchtern betrachtet besteht jedoch für diesen Optimismus wenig Anlass, denn die Wachstumsraten der zurückliegenden Epoche gingen über viele Jahre mit einem Bevölkerungswachstum einher. Diese Zeiten sind vorbei. Bereits heute hinterlässt der zunehmende Fachkräftemangel deutliche Bremsspuren in der Wirtschaft. In Schlüsselwissenschaften fallen Deutschland und Europa zurück und für die qualifiziertesten Nachwuchskräfte sind nicht Deutschland oder Europa, sondern vor allem die USA attraktiv. Von 1990 bis 1999 verließen 1.1 Millionen Jüngere das Land. 15 v.H. der promovierten Hochschulabsolventen, sogar 30 v.H. bei den Medizinern, sollen dem Land jährlich den Rücken kehren. Hier, an dieser entscheidenden Stelle, ist somit heute schon ein negativer Wanderungssaldo zu konstatieren, der mit den zu erwartenden, demographisch bedingten Verlusten an Nettorealeinkommen in Zukunft weiter wachsen dürfte.[40]

---

39 Heute sind etwa 27 Beitragsjahre auf der Basis des Durchschnittseinkommens erforderlich, um einen Rentenanspruch in Höhe der Sozialhilfeansprüche – ca. 690 € (1.350 DM/Monat) zu erhalten. Die im Jahre 2000 (Rentenzugang) gezahlte Durchschnittsrente von monatlich 609 € (1.193 DM) (Durchschnitt aller Renten/Männer und Frauen) liegt bereits heute deutlich darunter. Vor diesem Hintergrund wird die Dimension der neuen Grundsicherung für Rentner in Höhe von bis zu 844 € ab 1. Januar 2003 besonders deutlich.
40 Adam, Konrad, Auswanderungsland Deutschland, in: „Die Welt" vom 8.2.2002.

Mindestens genauso wahrscheinlich sind deshalb eine dauerhafte Stagnation und eine weiter hohe Arbeitslosigkeit.

8. Zuwanderung

Dass wir den absehbaren „brain-drain", den der Exodus der besten Nachwuchskräfte mit sich bringt, durch Zuwanderung ausgleichen könnten, ist nach den Erfahrungen mit der „Green-card" fraglich. Außerdem wären auch Fragen ethischer wie entwicklungs- und wirtschaftspolitischer Natur zu diskutieren, die eine Abwerbung des hoch qualifizierten Humankapitals der Schwellen- und Entwicklungsländer aufwirft, welche die Entwicklungsmöglichkeiten dieser Länder gravierend beeinträchtigt.

Eine andere Frage lautet, ob wir auch Zuwanderer unterer Qualifikationsstufen benötigen. Solange hier zu Lande Massenarbeitslosigkeit besteht, ist das Konfliktpotenzial absehbar. Im Übrigen sind die Humanressourcen im gegenwärtigen Kerneuropa erschöpft.[41] Zuwanderung kann in nennenswertem Umfang nur noch aus außereuropäischen Regionen und damit vor allem aus Schwellenländern erfolgen. Das verschärft die Integrationsanforderungen.[42] Ohne Zuwanderung wird die Bevölkerung Deutschlands bei gleichbleibender Geburtenrate bis 2050 von 82,1 auf 61,7 Mio. sinken. Wenn man durch eine jährliche Nettozuwanderung von etwa 210.000 Personen den Bevölkerungsrückgang in den kommenden Jahrzehnten auf etwa 70 Mio. abmildern wollte, würde der Anteil der Ausländer an der Gesamtbevölkerung von derzeit 9 v.H. auf 30 v.H. steigen – mit der Konsequenz, dass in den Ballungsräumen wie z.B. Frankfurt am Main der Ausländeranteil auf weit über 50 v.H. zunimmt. Das wirft die Gefahr ethnischer und religiöser Segregation auf. Schon heute zeichnet sich statt der erwarteten oder erwünschten multikulturellen eher eine Multiminoritätengesellschaft mit räumlichen Trennungsmustern ab. Weil Ausländer im Übrigen ebenfalls altern, hat selbst eine Zuwanderung in der Größenordnung von 390.000 Personen pro Jahr (also einer Großstadt doppelt so groß wie Freiburg) nur außerordentlich geringe Konsequenzen für die Bevölkerungsstruktur.[43] Die Studie der Vereinten Nationen zum Thema „Bestandserhaltungsmigration" (Replacement Migration) vom März 2000 trifft hierzu die Feststellung, dass jährlich in Deutschland 3,4 Millionen Menschen zuwandern müssten, um

---

41 In fast allen EU- Kandidatenländern war die Geburtenrate noch geringer als im EU-Durchschnitt, vgl. FAZ vom 15.1.2002, S. 21 mit einem Bericht zu den neuesten Eurostat-Zahlen; auch die UN-Konferenz zur Weltbevölkerung vom 8. April bis 12. April 2002 in Madrid beschäftigte sich mit dem erstaunlichen Phänomen des demographischen Alterns der Entwicklungsländer, so die Tagespresse des 9.4.2002.
42 Hier stellte Bernd Raffelhüschen in einem Gespräch die Frage, ob es nicht für den nachhaltigen Zuwanderungserfolg und gleichzeitig die Entwicklungshilfe sinnvoller wäre, statt der oder neben den Goethe-Instituten deutsche Schulen im Ausland zu betreiben. Wie viele deutsche Schulen, Fachhochschulen und/oder Universitäten könnte man vor Ort in den Schwellen- oder Entwicklungsländern für das Geld betreiben, welches hier für die Sprachförderung und Basisintegration aufgewendet wird?
43 Nach Schwarz, Karl, Perspektiven der Bevölkerungsentwicklung, in: Wiegand (Hg,.), Sozialstaat am Ende?, Wiesbaden 1994, S. 45 ff. sinkt der Anteil der Älteren lediglich von 33,8 auf 33,2 v.H. im Vergleich zu einem Szenario ohne Zuwanderung!

das Verhältnis der 15- bis 64-Jährigen zu den über 64-Jährigen konstant zu halten![44]

Nicht außer Betracht bleiben sollte beim Thema Zuwanderung die von so unterschiedlichen Vertretern wie den Verfassern des 5. Familienberichts (1994) und Jeremy Rifkin begründete These, dass das Humanvermögen die entscheidende Voraussetzung wirtschaftlichen Erfolges darstellt und dieser kulturelle Identität nicht nur schafft, sondern auch braucht.[45] Ein Patentrezept ist Zuwanderung jedenfalls nicht.

9. Kein Ausweg: Kapitaldeckung

Schließlich bietet auch eine (Teil-) Umstellung der Altersversorgungssysteme auf das Kapitaldeckungsverfahren keinen Ausweg, sondern dürfte sogar mehr Probleme schaffen als lösen. Denn auch die Kapitalmärkte sind demographieanfällig. Hinzu kommen ordnungs-, konjunktur-, arbeitsmarkt- und mittelstandspolitische Probleme sowie Probleme der Preisstabilität.[46]

a) Die Diskussion über die Demographieanfälligkeit der Kapitalmärkte wird, ausgehend von den USA, seit einiger Zeit unter dem Begriff der „Age Wave" geführt, der bildlich die demographische Strukturveränderung, nämlich das Verhältnis der 30- bis 59-jährigen „Sparer" zu den über 60-jährigen „Entsparern" über mehrere Jahrzehnte beschreibt.[47] Dem liegt die Beobachtung zu Grunde, dass während der Erwerbsphase auf Konsum verzichtet wird, um Einkommensbestandteile in die Ruhestandphase zu verlagern und so den über das Berufsleben hinweg aufgebauten Lebensstandard im Alter zu erhalten. Für Deutschland zeigt sich, dass die Quote von einem Wert von 1,3 Mitte der 1970er Jahren bis 1994 auf den „Wellenkamm" von 1,7 steigt, um sodann bis zum Jahr 2040 auf den Wert von 1 steil abzufallen. Die Entwicklung spiegelt die für Deutschland besonders ausgeprägte Bevölkerungsschwankung infolge der großen Geburtenausfälle innerhalb und nach dem ersten Weltkrieg sowie der Menschenverluste im Zweiten Weltkrieg, den „Babyboom" ab 1948 und den früher und schärfer als in anderen Industriestaaten eintretenden „Pillenknick" wider. Spätestens seit Mitte der 1970er Jahre zeigt sich auch eine dominante Korrelation zwischen der Age Wave und dem Sparvolumen (Korrelationskoeffizient von 0.86), wobei sich die Vermutung aufdrängt, dass hier die infolge des gleichzeitigen Geburtenrückganges verminderten Aufwendungen für das Humankapital einflossen. Spätestens ab dem Jahr 2015 wird eine dramatische Verschlechterung im Verhältnis von Entsparern zu Sparern eintreten. Für die entsparenden Senioren wird es zunehmend schwieriger, ihre Finanztitel zu verkaufen. Dabei dürfte der Aktien-

---

[44] Umfassend hierzu Herwig Birg 2002 – Teil B – Dokumentation; vgl. auch Statistisches Bundesamt, 9. koordinierte Bevölkerungsvorausberechnung, Wiesbaden 2000, S.16-17.
[45] Siehe BT-Drucks. 12/560, S. 26 ff; Rifkin, Jeremy, Access. Das Verschwinden des Eigentums. Warum wir weniger besitzen und mehr ausgeben werden. Frankfurt am Main/New York 2000.
[46] Hierzu ausführlich Borchert aaO (Fn. 4); ders., Renten vor dem Absturz (1993), S. 130 ff.
[47] Die nachfolgenden Ausführungen basieren weitgehend auf Heigl, Andreas, Hypovereinsbank Volkswirtschaft, Policy Brief 4/2001- 26.4.2001, Age Wave – Demographieanfälligkeit von Aktienmärkten.

Teil 1: Bevölkerungsentwicklung und Humanvermögen 43

markt wegen der Risikoaversion der Seniorenschaft und der Umschichtung in risikoärmere Anlageformen schon weit vor diesem Zeitpunkt unter Druck geraten.

b) Die Idee des Kapitaltransfers in demographisch junge Länder mit einem hohen ökonomischen Wachstumspotenzial wirft mehr Fragen auf, als sie Antworten verspricht. Zum einen müssten die Schwellenländer in der Lage sein, das Kapital investiv zu absorbieren. Hierzu sind die bisherigen Erfahrungen negativ, wie insbesondere die Asienkrise 1998 gezeigt hat, wo die Kapitalzuflüsse die makroökonomische Stabilität massiv gefährdeten.[48] Allein die jährliche Wertpapierersparnis Deutschlands übersteigt den gesamten Nettozufluss an privaten Portfolio-Investitionen in den wichtigsten Emerging Markets zusammen, die im Übrigen ebenfalls einer erheblichen Alterung unterliegen (z.B. China). Sollte es darüber hinaus zu einem „brain-drain" der besten Köpfe infolge von hiesigen Zuwanderungsanreizen kommen, würde das „Emerging" dieser Märkte behindert. Ferner kommen zu den Währungsrisiken noch politische hinzu, wie beispielsweise die schwächelnde Solidarität der alten zu den neuen Bundesländern zeigt. Dass fremde Länder unter allen Bedingungen, also auch im Falle schwerer eigener ökonomischer Krisen, rückzahlbereit wären, kann deshalb nicht erwartet werden.[49]

c) Weitere Probleme der (ergänzenden) Einführung der Kapitaldeckung sind zum einen die Frage, ob die Bevölkerung angesichts der stagnierenden oder sogar rückläufigen Einkommensentwicklung den erforderlichen Konsumverzicht überhaupt leisten will und kann; und zum anderen, ob die Kapitalmärkte derart gigantische Summen – die Rede ist von bis zu fünf Billionen Euro – überhaupt aufnehmen können. Oft wissen die Verfechter der Kapitaldeckung nicht einmal, dass diese scheinbar so sichere Anlage in den gegenwärtigen Portfolios zu 70 bis 80 v.H. aus Anleihen der öffentlichen Hand besteht. Genau genommen handelt es sich um „Investitionen" in Staatsschulden. Statt aus Beiträgen wird die Alterssicherung also letztlich aus Steuermitteln erfolgen. Da die Steuern, die für die Verzinsung und Tilgung der Staatsschulden aufzubringen sind, aber genauso wie die Rentenbeiträge vom Volkseinkommen der jeweils laufenden Periode abgezweigt werden müssen, sind die volkswirtschaftlichen Konsequenzen von Kapitaldeckung und Umlageverfahren hier sehr ähnlich. Tatsächlich könnte wohl auch nur durch einen weiteren steilen Anstieg der öffentlichen Kreditaufnahme auf den Finanzmärkten überhaupt die Nachfrage für die gewaltigen, neu zu bildenden Kapitalsummen geschaffen werden. Mehr Staatsverschuldung ist aber das Gegenteil von mehr Sicherheit, denn das liefe bei den gegebenen Wachstumsaussichten über kurz oder lang auf die Strangulierung der öffentli-

---

48 Zugleich kamen Pensionsfonds in schwere Turbulenzen, vgl. für das Beispiel der Schweiz Stillich, Klaus, DAngVers 1998, 241ff. (249).
49 Nicht ausgeschlossen erscheint beispielsweise der Versuch, größere Brain-drain-Effekte gegenüber den Kapitalgeberländern mit der Rückzahlungsverpflichtung aufzurechnen, ähnlich wie die Länder des Ostblocks zu Zeiten des Eisernen Vorhangs Auswanderung von Kopfprämien abhängig machten, welche mit der Erstattung von Ausbildungskosten begründet wurden.

chen Haushalte allein durch fällige Zinszahlungen hinaus. Zudem wären die verteilungspolitischen Konsequenzen fatal, denn es profitieren die Zinsgläubiger, mithin die wohlhabenderen Bürger, während die Minderbemittelten nur zahlen.[50] Damit blieben nur die Kapitalmärkte des Auslands übrig; dort jedoch sind – siehe oben – die politischen und die Währungsrisiken unübersehbar.

d) Wenn man unterstellt, der heimische Kapitalmarkt böte ausreichende Anlagemöglichkeiten, so stößt man – worauf vor allem Oswald von Nell-Breuning hinwies – auf andere Probleme. Angesichts der Summen, die anzulegen wären, und aufgrund der gesetzlichen Vorschriften kämen hauptsächlich Anlagen in Aktien von börsennotierten Großunternehmen in Frage. Eine derartige Bevorzugung der „ersten Adressen" würde bei den Kapitalzuflüssen aber wiederum die mittelständischen Unternehmen benachteiligen.[51]

e) Es müsste endlich sicher gestellt sein, dass tatsächlich mehr „echte" Kapital*bildung* in Form von Sachinvestitionen erfolgt. Wechseln die Bürger lediglich von einer Anlage zur anderen, vom Sparbuch zur Lebensversicherung beispielsweise, dann beinhaltet das nur einen Wechsel der Kapital*bindung* von den Banken zu den Versicherungen. Hier stellt sich die Frage, welchen volkswirtschaftlichen Sinn es hat, gewaltige Beträge exklusiv für Zwecke der Alterssicherung einzusperren. Denn das würde der kardinalen Aufgabe des Marktes zuwider laufen, für die beste Verwendung der Mittel dort zu sorgen, wo sie die volkswirtschaftlichen Aggregate der Investition, des Konsums und des Staatsverbrauchs am intelligentesten beeinflussen. Die vermehrte Kapital*bildung*, die wir also benötigen, setzt aber auch mehr Konsumverzicht voraus. Das würde der bereits auf allen Vieren kriechenden Binnennachfrage und damit der Konjunktur den Garaus machen,[52] und die dann so gut wie unvermeidliche weitere Zunahme der Arbeitslosenzahlen könnte das ganze staatliche System ebenfalls in Trümmer legen.[53]

10. Verschärfung der Verteilungskonflikte

Immer deutlicher zeichnet sich im Zuge der demographischen Entwicklung das Ende der Epoche ab, in welcher der Zuwachs des Volkseinkommens die Entscheidung von Verteilungsfragen erleichterte. Die Verteilungsspielräume werden in Zukunft enger, die Verteilungskonflikte dementsprechend schärfer. Hin-

---

50 Dazu ausführlich Borchert, Jürgen, ZSR 1994, 1 ff.; zuletzt Creutz, Helmut, Überall fehlt plötzlich das Geld. Warum eigentlich?, Humanwirtschaft 10-11/2002, S. 12 ff.
51 Deren prekäre Situation im Zusammenhang zu „Basel II" kürzlich erst Schlagzeilen machte, vgl. z.B. SZ v.1.12.2001; siehe hierzu auch: von Nell-Breuning, Oswald, in Borchert, Jürgen: Renten vor dem Absturz, 1993, S. 135 ff.
52 Hierzu Enquete-Kommission „Demographischer Wandel", Zwischenbericht; in: Zur Sache, 8/1998, S. 376 ff.
53 Dass ein Crash an den Kapitalmärkten unabsehbare Folgen für die staatliche Legitimation insgesamt haben kann, zeigt das Beispiel des Aufstiegs des Nationalsozialismus, dazu Hockerts, H.-G., in Heidelberger Club (Hg.), Ist der Sozialstaat noch zu retten? Heidelberg 1995, S. 5 ff. („Wenn die Rente wackelt, rast der Mob") .

Teil 1: Bevölkerungsentwicklung und Humanvermögen 45

sichtlich des intergenerationellen Verteilungskonflikts sind die Fakten deutlich: Die Nachwuchsgenerationen werden benachteiligt und diese Asymmetrie verschärft sich dynamisch.[54] So beziehen laut der Einkommens- und Verbrauchsstichprobe (EVS) 1998 die 65- bis 69-Jährigen heute ein (preisbereinigt) um ein Drittel höheres Alterseinkommen als ihre Altersgenossen vor 20 Jahren, während zwei Drittel der unter 39-Jährigen um 5 bis 6 v.H. unter dem Einkommensniveau ihrer Vorgängergeneration liegen. Besonders hart trifft die Umverteilung von jung zu alt die Niedrigverdiener. Betrug das Haushaltseinkommen 30- bis 35-Jähriger aus der unteren Einkommensschicht im Jahr 1978 durchschnittlich 1.534 € im Monat, waren es zwei Jahrzehnte später netto und inflationsbereinigt 460 € weniger, 1.074 €.[55] Ähnliche Ergebnisse zeigen auch Untersuchungen des Freiburger Ökonomen Bernd Raffelhüschen, demzufolge die Bilanz des „generational accounting" für den Geburtsjahrgang 1936 beispielsweise noch mit einem Positivsaldo von 138.051 € (270.000 DM) (Männer) schließt, bereits für den Geburtsjahrgang 1956 liegt der Saldo jedoch bei Null und danach verschlechtert er sich fortlaufend.[56] Anzumerken ist ferner, dass auch der Konflikt auf dem Arbeitsmarkt ein Generationenkonflikt ist.[57]

a) Die Asymmetrie zwischen Jung und Alt schlägt sich nicht zuletzt in den Sozialhilfestatistiken nieder: Während Sozialhilfebedürftigkeit bei jüngeren Kindern und Familien zunimmt, nimmt sie bei den Senioren ab. Bei ihnen ist die Einkommens- und Vermögenssituation statistisch glänzend.[58]

---

54 Dies ist keine deutsche Spezialität, sondern lässt sich in allen westlichen Industrieländern nachweisen, siehe hierzu den Bericht von Christoph Conrad über die Tagung „Verteilungsgerechtigkeit zwischen den Generationen", die im Juli 1988 in Cambridge stattfand. Dort sorgte insbesondere die Arbeit des neuseeländischen Historikers David Thomson für Aufsehen, der Wohlfahrtsbilanzen im Lebenslängsschnitt und unter dem Gesichtspunkt der Einheit des Sozialbudgets institutionenübergreifend erstellt hatte und zu dem Ergebnis einer extremen intergenerationellen Ungleichverteilung zu Lasten der Jungen gekommen war – Conrad, Christoph, Arbeit, Ruhestand und Gerechtigkeit zwischen den Generationen 1850-2050, in: Sozialer Fortschritt, Heft 10/1988, S. 217 ff.; vgl. dazu ferner Borchert, Jürgen, Innenweltzerstörung, Frankfurt am Main 1989, S. 83 ff. (mwN); auffallend ist, dass andere Länder – namentlich Holland und Skandinavien – bei geringerem Problemdruck dennoch früher und entschlossener auf die neuen Fragen antworteten als Deutschland, wo sich die Veränderung der Bevölkerungsstruktur schon weitaus länger und tiefgehender abzeichnete.
55 So eine Auswertung der Einkommens- und Verbrauchsstichprobe, über die Focus, Nr. 43/2001 berichtete; siehe ferner den Schlussbericht der Enquete-Kommission „Demographischer Wandel" vom 28.3.2002, BT-Drucks. 14/ 8800, S. 36 ff.
56 Zitiert nach Capital 9/1996, S.135 ff.; siehe ferner Raffelhüschen, Bernd/Walliser, Jan, Generational Accounting. Eine Alternative zur Messung intergenerativer Umverteilungspolitik, WiSta 4/96, 181 ff.; Deutsche Bundesbank Monatsbericht Dezember 2001, Zur langfristigen Tragfähigkeit der öffentlichen Haushalte – eine Analyse anhand der Generationenbilanzierung. Zu methodischen Fragen und zur Problematik intergenerationeller Verteilungsrechnungen siehe Wingen, Max, Denkanstöße, Vektor 2001, Kapitel 5, S. 209 ff.
57 Vgl. Lindner, Johannes in: Gesellschaft für die Rechte zukünftiger Generationen (Hg.), Ihr habt dieses Land nur von uns geborgt, Hamburg 1997, S. 241ff.
58 Das durchschnittliche Rentnerehepaar (West) hat mit € 1.925.- mehr Geld zur Verfügung als junge Familien, vgl. Ulf Fink, FR-Dokumentation v. 19.3.97; ferner Kirner, Ellen/Schwarze, Johannes, Zur Einkommenssituation und Einkommensverwendung von Familien mit jüngeren Kindern, DIW-Vierteljahreshefte zur Wirtschaftsforschung, 2/1996, S.203 ff.; eindringlich auch die Befunde, welche Diether Döring auf dem Kolloquium vorstellte, vgl. Teil B – Dokumentation.

b) Auch durch und in den Transfersystemen der Sozialversicherung wächst die Kluft zwischen Jung und Alt, wie z.b. in der Arbeitslosenversicherung, da die Anspruchsdauer auf Arbeitslosengeld mit dem Lebensalter zunimmt (vgl. § 127 SGB III), oder in der GKV, weil seit 1997 die nach 1978 geborenen Jahrgänge von Maßnahmen des Zahnersatzes ausgeschlossen sind (§ 30 SGB V). Ein Musterbeispiel für die intergenerationelle Asymmetrie der Gesetzgebung ist die Pflegeversicherung, deren Einführung mit Kürzungen im Bereich des Familienlastenausgleichs einherging.[59] Bis in welche Verästelungen die Nachteile für Familien hineinreichen, zeigt in der Altersteilzeit-Praxis, dass nahezu ausschließlich Kinderlose die neuen Regelungen in Anspruch nehmen, weil Eltern auch geringe Gehalts- und Renteneinbußen nicht verkraften können.[60]

c) Die zunehmende Asymmetrie für den Bereich der GRV haben die Renditeberechnungen der Rententräger selbst dokumentiert.[61] Der Rückkoppelungsmechanismus von Beitragssatz, Rentenhöhe und Bundeszuschuss funktioniert seit 1992 eben keineswegs generationensymmetrisch, sondern infolge der praktisch ausgeschlossenen direkten Besteuerung der Renteneinkommen wird der Staatsanteil und werden damit die wachsenden Zukunftslasten weit überproportional von der Aktivengeneration getragen. Auch durch die „Riester-Reform" wurden die Asymmetrien, die der „demographische Faktor" des RRG 1999 gebracht hätte, lediglich abgemildert, keineswegs jedoch beseitigt.[62] Ähnliches gilt für die Rentenreform 2001.

Wie subtil die Verteilungsmechanismen zu Gunsten der Seniorenschaft wirken, lässt sich an der Beitragssubstitution durch die Mehrwertsteuererhöhung infolge des FBRVG 1997 sowie die Ökosteuer ab 1999 studieren. Zwar zahlen die Senioren ebenfalls diese indirekten Steuern, gleichwohl tritt keine proportionale Belastung bei ihnen ein, vielmehr werden sie privilegiert: Wegen der Rückkoppelungseffekte, die direkte Lohnabgaben gem. § 68 SGB VI haben, würde eine Beitrags- oder Einkommenssteuererhöhung im Gegensatz zur Verbrauchs-

---

59 Vgl. Borchert, Jürgen, Schlag gegen die Familie, Die Zeit, Nr. 51 v. 17.12.1993, S. 21; ders., Wann kippt Pisa?, ZSR 6/91, S. 366ff.
60 Hierauf machte den Verf. der Betriebsratsvorsitzende der Lufthansa Systems GmbH Wingefeld aufmerksam.
61 Eitenmüller, Stefan, Die Rentabilität der gesetzlichen Rentenversicherung, DRV 12/96, S. 784 ff.; Ohsmann, Sabine/Stolz, Ulrich, Beitragszahlungen haben sich gelohnt, DAngVers 3/1997, S. 119 ff.; bemerkenswert ist, dass die fiskalischen Aufwendungen der Versicherten für den Bundeszuschuss in beiden Studien ausgeklammert bleiben!
62 Dazu vgl. Sozialbeirat, Sondergutachten v. 13.2.2001 zur Rentenreform 2001, BT-Drucks. 14/5394, S. 17 f.; ferner Gallon, Thomas-Peter, Vergreisung als Grund, die Rente zu senken?, Soziale Sicherheit, 8-9/1997, S. 286 ff.; hinsichtlich der verfassungsrechtlichen Bewertung der intergenerationellen Verteilungswirkungen der GRV vgl. z.B. Jarass in NZS 1997, S. 551: Alle legislativen Maßnahmen liefen im Ergebnis auf eine einseitige Belastung der Nachwuchsgeneration hinaus. Weiter heißt es u.a.: „Dieser Befund ist mit dem Prinzip der Lastengleichheit, wie sie der Gleichheitssatz gebietet, schwerlich zu vereinbaren: Dass diejenigen, die die zur Sicherung der Rentenfinanzen notwendigen Leistungskürzungen zu tragen haben, höhere Beiträge entrichten müssen, ist schwer verständlich. Wenn, dann erscheint eher ein umgekehrter Zusammenhang angemessen, dass also diejenigen verstärkt Leistungskürzungen übernehmen müssen, die weniger hohe Beiträge entrichtet haben"; die gute Beurteilung der intergenerationellen Verteilung der Rentenreform 2001 (z.B. die Prognos-Studie v. 13.12.01) beruht nicht zuletzt auf den illusorischen Zinseszins-Annahmen, vgl. Die WELT v. 14.12.2001.

Teil 1: Bevölkerungsentwicklung und Humanvermögen 47

steueranhebung unmittelbar eine Minderung der Rentenhöhe zur Folge gehabt haben. „Von einer Beitragssenkung profitieren auch die Rentner, weil damit ihre Anpassung höher ist."[63] Gleichzeitig beschränkt das zunehmende Wahlgewicht der Seniorenschaft die politischen Gestaltungsspielräume. Es spricht für die Weitsicht des Wirtschaftsnobelpreisträgers von 1974, Friedrich August von Hayek, dass er diese Entwicklung bereits im Jahr 1960 voraussah und davor warnte, dass die „Mehrheit über 40 bald versuchen werde, die jüngeren Jahrgänge für sich arbeiten zu lassen."[64]

d) So werden Familien und Jüngere schließlich auch durch die massive Verschiebung in der Struktur der Staatseinnahmen zunehmend benachteiligt, die seit Jahrzehnten stattfindet. Betrug die Steuerbelastung der Lohneinkommen 1960 nur rund 6 v.H., sind es heute rund 20 v.H. Genau umgekehrt entwickelte sich die Belastung der Gewinn- und Kapitaleinkommen: 1960 rund 20 v.H., heute nur noch rund 5 v.H.[65] Der amtlichen Volkswirtschaftlichen Gesamtrechnung des Jahres 1998 zufolge kamen auf ca. 500 Mrd. € Gewinn aus Vermögenseinkommen und Unternehmensbeteiligungen Steuern und Abgaben in Höhe von 20,5 Mrd. €, während von 818 Mrd. € an Bruttolöhnen nach dem staatlichen Zugriff nur 500 Mrd. € übrig blieben.[66] Eine der Folgen ist, dass der Anteil der Netto-Lohnquote am privat verfügbaren Volkseinkommen, also dem privaten Kaufkraftpotenzial, von 55,8 v.H. in 1960 auf zuletzt 43 v.H. gesunken ist.

e) Mit zunehmender Kinderlosigkeit verstärken sich auch verborgene Verteilungsasymmetrien zu Gunsten Kinderloser, Beispiel GKV: Hier nimmt mit schrumpfenden Kinderzahlen und steigender Müttererwerbstätigkeit das Gewicht der Familienhilfe ab und der Transfereffekt von Familien mit mehreren Kindern an die „ohnehin schon bessergestellten Kinderlosen"[67] zu. Bereits heute ist ein massiver Transfer zu konstatieren: Entgegen den verbreiteten Schätzungen der Kosten der Familienhilfe von 25-31 Mrd. € ist tatsächlich nur von einem Betrag in Höhe ca. 3,1 Mrd. € auszugehen.[68] Dem stehen bei Gesamtausgaben der GKV (1999) von 130 Mrd. € und einem Anteil der Gesundheitskosten der 60plus-Generation von ca. 50 v.H. (= 65 Mrd. €) sowie einem Anteil der Kinderlosen an der Seniorenschaft von ca. 20 v.H. somit Ausgaben in Höhe von rund 13 Mrd. € an diesen Personenkreis gegenüber, welche ausnahmslos von den Kindern anderer Leute erwirtschaftet werden müssen.[69] Die regelmäßig zu vernehmenden Forderungen, die Familienhilfe als „versicherungsfremd" der

---

[63] So der Bundesminister für Arbeit und Soziales Norbert Blüm bei der Verabschiedung des FBRVG am 11.12.1997 (BT-Prot. 13/19152 (A)).
[64] Von Hayek, Ferdinand August, Die Verfassung der Freiheit, Tübingen 1971, S. 377.
[65] Vgl. Schäfer, Claus (WSI), Über die Rastlosen und Ausgeschlossenen in der Gesellschaft, FR v. 25.9.2001.
[66] Henkel, FR v. 23.10.2000.
[67] So das BVerfG im Trümmerfrauenurteil v. 7.7.92, BVerfGE 87, 1 ff. (37).
[68] Dazu Rosenschon, Astrid, Familienförderung in Deutschland- eine Bestandsaufnahme, Institut für Weltwirtschaft, Kieler Arbeitspapier Nr. 1071, August 2001, S. 10-14 (mwN).
[69] Die Beiträge der Rentner selbst dürfen hier nicht gegengerechnet werden, weil sie genau wie die Altersruhegelder ebenfalls aus dem Wirtschaftsertrag der Nachwuchsgeneration abgeleitet werden.

Steuerfinanzierung zu überantworten, ignorieren diesen Zusammenhang ebenso wie den Inhalt des „Pflegeurteils". Tatsächlich handelt es sich bei präziser Betrachtung auch keineswegs um eine „beitragsfreie" Mitversicherung, sondern werden von den Familien Beiträge entsprechend dem auf jedes Mitglied entfallenden Einkommen entrichtet. Dass dasselbe Sicherungsniveau bei unterschiedlichen Beiträgen gewährleistet wird, ist aber der Kern des Solidargehalts der GKV. Weshalb ausgerechnet Familien von dieser Solidarität ausgenommen werden sollen, lässt sich nicht begründen, verdeutlicht aber das Ausmaß an Unverstand bei den für diese Vorschläge Verantwortlichen.

11. Entkoppelung von Einkommen und Bedarf

Es ist nicht zu übersehen, dass sich die Verteilung der Konsumeinkommen mit dieser Entwicklung immer weiter vom Bedarf entfernt. Bei Singles und Senioren, deren Bedarf geringer oder sogar weitgehend gedeckt ist, entstehen Einkommensüberhänge, während junge Familien ihren hohen Bedarf schon bei durchschnittlichen Einkommen nicht mehr decken können. Damit wird die Einkommensallokation wirtschaftspolitisch immer unbefriedigender[70] und angesichts der prekären Lage des Handels sind die Konsequenzen für die Konjunktur sichtbar. Gleichzeitig stellt sich die Frage nach der Rationalität eines Sozialbudgets von rund 665 Mrd. € bzw. 8.181 € pro Kopf, welches offenbar keinen effektiven sozialen Ausgleich und soziale Kohäsion schafft, sondern Einkommensungleichheiten noch verschärft.

12. Fazit: Destabilisierung des gesellschaftlichen Systems

Bereits diese wenigen Überlegungen lassen erkennen, dass eine Vielzahl von Belastungsfaktoren aus der demographischen Entwicklung und der Beschädigung des Humanvermögens kumulieren, welche sich dynamisch und wechselwirkend verstärken und die Stabilität und den sozialen Frieden gefährden.[71] Über drei Jahrzehnte führten die bei der Humanvermögensbildung ersparten Aufwendungen zu entsprechend überhöhtem Konsum.[72] Für die fehlenden In-

---

70 Vgl. dazu Persson, Thorsten/Tabellini, Guido, Is inequality harmful for growth?, American Economic Review 1994, S. 600 ff („We think it is...").
71 Zur dynamisch-interdependenten Selbstzerstörungsmechanik des sozialen Systems siehe Borchert, Jürgen, Sozialstaat unter Druck, ZSR 1994, S. 1 ff.
72 Um welche Größenordnungen es sich bei der Humanvermögensbildung handelt, hat die Sachverständigenkommission des 5. Familienberichts ermittelt: Allein für den Geburtsjahrgang 1984 schätzte sie den von Familien erbrachten Wert der Humanvermögensbildung auf 127,8 Milliarden € und den von Familien zu diesem Zeitpunkt zur Bildung des volkswirtschaftlichen Arbeitsvermögens insgesamt erbrachten Beitrag auf 7.816 Billionen €; dem habe ein Wert des reproduzierbaren Sachvermögens zu Wiederbeschaffungspreisen von lediglich 3,5 Billionen € gegenüber gestanden, BT-Drucks. 12/7560, S. 144 f.; grundlegend Krüsselberg, H.-G./Auge, M./Hilzenbecher, M., Verhaltenshypothesen und Familienzeitbudgets, Schriftenreihe des BMJFFG Bd. 182, Stuttgart 1986. Zum Humanvermögenskonzept zuletzt ausführlich das Gutachten des Wissenschaftlichen Beirats beim BMFSFJ „Gerechtigkeit für Familien", Stuttgart/Berlin/Köln, 2001, S. 103 ff. sowie Krüsselberg, Hans-Günter, Ökonomische Analyse der

vestitionen in das Humanvermögen muss nun der Preis entrichtet werden. Der Raubbau an den biologischen und sozialen Grundlagen der Gesellschaft lässt die „Kraftquelle Familie" versiegen. Wegen der groben Verletzung der „Baugesetze der Gesellschaft" – Solidarität und Subsidiarität – durch den falsch konzipierten Sozialstaat rieselt die Gesellschaft wie loser Sand auseinander. Der extreme Individualismus schließlich untergräbt die Fundamente des Gemeinwesens.[73]

---

werteschaffenden Leistungen von Familien im Kontext von Wirtschaft und Gesellschaft, in: Krüsselberg/Reichmann, Zukunftsperspektive Familie und Wirtschaft, Vektor 2002, S. 87 ff.
73 Ausführlich Borchert, Jürgen, Familie und soziale Sicherheit, Pediatrics 40/2001, S. 519 ff.; di Fabio, Udo, Am demographischen Abgrund, FAZ v. 12.10.2002, S. 7.

Teil 2: Ursachen der Deklassierung von Familien

Ungeachtet der Frage der bevölkerungspolitischen Wirksamkeit kommt der Familienpolitik als der neuen Sozialpolitik des 21. Jahrhunderts schon wegen der qualitativ wachsenden Anforderungen an das Humanvermögen und die optimale Abstimmung der wirtschaftlichen Ressourcen eine Schlüsselfunktion zu, namentlich für die Wirtschaftspolitik. Den epochalen Trend der Deklassierung der Familie zu beenden und umzukehren, wird ihre vordringliche Aufgabe sein. Hierfür muss sie sich jedoch zunächst der Ursachen dieses Phänomens vergewissern. Die gängigen Deutungsmuster – Arbeitslosigkeit, Trennung und Scheidung, unzureichende Kontrolle von Konsumwünschen, berufliche Bildungsdefizite, mangelnde Vereinbarkeit von Familien- und Erwerbsarbeit[74] – enthalten zwar punktuelle Ansätze, greifen insgesamt jedoch offensichtlich zu kurz. So ist beispielsweise festzustellen, dass die Zahlen der Sozialhilfeempfänger auch in all jenen Jahren weiter stiegen, in welchen die Arbeitslosenziffern deutlich sanken, insbesondere in den Zeiträumen von 1975 bis 1980 und von 1985 bis 1990.

Grafik 1: Entwicklung der Arbeitslosenzahlen und Sozialhilfebezieher 1976-1990 (Hilfe zum Lebensunterhalt)

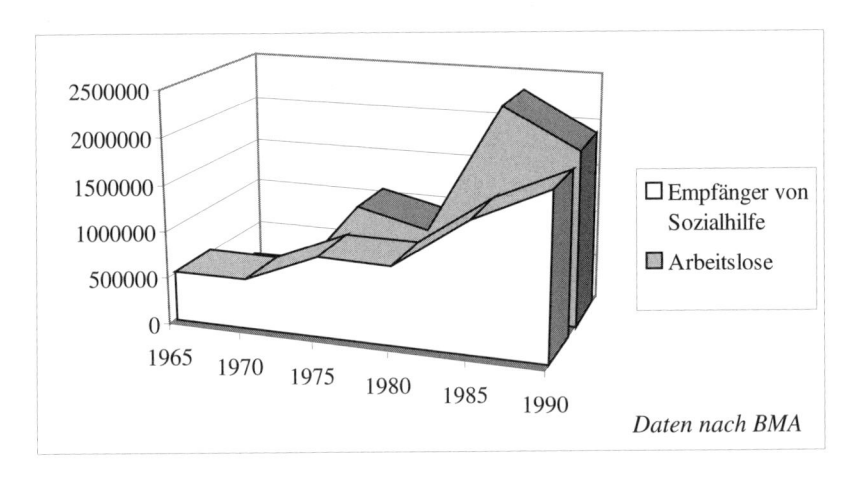

---

[74] Exemplarisch der Armutsbericht 2001, S. 88 ff.; offenbar gerieten tiefergehende analytische Ansätze, wie sie die Autoren des Dritten und Fünften Familienberichts – BT-Drucks. 8/3121 und 12/7560 – entwickelt haben, bereits in Vergessenheit.

Teil 2: Ursachen der Deklassierung von Familien 51

Zwar ist unstreitig, dass Kinder die bei zwei erwerbstätigen Eltern aufwachsen, ein vergleichsweise geringes Armutsrisiko haben,[75] jedoch muss die weitere Tatsache nachdenklich machen, dass selbst eine beträchtlich gestiegene Müttererwerbstätigkeit den Deklassierungsprozess der Familien nicht aufhalten konnte (siehe die nachfolgende Tabelle):[76]

Tabelle 3: Entwicklung der Müttererwerbstätigkeit in den alten Bundesländern

im Alter von .... bis unter ... Jahre	1960	1998	Anstieg der Erwerbsquote - in Prozent -
25-30	52,7 %	73,8 %	40,0 %
30-35	45,1 %	72,5 %	60,8 %
35-40	45,4 %	72,8%	60,4 %

(Quelle: Statistisches Bundesamt, Datenreport 1999, Bonn 2000, S.88.)

Versäumt wird auch, sich Rechenschaft darüber abzulegen, ob eine vermehrte Erwerbsbeteiligung die Einkommenssituation tatsächlich grundlegend verändert, oder ob nicht durch das Überschreiten von leistungsschädlichen Grenzen z.B. beim Wohngeld oder bei den Kindergartengebühren sogar negative Nettoeffekte entstehen.[77] Erst recht vermögen solche Ansätze nicht den Befund wachsender Familienarmut inmitten wachsenden Wohlstandes und eines expandierenden Sozialstaates zu erklären. Bei der Entschlüsselung des Phänomens, dass selbst die rasche Ausweitung des Kindergeldes/der Freibeträge seit 1990 infolge der Interventionen des Bundesverfassungsgerichts den Trend nicht umkehren konnte, versagen sie vollends. Gemeinsam ist solchen Erklärungsansätzen nur, dass sie die Ursachen zumindest zu großen Teilen dem Bereich individueller Verantwortlichkeiten zuordnen und damit die Politik entlasten. Dabei bieten gerade die Realitäten der Familienpolitik Anlass zu scharfer Kritik, wie zu zeigen sein wird.

Offenkundig bedarf es also eines Methodenpluralismus aus historischen, soziologischen, ökonomischen und rechtlichen Elementen, um den Kern des Familienproblems zu erfassen. Dabei wird erkennbar, dass die Familie paradoxerweise vor allem ein Opfer des Ausbaus der Aktivitäten des Sozialstaats wurde, der einst zu ihrer Funktionsentlastung entstanden war.

---

75 Dazu Eggen, Bernd, Armut und Anspruchsdenken? – Familien in der Sozialhilfe, Baden-Württemberg in Wort und Zahl 5/97, S. 210 ff.
76 In Baden-Württemberg stieg die Erwerbsquote der Frauen mit Kindern unter 18 Jahren von 49,4 v.H. im Jahre 1976 auf immerhin 68,9 v.H. in 1999, vgl. John, Birgit/Schmidt, Heike in: Sozialministerium Baden-Württemberg (Hg.), Erziehungsurlaub – Regelungen, Inspruchnahme und Evaluation, Stuttgart 2001, S. 104 ff.
77 Vgl. die Fallschilderung in der Zeitschrift des Bundes der Steuerzahler, September 2001, S. 167: Bei einer halbtags beschäftigten Ehefrau verbleiben von einem Bruttolohn von 1.124,86 € netto nur 396,16 € (Gesamteinkommen des Ehepaares: 76.694,96 €)!

I. Industrialisierung und Familie

In der vorindustriellen Gestalt des „Ganzen Hauses" waren, abgesehen einmal von den Unterstützungsregeln der Zünfte, die Familie und das System der sozialen Sicherheit im Wesentlichen identisch. Die Funktionsteilung entwickelte sich erst im Zuge der Industrialisierung.[78] Paradoxerweise bedeutete die industrielle Revolution dabei für die Familien einerseits die große Erlösungstat, andererseits schuf sie im Bunde mit der alle Bereiche durchdringenden Markt- und Geldwirtschaft Bedingungen, welche die Familie gegenüber anderen Lebensformen systematisch benachteiligte.

1. Vom Kinderreichtum zur Familienlast

Erst seit der Industrialisierung waren Heirat und Nachwuchs nicht mehr nur den erbenden und besitzenden Erstgeborenen erlaubt, sondern nun waren auch nachgeborene Kinder aufgrund ihrer Arbeitskraft dazu in der Lage und berechtigt, eine Familie zu gründen. Anderseits waren die Arbeitseinkommen als Markteinkommen „individualistisch verengt" und losgelöst von der Frage, wie viele Personen davon jeweils leben mussten. Die neue Ordnung war auf den homo oeconomicus als Einzelmenschen zugeschnitten.[79] Infolge des Verbots der Kinderarbeit und der Einführung und steten Verlängerung der Schulpflicht verloren Kinder gleichzeitig ihren wirtschaftlichen Nutzen als Arbeitskräfte und wurden für Eltern zur ökonomischen Belastung.[80] Schließlich führte die Verlagerung des Arbeitsplatzes aus der überkommenen Wirtschafts- und Sicherungsgemeinschaft des „Ganzen Hauses" zur Trennung von Arbeit und Beruf. Kindererziehung blieb nicht länger eine Gemeinschaftsaufgabe, sondern oblag allein den Eltern der Kernfamilien außerhalb des formellen Wirtschaftssektors als Privatsache. Zur individualistischen Ausgangslage gesellte sich so eine „privatistische" Betrachtungsweise.[81] Damit wurde der ökonomische Wert der Kindererziehung als Schaffung des Humanvermögens aus dem Blick verloren, wie bereits Friedrich List treffend feststellte: „Wer Schweine erzieht, ist ein produktives und wer Menschen erzieht, ein unproduktives Mitglied der Gesellschaft!"[82] Mit der Zer-

---

78 Dazu Mitterauer, Michael, Grundtypen alteuropäischer Sozialformen, Stuttgart 1979, S. 35 ff.
79 Vgl. hierzu die Zusammenfassungen bei Schreiber, Wilfried, Existenzsicherheit in der industriellen Gesellschaft, Köln 1955, S. 5 ff. und Engels, Wolfram, Der Kapitalismus und seine Krisen, Düsseldorf 1996, S. 11 ff.; ferner Kaufmann, Franz-Xaver, Die Familie als Lasttier der Nation, Eichholz-Brief 1/95, S. 26 ff.
80 So schrieb z.B. Adam Smith, Der Wohlstand der Nationen, London 1776 (hier nach: München 1974, S. 61): „Die Arbeit eines Kindes wird, bis es das Elternhaus verlassen kann, auf 100 Pfund reinen Gewinn geschätzt [...] Der Nutzen eines Kindes ist der stärkste Anreiz zur Heirat, so dass wir uns nicht zu wundern brauchen, wenn die Nordamerikaner im allgemeinen sehr jung heiraten."
81 Dazu auch Wingen, Max 2002, Teil B – Dokumentation; Meier, Uta, „Arbeit aus Liebe": Das Trivialisierungsphänomen weiblicher Alltagsarbeit und seine verhängnisvollen Folgen, in: v. Tippelskirch/Spielmann (Hg.), Solidarität zwischen den Generationen, Stuttgart/Berlin/Köln 2000, S. 17 ff.
82 List, Friedrich, Das nationale System der politischen Ökonomie, Basel 1959, S. 151 (Nachdruck); bezeichnend auch das Schumpeter Theorem von 1907: „Die Menschen sterben, neue werden geboren

störung des Bindeelementes der gemeinsamen Arbeit löste sich auch die überkommene Sicherungsgemeinschaft des „Hauses" immer mehr auf. Ein großer Teil der herkömmlichen Funktionen der Familien, insbesondere die Kranken- und Altenfürsorge, gingen auf spezielle gesellschaftliche Leistungsträger über.[83] Weil die soziale Sicherung am Arbeitsverhältnis anknüpfte, verlängerte sich dessen individualistische Engführung zwangsläufig in den dynamisch wachsenden Bereich der sozialen Sicherung hinein.[84]

2. Die Rolle des Unterhaltsrechts

Eine besondere Rolle in diesem Prozess spielte schließlich die Kodifizierung des Verwandtenunterhaltsrechts im Bürgerlichen Gesetzbuch (BGB), welches im Jahre 1900 in Kraft trat. Dessen rechtliche Struktur, die schematisch nur in vertikaler Richtung die Beziehungen innerhalb der blutsverwandten (Kern-) Familie regelt und dabei das bürgerlich-rechtliche System individueller Anspruchsbeziehungen nicht antastet, beinhaltet die normative Abkehr von dem ursprünglichen kollektiven Unterhaltsverband der Familie. Mit der gesteigerten Unterhaltspflicht in absteigender Linie und dem Ausschluss des Unterhaltsanspruchs bei fehlender Leistungsfähigkeit des Verpflichteten in aufsteigender Linie stellte es die materiellrechtliche Vorbedingung dar, um die Umverteilung des Einkommens der Aktiven-Generation hinsichtlich der Kinder im Rahmen der Familie, hinsichtlich der Alten auf dem Wege gesellschaftlicher Umverteilung durchzusetzen. Insbesondere die Abhängigkeit der Unterhaltsansprüche der Alten-Generation von der Leistungsfähigkeit der Aktiven-Generation bedeutete für die Ausweitung der durch Pflichtbeiträge finanzierten Sozialversicherung, dass

---

[…], und so kann man in der Tat, ohne sich besonders Gewalt anzutun, die stets vorhandene Arbeitskraft ähnlich behandeln wie das Land. Wohl muss im Gegensatz zu letzterem eine Reproduktion erfolgen, aber dieselbe fällt aus dem Rahmen ökonomischer Betrachtung heraus", Schumpeter, Alois J., Das Rentenprinzip in der Verteilungslehre, in: Aufsätze zu ökonomischen Theorie, Tübingen 1952, 213. Die – unkritische – moderne Variante findet man bei Schneider, StuW 1984, S. 364 f.: Gerade die Menschenwürde verlange, „das Markteinkommen und nicht das zur Vermögensmehrung disponible Einkommen zu besteuern; denn das Kinderaufziehen ist kein ökonomischer Sachverhalt, vergleichbar mit dem Füttern junger Kälber zur Erhaltung der Viehherde als Vermögensstamm". Zum „chrematistischem" und „ökonomischem" Prinzip vgl. Immler, Hans, Vom Wert der Natur. Zur ökologischen Reform von Wirtschaft und Gesellschaft, Opladen 1989, S. 39 ff.

83 Dazu Borchert, Jürgen, Die Berücksichtigung familiärer Kindererziehung im Recht der gesetzlichen Rentenversicherung, Berlin 1981, S. 144 ff. (mwN). In der Transformation von der Agrar- zur Industriegesellschaft, während mit der technologischen Einheit von Haushalt und Betrieb verloren ging und sich das Denken in Geldgrößen durchsetzte, sieht auch Oswald von Nell-Breuning eine wesentliche Ursache für den Verlust des Verständnisses der realen Zusammenhänge zwischen Produktion und Reproduktion, in: Gleichstellung der Frau in der sozialen Rentenversicherung, in: v. Schweitzer, Rosemarie, Leitbilder für Familie und Familienpolitik, Festschrift für Helga Schmucker, Beiträge zur Ökonomie von Haushalt und Verbrauch, Heft 16, Berlin 1981, S. 122 f.

84 Dazu siehe Wingen, Max, Die wirtschaftliche Eigenverantwortung in der Familienpolitik, Die neue Ordnung 1961, S. 8 ff.; zu subtilen Konsequenzen für die Einkommensverteilung zwischen Familien und Ungebundenen („vierfache Diskrepanz" des Einkommens- und Lebensbedarfs der Familien) derselbe, Familienpolitik – Ziele, Wege und Wirkungen, 2. Auflage, Paderborn 1965, S. 35 ff.; ferner Bertram, Hans 2000.

Pflichtenkollisionen in der Person der Aktiven – zwischen der Unterhaltspflicht für die Alten-Generationen im familiären Rahmen und der Beitragspflicht für die Rentenversicherung im sozialen Rahmen – rechtlich verhindert wurden. Solange allerdings die Leistungen der Sozialversicherungen und damit die Beiträge noch niedrig blieben, stand der privat erbrachten Vorleistung der Eltern prinzipiell auch eine Gegenleistung der Kinder in Form von Unterhaltsansprüchen der Eltern gegenüber.[85]

3. Die „Transferausbeutung" der Familie

Der entscheidende Schritt zur Verdrängung der familiären Altenversorgung und dem Wechsel zum sozialen „Generationenvertrag"[86] wurde in Deutschland schließlich mit der Rentenreform des Jahres 1957 unternommen. Bis dahin war die Alterssicherung überwiegend noch auf familiärer Basis erfolgt, die Renten hatten allenfalls Taschengeldcharakter.[87] Von einem Tag zum anderen wurden die Renten jedoch auf ein lohnersetzendes und lebensstandardsicherndes Niveau angehoben. Weil hierfür allerdings die Beitrags- und Steuerlast der Nachwuchsgeneration enorm gesteigert werden musste, verringerte sich in entsprechendem Maße ihre Fähigkeit zur Leistung innerfamiliären Unterhalts an die Eltern. Während Kinderlose, deren Renten realwirtschaftlich ausnahmslos von den Kindern anderer Leute aufzubringen sind, so die großen Gewinner der Reform waren, wurden vor allem die Mütter durch das neue System um ihre originären und genuinen Ansprüche auf Altersunterhalt geprellt. Folgerichtig zeichnete sich ab Ende der 1950er Jahre die Altersarmut speziell von Müttern scharf als neues Phänomen und kardinales Problem der Sozialpolitik ab.[88] Die Asymmetrie zwischen der Privatisierung der Kinderlasten und der Sozialisierung des Kindernutzens, die sich über mehr als fünf Jahrzehnte zunehmend verschärft hatte, wurde durch dieses System der „Transferausbeutung der Familien"[89] strukturell prägend für die Sozialordnung der Bundesrepublik.

---

85 Vgl. dazu Ruland, Franz, Familiärer Unterhalt und Leistungen der sozialen Sicherheit, Berlin 1973, S. 236 ff.
86 Soweit ersichtlich war es das International Labour Office, welches im Jahr 1942 den Begriff sinngemäß erstmals verwandte: „Die Verpflichtung der Eltern, das Kind in der Kindheit zu unterstützen, entspricht der Verpflichtung des Kindes, die alten Eltern zu unterstützen; diese Verpflichtung kehrt in der Sozialversicherung in Form der Solidarität der Generationen wieder", ILO, Approaches to Social Security, 1942, S. 1. Allerdings hatte schon Bismarck, übrigens ein Anhänger des Umlageverfahrens, die Ansicht vertreten, dass „kooperative Verbände nicht sterben", dass sich die unbeschränkte Dauer der neuen Versicherung im Staat begründe und dass es der Staat – und nicht mehr die Familie – sei, welcher die „nie unterbrochene Folge versicherter Generationen" garantiere, nach Manow, Philip, Individuelle Zeit, institutionelle Zeit, soziale Zeit, in: Zeitschrift für Soziologie, Jg. 27, Heft 3, Juni 1998, S. 193 ff. (197).
87 Borchert, Jürgen, Renten vor dem Absturz, Frankfurt am Main 1993, S. 43 ff.
88 Vgl. dazu die Frauenenquete, BT-Drucks. V/909; Döring, Diether, Soziale Sicherheit im Alter? Berlin 1997, S. 26 ff, weist zudem auf den starken Spreizungseffekt der neuen Rentenformel zu Lasten von Frauen hin.
89 Grundlegend Suhr, Dieter, Transferrechtliche Ausbeutung und verfassungsrechtlicher Schutz von Familien, Müttern und Kindern, Der Staat 1/1990, S. 69 ff.

II. Die bundesdeutsche Familienpolitik seit der Rentenreform 1957[90]

1. Politik contra Sachverstand

Es ist eine Ironie der bundesdeutschen Sozialgeschichte, dass die der Rentenreform 1957 zu Grunde liegenden Konzepte genau das Gegenteil bewirkt haben: Sie wollten nämlich die Transformation der Gesellschaft bürgerlicher Kleinfamilien zu einer familiären Bürgergesellschaft. So stellte der Kieler Ökonom und Soziologe Gerhard Mackenroth in seinem legendären Vortrag „Die Reform der Sozialpolitik durch einen deutschen Sozialplan" vom 19. April 1952 vor dem Verein für Sozialpolitik die Korrektur des Individualprinzips durch das Familienprinzip in das Zentrum seiner Überlegungen.[91] Hieran anknüpfend bezeichnete ein Jahr später der Arzt und Ökonom Ferdinand Oeter das Rentensystem als „Frondienst der Eltern für Kinderlose"[92]. Auch der unmittelbare Urheber der 1957 schließlich umgesetzten dynamischen Rente, der Ökonom und Mathematiker Wilfried Schreiber (selbst kinderlos), hatte 1955 in seiner Denkschrift „Existenzsicherheit in der industriellen Gesellschaft" die Analyse der veränderten Situation von Familien im Zuge der Industrialisierung an den Anfang seiner Überlegungen gestellt und daraus konsequent die Forderung nach einer Transformation der ursprünglichen binnenfamiliären Unterhaltsströme auf die gesellschaftliche Ebene abgeleitet. Es sei unabweisbar, *„dass die Institutionen der Altersrente und des Kindergeldes mit Notwendigkeit zusammengehören und als Einheit gesehen werden müssen, weil beiden der gleiche einheitliche Tatbestand*

---

90 Vgl. hierzu insbesondere das Referat von Max Wingen 2002 – Teil B – Dokumentation – aus der Perspektive eines bereits seit Ende der 1950er Jahre involvierten Zeitgenossen.
91 „Hier erwächst der Sozialpolitik noch einmal eine neue Aufgabe, die sozialpolitische Großaufgabe des 20. Jahrhunderts: Familienlastenausgleich, meines Erachtens der einzig soziale sinnvolle Lastenausgleich, denn sein Richtmaß ist nicht vergangener Verlust, sondern eine gegenwärtige Leistung, deren Lasten ausgeglichen werden sollen: die Lasten für das Aufbringen der jungen Generation, ohne die kein Volk und keine Kultur ihre Werte erhalten und tradieren können, müssen gerecht verteilt werden, sodass das Volk nicht durch eine falsche Verteilung dieser Lasten seinen Bestand gefährdet […] Ich möchte nur keinen Zweifel daran lassen, dass es mit einer Politik der kleinen Mittel nicht getan ist – alle solchen Maßnahmen würden hoffnungslos verpuffen –, sondern dass es sich hier um eine ganz große Einkommensumschichtung und eine grundsätzliche Neugestaltung der Verteilungsordnung handeln muss, wenn man damit etwas ausrichten will, eine Umschichtung nicht zwischen Einkommens – und Sozialschichten, sondern innerhalb jeder Schicht zwischen den Familien und den Ungebundenen […] Das Familienprinzip muss über eine viel stärkere Berücksichtigung des Kindes und des Jugendlichen durchgesetzt werden, des noch nicht arbeitsfähigen Schulkindes und der Lehrlinge bis zum Abschluss ihrer Ausbildung", in: Böttcher (Hg.), Sozialpolitik und Sozialreform, Tübingen 1957, S. 43 ff.
92 Oeter, Ferdinand, Frondienstpflicht der Familie?, Frankfurter Heft 6/1953, 438 ff.; die Ausführungen wurden wörtlich vom hochkarätig besetzten „Arbeitsausschuss für die Große Steuerreform" in seinem 1954 erstatteten Bericht an den Finanzausschuss des Bundesrates übernommen, vgl. Troeger (Hg.), Diskussionsbeiträge des Arbeitsausschusses für die Große Steuerreform, Stuttgart 1954, S. 22 f.; Ferdinand Oeter ist im Übrigen der Urheber des Konzeptes der Beitragsstaffel nach Kinderzahl, welches er in der Aufsatzreihe „Die Überwindung des Fürsorgestaates durch soziale Strukturpolitik", 5. Folge, Ärztliche Mitteilungen 8/1956, beiläufig entwickelte. Ausführlich zum „Schreiberplan" Wingen, Max, Drei-Generationen-Solidarität in einer alternden Gesellschaft, Neuwied 1988 (Schriftenreihe der Deutschen Liga für das Kind).

und dasselbe Problem zu Grunde liegen". In der industriellen Gesellschaft, in welcher sich fast 80 v.H. Arbeitnehmerfamilien befänden, stelle sich erstmalig das Problem der Verteilung des Lebenseinkommens auf die drei Lebensphasen: Kindheit und Jugend, Arbeitsalter, Lebensabend. Der unverheiratete Facharbeiter habe es gut, während es den kopfreichen Familien, den Kindern und den Alten manchmal schlecht gehe. Notwendig sei also ein Familieneinkommen, welches sowohl das Aufziehen von Kindern wie die Versorgung der Alten ermögliche. Annähernd spiegelbildlich zur Altersrente sollte nach seinen Vorstellungen deshalb ein Jugendrentensystem mit einem nach Kinderzahl gestaffelten Beitragssatz geschaffen werden. Ausgehend vom wirtschaftlichen Grundprinzip, dass immer die mittlere Aktiven-Generation die beiden unproduktiven Generationen der Kinder und Alten versorgen müsse, sei dies notwendig, um parasitäre Verteilungsverhältnisse zwischen Familien und Kinderlosen zu verhindern und intergenerationellen Ungleichgewichten der Lastenverteilungen vorzubeugen.[93] Auch Oswald von Nell-Breuning, dessen positives Votum für die Altersrente im „Schreiberplan" den Durchbruch gebracht hatte, sah die Dinge genau so: „Damit mündet die Frage der Alterssicherung in die Frage: wie ermöglichen wir wirtschaftlich die Aufzucht der nachwachsenden Generation?"[94] Solange diese Frage nicht gelöst sei, hänge die „ganze Alterssicherung in der Luft"[95].

In der Politik fanden diese klaren Analysen und Vorschläge jedoch aus mehreren Gründen kein Gehör. Zum einen stand jede Form von Familienpolitik im Zwielicht nationalsozialistischer Bevölkerungspolitik, zum anderen war kurz zuvor (1954) nach erbitterten ideologischen Auseinandersetzungen gerade das „Gesetz zur Einführung von Familienausgleichskassen" verabschiedet worden, drittens hielt Bundeskanzler Konrad Adenauer die Jugendrente für zu teuer, viertens seien Kinder (im Gegensatz zu den Alten) keine Wähler und fünftens endlich meinte er: „Kinder bekommen die Leute immer!" Kürzer fasste sich der Abgeordnete Schmücker: „Wir lassen uns auch durch besseren Sachverstand nicht überzeugen!"[96]

---

93 Schreiber: „Wer sein Alter wirtschaftlich sichern will, tut nicht genug daran, im Laufe seines Arbeitslebens irgendwelche Einkommensteile dem Konsum zu entziehen – das genügt nur, um seinen relativen Anspruch, gemessen an dem anderer, zu sichern – er muss vielmehr zugleich mit dafür sorgen, dass in seinem Alter auch genügend komplementäre Arbeitskraft zu dem allenfalls kumulierten Sachkapital vorhanden ist, und das kann er nur, indem er für Nachwuchs sorgt. Wer kinderlos oder kinderarm ins Rentenalter geht und, mit dem Pathos des Selbstgerechten, für gleiche Beitragsleistung gleiche Rente verlangt und erhält, zehrt im Grunde parasitär an den Mehrleistungen der Kinderreichen, die seine Minderleistung kompensiert haben" (S. 34 f.); der Schreiberplan von 1955 erfährt im Gutachten des Wissenschaftlichen Beirats für Familienfragen „Gerechtigkeit für Familien", Stuttgart 2001 gegenwärtig seine Renaissance, vgl. dort S. 199 ff. – vgl. dazu noch unten, Teil 3, VII.5., S. 110f.
94 Sicherung der Existenz, Rheinischer Merkur Nr. 35 v. 26.6.1955.
95 Von Nell-Breuning, Oswald, Die Produktivitätsrente, Zeitschrift für Sozialreform (ZSR) 1956, S. 97 ff.
96 Vgl. dazu Borchert, Jürgen, Innenweltzerstörung, Frankfurt am Main 1989, S. 66; Borchert, Jürgen, Renten vor dem Absturz, Frankfurt am Main 1993, S. 60 ff. (jeweils mwN).

Teil 2: Ursachen der Deklassierung von Familien 57

Dadurch war ein System etabliert, in welchem individuelles Rationalverhalten zu kollektivem Fehlverhalten führt – ein System „mit eingebauter Selbstzerstörung"[97].

2. Vom Stillstand zum Rückschritt

Die Tatsache, dass das politische System der jungen Bundesrepublik Deutschland die Familienfrage nicht erkannte oder erkennen wollte, dürfte noch mindestens drei weitere Gründe gehabt haben: Zum einen kletterte die Geburtenrate seit Ende der 1940er Jahre steil nach oben und katapultierte Deutschland im europäischen Vergleich auf einen Spitzenplatz hinter Irland. Zum anderen lag der Anteil lebenslang Kinderloser an der Gesamtbevölkerung bei nur knapp zehn Prozent. Unter diesen Bedingungen war bei oberflächlicher Betrachtung allenfalls eine geringe Notwendigkeit für einen Familienlastenausgleich zu erkennen. Zudem bestand kein Anlass, sich über eine nachteilige Veränderung der Bevölkerungsstruktur Gedanken zu machen, denn aufgrund der Geburtenausfälle in und nach dem Ersten Weltkrieg sowie der Todesfälle im Zweiten Weltkrieg und dem „Babyboom" der Nachkriegszeit stand Deutschland vor einer Epoche außerordentlich niedriger Altenlasten.

Immerhin wurde das duale System des Familienlastenausgleichs aus Kindergeld und Steuerfreibeträgen bis 1961 trotz der hohen Geburtenzahlen weiter ausgebaut und erreichte damals, gemessen am relativen Lohnniveau, seinen Höchststand. Das ist deswegen bemerkenswert, weil sowohl der Anteil der Kinderlosen mit knapp 10 v.H. und der Anteil der Senioren mit relativ hohen Alterseinkommen im Vergleich zu heute und damit die Notwendigkeit eines Familienlastenausgleichs gering war. Additiv wurden Kinder sowohl durch Steuerfreibeträge als auch Kindergeld berücksichtigt. Die Freibeträge beliefen sich 1961 für das erste bis zum dritten und weitere Kinder auf ca. 460/860/920 € und Kindergeld wurde ab dem zweiten Kind in Höhe von 12,78 €/Monat, ab dem dritten und für weitere Kinder in Höhe von 20,45 € geleistet.[98] Um einen Anhaltspunkt für die Umrechnung der Werte zu haben, kann man davon ausgehen, dass sich die Arbeitsverdienste von 1961 bis 1999 nominal rund verzehnfacht haben.[99] Trotz einer Erhöhung der nominalen Verdienste um fast das Vierfache gab es danach bis 1974 keine korrespondierenden Erhöhungen der Freibeträge; lediglich das Kindergeld für dritte und weitere Kinder wurde um 5,11 bis 10,22 € auf den Höchststand von schließlich 30,68 € ab dem dritten und 35,79 € ab dem fünften Kind erhöht, wobei jedoch seit 1961 eine Einkommensgrenze von 3.681,36 € galt, welche sukzessive bis 1974 auf 9.387,46 € angehoben wurde. Ab 1975 wurden sodann die Freibeträge bis zu ihrer zaghaften Wiedereinführung im Jahre 1983 abgeschafft und das einheitliche Kindergeld eingeführt,

---
97 Ziegler, Alter in Armut, Hamburg 1992, S. 37.
98 Borchert, Jürgen 1993, S.188 f.; Lampert, Heinz, Priorität für die Familie, Berlin 1996, S. 154 f.
99 IW, Zahlen 1999, S. 59 ff.

welches für das erste Kind bis 1991 unverändert bei 25,56 € blieb. Diese Entwicklung beinhaltete eine zunehmende Aushöhlung der Kinderkomponenten und führte dazu, dass die Selbstfinanzierungsquote des praktizierten Familienlastenausgleichs sich rasch erhöhte und dessen Effizienz gleichzeitig minderte.[100]

3. 1983-1990: Perplexe Familienpolitik

Einer kritischen Betrachtung wert ist auch die „familienpolitische Offensive des 10-Milliarden-Mark-Pakets" aus Erziehungsgeld u.ä. 1983-1986, wofür der damalige Bundesfamilienminister Heiner Geißler verantwortlich zeichnete. Jede Mark in diesem Paket stammte nämlich aus Kürzungen und Minderausgaben anderer familienpolitischer Leistungen: Einschränkungen beim Kindergeld, der Ausbildungsförderung, dem Mutterschutzgesetz und steuerlichen Entlastungen. Real war die Förderung für Familien mit Kindern 1986 um etwa 500 Mio. € niedriger als 1981. Berücksichtigt man noch die Preissteigerungsrate von 13,8 v.H. gegenüber 1981, so ergibt sich sogar ein Fehlbetrag von über zwei Mrd. €.[101]

Ein Beispiel für eine durch die Politik herbeigeführte drastische Verschlechterung der relativen Einkommensposition von Familien ist schließlich die Steuerreform 1985/90, welche seinerzeit Familienministerin Süßmuth als „besonders familienfreundlich" etikettierte.[102] Tatsächlich waren die Kinderlosen aber die klaren Gewinner dieser Reform: Bei einem Bruttolohn von 30.678 € erfuhr der Single z.B. eine Entlastung von 2.326,93 €, die vierköpfige Familie aber nur von 1.327,33 €.[103] Folge: Die Einkommenskluft zwischen Familien und Nichtfamilien wuchs rasant.[104] Vor diesem Hintergrund hätte sich für die ökonomische Familienwissenschaft eine Auseinandersetzung mit der Frage aufdrängen müssen, welche Einflüsse die wachsende Marktkonkurrenz durch den zunehmenden Anteil allein Stehender und wohlhabender Senioren auf die Marktposition von Familien haben. Es dürfte nämlich einleuchten, dass deren Einkommensüberhänge infolge fehlender Unterhaltsverpflichtungen das Preisniveau vieler Güter zum Nachteil der Familien beeinflussen, z.B. auf dem Wohnungsmarkt. Tatsache ist jedenfalls, dass die Situation der Familien umso schlechter wurde, je

---

100 Vgl. zu diesem „Inzidenzproblem" Albers, Willi, Zur Reform des Familienlastenausgleichs in der Bundesrepublik Deutschland, in: Sozialer Fortschritt 1967, S. 199 ff. und Schäfer, B., Entlastungs- und Verteilungswirkungen alternativer Lastenausgleichsmodelle, in: Petersen u.a. (Hg.), Wirkungsanalysen alternativer Steuer- und Transfersysteme, Frankfurt am Main/New York 1992, S. 117 f.
101 Schnabel, H., Lieben wir Kinder? Bilanz der Familienpolitik der 80er Jahre, Schriftenreihe der Liga für das Kind e.V. Nr. 13/2. Auflage, Neuwied 1987.
102 Wider besseres Wissen, vgl. Borchert, Jürgen, Innenweltzerstörung, Frankfurt am Main 1989, S. 69 ff.
103 Vgl. dazu ausführlich Borchert, Jürgen/Oeter, Ferdinand, Familienpolitik und Steuerreform, in: Orientierungen zur Wirtschafts- und Gesellschaftspolitik (Hg.: Ludwig-Erhard-Stiftung), März 1988, S. 58 ff.; vgl. ferner das Gutachten des Wissenschaftlichen Beirats für Familienfragen beim Bundesfamilienministerium „Familienpolitik nach der Steuerreform" vom Oktober 1988.
104 Zu Recht wurde es von Familienverbänden seinerzeit wie Hohn empfunden, dass gleichzeitig Kleintierzüchtern und Karnevalsjecken erhebliche Steuervergünstigungen gewährt wurden, vgl. § 53 AO.

geringer die Kinderzahlen ausfielen und je stärker der Anteil der „Kinderlosen"[105] wurde.

4. Sisyphos in Karlsruhe

Dass sich die relative Lage der Familien über drei Jahrzehnte kontinuierlich verschlechtert hatte, konnte der Politik nicht verborgen geblieben sein, hatte doch schon der Dritte Familienbericht von 1978 dazu klare Worte gefunden.[106] Unüberhörbar waren auch die Kommentare des Präsidenten des Bundesverfassungsgerichts Wolfgang Zeidler.[107] Substanzielle Reaktionen auf die klar erkennbare, immer prekärere Lage der Familien blieben jedoch aus. Erst nachdem sich seit 1990 das Bundesverfassungsgericht der Dinge angenommen und mit einer Reihe von spektakulären Entscheidungen und Verfassungsaufträgen die Politik zum Handeln gezwungen hatte,[108] kam Bewegung in die Familienpolitik. So findet sich knapp ein Jahr nach dem „Trümmerfrauenurteil" in der Antwort der Bundesregierung auf die Große Anfrage der SPD „Entwicklung des Kinderlastenausgleichs und des Bundeserziehungsgeldgesetzes" vom 17. Juni 1993 die Feststellung, der Verfassungsauftrag, die Benachteiligung von Familien gegenüber Kinderlosen Schritt für Schritt abzubauen, beziehe „sich auf alle Elemente der Familienförderung gleichermaßen" und habe „Bedeutung nicht nur für den Bund, sondern für alle staatlichen Ebenen"[109]. In ihrer Stellungnahme zum Fünften Familienbericht, der erneut die strukturelle Rücksichtslosigkeit des gesellschaftlichen Systems für die Familien und ihre desolate Lage dokumentiert hatte, erklärte die Regierungskoalition am 15. Juni 1994 mit Rücksicht auf die Verfassungsrechtsprechung zudem auch unumwunden den „Abbau der wirtschaftlichen Benachteiligung von Eltern im Vergleich zu Kinderlosen" zu ihrem vorrangigen Politikziel.[110]

Tatsächlich wurde das Erstkindergeld seit 1990 von 25,56 € auf 154 € im Jahr 2002 bzw. der Kinderfreibetrag von 1.546,17 € auf 5.808 € angehoben. Ferner wurde das Erziehungsgeld verlängert. Fragt man nach dem Effekt dieser Maßnahmen auf die relative Einkommensposition der Familien, ist das Ergebnis indes ernüchternd. Wie empirische Untersuchungen des Statistischen Landesamts Baden-Württemberg „Einkommensverhältnisse junger Ehepaare in Baden-Württemberg" zu Tage förderten, blieb das Verhältnis der Nettoeinkom-

---

105 Einschließlich der Eltern erwachsener Kinder!
106 BT-Drucks. 8/3121.
107 Z.B. im SPIEGEL Nr. 50/1984, S. 52 ff.: Die Gesellschaft habe „nicht mal den Verstand eines Wolfsrudels!" und bei den verantwortlichen Beamten herrsche „Kästchendenken".
108 Vom 22. März 1990 („Beamtenkinder") = BVerfGE 81, 363; vom 29. Mai 1990 („Kindergeld") = E 82,60 und 12. Juni 1990 („Kinderfreibetrag") = E 82, 198; vom 7. Juli 1992 („Trümmerfrauen") BVerfGE 87, 1 ff.; vom 12. März 1996 („additive Anrechnung Kindererziehungszeiten") BVerfGE 94, 241); vom 10.11.1998 („Familienurteil") – BVerfGE 99, 216; v. 3.4.2001 („Pflegeurteil") – EuGRZ 2001, S. 178.
109 BT-Drucks. 12/5168, S. 36 ff.
110 BT-Drucks. 12/7560, S. IX.

men von kinderlosen jungen Ehepaaren einerseits und jungen Familien anderseits zueinander in den letzten Jahrzehnten nahezu unverändert: Belief sich 1982 das durchschnittliche Pro-Kopf-Einkommen junger Ehepaare mit einem Kind in BW auf 62 v.H. des durchschnittlichen Einkommens kinderloser junger Paare, so waren es 2000 sogar nur noch 60 v.H. Bei einer vierköpfigen Familie beträgt diese Relation 2000 50 v.H., bei drei Kindern 41 v.H.[111] Dieses ernüchternde Ergebnis ist aber nur die halbe Wahrheit. Ein vollständiges Bild muss wegen der Belastung durch indirekte Steuern auch die Verwendung der Nettoeinkommen berücksichtigen. Indirekte Steuern treffen Familien wegen des zwangsläufig höheren Verbrauchs viel härter als Haushalte ohne Kinder.[112] Hier ist in den letzten Jahrzehnten ebenfalls ein stetiger Anstieg zu verzeichnen. So ist allein die Mehrwertsteuer seit 1982 bis zum 1. April 1998 in drei Schritten von 13 v.H. auf 16 v.H. angehoben worden; der ermäßigte Tarif stieg in diesen Zeiträumen auf 7 v.H. Hinzu kam vor allem noch die Ökosteuer. Als Fazit ergibt sich somit, dass die relative Einkommenslage der Familien schlechter ist denn je.

III. Kardinale Deklassierungsursache: Die regressive Belastungsstruktur des Abgabensystems

Wenn aber derart starke Leistungssteigerungen auf der „positiven" Seite der Transfersysteme ohne Erfolg blieben, ja der Anstieg der Sozialhilfebedürftigkeit im Kindesalter in den 1990er Jahren sogar besonders steil verlief, müssen gleichzeitig konterkarierende Entwicklungen mit einem Negativsaldo eingetreten sein, welche nur auf der Einnahmeseite der Systeme stattgefunden haben können. Dass diese Hypothese richtig ist, ist angesichts der enormen Abgabensteigerung in den 1990er Jahren vor allem bei den Sozialversicherungsbeiträgen und den Verbrauchssteuern leicht zu erkennen. Hinzu kommen noch die Abgaben, Gebühren und Beiträge sowie Kostensteigerungen im Bereich der Daseinsvorsorge u.a. Die genauere Betrachtung dieses Befundes fördert auf der Finanzierungsseite der fiskalischen und parafiskalischen Systeme dann eine scharfe Asymmetrie zu Lasten der Arbeitnehmerschaft und speziell der Familien zu Tage, welche zusammen mit der Tatsache der massiven Ausweitung dieser Revenuen über vier Jahrzehnte die Deklassierung der Familie mühelos erklären.

---

111 Vgl. dazu oben Tabelle 1: Entwicklung der Pro-Kopf-Einkommen junger Ehepaare in Baden-Württemberg des Statistischen Landesamtes Baden-Württemberg, S. 35
112 Soweit einzelne Studien dies bestreiten wollen, z.B. DIW-Wochenbericht 38-39/96, S. 625 ff., ist festzustellen, dass die Vergleichsparameter mangels Berücksichtigung des Existenzminimums methodisch ungenügend sind. Realistische Ergebnisse müssten zumindest die Auswirkungen auf die Spar- bzw. Konsumquoten der unterschiedlichen Haushaltstypen einbeziehen, vgl. dazu Kirner, Ellen/Schwarze, Johannes, Zur Einkommenssituation und Einkommensverteilung von Familien mit jüngeren Kindern, DIW, Vierteljahreshefte zur Wirtschaftsforschung, Heft 2, 65. Jahrgang (1996), S. 190 ff.

Teil 2: Ursachen der Deklassierung von Familien   61

1. Die fiskalische Revenue

Betrachtet man zunächst die fiskalische Revenue, so zeigt sich folgendes Bild: Von den Steuereinnahmen der Gebietskörperschaften des Jahres 2002 in Höhe von rund 862,3 Mrd. DM stammten insgesamt rund 319,1 Mrd. DM aus der „Lohnsteuer" und „veranlagten Einkommenssteuer". Weitere knapp rd. 350 Mrd. DM wurden durch die Mehrwertsteuer und die Mineralölsteuer beigetrieben[113].

Tabelle 4: Steuerentwicklung 1990-2002 – in Mrd. DM –
(Bearbeitung: Dieter Eißel)

	1990	1995	2000	2001	2002	Veränderung 1990-2002
Lohnsteuer*	177,6	282,7	326,0	318,0	319,1	+141,5
veranl. Einkommensteuer**	36,5	14,0	24,8	17,2	14,3	-22,2
Körperschaftssteuer	30,1	18,1	48,5	-0,8	5,6	-24,5
Nicht veranl. St. V. Ertrag	10,8	16,9	31,3	40,8	27,4	+16,6
Gewerbesteuer	38,8	42,2	52,9	48,0	52,8a	+14
Vermögensteuer	6,3	7,9	0,8	0,6	-	-6
Erbschaftsteuer	3,0	3,5	5,8	6,0	9,3	+6,3
Umsatzsteuern	146,6	234,6	275,5	271,7	270,3	+123,7
Mineralölsteuer	34,6	64,9	74,0	79,6	82,5	+47,9
Insgesamt	549,7	814,3	982,7	935,2	862,3	+312,6

a geschätzt
* vor Abzug von Kindergeld (ab 1996)
** vor Abzug von Erstattungen des Bundesamtes für Finanzen
Quelle: Statistisches Bundesamt (www.destatis.de), Stand 3.6.2002, Bericht BmFin 2/2003

In den letzten Jahren hat der Anteil indirekter Steuern drastisch zugenommen. Sowohl bei den direkten wie den indirekten Steuern ist ein deutlicher Belastungszuwachs zu konstatieren, der bei der Einkommens-/Lohnsteuer vor allem auf die jahrzehntelange Abschaffung bzw. unzulängliche Dotierung der Kinderfreibeträge zurückzuführen ist, also speziell Familien traf.[114] Eine Längsschnittbetrachtung über 40 Jahre macht deutlich, wie die fiskalische Lastenverteilung nach dem Leistungsfähigkeitsprinzip geradezu auf den Kopf gestellt wurde (siehe nachfolgende Grafik).

---

[113] IW; Zahlen 2001, S.68.
[114] Vgl. Borchert, Jürgen, Kindergeldrecht, in: von Maydell, Sozialrechtslexikon, Luchterhand, 2. Auflage 1994, S. 185 ff; Lampert, Heinz: Priorität für die Familie, Berlin 1996, S. 150 ff.

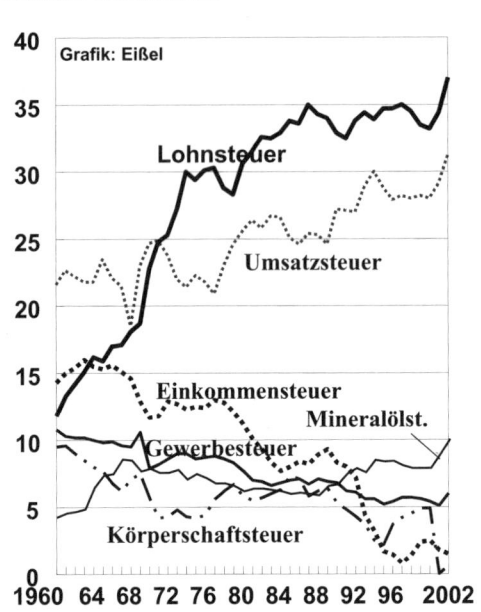

Grafik 2: Steuerentwicklung 1960-2002: Anteil ausgewählter Steuerarten in Prozent der Gesamtsteuereinnahmen

Quelle: Berechnung nach Finanzbericht 1998 S. 234 ff, DIW-Wochenbericht Stat.Bundesamt; ab 1990 Gesamtdeutschland
Anmerkung: Der scharfe Knick ab 1999 im Verlauf der Lohnsteuerkurve beruht vor allem auf der Ersetzung der 20prozentigen Pauschalbesteuerung bei geringfügiger Beschäftigung durch die 22prozentige Sozialabgabenquote.

2. Der Anstieg der indirekten Steuern

Was die indirekten Steuern – Umsatzsteuern, Mineralölsteuer, Ökosteuer, Tabaksteuer, Kfz-Steuer, Bier-, Branntwein-, Versicherungs-, Kaffeesteuer und Zölle und ähnliches – anbetrifft, ist seit 1961 ebenfalls ein stetiger Anstieg zu verzeichnen. So stieg die Mehrwertsteuer von zehn Prozent im Einführungsjahr 1968 bis 1983 in vier Schritten auf 14 v.H., 1993 auf 15 und zum 1. April 1998 auf 16 v.H.; der ermäßigte Tarif stieg in diesen Zeiträumen von 5 auf 7 v.H.. Die Arbeitsgruppe „Familien und Senioren" der SPD-Fraktion im Deutschen Bundestag bezifferte die durchschnittliche Verbrauchssteuerlast auf dem Kindesunterhalt in einem Arbeitspapier bereits 1993 mit 22 v.H.[115] Mittlerweile ist vor allem die Ökosteuer hinzugekommen, für welche in 2003 ein Volumen von 18.8 Mrd. Euro erwartet wird; 15.1 Mrd fließen davon in die Rentenkassen. Der durchschnittliche Vier-Personen-Haushalt wird durch sie mit ca. 37,80 €/Monat belastet.[116]

---

[115] Verantwortlich: Michael Habermann und Christa Hanewinckel.
[116] Dt. Familienverband (Hg.), Die Familie 1/03, S. 13

Teil 2: Ursachen der Deklassierung von Familien 63

3. Die Entwicklung der Sozialversicherungsbeiträge

Die Entwicklung bei den Beiträgen zur Sozialversicherung schließlich stellt die beiden zuvor geschilderten bei weitem in den Schatten. Machten die Arbeitnehmerbeiträge 1961 insgesamt nur 12,3 v.H. (Arbeiter) bzw. 10,1 v.H. (Angestellte) des Bruttolohnes bis zur Bemessungsgrenze aus, so stieg ihr Anteil bis 1992 in kleinen Schritten auf 18.4 v.H., um danach fast katapultartig auf 21,25 v.H. in die Höhe zu schießen (siehe nachfolgende Tabelle), mithin eine runde Verdoppelung seit 1961. Insgesamt erreichte die Beitragssumme zur Sozialversicherung 1998 knapp 358 Mrd. €, davon ca. 174 Mrd. € Arbeitnehmeranteile.

Tabelle 5: Entwicklung der Sozialversicherungsbeiträge seit 1993[117]

	1993	1994	1995	1996	1997	1998*	1999**
Rentenversicherung	17,5	19,2	18,6	19,2	20,3	20,3	19,5
Krankenversicherung	13,5	13,5	13,5	13,5	14,0	14,0	14,0
Arbeitslosenversicherung	6,5	6,5	6,5	6,5	6,5	6,5	6,5
Pflegeversicherung	--	--	1,0	1,35	1,7	1,7	1,7
Sozialbeiträge gesamt	37,5	39,2	39,6	40,55	42,5	42,5	41,9

*Anmerkung: 1998 wurde eine Erhöhung der Rentenbeiträge auf >21 v.H. durch eine Anhebung der Mehrwertsteuer auf 16 v.H. vermieden, die zur Substitution der Rentenbeiträge verwendet wurden.
** Der Beitragssenkung 1999 bei der Rentenversicherung lag eine entsprechende Substitution durch die Ökosteuer zu Grunde.

4. Belastungswirkung der Transfersysteme „regressiv"

Für alle drei Revenuearten – Beiträge, Einkommens-/Lohnsteuern und Verbrauchssteuern – gilt nun zunächst, dass sie die niedrigen Einkommen überproportional belasten:

4.1. Einkommensteuer

Zwar sollen die Grundfreibeträge und der progressive Tarifverlauf die Belastungsgerechtigkeit für das System der Einkommensteuer gewährleisten, jedoch ist inzwischen sowohl empirisch wie theoretisch nachgewiesen worden, dass die tatsächlichen Belastungseffekte invers verlaufen: Mit steigendem Einkommen sinkt die Steuerlast relativ stärker.[118] Dies beruht vor allem darauf, dass sich mit

---

[117] Bis 1999 ist der in der Steuerfinanzierung enthaltene implizite Beitragssatz auf fast 9 v.H. der Bruttolöhne gestiegen, Börsch-Supan, Axel, Was lehrt uns die Empirie in Sachen Rentenreform?, in: Perspektiven der Wirtschaftspolitik 1(4)/2000, S. 431 ff; allein durch die Mehrwert- und Ökosteuer werden mindestens 2.5 Prozentpunkte (= rd. 24 Mrd. €) substituiert.
[118] Lang, Oliver, Steuervermeidung und -hinterziehung bei der Einkommensteuer: Eine Schätzung von Ausmaß und Gründen, Zentrum für Europäische Wirtschaftsforschung (ZEW), Newsletter Nr. 1, April 1993, S. 1ff.

steigender Einkommenshöhe immer weitere Spielräume zur völlig legalen Vermeidung direkter Steuern öffnen. Infolge der steuerlichen Privilegierung von (Sach-)Kapitalbildung sowie der unvollkommenen Erfassung von Kapitalerträgen und dem Zinseszinseffekt klafft die Einkommensschere zwischen Arm und Reich immer weiter auseinander. Zu Lasten von Eltern wirkt sich die Tatsache aus, dass die Kinderfreibeträge nur für das Kinderexistenzminimum gelten, der Kindesunterhalt jedoch familienrechtlich „schichtangemessen" geschuldet wird. Nach wie vor belastet das Steuerrecht damit bei Eltern indisponibles Einkommen.

4.2. Indirekte Steuern

Für alle Verbrauchssteuern wiederum gilt, dass sie relativ umso stärker belasten, je höher die Anteile des Verbrauchs an der Einkommensverwendung sind. Die Konsumquote und die Einkommenshöhe verhalten sich jedoch gegenläufig, d.h. erstere steigt bei sinkendem Einkommen immer höher an; es entsteht somit ein „regressiver" Belastungsverlauf.[119] Der Blick auf die Steuerpolitik der letzten Jahre ist deshalb sehr aufschlussreich: Während der Anteil der direkten (Einkommens-)Steuern, die seit den Interventionen des Bundesverfassungsgerichts ab 1992 wieder enger an der Leistungsfähigkeit der Steuerzahler und auch ihrer Familiensituation anknüpfen, von 1988 bis 1998 von 59,5 v.H. auf 51,1 v.H. des Gesamtsteueraufkommens fiel, stieg gleichzeitig die Quote der für Familien nachteiligen Verbrauchssteuern von 40,5 v.H. auf 48,9 v.H.. Mit anderen Worten: Die Politik hat gleichzeitig die familiengerechtere Einkommensteuer heruntergefahren und die Familien benachteiligenden Abgaben drastisch erhöht.

4.3. Sozialversicherungsbeiträge

Noch massiver sehen die Verteilungsströme von unten nach oben aber ausgerechnet in unserem beitragsfinanzierten „Solidarsystemen" aus, denn hier gibt es weder Freibeträge für niedrige Einkommen, noch einen progressiven Tarifverlauf. Stattdessen haben wir durch die Beitragsbemessungsgrenzen sogar eine Art „Luxusfreibeträge" für hohe Einkommen; das kombinierte Ergebnis ist eine extrem regressive Belastungswirkung: Der angestellte Einkommensmillionär zahlt denselben Höchstbeitrag zur Rentenversicherung wie Arbeitnehmer bis zur Bemessungsgrenze von 61.200/51.000 € (West/Ost, 2003) Jahresgehalt. Für diesen Hochverdiener macht die Belastung knapp zwei, für den Normalverdiener hingegen über 20 v.H. aus. So betrachtet ist die Tatsache, dass sich die Abgabenlast auf Arbeitnehmereinkommen von knapp 20 v.H. im Jahre 1960 auf über 40 v.H. mehr als verdoppelt hat, das Gegenteil eines sozialstaatlichen Ruhmesblattes.[120]

---

119 Vgl. Kirner, Ellen/Schwarze, Johannes, aaO (Fn. 112).
120 Zu erinnern ist daran, dass diese Problematik früher sehr viel klarer diskutiert wurde, als heute. So führte der Sozialpolitiker und Staatssekretär Walter Auerbach auf der Konferenz des Bezirks Nordrhein der Industriegewerkschaft Metall in Bonn am 27. April 1968 folgendes aus: „Hier muss ich eine Bemer-

Teil 2: Ursachen der Deklassierung von Familien

5. Steigende Abgabenlasten insbesondere für Familien

Tatsächlich wurden in den letzten Jahrzehnten die Abgaben im fiskalischen und parafiskalischen System also in sehr asymmetrischer Weise vor allem zu Lasten der Arbeitnehmer erhöht, was Familien zwangsläufig erst recht in besondere Bedrängnis brachte. Verglichen mit den 1950er Jahren hat sich das Verhältnis von wirtschaftlicher Freiheit und sozialer Verantwortung so geradewegs ins Gegenteil verkehrt. In der Familienfrage bündeln sich die allgemeinen Verteilungsfragen der bundesdeutschen Gesellschaft, weil der Gesetzgeber sowohl das Gebot der Belastungsgleichheit wie das Gebot, bei der Steuergestaltung zwangsläufige Unterhaltsverpflichtungen realitätsgerecht zu berücksichtigen, fortlaufend missachtet hat. Das Ergebnis ist eine exponentiell zunehmende Belastung von Familien. Dies – und nichts anderes – ist der harte Ursachenkern der dramatischen Familienverarmung hier zu Lande.

Um das Ausmaß der Verschiebungen der Lastenverteilung im Kontext von Steuern, Sozialabgaben, Sozialleistungen und öffentlichem Schuldenstand zu erkennen, lohnt ein Blick auf die Langfristentwicklung seit 1950 (vgl. nachfolgende Tabelle):

Tabelle 6: Anteil der Abgaben, Sozialleistungen und Schulden Westdeutschland in Prozent des BSP

	Steuern	Sozialabgaben	Sozialleistungen	Schuldenstand
1950*	20,7	7,8	15,7	20,0
1960	22,6	10,3	21,7	17,4
1970	22,8	12,6	26,0	18,6
1980	24,7	16,9	32,2	31,8
1990	22,4	16,9	29,0	43,4
Deutschland insgesamt in % des BIP				
1991	22,4	17,2	30,9	40,4
1998	23,0	19,2	32,6**	60,7
1999	24,1	18,9	32,7**	61,1
2000	24,5	18,7	.	60,3

*1950 ohne Saarland und Berlin **geschätzt nach BMAS
Quelle: BMAS (Hg.): Statistisches Taschenbuch 2000; DIW-Wochenbericht 17/99, S.316 und 15-16/2001,S.261 Statistisches Bundesamt; Monatsberichte der Bundesbank (Bearbeitung: Dieter Eißel).

---

kung über unser Beitragssystem einschalten. Es bedarf dringend der Überprüfung. Unsere Beitragsstaffelung ist im Vergleich zur Lohn- und Einkommensteuer sehr ungerecht. Die Beiträge sind nur prozentgerecht. Den 500-Märker trifft ein z.B. 10prozentiger Beitragsabzug weit stärker als den 900-Märker. Die Lohn- und Einkommensteuer ist wenigstens etwas sozialgerechter gestaffelt. Man muss überlegen, ob nicht auch Beiträge künftig sozial gestaffelt erhoben werden können." Auerbach, Walter, Zusammenhänge – Illusion und Wirklichkeit der sozialen Sicherheit, in: Theorie und Praxis der Gewerkschaften, 2. Auflage, Europäische Verlagsanstalt Frankfurt am Main 1969, S. 38.

Auf die Arbeitseinkommen bezogen, betrug deren direkte Belastung mit Steuern und Abgaben im Jahr 1960 nur 15,7 v.H., stieg dann bis 2000 aber auf 35,5 v.H.. Würde man noch die Arbeitgeberbeiträge, die nichts anderes als vorenthaltener Lohn sind, sowie die indirekten Steueranteile zur Sozialversicherung als implizite Beiträge berücksichtigen, errechneten sich sogar Belastungsquoten von über 60 v.H.! In der gleichen Zeit sank die Belastung der – überproportional steigenden! – Gewinn- und Vermögenseinkommen aber von 23 v.H. auf 9,7 v.H..[121]

Wie die vorstehende Tabelle nahe legt, dürfte auch ein sehr elementarer Zusammenhang zwischen der Verteilung der öffentlichen Lasten und der Zunahme der Staatsverschuldung bestehen, welcher mit hinreichender Plausibilität den Schluss zulässt, dass vor allem die ehemaligen Schuldner der veranlagten Einkommenssteuer in großem Stil zu Gläubigern des Staates mutierten – und in dieser Position obendrein noch von der Steuerprivilegierung der Kapitaleinkünfte profitieren![122] Da die Sparquote bei Familien jedoch signifikant niedriger als bei kinderlosen Haushalten ist, geht auch diese Entwicklung zu Lasten der Familien.

Wie Tabelle 7 zeigt, liegt Deutschland mit einem Anteil der Sozialabgaben von 43,1 v.H. der Staatseinnahmen insgesamt bzw. 18.6 v.H. des BIP in der Liga der Industrienationen weltweit einsam an der Spitze. Auch der Anteil der indirekten Steuern ist mit 27,7 v.H. vergleichsweise hoch. In der Summe werden damit über 70 v.H. der Staatseinnahmen durch „regressiv" wirkende direkte Abgaben erzielt. Kein anderes vergleichbares Land der Welt weist damit eine so verhängnisvolle Schlagseite zu Lasten von Familien und Beziehern von Niedrigeinkommen auf.

---

[121] Ohne dass sich jedoch die davon versprochene Belebung der Investitionstätigkeit eingestellt hätte oder die Zunahme der Massenarbeitslosigkeit gestoppt worden wäre – im Gegenteil, dazu Zinn, Karl Georg, Wie Reichtum Armut schafft, Köln 2002, S. 114 ff.
[122] Vgl. Creutz, Helmut, Überall fehlt plötzlich das Geld. Warum eigentlich?, Humanwirtschaft, 10-11/2002, S. 13 ff.; ders., Was könnte zinsfreies Notenbankgeld verändern und bewirken?, Humanwirtschaft 10-11/2001, S. 22ff.

Tabelle 7: Einnahmen des Staates in ausgewählten Ländern nach wichtigen Kategorien

	In % des nominalen BIP (1) 2001	In % der staatlichen Einnahmen insgesamt 2001
Deutschland		
Einnahmen insgesamt	43,1	100,0
darunter:		
Direkte Steuern	11,2	25,9
Indirekte Steuern	11,9	27,7
Sozialbeiträge	18,6	43,1
USA		
Einnahmen insgesamt	30,9	100,0
darunter:		
Direkte Steuern	14,9	48,3
Indirekte Steuern	7,8	25,2
Sozialbeiträge	7,2	23,2
Großbritannien (2)		
Einnahmen insgesamt	39,3	100,0
darunter:		
Direkte Steuern	16,8	42,7
Indirekte Steuern	13,6	34,7
Sozialbeiträge	7,7	19,5
Frankreich		
Einnahmen insgesamt	47,2	100,0
darunter:		
Direkte Steuern	12,5	26,4
Indirekte Steuern	15,4	32,7
Sozialbeiträge	17,9	38,0
Italien		
Einnahmen insgesamt	44,3	100,0
darunter:		
Direkte Steuern	15,1	34,1
Indirekte Steuern	14,5	32,8
Sozialbeiträge	12,7	28,7

Fortsetzung Tabelle 7

Niederlande		
Einnahmen insgesamt	42,0	100,0
darunter:		
Direkte Steuern	12,2	29,0
Indirekte Steuern	12,1	28,8
Sozialbeiträge	14,5	34,5
Schweden		
Einnahmen insgesamt	57,3	100,0
darunter:		
Direkte Steuern	23,4	40,9
Indirekte Steuern	14,5	25,4
Sozialbeiträge	15,9	27,7
Dänemark (2)		
Einnahmen insgesamt	53,5	100,0
darunter:		
Direkte Steuern	29,4	54,8
Indirekte Steuern	16,9	31,5
Sozialbeiträge	3,3	6,2
Österreich		
Einnahmen insgesamt	49,5	100,0
darunter:		
Direkte Steuern	15,2	30,7
Indirekte Steuern	14,8	29,8
Sozialbeiträge	17,1	34,5
Japan		
Einnahmen insgesamt	29,8	100,0
darunter:		
Direkte Steuern	8,7	29,1
Indirekte Steuern	8,4	28,3
Sozialbeiträge	10,7	35,8

(1) In der Abgrenzung der volkswirtschaftlichen Gesamtrechnung.
(2) Angaben der volkswirtschaftlichen Gesamtrechnung für 1980 nicht verfügbar.
Quelle: OECD, Economic Outlook, Nr. 71, Juli 2002.
DIW Berlin 2002

Teil 2: Ursachen der Deklassierung von Familien 69

5.1. Bezugspunkt „Existenzminimum"

Um die extrem familienbelastende Wirkung der Transfersysteme zu verstehen, genügt ein Blick auf die diesbezüglichen Erträge der Verfassungsjudikatur der letzten Jahre. Deren Dreh- und Angelpunkt war vor allem das Verbot der Besteuerung des Existenzminimums der Familie. Deswegen kann folgerichtig die Gleichheit oder die Ungleichheit von Belastungswirkungen bei Abgabenerhöhungen auch nur an jenem Einkommensanteil gemessen werden, der nach Deckung des Existenzminimums frei verfügbar bleibt (vgl. Tabelle 2). Eine familiengerechte Belastung wäre nur dann erreicht, wenn Abgabenerhöhungen die frei verfügbaren Familienbudgets nicht härter belasten als die von Haushalten ohne Kinder. Davon sind wir im Bereich der indirekten Steuern und der Sozialversicherungsabgaben jedoch weit entfernt, weil dort das Existenzminimum derzeit überhaupt noch nicht berücksichtigt wird. Dass dies zu vollkommen asymmetrischen Belastungswirkungen führt, lässt sich leicht nachweisen, indem man Wirkungen von Abgabenerhöhungen auf das verfügbare Einkommen von Singles einerseits und Familienhaushalten andererseits vergleicht.

So ist aus der Tabelle 2) ersichtlich, dass 2002 ein Single mit 30.678 € brutto ein frei verfügbares Nettoeinkommen von 10.559 € und eine dreiköpfige Familie ein solches von 3.374 € hatte. Erhöhen sich nun die Sozialversicherungsbeiträge um 1 v.H., so belastet der daraus resultierende Arbeitnehmeranteil (0,5 v.H.) von 153,39 € das verfügbare Einkommen des Singles mit einem Anteil von 1,4 v.H. und das der Familie mit 4.5 v.H. Bei einer vierköpfigen Familie muss die Abgabenerhöhung sogar voll aus dem Existenzminimum erbracht werden. Es ist für das Zurückfallen der Familien somit keine andere Wirkursache mit ähnlicher Mächtigkeit erkennbar, welche dieser Schieflage in der Belastung durch die Parafisci gleichkommt. Die Verdoppelung der Abgabenlast seit den frühen 1960er Jahren ist demnach die Ursache der Deklassierung der Familien, wobei insbesondere ins Gewicht fällt, dass die Steigerung der Abgabenlast vor allem auf die Sozialversicherungsbeiträge und die Verbrauchssteuern und somit Abgabenarten entfällt, bei denen jegliche familienpolitische Korrektur fehlt. Familien sind nicht arm, sondern werden deklassiert.

5.2. Exkurs: Entwicklung im Bereich der Daseinsvorsorge

Zu einem vollständigen Bild der Belastungsveränderungen gehört noch der Blick auf die Gebühren-/Preis-Veränderungen im Bereich Daseinsvorsorge, für welche hier jedoch nur (teilweise) Zahlen über den Preis- und Gebührenanstieg von 1991 auf 1997 vorliegen.

Tabelle 8: Preis- und Gebührenanstieg von 1991-1997 (1996 auf 1997 in Klammern)

Müllgebühren	98 %	(+ 6.2 %)
Schornsteinfeger	23 %	(+ 3.0 %)
Wohngebäudeversicherung		(+ 4.4 %)
Grundsteuer		(+ 7.0 %)
Strom		(+ 4.0 %)
Wasserversorgung	31 %	
Abwasser		(+ 28.5 %)
Niederschlagswasser		(+ 16.0 %)
Regionalticket		(+ 8.6 %)

Quelle: 1991-1996 SPD-Landtagsfraktion Baden-Württemberg: Gerechtigkeit für Familien-Bausteine zur Familienpolitik, Stuttgart 1997; 1996/97: DFV-Familie 6/97, S. 4

6. Zur Substitution von Sozialversicherungsbeiträgen durch Verbrauchssteuern

Besonders nachteilig verändert wird die relative Einkommenslage der Familien schließlich durch die Substitution von Sozialversicherungsbeiträgen durch Verbrauchssteuern. So führt im Beispiel eines Bruttoeinkommens von 30.678 € die Ersetzung eines Rentenbeitragspunktes durch die Ökosteuer zu einem Nettoeinkommenszuwachs von jeweils 153,39 € (= Arbeitnehmeranteil). Bezogen auf die Pro-Kopf-Entlastung für die fünfköpfige Familie, die 30,67 € beträgt, macht das nur eine Quote von 20 v.H. gegenüber dem Entlastungsbetrag je Single aus. Dabei kommt die ohnehin schon zu konstatierende regressive Wirkung der Verbrauchssteuern verschärfend hinzu. Bei der Ökosteuer fällt weiter erschwerend ins Gewicht, dass sie im Gegensatz zur Mehrwertsteuer, die mittels des gestuften Tarifs den existenznotwendigen Bedarf privilegiert, einen flachen Tarif aufweist.[123] Wegen der Lohnproportionalität der Sozialversicherungsbeiträge kommt es überdies durch die Zahlungen minderbemittelter Familien zu größeren Entlastungen bei Besserverdienenden. Die Substitution durch Mehrwert- und Ökosteuern beläuft sich derzeit auf ca. 25 Mrd. €, was einem Äquivalent von knapp 3 Beitragsprozentpunkten entsprechen dürfte. Die Konsequenz derartiger Legislativmanöver ist somit, dass der Einkommensabstand zwischen Nichtunterhaltsverpflichteten und Familien rasant vergrößert wird, was allen familienpolitischen Absichtserklärungen der letzten Jahre diametral zuwider läuft.[124]

---

123 Vgl. dazu Grub, Martin, Verteilungswirkungen der ökologischen Steuerreform auf private Haushalte. Eine empirische Analyse, DIW-Vierteljahreshefte 1/2000, S. 17 ff.
124 Vgl. z.B. die Stellungnahme der Bundesregierung zum Fünften Familienbericht, BT-Drucks. 12/7560, S. IX: „ ... stellt die Bundesregierung unter Berücksichtigung der Beschlüsse des Bundesverfassungsgerichts vom 29. Mai, 12. Juni 1990 und vom 25. September 1992 sowie der Urteile vom 7. Juli

Teil 2: Ursachen der Deklassierung von Familien   71

Tabelle 9: Ökosteuer

	monatl. Verbrauch (4 Pers. Haushalt)	monatl. Belastung (inkl. MwSt.
Strom	300 KW/h	7,12 €
Heizöl	180 l	3,68 €
Benzin/Diesel	150 l	27,00 €
Monatliche Gesamtbelastung		37,80 €

Das Finanzministerium rechnet mit einem Gesamtaufkommen von 18,8 Milliarden Euro aus der Ökosteuer. Nach Berechnungen des Deutschen Gewerkschaftsbundes (DGB) fließen davon 15,1 Milliarden in die Rentenkassen. Eine weitere Milliarde steht für Energieprojekte und die soziale Grundsicherung zur Verfügung. Die verbleibenden 2,7 Milliarden Euro werden zur Sanierung des Bundeshaushalts verwendet.
Quelle: Die Familie, 1/2003

7.   Manipulation des Existenzminimums

Im Rahmen der „Kindergeld"- und „Freibetrags"-Entscheidungen vom 29. Mai und 12. Juni 1990[125] setzte sich das Bundesverfassungsgericht erstmals mit der Frage des familiären Existenzminimums auseinander und nahm dabei auf die Regelsatzbestimmungen der Sozialhilfe Bezug. Diese wurden bis zum 1. Juli 1990 nach dem so genannten Warenkorbmodell ermittelt, dem ein angenommener Bedarf zu Grunde lag.[126] Weil diese Methode nach Untersuchungen des Deutschen Vereins für öffentliche und private Fürsorge zu einer Anhebung der Regelsätze um bis zu 30 v.H. hätte führen müssen, kam es zum 1. Juli 1990 auf Druck der maßgeblichen Entscheidungsinstanzen (Landesregierungen, Bundesregierung, Sozialhilfeträger) zu einer Ablösung des Warenkorbmodells durch ein Bedarfsbemessungssystem auf der Basis eines Statistikmodells, bei welchem die Konsumgewohnheiten von Haushalten mit niedrigem Einkommen als Maßstab für eine die notwendigen Bedürfnisse abdeckende Lebensführung angesehen würden.[127] Allerdings wurde dieses Statistikmodell zunächst bis zum 30. Juni 1999 ausgesetzt, was praktisch einer Handsteuerung durch die betroffene Exekutive gleichkam, und schließlich für 1999 und 2000 noch einmal ausgesetzt und durch eine Anpassung nach dem Satz der gesetzlichen Rentenversicherung, also einer Art Inflationsausgleich ersetzt.[128] Besonders vor dem Hintergrund der Ökosteuer, die überproportionale, enorm harte Auswirkungen auf die Haushalte

---

1992 und vom 28. Mai 1993 folgende Vorgaben für den Familienlastenausgleich als „vorrangig" fest: - den Abbau der wirtschaftlichen Benachteiligung von Eltern mit Kindern im Vergleich zu Kinderlosen ...".
125 BVerfGE 82, 60 ff. und 162 ff.
126 Dabei war bei diesem Verfahren vor allem eine „erhebliche Unterausstattung von Kindern und Jugendlichen" kritisiert worden, Schellhorn, Walter, NDV 1989, S. 160.
127 Vgl. § 22 Abs. 3, 4 BSHG.
128 Gute Übersicht in: Brühl, Albrecht, Mein Recht auf Sozialhilfe, 13. Aufl. 1996, Beck-Rechtsberater im dtv, S. 28 f.

von Minderbemittelten hat,[129] beinhaltet diese Handhabung der Regelsatzbemessung im Ergebnis eine erhebliche Absenkung. Dabei ist allen Beteiligten seit den beiden 1990er-Entscheidungen des Bundesverfassungsgerichts (vom 29.5. „Kindergeld" und 12.6.1990 „Kinderfreibetrag") sowie der Grundfreibetragsentscheidung vom 25. September 1992 und dem Beschluss vom 10. November 1998 („Familienurteil") die durchschlagende Wirkung der Regelsatzbemessung auf das Steuerrecht selbstverständlich bewusst.

(1) Angesichts dieser Willkür kann es nicht verwundern, wenn verschiedene amtliche Materialien hinsichtlich der Frage des Kinderexistenzminimums zu je verschiedenen Ergebnissen kommen. So nennt die Bundesregierung in ihren „Berichten über die Höhe des Existenzminimums von Kindern und Familien" zuletzt die Zahlen von 3.423,66 € bzw. 3.460,48 € für das sächliche Existenzminimum von Kindern in den Jahren 1999 und 2001.[130] Diese Zahlen sind mit anderen amtlichen Verlautbarungen nicht kompatibel. So geht der „Bericht der Arbeitsgruppe der Sozialhilfe- und Familienreferenten des Bundes und der Länder" vom Februar 1994 von einem monatlichen Mindestbedarf von 321,10 € bzw. 3.853,15 € im Jahr aus, obwohl nur der niedrigere Bedarf von Kindern unter 18 Jahren untersucht wurde.[131] Darüber hinaus ist daran zu erinnern, dass das Bundesministerium der Finanzen in seiner Antwort vom 21. Januar 1998 auf die Kleine Anfrage der Abgeordneten Höll u.a. den durchschnittlichen Sozialhilfebedarf für Kinder in Westdeutschland mit 3.963,60 € (1998) beziffert hat.[132] Eine nähere Befassung mit diesen offenkundigen Widersprüchen fördert in der Tat höchst manipulative Rechenvorgänge zu Tage, die von Margot von Renesse (MdB) zutreffend mit den Worten kommentiert wurden, zu den diesen Rechenwerken zu Grunde gelegten Mietpreisen könne man „in Deutschland nicht einmal einen Hühnerstall mit Außenklo" bekommen.[133]

(2) Dass der Gesetzgeber derart fragwürdige Angaben übernimmt, setzt ihn nun nicht nur dem Vorwurf aus, seiner Gesetzgebung „realitätsfremde" Annahmen im Sinne der Rechtsprechung des Bundesverfassungsgerichts zu Grunde zu legen.[134] Vielmehr wirft die Tatsache, dass die Sozialhilfesätze von der Exekutive selbst ermittelt werden (der „Bock als Gärtner"), die Grundsatzfrage auf, ob dies überhaupt mit dem Bestimmtheitserfordernis und dem Parlamentsvorbehalt vereinbar ist. Immerhin handelt es sich hier um eine der wichtigsten Entscheidungen unseres Gemeinwesens überhaupt – nämlich die *Festlegung der Armutsgrenze*. Sie ist nicht nur für das Steuerrecht fundamental, sondern berührt unmittelbar und nachhaltig die Existenz der auf die Basissicherung Sozialhilfe

---

129 Vgl. dazu z.B. Kruhl, Alfred, Betriebsberater (BB) 1999, S. 1240 ff.; ders., BB 2000, S. 25.
130 BT-Drucks. 13/9561 und vom 4. Januar 2000 – BT-Drucks. 14/1926.
131 Vgl. hierzu im Einzelnen Borchert, Jürgen, in: von Maydell (Hg.), Lexikon des Rechts/Sozialrecht, Loseblatt, Oktober 1998, Stichworte „Kindergeldrecht" und „Familienlastenausgleich".
132 BT-Drucks. 9713, Tab. 3.; zu weiteren Diskrepanzen vgl. auch BT-Drucks. 14/6230 sowie BT-Drucks.14/7716.
133 Zur Problematik der Wohn- und Heizkostenberechnung siehe auch BT-Drucks. 14/7716 v. 30. November 2001.
134 Vgl. z.B. BVerfGE 66, 214-Leitsatz 1.

angewiesenen Bürger. Aus diesem Grund ist der parlamentarische Gesetzgeber angehalten, diese Frage gesetzlich zu regeln und abschließend selbst zu entscheiden. Deshalb kommt eine Delegation der Entscheidung auf die Exekutive durch eine gesetzliche Regelung, die den Anforderungen des Art. 80 Abs. 1 S. 2 GG entspricht, unter Berücksichtigung der aus dem Parlamentsvorbehalt fließenden Bestimmtheitsanforderungen für eine parlamentarische Sozialhilferegelung nicht in Betracht.[135] Tatsache ist, dass die Messgrößen für das sozialhilferechtliche Existenzminimum nur in engen Fachzirkeln unter Ausschluss der Öffentlichkeit und zugleich maßgeblicher Beteiligung des Bundesfinanzministers diskutiert werden. Folgerichtig beinhaltet also auch die Tatsache, dass die Steuerlegislative diese Zahlen der Exekutive letztendlich einfach übernimmt, einen Verfassungsverstoß. Dass deswegen hier auch die Verfassungsjudikatur, die diesem Umstand bisher keinerlei Aufmerksamkeit widmete, überprüfungsbedürftig scheint, liegt auf der Hand.

8. Fazit

Familien leiden nach allem besonders unter den asymmetrischen Belastungswirkungen unserer Abgabensysteme und deren das Prinzip der Bemessung nach Leistungsfähigkeit missachtenden Ausweitung in den vergangenen Jahrzehnten. Von der allgemein rückläufigen Entwicklung der Arbeitnehmereinkommen werden sie umso massiver betroffen. Tatsächlich wurden die Arbeitnehmereinkommen in den letzten zwei Jahrzehnten von den Wohlstandszuwächsen abgekoppelt: Trotz einer annähernden Verdoppelung des realen Sozialprodukts seit 1980 sind die Arbeitnehmereinkommen bis zum Jahre 2000 real nämlich um sechseinhalb Prozent gesunken (siehe nachfolgende Tabelle).

---

[135] Überzeugend unter umfassender Auseinandersetzung mit Rechtsprechung und Literatur Eylert, Mario, in seiner grundlegenden Arbeit „Rechtliche Probleme der schematisierenden materiellen Sozialhilfeleistungen", Frankfurt am Main 1987, Schriftenreihe Dissertationen des Deutschen Vereins für öffentliche und private Fürsorge Nr. 16, dort insbesondere S. 250 ff.

Tabelle 10: Einkommen je beschäftigten Arbeitnehmer vor und nach der Umverteilung pro Jahr[136]

	Bruttoeinkommen aus unselbstständiger Arbeit	Sozialbeiträge der Arbeitgeber	Bruttolöhne und -gehälter	Lohnsteuer	Sozialbeiträge der Arbeitnehmer	Nettolöhne und -gehälter	Nachrichtlich: Realwerte 1980=100
1980	36 150	6 459	29 691	4 702	3 805	21 184	31 903	100
1985	43 568	8 177	35 391	6 177	4 979	24 236	30 219	94,7
1990	51 732	9 719	42 013	6 824	5 984	29 205	34 038	107,5
1991*	47 387	8 736	38 819	6 317	5 537	26 964	30 992	97,1
1992	52 336	9 683	42 850	7 352	6 204	29 294	31 981	100,2
1993	54 489	9 985	44 730	7 497	6 552	30 680	32 059	100,5
1994	56 138	10 773	45 627	7 862	7 027	30 738	31 270	98,0
1995	58 167	11 404	47 081	8 769	7 325	30 987	30 987	97,1
1996	58 917	11 745	47 765	9 212	7 606	30 947	30 520	95,7
1997	59 403	12 270	47 881	9 347	7 974	30 560	29 583	92,7
1998	60 052	12 392	48 369	9 447	8 028	30 893	29 620	92,8
1999	60 706	11 756	48 950	9 619	8 049	31 291	29 829	93,5
2000	61 453	11 756	49 697	9 697	8 102	31 898	29 839	93,5
2000/1980	170 %	182 %	167,4 %	206,2 %	212,9 %	150,6 %	-6,5 %

*Quelle: BMAS (Hg): Statistisches Taschenbuch 2001 Pkte 1.12 ff; deflationiert um Preisindex (1995=100) *ab 1991 einschließlich neue Länder, revisionsbedingt nicht mit Vorjahren vergleichbar, ab 1996 Kindergeld nicht mehr Sozialleistung, sondern Steuerabzug.*

Der Vollständigkeit halber sei angemerkt, dass diese Schieflage in der Verteilung öffentlicher Lasten auch jenseits der Familienfrage vielfältige negative Rückwirkungen hat. Denn es ist zum Beispiel evident, dass damit auch die Massenkaufkraft vom Produktivitätsfortschritt abgekoppelt wurde. Der Anteil der Netto-Lohnquote am privat verfügbaren Volkseinkommen, also dem privaten Kaufkraftpotenzial, ist von 55,8 v.H. in 1960 auf zuletzt 43 v.H. gesunken.

---

[136] Bearbeitung von Dieter Eißel/Universität Gießen.

Teil 2: Ursachen der Deklassierung von Familien 75

Tabelle 11: Quellen des den deutschen Privathaushalten verfügbaren Nettoeinkommens in v.H. (1980: nur altes Bundesgebiet)

Einkommensquelle	1980	1991	1995	2000
Entnommene Gewinne und Vermögenseinkommen	25.5	27.7	28.6	29.7
Masseneinkommen	**78.9**	**71.9**	**71.4**	**69.8**
Davon:				
Nettolohn- u. Gehaltssumme	52.7	49.4	46.5	43.8
monetäre Transfers	26.2	22.5	24.9	26.0

Quelle: Schäfer, Claus, WSI-Mitteilungen 2000, S.746 und 2001, S.661

Der deutlich gestiegene Luxuskonsum (wahrnehmbar an der Produktion von Luxuslimousinen wie dem „Maybach" oder dem „Phaeton") dürfte den Nachfragerückgang der Masse nicht einmal zu einem Bruchteil kompensieren. Der volkswirtschaftliche Kreislauf verklumpt so zusehends, weil die Gesellschaft weit hinter ihren Konsummöglichkeiten zurück bleibt. Die „marginale Konsumquote", die eine Schlüsselgröße für die dynamische Wechselwirkung der volkswirtschaftlichen Aggregate Konsum, Investitionen und Staatsverbrauch ist, sinkt. Entgegen allen Beteuerungen und trotz der teilweisen Umbasierung auf indirekte Steuern ist die Abgabenbelastung auch nach 1998 bis heute weiter angestiegen (Tabelle 12).

Tabelle 12: Marginale Steuer- und Sozialabgabenbelastung der Löhne typischer Arbeitnehmergruppen im Früheren Bundesgebiet 1988 und 2002 in Prozent des Bruttolohns einschließlich der Arbeitgeberbeiträge zur Sozialversicherung[137]

Lohnabzüge	Lediger Arbeitnehmer mit Niedriglohn[a)]	Lediger Arbeitnehmer mit hohem Lohn[b)]	Verheirateter Arbeitnehmer mit hohem Lohn, mit zwei Kindern und mit erwerbstätigem Ehegatten mit gleichem Lohn	Verheirateter Arbeitnehmer mit hohem Lohn, mit zwei Kindern und mit nicht erwerbstätigem Ehegatten
Lohnsteuer in 1998	26,1 %	29,2 %	29,1 %	23,2 %
Sozialbeiträge in 1998	34,8 %	34,8 %	34,8 %	34,8 %
Gesamtabzüge in 1998	60,9 %	64,0 %	63,9 %	58,0 %
Lohnsteuer in 2002	25,2 %	30,6 %	30,4 %	25,8 %
Sozialbeiträge in 2002	34,2 %	34,2 %	34,2 %	34,2 %
Gesamtabzüge in 2002	59,4 %	64,8 %	64,6 %	60,0 %

a) Lohnsatz von 66,66 % des Facharbeiterlohnes
b) Durchschnittliches Monatseinkommen eines Facharbeiters
Quelle: Funk, Sozialer Fortschritt, 2002, S. 273

Schließlich überträgt sich diese Schieflage in der gesellschaftlichen Lastenverteilung zu Lasten der Familien über die Sozialhilfehaushalte auch auf die föderale Lastenverteilung, – zum Nachteil vor allem der Kommunen. Sie erhalten ohnehin nur noch knapp 15 v.H. des Aufkommens der Gemeinschaftssteuern, sind jedoch für über 70 v.H. der öffentlichen Investitionen zuständig. Die Folgen zeigen sich deutlich bereits in einem zunehmenden Verfall der kommunalen Infrastruktur. Dabei hegte man, als 1961 das Bundessozialhilfegesetz in Kraft trat, eigentlich die Erwartung, dass der steigende Wohlstand und die vorgelagerten Sozialversicherungssysteme die Sozialhilfe alsbald überflüssig werden ließen.

In der Summe sind also die Grundbedingungen, welche einst für das „Wirtschaftswunder" sorgten, fundamental ins Gegenteil verkehrt: Nämlich die abgewogene Balance zwischen wirtschaftlicher Freiheit und sozialer Verantwortung sowie die strikte Bemessung der öffentlichen Lasten nach Leistungsfähigkeit. Heute tragen jene die geringsten Lasten, welche am leistungsfähigsten sind – und umgekehrt. Das ist zugleich der harte Kern des Familienproblems.

---

[137] Funk, Lothar, Ohne Fortune und ohne Mut: Die verpassten Reformchancen rot-grüner Arbeitsmarktpolitik, in: Sozialer Fortschritt 11/2002, S. 270 ff belegt u.a. für verheiratete Arbeitnehmer mit zwei Kindern Gesamtabzüge in Höhe 60 bis 64.6 v.H. (gegenüber 58.0 bis 63.9 v.H. in 1998).

IV. Musterbeispiel für Fehlverteilung: Die Pflegeversicherung

Ein Musterbeispiel für eine verfehlte und verfassungswidrige Verteilungspolitik zu Lasten der Familien ist schließlich die Einführung der Pflegeversicherung. Durch sie haben sich die öffentlichen Aufwendungen für Pflege im Vergleich zu der vor ihrem Inkrafttreten bestehenden sozialhilferechtlichen Lösung von ca. 5,62 Mrd. € auf etwa 20,45 Mrd. € rund vervierfacht. Da sich das Pflegerisiko ganz überwiegend jenseits des 70. Lebensjahrs realisiert, fließen erneut weitere Transferströme an die Seniorengeneration und damit an eine Bevölkerungsgruppe, deren materielle Situation in allen einschlägigen Untersuchungen im Vergleich zu der von jungen Familien als vergleichsweise hervorragend bezeichnet wird. Auch wenn der intergenerationelle Saldo wegen der Zahlungen an die jüngeren Pflegenden und die Einschränkung des sozialhilferechtlichen Rückgriffs sowie durch den Rückfluss in Gestalt von Erbschaften netto sicher weitaus geringer ausfällt als der Bruttotransfer, bleibt ein Fluss der nicht unbeschränkt verfügbaren Mittel an einen Personenkreis festzuhalten, dessen Einkommens- und Vermögenssituation weitaus besser ist als die der Familien.[138] Tatsache ist überdies, dass die Schonung des Vermögens von Senioren vor dem Zugriff der Sozialhilfe im Pflegefall als ausdrücklicher Gesetzeszweck schon in der Begründung des Entwurfs genannt ist.[139] Diese Mittel zur Vermögensschonung werden aber zumindest teilweise auf Kosten der jungen Familien erhoben. Im Ergebnis werden also junge Familien, die vielfach in ausgesprochen prekären finanziellen Verhältnissen leben, durch die Pflegeversicherung gezwungen, die Pflegeaufwendungen auch für die Personen mitzutragen, die kraft ihrer Einkommen und Vermögen ohne weiteres in der Lage wären, ihre Pflege selbst zu bezahlen, insbesondere viele kinderlose Jahrgangsteilnehmer der Elterngeneration.[140]

---

138 Vgl. dazu z.B. den Alterssicherungsbericht 1997, BT-Drucks. 13/9570 oder die Zusammenfassungen verschiedener Untersuchungen im Zweiten Zwischenbericht der Enquete-Kommission „Demographischer Wandel" Bonn 1998, S. 241 ff., 548 ff.; zur verfassungsrechtlichen Beurteilung von Transfers, welche die nicht unbegrenzt verfügbaren Mittel dorthin leiten, wo keine oder weniger dringliche Bedürfnisse bestehen, während die wirklichen Bedürfnisse ungedeckt bleiben vgl. z.B. BVerfGE 9, 20 (35); 59, 36 (51).
139 Vgl. BT-Drucks. 12/5262, S. 1 f.
140 Zu einer vernichtenden Kritik an den Verteilungswirkungen der Pflegeversicherung kommt auch eine Analyse, die im Jahre 1995 am Zentrum für Sozialpolitik der Universität Bremen gemacht wurde, Fachinger, Uwe und Rothgang, Heinz, „Die Wirkungen des Pflege-Versicherungsgesetzes auf die personelle Einkommensverteilung – eine Modellanalyse auf der Basis des Pflegeversicherungsgesetzes", Arbeitspapier Nr. 6/95 des Zentrums für Sozialpolitik der Universität Bremen; die Autoren resümieren: „Inwieweit die konstatierten Verteilungswirkungen Anlass dazu geben, von einer „sozialen Pflegeversicherung" als der Errungenschaft der 90er Jahre zu reden und deren Einrichtung als die beste Nachricht seit Jahrzehnten zu proklamieren, muss dahingestellt bleiben" (S. 55); auch Praktiker wie der Oberhausener Betreuungsrichter Coeppicus sehen einen entscheidenden Grund der Kostenexplosion nach Einführung der Pflegeversicherung in den Mitnahmeeffekten, welche die Pflegeversicherung bei gutsituierten Pflegebedürftigen schafft, ZRP 1994, 25 ff.: „Mitnahmeeffekte, Erben, Verwaltungskosten – dahin sickern die Mehraufwendungen versickern"; ebenso der damalige Bundessozialminister Dr. Norbert Blüm im Spiegel-Gespräch in Heft 52/1983; mehrere Sozialverbände qualifizierten die Pflegeversicherung treffend als „Erbschaftssicherungs- und Vermögensschongesetz", vgl. die Nachweise in der Verfassungsbeschwerde der Familie Heitsch – 1 BvR 1504/94 (= ZSR 1994, S. 687ff.).

V. Rot/Grünes Versagen in der Familienpolitik

Eine extreme verteilungspolitische Schlagseite zu Lasten der Familien weist schließlich die Politik der Rot/Grünen Mehrheit seit 1999 auf. Zuerst koppelte man die Regelsätze der Sozialhilfe an die Inflationsrate, was die Sozialhilfeempfänger und Familien deswegen besonders hart traf, weil dieser Index die Teuerung der Vergangenheit von 1997/98, nicht die ungleich größere Teuerung im Jahr 2000 widerspiegelte. Dann wurden Millionen hinzuverdienende Mütter mit geringfügigen Erwerbseinkünften zur Kasse gebeten (ausgenommen Beamte und Selbstständige!). Statt einer Pauschalbesteuerung von 20 v.H. wurde eine 22prozentige Sozialabgabe mit hohem Verwaltungsaufwand eingeführt. Faktisch wurde damit der letzte bis dahin im Beitragssystem noch vorhandene Schonbereich eines Existenzminimums abgeschafft. Viele der familienfreundlichen Mini-Jobs verschwanden. Danach kam die Ökosteuer: Nicht nur die höheren Energiekosten gehen zu Lasten der Familien, sondern auch die Verwendung der Steuereinnahmen zur Rentenfinanzierung: Der Single bekommt bei gleichem Bruttoeinkommen dieselbe Beitragsentlastung wie die mehrköpfige Familie. Folge: der Pro-Kopf-Einkommensabstand zwischen Familien und Nicht-Familien wächst noch einmal rapide. Nach offiziellen Berechnungen wurde der kinderlose Arbeitnehmerhaushalt mit einem Bruttoeinkommen von 5.111 € allein in der ersten Stufe ab April 1999 um monatlich 4,93 € entlastet, während die vierköpfige Familie bei einem Einkommen von 1.789,55 € brutto mit 4,80 € belastet wird. Zu Unrecht hält Rot/Grün in der öffentlichen Diskussion dem die Kindergelderhöhung um 25,56 € auf 138,05 € entgegen. Diese reicht nämlich nicht einmal aus, um die Forderungen des Bundesverfassungsgerichts nach einer gerechten Einkommensbesteuerung der Familien zu erfüllen. Erst recht beinhaltet sie keine Kompensation für die ungerechten Verteilungswirkungen der Ökosteuer. Was schließlich die 9,5prozentige Erhöhung der Einkommensgrenze für das ungekürzte Erziehungsgeld anbetrifft, so liegt sie nun bei der dreiköpfigen Familie bei 16.463,85 € im Jahr – und das heißt: Immer noch weit unter dem Existenzminimum (vgl. Tabelle 2).

Die Steuerreform 2000/2005 schließlich wiederholt die verteilungspolitischen Fehler der Steuerreform 1985/88 zu Lasten der Familien: Während der Ledige mit € 30.678 brutto mit jährlich 1.072,71 € entlastet wird, erhält die vierköpfige Familie mit demselben Bruttogehalt nur 951,02 €.[141] Legt man den Verteilungsschlüssel der Sozialhilfe zu Grunde (Haushaltsvorstand 1,0, Ehegatte 0,8, Kinder je 0,65), errechnet sich bei der Familie sogar nur eine „gewichtete" (= Nenner 3,1) Pro-Kopf-Entlastung von € 306,78. Das ergibt somit eine Pro-Kopf-Differenz zwischen jedem Familienmitglied und dem Single von rund 767 €. Bei höheren Einkommen wird die Kluft, genauso wie 1985/88, noch größer.

---

141 Nach: Deutscher Familienverband (Hg.), Die Familie 4/00, S. 4.

Teil 2: Ursachen der Deklassierung von Familien 79

VI. Insbesondere: die Rentenreform 2001[142]

Vor dem Hintergrund des Trümmerfrauenurteils des Bundesverfassungsgerichts mit dem darin enthaltenen Verfassungsdauerauftrag zu familienpolitischen Reformen namentlich in der Rentenversicherung verdient die Rentenreform 2001 naturgemäß besondere Aufmerksamkeit. Wie eine nähere Betrachtung erweist, wird sie dem verfassungsrechtlichen Postulat der „Familiengerechtigkeit"[143] tatsächlich in keiner Weise gerecht.

1. Förderung der Privatvorsorge

Hierzu ist eine Vorbemerkung notwendig, nämlich dass die Förderung der Privatvorsorge für den Bund nahezu ein Nullsummenspiel sein dürfte: Denn ausweislich der Gesetzesbegründung entfallen auf ihn von der Gesamtsumme der Förderung bzw. der Steuerausfälle von rund 10 Mrd. € ca. 4,6 Mrd. €. Gleichzeitig spart die Beitragssatzdämpfung, die infolge der Rückkoppelung gem. § 213 SGB 6 auf den Bundeszuschuss durchschlägt, dem Bund Ausgaben für den Bundeszuschuss in Höhe von rund 3,6 Mrd. €. Die Gesetzesmaterialien beziffern die Beitragssatzwirkung der Privatvorsorge mit minus 1 Prozentpunkt für 2010. Bezogen auf den 19,1prozentigen Beitragssatz in 2001 und den in diesem Jahr gezahlten Bundeszuschuss von 69,5 Mrd. € errechnet sich nach der Methode des § 213 SGB 6 sodann der genannte Betrag von rd. 3,6 Mrd. €.[144]

Eingeführt wurde die „ergänzende Privatvorsorge", welche genau betrachtet ja eine „substituierende" ist, mit Blick auf die Demographie, die eine Absenkung des Rentenniveaus erfordere. Da das Rentenniveau aber für Eltern wie Nichteltern gleichermaßen abgesenkt wird, bedeutet dies zunächst eine Gleichbehandlung trotz sehr unterschiedlicher „demographischer Verantwortlichkeit". Im Lichte des Karlsruher Pflegeurteils vom 3. April 2001 besehen, kann dies kaum verfassungskonform sein, zumal die staatliche Förderung die Ungleichheiten nicht kompensiert. Denn ausgerechnet die Familien mit geringen Einkommen, die sie am dringendsten brauchen, können sich die Privatvorsorge am wenigsten leisten. Dies zeigt das Beispiel eines durchschnittlichen Bruttojahresverdienst von 30.678 €: Hier wäre eine jährliche Sparleistung von 1.227,12 € nötig. Dabei soll bei einer vierköpfigen Familie eine Grundzulage von 304 € sowie eine Kinderzulage in Höhe von 368 € in Gestalt staatlicher Förderung erfolgen. Dennoch verbleibt eine Eigenleistung von 555,27 €. Diese Familie lebt jedoch schon unterhalb des Existenzminimums, wie sich aus der Tabelle 2 „Frei verfügbares Einkommen" (vgl. oben, S. 36) ersehen lässt. Obwohl die meisten Durch-

---

[142] Eine gute Übersicht hierzu findet sich im Jahresgutachten des Sachverständigenrates zur Begutachtung der gesamtwirtschaftlichen Entwicklung 2001/02, S. 144 ff.
[143] Umfassend dazu Pechstein, Matthias, Familiengerechtigkeit als Gestaltungsgebot für die staatliche Ordnung, Baden-Baden 1994.
[144] Für 2003 sieht der Bundeshaushalt Leistungen an die GRV in Höhe von 77.2 Mrd. € vor, DAngVers 8/2002, S. 307 f.

schnittsverdienerfamilien somit die „Förderung" aller Wahrscheinlichkeit nach konkret nicht in Anspruch nehmen werden, wird dies mit den oben geschilderten Abwertungseffekten für das Rentenniveau gleichwohl abstrakt unterstellt. Anzumerken ist des weiteren, dass die so genannte Förderung ohnehin von den Steuerzahlern – und dabei wegen der Mehrbelastung durch Verbrauchssteuern überproportional vor allem von den Familien! – selbst bezahlt werden muss. Außerdem werden viele Bürger, die sich die Privatvorsorge leisten können, auf die Förderung verzichten, weil sie bereits laufende Verträge (z.B. Bausparverträge) haben und diese nicht umstellen können. Der Bund spart dann bei den Ausgaben doppelt. Zu Recht kritisierte der Vorgänger von Minister Riester, Norbert Blüm, auch die zu erwartenden hohen Mitnahmeeffekte bei der Assekuranz; letztlich bezahle „die schlecht entlohnte Verkäuferin so die „De-luxe-Versorgung" der Leute von den Versicherungen."[145]

2. Höherbewertung der Kindererziehung[146]

a) Bei der Höherbewertung der Kindererziehung in den ersten zehn Lebensjahren hat die Begrenzung auf Berücksichtigungszeiten ab 1992 zur Folge, dass diese Verbesserungen erst ab ca. 2025 in nennenswertem Umfang zu valutieren sind (Durchschnittsalter der Frauen bei der Geburt der Kinder = 27 Jahre, Renteneintritt bei 65. Angesichts der Tatsache, dass die „Jahrhundertreformen" zur Stabilisierung des Rentensystems immer kürzere Halbwertszeiten von mittlerweile nicht einmal drei Jahren haben – und angesichts des raschen Sinkflugs der Lohnquote – darf mit Recht vermutet werden, dass das überkommene lohnbasierte System kaum noch die nächsten zehn Jahre überstehen dürfte. Im Trümmerfrauenurteil hat das Bundesverfassungsgericht zudem implizit bereits die 1992er Reform, welche die Verlängerung auf drei „Babyjahre" brachte, mit den Worten kritisiert, sie führe „erst in fernerer Zukunft zu erhöhten Altersrenten". Für den Zeitraum vor 1992 ist die Verbesserung also allenfalls minimal, weil bis dahin die Regelung der Renten nach Mindesteinkommen galt.

b) Die Höherbewertung soll zudem von dem Nachweis von 25 Jahren rentenrechtlicher Zeiten abhängen. Wer wegen der Kinder auf Erwerb verzichtet hat, wird sich hier u. U. trotz der „Berücksichtigungszeiten" (§ 57 SGB VI) schwer tun. Mit der Feststellung des Bundesverfassungsgericht, dass Kindererziehung per se die „bestandssichernde Leistung" ist und als solche rentenrechtliche Ansprüche auslösen muss, ist diese Regelung jedenfalls unvereinbar.

c) Auch führt der Stichtag 1992 zu Ungleichheiten, welche ebenfalls einer verfassungsgerichtlichen Überprüfung kaum standhalten dürften. Der Landesfrauenrat Baden-Württemberg hat dies in einer Beispielsrechnung anschaulich

---

145 Kritisch auch von Maydell, Bernd Baron, Familie im Spannungsfeld von staatlicher Alterssicherungspolitik und Eigenvorsorge, DRV 12/2002, S. 706 ff. (712).
146 Aus verfassungsrechtlicher Sicht kritisch Haase, Friedhelm, Familienbezogene Neuregelungen in der Rentenreform, Mittlg. LVA Oberfranken und Mittelfranken, 12/2001, S. 728 ff. sowie Rust, Ursula, Geschlechtsspezifische Neuregelungen der Rentenreform, ebenda, S. 737 ff.

dargestellt: Eine Frau bringt nach dem 1. Januar 1992 drei Kinder im Abstand von jeweils vier Jahren zur Welt und kehrt als Verkäuferin in Teilzeit mit 40 v.H. des Durchschnittseinkommens in den Beruf zurück, wenn das jüngste Kind drei Jahre alt ist. Nach derzeitigem Rechtszustand erhält sie 3x3 = 9 Entgeltpunkte (= je 24,84 €) angerechnet, nach der Reform soll eine Aufwertung bis zum 10. Lebensjahr des jüngsten Kindes auf Durchschnittsentgelt erfolgen, was im Modellfall zu 11,12 Entgeltpunkten bzw. einem Rentenanspruch von 276,20 € führt. Hat die Frau ihre Kinder aber vor 1992 bekommen, hat sie auch künftig nur Anspruch auf einen Entgeltpunkt je Kind = 74,51 € insgesamt, also 217,10 € weniger bei gleicher Leistung![147] Für drei Kinder gibt es 3x3 EP= 9 EP, d.h. für neun Jahre sind die EP hierauf beschränkt. Jetzt ist das jüngste Kind drei Jahre alt, das zweite sechs, das dritte neun. Für vier Jahre (d.h. bis das zweite Kind zehn ist) gilt nun die Regelung des neuen § 70 Abs. 3a lit. b, SGB VI, dass eine Höherbewertung um 0,33 EP erfolgt, das sind 4x0,33 = 1,32 EP. Jetzt bleiben noch drei Jahre der Höherbewertung um 50 v.H. der individuellen Anwartschaften, solange bis das letzte Kind zehn Jahre alt wird. Je Jahr ergibt sich hier eine Höherbewertung um 1/5 Entgeltpunkt.[148] Das macht für die drei Jahre somit 0,6 EP. Unter dem Strich errechnen sich aus der Neuregelung durch die Reform mithin 1,92 zusätzliche Rentenpunkte = 47,68 €. Fazit: Der maximal erreichbare Rentenzuwachs durch die Höherbewertung beträgt 0,33 x 24,84 € = 8,20 € pro Jahr; er wird erreicht entweder durch die gleichzeitige Erziehung von mindestens zwei Kindern unter zehn oder bei Erzielung eines Einkommens von 2/3 des Durchschnittseinkommens (1.527,25 €) und der Erziehung eines Kindes unter zehn. Wer neben der Erziehung eines Kindes aber nur 511,30 € brutto pro Monat verdient, wird so behandelt, als wären es 766,95 €; das bedeutet einen Rentenzuwachs von nur rund EUR 2,76 pro Monat (255,65: 2290,62 = 0,11 x ARw 24,84)!

d) Der Neuregelung der Aufwertung von Kindererziehung durch Höherbewertung in den ersten zehn Lebensjahren steht noch aus weiteren Gründen die Verfassungswidrigkeit auf der Stirn, denn sie führt je nach Höhe des Verdienstes zu höchst unterschiedlichen Honorierungen der Erziehung: je höher desto mehr. Hierfür ist weit und breit aber keine soziale Rechtfertigung zu sehen (diese Spreizung widerspricht im Übrigen der Kritik von Rot/Grün an der Differenzierungswirkung der Kinderfreibeträge!). Hinzu kommt, dass das Bundesverfassungsgericht es dem Gesetzgeber im letzten „Familienurteil" vom 10. November 1998 ausdrücklich untersagt hat, mittels solcher Förderinstrumente mehr oder weniger sanft Einfluss auf die Art und Weise zu nehmen, wie Eltern ihre Kinder erziehen, ob beispielsweise mit oder ohne gleichzeitige Erwerbstätigkeit. Das Scheitern in Karlsruhe ist bei derartigen Ungereimtheiten vorprogrammiert.

---

147 Ausgangsgrößen für die Berechnung sind a) das Durchschnittsentgelt = 2.290,62 € mtl/ 27.487,43 p.a., b) der aktuelle Rentenwert= 23.31 € (alle Werte ab 1.7.2000/alte Bundesländer).
148 Die Hälfte von (2.290,62 € x 40v.H. =) 916,25.-€ sind 458,12.-€, das entspricht (458,12: 2.290,62=0.2=) einem Fünftel des Aktuellen Rentenwerts.

e) Nicht zu vergessen ist schließlich der Umstand, dass auch Bewertung der Kindererziehungszeiten von der – aus demographischen Gründen erfolgenden! – Absenkung des Rentenniveaus voll erfasst wird. Das bedeutet im Klartext, dass Eltern hier also für das generative Verhalten Kinderloser mitverantwortlich gemacht werden. Obwohl die Honorierung der Kindererziehung, die für Geburten ab 1992 bekanntlich für drei Jahre erfolgt, mit den Jahren deutlich wachsen müsste, weisen die Materialien rasch sinkende Ausgaben aus: So geht die Beschlussempfehlung des Ausschusses für Arbeit und Sozialordnung vom 24. Januar 2001 für 2010 von Minderausgaben, nur für die Bundesbeiträge für Kindererziehungszeiten, von 665 Mio € in 2010 aus.[149]

f) Die Aufwertung der Kindererziehung (§70 SGB 6) endlich beinhaltet im Grunde eine Fortführung der Regelungen der Rente nach Mindesteinkommen, die Versicherungszeiten bis 1991 erfasst (§ 262 SGB 6), für die Zukunft konzentriert auf Versicherte mit Kindern. Die bisherige Regelung der Renten nach Mindesteinkommen enthielt weitgehend ähnliche Aufwertungen: Ab 25 bzw. nach 1992 dann 35 Versicherungsjahren (Berücksichtigungszeiten wegen Kindererziehung anrechenbar) erfolgte bei Niedrigeinkommen eine Höherbewertung auf das 1,5fache bis zu maximal 75 v.H. des aktuellen Rentenwerts (= 24,84/25,19 € West/Ost 2000). Damit lag die Höherbewertung der Rente nach Mindesteinkommen zwar unter der 100-Prozent-Grenze der jetzigen Neuregelung, jedoch wurden bei jener alle einkommensschwachen Jahre ohne zeitliche Begrenzung aufgewertet. Materialien der Rentenversicherer belegen, dass noch 1995 hierfür ca. 1,4 v.H. der Rentenausgaben insgesamt verwendet wurden. Die neue Regelung bleibt allem Anschein nach deshalb selbst hinter der alten zurück.

g) Dieser Umstand lenkt den Blick auf die Tatsache, dass gerade Frauen und Mütter im letzten Jahrzehnt Opfer von tiefen Renteneinschnitten wurden. Der Gesetzgeber hat insbesondere mit dem „Wachstums- und Beschäftigungsförderungsgesetz" (WFG) vom 25. September 1996 die Alterssicherung von Frauen in klarem Widerspruch zum Verfassungsauftrag aus dem Trümmerfrauenurteil und dem Folgeurteil vom 12. März 1996 massiv beschädigt. Was man den Müttern danach ab Juli 1998 an Besserstellung bei den Erziehungszeiten gewähren musste, hat man ihnen mit jenem Gesetz vorsorglich schon mal wieder abgenommen. Denn der Gesetzgeber hat mit dem WFG den § 70 Abs. 3 SGB VI gestrichen. Nach dieser Vorschrift wurden die ersten Berufsjahre mit 90 v.H. des Durchschnittseinkommens bewertet. Das kam vor allem den teilzeitbeschäftigten und gering bezahlten Müttern, teilweise auch durch Anrechung ihrer früheren Lehrzeiten, zugute. Ausgerechnet bei Millionen Kleinstrentnerinnen, die am meisten auf Cents angewiesen sind, trifft diese Neuregelung am härtesten, macht nicht selten ein Drittel des gesamten Rentenanspruchs aus. Genauso wurde mit demselben Gesetz in aller Stille auch die rentenrechtliche Bewertung von Zeiten der Arbeitslosigkeit aufgehoben, für die keine Leistungen der Bundesanstalt für

---

[149] BT-Drucks. 14/5146, S. 5.

Arbeit gezahlt werden (§§ 74 Satz 3 Ziffer 1, 166 Abs. 2a, 58 Abs. 1 Ziffer 3 SGB 6). Das ist zum Beispiel dann der Fall, wenn die Arbeitslosenhilfe wegen des Einkommens des Ehegatten entfällt, wie das bei Millionen Frauen der Fall ist. Beide Maßnahmen betreffen zwar Mütter nicht ausdrücklich. Es bedarf jedoch keiner besonderen Anstrengungen um nach den Regeln der „mittelbaren Diskriminierung" festzustellen, dass in der sozialen Wirklichkeit die Mütter die Hauptbetroffenen sind. Die ZEIT hat ausrechnen lassen, wie sich beide Maßnahmen auswirken können – Beispiel: Bei einer Schneiderin, nach der Lehre zwei Jahre erwerbstätig, zwei Kinder, vier Jahre Hausfrau, danach wieder ein Jahr im Beruf, 14 Jahre arbeitslos, davon nur ein Jahr Bezug von Arbeitslosengeld, anschließend 13 Jahre ohne Leistungsbezug, sodann 20 Jahre Schneiderin mit einem Durchschnittsgehalt von zuletzt 1.682,18 € beträgt der Rentenanspruch bei einem Renteneintritt im Jahre 1996 noch 751,96 €, nach Ablauf der Übergangsfristen im Jahre 2001 jedoch nur noch 404,34 €![150]

3. Hinterbliebenenrenten

Nach heftigen Protesten von Frauen- und Familienverbänden hat die Regierungskoalition die Neuordnung der Hinterbliebenenrenten insoweit korrigiert, als nunmehr die Dynamisierung der Anrechnungsgrenze beibehalten wird und zur Kompensation der Absenkung um 5 v.H. für das erste Kind zwei statt zuvor nur ein Entgeltpunkt hinzugerechnet werden. Merkwürdigerweise hat diese Korrektur aber weder Auswirkungen auf die prognostizierten Beitragssätze noch die Rentenleistungen![151]

4. Fazit

Selbst wenn mangels konkreter Daten in den Gesetzesmaterialien nur grobe Schätzungen möglich sind, ist hinreichend sicher festzustellen, dass sich hinter der Spendierhosenpose gegenüber Frauen und Familien in Wahrheit harte Einschnitte in die Substanz frauen- und familienpolitischer Elemente des Rentensystems verbergen. Denn tatsächlich wird ja das Rentenniveau für Eltern wie Kinderlose prinzipiell im selben Ausmaß abgesenkt – und zwar aus demographischen Gründen! Zwar finden sich, vor allem bei den Hinterbliebenenrenten, konzeptionelle Ansätze zur Herstellung intragenerationeller Gerechtigkeit zwischen Eltern und Nichteltern, jedoch ist das Verhältnis der gesetzgebenden Mehrheit zur Familienfrage offenbar derart ambivalent, dass eine Springprozession nach rückwärts dabei herauskam: ein Schritt vorwärts, zwei zurück. Mit dem Verfassungsauftrag aus dem Trümmerfrauenurteil von 1992 ist dieses Ergebnis unvereinbar.

---

[150] Vgl. die ZEIT Nr. 7 v. 7.2.1997.
[151] Kritisch hierzu: Dt. Familienverband (Hg.), Die Familie, 3/2001, S. 10.

VII. Exkurs: Solidarwidrige Verteilungsmechanismen der Rentenversicherung

Die Notwendigkeit einer grundlegenden Umgestaltung des Systems der Alterssicherung folgt nicht allein aus der in ihnen angelegten systematischen Benachteiligung der Familie, sondern auch aus weiteren Verteilungsfehlern der GRV als des größten Teilsystems der Alterssicherung und der Sozialversicherung insgesamt. Diese sollen hier wenigstens skizziert werden:

Es entspricht allgemeiner Auffassung und ist – jedoch ohne genaue Prüfung – Basis der verfassungsrechtlichen Beurteilung der Transferlagen, dass die Schieflage der Finanzierung auf der Leistungsseite der Sozialversicherung durch den „sozialen Ausgleich" zumindest kompensiert wird. Davon kann bei genauerer Betrachtung jedoch keine Rede sein, vielmehr findet sich sogar noch eine strukturelle Verschärfung. Das bedeutet, dass das Rentensystem in keiner Weise das leistet, was es leisten muss – nämlich gesellschaftliche Kohäsion zu schaffen. Die Verteilungswirkung des Systems wird durch eine Konzentration von weiblichen Rentenempfängern bei den Niedrigrenten und von männlichen bei den höheren Rentenbeträgen und ein großes Loch in der Mitte der Empfängerkreise charakterisiert (siehe nachfolgende Grafik).

Grafik 3: Verteilung der Versicherungsrenten (Normalrenten nach VDR-Abgrenzung in den alten Bundesländern 2001.

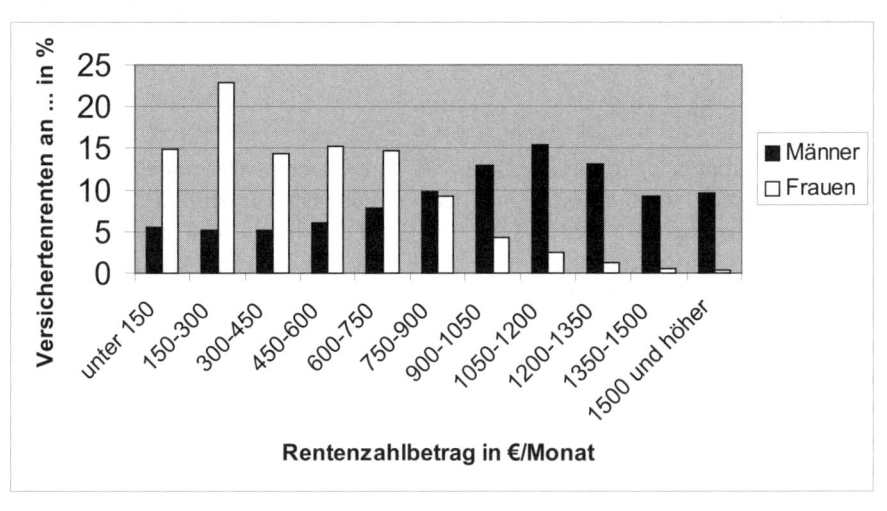

Quelle: VDR-Statistik Rentenbestand

Teil 2: Ursachen der Deklassierung von Familien

Diese Spreizung wurde in den letzten Jahren stetig größer.[152] Die GRV in ihrer gegenwärtigen Ausprägung spaltet nach allem die Gesellschaft: Alt und Jung, Männer und Frauen, Singles und Familien, Besserverdienende und Minderbemittelte. Die „Riester-Rente" verschärft die Polarisierung dabei nicht unerheblich.[153] Auch deshalb ist eine grundlegende Rentenstruktur-Reform überfällig.

a) Zunächst besteht bei den Geldleistungen der Sozialversicherung im Regelfall eine unmittelbare Verknüpfung zwischen Erwerbseinkommen und Sozialeinkommen. Bei der nach herrschender Meinung explizit dem Prinzip der „Beitragsäquivalenz" verpflichteten GRV ist dies erst recht der Fall. Dabei tritt eine zusätzliche Spreizung zwischen (relativ) Besserverdienenden zu Schlechterverdienenden sogar dadurch ein, dass ausgerechnet einige verschiedene „soziale" Ausgleichsmechanismen zugunsten der höheren Einkommen wirken. Das System beitragsloser Zeiten bei der Rentenversicherung verstärkt beispielsweise die Anrechnungseffekte komplementär zur Beitragsdichte und Beitragshöhe.

b) Erheblich, jedoch für den Laien so gut wie unsichtbar, ist schließlich die Einkommensspreizung, die Jahr für Jahr bei den dynamischen Rentenanpassungen erfolgt: Der Anpassungssatz bei den Nettoanpassungen bildet nämlich die durchschnittliche Belastung aller Arbeitnehmereinkommen mit Abgaben ab, nicht jedoch die Belastung des individuellen Einkommens, auf dem jeweils die Rente beruht (vgl. § 68 SGB 6). Bezieher kleinerer Renten werden dadurch krass benachteiligt, Empfänger hoher Renten bevorzugt. Naturgemäß trifft dieser Effekt vor allem Frauen.[154] Worum es geht, ist folgendes: In die egalisierende Durchschnittsbildung im Rahmen der Anpassung gem. §§ 68 f. SGB 6 werden Einkommen mit höchst unterschiedlicher Abgabenlast einbezogen, insbesondere seit der Einführung des neuen Verfahrens 1992 auch die geringfügig Beschäftigten und somit (bisher) auch versicherungsfreie und im Regelfall gering versteuerte Einkommen; zuvor waren lediglich die Versicherteneinkommen (ohne Lehrlinge und Anlernlinge) maßgebend. Damit werden bei großen Unterschieden in der konkreten Abgabenlast und entsprechenden Unterschieden in der Brutto-/Nettorelation im Ergebnis Nettorenten ermittelt, bei denen diese steuerbedingten Milderungen der Unterschiede in der Brutto-/Nettorelation nicht mehr zum Ausdruck kommen. Es liegt auf der Hand, dass dies zu einer relativen Benachteiligung der niedrigeren Einkommen führt. Denn Renten sind ungeachtet ihrer Höhe faktisch steuerfrei. Während Spitzenverdiener an der Beitragsbemessungsgrenze (BBG), den steuerlichen Idealfall fehlender Ausweichmöglichkeiten unterstellt, einen Grenzsteuersatz von ca. 40 v.H. verkraften müssen, ist die

---

[152] Wischet, Das Nettorentenniveau in der Krise?, ZSR 7/98, S. 485 ff, der u.a. nachweist, dass die Nettoprozentsätze der Geringverdiener von 1990 auf 1995 von 63,7 auf 57,3 gesunken sind, während die der Besserverdienenden sogar von 83,1. auf 84,8 stiegen.
[153] Dazu Fehr, Hans/Jess, Heinrich, Gewinner und Verlierer der aktuellen Rentenreform, DAngVers 5/6/2001, S. 176 ff.: „[…] begünstigen die Reformansätze der neuen Bundesregierung vor allem die mittleren und oberen Einkommen" (S. 186); Rust, Ursula, Alterssicherung der Frau – neue Widersprüche und rechtliche Risiken als Folge der „Riester-Rentenreform", SGb 12/2001, S. 649 ff.
[154] Vgl. dazu Borchert, Jürgen, Sozialstaat: Zwischen Selbstzerstörung und neuer Solidarität, in: Hinte/Chatzimarkakis (Hg.), Freiheit und Gemeinsinn, Bonn 1997, 176 ff.

spätere Rente von dieser Steuerlast befreit. Dasselbe Ergebnis der steuerfreien Rente finden wir andererseits auch bei versicherten Einkünften in Höhe von nur 7.158,20 € pro Jahr, nur mit dem Unterschied, dass bei diesen der Grenzsteuersatz schon vorher bei Null lag. Dass die höheren Einkommen hier privilegiert werden, lässt sich nicht bestreiten. Denn die Rente spiegelt den Abstand der früheren Bruttoeinkommen und nicht den der Nettoeinkommen wider.

c) Ein Vergleich mit der Arbeitslosenversicherung dürfte diese Mechanismen der „Spreizung" am besten verdeutlichen: Dort wird gem. §§ 129 ff. (137) SGB III zwischen verschiedenen lohnsteuerrechtlichen Konstellationen mit der Konsequenz unterschieden, dass die Wochenbeträge – bei identischer Beitragsleistung! – extrem differieren können. Bei diesen unterschiedlichen Leistungen werden nämlich die unterschiedliche Steuerbelastung und damit die Relation der Nettoeinkommen eingerechnet. Bei einem Durchschnittsmonatsgehalt von 2.292,67 € (rd. 531 € Woche) ergeben sich Unterschiede zwischen 249,41 € (Leistungsgruppe C/1) und 132,52 € (E/2) im Arbeitslosengeld. In E/2 auf denselben Alg-Betrag von 249,41 €/Woche zu kommen, ist nicht möglich, weil dafür ein Bruttoeinkommen weit jenseits der Bemessungsgrenze nötig wäre, die Tabelle endet bei 192,96 €.[155]

d) Ein Vergleich zur Rente lässt sich etwa wie folgt ziehen: Die Alg-Wochenbeträge (Beispiel 1) ergeben Alg- Monatsbeträge von rund 1.073,73 € für Eltern bzw. 562,43 € für Singles. Diese Monatsbeträge als Renten entsprächen bei 45-jähriger Versicherungsdauer versichertes Einkommen in Höhe von 2.292,67 € einerseits und ca. 1.202 € andererseits! Damit zeigt das Modell der Arbeitslosenversicherung, in welcher Bandbreite bei der Leistungsgewährung eine Rückkoppelung an die Nettorelationen auch unter der Geltung eines (wie auch immer definierten) Äquivalenzprinzips grundsätzlich möglich ist. In umgekehrter Bandbreite führt die GRV also zur Spreizung und Benachteiligung der unterdurchschnittlichen Einkommen.[156] Im Ergebnis wird durch unsere Rentenformel damit die Lohnspreizung zwischen Geringverdienenden und Besserverdienenden bei den Renten noch weiter verschärft. *„Die Rentenschichtung spiegelt also keineswegs die Schichtung der Arbeitsverdienste wider, sondern bewirkt eine größere Ungleichheit, nämlich fast um die Hälfte größer. Die individuelle Gerechtigkeit des Spargedankens, über deren prinzipielle Berechtigung sich trefflich streiten lässt, führt also zu einer Ungleichheit im Kollektiv"*[157].

e) Andere Umverteilungen von unten nach oben laufen noch subtiler, wie z.B. die, welche durch die Dauer der Lebenserwartung beeinflusst werden. So sind vor allem die „kleinen Malocher" die besten Risiken, weil sie – nicht zu-

---

[155] Die Zahlenwerte sind der 1996er Tabelle entnommen und stammen aus einem Rentenstreitverfahren, welches derzeit beim Bundessozialgericht anhängig ist (B 12 RA 7/02 R).
[156] Hierbei sollte auch berücksichtigt werden, dass diese rentenrechtliche Privilegierung hoher Einkommen nicht selten zusammentrifft mit entsprechend höheren Betriebsrentenansprüchen und höheren Kapitalrenten.
[157] Schewe, Dieter, Wirkungen der Rentenformeln, Einkommensverteilung innerhalb der alten Generation und „Generationenvertrag", SozFortschritt 11/1995, S. 263.

letzt wegen der oftmals gesundheitlich schweren Arbeit – früher sterben als Angehörige anderer Berufe und der Solidargemeinschaft die hohen Alterskosten ersparen. Diese Aussagen zu schichtenspezifischen Verteilungswirkungen infolge erhöhter Mortalität werden von den Rententrägern allerdings bestritten. Sie werden indes von internationalen Untersuchungen bestätigt, die den Zusammenhang „je höher das Einkommen, desto höher die Lebenserwartung" zweifelsfrei belegen.[158]

f) Dass das Rentensystem aus dem Sozialstaatskonsens immer mehr herausfällt, verdeutlicht auch ein Blick auf die Zusammenhänge von Arbeitsmarkt- und Rentenpolitik. Tatsache ist nämlich, dass die heutige Massenarbeitslosigkeit die Lösung der künftigen Rentenprobleme außerordentlich erleichtert. Wer Leistungen der Bundesanstalt für Arbeit erhält, ist bei den Rententrägern nicht etwa auf der Basis des früheren Gehalts versichert, sondern nur noch in Höhe der Zahlbeträge. Je mehr Menschen heute arbeitslos sind, desto geringer ist deshalb die Summe der künftigen Anwartschaften. Mit Blick auf die geburtenstarken „Babyboom"-Jahrgänge, die etwa ab 2015 das Ruhestandsalter erreichen, sprechen die Rentenverantwortlichen in diesem Zusammenhang deshalb schon von einer „Untertunnelung" des Rentnerbergs.[159]

Der zweite Grund der arbeitsmarktpolitischen Kontraproduktivität des Rentensystems ist schließlich darin zu finden, dass das Rentensystem einer sozialverträglichen Lösung der Arbeitsmarktprobleme im Wege einer massiven Ausweitung von Teilzeitarbeit im Wege liegt. Der Blick auf unsere bei der Bekämpfung der Arbeitslosigkeit erfolgreicheren Nachbarn – Holland, die Schweiz, Dänemark und Schweden – zeigt deutlich, dass dies eine wichtige Option für die Sanierung des Arbeitsmarkts wäre. Genau diese Möglichkeit verhindert aber das deutsche Rentensystem, weil die einer Sparformel ähnliche deutsche Renten-

---

158 Vgl. z.B. Schwarz, Karl, Zur Ungleichheit vor dem Tode, Zeitschrift für Bevölkerungswissenschaft 1/1982, S. 106 ff. mwN, der auf schichtenspezifische Unterschiede von acht Jahren und mehr hinweist. Vgl. ferner die Dokumentation der FR v. 15.6.1998, S. 8 („Das Märchen von der Kostenexplosion durch die Blaumacher").
159 Vgl. den Dialog zwischen Tremmel, Jörg/Stiftung für die Rechte zukünftiger Generationen, und Reinhold Thiede/BfA, in Tremmel, Wie die gesetzliche Rentenversicherung nach dem Prinzip der Generationengerechtigkeit reformiert werden kann, Diplomarbeit an der EBS, Frühjahr 1997, Dokumente, Anhang, LXXV).
„Tremmel: Was halten Sie denn von dieser These? Es ist ja eigentlich pervers: durch die hohe Arbeitslosigkeit wird die Rentenversicherung langfristig entlastet. Denn durch die geringen Anwartschaften, die Erwerbspersonen während ihrer Arbeitslosigkeit entstehen, wird die Rentenversicherung im Jahre 2030 entlastet/oder jedenfalls geringer belastet, als wenn diese Jahrgänge in Lohn und Brot wären.
Thiede: Ja, das ist richtig.
Tremmel: Das wird aber auch nicht allzu oft öffentlich verkündet.
Thiede: Nein, das können wir ja nicht. Das müssen Sie uns schon nachsehen. Es wird zur Zeit über eine Untertunnelung gesprochen, wenn die geburtenstarken Jahrgänge der Zeit bis zum Pillenknick in Rente gehen. Herr Storm hat ja dieses Modell vorgelegt, das die Untertunnelung im Kapitaldeckungsverfahren vorsieht, wenn im Jahr 2030 die Belastung für die GRV am höchsten ist. Ich könnte mir eine ganz andere Untertunnelung vorstellen, und zwar im Umlageverfahren. Ich sage das mal im Vertrauen: Wir sind dankbar für jeden, der heute scheinselbständig wird oder geringfügig beschäftigt. Da kriegen wir zwar heute weniger Beiträge, aber im Jahr 2030 haben wir weniger Anwartschaften. Es wird durch die Arbeitslosigkeit heute im Ergebnis genau das erreicht, was Herr Storm im Kapitaldeckungsverfahren erreichen will."

formel längere Teilzeitperioden unweigerlich und drastisch mit Altersarmut bestraft.[160] Da zugleich das Durchschnittseinkommen sinkt, werden insbesondere die Teilzeitkräfte vom Absinken des Rentenniveaus noch einmal härter getroffen. Umgekehrt werden diejenigen, welche ihre Arbeit und den Lohn nicht teilen, noch mit besonders überproportionalen Rentenansprüchen belohnt.

g) Fazit: Eine grundlegende Rentenstruktur-Reform ist überfällig.[161] Sie hat anzusetzen bei einer Neudefinition des erfassten Personenkreises (gesamte Wohnbevölkerung), bei den pflichtigen Einkommen (sämtliche personengebundenen Einkommen), bei der Lastengerechtigkeit (ohne Beitragsbemessungsgrenzen, keine intransparente Mischfinanzierung), bei der Leistungsgerechtigkeit (insbesondere der Behandlung der Kindererziehung) und bei der Durchsetzung des Solidargedankens auch bei der Anspruchsbegrenzung (Maximalrente). Das Modell der Schweizer Alters- und Hinterlassenenversicherung (AHV) bietet in wesentlichen Teilen eine brauchbare Vorlage (dazu unten, Teil 3 – VIII., S.111).

VIII. Zusammenfassung Teil 2

Familienpolitisch imponieren in der Geschichte der Bundesrepublik Deutschland vor allem zwei Phänomene: Zum einen die rasante Familienverarmung, welche seit 1965 festzustellen ist und genau umgekehrt zu den sinkenden Geburtenziffern verläuft. Zum anderen die Tatsache, dass selbst massive Ausweitungen familienpolitischer Leistungen von 1992 bis 2002 die relative Einkommensposition der Familien nicht verbessert haben, mithin verpufften. Will man die familienpolitische Therapie aber an den Ursachen und nicht den Symptomen der Fehlentwicklung ansetzen lassen, müssen somit zwei Fragen beantwortet werden: Weshalb hat sich die Situation der Familien seit fast vier Jahrzehnten kontinuierlich verschlechtert und warum sind die Anstrengungen des letzten Jahrzehnts wirkungslos verpufft? Oder anders formuliert: Weshalb war es bis weit in die 1960er Jahre hinein möglich, von einem Facharbeitereinkommen drei Kinder großzuziehen und trotzdem noch ein Haus zu bauen – und weshalb ist das heute immer weniger möglich?[162]

1. „Vereinbarkeit" und „Familiengeld" nur Symptombehandlungen

Die derzeit politisch konkurrierenden Konzepte der „Vereinbarkeit" und des „Familiengeldes" setzen beide lediglich am Symptom der Familienarmut an. Die Analyse der Ursachen der Deklassierung und ihres spektakulären Verlaufs unterbleibt. So ignoriert das „Vereinbarkeitskonzept" schon die Tatsache, dass die

---

160 Kritisch auch Döring, Diether 2002 sowie Kaufmann, Franz-Xaver 2002 – Teil B – Dokumentation.
161 Dieselbe Ansicht vertritt übrigens auch der Wissenschaftliche Beirat im BMFSFJ in seinem Gutachten 2001, S. 199 ff. mit Fokus auf der Umgestaltung des Zwei- in ein Drei-Generationen-System, wobei dafür allerdings nur Grundzüge aufgezeigt werden.
162 Borchert, Jürgen, Megathema „Familienpolitik", Die politische Meinung, Nr. 394, 9/2002, S. 19 ff.

Deklassierung der Familien immer weiter fortschritt, obwohl sich die Erwerbstätigkeitsquote der Mütter in den alten Bundesländern seit 1960 um mehr als 50 v.H. erhöhte. Wer im Übrigen die Ausweitung der öffentlichen Kinderbetreuung fordert, veranstaltet nur eine Alibidiskussion, so lange er nicht zuvor eine Änderung der Finanzverfassung zugunsten der Kommunen verlangt, denn diese müssen den Hauptanteil der Lasten tragen, die mit ca. 40 Mrd. € veranschlagt werden.[163] Genauso wenig setzt sich auf der anderen Seite das „Familiengeldkonzept" mit der Tatsache auseinander, dass die Familieneinkommen trotz der rasant steigenden Kindergeldbeträge relativ immer weiter zurück gefallen sind. Solange die Ursachen dieses Phänomens ungeklärt sind, können die Effekte des Familiengeldes somit auch nicht zuverlässig abgeschätzt werden. Es kann im Übrigen nicht ernsthaft als Fortschritt empfunden werden, wenn man nur die eine Sozialleistung „Sozialhilfe" durch die andere namens „Familiengeld" ersetzt, statt dafür zu sorgen, dass Familien ihre Kinder aus dem selbst erwirtschafteten Einkommen in eigener Verantwortung aufziehen können. Denn wer Kinder von klein auf zu Almosenempfängern macht, verhindert das Erlernen von Freiheit und Selbstverantwortung.

Geht man den zwei Ausgangsfragen nach, stößt man auf vielschichtige und wechselwirkende Ursachen der Deklassierung. An erster Stelle zu nennen sind massive Erhöhungen der Sozialversicherungsbeiträge und der indirekten Steuern, die seit den 1950er Jahren jeweils rund verdoppelt wurden. Weil beide Abgabeformen Familien deutlich überproportional belasten, vergrößert ihr Anstieg zwangsläufig die Einkommenskluft zwischen Kinderlosen und Familien. Besonders fatal ist es, wenn indirekte Steuern zur Beitragssubstitution bei der Sozialversicherung eingesetzt werden, wie dies seit 1998 mit der Mehrwert- und der Ökosteuer geschieht; denn dann tritt eine Potenzierung der Negativwirkungen zu Lasten der Familien ein. Dass die kräftigen Kindergelderhöhungen der letzten zehn Jahre den Einkommensrückstand von Familien zu Nichtfamilien nicht verringern konnten, lässt sich mühelos aus dem Anstieg der Sozialabgaben, der indirekten Steuern und dieser Finanzierungskombination erklären.

2. Wechselwirkungen

Je größer nun der Anteil der Kinderlosen an der Gesamtbevölkerung wurde, desto mehr wurden Familien auf allen Gütermärkten an den Rand gedrängt. Verstärkt wurde diese Entwicklung durch den rasanten Anstieg der Lebenserwartung und der Altersruhegelder, denn entsprechend wuchs die Marktkonkurrenz durch die Senioren. Der Anteil lebenslang Kinderloser an der Bevölkerung, der sich heute auf die 40-Prozent-Marke zu bewegt, lag bis Anfang der 1960er Jahre unter 10 v.H. Zudem war die Lebenswartung um gut zehn Jahre geringer. So wurden Familienhaushalte allmählich zur Minderheit. Heute ist ihr Anteil schon deutlich unter 25v.H. aller Haushalte gesunken. Das war früher genau

---

163 Schmidt, Renate, SOS Familie, Reinbek 2002, S. 109 ff.

umgekehrt. Damit haben sich die Marktbedingungen fundamental zu Lasten der Familien verändert.

Dass Familien und Nichtfamilien in der Nachkriegszeit unter nahezu identischen Konsumbedingungen lebten, beruhte neben der geringeren Belastung durch Sozialversicherungsbeiträge und indirekte Steuern vor allem auf einer steilen Progression des Einkommenssteuertarifs mit einem Spitzensteuersatz von 95 v.H.[164] bei gleichzeitig hohen Kinderfreibeträgen. Dadurch wurden die Investitionen in das Humanvermögen deutlich besser bewertet als heute. Bemerkenswert ist zudem, dass die Kinderfreibeträge und das Kindergeld 1961, als die Kinderzahlen besonders hoch und die Kinderlosigkeit (und damit die Notwendigkeit eines Familienlastenausgleichs!) noch sehr gering war, ihren realen Höchststand erreichten.

Auch das Ausmaß der „positiven externen Effekte" der Kindererziehung war wegen der niedrigen Kinderlosenquote, der niedrigen Renten und des Abgabenniveaus in den 1950er Jahren weitaus geringer als heute. Die scharfe Asymmetrie zwischen der Privatisierung der Kinderlasten und der Sozialisierung des Kindernutzens, die zu recht als „Transferausbeutung der Familien" bezeichnet wird, trat erst mit der Rentenreform des Jahres 1957 deutlich in Erscheinung. Diese Reform, mit welcher entgegen den Plänen der Erfinder des neuen Systems nur die Alten-, nicht aber zugleich die Kinderversorgung sozialisiert und somit „Kinderlosigkeit prämiert" (Oswald von Nell-Breuning) wurde, setzte eine Kettenreaktion von Belastungswirkungen für Familien in Gang. Denn im neu geschaffenen „Generationenvertrag" wurden Eltern nunmehr gezwungen, durch ihre Kindererziehung die Altersvorsorge für ihre kinderlosen Generationsteilnehmer mit zu übernehmen. Kinderlose hingegen wurden von ihrer Verantwortung, ihre Zukunftsvorsorge selbst in die Hand zu nehmen, freigestellt und konnten diese nun „auf die Kinder anderer Leute bauen" (Oswald von Nell-Breuning). Hierin liegt eine weitere Ursache der enormen Einkommensüberhänge bei Kinderlosen, die Familien seitdem auf allen Gütermärkten preistreibend in Bedrängnis brachten.

3. Familien tragen Lasten der Individualisierung

Weil seit der Rentenreform 1957, welche das bis dahin dominierende System der familiären Sicherung auflöste, auch keine Rücksicht mehr auf persönliche Bindungen genommen werden musste, wurde durch diese Reform auch der extreme Individualisierungsschub der letzten Jahrzehnte erst möglich, unter dem Familien wiederum besonders zu leiden haben: Denn in Gesellschaften, in welchen der Individualismus und damit die Person bzw. das Subjekt Maßstab des Handelns wird und die persönliche Freiheit und die persönlichen Entscheidungsmöglichkeiten wichtiger sind als die gesellschaftlichen Vorgegebenheiten, sind allgemeine Sinn- und Orientierungskrisen vorprogrammiert, welche es

---

[164] Bis 1953, danach 1954 noch 80 v.H.

zugleich immer schwieriger machen, die Kinder nach verbindlichen Normen zu erziehen. Dass diese Entkoppelung von Freiheit und Verantwortung, die durch das moderne System sozialer Sicherheit in Gang gesetzt wurde, von der Politik bis heute nicht verstanden wird, beweisen die demographiebedingten Kürzungen von Sozialleistungen wie der demographische Rentenfaktor, die „Riester-Rente" oder die 1996 ins Werk gesetzte Absenkung des Krankengeldes. Alle Regelungen belasten nämlich Eltern und Kinderlose unterschiedslos mit den Folgen der Veränderungen der Bevölkerungsstruktur, ungeachtet ihrer höchst unterschiedlichen Verantwortlichkeit für diese Entwicklung. Eine ebenso grobe Verletzung des Freiheits- und Verantwortungsbezugs beinhalten auch die Erziehungszeiten in der Rentenversicherung und die Bundesbeiträge für Kindererziehung, denn auch sie müssen nicht von den kinderlosen Jahrgangsteilnehmern der Eltern, sondern von den Kindern der bedachten Mütter bzw. der „Allgemeinheit" finanziert werden.

4. Neuordnung der Transfersysteme: Freiheit und Verantwortung

Für eine zukunftsweisende Familienpolitik stellt sich damit die Aufgabe, die Verteilung von öffentlichen Lasten und Leistungen komplett neu zu ordnen, die wegen der unterlassenen Anpassungen der Steuer- und Sozialsysteme an die fundamentalen soziologischen, technologischen und wirtschaftlichen Veränderungen vollkommen aus dem Lot geraten sind. Das ist nicht nur eine ökonomische Frage, sondern ebenso eine Frage unserer Werteordnung: Des Zusammenhangs von Freiheit und Verantwortung nämlich. Der Staat hat nicht nur für Belastungsgerechtigkeit, sondern zugleich dafür zu sorgen, dass jeder die Verantwortung für den von ihm frei gewählten Lebensentwurf trägt. Er darf deshalb Familien nicht durch die Gestaltung der Abgabesysteme zu Almosenempfängern machen und so daran hindern, ihre Kinder aus dem selbst erwirtschafteten Einkommen großzuziehen. Genau so wenig darf er Eltern um ihre originär und genuin erworbenen Altersversorgungsansprüche gegenüber ihren Kindern prellen.

Teil 3: Familienpolitische Strukturreform des Sozialstaats

Ein auf die Deklassierungsursachen bezogenes Reformprogramm muss entsprechend den bisherigen Ergebnissen dieser Untersuchung demnach an sechs Strukturbedingungen bzw. -fehlern anknüpfen:

(1) Der fehlenden politischen Repräsentanz der „dritten" Generation in einer auf dem „Generationenvertrag" basierenden Sozialordnung.
(2) Der „individualistischen Engführung" der Arbeitseinkommen und
(3) ihrer Verlängerung in den Bereich der sozialen Sicherungssysteme infolge der Lohnbasierung und der Struktur der Sozialversicherungsbeiträge sowie
(4) der „Transferausbeutung der Familien" durch die Systeme der sozialen Alterssicherung, ferner
(5) den Überlasten, denen Familien im Steuersystem bei der Einkommensteuer einerseits und bei den Verbrauchssteuern einschließlich ihrer Verwendung zur Beitragssubvention bei der GRV andererseits ausgesetzt sind, und endlich
(6) dem Fehlen eines durch den Gesetzgeber selbst verbindlich für alle relevanten Rechtsbereiche definierten Existenzminimums.

I. Strukturreform vor „Vereinbarkeit"

Selbstverständlich gibt es eine Reihe weiterer Strukturfehler und Deklassierungsursachen, wie insbesondere die nach wie vor großen Probleme mit der Vereinbarkeit von Erwerb und Familie. Diese Frage spielt bekanntlich in der Programmatik der gegenwärtigen rotgrünen Regierungskoalition eine herausragende Rolle. Über die Bedeutung der „Vereinbarkeit" ist dabei quer durch alle gesellschaftlichen Lager überhaupt kein Dissens mehr zu erkennen. Allerdings werden dabei die entscheidenden Fragen in der Diskussion ausgeklammert: Angefangen vom blockierten Arbeitsmarkt, über die notwendige Änderung der finanzverfassungsrechtlichen Verteilungsschlüssel zu Gunsten der Kommunen oder die ebenso nötige Änderung des Rentensystem zu Gunsten von Teilzeittätigkeiten, ferner die Fragen sozialpädiatrischer Standards frühkindlicher Fremdbetreuung etc. Deshalb ist die derzeit herrschende Vereinbarkeitsdiskussion im Grunde eine Alibidiskussion.

Es ist jedenfalls mit Nachdruck zu unterstreichen, dass die hier vorgeschlagene tiefgreifende familienpolitische Strukturreform des Sozialstaats auch zur

Lösung der Vereinbarkeitsproblematik grundlegend und vorrangig ist: Erstens weil „Vereinbarkeit" einen funktionierenden Arbeitmarkt voraus setzt; gerade wegen der Abgabenstruktur fehlt es hieran ja. Zweitens weil die Beibehaltung der Abgabenstruktur im Steuer- und Sozialversicherungssystem wegen der extremen Brutto-/Nettokluft zu unzureichenden Erträgen eines parallelen Erwerbs führt. Aufwand und Ertrag stehen in keinem akzeptablen Verhältnis mehr, – erst recht, wenn man berücksichtigt, dass zusätzlich zu einer Erwerbstätigkeit ja noch dem erhöhten kompensativen Zuwendungsbedarf ganztägig außerhäuslich betreuter Kinder nachzukommen ist.[165] Dem Ziel einer partnerschaftlichen Aufteilung der Erziehungsarbeit steht in der Praxis bekanntlich der Umstand entgegen, dass es ausgerechnet die Familienväter sind, die wegen der drückenden Finanznöte zur Ableistung von Überstunden gezwungen sind. Hieran würde ein Teilzeitverdienst, der gegebenenfalls selbst mit weiteren Aufwendungen oder Leistungskürzungen (erhöhte Kindergartenbeiträge, Zuzahlungspflichten in der GKV, Verlust der Erziehungs- und/oder Wohngeldberechtigung, des Baukindergeldes, ferner zweites Kfz/Mobilitätskosten und dergleichen) verbunden wäre, unter den gegebenen Bedingungen nur wenig ändern. Wie zu zeigen war, nahm die Deklassierung der Familien in den letzten vierzig Jahren stetig zu, obwohl die Müttererwerbstätigkeit insgesamt um rund 50 v.H. anstieg. Drittens haben längere Teilzeitperioden, wie oben dargestellt, höchst negative Konsequenzen für die spätere Alterssicherung. Viertens: Käme es tatsächlich zu einer massiven Ausweitung der Müttererwerbstätigkeit, so würde zwar die heutige Rentenfinanzierung erleichtert, die künftige jedoch umso schwerer. Empirisch belegt – fünftens – zudem die Situation in den neuen Bundesländern sowie die schwedische Entwicklung der letzten Jahre, dass selbst beste elternrechtliche und infrastrukturelle Voraussetzungen für die Vereinbarkeit von Kinderwunsch und Erwerb keine durchschlagende Wirkung (mehr) zeigen, vielmehr die Realisierung des Kinderwunsches vor allem von stabilen sozialen Grundbedingungen – namentlich von einem funktionierenden Arbeitsmarkt und Arbeitsplatzsicherheit – abhängt.[166] Die Vereinbarkeit von Erwerb und Kindererziehung ist überdies kein Ersatz für eine verfassungskonforme, familiengerechte Sozial- und Abgabenordnung, zumal nach der Verfassungsjudikatur den Eltern die Wahlfreiheit in der Gestaltung der Kindererziehung garantiert ist. Aus diesen Gründen ordnet der Wiesbadener Entwurf die Maßnahmen zur Herstellung und Verbesserung der „Vereinbarkeit" in der Reformhierarchie nachrangig ein.[167]

---

165 So schon 1976 Pross, Helge, Die Wirklichkeit der Hausfrau, Hamburg 1976, S. 143 ff.
166 Mit 10,2 Geburten/1000 Einwohner (2001) liegt Schweden in der EU jetzt wieder auf einem der hinteren Plätze der Geburtenstatistik (nach Eurostat v. 14.1.2002). Nach einer persönlichen Mitteilung von Dr. Peter A. Köhler, Max-Planck-Institut für internationales Sozialrecht, München, vom 23. Januar 2002 machen wegen der Wirtschaftskrise und der steigenden Arbeitslosigkeit auch immer weniger Eltern in Schweden noch Gebrauch von den spezifischen Elternrechten. Anzumerken ist allerdings, dass durch die Verlagerung häuslicher Dienstleistungen in den Markt, die mit vermehrter Erwerbsbeteiligung von Müttern/Vätern verbunden ist, auch neue Arbeitsplätze entstehen können.
167 Beispielhaft für die oberflächliche Diskussion dieser Fragen durch die herrschende Meinung zuletzt Köhler-Rama, Tim, Kinderzahlabhängige Beiträge in der gesetzlichen Rentenversicherung: Rückschritt statt Fortschritt, DAngVers 11/2002, S. 449 ff.

II. Grundzüge der Reform

Einer Reform sind realistischer Weise nur die Ebenen 1 und 3 bis 6 zugänglich. Zwar wurde in den frühen 1950er Jahren in der chemischen Industrie auch der Versuch der Einführung eines Familienlohnes beziehungsweise von Familienkassen gemacht, dieser scheiterte jedoch alsbald. Arbeitsentgelte können unter den gegenwärtigen Bedingungen nur Markteinkommen sein.

(1) An den Anfang der politischen Debatte gehört die Forderung nach einem „Familienwahlrecht", denn eine Gesellschaftsordnung auf der Basis von „Generationenverträgen" bedarf der „Re"-„Präsentation"[168] der „dritten Generation".

(2) Die öffentliche Definition der Armutsgrenze durch den Gesetzgeber selbst und nicht durch einen Exekutivzirkel hinter verschlossenen Türen gebietet wegen des Parlamentsvorbehalts und des Wesentlichkeitsprinzips schon das Grundgesetz, denn es handelt sich um eine der zentralen gesellschaftlichen Entscheidungen mit Konsequenzen für fast alle Rechtsbereiche.

(3) Ohne weiteres beheben lässt sich auch der fundamentale Defekt unserer Sozialordnung, den die Verlängerung der individualistischen Engführung des Arbeitsverhältnisses in den Bereich sozialer Sicherung beinhaltet. Hier ist ein einheitliches soziales Sicherungssystem für die gesamte Bevölkerung auf der Grundlage sämtlicher personengebundener Einkommen zu schaffen. Diesem Konzept einer „Volksversicherung" folgen ohnehin die meisten europäischen Systeme, wobei die Akzente entweder mehr steuerfinanziert (z.B. Niederlande, Skandinavien) oder mehr beitragsfinanziert (z.B. Schweiz) gesetzt werden.[169] Die bestehenden Sonderversorgungssysteme (Selbstständige, Beamte) sind als Zusatzsysteme auszugestalten.

(4) Besonderes Gewicht kommt dabei einer familiengerechten und solidarischen Gestaltung des Beitragssystems der Sozialversicherung zu, dessen Indifferenz gegenüber familiären Unterhaltsverpflichtungen sich als die wirkmächtigste Ursache der Deklassierung herausstellte. Es wird dafür plädiert, die Beiträge zur Sozialversicherung nach dem Muster des „Solidaritätszuschlags" an der Einkommensteuer auszurichten.

(5) Der „rechtsstaatliche Skandal" (Paul Kirchhof) der Behandlung der Kindererziehung in den Alterssicherungssystemen lässt sich – entsprechend der neueren Rechtsprechung des Bundesverfassungsgerichts – nur dadurch verfassungskonform beseitigen, dass Kindererziehung tatsächlich als eigenständige Beitragsleistung auch zu einer eigenständigen, originären Altersversorgung führt. Hier bietet sich das vom Verfasser bereits 1981 vorgestellte „Duale Modell" von Eltern- und Geldbeitragsrenten als Lösung an.[170] Der Übergang

---

168 So Merk, Kurt-Peter 2002.
169 Dazu Döring, Diether, Finanzierbarkeit und Finanzierung der deutschen Sozialversicherung unter Einbeziehung europäisch-vergleichender Betrachtungen, in: LVA Rheinland-Pfalz/Hochschule für Verwaltungswissenschaften Speyer (Hrsg.), 7. Speyerer Sozialrechtsgespräch, Sozialversicherung im Spannungsfeld von Beitrags- und Steuerfinanzierung, Speyer 1997, S. 53 ff.
170 Borchert, Die Berücksichtigung familiärer Kindererziehung im Recht der gesetzlichen Rentenversi-

könnte fließend dadurch bewerkstelligt werden, dass – was ohnehin von der Verfassung geboten ist – Eltern von den demographisch bedingten Leistungskürzungen ausgenommen werden, jedenfalls soweit diese nicht mortalitätsbedingt sind.

(6) Hinsichtlich der Korrektur der Überlasten im Steuersystem wird hier für die
a) Einkommensteuer alternativ die Einführung eines Familiensplittings oder Familienrealsplittings und
b) für die Verbrauchssteuern deren Erstattung durch einen Rücktransfer in Form von Kindergeld vorgeschlagen.

(7) Im Bereich der Familienförderung sind die Voraussetzungen für die Wahlfreiheit bzw. die Vereinbarkeit von Kindererziehung und Erwerb vor allem durch eine Lohnersatzleistung sowie eine „Elternteilzeit" etwa analog der „Altersteilzeit" bei zeitweisem oder teilweisem Erwerbsverzicht zu Gunsten der persönlichen Kinderbetreuung zu schaffen. Dass Staat und Gesellschaft zwar eine bis zehnjährige Altersteilzeit gesetzlich und tariflich arrangieren können, jedoch nicht in der Lage sein sollten, eine ebenso lange Elternteilzeit zu realisieren, ist nicht einzusehen. Abzubauen sind auch die bekannten Defizite im Bereich der Kinderbetreuungsangebote und Ganztagsschulen, wofür verbindliche pädiatrische Standards zu entwickeln sind. Grundregel muss dabei sein, die Erwerbsbedingungen den Bedürfnissen der Familien und Kinder anzupassen und nicht umgekehrt. Empfohlen wird die Förderung von Modellen der intergenerationellen Kinder- und Altenarbeit nach dem Vorbild des Mütterzentrums Salzgitter.[171] Ferner wird zu überlegen sein, ob nicht die „Frauenquoten" in „Elternquoten" umzuwandeln sind. Der prekären Situation der Familien, vor allem der Frauen, bei Scheidung oder Wiedereintritt in den Erwerbsberuf, ist durch Einbeziehung der Kindererziehungszeiten in die Arbeitslosenversicherung zu begegnen.

(8) Schließlich wird dafür plädiert, die Pflegeversicherung durch ein steuerfinanziertes Leistungsgesetz mit einer Bedürftigkeitskontrolle nach dem Muster der Sozialhilfe zu ersetzen sowie die Sozialhilfe in die materielle Verantwortung des Bundes als Auftragsverwaltung durch die Kommunen zu überführen[172] und

(9) die „Riester-Rente" entweder durch ein familienverträgliches Modell zu verbessern oder sie abzuschaffen.

(10) Erhoben wird schließlich die Forderung nach einer Familienverträglichkeitsprüfung im Rahmen der Gesetzgebung; empfehlenswert scheint überdies die Schaffung eines Ministeriums für Familien und Ökologie sowie die Schaffung einer institutionellen Vertretung der Kinderinteressen nach dem Vorbild des norwegischen „Kinderombudmanns".

---

cherung, Berlin 1981, S. 225 ff.
171 Dazu Grefe, Christiane, Reportage über ein Mütterzentrum, in: „DIE ZEIT" vom 22.11.2001, S.12. Vgl. dazu auch das Referat von Orth, Eva und Weskamp, Hannolore 2002 in Teil B – Dokumentation.
172 Siehe aber Art. 104 a GG.

III. Familienwahlrecht – eine „Notlösung"[173]

Wie zu zeigen war, bleibt die in Deutschland praktizierte Sozial-, Familien- und Bildungspolitik seit Jahrzehnten weit hinter den Notwendigkeiten zur Gewährleistung einer nachhaltigen gesellschaftlichen Entwicklung zurück. Gleiches ist bekanntlich im Bereich der Umwelt- und Finanzpolitik zu konstatieren. Von Seiten der Politischen Philosophie (z.b. von John Rawls und Hans Jonas) wird dies auf die prinzipielle Untauglichkeit des demokratischen Herrschaftssystems für die Sicherung gesellschaftlicher Nachhaltigkeit und Zukunftsfähigkeit zurückgeführt. Tatsächlich lässt sich aber mindestens genauso überzeugend ein Repräsentationsdefizit ausmachen, welches für diese Fehlsteuerung der „real existierenden Demokratie" verantwortlich ist: Nämlich der systematische Ausschluss der Kinderinteressen vom demokratischen Prozess, dem durch ein Kinder- oder Familienwahlrecht zu begegnen sei.[174] Die Anzeichen mehren sich dafür, dass sich hierzu eine zentrale politische Debatte Bahn bricht.[175]

„Das Kinder-, Minderjährigen- oder Familienwahlrecht, heißt ein gängiger Vorwurf, sei doch nur eine Notlösung, die obendrein auch noch hart am Rande der Verfassung operiere. Das stimmt. Man sollte nur hinzufügen, dass Notlösungen nicht ohne Grund gesucht und manchmal auch gefunden werden", schreibt der Publizist Konrad Adam in seinem Geleitwort zur Schrift „Haben wir schon ein allgemeines Wahlrecht?" des Vereins Allgemeines Wahlrecht e.V. München (VAW) vom Juli 2001 und fährt fort: „Wenn Kinder Zukunft sind, die Zukunft aber beim Schielen auf die Mehrheitsverhältnisse im Land nicht mehr zu ihrem Recht gelangt, dann muss am Stimmrecht etwas geändert werden: keineswegs also nur zum Wohle von Kindern und Eltern, sondern im Interesse und zum langfristigen Nutzen der Gemeinschaft."

Der Gedanke eines Familienwahlrechts, d.h. die stellvertretende Ausübung des Wahlrechts durch die gesetzlichen Vertreter bis zum Erreichen der Volljährigkeit, ist dabei keineswegs neu. Schon der wegen des Attentats vom 20. Juli 1944 zum Tode verurteilte Carl v. Goerdeler äußerte diese Idee an einem seiner letzten Lebenstage.[176] Inzwischen hat er weite Verbreitung gefunden, über Parteigrenzen hinweg: Die langjährige Hamburger und Berliner Justizsenatorin Lore Maria Peschel-Gutzeit, Sozialdemokratin und eine Avantgardistin der bundesrepublikanischen Frauenbewegung, vertritt ihn ebenso[177] wie der inzwischen

---

173 Bereits John Stuart Mill beschäftigte sich intensiv mit den Mängeln repräsentativer Demokratien und deren Abhilfen, vgl. JSM, On Liberty – and other essays, Oxford University Press 1991, S. 205 ff.
174 Hierzu umfassend jüngst Merk, Kurt-Peter 2002, S. 91 ff.
175 So hat sich die amtierende Bundesfamilienministerin Renate Schmidt verschiedenen Berichten der Tagespresse nach Ende November 2002 ausdrücklich für die Einführung eines Familienwahlrechts ausgesprochen.
176 Nach Gerhard Ritter, Carl Goerdeler und die deutsche Widerstandsbewegung, Stuttgart 1984, Anhang I (zitiert nach Löw, Konrad, in VAW 2001, S. 63).
177 Siehe Peschel-Gutzeit, Unvollständige Legitimation der Staatsgewalt oder: Geht alle Staatsgewalt nur vom volljährigen Volk aus? In NJW 43/1997, S. 2861 f.

verstorbene Erzbischof von Fulda Dyba, in dessen Diözese das Familienwahlrecht gilt.

Die Logik des Vorschlags ist – wie Konrad Adam zeigt – einfach: Weil die Familie in der Demokratie untergeht, müssen deren Spielregeln zu ihrem eigenen Erhalt geändert werden. Natürlich gibt es eine Reihe von gut begründeten Gegenargumenten, die gerade bei einem Familienwahlrecht die Demokratie in Gefahr sehen,[178] aber sie bleiben die Antwort auf die Frage schuldig, wie denn der absehbare staatliche Legitimationsverlust anders zu vermeiden sein sollte, dessen Schatten die demographische Entwicklung bereits vorauswirft. Wie auch immer: Die Forderung nach einem Familienwahlrecht bringt eine der kardinalen Ursachen der Deklassierung auf den Punkt und darf deshalb bei keiner familienpolitischen Strategie fehlen,[179] mag sie wegen der Notwendigkeit einer Verfassungsänderung auch utopisch anmuten.

Als „familienpolitischer Fundamentalismus" scharf kritisiert wird der Gedanke des Familienwahlrechts jedoch von Bert Rürup: „Durch die Brille des Ordnungstheoretikers betrachtet wäre es eine eklatante Verletzung des Prinzips, dass über Wahlen zumindest ansatzweise Präferenzen der Individuen offenbart werden sollen. Entitäten wie der Familie mag ein besonderer Status in der Gesellschaftsordnung zugebilligt werden, sie sind aber nicht Träger von Präferenzen."[180] Dabei übersieht Rürup freilich, dass Kinder ebenfalls Individuen sind, deren individuelle Präferenzen gerade deshalb keine Berücksichtigung finden. Folgt man seiner Logik, spricht dies also gerade für und nicht gegen ein Familienwahlrecht. Dass genau entgegen seiner Ansicht erst die Einbeziehung der dritten Generation im Generationenvertrag für das notwendige Minimum an Zukunftspräferenz Voraussetzung ist, hat zuletzt Kurt-Peter Merk umfassend und überzeugend herausgearbeitet.[181]

IV. Definition des Existenzminimums durch den Gesetzgeber

Eine konsequent am Gleichheitssatz und dem Prinzip der Familiengerechtigkeit ausgerichtete Reform des Sozialsystems setzt Transparenz und klare Maßstäbe voraus. Dreh- und Angelpunkt für die Beurteilung der Lasten- und Leistungsgerechtigkeit ist das Existenzminimum, denn nur das jenseits des Existenzminimums frei verfügbare Einkommen steht für Abgaben zur Verfügung. Zugleich hat das Existenzminimum in vielen Bereichen die Funktion einer Einkommensgrenze für diverse Sozialleistungen, Zuzahlungspflichten oder Pfändungsverschonung und ähnliches. Der gegenwärtige Rechtszustand ist hier chaotisch, denn die Sozialhilfe, das Steuerrecht, die Krankenversicherung, das Wohn- und

---

[178] Siehe Wassermann, Rudolf, One man, one vote – Das Wahlrecht für Kinder – ein Irrweg, in VAW 2001, S. 21 ff.
[179] Vgl. dazu Wingen, Max, Familienpolitische Denkanstöße, Vektor 2001, S. 223 ff.
[180] Vgl. unten Bert Rürups Stellungnahme zum „Wiesbadener Entwurf" in Teil B – Dokumentation.
[181] Vgl. Merk, Kurt-Peter 2002.

Erziehungsgeld, die Ausbildungsförderung, der Pfändungsschutz, die „Riester-Rente" und die Prozesskostenhilfe und vieles andere mehr weisen je andere Existenzminima oder dem entsprechende Einkommensgrenzen auf. Dabei werden teils die Bruttoeinkommen, teils die Nettoeinkommen herangezogen, wobei diese wiederum mit unterschiedlichen Standards ermittelt werden. All das unterstreicht, dass der Gesetzgeber über kein konsistentes Konzept verfügt. Deutlich wird dies nun erneut bei der Schaffung der Grundsicherung durch das „Gesetz über eine bedarfsorientierte Grundsicherung im Alter und bei Erwerbsminderung", welches am 1. Januar 2003 in Kraft tritt; danach besteht Anspruch auf eine Leistung in Höhe von bis zu 844 € für Rentner, deren Einkommen niedriger sind und deren Vermögen einen Freibetrag von 2301 € nicht übersteigt. Der Sache nach handelt es sich um eine der Sozialhilfe ähnliche Leistung, bei welcher allerdings Angehörige erst ab einer Einkommensgrenze von 100.000 € in Rückgriff genommen werden.[182] Vergleicht man diese Leistung allerdings mit den Beträgen der Sozialhilfe, fällt eine Differenz von rund 200 € auf, um welche die Grundsicherung die durchschnittlichen Sozialhilfeleistungen übersteigt. Vollends willkürlich werden derartige Existenzminima bzw. Einkommensgrenzen dann, wenn statt der Nettobeträge auf die Bruttoeinkommen abgestellt wird wie beispielsweise bei den Zuzahlungsgrenzen der Gesetzlichen Krankenversicherung[183] oder weder mit dem Steuer- noch dem Sozialhilferecht kompatible Berechnungsweisen Anwendung finden wie beim Bundeserziehungsgeld, Wohngeld usw.

Dieser Wirrwarr hat eine Fülle weitreichender und schädlicher Konsequenzen, denn er verhindert eine rationale und den verfassungsrechtlichen Maßstäben entsprechende Zuordnung von Lasten und Leistungen. Zudem hat der Bundesgesetzgeber durch die Definition dieser Grenzen die Möglichkeit, materielle Verantwortlichkeiten auf die anderen föderalen Ebenen, insbesondere die kommunale, zu verschieben. Schließlich werden auch für die Bürger – zum Beispiel für Mütter beim Wiedereinstieg in das Erwerbsleben nach einer Kinderpause – die Konsequenzen einer Einkommenserzielung oft unberechenbar.

Ursächlich für diesen offenkundigen Missstand ist vor allem die Tatsache, dass zum einen die für die Definition der Armutsgrenze nach der Rechtsprechung des Bundesverfassungsgerichts maßgebenden Sozialhilfesätze nicht vom Gesetzgeber, sondern von den betroffenen Ebenen der Exekutive selbst definiert werden („Böcke zu Gärtnern")[184]; zum anderen wählt der Gesetzgeber in Ermangelung eines eigenen, einheitlichen Maßstabes die unterschiedlichen Existenzminima und Einkommensgrenzen je nach fiskalischen Erwägungen. Dem

---

182 VDR-aktuell v. 15.10.2002 (www.vdr.de). Die Zahl der Anspruchsberechtigten wird auf ca. 650.000 geschätzt. Vgl. Schellhorn, Sozialhilfe als Grundsicherung?, in: Boecken/Ruland/Steinmeyer, Sozialrecht und Sozialpolitik in Deutschland und Europa. Festschrift für Bernd Baron von Maydell, Neuwied 2002, S. 595 ff.
183 §§ 61, 62 SGB V.
184 Vgl. oben Teil 2 – III.7. Manipulation des Existenzminimums, S.71.

Teil 3: Familienpolitische Strukturreform des Sozialstaats 99

kann nur durch eine einheitliche Definition der Armutsgrenze durch den Gesetzgeber selbst abgeholfen werden.

Tabelle 13: Existenzminima und Einkommensgrenzen in verschiedenen Rechtsbereichen

	Einzelperson	Ehepaar	Allein Erziehende 1 Kind	Ehepaar 1 Kind	Ehepaar 2 Kinder	Ehepaar 3 Kinder
Bruttobedarf nach dem Bundessozialhilfegesetz (BSHG)[1]	663,01 € *weiblich* 592,45 € *männlich*	990,75 €	1.009,39 € *weiblich* 986,39 € *männlich*	1.240,96 €	1.491,68 €	1.937,20 €
Bundeserziehungsgeldgesetz (BErzGG)[2]			1.124,83 €	1372,50 €	1605,58 €	1869,99 €
Pfändungsfreigrenzen[3]	939,99 €	1.289,99 € *(bei Unterhaltspflicht)*	1.289,99 €	1.479,99 € *(bei Unterhaltspflicht für 2 Personen)*	1.679,99 € *(bei Unterhaltspflicht für 3 Personen)*	1.869,99 € *(bei Unterhaltspflicht für 4 Personen)*
Wohngeld[4]	830 €	1.140 €	1.140 €	1.390 €	1.830 €	2.100 €
Steuerrecht[5]	602,91 €	1.205,91 €	844,91 €	1689,91 €	2173,91 €	2657,91 €

1) *Durchschnittliche monatliche Zahlbeträge an Bedarfsgemeinschaften von Empfängern und Empfängerinnen laufender Hilfe zum Lebensunterhalt außerhalb von Einrichtungen am 31. Dezember 2000 mit einmaligen Leistungen (15 %) (Quelle: Statistisches Bundesamt, Fachserie 13, Reihe 2, 2000).*
2) *Einkommensgrenze nach § 5 Abs. 2 BerzGG, bei Überschreitung der Einkommensgrenze steht ein gemindertes Erziehungsgeld zu.*
3) *Gem. Anlage 1 zu § 850 c ZPO (gültig ab 1. Januar 2002).*
4) *Grenze für das monatliche Gesamteinkommen (nach den Wohngeldtabellen). Diese Einkommensgrenzen gelten für die ab 1. Januar 1992 bezugsfertig gewordenen Wohnungen in Gemeinden der Mietenstufe 6. Bei Gemeinden der Mietenstufen 1 bis 5 oder für andere Wohnungen ergeben sich niedrigere Grenzen des Gesamteinkommens (Quelle: Bundesministerium für Verkehr, Bau- und Wohnungswesen – Wohngeld ab 2002 – Ratschläge und Hinweise).*
5) *Grundfreibetrag Ledige und allein Erziehende (7.235 €), Verheiratete (14.471 €) hinzu kommt der Freibetrag für das sächliche Existenzminimum des Kinder (allein Stehende = 1.824 €, Verheiratete = 3.648 € pro Kind) sowie Freibetrag für den Betreuungs- und Erziehungs- oder Ausbildungsbedarf des Kindes (allein Stehende = 1.080 €, Verheiratete = 2.160 € pro Kind).*

V. Schaffung eines universalen Sicherungssystems für alle Bevölkerungsgruppen

Das gegenwärtige System der Sozialversicherung knüpft am abhängigen Arbeitsverhältnis an und ist, von Randbereichen wie der Handwerkerversicherung oder Alterssicherung der Landwirte abgesehen, eine reine Arbeitnehmerversicherung. Einschließlich der Familienangehörigen sind in der Sozialversicherung etwa 80 – 90 v.H. der Gesamtbevölkerung erfasst. Sozialversicherungsfrei sind im Wesentlichen nur Selbstständige, für die es in den „verkammerten" Berufen teilweise Sondersysteme gibt, und die Beamtenschaft mit eigenen Versorgungssystemen.

1. Historische Skizze der Sozialversicherung

Diese Gestaltung der Sozialordnung hat sich historisch entwickelt.[185] Die „soziale Frage", welche mit der Sozialversicherung gelöst werden sollte, war die Arbeiterfrage, die ursprünglich nur eine kleine Minderheit der Bevölkerung betraf. Die Bismarck'schen Reformen erweiterten den Kreis der Solidarverantwortlichen über die Selbsthilfe der Arbeitnehmerschaft um die Arbeitgeber und die Gesamtheit der Steuerpflichtigen. Die Arbeitgeberbeiträge und der Reichszuschuss beinhalteten jedenfalls zu Anfang des Sozialversicherungssystems eine starke Umverteilung von oben nach unten, die zudem wegen des relativ kleinen Empfängerkreises und der klaren Abgrenzung von Unterstützenden und Unterstützten sehr effektiv war. Diese gegen den Widerstand der herrschenden Stände und der Großbourgeoisie durchgesetzten Reformen verwandelten den deutschen Liberalisierungsrückstand in einen weltweit beachteten Modernisierungsvorsprung: Der soziale Friede sorgte für Kalkulationssicherheit und die breitere Verteilung der Kaufkraft wiederum führte zur Verstetigung der Nachfrage, worauf die einsetzende industrielle Massenproduktion unbedingt angewiesen war. Über die steigenden Löhne kam dann ein selbsttragender Wachstumsprozess in Gang, von dem alle profitierten.

Weil der Arbeitgeberbeitrag dabei allmählich jedoch von den Lohnsteigerungen aufgesogen wurde und zudem mit dem Anstieg der Löhne und der Ausweitung des Pflichtversichertenkreises auch die Steuerzahlungen der Arbeitnehmerschaft zunahmen, ging in dem entsprechenden Maß zugleich die solidarische Umverteilung von den Starken zu den Schwachen verloren. Heute handelt es sich beim Arbeitgeberbeitrag unbestritten um vorenthaltenen Lohn und die Lohnsteuer ist neben den Verbrauchssteuern die Haupteinnahmequelle des Fiskus. Zudem ist die Arbeitnehmerschaft mit einem Bevölkerungsanteil von rund 80 v.H. die dominante Gruppe der Gesellschaft. Darunter litt naturgemäß die Zielgenauigkeit der Sozialtransfers.[186] Vollkommen unvereinbar mit dem Soli-

---

185 Vgl. die kompakte Darstellung bei Döring, Diether 1997, S. 12 ff.
186 An dem Versuch, saldierende Bilanzen von Einzahlungen und Leistungsempfang bezogen auf die

darcharakter der Systeme sind heute die Beitragsbemessungsgrenzen, die ausgerechnet bei den höchsten Einkommen die geringsten Solidarbeteiligungen verlangen.[187]

2. Die allmähliche Verkehrung solidarischer Lastenverteilung

Im Schatten dieser Entwicklung haben sich die Beteiligungsverhältnisse an den Gemeinschaftslasten mittlerweile ins Gegenteil verkehrt. Während heute die Lohnempfänger den Löwenanteil tragen, werden die „Kapitalisten" weitgehend verschont. Betrug die direkte Steuerbelastung der Lohneinkommen 1960 erst ca. 6 v.H., so sind es heute rund 20 v.H. Umgekehrt wurde die Belastung der Gewinn- und Kapitaleinkommen immer weiter abgesenkt: 1960 rund 20 v.H., heute nur noch rund 5 v.H.[188] Der amtlichen Volkswirtschaftlichen Gesamtrechnung des Jahres 1998 zufolge lösten knapp 511,3 Mrd. € Gewinne aus Vermögenseinkommen und Unternehmensbeteiligungen Steuern und Abgaben in Höhe von ganzen 20,45 Milliarden € aus, während von 818 Milliarden € an Bruttolöhnen nach dem staatlichen Zugriff nur 511,3 Milliarden € übrig blieben.[189] Wie oben in Teil 2 bereits gezeigt wurde, beinhaltet gleichzeitig auch die Revenue innerhalb der so genannten Solidarsysteme der Sozialversicherung eine interne massive Umverteilung von unten nach oben. Das paradoxe Ergebnis dieser Entwicklung ist nun, dass trotz eines astronomischen Sozialbudgets von über 664,69 Milliarden € oder rund 8.180,80 € pro Kopf der Bevölkerung die Armut und Ungleichheiten wachsen; hierunter leiden vor allem Familien. Statt sozialer Kohäsion keimt sozialer Unfriede.

3. Brüchige Fundamente

Mag dem Sozialversicherungssystem zu Zeiten stabiler Berufsbiografien und sozialer Schichtung noch ein Rest an Rationalität innegewohnt haben, kann davon heute keine Rede mehr sein. Während schutzbedürftige Kleingewerbetreibende ausgeschlossen sind, sind Vorstände weltweit operierender Unternehmen in Deutschland unter Umständen pflichtversichert. Immer häufiger treten zudem „Patchwork-Biografien" auf, in denen sich Zeiten der Selbstständigkeit,

---

einzelnen Haushalte zu ermitteln, ist wegen der Hyperkomplexität der Transfersysteme nach jahrelanger Arbeit selbst die hochkarätig besetzte Transfer-Enquete-Kommission (TEK) gescheitert, TEK, Das Transfersystem der Bundesrepublik Deutschland, Stuttgart 1981, Nr. 90 ff.
187 Zacher nennt dies eine „Subventionierung der Besserverdienenden", Die Dilemmata des Wohlfahrtstaates, in: Stifterverband (Hg.), Forum 2/2001, S. 48 ff. (54).
188 Vgl. Schäfer, Claus (WSI), Über die Rastlosen und Ausgeschlossenen in der Gesellschaft, FR v. 25.9.2001; aufschlussreich in diesem Zusammenhang Bach/Seidel/Teichmann, Entwicklung der Steuersysteme im internationalen Vergleich, DIW-Wochenbericht 40/2002 v. 3.10.2002, die u.a. feststellen, dass Deutschland mit einem Anteil an Sozialbeiträgen von 43,1 v.H. der Staatseinnahmen insgesamt die mit Abstand höchste Quote weltweit aufweist (siehe Tabelle 7, S. 67).
189 Vgl. Henkel, FR v. 23.10.2000. Eindringlich hierzu Hengsbach, Friedhelm, Die andern im Blick. Christliche Gesellschaftsethik in den Zeiten der Globalisierung, Darmstadt 2001, S. 121 ff.; Zinn, Karl Georg, Wie Reichtum Armut schafft, Köln 2002, S. 114 ff.

der abhängigen Beschäftigung, der Arbeit im (außereuropäischen) Ausland, der Fortbildung und der Arbeitslosigkeit abwechseln. Zusätzlich verändern die Informations- und Kommunikationstechnologien die Arbeitswelt grundlegend: sei es durch Verlagerung der Arbeitsplätze ins Ausland oder auch nur in die Privathaushalte wie beim Homebanking, wo Kunden selbst die Dienstleistungen erbringen, oder sei es durch andere Formen der „Heimarbeit" und das „Outsourcing", die zugleich neue Formen der Selbständigkeit entstehen lassen[190]. So kommen die Sozialversicherungsbeiträge nicht nur durch die demographisch bedingten Lastenerhöhungen unter Druck, sondern zugleich durch das Sinken der Lohnquote. (Vgl. Tabelle 11, S.75)[191] Jede Beitragserhöhung wiederum erhöht einerseits den Rationalisierungsdruck für die Unternehmen, andererseits den Anreiz für ein Ausweichen in die Schattenwirtschaft für die Arbeitnehmer.

Daraus folgt, dass das überkommene System der Sozialversicherung, welches schon unter Schönwetterbedingungen solidarwidrige Ergebnisse brachte, gegenüber den neuen Herausforderungen versagt. Es ist schlicht anachronistisch geworden und in dieser Form vor dem sich bereits deutlich abzeichnenden Zusammenbruch nicht mehr zu retten. Alles spricht deshalb dafür, es zu einem universalen System der sozialen Sicherung für alle Wohnbürger mit einer einheitlichen Finanzierung unter Einbeziehung aller personengebundenen Einkommen fortzuentwickeln, denn nur so lassen sich Lasten und Leistungen transparent und rational definieren und verteilen.[192] Nur in einem universalen System lässt sich auch die Frage der konstitutiven Leistung der Kindererziehung ohne jene Systemwidersprüche beantworten, die gegen eine konsequente Umsetzung der bisherigen Verfassungsaufträge des Bundesverfassungsgerichts stets angeführt werden. Die Frage, ob das neue System steuer- oder beitragsfinanziert und ob es als Basis- oder Vollversicherungsmodell ausgestaltet sein soll, ist in Europa und anderen Industriestaaten äußerst unterschiedlich gelöst. Die Beitragsfinanzierung hat jedenfalls den Vorteil, den solidarischen Verantwortungsaspekt zu unterstreichen, was bei der Steuerfinanzierung wegen deren „Non-Affektation" nicht der Fall ist.[193] Die bestehenden Sonderversorgungssysteme (Beamte, verkammerte Selbstständige) sind als Zusatzsysteme bzw. als Systeme der betrieblichen Alterssicherung (etwa analog zur „Versorgung Bund-Länder" – VBL) auszugestalten.

---

190 Die „Hartz-Kommission" propagierte die Förderung neuer Formen der Selbständigkeit als „Ich-AGs"; siehe ferner Kreikebohm, Ralf, Zukunft des Arbeitslebens und Soziale Sicherheit, in: Boecken/Ruland/Steinmeyer, Sozialrecht und Sozialpolitik in Deutschland und Europa. Festschrift für Bernd Baron von Maydell, Neuwied 2002, S. 377 ff.
191 Anteil des Bruttoeinkommens aus unselbstständiger Arbeit am Volkseinkommen.
192 In diese Richtung auch Platzer, Helmut, Zur Notwendigkeit und Architektur einer Neuorientierung der Beitragsgrundlagen in der Sozialversicherung, in: Deutsche Rentenversicherung 7/2000, S. 439 ff.; Müller-Matysiak, Christina, Beitragsbemessungsgrenze – Schongrenze für Besserverdienende, in: „Die Sozialversicherung" Oktober 1997, S. 253 ff.
193 So v. Nell-Breuning, ZSR 1986, S. 205 ff.

Teil 3: Familienpolitische Strukturreform des Sozialstaats   103

4. Systembrüche

Anzumerken ist, dass die Finanzierungs- ebenso wie die Leistungsseite der Sozialversicherung heute bereits zahlreiche Systembrüche hat. So belaufen sich die verschiedenen Bundeszuschüsse zur GRV mittlerweile auf rund 40 v.H. der Rentenleistungen, ohne dass die Vertreter der Rentenversicherer noch entsprechende sozialversicherungsfremde Lasten gegenrechnen könnten.[194] Das bedeutet, dass immer mehr rentenexterne Bevölkerungsgruppen an der eigentlichen Rentenfinanzierung beteiligt werden, im Falle der Mehrwert- und Ökosteuerfinanzierung überproportional Familien, Studenten, Sozialhilfeempfänger und Arbeitslose. Sogar Beiträge ohne jeden Leistungsanspruch müssen geringfügig Beschäftigte bei der GKV zahlen, in der GRV erhalten sie keine vollwertigen Ansprüche. Bei freiwillig versicherten Rentnern der GKV bemaßen sich die Beiträge schließlich, anders als bei den gesetzlich versicherten Ruheständlern, bis 2001 nicht nur nach ihrer Rente, sondern auch nach ihren sonstigen Einkünften.[195] Ferner sind auch bei den Hinterbliebenenrenten nicht nur eigene Renten, sondern ebenfalls sonstige Einkünfte mit der Konsequenz anrechenbar, dass hier Elemente der Bedürftigkeitskontrolle wirksam werden.

Dass einer umfassenden Reform jedenfalls keine verfassungsrechtlichen Hindernisse entgegenstehen dürften, hat die Verfassungsjudikatur der letzten Jahre in mehreren Entscheidungen signalisiert: So wurde die Ungleichbehandlung freiwillig und gesetzlich versicherter Rentner mit Beschluss v. 15. März 2000 – 1 BvL 16/96 – beanstandet und dem Gesetzgeber freigestellt, die erweiterte Bemessungsgrundlage auch für die gesetzlich versicherten Rentner anzuwenden. Im Pflegeurteil vom 3. April 2001 wurde sodann eine Volksversicherung für zulässig gehalten und im „Rentenbesteuerungsurteil" vom 6. März 2002 der Versuch aufgegeben, durchgreifende normative oder faktische Unterschiede zwischen der GRV und der Beamtenversorgung als Rechtfertigung ihrer unterschiedlichen steuerlichen Behandlung zu finden; bei beiden Gruppen sei die dominierende Übereinstimmung vielmehr, dass sie „nichtselbständige Tätigkeiten" ausübten.[196] Damit dürften die Zeiten, in denen sich fehlender sozialpolitischer Reformernst hinter verfassungsrechtlichen Beamtenprivilegien verstecken konnte, vorbei sein.[197] Harald Bogs, seit Urzeiten an der Diskussion zur Sozialreform beteiligt, entnimmt der jüngeren Verfassungsjudikatur „spekulativ" sogar eine „ordnungspolitische Grundsympathie und vielleicht sogar Gesamttendenz auch zu abgabentatbestandlich einfach konstruierter, steuerfinanzierter Staatsbürger-Grundversorgung in Zeiten neuer Demographie-Trends, hoher Arbeitslo-

---

194 So spricht selbst der Sozialbeirat in seinem Sondergutachten vom 13.2.2001 – BT-Drucks. 14/5394, S. 4 – bereits von einer „schleichenden Konversion" des Rentensystems.
195 Im Einzelnen § 240 SGB V.
196 BVerfG, 2 BvL 17/99 Abs. Nrn. 209 ff. (www.bundesverfassungsgericht.de)
197 Vgl. hierzu auch Kaufmann, Franz-Xaver 2002, Teil B – Dokumentation: „Es sei abschließend betont, dass Art. 33 Abs. 5 GG [...] eines der bedeutendsten Hindernisse für eine Reform des deutschen Sozialstaates im Sinne einer gesellschaftsweiten Grundsicherung als Basis bürgerschaftlicher Solidarität im Zeitalter der Globalisierung darstellt."

sigkeit und neuer Strukturen der nationalen und supranationalen Arbeitssysteme."[198]

VI. Beitragsgestaltung nach dem Muster des „Solidaritätszuschlags"

Die parafiskalische Beitragslast wurde als wirkmächtigste aller Einzelursachen der Deklassierung der Familien identifiziert. Ihre Reform steht deshalb an der Spitze des notwendigen Maßnahmenkatalogs im Bereich der Transfersysteme. Zumindest für die Pflegeversicherung hat auch das Bundesverfassungsgericht im Pflegeurteil vom 3. April 2001 bereits eine Korrektur des Beitragssystems verlangt, die dem konstitutiven Charakter der Kindererziehung für die Pflegeversicherung Rechnung trägt. Gleichzeitig sind die übrigen umlagefinanzierten Sozialversicherungssysteme, die intergenerationell den Zwecken der Alterssicherung dienen, darauf hin zu überprüfen, ob sie nicht ebenfalls für Kinderlose zu systemspezifischen Vorteilen führen, die zu Gunsten der Eltern auszugleichen wären. Dafür wurde dem Gesetzgeber eine Frist bis zum 31. Dezember 2004 gesetzt.[199] Dass diese Korrekturnotwendigkeit für die Rentenversicherung besteht, ist evident[200] und dasselbe gilt angesichts eines Anteils der über 60-Jährigen von rund 50 v.H. an den Gesundheitskosten, bei stark steigender Tendenz, auch für die GKV. Fraglich ist allerdings, in welcher Weise die Korrektur zu erfolgen hat und ob sie nur für die intergenerationell wirkenden Systeme erforderlich ist. Denn auch die Beitragsstruktur der Arbeitslosenversicherung, bei der immerhin aber die Leistungen Kinder berücksichtigen, führt zu einer Überlast der Familien.

Zudem zeigt der Vergleich zur Einkommensteuer eine massive Gerechtigkeitsdifferenz, welche mit dem verfassungsrechtlichen Solidargebot für die Sozialversicherung schlechterdings unvereinbar ist.[201] Nach der Verfassungsjudikatur ist es nämlich „ein grundsätzliches Gebot der Steuergerechtigkeit, dass die Besteuerung nach der wirtschaftlichen Leistungsfähigkeit ausgerichtet wird". Dabei darf „der Gesetzgeber im Einkommensteuerrecht für die Berücksichtigung zwangsläufiger Unterhaltsaufwendungen keine realitätsfremden Grenzen ziehen"[202]. Weshalb aber ausgerechnet für die Solidarsysteme ein Gerechtig-

---

[198] BVerfG-Durchbruch: Soziale Generationsumlage-Versicherungen, Familien(unterhalts)lastenausgleich und verfassungsrechtlicher Gleichheitssatz, in: Boecken/Ruland /Steinmeyer, Sozialrecht und Sozialpolitik in Deutschland und Europa. Festschrift für Bernd Baron von Maydell, Neuwied 2002, S. 91 ff.
[199] Urteil vom 3. April 2001 – Az.: 1 BvR 1629/94; dazu siehe auch Lenze, Anne, Die Urteile des Bundesverfassungsgerichts zur Pflegeversicherung- Konsequenzen für die Rentenversicherung und den Prozess der europäischen Sozialrechtsharmonisierung, EuGRZ 2001, S. 280 ff.
[200] Dazu ausführlich Borchert, Jürgen, Wirtschaftsdienst 5/2001, S. 255 ff.
[201] Die Sozialversicherung „beruht wesentlich auf dem Gedanken der Solidarität ihrer Mitglieder", BVerfG 76, 256, 301; E 17 1,9; 70, 101, 111; 79, 223, 236 f.; der Sache nach auf die Solidarität rekurrierend E 39, 316, 330; 40, 121, 136.
[202] BVerfG v. 22.2.1984-E 66, 214, 223.

keitsminus erlaubt sein soll, lässt sich kaum begründen. Denn *"aus diesem Unterschied zwischen einheitlichem Beitragssatz und progressivem Steuersatz folgt, dass eine Beitragsfinanzierung sozialer Lasten vor allem die begünstigt, die hohe Einkommen haben und die daher bei einer Steuerfinanzierung mit einer höheren Belastung zu rechnen hätten. Doppelt begünstigt sind die, deren Einkommen oder dessen Spitzenbetrag überhaupt nicht beitragspflichtig ist. Daher ist die immer wieder anzutreffende Feststellung, dass Besserverdienende infolge eines sozialen Ausgleichs in der Rentenversicherung stärker herangezogen würden, unzutreffend [...] Das Prinzip der Lastengleichheit aller Bürger gilt nicht nur für das Steuerrecht. Es wäre sonst ein Formalprinzip ohne Schutzwirkung [...] Der Sozialversicherungsbeitrag unterliegt, wie alle anderen Abgaben auch, dem Prinzip der Lastengleichheit. Er kann insoweit keine Ausnahme machen. Das Sozialversicherungsrecht steht nicht außerhalb der Grundrechtsgeltung. Daher kann nicht schon die Qualifikation einer Abgabe als Sozialversicherungsbeitrag ausreichen, um die Durchbrechung des Prinzips der Lastengleichheit zu rechtfertigen".*[203] Dass die Belastungsdifferenz jedenfalls nicht mit vermeintlichen Solidarvorteilen der Familien oder Niedrigverdiener auf der Leistungsseite gerechtfertigt werden kann, sondern auch dort – bis auf geringfügige Reste – vollkommen solidarwidrige Verteilungsverhältnisse herrschen, wurde für die GRV oben bereits ausgeführt; etwas besser nur sieht es in der GKV aus (Teil 1 – II.10 d) sowie Teil 2 – II. 7. und 8.). Während die Steuer jedenfalls nur dem Gebot der Bemessung nach Leistungsfähigkeit unterliegt, lässt sich auch unter Berücksichtigung der Verfassungsjudikatur plausibel begründen, dass die Verfassung von der Sozialversicherung ein Mehr verlangt: Nämlich einen sozialen Ausgleich nicht nur im Sinne eines Risikoausgleichs, sondern auch eines Einkommensausgleichs von „oben nach unten".

Eine Reform des parafiskalischen Beitragssystems, welche neben der Erstreckung auf die gesamte Wohnbevölkerung und alle personengebundenen Einkommen auch die Gerechtigkeitsdifferenz zum System der Einkommensteuer in einer den Geboten des Art. 3 Abs. 1 und 6 Abs. 1 GG ebenso wie dem Solidarprinzip Rechnung tragenden Weise angleichen will, lässt sich nur mit einer Ausgestaltung der Sozialversicherungsbeiträge nach dem Muster des Solidaritätszuschlages als Quote der Einkommensteuer erreichen: Freibeträge und Progression würden berücksichtigt, die Bemessungsgrenzen mit ihrer regressiven Wirkung beseitigt. Lediglich Kinderfreibeträge von der Bemessungsgrundlage abzuziehen, würde die Sozialversicherung gegenüber der Steuer jedenfalls nicht mit dem gebotenen Solidarplus ausstatten. Anzumerken ist, dass in Großbritannien die Beiträge zur „basic pension" ebenfalls nach einem progressiven Beitragssatz von 3 bis 10 v.H. erhoben werden.

Dem Vorschlag wird mit Blick auf die Realitäten der Besteuerung sicher der Einwand begegnen, dass er entgegen seiner Zielrichtung wegen der mit wachsendem Einkommen zunehmenden Steuervermeidungsmöglichkeiten gerade die

---

[203] So Franz Ruland, Versicherungsfremde Leistungen in der gesetzlichen Rentenversicherung, DRV 1/1995 S. 28 ff.

Leistungsfähigen privilegieren würde. Dem ist allerdings entgegen zu halten, dass über diese offensichtlichen Mängel des Steuerrechts und die Notwendigkeit einer Steuerstrukturreform ein öffentlicher Konsens besteht. Eine derartige Reform, etwa nach dem „Karlsruher Entwurf" von Paul Kirchhof et al., wird hier vorausgesetzt.

Die Finanzierungsbasis des Sozialstaats wird durch die Ausweitung der Bemessungsgrundlage auf alle personengebundenen Einkünfte nach Schätzungen Wilhelm Hankels um bis zu 60 v.H. erweitert, was nach dem Modell der Schweiz entsprechende Beitragssenkungen ermögliche; die Senkung der Lohnnebenkosten erhöhe zudem schlagartig die Attraktivität des Humankapitals auf dem Arbeitsmarkt und erschließe damit weitere finanzielle Ressourcen.[204]

VII. Beendigung der Transferausbeutung in den Altersversorgungssytemen

1. Duales System aus Eltern- und Geldbeitragsrenten

Weil Kindererziehung für alle Systeme der Alterssicherung monetären Beiträgen (mindestens) gleichwertig ist, müssen auch die Rentenansprüche aus Kindererziehung den monetär erworbenen Ansprüchen gleichwertig sein. Da die gesamte Altersversorgung der vorangegangenen Generation immer und ausschließlich von der Nachwuchsgeneration erbracht wird, lässt sich die Gleichwertigkeit der beiden Teilleistungen am besten durch ein hälftiges Splitten der von jedem Aktiven zu zahlenden Beiträge auf ein Elternrentenkonto einerseits und ein Geldbeitragsrentenkonto andererseits zum Ausdruck bringen. Die konkrete Elternrente pro erzogenem Kind ergibt sich dann rechnerisch sehr einfach aus der Formel: Elternrente ER = Halber Durchschnittbeitrag * Zahl der Beitragszahler./.Anzahl der Rentner.

Beispiel: Beträgt das Durchschnittseinkommen aller Versicherten 30.678 € und der Beitragssatz 20 v.H., ferner das Verhältnis Beitragszahler zu Rentenempfängern 2:1, dann errechnet sich eine Jahreselternrente pro Kind von 6.135,60 € (die impliziten Beitragsanteile der Steuerfinanzierung unberücksichtigt). Diese Elternrente wird an Eltern im reziproken Verhältnis zu deren jeweiliger Geldbeitragsrente verteilt, da diese typischerweise Aufschluss über die Erziehungsbeteiligung gibt. Ist die Rente des Vaters beispielsweise doppelt so hoch wie die der Mutter, erhält er von der Elternrente nur ein Drittel, die Mutter hingegen zwei Drittel.

---

[204] Vgl. dazu Hankel Wilhelm 2002 in Teil B – Dokumentation.

Teil 3: Familienpolitische Strukturreform des Sozialstaats

Für Kinderlose hat dieses „Duale Modell"[205] eine (leistungsgerechte) Halbierung ihrer ansonsten wie bisher berechneten Rentenansprüche zur Folge; die bei der Kindererziehung ersparten Aufwendungen geben in der Regel aber mehr als genug Spielraum, um diese Lücke durch Eigenvorsorge zu füllen. Ein Seiteneffekt hiervon wäre dann, dass die Konsumkraft Kinderloser investiv abgezogen würde und ihre Einkommensüberhänge Familien auf den Gütermärkten, namentlich dem Wohnungsmarkt, nicht mehr so wie derzeit in Bedrängnis bringen könnten.[206]

2. Diskussion gängiger Einwände[207]

Dagegen wird vor allem eingewendet, diese Vorstellung sei „letztlich archaisch, weil sie auf Fertilitätsmotiven aus früheren Phasen der Menschheitsgeschichte fuße".[208] Dabei wird allerdings übersehen, dass Renten in Deutschland nur auf Grund der „Enteignung" der genuin erworbenen Unterhaltsansprüche der Eltern gegenüber ihren Kindern und deren Überleitung auf die Sozialsysteme gezahlt werden können und dies einen Verstoß gegen die Grundrechte der Eltern beinhaltet.

Ferner wird der Gleichbewertung der Kindererziehung in den Alterssicherungssystemen entgegen gehalten, sie überbewerte den generativen Faktor. Die Vergangenheit beweise nämlich, dass in den zurückliegenden Jahrzehnten die Arbeitsproduktivität und damit das Sachkapital sich als viel entscheidender als der demographische Faktor erwiesen hätten. So sei das reale Bruttosozialprodukt um ein Vielfaches mehr gestiegen als die Zahl der Erwerbspersonen. Dem ist jedoch schon die einfache Tatsache entgegenzuhalten, dass auch der Produktivitätsfortschritt seine humanen Akteure braucht, die ihn schaffen. Im Übrigen dürfte die – u.a. vom VDR vertretene – Auffassung einem gängigen Trugschluss erliegen, der aus einer systematischen Überschätzung der Fließgröße „Einkommen" und einer ebenso systematischen Unterschätzung der Bestandsgröße

---

205 So Borchert, Jürgen, Die Berücksichtigung familiärer Kindererziehung im Recht der gesetzlichen Rentenversicherung, Berlin 1981 S. 229 ff.; ähnliche Vorschläge haben in jüngerer Zeit auch der Vorstandsvorsitzende der HypoVereinsbank Albrecht Schmidt sowie die Ökonomen J. Eekhof/Uni Köln (zuletzt in der FAZ v. 20.4.2002 „Die zügellose Kinderliebe des Staates") und H.-W. Sinn vom IFO München gemacht, vgl. Eekhoff, Johann/Henmann, Barbara, Die zügellose Kinderliebe des Staates, FAZ v. 20.4.2002, S. 15; Sinn, Hans-Werner, A General Comment on the Old Age Pension Problem: A funded System for Those Who Caused the Crisis, in: Siebert, Horst (Hg.), Redesigning Social Security, Tübingen 1998, S. 197 ff.; ders. „Für Kinderlose muss die Rente halbiert werden", in: FAZ am Sonntag vom 28.7.2002. Pechstein, Matthias, kommt in seiner umfassenden Untersuchung „Familiengerechtigkeit als Gestaltungsgebot für die staatliche Ordnung. Zur Abgrenzung von Eingriff und Leistung bei Maßnahmen des Familienlastenausgleichs", Studien und Materialien zur Verfassungsgerichtsbarkeit, Baden-Baden 1994 nach Abwägung verschiedener Lösungsmöglichkeiten zu dem Ergebnis, dass das „duale Modell" dasjenige sei, „ das die Anforderungen an eine familiengerechte Ausgestaltung der Gesetzlichen Rentenversicherung unter Berücksichtigung der wirtschaftlichen Grundlagen am besten erfüllt" (S. 371).
206 Vgl. dazu oben Teil 2 zu II.3., S.58f.
207 Ausführlich hierzu VDR 2002 und Borchert, Jürgen 2002 in Teil B – Dokumentation.
208 Rosenschon, Astrid, Familienförderung in Deutschland – eine Bestandsaufnahme, Institut für Weltwirtschaft, Kieler Arbeitspapier Nr. 1071, August 2001, S.12 ff.

„Vermögen" und einer vollkommen fehlenden Wahrnehmung der Bedeutung des Humanvermögens beruht. Es liegt nämlich zudem auf der Hand, dass der von der herrschenden Meinung nach wie vor beschriebene Zusammenhang von Arbeitsproduktivität und Wirtschaftswachstum gerade auf dem Raubbau am Humanvermögen in den letzten Jahrzehnten beruht: Je weniger Kinder aufzuziehen waren, in desto größerem Umfang konnten Ersparnis und Erwerbsarbeit zunehmen. Würde man die Verluste am Humanvermögen jedoch ähnlich betriebswirtschaftlich abschreiben wie dies bei Kapitalgütern geschieht, würde die Selbsttäuschung der herrschenden Sichtweise offenbar und zugleich deutlich, dass unsere Volkswirtschaft durch den jahrzehntelangen Abbau des Humankapitals „künstlich aufgeblasen" wurde. Die hierdurch induzierte Expansion der Erwerbswirtschaft suggerierte einen Zuwachs der Wirtschaftsleistung und der Wohlfahrt, der in krassem Widerspruch zur Entwicklung des Volksvermögens steht, dessen wesentliche Determinante das Humanvermögen ist.[209]

Der dritte häufig zu vernehmende Einwand lautet, dass nach diesen Vorstellungen durch eine relativ kurze Zeit der Kindererziehung ein Rentenanspruch entstehe, welcher einer 45-jährigen Erwerbszeit entspreche. Dieser Einwand wendet sich bei genauerer Betrachtung freilich gegen sich selbst: eine 45-jährige Erwerbszeit wird nämlich nur in Höhe des Rentenbeitrags, also derzeit zu rund 20 v.H., dem Erwerb eines Versorgungsanspruchs gewidmet, mithin dienen nur neun von 45 Jahren diesem Zweck, wodurch sich also umgekehrt genau die Gleichwertigkeit der Kindererziehung für die Alterssicherung bestätigt.

3. Gegenwärtige Rechtslage: fortdauernder Verfassungsverstoß

Nicht einmal ansatzweise eine Lösung beinhalten jedenfalls die „Babyjahr"-Regelungen nach gegenwärtiger Rechtslage, weil sie zu einem In-sich-Transfer zwischen den belasteten Kindern und begünstigten Müttern, nicht jedoch zum intragenerationellen Ausgleich zwischen Kinderlosen und Eltern auf derselben Jahrgangsstufe führen. Das intragenerationelle Unrecht wird nur intergenerationell verschoben. Zwar hat das Bundesverfassungsgericht im „Trümmerfrauenurteil" vom 7. Juli 1992 den Weg der Anrechnung von Kindererziehungszeiten für grundsätzlich gangbar gehalten, dies aber damals bereits unter Vorbehalt gestellt („erst in ferner Zukunft wirksam"). Die Frage der „Beitragsäquivalenz der Kindererziehung", der das Bundesverfassungsgericht seinerzeit noch ausgewichen war („Kindererziehung nicht gleichartig"), hat es im Beschluss von 12. März 1996 („additive Anrechnung") sowie im Pflegeurteil vom 3. April 2001 immer deutlicher bejaht und dabei nicht zuletzt den Aspekt des investiven Kon-

---

[209] Vgl. dazu Krüsselberg, Hans-Günter 2002 in Teil B – Dokumentation; eine überzeugende Ausarbeitung zu diesen Fragen findet sich als Anlage zu einer Verfassungsbeschwerde v. 23.12.2001 – VB Ackermann, Norbert – 1 BvR 93/02 –, welche gegen das Urteil des BSG v. 11.10.2001 in der Streitsache B 12 KR 19/00 R eingelegt wurde. Der Beschwerdeführer wendet darin die betriebswirtschaftliche Berechnungsmethode zum „Kapazitätserweiterungseffekt" auf das volkswirtschaftliche Humankapital an, siehe dazu unten, S. 138 ff.

sumverzichts betont. In der Tat stellte sich ja die Frage, weshalb der Konsumverzicht für die Kindererziehung, also die Investitionen in das Humanvermögen, ausgerechnet für die Altersvorsorge (und damit in Richtung Zukunft) geringer bewertet wird als der Konsumverzicht für die Rentenleistungen der gegenwärtig Alten (und damit in Richtung Vergangenheit). Weil die Kindererziehung somit per se Beitrag ist, erweist sich auch die Zahlung von Bundesbeiträgen für Kindererziehung als verfassungswidrig. Zudem beinhalten Zahlungen des Bundes zur Abdeckung der Erziehungszeitenanrechnungen einen Verstoß gegen die Notwendigkeit eines Freiheits-/Verantwortungsbezuges und damit gegen Freiheitsrechte, weil damit die Allgemeinheit anstelle der materiell verantwortlichen Kinderlosen belastet wird.[210] Hinsichtlich weiterer verteilungspolitisch verfehlter wie verfassungsrechtlich bedenklicher Regelungen der GRV wird im Übrigen auf die Ausführungen zu Teil 2 II. Ziff. 7 und 8 verwiesen.

4. Übergang zum Dualen Rentensystem

Der Übergang zu einem Dualen Rentensystem könnte entweder im Zuge eines grundlegenden Systemwechsels (dazu siehe unten zu VIII. Schweizer Modell) oder schrittweise durch Aufwertung der Erziehungsleistung bei gleichzeitigem Kürzen der Geldbeitragsrenten erfolgen. Ansatzweise folgt diesem letzteren Muster neuerdings das System der Hinterbliebenenrenten, dessen Finanzvolumen im Prinzip genau dem Zweck der Honorierung der Kindererziehung dient. Die nach der Gesetzesbegründung der Rentenreform 2001 ausdrücklich aus demographischen Gründen notwendige Absenkung des Rentenniveaus um 4 v.H. trifft Eltern und Kinderlose trotz ihrer sehr unterschiedlichen Verantwortung für diese Entwicklung in gleicher Weise: Ein offenkundiger Verstoß gegen das Gleichheitsprinzip! Noch weniger verfassungsrechtliche Sensibilität des Gesetzgebers verrät der Umstand, dass von der demographisch bedingten Abwertung ausgerechnet auch die „Babyjahre" im gegenwärtigen Rentenrecht miterfasst werden. Dass die staatlich bezuschusste „ergänzende Privatvorsorge" diese Einbußen gerade für jene Eltern, welche am meisten auf Zusatzleistungen angewiesen sind, mangels Verfügbarkeit der notwendigen Eigenmittel nicht kompensiert, wurde bereits dargelegt. Hier wäre mit Blick auf die unterschiedlichen Ressourcen stattdessen eine Schonung der Eltern vor Kürzungen und eine umso energischere Kappung bei lebenslang Kinderlosen folgerichtig und zwingend gewesen. Würde entsprechend auch bei allen künftigen Rentenminderungen oder Beitragserhöhungen differenziert, ließe sich eine „duale", den Lebensleistungen folgende symmetrische Honorierung der für das System relevanten Leistungen schon mittelfristig erreichen.

---

[210] So Wegmann, Bernd in seiner umfassenden Untersuchung „Transferverfassungsrechtliche Probleme der Sozialversicherung, Frankfurt am Main/Bern/New York/Paris 1987, S. 324 ff; siehe hier auch Fn 18 im Referat von Jürgen Borchert – Teil B – Dokumentation, S. 317 (Franz Ruland: „Ansatz der Erziehungszeiten in doppelter Weise verkehrt").

5. Exkurs: Die Renaissance der „Jugendrente"

Im Gutachten des Wissenschaftlichen Beirats für Familienfragen „Gerechtigkeit für Familien" vom Juni 2001 wird das Konzept der Jugendrente Wilfried Schreibers von 1955 als das familienpolitisch „umfassendste Lösungskonzept" bezeichnet.[211] In der Tat ist die Sozialisierung der Kinderlasten spiegelbildlich zur Sozialisierung der Altenlasten systematisch und logisch richtig. Allerdings versäumt es der Beirat, das entscheidende Element der Jugendrente zu erwähnen, nämlich den je nach Kinderzahl gestaffelten Beitrag, mit dem Schreiber die Symmetrie der Lebensleistungen herstellen und so den Marktvorteil der Kinderlosen ausgleichen wollte. Wenn der Beirat außerdem aus dem Ertrag der „Jugendrentenbeiträge" „ein Leistungsentgelt für familienexterne, von der Gesellschaft positiv bewertete Effekte, eine Vergütung für hauswirtschaftliche Leistungen sowie den Ersatz von Auslagen zugunsten der Kinder" (ferner Kredite etc.) zahlen[212] und daraus wohl auch monetäre Beiträge für das Altersrentensystem abzweigen will,[213] bleibt er nicht nur die Definition der notwendigen Größenordnungen schuldig, sondern verlässt den Boden der Schreiber'schen Argumentation. Denn zum einen war ihm nicht nur die Idee der Honorierung der Kindererziehung, genauer also eines Erziehungsgehaltes, vollkommen fremd, zum anderen sah Schreiber die Jugendrente offenbar als völlig ausreichend an für den Ausgleich zwischen Eltern und Kinderlosen, auch im Alter.[214] Dass er hier irrte, weil er ungeachtet der ungleichen Erziehungsvorleistungen die gleiche Rentenbemessung für Eltern und Kinderlose vorsah, darin ist dem Beirat allerdings Recht zu geben. Dies ist der eine Mangel des Schreiberplanes, der sich vermutlich aus dem Hintergrund der damals geringen Kinderlosenquote von unter 10 v.H. erklärt. Der zweite Mangel liegt darin, dass der Vorschlag Schreibers einen linear gleichen prozentualen (proportionalen) Tarif für die Jugendrente vorsah, was eine je nach Einkommenshöhe tatsächlich höchst ungleiche Belastung zur Folge hätte.

Die Interpretation des Beirats lässt aber nicht nur das zentrale Element der Beitragsstaffelung nach Kinderzahl unberücksichtigt. Denn zusätzlich würde sein Vorschlag, der auf einen Fonds mit gewaltigen Ausmaßen hinausläuft und ebenfalls keine belastungsgerechte Tarifstruktur vorsieht, implizit wieder vor allem Familien mit Niedrigeinkommen überproportional belasten. Und er würde ein neues und – so wie vorgeschlagen – höchst intransparentes Transferkarussell in Gang setzen. Endlich wird die richtige und entscheidende Einsicht der Ver-

---

211 Schriftenreihe des BMFSFJ, Band 202, Stuttgart/Berlin/Köln 2001; für die bisherigen Leistungen der Familienpolitik während der zurück liegenden 46 Jahre seit der Veröffentlichung des „Schreiberplandes" beinhaltet dies freilich eine vernichtende Kritik.
212 Ebd., S. 237 f.
213 Darauf deuten die unklaren Ausführungen hin, vgl. dort, S. 241 f.
214 Im Gesetzgebungsverfahren des Arbeiterrentenversicherungs-Neuregelungsgesetzes war dieser Mangel auch erkannt und die Forderung nach einer Elternrente erhoben worden, vgl. Richter, Max, Die Sozialreform-Dokumente und Stellungnahmen, Loseblattsammlung, 2. Band, 36. Lieferung, Bonn-Bad Godesberg 1970, S. 397 ff., 516 ff.

fassungsjudikatur aus dem Pflegeurteil vom 3. April 2001 nicht erkannt, dass Kindererziehung per se „Beitrag" für die umlagefinanzierten Alterssicherungssysteme ist und sich aus diesem Grund zusätzliche Geldbeiträge für Kindererziehung in den Alterssicherungssystemen verbieten.[215]

Deshalb ist die Kombination des „Soli-Modells" mit dem „Dualen Rentenmodell" besser geeignet, den notwendigen intra- und intergenerationellen Lasten- und Leistungssymmetrien sowie den horizontalen und vertikalen Gerechtigkeitsanforderungen der Transfersysteme Rechnung zu tragen, als das nur grob skizzierte Modell des Wissenschaftlichen Beirats.

VIII. Die Schweizer „Erste Säule" als verbesserungsfähiges Reformmodell

Ein interessantes Modell für die Reform der Sozialversicherung bietet die „Erste Säule" der Schweizer Alters- und Hinterlassenenversicherung (AHV). In sie sind alle Wohnbürger und in der Schweiz Erwerbstätigen einbezogen, einschließlich der Beamten und Selbstständigen. Die Beiträge werden ohne Bemessungsgrenzen auf alle personengebundenen Einkommen erhoben, also auch auf Dividenden, Zins- oder Mieteinkünfte. Bei Beschäftigteneinkommen beträgt der Beitragssatz derzeit 10,1 v.H. (für die Alters-, Invaliden- und Militärversorgung zusammen), wobei Arbeitnehmer und Arbeitgeber hiervon jeweils die Hälfte aufbringen. Die öffentliche Hand ist an den Beiträgen beteiligt, der Bund zu 17 v.H. und die Kantone zu 3 v.H.. Der Bundesanteil wird dabei hauptsächlich aus den Erträgen der Alkohol- und Tabaksteuer sowie einem Prozentpunkt der Mehrwertsteuer finanziert. Der Anteil der Kantone stammt aus der progressiven Einkommensteuer. Schließlich tragen auch die Zinsen der Schwankungsreserve, die, wie hierzulande bis 1968, in Höhe einer Jahresausgabe vorgehalten werden muss, zur Finanzierung bei.

So unterschiedlich auf der Revenueseite die Beiträge individuell dann auch sein mögen, so eng liegen andererseits die Rentenleistungen beieinander. Denn diese werden nur in einem Korridor von Mindest- und Maximalrenten gewährt. Die Mindestrente liegt derzeit bei 1030, die Maximalrente bei 2060 CHF im Monat; ein zusätzliches System von Ergänzungsleistungen, welches den Rentnern ein auf die kantonalen Besonderheiten abgestimmtes Mindesteinkommen garantiert, ist in das allgemeine System der AHV integriert. Diese Ergänzungsleistungen werden auch von den Kantonen finanziert.

Für Eltern erfolgen auf ihrem Beitragskonto Erziehungsgutschriften, bis das jüngste Kind das 16. Lebensjahr vollendet hat. Ihre Höhe entspricht der dreifachen Mindestrente, also einem Betrag von derzeit rund 36.000 Franken. Mit

---

[215] Dass eine Finanzierung der Erziehungsanteile bei den Renten durch die „Allgemeinheit" einen Verstoß gegen den „Freiheits-/Verantwortungsbezug" beinhaltet, hat Wegmann, Bernd 1987, S. 387 ff. überzeugend herausgearbeitet. Anzumerken ist freilich, dass der Beirat offensichtlich nicht die Absicht hatte, ein politisch umsetzbares neues Rentenkonzept zu entwickeln.

monatlichen Durchschnittsbeträgen von 1757 CHF/Frauen bzw. 1777 CHF/ Männer (2001) liegen insbesondere die schweizerischen AHV-Renten von Männern und Frauen nicht nur dichter beieinander, sondern sogar weit über dem deutschen Niveau (Männer: 956,64 €, Frauen: 415,18 € = Westdeutschland). Damit zeigt sich zugleich, dass das Schweizer System auch den „Problemfall Frau" sehr viel besser gelöst hat.

Für die Erosion des Normalarbeitsverhältnisses und die Folgen der Globalisierung ist die Schweizer Konstruktion im Übrigen schon deshalb weitaus weniger empfindlich, weil die Einnahmebasis viel breiter ist. Damit sorgt die AHV in ihrem Radius sowohl auf der Beitrags- wie auf der Leistungsseite für eine ungleich fairere Verteilung und ein deutliches Mehr an sozialer Kohäsion.[216]

Erweist sich das Schweizer Modell somit als gelungener Kompromiss zwischen dem Grundsicherungs- und dem Versicherungsmodell, könnte es auch den gemeinsamen Nenner darstellen, auf den sich die deutschen Antagonisten der steuerfinanzierten Grundrente und diejenigen der „Weiterentwicklung des bewährten Systems" bringen lassen. Darüber hinaus weist das Modell noch einen weiteren entscheidenden Vorteil auf: Es ist vor fast 50 Jahren als Kompromiss zwischen den Konzeptionen der Bismarck'schen Sozialversicherung und der Beveridge'schen Staatsbürgerversorgung entstanden, wie sie sich vor allem in Skandinavien entwickelte. Schon von der Genese her spricht deshalb vieles dafür, dass das Schweizer Modell der AHV auch am besten auf einen gemeinsamen europäischen Nenner zu bringen wäre.

Wirklich ernst zu nehmende Kritik an dem Modell ist bisher nicht laut geworden. Zwar verlautet aus Kreisen des VDR, die AHV biete keine Lebensstandardsicherung. Aber das bietet die deutsche GRV bei weitaus höheren Beitragssätzen für wahrscheinlich mehr als zwei Drittel der Rentner erst recht nicht und in Zukunft noch viel weniger.[217] Tatsache ist ferner, dass auch die Enquete-Kommission „Demographischer Wandel" des Bundestags ihre über zwei Legislaturperioden dauernden Arbeiten mit einer Zwischenempfehlung in Richtung Schweiz verbunden hat. Einen am Muster der Schweiz orientierten Reformvorschlag, der allerdings eine extrem hohe Maximalrente von 2.300,85 € im Monat vorsah, hat im Übrigen im Sommer 2000 die IG BAU vorgelegt. Nach kürzlich vorgelegten Berechnungen des DIW könnte der Beitragsatz selbst bei außerordentlich konservativen Grundannahmen um etwa 6 v.H. niedriger ausfallen. Dass immer mehr Fachleute und Spitzenpolitiker für eine Reform nach Schweizer Muster plädieren, überrascht deshalb nicht.[218]

---

216 Was auch der entscheidende Grund dafür ist, dass die AHV in der Schweiz bei allen Umfragen stets höchste Akzeptanzwerte erhält. Zu einer positiven Wertung des Schweizer Modells im internationalen Vergleich siehe Borchert, Jürgen, Blick über die Grenzen, in: ders. u.a., Grundrente statt Altersarmut – Grüne und Graue Panther fordern Rentenreform, Essen 1985, S. 38 ff.
217 Was der VDR freilich bestreitet, VDR 2002 in Teil B – Dokumentation; die dortige Tabelle lässt allerdings die Aufschlüsselung der Alterseinkommen und damit die Identifizierung des Rentenanteils vermissen. Tatsächlich ist der Anteil „sonstiger Einkünfte" neben den GRV-Renten in den letzten beiden Jahrzehnten stark gestiegen, der Rentenanteil dementsprechend zurück gefallen.
218 Zuletzt der Bundesfinanzminister Hans Eichel, Tagesspiegel v. 25.11.2002.

Unter zu Grunde Legung der deutschen Verfassungsrechtsprechung sowie der hier entwickelten Reformkriterien wäre allerdings eine Übernahme im Maßstab 1:1 problematisch, weil die Schweiz die Familienfrage auf der Beitragsseite nicht und auf der Leistungsseite nur unzureichend gelöst hat. Eine Beitragsgestaltung nach dem Soli-Vorbild bleibt deshalb notwendig. Ebenfalls wenig überzeugend scheint die Berücksichtigung der Kindererziehung bei den Rentenleistungen, weil Kindererziehung bei mehreren Kindern wegen der unvermeidlichen Zeitüberschneidungen zu unterschiedlichen Anrechnungen führt und bei gleichzeitigem Erwerb die Kappung bei der Maximalrente Eltern benachteiligt. Unter Berücksichtigung der Tatsache, dass die GRV im Unterschied zur AHV tatsächlich das Ziel einer annähernden Lebensstandardsicherung verfolgen soll, könnte eine Lösung auch hier durch ein duales System erreicht werden. Bei überschlägiger Betrachtung dürfte die Zahl der möglichen Verlierer einer Systemumstellung unter den Angehörigen des alten Regimes, je nach Justierung der Durchschnittsrente sowie der Größe des Leistungskorridors, nicht allzu groß sein: Bei den heute noch rund 80 v.H. Verheirateten mit Kindern gleichen sich die Verluste auf Seiten der Männer und die Gewinne der Mütter jedenfalls in etwa aus [219] und im Übrigen liegt das Niveau der Schweizer Durchschnittsrenten trotz des im Vergleich zu Deutschland nahezu halbierten Beitragssatzes deutlich über dem der GRV.

Für das an das Schweizer Modell angelehnte Rentenmodell der IG BAU vom Juli 2000 liegt seit dem Sommer 2002 nun eine Expertise „Finanzielle Konsequenzen eines universellen Systems der gesetzlichen Alterssicherung" der Hans-Böckler-Stiftung unter Beteiligung des Deutschen Instituts für Wirtschaftsforschung in Berlin vor. Trotz außerordentlich defensiver Grundannahmen hinsichtlich der Einkommenserfassung sowie des Rentenkorridors (Rentenkappung erst ab rund 2300 €) kommen die Forscher auf der Basis der Daten des Jahres 1998 zu dem Ergebnis, dass sich ein finanzieller Spielraum von 60 Mrd. € öffnen würde, welcher nach dem neuen Recht gut sechs Beitragspunkten entspräche.[220]

IX. Korrekturen im Steuersystem[221]

Bei der gegenwärtig laufenden Reform der Einkommensteuer wird deutlich, dass die geplanten Korrekturen auf eine Minimallösung hinauslaufen und der vom Bundesverfassungsgericht verlangte Sicherheitsabstand zum Existenzminimum nicht eingehalten wird.[222] Die Entscheidung vom 10. November 1998

---

219 Was auch bei bereits Geschiedenen in Gestalt eines nachträglichen Versorgungsausgleichs zu berücksichtigen wäre.
220 Meinhardt/Kirner/Grabka/Lohmann/Schulz, Finanzielle Konsequenzen eines universellen Systems der gesetzlichen Alterssicherung, Düsseldorf 2002, S. 123.
221 Vgl. dazu Joachim Lang 2002 in Teil B – Dokumentation.
222 Beschluss v. 10. November 1998 – 2 BvL 42/93 „kompensierendes Überschreiten der Mindestwerte geboten". Vgl. ferner § 16 im „Karlsruher Entwurf" – Kirchhof, Paul u.a. 2001, wo ein einheitlicher Freibetrag von DM 16 000 für Kinder und Erwachsene vorgesehen ist.

macht vor dem Hintergrund der früheren Entscheidungen dabei weiter deutlich, dass das Gericht seine Rechtsprechung zur Familienbesteuerung offenbar nicht als abgeschlossen begriffen hat. Die alte Kritik der Literatur wird auch durch die neuen Entscheidungen aber nicht ausgeräumt; sie bezieht sich auf den eklatanten Widerspruch der Rechtsordnung zwischen Familien- und Steuerrecht: Während der Staat die Eltern über das Familienrecht zur Leistung des jeweils schichtangemessenen Unterhalts verpflichtet, weigert er sich, diese von ihm selbst statuierten Verpflichtungen im Steuerrecht anzuerkennen. Fraglich ist in diesem Zusammenhang ferner, ob die Bezugnahme des Bundesverfassungsgerichts auf das Kinderexistenzminimum mit seiner früheren Judikatur, in welcher das Postulat der realitätsgerechten Berücksichtigung von Unterhaltsverpflichtungen aufgestellt wurde,[223] in Übereinstimmung zu bringen ist. Kritisch anzumerken ist darüber hinaus, dass auch die gegenwärtige Definition des Existenzminimums als Dreh- und Angelpunkt dieser Rechtsprechung selbst durchgreifenden Bedenken ausgesetzt ist, die sich aus dem Bestimmtheitserfordernis und dem Parlamentsvorbehalt ergeben.

1. Einkommenssteuer

Hier kommt entweder ein *Familienrealsplitting* nach dem Modell des Steuerrechtlers Joachim Lang infrage[224] oder evtl. auch ein *Familientarifsplitting* etwa in Annäherung an die neue französische Formel (bei N Kindern gilt: Steuer der Familie = (2+N/2) x Steuer eines Ledigen für Gesamteinkommen: (2+N/2)).

a) Das *Familienrealsplitting* will durch die steuerliche Absetzbarkeit von Unterhaltsleistungen beim Unterhaltsverpflichteten bei gleichzeitiger Versteuerung dieser Leistungen beim Unterhaltsberechtigten als sonstige Einkünfte zum einen das Familien- und Steuerrecht in Einklang bringen, zum anderen eine leistungsgerechte steuerliche Berücksichtigung von gesetzlichen Unterhaltspflichten herbeiführen.[225]

---

223 BVerfGE 61, 319, 67, 290.
224 Ausführlich dargestellt in Tipke/Lang, Steuerrecht, 16. Auflage, Köln 161998, § 9 Rdziff. 74 ff, sowie unten, Lang, Joachim – Teil B – Dokumentation.
225 Für das Familienrealsplitting sollte nach einer Stellungnahme des HMdF die Frage beantwortet werden, ob ein individueller oder ein pauschalierter Unterhaltsanspruch steuerlich zu berücksichtigen ist. Problematik individueller Unterhaltsanspruch: Nachweis im Einzelfall möglich? Im Massenverfahren umsetzbar? Pauschalierter Ansatz: Entspricht dem jetzigen Rechtszustand, der Kinderexistenzminimum berücksichtigt – zusätzlich jedoch Versteuerung fingierter Einkünfte beim Kind.

Tabelle 14: Finanzielle Auswirkungen Familienrealsplitting

Jahr	Höhe des Kinderfreibetrags	Mindereinnahmen in Mrd. € (DM)
2002	7235 € (14.150 DM)	3,2 (6,4)
2003	7426 € (14.524 DM)	3,5 (6,8)
2005	7664 € (14,989 DM)	3,3 (6,5)

Berechnungsgrundlagen und Annahmen: Jahr 2002, Ergebnis in € (DM), die Höhe des Kinderfreibetrags entspricht der jeweiligen Höhe des Grundfreibetrags, das Kindergeldsystem bleibt bestehen, eigene Einkünfte der Kinder ⌀. (Bezieht man die eigenen Einkünfte der Kinder in die Berechnung ein, wird ein frei geschätzter Abschlag von 10 % auf den Minderbetrag vorgeschlagen.)
(Quelle: HMdF – II A 21/ Wiesbaden, 30. Oktober 2001)

Das Realsplitting überzeugt durch seinen Ansatz. Ob es jedoch in puristischer Form in die Besteuerungspraxis umzusetzen ist, wird bezweifelt. Eine praxistaugliche Variante mit pauschalierten Abzugsbeträgen (7.669 € = Jahresunterhalt) würde der Beibehaltung des jetzigen Rechtszustandes unter Anhebung des Kinderexistenzminimums auf das Niveau des allgemeinen Grundfreibetrages entsprechen. Ist dies gewollt, sollte nicht von „Familienrealsplitting" gesprochen werden, sondern von der Einführung eines Kinderexistenzminimums in angemessener Höhe.

b) Das *Familientarifsplitting* betrachtet die Familie demgegenüber als Wirtschafts- und Erwerbsgemeinschaft und fingiert mittels Divisoren eine Verteilung des Familieneinkommens auf sämtliche Familienmitglieder (Fiktion der Einkünfteerzielung). Bei einem Vollsplitting (jedes Familienmitglied erhält für die Zurechnung des „Familieneinkommens" den gleichen Divisor), wird das Familieneinkommen den Familienmitgliedern gleichmäßig zugerechnet. Dies führt i. d. R. zu einer maximalen Verteilung der Leistungsfähigkeit und somit zu einer maximalen Progressionsmilderung. Beim Teilsplitting wird dieser Effekt durch die Auswahl kleinerer Divisoren abgeschwächt (z.B. für Kinder nur halbe Divisoren).[226]

---

226 Im Unterschied zu Frankreich wäre jedoch zu überlegen, warum der Splittingeffekt durch hälftige Divisoren für Kinder zu kappen ist, obwohl die Familie als Wirtschafts- und Erwerbseinheit angesehen werden soll.

Tabelle 15: Auswirkungen des Familiensplitting gesamt in DM

Steuer bei Familiensplitting

Ein-kommen	Steuer nach Recht 2002	Faktor 1/1/0,5	Differenz zu 2002	Faktor 1/1/0,6	Differenz zu 2002	Faktor 1/1/0,7	Differenz zu 2002
45.000	3.803	2.093	-1.710	1.758	-2.045	1.445	-2.358
60.000	7.618	5.655	-1.963	5.296	-2.322	4.946	-2.672
90.000	16.186	13.605	-2.581	13.127	-3.059	12.687	-3.499
120.000	25.750	22.530	-3.220	21.947	-3.803	21.387	-4.363
150.000	36.390	32.540	-3.850	31.751	-4.639	31.034	-5.356
200.000	56.974	51.448	-5.526	50.266	-6.708	49.205	-7.769
240.000	75.876	68.605	-7.271	67.093	-8.783	65.607	-10.269
300.000	104.970	97.242	-7.728	95.274	-9.696	93.403	-11.567

c) Gegen das Familien- und Familienrealsplitting werden im Wesentlichen drei Argumente angeführt: Zum einen wird die Spreizungswirkung zu Gunsten der Besserverdienenden kritisiert. Anders als zwischen Ehegatten bestehe zum anderen auch keine Wirtschaftsgemeinschaft mit den Kindern. Drittens wird eingewandt, die Entlastungswirkung falle mit jedem weiteren Kind ab. Da letzteres allerdings dem tatsächlichen Aufwandsprofil der Humaninvestitionen entspricht und das Steuerrecht damit nur die Realitäten abbilden würde, geht dieses Argument fehl. Familien – und nicht nur Ehegatten – stellen selbstverständlich auch Wirtschaftsgemeinschaften dar. Gerade das Eherecht ist sowohl hinsichtlich des Güterstandsrechts als auch des Unterhaltsrechts weit von einem partnerschaftlichen Modell entfernt, so dass dieses Argument ebenfalls nicht nur nicht verfängt, sondern im Gegenteil den Kollektivgedanken unter Einschluss der Kinder stützt. Was schließlich die Spreizungswirkung anbetrifft, ist darauf hinzuweisen, dass die oberen Einkommensschichten in aller Regel virtuos von der Möglichkeit Gebrauch machen, ihre Unterhaltspflichten gegenüber ihren Kindern durch die Übertragung von Einkommensquellen zu erfüllen; dabei können dann u.U. zahlreiche weitere Subventionstatbestände mit steuermindernder Wirkung in Anspruch genommen werden. Ein Familien(real)splitting würde damit sozusagen zur „Demokratisierung" dieser Gestaltungsmöglichkeiten führen. Die größten Vorteile entstünden vermutlich für Familien ab der mittleren Einkommensschicht – genau dort, wo sich derzeit die rational-planende Lebenseinstellung besonders krass in Kinderarmut niederschlägt.

d) Eine dritte, von der Fiskalverwaltung wohl favorisierte, bisher noch wenig diskutierte Möglichkeit bestünde darin, den Kinderfreibetrag in Höhe des Erwachsenenfreibetrags anzusetzen, wie dies der „Karlsruher Entwurf" unter Federführung Paul Kirchhofs vorsieht.

Teil 3: Familienpolitische Strukturreform des Sozialstaats

Entsprechend der gegenwärtigen Rechtslage und den Vorgaben der Verfassungsrechtsprechung wären die verschiedenen Varianten in den Fällen, in welchen mangels besteuerbarer Einkünfte keine steuermindernden Effekte erzielt werden, mit der Gewährung eines (Jahres-)Kindergeldes in Höhe eines oberen Grenzsteuersatzes multipliziert mit dem Freibetrag zu kombinieren. Das entspricht faktisch einer Art Negativsteuer.

2. Indirekte Steuern

Die Frage der Belastung der Familien durch indirekte Steuern wurde vom Bundesverfassungsgericht bisher nicht ausdrücklich behandelt, sondern lediglich am Rande in der „Beamtenkinderentscheidung" vom 22. März 1990[227] sowie in der „Kindergeldentscheidung" vom 10. November 1998 angesprochen.[228] Mit Beschluss vom 23. August 1999 – 1 BvR 2164/98 – hat die 3. Kammer des Ersten Senats eine Verfassungsbeschwerde gegen die Mehrwertsteuererhöhung durch das Gesetz zur Finanzierung eines zusätzlichen Bundeszuschusses[229] nicht zur Entscheidung angenommen, die Kammer hat dabei aber das Postulat einer Kompensationspflicht des Gesetzgebers bei der Einkommensteuer aufgestellt.[230] Das überzeugt nicht, weil die Einräumung nur eines größeren Freibetrags die Barbelastung allenfalls in Höhe des konkreten Einkommensteuersatzes, nicht jedoch entsprechend der konkreten Verbrauchsteuerlast kompensiert. Ärmere Familien würden wegen ihrer niedrigeren Einkommen eine geringere Kompensation erhalten, obwohl die Verbrauchsteuern sie relativ viel härter belasten: Hier würde die Steuergerechtigkeit tatsächlich also auf den Kopf gestellt![231] Nunmehr steht jedoch eine Entscheidung über eine Verfassungsbeschwerde einer kinderreichen Familie gegen die Ökosteuer an. Wendet das Gericht seine Grundsätze zur Besteuerung nach Leistungsfähigkeit und zum Familienexistenzminimum auch hier konsequent an, so ist davon auszugehen, dass die auf dem Kindesunterhalt lastenden Verbrauchsteuern in Form eines Steuererstattungstransfers zurück zu zahlen sind.[232] Eine andere Entscheidung würde dem Gesetzgeber bei der Substitution der Einkommensteuer durch Verbrauchsteuern jedenfalls freie Hand lassen und es ihm so ermöglichen, die Rechtsprechung zur Familienbesteuerung auf breiter Front zu unterlaufen, wie dies seit 1990 ohnehin zu beobachten ist.

---

227 Das Kindergeld reiche nicht einmal zur Kompensation der auf dem Kindesunterhalt lastenden indirekten Steuerlast aus, BVerfGE 81, 363, 383.
228 Das Gebot der Besteuerung nach Leistungsfähigkeit gelte „zumindest für die direkten Steuern" – 2 BvR 1057/91, S. 25.
229 Vom 19. Dezember 1997 – BGBl. I 3121.
230 BVerfG Beschluß v. 23.8.1999 - 1 BvR 2164/98.
231 Dies übersehen Vorschläge wie z.B. die der MdBs Bartels und Lange, welche für eine massive Umschichtung der Steuern zu Gunsten der indirekten Besteuerung plädieren und dies mit dem Argument einer stärkeren Berücksichtigung des Leistungsfähigkeitsprinzips begründen, FAZ v. 9.3.1999 „Nachdenken über höhere Mehrwertsteuer".
232 Zu einer Erstattung der indirekten Steuern auf dem Kindesunterhalt in Form von Kindergeld dürfte es wohl kaum eine Alternative geben, zumal das EU-Recht diesen Steuern enge Grenzen setzt.

Welche Belastungswirkung allein eine 1prozentige Mehrwertsteuererhöhung bei verschiedenen Haushaltstypen hat, zeigt die nachfolgende Tabelle.

Tabelle 16: Belastung durch eine einprozentige Erhöhung der Mehrwertsteuer

Haushaltstyp Netto in € (DM)	Durchschnittliche Ausgaben für privaten Verbrauch in € (DM)	Mehrausgaben in € (DM)
1 Person < 818,08 (<1.600)	750,59 (1.468)	3 (6)
2 Personen 1.789,55 (3.500) – 2.556,50 (5.000)	1.866,24 (3.650)	9,20 (18)
3 Personen 1.789,55 (3.500) – 2.556,50 (5.000)	2.078,94 (4.066)	10,73 (21)
4 Personen 2.556,50 (5.000) – 3.579,10 (7.000)	2.532,47 (4.953)	12,27 (24)
Durchschnitt alle	1.935,78 (3.786)	9,20 (18)

Quelle: Mayer-Vorfelder in Focus, 3.3.1997

Bereits 1993 ging die Arbeitsgruppe Familie und Senioren der SPD-Fraktion im BT (unter Federführung von Michael Habermann und Christa Hanewinckel) von einer Verbrauchssteuerlast auf dem Durchschnittsunterhalt von 22 v.H. aus. Wegen der mehrmaligen Erhöhung der Mehrwert- und Mineralölsteuer sowie der Ökosteuer etc. dürfte die Quote heute wohl bei mindestens 27 v.H. liegen. Das Volumen der notwendigen Steuererstattung lässt sich so leicht ausrechnen: Schätzt man den Durchschnittsunterhalt/Kind auf 7.158,20 € p.a.[233] sind es rd. 161 € im Monat.

Der gegen die Verbrauchssteuererstattung vorgebrachte Einwand, diese könne dann von weiteren benachteiligten gesellschaftlichen Gruppen eingefordert werden, geht fehl, weil es sich nicht um eine soziale Wohltat handelt, sondern um die verfassungsrechtlich gebotene, vollkommen selbstverständliche Freistellung sozial erwünschter Investitionen von Steuerlasten.

X. Wahlfreiheit/Vereinbarkeit von Erwerb und Familie

Wahlfreiheit und Vereinbarkeit sind nicht nur Gebote pädiatrischer oder wirtschaftlicher Vernunft, sondern sogar verfassungsrechtliche Gestaltungsaufträge. Nach der Verfassungsjudikatur ist es nämlich *„Aufgabe des Staates, die Kinderbetreuung in der jeweils von den Eltern gewählten Form in ihren tatsächlichen*

---

[233] Nach einem Anstieg um 22 v.H. von 798 DM im Jahr 1988 lagen die durchschnittlichen Kosten pro Kind bereits 1993 bei 976 DM, Hertel, Jürgen, Aufwendungen für den Lebensunterhalt von Kindern, WiSTa 6/98, S. 523 ff. (531); zur Frage der Kinderkosten ausführlich der Zehnte Kinder- und Jugendbericht, BT-Drucks. 13/11368, S. 85 ff.

Voraussetzungen zu ermöglichen und zu fördern [...] Der Staat hat dementsprechend dafür Sorge zu tragen, dass es Eltern gleichermaßen möglich ist, teilweise und zeitweise auf eine eigene Erwerbstätigkeit zugunsten der persönlichen Betreuung ihrer Kinder zu verzichten wie auch Familientätigkeit und Erwerbstätigkeit miteinander zu verbinden. Der Staat muss auch die Voraussetzungen schaffen, dass die Wahrnehmung der familiären Erziehungsaufgabe nicht zu beruflichen Nachteilen führt, dass eine Rückkehr in eine Berufstätigkeit ebenso wie ein Nebeneinander von Erziehung und Erwerbstätigkeit für beide Elternteile einschließlich eines beruflichen Aufstiegs während und nach Zeiten der Kindererziehung ermöglicht und dass die Angebote der institutionellen Kinderbetreuung verbessert werden".[234]

1. Über Wahlfreiheit und Vereinbarkeit gibt es in Deutschland auch politisch keinen Streit; die gegenwärtigen Konzepte aller im Bundestag vertretenen Parteien sind insoweit nahezu austauschbar.[235] Übereinstimmend wird insoweit auch die Bringschuld der Wirtschaft für die Entwicklung des Humankapitals gesehen. Seit langem bekannt und unstreitig sind auch die Defizite, die vor allem in den alten Bundesländern im Bereich der institutionellen Kinderbetreuung bestehen. Dabei bieten die Mütterzentren überzeugende erprobte Modelle, die zudem nur einen verhältnismäßig geringen Finanzierungsbedarf aufwerfen. Hinzuweisen ist hier vor allem auf das bestechende Modell des Mütterzentrums Salzgitter, welches nicht nur ein breit gefächertes Angebot ganztägiger Kinderbetreuung mit einem kompletten Konzept einer Altenbetreuung verbindet, sondern auch die finanziellen Ressourcen außerordentlich effektiv nutzt.[236] Dass Ganztagsschulen bei nur relativ geringen Mehrkosten im Übrigen nicht nur für soziale Brennpunkte und Kinder unvollständiger Familien oder berufstätiger Eltern sinnvoll sind, sondern darüber hinaus auch der intensiven Förderung besonderer Begabungen, Neigungen und Fähigkeiten dienen, hat Kerstin Wessig in ihrer Studie „Die fakultative Ganztagsschule in Hessen" überzeugend dargelegt.[237]

---

234 BVerfG v. 10. November 1998 – 2 BvR 1057/91 – B.I.4.
235 Kritisch wird die Vereinbarkeits-Debatte allerdings mit Blick auf mögliche negative Auswirkungen auf die kleinkindlichen Entwicklungsmöglichkeiten oder die bereits heute als alarmierend defizitär beschriebene binnenfamiliäre Kommunikation von Pädagogen und Kinderärzten begleitet, dazu z.B. Hellbrügge, Theodor, Das Deprivationssyndrom im Säuglingsalter und seine Folgen, Pediatrics 40/2001, S. 423 ff.; Grossmann/Grossmann, Qualität von Eltern-Kind-Beziehungen und ihre Auswirkungen auf die Bindungsrepräsentation im frühen Erwachsenenalter, Pediatrics 40/2001,S. 489 ff. Aus Sicht der Grünen kritisch gegenüber der herrschenden Meinung Brock, Ines, in: Zeitschrift für Bündnisgrüne Politik 11-12/2001 „Lust auf Zukunft". Sie unterstreicht, dass Erwerbslosigkeit in der Familienphase einen gleichberechtigt gesellschaftlich nützlichen Lebensabschnitt darstellt, und will über einen Betreuungsgutschein zu einem Erziehungsgehalt kommen. Einen guten Überblick über den gegenwärtigen Diskussionsstand unter Einbeziehung auch der länderübergreifenden Perspektiven bietet das Schwerpunktheft „Konturen einer modernen Familienpolitik" des WSI, WSI-Mitteilungen 3/2002.
236 Vgl. dazu Orth, Eva und Weskamp, Hannelore 2002 in Teil B – Dokumentation. Gerade angesichts der Zunahme individualisierter Lebensformen erweist sich das Mehr-Generationen-Modell des Mütterzentrums Salzgitter als zukunftsweisend, vgl. Borchert, Jürgen 1993, S. 120 ff.
237 Vgl. Kerstin Wessig in Teil B – Dokumentation.

2. Geht man nun jedoch der Frage nach, weshalb denn eigentlich der seit Jahrzehnten zu konstatierende politische Konsens trotz überzeugender Modelle ohne greifbare Folgen blieb, wird deutlich, dass die Vereinbarkeits-Debatte solange eine wohlfeile Alibidiskussion bleibt, wie die „harten" Probleme der Finanzierungsverantwortlichkeit und der vorrangigen familienpolitischen Strukturreform des Sozialstaats ausgeklammert werden. Tatsache ist nämlich, dass Länder und Kommunen die Hauptlasten, insbesondere für Kinderbetreuung und Ganztagsschulen, zu tragen haben, ohne dass jedoch die althergebrachte Finanzverfassung dieser Entwicklung Rechnung trägt. In der Koalitionsvereinbarung vom Oktober 2002 verspricht die Regierungsmehrheit für diese Zwecke den Einsatz von 4 Mrd. € für die nächste Legislaturperiode bis 2006, aber das sind gerade 2,5 v.H. des Jahresbedarfs.[238] Hier einen neuen Verteilungsschlüssel zu finden, ist also das erste große Problem, welches es zu lösen gilt. Zielführend erscheint in diesem Zusammenhang auch die Frage, welche Christel Riedel/Deutscher Frauenrat während des Symposiums zum Wiesbadener Kongresses stellte: Ob nicht auch beim Länderfinanzausgleich eine demographische Komponente in den Verteilungsschlüssel aufzunehmen sei.[239] Im Übrigen weist der Vorschlag von Roland Koch in die richtige Richtung: Es gilt für Haushaltskonkurrenzen eine Rangordnung zu definieren: Was ist wichtiger, was am wichtigsten: Kinderbetreuung oder die dreizehnte Pension der Ruheständler?[240] Bei zirka 70 Mrd. €, welche Pensionen insgesamt im Sozialbudget ausmachen, wären hier also immerhin rund 5.5 Mrd. € nach Kinderprioritäten umzuwidmen.[241] „Nur GRV-Rentner" kommen nicht in den Genuss von 13 Zahlungen.

3. Weitgehend unerörtert in der Vereinbarkeits-Debatte blieben ferner die abrupten Grenzen der Sozialsysteme, an welche die Konzepte einer Ausweitung der elterlichen Erwerbstätigkeit stoßen: Angefangen bei den Fragen der Aufnahmefähigkeit des Arbeitsmarktes über die Frage der Behandlung von Teilzeiterwerb in der Rente bis hin zu den Fragen nach der Behandlung des Mehrverdienstes im Steuer- und Sozialversicherungssystem oder bei der Bemessung der Kindergartenbeiträge. Gerade mit Blick auf das Ziel der Vereinbarkeit stellt sich die hier geforderte familienpolitische Strukturreform somit als vorrangig zu lösende Aufgabe dar.[242]

4. Schließlich stellt sich quer zum herrschenden Konzept des gender mainstreaming die Frage, ob die „Frauenquoten" nicht möglicherweise in „Elternquoten" umzugestalten sind, vor allem um des Ziels der partnerschaftlichen Kindererziehung willen. Will man konkrete statt abstrakte Nachteile ausgleichen, dann ist es nicht zu verkennen, dass die spezifischen Nachteile, die mit dem (zeit- oder teilweisen) Ausscheiden verbunden sind, auch die partnerschaft-

---

[238] Nach Schmidt, Renate, S.O.S. Familie, Berlin 2002, S. 140 ff, soll sich der Gesamtaufwand auf 40 Mrd. Euro belaufen
[239] Diskussion Teil B – Dokumentation/Symposium.
[240] Koch, Roland 2001.
[241] BT-Drucks. 14/8700, S. 260.
[242] Dazu im Einzelnen oben Teil 3 I., S. 92 f.

lichen handelnden Väter/Männer treffen. Außerdem spricht das Bundesverfassungsgericht im Beschluss vom 10. November 1998 ausdrücklich von „beiden Elternteilen".

5. Um dem oben zitierten Postulat des Bundesverfassungsgerichts Rechnung zu tragen, ist eine bezahlte Elternfreistellung unabdingbar, denn der Staat hat es Eltern zu ermöglichen, „teilweise und zeitweise auf eine eigene Erwerbstätigkeit zugunsten der persönlichen Betreuung ihrer Kinder zu verzichten" (BVerfG). Das geltende Erziehungsgeld ist zur Erreichung dieses Zwecks vollkommen unzureichend, selbst wenn Eltern den auf ein Jahr begrenzten höheren Anspruch von 460 € geltend machen. Stattdessen wird hier, die notwendige Strukturreform des Sozialstaats mit dem „Soli-Beitrag" vorausgesetzt, eine Einkommens- und Lohnersatzleistung nach dem Muster des Arbeitslosengeldes vorgeschlagen, denn dies würde einerseits die gravierenden Nachteile der Familiengeld-/Erziehungsgehaltskonzepte (vgl. dazu unten) [243] vermeiden und den individuellen Einkommensausfall kompensieren, zum anderen ist die Arbeitsverwaltung wegen ihrer Sachnähe zum Arbeitsmarkt und ihrer Zuständigkeit für die ggf. notwendigen Wiedereingliederungsmaßnahmen der sachnächste Adressat. Ohnehin wird Kindererziehung ansatzweise heute bereits im Dritten Buch des Sozialgesetzbuchs: Arbeitsförderung (SGB III) als Anwartschaftszeit bzw. anerkannter Erwerbshinderungsgrund berücksichtigt.[244] Mit dem Job-AQTIV-Gesetz wurde dieses Regelwerk kürzlich sogar noch weiter ausgebaut.[245] Im Übrigen fungiert die Bundesanstalt für Arbeit nach derzeit geltender Rechtslage als Kindergeldkasse. Hinsichtlich des Zeitraums und der Dauer der Lohnersatzleistung sollten die gesicherten Erkenntnisse der Pädiatrie berücksichtigt werden. Eine solche Sozialleistung wäre im Übrigen nicht vollkommen neu, denn auch das Erziehungsgeld war ursprünglich (1978) für den erziehungsbedingten Einkommensausfall konzipiert worden, wenngleich auch nur mit 750 DM und nur für sechs Monate pauschalisiert; immerhin würde dieser Betrag auf heutige Gehaltsverhältnisse hochgerechnet aber ca. 800 € (netto!) entsprechen. Wem diese Aufwendungen für die Erziehungsleistung übertrieben scheinen, der sei daran erinnert, dass diese Gesellschaft mit der ab 1. Januar 2003 eingeführten Alters-Grundsicherung ohne weiteres bereit ist, das Nichtstun von Senioren mit bis zu 844 € zu honorieren.

6. Mit dem durch die Praxis des allein Erziehens geschärften Blick für Proportionen hat die ZEIT-Journalistin Susanne Mayer in ihrem aufrüttelnden Buch „Deutschland – armes Kinderland: Wann werden Eltern den Aufstand wagen" in diesem Zusammenhang darauf hingewiesen, dass die Schaffung einer „Elternteilzeit (ETZ)" analog zur „Altersteilzeit (ATZ)" nur recht und billig wäre. Bei der ATZ wird es Arbeitnehmern ab dem 55. Lebensjahr bei Erfüllung gewisser Voraussetzungen ermöglicht, ihre bisherige Arbeitszeit in einer Vereinbarung

---

243 S. 125 ff.
244 In den §§ 8, 20, 78, 124 Abs. 3 Ziff. 2 SGB III.
245 Dass Kindererziehung mindestens anwartschaftsbegründend in der Arbeitslosenversicherung wirken soll, ist auch eine Forderung im Rentenmodell der IG BAU, vgl. Wiesehügel, Klaus 2001.

mit dem Arbeitgeber oder im Rahmen von Tarifverträgen zu halbieren und die Arbeitszeit dabei sogar noch hochflexibel in Blockmodellen zu variieren. Wird der Arbeitsplatz, der durch den Übergang in ATZ frei wird, wirksam wiederbesetzt, erhält der Arbeitgeber eine Förderung vom Arbeitsamt, welches ihm die erbrachten Leistungen in dem vom Altersteilzeitgesetz festgelegten Umfang erstattet. Damit die Fördervoraussetzungen erfüllt werden, ist vom Arbeitgeber eine Aufstockung von mindestens 20 v.H. zum Arbeitsentgelt für die Teilzeitarbeit zu leisten; dieser Aufstockungsbetrag ist sowohl steuer- als auch sozialabgabenfrei und gewährleistet, dass der Arbeitnehmer im Regelfall mindestens 70 v.H. des um die gewöhnlichen Abzüge verminderten Entgelts („Mindestnettobetrag") erreicht, das er bei seiner bisherigen Arbeitszeit verdient hätte. Darüber hinaus muss der Arbeitgeber zusätzlich Beiträge zur Rentenversicherung entrichten, mit welchen erreicht werden soll, dass der Arbeitnehmer für die Altersteilzeit so rentenversichert ist, als arbeite er zu 90 v.H.. Unter bestimmten Voraussetzungen kann die ATZ bis zum 65. Lebensjahr in Anspruch genommen werden. Nach ihren Recherchen stellt Susanne Mayer hierzu fest, dass die ATZ-Angebote sich auf 1,7 Millionen Arbeitnehmer erstrecken und gut angenommen würden. Tatsächlich würden bis zu 85 v.H. des früheren Nettolohns gezahlt. Im Haushaltsansatz der Bundesanstalt für Arbeit seien 2001 insgesamt 741 Millionen DM dafür enthalten gewesen. „So einen Freiraum für Familie schaffen: Mit „Zeit honoriert. Dies ist eine Währung, die Gold wiegt!" Partnerschaftliche Erziehung würde möglich und Teilzeitarbeit für Eltern würde jeden Tag, wenn die Eltern zu ihrem Zweitjob nach Hause gingen, allen Beobachtern klarmachen, dass es da eben einen zweiten Job gibt, der Sorgfalt verlangt: Elternteilzeit wäre eine Volldüngung." Die Anerkennung von Familienarbeit durch Zeitkonten berge zudem ein egalitäres Moment – „nicht länger wären schlechter gestellte Eltern dazu verdammt, auf Kosten von Zeit mit ihren Kindern zu malochen, während Bessergestellte das Privileg genießen, sich der Familie widmen zu können."[246] Dem ist nichts hinzu zu fügen. Warum ist für Kinder hier zu Lande unmöglich, was für Ältere leicht hinzukriegen ist?

7. Exkurs: Erziehungszeiten im Job-AQTIV-Gesetz
(HMS, Referat II Frauenpolitik /Dr. Folkers, 18.1.02),

Im Rahmen des Job-AQTIV-Gesetzes wurde die Behandlung von Erziehungszeiten im Arbeitsförderungsrecht verändert. Primär handelt es sich jedoch um eine Neuordnung der Finanzierung und nicht – auch wenn in der Öffentlichkeit so dargestellt – um eine erstmalige Berücksichtigung von Erziehungszeiten.

Bisher haben im SGB III Erziehungs- und Pflegezeiten gleichermaßen die Rahmenfristen verlängert (regulär 36 Monate), innerhalb derer mindestens 12 Monate Pflichtbeitragszeiten liegen mussten, um einen Leistungsanspruch auf

---

246 Mayer, Susanne, Deutschland – armes Kinderland, Frankfurt am Main, 2002, S.213 ff.

Arbeitslosengeld zu begründen. Die Solidargemeinschaft hat also die Aufrechterhaltung des Anspruchs in der Elternzeit bezahlt.

Nach der Neuregelung wird die Solidargemeinschaft entlastet und der Bund belastet, indem Elternzeit – stufenweise – beitragspflichtig wird und die Beiträge vom Bund gezahlt werden. Das allein würde für fast alle Betroffenen Dauer und Umfang des Versicherungsschutzes nicht ändern (nur wer die 12 Mindestmonate noch nicht hat, kann nun durch Erziehungszeit einen Anspruch aufbauen, einige können ihn – da die Anspruchsdauer gestaffelt ist – noch durch Erziehung verlängern). Der Bund hat jedoch im Zuge der Umfinanzierung auch die Konditionen verändert:

Beitragspflicht für Erziehungszeit entsteht jetzt nur, wenn Erziehung die Beitragspflicht unterbricht (vorher wäre innerhalb von 36 Monaten eine Beitragspflichtlücke bis zu 24 Monaten unschädlich gewesen – jetzt wird es Fälle geben, in denen man besser schon zum Ende der Rahmenfrist sich dem Arbeitsmarkt wieder zur Verfügung stellt und die Elternzeit nicht ausschöpft).

Vorgesehen war außerdem zunächst, dass der Leistungsanspruch nach der Erziehungszeit bemessen würde nach dem dann zu erwartenden erzielbaren Erwerbseinkommen, d.h. der durch die Erwerbspause einsetzende Qualifikationsverlust sollte zur Kürzung des Anspruchs herangezogen werden. Heftiger Widerspruch in der Anhörung hat die Rücknahme dieser Absicht erreicht.

Im Zusammenhang mit Erziehungszeiten ist zudem anzumerken, dass ein Fortschritt in der Behandlung der Mutterschutzzeiten erfolgt ist: diese Zeiten waren bisher weder beitragspflichtig noch rahmenfristverlängernd, im Grunde als handwerklicher Fehler bei der Umstellung von AFG auf SGB III zu sehen. Der Entwurf des Job-AQTIV-Gesetzes wollte nur den nachgeburtlichen Mutterschutz aufnehmen, die Anhörung hat auch hier die Ausweitung erreicht. Die Beitragspflicht trifft die Krankenkassen, d. h. versichert wird hier wohl nicht das bisherige Erwerbseinkommen in voller Höhe, sondern nur das ggf. niedrigere Mutterschutzgeld.

Frauen- und familienpolitisch positiv ist übrigens die Anhebung der Kinderbetreuungskosten zu sehen.

XI. Pflegeversicherung, „Riester-Rente", Sozialhilfe

Das Votum zur Ersetzung der Pflegeversicherung folgt aus den Ausführungen zu oben Teil 2 IV., S.77. Gerade in Zeiten knapper werdender Finanzressourcen ist es nicht einzusehen, dass das im Wahljahr 1994 durchgesetzte „Vermögensschon- und Erbschaftsschutzgesetz" weiterhin auf die Selbstfinanzierungspotenzen der Wohlhabenden verzichtet, die mit einer Steuerfinanzierung und einer Bedürftigkeitsprüfung mit Rückgriff auch gegen vermögende Angehörige einst die Kosten im Zaum hielten: Statt heute über 20 Mrd. € kostete die öffentliche Pflege unter dem Regime der Sozialhilfe einst nur knapp 6 Mrd. €.

Hinsichtlich der „Riester-Rente" ist zum einen an die Demographieanfälligkeit der Aktienmärkte – dazu oben Teil 1 II.9. – sowie die Kritik unter Teil 2 VI., S.79 zu erinnern. Was für die Verlagerung der Pflegekosten im Prinzip, wenn auch nicht in der Ausführung, richtig war, nämlich die Entlastung der Kommunen, gilt für die Sozialhilfe insgesamt: Sie gehört in die materielle Verantwortung des Bundes. Denn insbesondere in Konsequenz des Abbaus der vorrangigen Sicherungssysteme läuft das Nachrangprinzip zunehmend ins Leere- mit verheerenden Konsequenzen für die kommunale Finanzlage.[247]

XII. Ministerium für Familie und Ökologie, Familienverträglichkeitsprüfung, Querschnittsreferat, Kinderombudsmann

Eine neue Politik braucht auch neue Formen. Vorgeschlagen wird deshalb ferner, Familienpolitik unter dem gemeinsamen Dach eines Bundesministeriums für Familie, Ökologie und Soziales anzusiedeln. Zentrale Aufgabe dieser Institution wäre die Durchsetzung einer Politik der „ökosozialen Symmetrie"[248]. Nachhaltigkeit ist der gemeinsame Nenner beider Teilbereiche. Die Finanzierung von Renten und Umweltreparaturen aus einem Topf, also die Haushaltskonkurrenz von Alt- und Alterslasten in einen rückkoppelnden Wahrnehmungszusammenhang zu bringen, könnte das Bewusstsein für die Konsequenzen nachlässigen Umgangs mit den Zukunftsressourcen schärfen: Was wir heute an Umweltreparaturen unterlassen und an Schäden neu anrichten, geht zwangsläufig auf Kosten unserer Versorgungschancen! Verbunden mit einem auf ökologische Fragen erweiterten „generational accounting" würde so ein Zielkorridor für eine Politik der Zukunftsfähigkeit entstehen. Mindestens aber muss eine „Familienverträglichkeitsprüfung" in jedes Gesetzgebungsvorhaben eingeschaltet werden[249] und müssen zur Koordination der unterschiedlichen institutionellen Verantwortlichkeiten in Bund- und Länderministerien Querschnittsreferate eingerichtet werden.[250]

Eine neue, verblüffend einfache Idee präsentiert Susanne Mayer, die sich vehement für die Schaffung der Institution eines „Kinderombudsmanns" nach dem erfolgreichen Vorbild in Norwegen einsetzt: Ein Assistent des Parlaments, mit parlamentarischem Rederecht, zwingend anzuhören bei Gesetzgebungsvorhaben, einer der über die Erfüllung von Fünfjahresplänen der Familienpolitik wacht, der ohne Scheu und ohne politische Rücksicht Partei für Kinder ergreift: „Im Parlament und in der Tagesschau, vor dem Umweltausschuss und den Finanzexperten. Einer, der sonntags abends bei Sabine Christiansen sitzt und der Nation deutlich erzählt, wie wenige Minuten Zeit nur Väter für ihre Kinder er-

---

247 Schellhorn, Walter 2002.
248 Vgl. dazu Borchert, Jürgen, Innenweltzerstörung, Frankfurt am Main 1989, S. 116 f.; ders., Renten vor dem Absturz, 1993, S. 254 ff.
249 So eine Forderung des VAMV 2002 in Teil B – Dokumentation.
250 Vgl. Kaufmann, Franz-Xaver 2002 in Teil B – Dokumentation.

Teil 3: Familienpolitische Strukturreform des Sozialstaats 125

übrigen, weil die Zeit sie auffrisst. Der dem Verkehrsminister vorhält, wie viele Unfälle jeden Morgen auf dem Schulweg passieren und wie viel Unglück daraus erwächst, der mit den Bürgermeistern zusammensitzt und berät, wie das zu ändern ist." Zusammen mit der Präsentation der Erfolgsbilanz des norwegischen Modells fürwahr ein eindrucksvolles, überzeugendes Plädoyer![251]

XIII. Irrweg: Familiengeld und Erziehungsgehalt

Seit einiger Zeit werden in der familienpolitischen Diskussion Konzepte einer Honorierung der Erziehungsleistung erörtert.[252] Mit der Kindererziehung vollbrächten Eltern nicht hoch genug zu veranschlagende Investitionsleistungen in das Humanvermögen der Gesellschaft und es sei nicht einzusehen, dass Kindergärtnerinnen und Grundschullehrerinnen gut bezahlt würden, nur die eigenen Eltern nicht. Zudem beruft man sich auf das „Familienurteil" des Bundesverfassungsgerichts vom 10. November 1998, demzufolge der Staat die Aufgabe habe, „die Kinderbetreuung in der jeweils von den Eltern gewählten Form in ihren tatsächlichen Voraussetzungen zu ermöglichen und zu fördern".[253] Darüber hinaus wird ein Erziehungsentgelt unter Ausnutzung des „Schuldenparadoxons"[254] explizit zur Erschließung der ökonomischen Ressourcen der Volkswirtschaft, welche in der Massenarbeitslosigkeit liegen, vorgeschlagen.[255]

Insbesondere hat sich die Bundestagsfraktion der CDU/CSU mit dem Konzept eines „Familiengeldes" in diese Richtung bewegt.[256] Danach sollen Eltern für jedes Kind gestaffelt nach Alter[257] eine monatliche einkommensunabhängige Zahlung erhalten, die steuer- und sozialabgabenfrei sein und an Stelle von Erziehungsgeld und Kindergeld/Kinderfreibetrag gewährt werden soll. Es tritt somit eine duale Wirkung ein, zum einen als Steuerkompensation, soweit das Familiengeld den Anteil des Kinderfreibetrags/Kindergeldes ersetzt, der die verfassungsrechtlich gebotene Steuerfreistellung des Kindesexistenzminimums bewirkt; zum anderen als Familienförderung (Schaffung von Zusatzeinkommen)

---

251 Mayer, Susanne 2002, S. 185 ff.
252 Z.B. Tünnemann, Margit, Lohn für Kindererziehung, Neue Caritas 5/2002, S. 9 ff.; Leipert, Christian/Opielka, Michael, Erziehungsgehalt 2000, Bonn/Freiburg 1998; Ludwig, Hans, Vollbeschäftigung durch makroökonomische Kooperation und gleichwertig bezahlte Erziehung und Pflege, in: Ziegler,H./ Thieser, K.H. (Hg.), Arbeit ist der Schlüssel zur sozialen Frage, Blieskastel 2000, S. 132 ff.; dazu auch Kiy, Manfred/Clement, Reiner, Makroökonomische Simulation eines zusätzlichen Erziehungseinkommens, Bonn, 2002; Nachtkamp, Hans H., Für ein Erziehungsentgelt, in: Die neue Ordnung 6/2001, S. 437 ff.
253 BVerfG 2 BvR 1057 u.ae, B.I.4.
254 Dieses liegt vor, wenn eine Staatsverschuldung in der Rezession zu Einkommens- und Beschäftigungseffekten führt, die dem Staat Mehreinnahmen oder Ausgabenersparnisse verschaffen, welche die ursprüngliche Staatsverschuldung kompensieren oder sogar überkompensieren.
255 Vgl. dazu Ludwig, Hans 2000, sowie Kiy, Manfred 2002, jeweils mit weiteren Nachweisen.
256 CDU/CSU, Faire Politik für Familien. Eckpunkte einer neuen Politik für Familien, Eltern und Kinder, September 2001.
257 Kinder bis 3 Jahre: 613 €; Kinder von 3 bis 18 Jahre: 307 €; Kinder über 18 Jahre: 154 €.

durch den überschießenden Betrag. Die Einführung in 5 Etappen soll Kosten in Höhe von 9,2 Mrd. € in der Anfangsstufe und 24,9 Mrd. € in der Endstufe verursachen. Das Familiengeld soll so Transparenz schaffen, der Sozialhilfebedürftigkeit vorbeugen, die Steuerungerechtigkeiten kompensieren und die Erziehungsleistung honorieren.

1. Nachfolgend soll zunächst das Unionskonzept einer Bewertung unterzogen werden. In der öffentlichen Diskussion positiv beurteilt wird vor allem die Partizipation aller Einkommensschichten. Negativ wird die Abkoppelung von der Einkommenssituation gesehen, die zur Familienförderung nach dem „Gießkannenprinzip" führe. Kritisiert wird ferner, dass die Kombination von verfassungsrechtlich gebotener Steuerfreistellung und der Transferleistung die Höhe des ausschließlich familienfördernden Anteils am Familiengeld verschleiere.

2. Diese Kritik wird wie folgt ergänzt: Dass die Union sich auf die Forderung nach einem Familiengeld festlegen will, beweist, dass sie aus ihrer – bei näherer Betrachtung – unrühmlichen familienpolitischen Vergangenheit offenbar nicht lernen will. Das Problem der Familien ist nämlich nicht, dass sie zuwenig beschenkt würden, sondern dass sie verfassungswidrig belastet und so regelrecht ausgebeutet werden. Das Familiengeld kaschiert diesen Skandal und bewirkt deshalb erst recht Intransparenz. Zur Familienförderung ist der Gesetzgeber im Übrigen zwar verfassungsrechtlich verpflichtet, aber hat dort eben auch alle Spielräume staatlichen Gewährens. Anders sieht es bei der Abwehrfunktion der Grundrechte aus: Übermaßeingriffe sind schon wegen des Art. 3 Abs. 1 GG verboten, erst recht bei Familien (Art. 6 Abs. 1 GG). Hier fängt Familienpolitik deshalb an. Das ist übrigens nicht nur eine Frage der Grundrechtsfunktionen, sondern genauso eine der Transferhygiene: Dass man Empfängern zuschiebt, was man ihnen vorher entwendet hat, ist keine seriöse (Familien-) Politik, sondern ein Taschenspielertrick, dem die Familien hier zu Lande über Jahrzehnte mit dem bekannt katastrophalen Ergebnis zum Opfer gefallen sind.

3. Wirft man einen Blick auf die Überlast, denen Familien in den Systemen staatlichen Nehmens ausgesetzt sind, handelt es sich entsprechend den vorangegangenen Überlegungen um folgende Beträge:

Ausgehend von einem durchschnittlichen Kindesunterhalt von 7.158,20 € im Jahr und einem Grenzsteuersatz von 40 v.H. werden Eltern, bezogen auf den Kindesunterhalt, mit einer Einkommensteuerlast von 2.863,28 € belegt, was als Rückerstattung einem Kindergeldbetrag in Höhe von rund 240 € im Monat entspricht.[258]

Gleichzeitig lasten auf diesem Unterhalt jedoch noch indirekte Steuern in der Größenordnung von etwa 27 v.H., was eine weitere monatliche Rückerstattung in Höhe von 161,06 € erfordert.

---

[258] Zu diesem Betrag kommt auch der „Karlsruher Entwurf" unter zu Grunde Legung eines Existenzminimums von 16 000 DM und einem Grenzsteuersatz von 35 v.H., Kirchhof, Paul et al. 2001, § 16; selbst die SPD hat sich auf ihrem Parteitag in Nürnberg im November 2001 für ein Kindergeld in Höhe von DM 500 im Monat ausgesprochen.

Schließlich sind mindestens diese Kinderkosten von der parafiskalischen Bemessungsgrundlage abzuziehen, was bei einem Beitragssatz von 40 v.H. einem Betrag von weiteren rd. 240 € im Monat entspricht, welche der Familie je Kind netto zu verbleiben hätte.[259] Legt man die Revenuestruktur der Einkommensteuer auch der Bemessung der Sozialversicherungsbeiträge zu Grunde, errechnete sich für die vierköpfige Familien anhand des 30.678 €-Beispiels ein abgabenfreies Existenzminimum von rd. 26.000 € (Vgl. die Tabelle 2) und mithin sogar Jahresbeträge von rund 10.226 €, die – einschließlich der Arbeitgeberbeiträge – Familien mit zwei Kindern netto mehr verblieben.

Ohne große Anstrengung gelangt man also auf einen Betrag von etwa 641,68 €, den Familien mit Durchschnittseinkommen je Kind und Monat als Überlast entrichten müssen. In dem Familiengeld von 613,56 € steckt also kein einziger Cent Familienförderung, geschweige denn eine „Honorierung der Kindererziehung".

4. Erfolgsversprechende, ernsthafte Familienpolitik kann deshalb nur damit anfangen, diese Realitäten laut auszusprechen. Nur so, gestützt nämlich auf die fest verwurzelten Gerechtigkeitsüberzeugungen, die das Einkommensteuerrecht widerspiegelt, und nicht mit der Spendierhosenoptik, lässt sich auch mit dem kinderlosen Teil der Bevölkerung über eine faire Behandlung der Familien streiten. Gerechtigkeit statt Geschenke! Es muss darum gehen, die Familien in die Lage zu versetzen, ihre Kinder aus dem selbst erwirtschafteten Einkommen zu unterhalten, statt dies aus einer Position eines Almosenempfängers heraus zu tun. Hier soll nur die eine Sozialleistung „Sozialhilfe" durch die andere namens „Familiengeld" ersetzt werden, statt Eltern die Erziehung in Freiheit und Selbstverantwortung zu ermöglichen. Deshalb stellt sich in der Tat auch die Frage nach dem Menschenbild, welches die Union bei diesem Vorschlag leitet.

5. Damit eng zusammen hängt der zweite Einwand: Das Familiengeld wird nicht weniger, sondern mehr Menschen in der Sozialhilfe zurücklassen, weil es besonders für unqualifizierte und sehr junge Frauen eine geradezu magische Anziehungskraft haben wird. Früher oder später werden sie, mit den vermutlich mehreren Kindern, ohne Ausbildung umso weiter im Abseits stehen. Selbst wenn das Ergebnis ein steiler Anstieg der Geburtenrate sein sollte, wird das Humanvermögen mehr beschädigt als vermehrt.

6. Dass die Idee eines Erziehungsgehalts im Übrigen ein beträchtliches Zerstörungspotenzial für den Teil der Welt hat, den Familie definiert, beweist das von manchen Befürwortern angeführte Honorierungsargument: Dass es nämlich ungerecht oder nicht nachzuvollziehen sei, dass Grundschullehrerinnen und Kindergärtnerinnen für ihre Arbeit entlohnt würden, nur die eigenen Eltern nicht. Denn bei dieser Betrachtung wird das Wesentliche der Familie vollkommen aus den Augen verloren: Ihre wechselseitige Einstandspflicht in allen Lebenslagen. Lehrerinnen und Kinderpflegerinnen erwerben gegen die Kinder

---

[259] Nach unbestrittener Ansicht ist der Arbeitgeberbeitrag vorenthaltener Lohn, dazu auch van Langendonck, Jef, Der Unsinn des Arbeitgeberbeitrags, in: Boecken/Ruland/Steinmeyer, Sozialrecht und Sozialpolitik in Deutschland und Europa. Festschrift für Bernd Baron von Maydell, Neuwied 2002, S.787 ff.

keine unmittelbaren genuinen und originären Unterhaltsansprüche. Genau darin, in dieser vollkommen unmarktlichen Bedingungslosigkeit, liegen aber Ursprung und Ziel von Familie. Wenn dieser Bereich kommerzialisiert wird, die Abstraktion des Geldwesens auch in diese letzte Gegenwelt eindringt, dann wird das Leben für die Kinder nicht nur schon von Kindesbeinen an wegen eines grenzenlosen Individualismus unerträglich, sondern dann scheitern Familie und Staat gemeinsam.

7. Soweit die Modelle mit der Notwendigkeit der Honorierung oder „Entlohnung" der Kindererziehung als Investition in das Humanvermögen begründet werden, vermag auch das nicht zu überzeugen.[260] Selbstverständlich erbringt, wer Kinder erzieht, eine gewaltige ökonomische Leistung, denn er investiert in das Humanvermögen. Ökonomisch lässt sich aus dieser Tatsache aber gerade kein Anspruch auf ein Erziehungsgehalt ableiten. Denn ökonomisch ist Investieren immer Sparen und das bedeutet „Zukunftspräferenz": Für zukünftige Erträge heute Konsumverzicht leisten. Das ist auch sinnvoll. Denn wer nicht bereit ist, sich für Kinder einzuschränken, sollte besser keine haben.

Auch das Schlagwort vom „Lohn für Leistung" trifft den Sachverhalt nicht. Die professionellen Kindergärtnerinnen und Lehrerinnen verzichten ja gerade nicht auf Gegenwartskonsum und zweitens erbringen Eltern auch keine Dienstleistungen für den Markt, denn ihr Produkt ist nicht tauschbar[261] – und das ist gut so, denn sonst müssten wir womöglich darüber nachdenken, ob wir die Humanprodukte anderswo auf dem Weltmarkt billiger einkaufen könnten, wo sie wegen Überproduktion zu Dumpingpreisen angeboten werden.

8. Soweit die Überlegungen zur Finanzierung der Erziehungsarbeit schließlich auf die Beseitigung der Massenarbeitslosigkeit und die Nutzung dieser volkswirtschaftlichen Ressourcen abzielen, ist das zwar ein anderer und grundsätzlich zu begrüßender Ansatz, gerade in Zeiten wirtschaftlicher Depression und grassierender Massenarbeitslosigkeit. Gleichwohl macht die anders lautende Begründung die zuvor erörterten Bedenken nicht gegenstandslos. Des Weiteren stellt sich noch die Frage nach der Wirksamkeit des Schuldenparadoxons in Zeiten wirtschaftlicher Erholung oder gar einer Überhitzung; wenn Kindererziehung je nach Konjunkturlage honoriert würde, wären die Rahmenbedingungen der Kindererziehung jedenfalls nicht ausreichend stabil.

---

260 Zur Auseinandersetzung mit diesen Argumenten siehe zuletzt Caritas, Heft 5/2002 mit pointierten Positionen.
261 Weshalb sich eine Begründung für das Erziehungsgehalt denn auch eher in Analogie zur Wehrpflicht finden lässt, so tatsächlich Leipert, Christian/Opielka, Michael 2000, S. 24 ff. (mwN), was freilich zugleich die Problematik unterstreicht („Gebärpflicht").

XIV. Diskussion der bevölkerungspolitischen Wirkung einer familienpolitischen Strukturreform

Im Unterschied zur DDR, wo man Anfang der 1970er Jahre mit beachtlichem Erfolg eine explizit pronatalistische Sozialpolitik eingeleitet hatte,[262] wird die Frage aktiver Bevölkerungspolitik in der Bundesrepublik erst seit relativ kurzer Zeit wieder öffentlich erörtert.

1. Auffallend ist dabei nicht selten eine geradezu demonstrative Ablenkung von den Problemen, welche die Bevölkerungsentwicklung birgt. So vertritt der Präsident des größten deutschen Rententrägers, der Bundesversicherungsanstalt für Angestellte, Herbert Rische, noch 1994 die Meinung, nicht der Geburtenrückgang sei das eigentliche Problem der Alterssicherung, sondern dass darüber geredet werde.[263] Ähnlich sieht die Bundestagsabgeordnete Sigrid Skarpelis-Sperk, Diplomökonomin und Mitglied der Enquete-Kommission „Demographie", die Dinge: Altenversorgung stelle für die Nachwuchsgeneration nur in armen Ländern ein Problem dar, während in reichen Ländern wie Deutschland die Alten doch Kinder und Enkel finanzierten! Zudem wären die Alten wegen des Pflegebedarfs bereits in wenigen Jahren der größte Arbeitgeber in Deutschland, was die ökonomischen Probleme weiter mindere.[264] Ebenso machte Albrecht Müller, einst ein Vordenker der SPD, im Juli 2001 mit der Schlagzeile „Vergreisung – na und!" deutlich, dass die demographische Situation „auch nicht im Entferntesten" ein Grund zur Beunruhigung sei.[265] Lapidar meint schließlich auch die Gewerkschaft Ver.di: „Wir sind der Meinung, die demographische Herausforderung ist gar keine."[266] Diese Haltung hat unter verantwortlichen Politikern Tradition, wie das Beispiel des früheren Bundessozialministers Herbert Ehrenberg und seiner Staatssekretärin Anke Fuchs beweist: Die demographischen Modellrechnungen seien unsicher wie die Wetterprognosen, geringere Kinderzahlen ließen schließlich auch die öffentlichen Lasten sinken und eröffneten bessere Bildungschancen, ferner sei eine schrumpfende Bevölkerung unter den Gesichtspunkten der Lebensqualität und des Umweltschutzes doch positiv zu werten.[267]

2. Wer das Argument der schrumpfenden Kinderzahlen mit ihrer Entlastungswirkung für die öffentlichen Etats zu Ende denkt, erkennt dessen Absurdität.[268] Schwieriger ist allerdings die Tatsache zu erkennen, dass Kinderlosigkeit

---

262 Dazu Vortmann, DIW-Wochenbericht 1978, S. 210 ff, (230); Schmidt-Kaler, Theodor, Aus Politik und Zeitgeschichte, Beilage zu Das Parlament, B 27/1979, S. 3 ff.
263 Rische, Herbert, DAngVers 1994, S. 1.
264 Skarpelis-Sperk, Sigrid, Arbeit und Wirtschaft im demographischen Wandel, in: Klose, Altern der Gesellschaft, Bund 1994, S. 67.
265 Vgl. SZ v. 5.7.2001.
266 Ver.di-Vorschläge zur Reform des Gesundheitswesens „Gesundheit solidarisch finanziert", Soziale Sicherheit 1/2002, S. 8.
267 Ehrenberg, Herbert/Fuchs, Anke, Sozialstaat und Freiheit, 1980, S. 248-252.
268 Umgekehrt macht Max Wingen darauf aufmerksam, dass durch einen ansteigenden Jugendquotient zusätzlich zum steigenden Altenquotienten ein kumulierter „Aufsattelungseffekt" entsteht, Wingen, Max

in Deutschland auch ökologisch verheerend wirkt, weil sie – in Energiemaßstäben gemessen- paradoxerweise wie ein massiver Beitrag zur Überbevölkerung wirkt. Die infolge der Kinderersparnis entstehenden Einkommensüberhänge wandern nämlich nahezu zwangsläufig in den ökologisch besonders schädlichen Luxuskonsum: Fernreisen, exotische Ernährungsgewohnheiten, übermäßiger Wohnraumverbrauch mit hohen Energiekosten etc.[269]

3. Obwohl sich die im Wiesbadener Entwurf" vorgeschlagenen Reformmaßnahmen schon aus Gründen der Gerechtigkeit allein, dazu aber auch noch der wirtschaftspolitischen Vernunft rechtfertigen, soll der Frage ihrer bevölkerungspolitischen Wirksamkeit deshalb auch nicht ausgewichen werden. Die Wirksamkeit materieller Anreize für das Gebärverhalten wird hier zu Lande unter Hinweis auf die bisherige Erfolglosigkeit bundesdeutscher Familienpolitik überwiegend bestritten;[270] einzig Erfolg versprechend sei vielmehr die Herstellung der vollen Vereinbarkeit von Beruf und Familie. Dieser Einwand überzeugt jedoch schon deshalb nicht, weil der unaufhaltsame ökonomische Niedergang der Familien trotz optisch steigender Familienförderung plus zunehmender Müttererwerbstätigkeit hier nachzuweisen war. Im Übrigen ist das zum Beleg der geburtensteigernden Wirkung erwerbsbezogener Maßnahmen stets angeführte Beispiel Schwedens seit einiger Zeit wieder entzaubert, denn nach den enormen Anstrengungen in Richtung „Vereinbarkeit",[271] ist die Geburtenrate von 2.14 in 1990 heute wieder auf 1.5 zurückgefallen (2000).

Frankreich wiederum kann als Beispiel dafür dienen, dass eine bevölkerungspolitisch akzentuierte Familienpolitik (freilich unter Einschluss eines schon vor Jahrzehnten begonnenen Ausbaus öffentlicher Kinderbetreuung!), durchaus Wirkung zeigt.[272] Dass ökonomische Momente wirksam sind, wird auch aus verschiedenen anderen Tatsachen abgeleitet. So wurde bei einer schon 1977 veröffentlichten Studie aus der schichtenspezifischen Kinderverteilung der Schluss abgeleitet, dass bei den mittleren Einkommensschichten offenbar die Furcht vor dem sozialen Abstieg die „rationalistisch –planerische Einstellung" gegenüber dem Kinderwunsch präge.[273] Denselben Schluss beinhaltet letztlich auch das „demo-ökonomische Paradoxon", welches Herwig Birg beschreibt, dass nämlich die Kinderzahlen umso niedriger sind, je höher das Einkommensniveau eines Landes ist.[274] Die in Deutschland herrschende Meinung, dass mate-

---

1988, S. 29.
269 Klingholz, Reiner, „Maßloser Alltag", GEO 1/91, bemerkt dazu in einer subtil recherchierten Reportage vollkommen überzeugend, dass die Energiebilanz eines kinderlosen Deutschen ohne weiteres der von einigen Dutzend Angehörigen reproduktionsstarker Länder der Dritten Welt gleichkommt („100 Inder"). Bert Rürup hält diese Sichtweise für „absurd", siehe Teil B – Dokumentation.
270 Vgl. dazu Schwarz, Karl, Demographische Wirkungen der Familienpolitik in Bund und Ländern nach dem Zweiten Weltkrieg, ZfBevWiss 4/87, S. 409 ff.
271 Dazu Jönsson, Ingrid, Vereinbarkeit von Berufs- und Familienleben in Schweden, WSI-Mitteilungen 03/2002, S. 176 ff.
272 Vgl. Schwarz, Karl, Kinderzahl der im vergangenen Jahrhundert geborenen Frauen in Frankreich und Deutschland, Manuskript, Wiesbaden 2001.
273 Vgl. Borchert, Jürgen 1981, S. 46 ff. (mwN).
274 Birg, Herwig, Die demographische Zeitenwende, München 2001, S. 42 ff.

rielle Ursachen für die Geburtenentwicklung nicht entscheidend seien, steht letztlich noch in einem auffälligen Widerspruch zu der These, die Bevölkerungsexplosion in der Dritten Welt sei durch einen Export des deutschen Rentensystems zu bremsen.[275]

4. Viel spricht dafür, dass die Existenz sozialer Sicherungssysteme und dabei insbesondere die Ausgestaltung der Rentenversicherung ein wichtiges Element der Realisierung des Kinderwunsches ist. „Die demographische Situation ist kein unglücklicher Zufall oder – wissenschaftlich ausgedrückt – exogener Faktor der gesamten wohlfahrtstaatlichen Entwicklung, sondern diese demographische Entwicklung hat ihrerseits wesentliche Ursachen in den Konstruktionsprinzipien gerade der wohlfahrtstaatlichen Einrichtungen selbst. Zunächst ist es der Wirksamkeit der Sozialpolitik zuzuschreiben, dass die so genannten Versorgungsklassen entstanden sind, dass also Umverteilungsprozesse auf gesamtstaatlicher Ebene von demographischen Altersstrukturen abhängig werden. Sodann hat die Kollektivierung der Alterssicherung bei gleichzeitiger Familialisierung der Kosten der Nachwuchssicherung zu einem endogenen nachwuchsbeschränkenden Umverteilungsmechanismus geführt, und es gibt gute Gründe für die Annahme, dass der Ausbau der Sozialpolitik sowohl für den Sterblichkeitsrückgang als auch für den Geburtenrückgang in diesem Jahrhundert eine langfristig und nachhaltig wirksame Ursache darstellt. Das kombinierte Ergebnis dieser beiden Entwicklungen stellt sich als demographisches Altern dar, und dieses bewirkt in seiner ersten Entwicklungsphase, solange die Nachwuchsbeschränkung dominiert, eine Minderung der demographischen Versorgungslasten, der zu einem späteren Zeitpunkt allerdings eine überproportionale Erhöhung der demographischen Versorgungslasten gegenüber steht."[276]

5. Zusammenfassend lassen sich die einzelnen, jeweils sehr unterschiedlichen Blickwinkel somit doch auf einen gemeinsamen Nenner bringen: Dass eine familienpolitische Strukturreform, welche alle Bereiche – soziale Sicherung, Steuer und Vereinbarkeit – umfasst, sehr wohl gute Aussichten auf bevölkerungspolitische Wirkungen hat. Eine Politik der kleinen Mittel oder falschen Münzen würde jedenfalls „hoffnungslos verpuffen".[277]

XV. Hindernisse

Die hier vorgeschlagenen Reformen zielen darauf ab, die Versäumnisse von vier Jahrzehnten mit einem großen Wurf aufzuarbeiten. Weil die Zeit drängt. In einer partikularistisch organisierten Gesellschaft stoßen grundlegende Strukturrefor-

---

275 So Dießenbacher, Hartmut, in Leviathan 4/1989; kritisch dazu Borchert, Renten vor dem Absturz (1993); S. 120 ff.; dass die Form der Alterssicherung eine starke geburtenbeschränkende Wirkung haben kann, belegen auch die Ausführungen von Engels, Wolfram, Der Kapitalismus und seine Krisen, Düsseldorf 1996, S. 27 ff.
276 Kaufmann, Franz-Xaver, zitiert nach Borchert, Jürgen 1993, S. 122.
277 So schon Mackenroth, Gerhard 1952.

men jedoch unausweichlich auf umso härtere Widerstände, je tiefgreifender sie sind. Denn „es liegt in der Natur der Sache, dass ein Interesse, je allgemeiner es ist, mit immer mehr Einzelinteressen unweigerlich in Widerspruch tritt und schließlich keinen organisierten gesellschaftlichen Patron mehr findet, der sich für die Realisierung einsetzt"[278]. Ein allgemeineres Interesse als die Nachwuchsfrage ist aber kaum zu finden. Die Bundesrepublik im Jahre 2002 hat es deshalb ungleich schwerer als anno 1883-1889 das Kaiserreich mit Bismarck und dem Kaiser, so weitreichende Reformen ins Werk zu setzen.

Die nächste und hiermit in Wechselwirkung stehende Schwierigkeit der Behandlung der Familienfrage ist die spezifische Eigenart sozialer Prozesse, soziale Asymmetrien – wie die hier beschriebene Schieflage zwischen Familien und Kinderlosen- zu verstärken. „Soziale Prozesse lösen eben keine Tendenz zur automatischen Selbststabilisierung aus, sondern unterliegen im Gegenteil dem sozialen Beharrungsvermögen, welches das System in der Richtung des ersten Impulses weiterbewegt. Das System bewegt sich von selbst nicht in der Richtung eines Gleichgewichts zwischen den Kräften, sondern es entfernt sich ständig davon. Im Normalfall ruft eine Veränderung nicht entgegengesetzte Veränderungen hervor, sondern im Gegenteil unterstützende Veränderungen, die das System in die gleiche Richtung drängen wie die erste Veränderung, aber viel weiter." [279]

Umso schwerer wird die Gestaltungsaufgabe für eine Politik, die sich dem Trend entgegenstemmen will. Denn auch eine Regierung ist ein gesellschaftliches System wie jedes andere und für solche Systeme ist kennzeichnend, dass ihr erstes Interesse immer ihrem eigenen Erhalt, ihrem eigenen Überleben gilt, und zwar selbst bei solchen Systemen, die wie Regierungen ausgesprochen altruistischen Charakter haben, weil sie dem Wohle des Ganzen verpflichtet sind und selbst dann, wenn sie von zutiefst altruistisch eingestellten Menschen getragen sein sollten.[280] Politik hat daher – so die Feststellung aus politologischer Sicht und kein Vorwurf – per se solange kein Interesse daran, die Familienproblematik zu lösen, wenn dafür Wählermehrheiten nur schwer zu mobilisieren sind. Erst wenn soziale Probleme die Eigeninteressen des politischen wie administrativen Systems berühren, besteht die Wahrscheinlichkeit einer politischen Behandlung.

An diesem Punkt sind wir inzwischen aber angekommen. Um nicht noch mehr Zeit mit unnützen Diskussionen zu verlieren, sollen deshalb die wesentlichen Widerstände vorweg genommen und abgewogen werden.

1. Eigentum und Äquivalenz

Weil die Lösung der Familienfrage eine grundlegend neue Verteilungsordnung erfordert, sind die über Jahrzehnte zu Besitzständen geronnenen Fehlverteilun-

---

278 Forsthoff, Ernst, Der Staat in der Industriegesellschaft, München 1971, S. 25 f.
279 Kapp, William, Soziale Kosten der Marktwirtschaft, Frankfurt am Main 1988, S. 19 f.
280 Schneider, Ulrich 1989.

gen das erste Hindernis. Sie haben auf dem entscheidenden Feld der Sozialversicherung mit der Terminologie der „versicherungsmäßigen Äquivalenz" und der Kategorie des „Renteneigentums" zugleich ihre spezifische rechtliche und ideologische Begrifflichkeit, welche eine rationale Debatte blockiert. Hier muss deshalb der Anfang gemacht und offen gelegt werden, dass im gegenwärtigen Sozialversicherungssystem weder das Äquivalenzprinzip noch das Renteneigentum die realen Sachverhalte korrekt beschreiben.

a) Für das Konstrukt des Eigentums an Rentenanwartschaften, welches die Verfassungsrechtsprechung in den 1980er Jahren des vergangenen Jahrhunderts entwickelte, ist dies verhältnismäßig leicht zu erkennen. Eigentum wird nämlich durch Vererbbarkeit charakterisiert, Rentenanwartschaften sind aber der Nachwuchsgeneration nicht vererbbar, sondern richten sich – genau umgekehrt! – gegen die Kindergeneration. Sie sind nichts anderes als der früher familiär erbrachte, seit 1957 jedoch sozialisierte Altersunterhalt.[281]

b) Ähnlich verhält es sich mit der Versicherungsterminologie und der „Äquivalenz". Das Renteneintrittsalter von 60 oder 65 Jahren kann nämlich schon deshalb kein versicherbares Risiko sein, weil dessen Erreichen in Anbetracht einer durchschnittlichen Lebenserwartung von bald 80 Jahren die soziale Norm ist, welche per se unversicherbar ist. Zudem ist dieses „Risiko" vom Gesetzgeber einseitig veränderbar, was ein echtes, versicherbares Risiko ebenfalls ausschließt. Das Risiko der ungewissen Dauer des Ruhestands schließlich trägt ausnahmslos die Nachwuchsgeneration. Mit ihren Beiträgen sichern sich die Kinder gegen das Risiko, die eigenen Eltern länger als durchschnittlich unterhalten zu müssen. Nur so passt übrigens auch die Konstruktion der Versicherung, weshalb sich die Definition der Beiträge als die das Eigentum begründende „Eigenleistung" für die eigene Altersvorsorge, welche die Verfassungsjudikatur kreiert hat, als schwerer Fehler erweist.

c) Vergessen wird auch, dass bei der Einführung der „Dynamischen Rente" im Januar 1957 die Rentenleistungen über Nacht auf das lohnersetzende Niveau stiegen, obwohl unter dem alten Regime der Bismarck'schen Rente Beiträge lediglich für die „Taschengeldrente" in Pfennighöhe gezahlt worden waren. Im Übrigen fehlt es der öffentlichen Diskussion zur „Beitragsäquivalenz" in aller Regel schon an der Klarstellung, welche Art von Äquivalenz (Individual-, Gruppen- oder Globaläquivalenz?) denn eigentlich gemeint ist.[282] Angesichts

---

281 Ausführlich Oswald von Nell-Breuning in: ders./Borchert, Jürgen, Rentenreform 84 – Auf dem richtigen Weg?, ZSR 6/1985, S. 356 ff.: „Und wer keinen eigenen Nachwuchs hat, dessen Ansprüche richten sich nun einmal unvermeidlich gegen die Kinder anderer Leute: Ihnen diese Chance ein wenig zu schmälern, bauscht man zu einer Versündigung gegen die angebliche Heiligkeit des Eigentumsrechts auf!"; ferner Borchert, Jürgen, Operation ohne Diagnose?, ZSR 6/1988, S. 321 ff.; kritisch zuletzt auch Lenze, Anne, Teilhabeberechtigung statt Renteneigentum: Überlegungen zu einem neuen verfassungsrechtlichen Konzept der gesellschaftlichen Alterssicherung, Sozialer Fortschritt 2/2002, S. 33. ff.
282 Vgl. dazu Nullmeier, Frank/Rüb, Friedbert W., Die Transformation der Sozialpolitik. Vom Sozialstaat zum Sicherungsstaat, Campus 1993, S. 420 ff.; ähnlich Borchert, Jürgen, Schluss mit dem „Versicherungs"-Betrug. Ein Plädoyer für mehr Ehrlichkeit in der Rentenpolitik, Focus-Standpunkt 12/96, S. 256; dass insbesondere die Diskussion um versicherungsfremde Leistungen schon von ihrem eigenen Verständnis her mit falschen Etiketten geführt wurde, hat Jürgen Hofmann, ‚Versicherungsfremde Leis-

einer Steuerbeteiligung an jeder Rentenleistung von mittlerweile fast 40 v.H. verliert das Argument noch weiter an Kraft. Vor dem Hintergrund der Nettolohnbezogenheit der Rente schließlich wird die so genannte Beitragsäquivalenz aus dem Blickwinkel der versicherten Bürger geradezu absurd, denn steigende Beiträge führen so zu immer niedrigeren Renten! Was allein bleibt, ist somit die Rangstellendefinition entsprechend der Beitragsleistung; hier zwingt aber die Verfassungsjudikatur dazu, den „konstitutiven Beitrag" Kindererziehung in das System einzustellen und es vollkommen neu zu justieren. Anzumerken ist in diesem Zusammenhang allerdings die Tatsache, dass seit der Neuregelung der geringfügigen Beschäftigung im Jahre 1999 diese Niedrigeinkommen zwar der Beitragspflicht zur Sozialversicherung unterliegen, dabei aber keinen „äquivalenten" Versicherungsschutz erwerben. Dies scheint merkwürdigerweise niemanden zu stören.

d) Die Verfechter des Äquivalenzarguments, welche ihren Beharrungswunsch stets mit vermeintlichen Verfassungsgrundsätzen kaschieren, blenden die neuere Rechtsprechung aus Karlsruhe dabei bemerkenswerterweise aus. Zwar hat das Bundesverfassungsgericht stets betont, dass „die durch die Lebensleistung erreichte relative Position innerhalb der jeweiligen Rentnerpopulation nach Eintritt des Versicherungsfalles erhalten bleibt" [283], jedoch schließt das keineswegs eine Kappung bei einer Obergrenze aus; Einkommensmillionäre würden als Spitzenrentner an der Obergrenze eben auch im Rentnerkollektiv als Leistungsträger erkennbar bleiben. Tatsächlich hat das Bundesverfassungsgericht ja schon im „Trümmerfrauenurteil" 1992 eine deutliche Abkehr von einer mehr oder minder strikten Orientierung an Erwerbshierarchien vollzogen, indem es ausdrücklich die „maßvolle Umverteilung" von Rentenanwartschaften Kinderloser auf Eltern guthieß und damit den Orientierungsrahmen um eine neue Dimension erweiterte.[284] Dass jedenfalls die Verfassungsrechtsprechung die Konstruktion einer degressiv-proportionalen Leistungskurve, welche im Ergebnis einer Kappung gleichkommt, stoppen würde, scheint kaum wahrscheinlich.[285]

2. Zu viel Umverteilung?

Schon das Echo auf die erste Fassung dieses Diskussionspapiers hat gezeigt, dass die Verteidiger des Status quo an einer authentischen Auseinandersetzung offenbar gar nicht interessiert sind. Beispielhaft sei dies deshalb einmal am Beitrag „Familienpolitik: vom Schattendasein zum gesellschaftlichen Megathema"

---

tungen' und Bundeszuschuss in der gesetzlichen Rentenversicherung, Sozialer Fortschritt 5/96, 126 ff., überzeugend herausgearbeitet; ebenso Lamping, Wolfram, „Versicherungsfremde Leistungen" – Historisch-systematisierende Anmerkung zu einem sozialpolitischen Schlüsselbegriff, ZSR 1997, 52ff: Diese Diskussion beinhalte eine „Abkehr von den Grundfragen des Sozialstaats".
283 BVerfGE 100, 1 (42).
284 BVerfGE 87, 1 (40).
285 So auch Lohmann, Ulrich 2002, in: Meinhardt/Kirner/Grabka/Lohmann/Schulz, Finanzielle Konsequenzen eines universellen Systems der gesetzlichen Alterssicherung, Düsseldorf 2002, S. 65 ff.

in der Zeitschrift „Kirche und Wirtschaft" der Bundesvereinigung der Deutschen Arbeitgeberverbände/Institut der deutschen Wirtschaft Köln – Jahrgang 18-3/2002 illustriert. Dort wird behauptet, mit den hier vorgeschlagenen Reformen würde „letztlich mindestens die vollständige Sozialisierung der Kosten von Kindern gefordert". Das aber ginge über das ordnungspolitisch vertretbare Ausmaß weit hinaus, wenn man die bereits für Familienpolitik getätigten Aufwendungen von 150 Mrd. bis 180 Mrd. € berücksichtige. In einer freiheitlichen Gesellschafts- und Wirtschaftsordnung sei die Entscheidung für Kinder zudem der Privatsphäre zuzuordnen.

Mit dem „Wiesbadener Entwurf" hat diese Darstellung nicht einmal entfernte Ähnlichkeit, denn dieser zielt genau umgekehrt auf einen Abbau von Umverteilung durch belastungsgerechte Strukturen in den Transfersystemen ab. Sie ist auch, was die Sozialisierung der Kinderkosten angeht, sachlich falsch. Zum anderen erweist sich die Bilanzierung der genannten Aufwendungen für Familien als methodisch verfehlt und im Übrigen als unvereinbar mit dem Verfassungsrecht.

a) Keine Sozialisierung der Kinderkosten: Tatsächlich fordert der „Wiesbadener Entwurf" für Familien nämlich genau umgekehrt nichts anderes, als die Befreiung der Familien von verfassungswidrigen Lasten. Eltern müssen in die Lage versetzt werden, ihre Kinder in Freiheit und Verantwortung aus dem selbst erwirtschafteten Einkommen großzuziehen. Weder die Besteuerung des existenzminimalen Kindesunterhalts, noch die Nichtberücksichtigung der konstitutiven Leistung „Kindererziehung" in den Sozialsystemen sind mit den Grundsätzen des freiheitlich-sozialen Rechtsstaats vereinbar, wie die Verfassungsjudikatur inzwischen hinreichend klar gestellt hat. Ebenso sind die „Trittbrettfahrer-Effekte"[286], welche die Sozialsysteme ökonomisch unbestritten für kinderlose Personen bieten, mit dem Freiheits-/Verantwortungsbezug unvereinbar, der für eine freiheitliche Gesellschaft konstitutiv ist. Es geht also gerade um den Abbau einer Umverteilung, die verfassungswidrig ist.

b) Unseriöse Zahlenspiele von Bundesbank, Kieler Institut für Weltwirtschaft, Sachverständigenrat und Wissenschaftlichem Beirat beim Bundesfamilienministerium:[287]

Es ist zwar richtig, dass die zuvor genannten Institutionen Rechenwerke vorgelegt haben, in welchen für familienpolitische Aufwendungen in 2001 Beträge bis zu 353 Mrd. DM ausgewiesen sind. Astrid Rosenschon bezeichnet dies sogar als „Untergrenze" der öffentlichen Leistungen an Familien. Vollkommen zu

---

286 Genau betrachtet sind es für Kinderlose „Salonwagen-Effekte", denn auf dem Trittbrett der Sozialsysteme fahren die Eltern.
287 Gutachten des Wissenschaftlichen Beirats für Familienfragen „Gerechtigkeit für Familien", Stuttgart 2001, ferner Rosenschon, Astrid, Familienförderung in Deutschland – eine Bestandsaufnahme, in: Institut für Weltwirtschaft: Kieler Arbeitspapier Nr. 1071, August 2001; Deutsche Bundesbank, Staatliche Leistungen für die Förderung von Familien, Monatsbericht April 2002, S. 15 ff.; Sachverständigenrat zur Begutachtung der gesamtwirtschaftlichen Entwicklung, Jahresgutachten 2001/2002 „Für Stetigkeit – gegen Aktionismus", Stuttgart 2001, S. 145 ff.

Recht ist jedoch schon das Institut „Finanzen und Steuern" (Bonn) solchen Darstellungen mit dem Fazit entgegen getreten, sie seien „schlicht falsch".[288]

(1) Betrachtet man nämlich diese Zahlen genau, findet man (so bei Rosenschon) einen Betrag von 118.800 Mrd. DM im Bereich der Steuergesetzgebung, der allerdings mit Familienförderung gar nichts zu tun hat, weil es dabei nur um die von der Verfassung verlangte Bemessung nach Leistungsfähigkeit geht. Hier wird zugleich eine systematische Asymmetrie des Blickwinkels deutlich: Denn wer käme auf die Idee, Kinderlosen ihre Grundfreibeträge als Förderung zu bilanzieren?

(2) Mehr als 20 Mrd. DM werden bei den Bundesbeiträgen für Kindererziehung in der GRV aufgelistet, obwohl es sich hier einzig um eine manipulative Etikette der Sozialpolitiker handelt, die nach unverdächtigen Wegen suchen, den notleidenden Rentenkassen unter die Arme zu greifen. Tatsächlich verstoßen diese „Bundesbeiträge" aber gegen Recht und Verfassung. Denn zum einen hat die Verfassungsjudikatur klar gestellt, dass die Kindererziehung selbst Beitragsqualität hat, weshalb durch diese „Beiträge auf Beiträge" keinesfalls ein familienpolitischer Transfer resultieren kann. Zum anderen wird aktuell wohl nicht einmal ein Drittel dieses Betrages für die Honorierung der Kindererziehungszeiten aufgewandt.[289] Weil der Rest somit in die allgemeine Rentenfinanzierung fließt, liegt hier ein klarer Verstoß gegen die gesetzlich vorgeschriebene Umlagefinanzierung (§ 153 SGB VI) vor.

(3) Astrid Rosenschon findet bei der Sozialversicherung ansonsten insgesamt sogar rd. 42.4 Mrd. DM an familienpolitischen Transfers. Dabei übersieht sie freilich, dass die realökonomische Bilanz ganz im Gegenteil per Saldo gewaltige Ströme von Eltern über ihre erwachsenen Kinder zu Kinderlosen aufweist, was bereits vom Bundesverfassungsgericht nach einer peniblen Diskussion im Trümmerfrauenurteil sinngemäß mit dem Satz kommentiert wurde, „die Gesetzeslage zwinge die Familien mit zwei und mehr Kindern zu Leistungen an die ohnehin besser gestellten Familien mit einem Kind und Kinderlose". Die GKV-Transfers von Familien an Kinderlose und die Tatsache der In-Sich-Transfers der Familien bei der GRV werden überhaupt nicht wahrgenommen.

(4) Schließlich schlägt bei den Rechenwerken auch das Bildungswesen und die Kinderbetreuung mit gut 145 Mrd. DM (so z.B. bei Rosenschon) zu Buche. Eine solche Bilanzierung der Bildungsausgaben auf dem Familienkonto verbietet sich jedoch aus mehreren Gründen: Sie ist schon von der Methode her „unökonomisch", weil Aufwand und Ertrag nicht zusammen betrachtet werden. Eltern werden am Wirtschaftsertrag ihrer Kinder im Vergleich zu Kinderlosen zum einen unterproportional beteiligt, zum andern können Aufwand und Ertrag sinnvoll nur im Lebenslängsschnitt gemessen werden; beim Bildungswesen genießen aber Kinderlose dieselben Vorteile. Konsequenterweise müsste, wer

---

[288] Pressemitteilung vom 6. Juni 2002 „Institut Finanzen und Steuern widerspricht Bundesbank".
[289] Vgl. Ruland, Franz, Die Rentenversicherung zwischen Beitrags- und Steuerfinanzierung, in: Landesversicherungsanstalt Rheinland-Pfalz (Hrsg.), 7. Speyerer Sozialrechtsgespräch, „Sozialversicherung im Spannungsfeld von Beitrags- und Steuerfinanzierung", 1997, S. 17 ff.(33).

Teil 3: Familienpolitische Strukturreform des Sozialstaats 137

den Eltern Bildungstransfers berechnet, dasselbe also für die gesamte öffentliche Infrastruktur machen, was ersichtlich absurd ist, weil alle Infrastruktur stets von den Nachwuchsgenerationen erneuert und erhalten werden muss. Statt der 353 Mrd. DM in der Rechnung von Rosenschon bleiben demnach lediglich 48 Mrd. DM übrig, von denen Familien selbst wiederum mindestens ein Drittel über ihr Steueraufkommen selbst tragen. Gemessen an den von ihr summierten privaten direkten und indirekten Kinderkosten einschließlich Betreuung von rd. 374 Mrd. DM wären das also nur 8.6 v.H. Umgekehrt fließen aber von Familien mit zwei und mehr Kindern im Rahmen des „Generationenvertrags" schätzungsweise Transfers in der Größenordnung von 240 Mrd. DM (2001) an Kinderlose und Elternpaare mit nur einem Kind![290]

(5) Geradezu akademisch bizarr erscheint endlich das Gutachten des Wissenschaftlichen Beirats, in welchem eine „rechnerische Steuer für den privaten Zeitaufwand" als „öffentliche Aufwendungen im Rahmen des Familienlastenausgleichs" bilanziert wird – im Klartext also eine Steuer, welche dem Staat angeblich von Müttern vorenthalten wird, weil die Mütter ihren Beruf aufgegeben haben, um ihre Kinder zu erziehen! Allerdings wird die Problematik dieses Ansatzes vom Beirat sehr wohl gesehen, der folgerichtig den „Steuerverzicht" des Staates für den privaten Zeitaufwand, der ja kein disponibles und damit besteuerbares Einkommen darstellt, wieder aus den Bilanzen herausrechnet und die geringe Aussagekraft seiner Berechnungen ausdrücklich betont.

(6) Fazit: Rechenwerke sind „atavistisch", irrational, „absurd und zynisch": Für Susanne Mayer sind derartige Bilanzierungen exemplarisch für einen „Horror familiae", der sich in Deutschland breit gemacht habe: „Woher kommt dieser Ekelreflex? Die ständige Furcht, man könnte womöglich gezwungen sein, Geld für die Kinder der anderen rauszurücken, Kinder, die diese sich angeschafft haben, obwohl sie sich die Kinder eben nicht leisten können, woher kommt diese Abwehr? Vielleicht wird sie genährt von der atavistischen Furcht, die Brut des feindlichen Stammes, jene Meute also, die mit den meinigen um Ressourcen konkurriert, könnte einen Vorteil erringen. Ich zahl' doch nicht für die Kinder anderer! Man spürt ihn noch, diesen primitiven Impuls, wenn von Jahr zu Jahr kopfschüttelnd der Nation vorgerechnet wird, welch unglaubliche Summen die Familienförderung verschlingt." In der Tat: Die Rechenwerke sind nicht nur methodisch verfehlt, sie sind vollkommen irrational! Oder – so das Institut „Fi-

---

[290] Der Gesamtbetrag der Transfers an die Seniorenschaft durch die GRV, die GKV, die PflV, die Altershilfe für Landwirte und Pensionen lässt sich auf rund 600 Mrd. DM in 2001 schätzen – Quelle: Sozialbericht 2002, BT-Drucks. 14/8700, S. 243 ff.; bei einem Anteil von 30 v.H. Kinderlosen sowie 20 v.H. Elternpaaren mit nur einem Kind fließen also 40 v.H. dieser Transfers von Mehrkinderfamilien an die kinderarmen Ruheständler: Leistungsströme, welche das Bundesverfassungsgericht bereits im „Trümmerfrauenurteil" vom 7.7.1992 zu seiner kritischen Anmerkung herausforderten, BVerfGE 87, 1 (36 ff). Weil im Sozialbudget zahlreiche weitere Leistungen an Senioren verbucht sind, die hier unberücksichtigt blieben, dürften diese Schätzungen am untersten Rand des Rahmens liegen. Dem teilweise berechtigten Argument, dass Kinderlose ja einen höheren Anteil an der Bereitstellung des Produktionskapitals sowie der Infrastruktur haben, ist allerdings entgegen zu halten, dass die Ruhestandsdauer durchschnittlich ein Vielfaches der Abschreibungszeiträume umfasst.

nanzen und Steuern" – „absurd und zynisch". Ein Beitrag zur rationalen Diskussion sind sie nicht, im Gegenteil.

3. „Realkapitalbildung wichtiger als Humanvermögen"

Schließlich wird dem „Wiesbadener Entwurf" vorgehalten, er beinhalte eine „Verengung des Blickwinkels auf das generative Verhalten und trage der Bedeutung von ökonomischen Faktoren wie Arbeitsproduktivität oder Wirtschaftwachstum für die Alterssicherung nicht hinreichend Rechnung. So sei z.B. in Westdeutschland das reale Bruttosozialprodukt zwischen 1950 und 1990 um 473 v.H. gestiegen, während sich in demselben Zeitraum die Zahl der Erwerbstätigen – also der „demographische" Faktor – nur um 42 v.H. erhöht hat. Realkapitalbildung und Produktivitätssteigerungen hätten das heutige Rentenniveau damit weit stärker beeinflusst als die Veränderungen des Erwerbspersonenpotentials."[291]

a) Produktivitätsziffern durch Raubbau am Humanvermögen „aufgeblasen": Diese Argumentation übersieht mehrere entscheidende Aspekte: Zum einen nämlich die Tatsache, dass die größten Steigerungen in den 1950er Jahren zu verzeichnen waren und mit nichts anderem als bloßer Kopf- und Handarbeit erzielt wurden. Binnen eines Jahrzehnts gelang so nicht nur der Aufstieg zu einer führenden Wirtschaftsmacht, sondern gleichzeitig die Versorgung und Wiedereingliederung von 20 Millionen Kriegsopfern (= 40 v.H. der Bevölkerung!). Darüber hinaus wurde sogar noch ein „Babyboom" auf die Beine gestellt, der die deutsche Geburtenrate bis Mitte der 1960er Jahre auf einen Spitzenplatz in Europa katapultierte. Nichts unterstreicht also die überragende Bedeutung des Humanvermögens mehr als das legendäre Wirtschaftswunder.

Zum anderen wird nicht erkannt, dass im Anschluss daran gerade der Mitte der 1960er Jahre einsetzende Raubbau am Humanvermögen die Ziffern der volkswirtschaftlichen Gesamtrechnung in die Höhe trieb. Denn je mehr man am Nachwuchs sparte, desto mehr konnte im Bereich der formellen Wirtschaft investiert und konsumiert werden. Wer das Sachvermögen mit dem Humankapital vergleicht, müsste dies im Übrigen konsequent tun und jeweils mit denselben Maßstäben messen. Würde man jedoch die anerkannten Abschreibungsregeln für das Sachvermögen auf das Humankapital anwenden, dann könnte mit kaufmännischer Rationalität eine katastrophale Bilanz nachgewiesen werden: Dass nämlich die Verluste an Humankapital die Zuwächse beim Realkapital bei weitem übersteigen. Das Fazit wäre dann die Einsicht, dass unsere Volkswirtschaft durch den jahrzehntelangen Abbau des Humanvermögens „künstlich aufgeblasen" wurde. Die hierdurch induzierte Expansion der Erwerbswirtschaft suggerierte einen Zuwachs der Wirtschaftsleistung und der Wohlfahrt, der in krassem Widerspruch zur Entwicklung des Volksvermögens steht, dessen wesentliche Determinante das Humanvermögen ist. Die Berechnungen im Fünften Familien-

---

291 So stellvertretend für viele die Stellungnahme des VDR 2002 im Teil B – Dokumentation.

bericht von 1994, die für das Humanvermögen der alten Bundesländer im Jahre 1990 einen Betrag in Höhe von über 15 Billionen und für das Sachvermögen lediglich rund 8 Billionen DM ermittelten, untermauern diese These.

b) Volkswirtschaftliche Gesamtrechnung und Humankapital (N. Ackermann): Detailliert und umfassend ist den soeben erörterten Zusammenhängen der Mannheimer Industrieökonom Norbert Ackermann nachgegangen.[292] Obwohl es auf der Hand liege, dass eine Gesellschaft, die systematisch das bestehende Humankapital abbaut, im selben Maße „ärmer" wird, werde der Verzehr von Humankapital in der volkswirtschaftlichen Gesamtrechnung dennoch nicht erfasst. Unternehmen verrechneten in ihrer Gewinn- und Verlustrechnung keine Abschreibungen für das ihnen zur Verfügung stehende Humankapital (vgl. § 275 Abs.2 HGB), was sachgerecht scheine, weil der Anteil des Produktionsfaktors Humankapital an der Wertschöpfung als Personalaufwand ausgewiesen werde.

Im Gegensatz dazu verrechne der Sozialstaat in seiner „Ergebnisrechnung" den Anteil des Produktionsfaktors Humankapital an der Wertschöpfung auf der Einnahmenseite. Die Arbeitnehmerentgelte würden bei der Berechnung des Volkseinkommens einbezogen.[293] Obwohl also die Erträge des Humankapitals als „gesellschaftliche Wohlfahrt" ausgewiesen würden, werde auf der anderen Seite der Verlust an Humankapital nicht als Minderung der „gesellschaftlichen Wohlfahrt" behandelt. Dieser Verzicht auf die Verrechnung von Abschreibungen für das Humankapital führe dazu, dass die realwirtschaftlichen Auswirkungen des „volkswirtschaftlichen Humankapitalfreisetzungseffekts" im Rahmen der volkswirtschaftlichen Gesamtrechnung gleichsam ausgeblendet würden.

Solange die Bevölkerung – wie in den Jahren 1993 bis 1996 – noch moderat wachse, hielten sich die Abschreibungen auf das Humankapital und die relative Abweichung zum offiziellen Bruttosozialprodukt in Grenzen. Die hieraus resultierende Reduzierung der Abschreibungen auf das Humankapital bewirke – wie in den Jahren 1995 und 1997 – ein Wachstum des bereinigten Bruttosozialprodukts und eine Verbesserung der relativen Abweichung zum offiziellen Bruttosozialprodukt. Dies untermauert Ackermann mit folgenden Tabellen für den Zeitraum ab 1993:

---

292 „Zur Darstellung des „Schneeball-Effekts" der gesetzlichen Rentenversicherung – unter besonderer Berücksichtigung der Erkenntnisse des „Kapazitätserweiterungseffekts", Anlage zum Revisionsschriftsatz an das Bundessozialgericht – B 12 KR 19/00 R/September 2001 (vom BSG wurde die überzeugende Ausarbeitung freilich ignoriert).
293 Statistisches Bundesamt, Datenreport 1999, Bonn 2000, S. 248 ff.

Tabelle 17: Bruttosozialprodukt unter Berücksichtigung des „Verzehrs an Humankapital"[294]

Jahr	Bruttosozialprodukt 1)	Wachstum des BSP 1)	Veränderung der Gesamtkapazität des Humankapitals 2)	BSP unter Berücksichtigung des Verzehrs an Humankapital 3)	Wachstum des BSP unter Berücksichtigung des Verzehrs an Humankapital
	in Mrd. DM	in %	in Mannjahren	in Mrd. DM	in Mrd. DM
1993	3.399,6	-1,2 %	-6,2	3.012,2	
1994	3.449,6	1,5 %	-11,5	2.729,0	-9,4 %
1995	3.504,4	1,6 %	-8,8	2.952,3	8,2 %
1996	3.535,7	0,9 %	-10,0	2.907,2	-1,5 %
1997	3.586,2	1,4 %	-7,1	3.141,9	8,1 %
1998	3.651,3	1,8 %	-20,0	2.401,7	-23,6 %

Jahr	Bevölkerung	durchschnittliches Alter der Bevölkerung	Abschreibung für den Verzehr an Humankapital 4)	Abweichung des um Abschreibungen bereinigten BSP zum offiziellen BSP
	in Millionen Personen	in Jahren	in Mrd. DM	- in Prozent -
1993	81,3	40,13	-387,4	
1994	81,5	40,32	-720,6	-21,0 %
1995	81,8	40,50	-552,1	-15,8 %
1996	82,0	40,67	-628,5	-17,8 %
1997	82,1	40,78	-444,3	-12,4 %
1998	82,0	41,00	-1.249,6	-34,3 %

1) Siehe Bundesministerium für Arbeit und Soziales, Statistisches Taschenbuch 1999, Bonn 1999, Tabelle 1.1.
2) Multiplikation der Personenzahl mit der durchschnittlichen restlichen Lebensarbeitszeit.
3) Bruttosozialprodukt + Veränderung der Gesamtkapazität des Humankapitals. Die Bewertung der Veränderung des Humankapitals erfolgt zum durchschnittlichen Bruttoarbeitsentgelt je Arbeitnehmer (inkl. Arbeitgeberanteil zur Sozialversicherung) für das Jahr 1998. Dieser Wert betrug 62.800 DM (Statistisches Bundesamt, Datenreport 1999, Bonn 2000, S. 256-257).
4) Vgl. oben 3). Da die Veränderung des Humankapitals auch aus Zuwanderungen resultiert, liegt bei exakter Betrachtung ein Saldo aus Ab- und Zuschreibungen vor.

---

294 Beim Wanderungssaldo wird das Humankapital bei Ab- und Zuwanderung jeweils mit demselben Wert berechnet, was der Autor unter Berücksichtigung der Abwanderung vieler höchstqualifizierter Hochschulabsolventen selbst als fragwürdig bezeichnet.

Sobald aber – wie seit 1997 – kein Bevölkerungswachstum mehr erfolge, entfalteten die Effekte, die aus dem Anstieg des Durchschnittsalters resultieren, ihre volle Wirkung. Unser Sozialsystem befinde sich in der Phase, in welcher der Anstieg der demographischen Versorgungslasten, der aus dem Abbau des Humankapitals resultiert, die Effekte auf die demographischen Versorgungslasten übersteige, die aus der Reduzierung der Kindererziehung resultieren.[295] Insbesondere die dramatisch anmutenden Werte für das Jahr 1998 verdeutlichten, dass der Anstieg der demographischen Versorgungslasten, der aus dem Abbau des Humankapitals resultiert, in überproportionaler Weise erfolgte.

Der „Import" von Humankapital aus dem Ausland könne die beschriebene Problematik nicht lösen. So treffe die Studie der Vereinten Nationen zum Thema „Bestandserhaltungsmigration" (Replacement Migration) vom März 2000 hierzu die Feststellung, dass jährlich in Deutschland 3,4 Millionen Menschen zuwandern müssten, um das Verhältnis der 15- bis 64-Jährigen zu den über 64-Jährigen konstant zu halten.[296]

4. „Wer soll das bezahlen?"

Es wurde bereits mehrfach in diesem Beitrag thematisiert, dass das allfällige Finanzierungsargument nicht verfangen kann, weil es nicht um Finanzierungs-, sondern Verteilungsfragen geht. Wir brauchen eine Rangordnung sozialer Ansprüche, die sich nur aus dem Wertmaßstäben des Grundgesetzes ableiten lässt. Eine Rangordnung ist aber per se nicht nur finanzneutral, sondern sie erlaubt es auch, wichtige von unwichtigen Aufgaben zu trennen und so entscheidende Spielräume für die Finanzierbarkeit zu schaffen. Die Verfassungsjudikatur hat bereits zu wesentlichen Fragen die richtungsweisenden Antworten geliefert. Dennoch sei noch einmal ausdrücklich darauf hingewiesen, dass die hier vorgeschlagenen Reformmaßnahmen keine weitere Aufblähung des Sozialbudgets bewirken, sondern im Gegenteil wegen der präziseren Allokation dessen Entschlackung erzielen. Wenn bereits bei der Revenue auf Belastungsgerechtigkeit geachtet wird, werden verwaltungsintensive Transfers umso entbehrlicher.

Dass der Schlüssel für eine erfolgversprechende Sozialreform prinzipiell in der Verteilungsfrage zu finden ist, legt auch der imponierende Widerspruch zwischen der Real- und der Finanzökonomie nahe: Während nämlich Millionen arbeitslose Menschen tagtäglich beweisen, dass hierzulande gewaltige realökonomische Ressourcen brach liegen, lassen sich elementare staatliche und gesellschaftliche Aufgaben angeblich nicht finanzieren. Wenn aber das, was realökonomisch möglich ist, sich nicht finanzieren lassen sollte, dann wäre die logische Schlussfolgerung hieraus, dass die Erfindung des Geldes ein Rückschritt in der Entwicklung gewesen sein müsste. Aber wir wissen, dass dies falsch ist weil die Erfindung des Geldes nämlich die mit Abstand intelligenteste Erfindung der

---

295 Dazu auch Borchert, Jürgen, ZSR 1994, S.1 (9 m.w.N).
296 Vgl. auch Statistisches Bundesamt, 9. koordinierte Bevölkerungsvorausberechnung, Wiesbaden 2000, S.16-17.

Menschheit überhaupt war. Wie sonst sollten wir beispielsweise die 40 000 Berufe von „Aalbrutzüchter" bis „Zytotechnologische Lehrassistentin" auf einen Nenner bringen? Wie immer man die Dinge nun auch dreht und wendet, bleibt damit nur eine Antwort: Der Fehler kann also nur in unserem Umgang mit dem Geld, genauer in seiner Verteilung, liegen. Diese fängt aber nicht dort an, wo sie über öffentliche Schreibtische stattfindet, sondern weit vorher – dort nämlich, wo der Staat die Gelder eintreibt.

a) Ökonomische Ressource „Massenarbeitslosigkeit": Die Verwirklichung der zentralen Elemente des Wiesbadener Entwurfs setzt hier über die rigorose Absenkung der Abgabenlasten für die bislang überproportional belasteten Familien und die Arbeitnehmer allgemein eine sich selbst dynamisch verstärkende Entlastungsspirale in Gang, wobei das größte Einsparpotenzial bei der gewaltigen ökonomischen Ressource der Massenarbeitslosigkeit zu suchen ist. Sieben Millionen Arbeitslose (einschließlich der „stillen Reserve") werden vor allem durch die Lohnbasierung und die regressive Abgabenstruktur daran gehindert, ihre Arbeitskraft legal zu verwerten. Dieses Hindernis würde durch die Strukturreform des Sozialstaats beseitigt. Gleichzeitig werden die konsumierbaren Einkommen enorm erhöht. Dies sowie die Herstellung der verloren gegangenen Kongruenz von Einkommen und Bedarf steigert schließlich rasant die „marginale Konsumquote", die eine Schlüsselgröße für die dynamische Wechselwirkung der volkswirtschaftlichen Aggregate Konsum, Investitionen und Staatsverbrauch ist. Wenn die Schätzungen stimmen, dass die Verbreiterung der Finanzierungsbasis eine Senkung der Beiträge um 40- 60 v.H., also gegenwärtig um rund 17 bis 25 Prozentpunkte, zur Folge haben könnte, und wenn es ferner richtig ist, dass jeder Prozentpunkt weniger ein Plus von 100.000 – 300. 000 Beschäftigten bewirkt, so wäre eine Verminderung von knapp 2 bis zu über 6 Millionen Arbeitslosen anzunehmen[297], was entsprechend weitere Beitragssenkungen, Steuermehreinnahmen und insgesamt eine Belebung des wirtschaftlichen Wachstums zur Folge hätte. Erst nach der Bereinigung des Arbeitsmarktes lassen sich überdies die weiteren dringend notwendigen Reformen wie die Verbesserung der Vereinbarkeit von Beruf und Familie oder die Heraufsetzung des Rentenalters sinnvoll durchführen, welche für die öffentlichen Kassen ebenfalls weniger Ausgaben und mehr Einnahmen bedeuten.[298]

b) Weniger Umverteilung – mehr Sozialstaat: Zudem sei noch einmal darauf hingewiesen, dass verschiedene Maßnahmen erhebliche Einsparvolumina realisieren lassen, ohne dass dadurch der Sozialstaat Schaden nähme – im Gegenteil. So würde die öffentliche Pflege in einem Leistungsgesetz nach dem Sozialhil-

---

297 Nach Berechnungen des Kieler Instituts für Weltwirtschaft machte jeder Zehntelprozentpunkt 30 000 Arbeitsplätze aus, Bericht in der Stuttgarter Zeitung vom 5.11.2002; anders lautenden Schätzungen zufolge soll jeder Zehntelprozentpunkt nur einen Effekt von 10.000 Arbeitsplätze haben, vgl. Rürup, SPIEGEL-Interview, in Nr. 47/02 v. 18.11.2002.
298 siehe z.B. Spieß/Schupp/Grabka/Haisken-DeNew/Jakobeit/Wagner, Abschätzung der (Brutto-) Einnahmeneffekte öffentlicher Haushalte und der Sozialversicherungsträger bei einem Ausbau von Kindertageseinrichtungen, Gutachten des DIW Berlin im Auftrag des Bundesministeriums für Familie, Senioren, Frauen und Jugend, Bonn, August 2002

femodell auch heute wohl noch für die Hälfte dessen zu haben sein, was derzeit verbraucht wird: Einsparung rd. 10 Mrd. €. Die Einsparung der 13. Ruhestandsgehälter wie bei den Rentnern schließlich, würde schätzungsweise rund 5.5 Mrd. € für Zwecke der Kinderbetreuung verfügbar machen. Endlich bieten sich auch im Bereich der Hinterbliebenenrenten deutlich schärfere Kürzungen für Hinterbliebene aus kinderlosen Ehen an, als mit der Rentenreform 2001 bisher schon in die Wege geleitet wurden; das Einsparpotenzial wäre ebenfalls erheblich.[299]

5. „Friedensgrenze"

Dem voraussichtlichen Widerstand der Privatassekuranz gegen die Aufhebung der als „Friedensgrenze" zwischen dem öffentlichen und privaten Assekuranzwesen apostrophierten Beitragsbemessungsgrenze ist schließlich entgegenzuhalten, dass die erheblichen Nettoeinkommenszuwächse in den niedrigeren Lohnregionen, dort nämlich wo die Zusatzsicherung besonders benötigt wird, einen Nachfrageimpuls erst auslösen können, der die Nachfrageverluste bei den höheren Einkommen überkompensieren dürfte, zumal deren Vorsorgefähigkeit ja nicht ernsthaft beeinträchtigt wird.

6. Fazit: Sozialer Frieden in Gefahr

Mit der Reform werden Solidarität und Subsidiarität als die Baugesetze der Gesellschaft wieder in Kraft gesetzt.[300] Die damit verbundene Verlagerung der Lasten von den schwächeren auf die stärkeren Schultern ist der unvermeidliche Preis für sozialen Frieden. Davon profitieren aber gerade die Vermögenden und Besserverdienenden in besonderem Maße, denn nichts beeinträchtigt und gefährdet Besitz und Geldwert mehr als sozialer Unfriede. Die familienpolitische Strukturreform des Soziastaats ist deshalb, genau wie damals die große Reform Bismarcks, die Voraussetzung dafür, dass sich am Ende eine „win-win"- Situation für alle ergibt.[301]

---

299 So Borchert, Jürgen, in: Dt. Liga für das Kind (Hg.), Plädoyers, 1992, S. 61 ff.; ebenso Köbl, Ursula, Familienleistungen in der Alterssicherung, DRV 2002, S. 686 ff. (690 ff.); auch Winfried Schmähl weist auf die großen Potenziale des Hinterbliebenenrentenvolumens hin, Familienorientierte Weiterentwicklung der staatlichen Alterssicherung in Deutschland, Zentrum für Sozialpolitik der Universität Bremen, Arbeitspapier Nr. 8/94, S. 19 ff.
300 Grundlegend von Nell-Breuning, Oswald, Baugesetze der Gesellschaft, Freiburg 1980.
301 Vgl. Borchert, Jürgen, Humanwirtschaft 7/2001, S. 16 ff.

XVI. Bundesverfassungsgericht als Patron der Familien respektieren

In Anbetracht der Reformhindernisse wäre die Politik klug beraten, das Bundesverfassungsgericht in seiner Rolle als gesellschaftlicher Patron der Familien, welche das Gericht seit 1990 als Notwendigkeit zunehmend akzeptiert hat, zu respektieren. Denn die wichtigsten der oben genannten Reformnotwendigkeiten ergeben sich für den Gesetzgeber bereits aus der Gesamtschau der einschlägigen Verfassungsaufträge seit 1990. Insbesondere für die Reform der parafiskalischen Revenue hat das Bundesverfassungsgericht zuletzt im so genannten Pflegeurteil vom 3. April 2001 die Weichen gestellt, die überdies auch die GRV und die GKV erfassen.[302] Zudem hat das Bundesverfassungsgericht in seiner Entscheidung vom 15. März 2000 zur Krankenversicherung der Rentner den Weg für die Verbreiterung der Bemessungsgrundlage auf sämtliche personengebundenen Einkommen bereits frei gemacht[303] und im Rentenbesteuerungsurteil vom 6. März 2002 auch die dominierende Übereinstimmung von Arbeitnehmer- und Beamtentätigkeiten als nichtselbstständige Tätigkeiten betont. Schließlich ist an den Verfassungsauftrag aus dem „Trümmerfrauenurteil" vom 7. Juli 1992 zu erinnern, welcher dem Gesetzgeber die vorrangige Berücksichtigung der Lage der Familien und deren Verbesserung in allen Rechtsbereichen, nicht nur im Rentenrecht, mit jedem Gesetzgebungsschritt abverlangt.[304]

Die Tatsache, dass viele der die Familien deutlich benachteiligenden Politiken nach den Verfassungsaufträgen des Bundesverfassungsgerichts geschahen, legt jedoch den Schluss nahe, dass insbesondere in der Familienfrage bereits ein tiefgreifender Konflikt zwischen den Gewalten entbrannt ist. Tatsächlich haben nämlich die Bundesregierung und der Sozialbeirat nach dem Pflegeurteil mitgeteilt, sie sähen keinen Anlass für Konsequenzen bei anderen Sicherungssystemen,[305] obwohl diese zwingend geboten sind: Denn nach Auffassung des Bundesverfassungsgerichts kommt es für die Frage des „konstitutiven Charakters der Kindererziehung" entscheidend darauf an, ob das betreffende „soziale Leistungssystem ein Risiko abdecken soll, das vor allem die Altengeneration trifft, und seine Finanzierung so gestaltet ist, dass sie im Wesentlichen nur durch das Vorhandensein nachwachsender Generationen funktioniert."[306] Beides trifft auf die GRV sowieso, aber auch auf die GKV zu, welche im Umlageverfahren fi-

---

302 Vgl. dazu Borchert, Jürgen, Wirtschaftsdienst 5/2001, S. 255 ff.; Ruland, NZS 8/2001, S. 393 ff.; Lenze, Anne, EuGRZ 11-13/2001, S. 280 ff.
303 BVerfGE 102, 68.
304 BVerfGE 87, 1, 36 ff; dazu Borchert, Jürgen, Das Familienurteil vom 7. Juli 1992, in: Deutsche Liga für Das Kind (Hg.), Die familienpolitische Strukturreform des Sozialstaats, Bonn 1994, S. 16 ff.
305 Vgl. dazu bei Borchert, Jürgen, Fn. 200(mwN); der Sozialbeirat hat mit Gutachten v. 7.5.2001 Konsequenzen für die GRV rundweg bestritten, ist im Gutachten v. 26.11.2001 hiervon aber tendenziell wieder abgerückt und regt nun die Einsetzung einer Kommission mit juristischer Kompetenz an, – kritisch zu diesen Vorgängen auch Schmähl, Winfried, Familienleistungen und Alterssicherung, DRV 2002, S. 715 ff..
306 So BVerfG v. 3. April 2001 – 1BvR 1029/94, S. 37.

nanziert wird und ein Risiko absichert, das vor allem die Altengeneration trifft: Derzeit betragen die Gesundheitskosten der 60plus-Generation ca. 50 v.H. der Kosten der GKV insgesamt und das Pro-Kopf-Verhältnis der Ausgaben zwischen Jung und Alt beträgt rund 1:8. Tatsächlich hat dieser lange schwelende Verfassungsstreit durch „Rügen" seitens des Bundeskanzlers Gerhard Schröder sowie des Bundestagspräsidenten Wolfgang Thierse inzwischen beispiellosen Ausdruck gefunden; beide Politiker mahnten das Gericht unter ausdrücklicher Bezugnahme auf seine familienpolitischen Entscheidungen nämlich, künftig verstärkt auf die Finanzierungsfolgen der Urteile zu achten![307] Die Selbstzerstörung des Systems hat offenbar schon die Steuerungsinstanzen erreicht. Politik sei die Kunst des Möglichen, meinte Bismarck. Ist Gerechtigkeit die Kunst des Unmöglichen?

Literatur

Adam, Konrad, Auswanderungsland Deutschland; in: „Die Welt" vom 8.2.2002.
Adrian, Hermann, Die Entwicklung der Bevölkerung in Deutschland und ihre Auswirkungen auf Wirtschaft und Gesellschaft, Manuskript/Universität Mainz, 15.10.2000.
Albers, Willi, Zur Reform des Familienlastenausgleichs in der Bundesrepublik Deutschland, in: Sozialer Fortschritt 1967, S. 199 ff.
Auerbach, Walter, Zusammenhänge – Illusion und Wirklichkeit der sozialen Sicherheit, in: Theorie und Praxis der Gewerkschaften, Frankfurt am Main 1969, S. 38.
Bach/Seidel/Teichmann, Entwicklung der Steuersysteme im internationalen Vergleich, DIW-Wochenbericht 40/2002 v. 3.10.02, S. 657 ff.
Bertram, Hans, Kulturelles Kapital und familiale Solidarität: Zur Krise der modernen Familie und deren Folgen für die Entwicklung von Solidarität in der gegenwärtigen Gesellschaft, in: v. Tippelskirch/Spielmann (Hg.), Solidarität zwischen den Generationen, Stuttgart/Berlin/Köln 2000, S. 17 ff.
Birg, Herwig, Die demographische Zeitenwende, München 2001.
Birg, Herwig, Demographische Zeitenwende, Referat auf dem Kongress „Zukunftmotor Hessen: Muss die Familienpolitik neue Wege gehen? Der „Wiesbadener Entwurf" am 31.1. und 1.2.2002, abgedruckt in diesem Buch.
Börsch-Supan, Axel, Was lehrt uns die Empirie in Sachen Rentenreform?, in: Verein für Sozialpolitik und Blackwell Publishers, Ltd. 2000, S. 431 ff.
Borchert, Jürgen, Die Berücksichtigung familiärer Kindererziehung im Recht der gesetzlichen Rentenversicherung, Berlin 1981.
Borchert, Jürgen/v. Nell-Breuning, Oswald, Rentenreform 84 – auf dem richtigen Weg?, in: Zeitschrift für Sozialreform (ZSR 1985), S. 356 ff.

---

248 Die Attacken spitzten sich besonders im Vorfeld der Feiern zum 50. Jubiläum des Bundesverfassungsgerichts zu, siehe hierzu z.B. SZ v. 29.9.2001; zur Problematik Borchert, Jürgen, Wann kippt PISA? Anmerkungen zur Diskussion um die Pflegeversicherung – vor allem aus familienpolitischer Sicht, ZSR 1991, S. 366 ff.; dass es um reine Verteilungsfragen handelt, welche kostenneutral gelöst werden können, wollen die verantwortlichen Politiker somit offenbar nicht wahrhaben, dazu Borchert, Finanzierung der Gesetzlichen Rentenversicherung, in: Boecken et al. (Hg.), Öffentliche und private Sicherung gegen soziale Risiken, Colloquium zum 65. Geburtstag Bernd Baron von Maydells, Baden-Baden 2000, S. 133 f. Die Tatsache, dass die Präsidentin des BVerfG Limbach bei der Verkündung des Rentenbesteuerungsurteils die sinngemäße Erwähnung für nötig hielt, dieses Urteil sei für alle Betroffenen schonend, kann jedenfalls ohne weiteres als Reaktion auf die Angriffe seitens der Exekutive gedeutet werden.

Borchert, Jürgen/v. Nell-Breuning, Oswald, „Die Alterssicherung hängt in der Luft" – 30 Jahre nach „Die Produktivitätsrente" (= v. Nell-Breuning, Oswald, Die Produktivitätsrente, in: Zeitschrift für Sozialreform 4/1956, S. 97 ff.), Zeitschrift für Sozialreform 4/1986, „ 205 ff.

Borchert, Jürgen, Oeter, Ferdinand, Familienpolitik und Steuerreform, in: Ludwig-Ehrhard-Stiftung (Hg.): Orientierungen zur Wirtschafts- und Gesellschaftspolitik, März 1988.

Borchert, Jürgen, Operation ohne Diagnose?, in: Zeitschrift für Sozialreform 6/1988.

Borchert, Jürgen, Innenweltzerstörung, Frankfurt am Main 1989.

Borchert, Jürgen, Wann kippt Pisa?, in: Zeitschrift für Sozialreform 6/91. S. 366 ff.

Borchert, Jürgen, Renten vor dem Absturz, Frankfurt am Main 1993.

Borchert, Jürgen, Schlag gegen die Familie, in: „ DIE ZEIT", Nr. 51, 17.12.1993.

Borchert, Jürgen, Prolegomena zur familienpolitischen Strukturreform des Sozialstaats, ZSR 1994, S. 440 ff.

Borchert, Jürgen, Sozialstaat unter Druck, in: Zeitschrift für Sozialreform 1994, S. 1 ff.

Borchert, Jürgen, „Kindergeldrecht" und „Familienlastenausgleich", in: von Maydell, Bernd Baron.: Sozialrechtslexikon, Luchterhand, 2. Aufl. 1994, S. 185 ff.

Borchert, Jürgen, Das Familienurteil vom 7. Juli 1992, in: Dt. Liga für das Kind (Hg.): Die familienpolitische Strukturreform des Sozialstaates, Bonn 1994, S. 16 ff.

Borchert, Jürgen, Schluss mit dem „Versicherungs"-betrug. Ein Plädoyer für mehr Ehrlichkeit in der Rentenpolitik, in: Focus-Standpunkt 12/1996.

Borchert, Jürgen, Fragen zur Finanzierung der gesetzlichen Rentenversicherung, in: Boecken/Hänlein/Kruse/Steinmeyer (Hg.): Öffentliche und private Sicherung gegen soziale Risiken, Baden-Baden 2000, S. 130 ff.

Borchert, Jürgen, Sozialstaat: Zwischen Selbstzerstörung und neuer Solidarität, in: Hinte/Chatzimarkakis (Hg.): Freiheit und Gemeinsinn, Bonn 1997, S. 176 ff.

Borchert, Jürgen, Auswirkungen des Pflegeurteils auf die Rentenversicherung, Wirtschaftsdienst 5/2001, S. 280 ff.

Borchert, Jürgen, „Wenn das der Kaiser wüsste...." Über Rechtsradikalismus und das Versagen der Sozialdemokratie, in: Humanwirtschaft, 6-7/2001, S. 16 ff.

Borchert, Jürgen, Familie und soziale Sicherheit, Pediatrics 4/2001, S. 519 ff.

Borchert, Jürgen, Familienpolitische Strukturreform der Sozialversicherung, Referat auf dem Kongress „Zukunftsmotor Hessen: Muss die Familienpolitik neue Wege gehen? Der „Wiesbadener Entwurf" am 31.1. und 1.2.2002, abgedruckt in diesem Buch.

Brock, Ines, Lust auf Zukunft, in: Zeitschrift für Bündnisgrüne Politik / 11-12/2001.

Brühl, Albrecht, Mein Recht auf Sozialhilfe, Beck-Rechtsberater im dtv, 131996.

Coeppicus, Rolf, Die Pflegeversicherung ist unnötig, ZRP 1/1994, S. 33ff.

Conrad, Christoph, Ruhestand und Gerechtigkeit zwischen den Generationen 1850-2050, in: Sozialer Fortschritt, Heft 10/1988, S. 217 ff.

Creutz, Helmut, Überall fehlt plötzlich das Geld. Warum eigentlich?, Humanwirtschaft, 10-11/2002, S. 13 ff.

Creutz, Helmut, Was könnte zinsfreies Notenbankgeld verändern und bewirken?, Humanwirtschaft 10-11/2001, S. 22 ff.

Deutsche Bundesbank, Monatsbericht Dezember 2001, Zur langfristigen Tragfähigkeit der öffentlichen Haushalte – eine Analyse anhand der Generationenbilanzierung.

Deutscher Frauenrat, Stellungnahme zum Wiesbadener Entwurf, abgedruckt in diesem Buch.

Dießenbacher, Hartmut, Generationen-Vertrag, Geburtenrückgang, ökonomisches Wachstum und das Prinzip der Altersversicherung – Ein Europäisches Modell für die Dritte Welt?, Leviathan 4/1989.

Döring, Diether, Finanzierbarkeit und Finanzierung der deutschen Sozialversicherung unter Einbeziehung europäisch-vergleichender Betrachtungen, in: LVA Rheinland-Pfalz/Hochschule für Verwaltungswissenschaften Speyer (Hrsg.), 7. Speyerer Sozialrechtsgespräch, Sozialversicherung im Spannungsfeld von Beitrags- und Steuerfinanzierung, Speyer 1997, S. 53 ff.

Döring, Diether, Soziale Sicherheit im Alter? Rentenversicherung auf dem Prüfstand, Berlin 1997.

Teil 3: Familienpolitische Strukturreform des Sozialstaats

Döring, Diether, Niedrigeinkommenslagen von Kindern und Kindererziehenden in Frankfurt am Main (einschließlich einiger Anmerkungen zur sozialen Sicherung), Referat auf dem Kongress „Zukunftsmotor Hessen: Muss die Familienpolitik neue Wege gehen? Der „Wiesbadener Entwurf" am 31.1. und 1.2.2002, abgedruckt in diesem Buch.

Eekhoff, Johann/Henmann, Barbara, Die zügellose Kinderliebe des Staates, FAZ v. 20.4.2002, S. 15.

Eggen, Bernd, Armut und Anspruchsdenken? – Familien in der Sozialhilfe, Baden-Württemberg in Wort und Zahl 5/97, S. 210 ff.

Eggen, Bernd, Kinder und Jugendliche in der Sozialhilfe. Baden-Württemberg im Ost-West-Vergleich, in: Baden-Württemberg in Wort und Zahl 7/2000, S. 303 ff.

Ehrenberg, Herbert/Fuchs, Anke: Sozialstaat und Freiheit, Suhrkamp 1980.

Eitenmüller, Stefan, Die Rentabilität der gesetzlichen Rentenversicherung, in: DRV 12/96, S. 784 ff.

Engels, Wolfram, Der Kapitalismus und seine Krisen, Düsseldorf 1996.

Enquete-Kommission „Demographischer Wandel", Zweiter Zwischenbericht, in: Zur Sache, 8/1998.

Eylert, Mario, Rechtliche Probleme der schematisierenden materiellen Sozialhilfeleistungen, Frankfurt am Main 1987.

di Fabio, Udo, Am demographischen Abgrund, FAZ v. 12.10.02, S. 7.

Fachinger, Uwe/Rothgang, Heinz, Die Wirkung des Pflege-Versicherungsgesetzes auf die personelle Einkommensverteilung – eine Modellanalyse auf der Basis des Pflegeversicherungsgesetzes, in: Arbeitspapier Nr. 6/95 des Zentrums für Sozialpolitik der Universität Bremen.

Fehr, Hans/Jess, Heinrich: Gewinner und Verlierer der aktuellen Rentenreform, in: Zeitschrift der Bundesversicherungsanstalt für Angestellte, Jg. 48, Heft 5/6, Mai/Juni 2001, S. 176 ff.

Fink, Ulf, Frankfurter Rundschau-Dokumentation, 19.3.1997.

Forsthoff, Ernst, Der Staat in der Industriegesellschaft, München 1971.

Fritzen-Herkenhoff, Sabine, Integrierte Familien- und Bildungspolitik. Vorstellung der Ergebnisse aus der Arbeit der Konrad-Adenauer-Stiftung, Referat auf dem Kongress „Zukunftsmotor Hessen: Muss die Familienpolitik neue Wege gehen? Der „Wiesbadener Entwurf" am 31.1. und 1.2.2002, abgedruckt in diesem Buch.

Funk, Lothar, Ohne Fortune und ohne Mut: Die verpassten Reformchancen rot-grüner Arbeitsmarktpolitik, in: Sozialer Fortschritt 11/2002, S. 270 ff.

Gallon, Thomas, Vergreisung als Grund, die Rente zu senken?, in: Soziale Sicherheit, 8-9/1997, S. 286 ff.

Gesellschaft für die Rechte zukünftiger Generationen (Hg.), Ihr habt dieses Land nur von uns geborgt, Hamburg 1997.

Grabka, Markus M./Kirner, Ellen, Einkommen von Haushalten mit Kindern, DIW-Wochenbericht 32/02, 528 ff.

Grefe, Christiane, Reportage über das Mütterzentrum Salzgitter, in: „DIE ZEIT" vom 22.11.2001, S. 12.

Grossmann, Klaus E./Grossmann, Karin, Qualität von Eltern-Kind-Beziehungen und ihre Auswirkungen auf die Bindungsrepräsentation im frühen Erwachsenenalter, Pediatrics 40/2001, S. 489 ff.

Grub, Martin, Verteilungswirkungen der ökologischen Steuerreform auf private Haushalte. Eine empirische Analyse, in: DIW-Vierteljahreshefte 1/2000, S. 17 ff.

Hanesch/Krause/Bäcker, Armut und Ungleichheit in Deutschland, Reinbek 2000.

Hankel, Wilhelm, Sozialstaat und Nationalismus, in: Wiegand: Sozialstaat am Ende, Wiesbaden 1994, S. 57 ff.

Hankel, Wilhelm, Familien- und Sozialpolitik in Zeiten der Globalisierung?, Referat auf dem Kongress „Zukunftsmotor Hessen: Muss die Familienpolitik neue Wege gehen? Der „Wiesbadener Entwurf" am 31.1. und 1.2.2002, abgedruckt in diesem Buch.

Hankel, Wilhelm u. a., Die Euro-Illusion, Hamburg 2001.

Haase, Friedhelm, Familienbezogene Neuregelungen in der Rentenreform, Mittlg. LVA Oberfranken und Mittelfranken, 12/2001, S. 728 ff.

Hayek, Ferdinand August v., Die Verfassung der Freiheit, Tübingen 1971.

Heigl, Andreas, Age Wave, Hypovereinsbank Volkswirtschaft, in: Policy-Brief 4/2001.

Hellbrügge, Theodor, Das Deprivationssyndrom im Säuglingsalter und seine Folgen, Pediatrics 40/2001, S. 423 ff.

Hengsbach, Friedhelm, Die andern im Blick. Christliche Gesellschaftsethik in den Zeiten der Globalisierung, Darmstadt 2001.

Hertel, Jürgen, Aufwendungen für den Lebensunterhalt von Kindern, WiSta 6/98, S. 523 ff.

Hock, Beate et al., Gute Kindheit – schlechte Kindheit? Armut und Zukunftschancen von Kindern und Jugendlichen in Deutschland. Abschlussbericht zur AWO-Studie, Frankfurt am Main 2000.

Hofmann, Jürgen, „Versicherungsfremde Leistungen" und Bundeszuschuss in der gesetzlichen Rentenversicherung, in: Sozialer Fortschritt 5/1996, S. 126 ff.

Immler, Hans, Vom Wert der Natur. Zur ökologischen Reform von Wirtschaft und Gesellschaft, Opladen 1989.

Institut der Deutschen Wirtschaft (IW), Zahlen zur wirtschaftlichen Entwicklung, 1981, 1999 und 2001.

Jönsson, Ingrid, Vereinbarkeit von Berufs- und Familienleben in Schweden, WSI-Mitteilungen 03/2002, S. 176 ff.

John, Birgit/Schmidt, Heike, in: Sozialministerium Baden-Württemberg (Hrsg.), Erziehungsurlaub-Regelungen, Inanspruchnahme und Evaluation, Stuttgart 2001.

Kapp, William, Soziale Kosten der Marktwirtschaft, Frankfurt am Main 1988.

Kaufmann, Franz-Xaver, Die Familie als Lastesel der Nation. in: Eichholz-Brief 1/95, S. 26 ff.

Kaufmann, Franz-Xaver, Für einen kinderfreundlichen Generationenvertrag, Referat auf dem Kongress „Zukunftsmotor Hessen: Muss die Familienpolitik neue Wege gehen? Der „Wiesbadener Entwurf" am 31.1. und 1.2.2002, abgedruckt in diesem Buch.

Kirchhof, Paul, Verfassungsrechtliche Notwendigkeiten und Spielräume einer familienpolitischen Neuordnung, Referat auf dem Kongress „Zukunftsmotor Hessen: Muss die Familienpolitik neue Wege gehen? Der „Wiesbadener Entwurf" am 31.1. und 1.2.2002, abgedruckt in diesem Buch.

Kirchhof, Paul et al., Karlsruher Entwurf, Heidelberg 2001.

Kirner, Ellen/Schwarze, Johannes, Zur Einkommenssituation und Einkommensverwendung von Familien mit jüngeren Kindern, in: DIW-Vierteljahreshefte zur Wirtschaftsforschung, 2/1996, S. 190ff.

Kiy, Manfred/Clement, Reiner, Makroökonomische Simulation eines zusätzlichen Erziehungseinkommens, Bonn 2002.

Klingholz, Reiner, Maßloser Alltag, in: GEO 1/1991.

Koch, Roland, Kinderfreundliche Gesellschaft: Familienförderung ist die beste Wirtschaftsförderung; in: Soziale Ordnung 1/2002, S. 12 ff.

Köbl, Ursula, Familienleistungen in der Alterssicherung, DRV 2002, S. 686 ff.

Köhler-Rama, Tim, Kinderzahlabhängige Beiträge in der gesetzlichen Rentenversicherung: Rückschritt statt Fortschritt, DAngVers 11/2002, S. 449 ff.

Krebs, Angelika, Arbeit und Liebe. Die philosophischen Grundlagen sozialer Gerechtigkeit, Frankfurt am Main 2002.

Kreikebohm, Ralf, Zukunft des Arbeitslebens und Soziale Sicherheit, in: Boecken/ Ruland / Steinmeyer, Sozialrecht und Sozialpolitik in Deutschland und Europa. Festschrift für Bernd Baron von Maydell, Neuwied 2002.

Kruhl, Alfred, Betriebsberater (BB), 1999 und 2000.

Krüsselberg, Hans-Günter, Der „Wiesbadener Entwurf" aus Sicht der Familienökonomik, Referat auf dem Kongress „Zukunftsmotor Hessen: Muss die Familienpolitik neue Wege gehen? Der „Wiesbadener Entwurf" am 31.1. und 1.2.2002, abgedruckt in diesem Buch.

Krüsselberg, Hans-Günter, Ökonomische Analyse der werteschaffenden Leistungen von Familien im Kontext von Wirtschaft und Gesellschaft, in: Krüsselberg/Reichmann, Zukunftsperspektive Familie und Wirtschaft, Vektor 2002, S. 87 ff.

Krüsselberg, Hans-Günter/Auge, M./Hilzenbecher, M., Verhaltenshypothesen und Familienzeitbudgets, aus: Schriftenreihe des BMfJFFG, Bd. 182, Stuttgart 1986.

Lampert, Heinz, Priorität für die Familie, Berlin 1996.

Lamping, Wolfram, „Versicherungsfremde Leistungen" – Historisch-systematisierende Anmerkung zu einem sozialpolitischen Schlüsselbegriff, in: Zeitschrift für Sozialreform 1997, S. 52 ff.

Lang, Joachim, Familienpolitische Strukturreform des Steuersystems, Referat auf dem Kongress „Zukunftsmotor Hessen: Muss die Familienpolitik neue Wege gehen? Der „Wiesbadener Entwurf" am 31.1. und 1.2.2002, abgedruckt in diesem Buch.

Lang, Oliver, Steuervermeidung und -hinterziehung bei der Einkommenssteuer: Eine Schätzung von Ausmaß und Gründen. Zentrum für Europäische Wirtschaftsforschung (ZEW), Newsletter Nr. 1, April 1993, S. 1 ff.

Langendonck, Jef van, Der Unsinn des Arbeitgeberbeitrags, in: Boecken/ Ruland / Steinmeyer, Sozialrecht und Sozialpolitik in Deutschland und Europa. Festschrift für Bernd Baron von Maydell, Neuwied 2002, S.787 ff.

Leipert, Christian/Opielka, Michael, Erziehungsgehalt 2000, Bonn/Freiburg 1998.

Ludwig, Hans, Vollbeschäftigung durch makroökonomische Kooperation und gleichwertig bezahlte Erziehung und Pflege, in: Ziegler,H./Thieser, K.H. (Hg.): Arbeit ist der Schlüssel zur sozialen Frage, S. 132 ff., Blieskastel 2000.

Mackenroth, Gerhard, Die Reform der Sozialpolitik durch einen deutschen Sozialplan, Kiel 1952, in: Böttcher (Hg.): Sozialpolitik und Sozialreform, Tübingen 1957, S. 43 ff.

Manow, Philippe, Individuelle Zeit, institutionelle Zeit, soziale Zeit, in: Zeitschrift für Soziologie, Jg. 27, Heft 3, Juni 1998, S. 193 ff.

Maydell, Bernd Baron v., Der Wandel des Sozialversicherungssystems im allgemeinen Rechtssystem in den letzten 100 Jahren, in: Die Sozialgerichtsbarkeit (SGb), 1981.

Maydell, Bernd Baron v., Familie im Spannungsfeld von staatlicher Alterssicherungspolitik und Eigenvorsorge, DRV 12/2002, S. 706 ff.

Mayer, Susanne, Deutschland –Armes Kinderland, Frankfurt am Main 2002.

Meier, Uta, „Arbeit aus Liebe": Das Trivialisierungsphänomen weiblicher Alltagsarbeit und seine verhängnisvollen Folgen, in: v. Tippelskirch/ Spielmann (Hg.), Solidarität zwischen den Generationen, Stuttgart/Berlin/Köln 2000, S. 17 ff.

Meinhardt/Kirner/Grabka/Lohmann/Schulz, Finanzielle Konsequenzen eines universellen Systems der gesetzlichen Alterssicherung, Düsseldorf 2002.

Merk, Kurt-Peter, Die Dritte Generation: Generationenvertrag und Demokratie- Mythos und Begriff, Aachen 2002.

Merkel, Wolfgang, Soziale Gerechtigkeit und die drei Welten des Wohlfahrtskapitalismus; in: Berliner Journal für Soziologie 2/2001.

Mill, John Stuart, On Liberty – and other essays, Oxford University Press 1991.

Mitterauer, Michael, Grundtypen alteuropäischer Sozialformen, Stuttgart 1979.

Müller-Matysiak, Christina: Die Beitragsbemessungsgrenze – Schongrenze für Besserverdienende, in: „Die Sozialversicherung", Oktober 1997, S. 253 ff.

Nachtkamp, Hans H., Für ein Erziehungsentgelt, in: Die neue Ordnung 6/2001, S. 437 ff.

Nell-Breuning, Oswald v., Gleichstellung der Frau in der sozialen Rentenversicherung, in: Schweitzer, Rosemarie v.: Leitbilder für Familie und Familienpolitik. Festschrift für Helga Schmucker, Beiträge zur Ökonomie von Haushalt und Verbrauch, Heft 16, Berlin 1981.

Nell-Breuning, Oswald v., Die Produktivitätsrente, in: Zeitschrift für Sozialreform 4/1956, S. 97 ff.

Nell-Breuning, Oswald v., Baugesetze der Gesellschaft, Freiburg 1980.

Nullmeier, Frank/Rüb Friedbert W., Die Transformation der Sozialpolitik. Vom Sozialstaat zum Sicherungsstaat. Campus 1993.

Oeter, Ferdinand, Frondienstpflicht der Familie?, in: Frankfurter Heft 6/1953, S. 438 ff.

Oeter, Ferdinand, Die Überwindung des Fürsorgestaates durch soziale Strukturpolitik, 5. Folge der Aufsatzreihe, in: Ärztliche Mitteilungen 8/1956.

Ohsmann, Sabine/Stolz, Ulrich, Beitragszahlungen haben sich gelohnt, in: DAngVers 3/1997, S. 119 ff.

Orth, Eva/Weskamp, Hannelore, Familien leben – Mütterzentren: Generationsübergreifendes Miteinander. Referat auf dem Kongress „Zukunftsmotor Hessen: Muss die Familienpolitik neue Wege gehen? Der „Wiesbadener Entwurf" am 31.1. und 1.2.2002, abgedruckt in diesem Buch.

Ott, Notburga, Reiche Alte – Arme Junge? Verteilungskonflikte zwischen und innerhalb der Generationen. Referat auf dem Kongress „Zukunftsmotor Hessen: Muss die Familienpolitik neue Wege gehen? Der „Wiesbadener Entwurf" am 31.1. und 1.2.2002, abgedruckt in diesem Buch.

Papier, Hans-Jürgen, Das Rentenversicherungsgesetz vor dem Grundgesetz. Eigentum, Gleichheit und Schutz der Familie; in: FAZ v. 11.06.2001.

Pechstein, Matthias, Familiengerechtigkeit als Gestaltungsgebot für die staatliche Ordnung. Zur Abgrenzung von Eingriff und Leistung bei Maßnahmen des Familienlastenausgleichs, Studien und Materialien zur Verfassungsgerichtsbarkeit, Baden-Baden 1994.

Persson, Thorsten/Tabellini Guido, Is inequality harmful for growth?, in: American Economic Review, 1994, S. 600 ff.

Platzer, Helmut, Zur Notwendigkeit und Architektur einer Neuorientierung der Beitragsgrundlagen in der Sozialversicherung, in: Deutsche Rentenversicherung 7/2000, S. 439 ff.

Pross, Helge, Die Wirklichkeit der Hausfrau, Hamburg 1976.

Radermacher, Franz Josef, Balance oder Zerstörung, Wien 2002.

Raffelhüschen, Bernd, Familienpolitik in der Zwickmühle: Nachhaltigkeit in der Sozialpolitik, Referat auf dem Kongress „Zukunftsmotor Hessen: Muss die Familienpolitik neue Wege gehen? Der „Wiesbadener Entwurf" am 31.1. und 1.2.2002, abgedruckt in diesem Buch.

Raffelhüschen, Bernd/Walliser, Jan, Generational Accounting. Eine Alternative zur Messung intergenerativer Umverteilungspolitik, in: WiSta 4/96, S. 181 ff.

Richter, Max, Die Sozialreform – Dokumente und Stellungnahmen, Losenblattsammlung, 2. Band, 36. Lieferung, Bonn-Bad Godesberg 1970, S. 516 ff.

Rische, Herbert, Deutsche Angestelltenversicherung (DAngVers) 1994, S. 1.

Rosenschon, Astrid, Familienförderung in Deutschland – eine Bestandsaufnahme, in: Institut für Weltwirtschaft: Kieler Arbeitspapier Nr. 1071, August 2001, S. 10-14.

Ruland, Franz, Familiärer Unterhalt und Leistungen der sozialen Sicherheit. Berlin 1973.

Ruland, Franz, Deutsche Rentenversicherung 1/1995 S. 28 ff.

Ruland, Franz, Die Rentenversicherung zwischen Beitrags- und Steuerfinanzierung, in: Landesversicherungsanstalt Rheinland- Pfalz (Hrsg.), 7. Speyerer Sozialrechtsgespräch, „Sozialversicherung im Spannungsfeld von Beitrags- und Steuerfinanzierung, 1997, S. 17 ff.

Ruland, Franz, Die Rentenreform unter besonderer Berücksichtigung der staatlich geförderten Altersvorsorge, Neue Zeitschrift für Sozialrecht (NZS) 10/2002, S. 505 ff.

Rürup, Bert, Bevölkerungsalterung: Nicht nur eine sozialpolitische Herausforderung, Rede auf der Tagung der Programmkommission der SPD (12.02.2001).

Rürup, Bert, Der Entwurf einer familienpolitischen Strukturreform des Sozialstaates aus ökonomischer Sicht, Referat auf dem Kongress „Zukunftsmotor Hessen: Muss die Familienpolitik neue Wege gehen? Der „Wiesbadener Entwurf" am 31.1. und 1.2.2002, abgedruckt in diesem Buch.

Rust, Ursula, Geschlechtspezifische Neuregelungen der Rentenreform, Mittlg. LVA Oberfranken und Mittelfranken, 12/2001, S. 737 ff.

Schäfer, B., Entlastungs- und Verteilungswirkungen alternativer Lastenausgleichsmodelle, in: Petersen u. a. (Hg.): Wirkungsanalysen alternativer Steuer- und Transfersysteme, Frankfurt am Main / New York 1992, S. 117 f.

Schäfer, Claus, Über die Rastlosen und Ausgeschlossenen in der Gesellschaft, in: Frankfurter Rundschau, Dokumentation, 25.9.2001.

Schellhorn, Walter, Sozialhilfe als Grundsicherung?, in: Boecken/Ruland/Steinmeyer, Sozialrecht und Sozialpolitik in Deutschland und Europa. Festschrift für Bernd Baron von Maydell, Neuwied 2002, S. 595 ff.

Schewe, Dieter, Wirkung der Rentenformeln, Einkommensverteilung innerhalb der alten Generation und Generationenvertrag, in: Sozialer Fortschritt 11/1995, S. 263.

Schmähl, Winfried, Familienleistungen und Alterssicherung, DRV 2002, S. 715 ff.

Schmähl, Winfried, Familienorientierte Weiterentwicklung der staatlichen Alterssicherung in Deutschland, Zentrum für Sozialpolitik der Universität Bremen, Arbeitspapier Nr. 8/94, S. 19 ff.

Teil 3: Familienpolitische Strukturreform des Sozialstaats

Schmidt-Kaler, Theodor, Aus Politik und Zeitgeschichte, in: Beilage zu „Das Parlament" B 27/1979, S. 3 ff.

Schnabel, H., Lieben wir Kinder? Bilanz der Familienpolitik der 80er Jahre, aus: Schriftenreihe der Liga für das Kind e.V. Nr. 13, Neuwied 21987.

Schneider, Ulrich, Die volkswirtschaftlichen Kosten von Armut und Arbeitslosigkeit, in: Blätter für Wohlfahrtspflege 11-12/1989, S. 284 ff.

Schreiber, Wilfried, Existenzsicherheit in der industriellen Gesellschaft, Köln 1955.

Schulze, Hans-Joachim, Familien- und Bevölkerungspolitik in Europa, Referat auf dem Kongress „Zukunftsmotor Hessen: Muss die Familienpolitik neue Wege gehen? Der „Wiesbadener Entwurf" am 31.1. und 1.2.2002. abgedruckt in diesem Buch.

Schumpeter, Alois Joseph, Das Rentenprinzip in der Verteilungslehre, in: Aufsätze zur ökonomischen Theorie, Tübingen 1952.

Schwarz, Karl, Zur Ungleichheit vor dem Tode, in: Zeitschrift für Bevölkerungswissenschaft (ZfBevWiss) 1/1982, S. 106 ff.

Schwarz, Karl, Demographische Wirkungen der Familienpolitik in Bund und Ländern nach dem Zweiten Weltkrieg, in: Zeitschrift für Bevölkerungswissenschaft (ZfBevWiss) 4/1987, S. 409 ff.

Schwarz, Karl, Perspektiven der Bevölkerungsentwicklung, in: Wiegand (Hg.): Sozialstaat am Ende?, Wiesbaden 1994, S. 45 ff.

Schwarz, Karl, Rückblick auf eine demographische Revolution, in: Zeitschrift für Bevölkerungswissenschaft (ZfBevWiss), 3/1999, S. 229ff.

Schwarz, Karl, Aufforderung an die Demographen zum Einstieg in die Bevölkerungspolitik, in: Zeitschrift für Bevölkerungswissenschaft (ZfBevWiss), 3-4/2000, S. 431ff.

Schwarz, Karl, Kinderzahl der im vergangenen Jahrhundert geborenen Frauen in Frankreich und Deutschland, Manuskript, Wiesbaden 2001.

Schweitzer, Rosemarie v., Leitbilder für Familie und Familienpolitik, in: Festschrift für Helga Schmucker. Beiträge zur Ökonomie von Haushalt und Verbrauch. Heft 16, Berlin 1981, S. 122 f.

Simonis, Heide, Kinderpause für Väter, in: „DIE ZEIT", Nr. 36, 30.08.2001.

Sinn, Hans-Werner, A General Comment on the Old Age Pension Problem: A funded System for Those Who Caused the Crisis, in: Siebert, Horst (Hg.), Redesigning Social Security, Tübingen 1998, S. 197 ff.

Sinn, Hans-Werner, „Für Kinderlose muss die Rente halbiert werden", in: Frankfurter Allgemeine Sonntagszeitung vom 28.7.2002.

Skarpelis-Sperk, Arbeit und Wirtschaft im demographischen Wandel, in: Klose: Altern der Gesellschaft, Bund 1994, S. 59 ff.

Smith, Adam, Der Wohlstand der Nationen (London 1776), München 1974.

Spieß/Schupp/Grabka/Haisken-DeNew/Jakobeit/Wagner, Abschätzung der (Brutto-) Einnahmeneffekte öffentlicher Haushalte und der Sozialversicherungsträger bei einem Ausbau von Kindertageseinrichtungen, Gutachten des DIW Berlin im Auftrag des Bundesministeriums für Familie, Senioren, Frauen und Jugend, Bonn, August 2002

Stillich, Klaus, Deutsche Angestelltenversicherung 1998 (249).

Stutzer, Erich, Einkommensverhältnisse junger Ehepaare in Baden-Württemberg, in: Baden-Württemberg in Wort und Zahl, 4/2000.

Stutzer, Erich, Die Einkommenslage von Familie und Kindern, Referat auf dem Kongress „Zukunftsmotor Hessen: Muss die Familienpolitik neue Wege gehen? Der „Wiesbadener Entwurf" am 31.1. und 1.2.2002, abgedruckt in diesem Buch.

Suhr, Dieter, Transferrechtliche Ausbeutung und verfassungsrechtlicher Schutz von Familien, Müttern und Kindern, in: Der Staat 1/1990.

Tipke/Lang, Steuerrecht, Köln 16. Auflage 1998.

Tremmel, Jörg, Wie die gesetzliche Rentenversicherung nach dem Prinzip der Generationengerechtigkeit reformiert werden kann, Diplomarbeit an der European Business School (EBS), Frühjahr 1997.

Troeger (Hg.), Diskussionsbeiträge des Arbeitsausschusses für die Große Steuerreform, Stuttgart 1954.

Ver.di-Vorschläge zur Reform des Gesundheitswesens „Gesundheit solidarisch finanziert", Soziale Sicherheit 1/ 2002, S. 1 ff.

Vortmann, DIW-Wochenbericht 1978 (230), S. 210 ff.

Wagner, Gert u. a., Einkommensarmut von Kindern – Ein deutsch-britischer Vergleich für die 90er Jahre, DIW-Wochenbericht 5/02.

Wassermann, Rudolf, One man – one vote. Das Wahlrecht für Kinder – ein Irrweg, in: Verein für das Allgemeine Wahlrecht (Hg.), Haben wir schon ein allgemeines Wahlrecht?, München 2001.

Wegmann, Bernd, Transferverfassungsrechtliche Probleme der Sozialversicherung, Frankfurt am Main/Bern/New York/Paris 1987.

Wessig, Kerstin, Die Ganztagsschule: Mehr Leben in der Schule – mehr Schule im Leben?, Referat auf dem Kongress „Zukunftsmotor Hessen: Muss die Familienpolitik neue Wege gehen? Der „Wiesbadener Entwurf" am 31.1. und 1.2.2002, abgedruckt in diesem Buch.

Wiesehügel, Klaus, Solidarität ist machbar, in: Soziale Sicherheit 7/2000. S. 230 ff.

Wingen, Max, Die wirtschaftlichen Eigenverantwortung in der Familienpolitik, Paderborn 1961.

Wingen, Max, Familienpolitik – Ziele, Wege und Wirkungen. Paderborn 21964.

Wingen, Max, Drei Generationen-Solidarität in einer alternden Gesellschaft – Familienpolitische Anmerkungen zur Strukturreform der sozialen Altersversorgung. Neuwied 1988.

Wingen, Max, Familienpolitische Denkanstöße, Vektor 2001.

Wingen, Max, Auf der Suche nach tieferen Ursachen für die familienpolitischen Strukturfehler und Defizite der staatlichen und gesellschaftlichen Systeme, Referat auf dem Kongress „Zukunftsmotor Hessen: Muss die Familienpolitik neue Wege gehen? Der „Wiesbadener Entwurf" am 31.1. und 1.2.2002, abgedruckt in diesem Buch.

Wischet, Das Nettorentenniveau in der Krise?, in: Zeitschrift für Sozialreform 7/98, S. 485 ff.

Wissenschaftlicher Beirat für Familienfragen. Die bildungspolitische Bedeutung der Familie – Folgerungen aus der PISA-Studie, in: Bundesministerium für Familie, Senioren, Frauen und Jugend, Schriftenreihe Band 224, Stuttgart 2002

Zacher, Hans F., Die Dilemmata des Wohlfahrtstaates, Stifterverband (Hrsg.),Forum 2/2001, S. 48 ff.

Zinn, Karl-Georg, Wie Reichtum Armut schafft, Köln 2002.

Teil B

Zukunftsmotor Hessen –
Muss die Familienpolitik neue Wege gehen?

Dokumentation der Tagung zum
Wiesbadener Entwurf am 31. Januar und
1. Februar 2002 in den Räumen des
Hessischen Ministeriums für
Wissenschaft und Kunst

Vorwort

Meine sehr geehrten Damen und Herrn,

ich möchte Sie ganz herzlich zu der Tagung „Muss Familienpolitik neue Wege gehen? Der Wiesbadener Entwurf" begrüßen. Viele von Ihnen haben andere Termine zurückgestellt, um sich für die Familienpolitik engagieren. Auch die Hessische Landesregierung hat sich vorgenommen, die Familienpolitik stärker in den Mittelpunkt des Geschehens zu rücken. Seit Jahren debattieren wir in Deutschland zum Thema Familie. Das betrifft die Steuerpolitik, die Urteile zur Pflege und zur Rente. Aber die Diskussion bewegt sich dennoch nicht entscheidend weiter. Die Entwicklung der Familie wird ein zukunftentscheidendes Thema sein. Wir müssen uns endlich nachdrücklich mit den Belastungen der Familie, aber auch mit den Entlastungsmöglichkeiten, die wir in unseren Systemen schaffen können, auseinander setzen.

Dr. Jürgen Borchert hat für die Hessische Landesregierung diese Tagung vorbereitet, auf der die Chancen und Herausforderungen der Familienpolitik diskutiert werden sollen. Er hat mit seinem „Wiesbadener Entwurf" eine spannende Diskussionsgrundlage geschaffen. Für die Hessische Landesregierung war es wichtig, dass über mögliche Reformen ohne politische Vorgaben diskutiert wird. Es kann nicht darum gehen, dass bestimmte Teile aus einem Parteiprogramm aufgegriffen werden, sondern auf dieser Tagung sollen sich kompetente Wissenschaftler und engagierte Verbände mit dem Thema Familienpolitik beschäftigen. Das Thema Familie soll von allen Seiten beleuchtet werden, denn dies hat in sehr vielfältigen Aspekten Auswirkungen auf unser Leben. Das fängt mit den klassischen Rahmenbedingungen, die auf kommunaler bzw. auf Landesebene im Vordergrund stehen an. Hier ist nur das Thema Kinderbetreuung und die Vereinbarkeit von Familie und Beruf zu nennen. Letztlich stellt sich die grundsätzliche Frage, wo Familien entlastet, wo dringend Lösungen im Steuerrecht, in der Renten-, der Pflege- und in der Gesundheitsversicherung gefunden werden müssen.

Damit ist ein breites Diskussionsfeld eröffnet. Der „Wiesbadener Entwurf" und diese Tagung sind Voraussetzungen, die eine gute, breite Grundlage schaffen können, um das Thema Familien auch tatsächlich in den Mittelpunkt zu stellen. Die Hessische Landesregierung erhofft sich von der Diskussion Anregungen, damit wir uns fundiert mit den verschiedenen familienpolitischen Fragen – besonders den steuerlichen – beschäftigen können. Aber neben den steuerlichen Problemen muss ebenso die bevölkerungswissenschaftliche Seite beachtet werden. Von diesen wissenschaftlichen Forschungen hängt das politische Vorgehen wesentlich ab.

Es gilt barrierefrei an die Fragen der Familienpolitik heranzugehen und sie von allen Seiten zu beleuchten. Ich wünsche Ihnen auf dieser Tagung interessante Impulse und hoffe, dass Sie sehr kritisch miteinander diskutieren und vertieft in die Fragen einsteigen können. In der Familienpolitik gibt es sicher keine einfachen Lösungswege. Aber ich glaube, dass wir alle davon überzeugt sind, dass es grundlegender Reformen bedarf. Wir müssen möglicherweise gänzlich neue Wege gehen, so wie sie bereits im „Wiesbadener Entwurf" angedeutet werden wenn wir das Thema „Familie" tatsächlich ernst meinen.

Von dieser Tagung könnte ein Impuls ausgehen, den wir als Hessische Landesregierung gerne aufgreifen würden, um die Familienpolitik dauerhaft in den Mittelpunkt zu stellen. Ich wünsche allen Teilnehmenden für die Tagung viel Erfolg und viele interessante Diskussionen

Silke Lautenschläger
Hessische Sozialministerin

I. Demographie, Familie und Recht

Demographische Zeitenwende*

Prof. Dr. Herwig Birg

1. Einleitung

Die aus den Idealen des politischen Liberalismus und den Traditionen des deutschen Korporatismus entstandene Gesellschaftsform der sozialen Marktwirtschaft versucht, die beiden Verhaltensorientierungen der ökonomischen Konkurrenz und der mitmenschlichen Solidarität miteinander zu verbinden. Das erste Verhaltensprinzip zielt auf die Exklusion des ökonomischen Mitkonkurrenten, das zweite auf die Inklusion des Mitmenschen im Anderen. Die beiden Verhaltensprinzipien sind nicht nur wesensverschieden, sondern wesensfremd. Der Versuch ihrer Verschmelzung in einer gemischten Wirtschafts- und Gesellschaftsform erzwingt Abstriche an beiden Prinzipien, deshalb ist die soziale Marktwirtschaft aus prinzipieller Sicht niemals vollkommen zu verwirklichen, sie ist also streng genommen eine Utopie. Diese Utopie brachte zwar in der bisherigen Geschichte wesentlich weniger Nachteile mit sich als die kommunistische Zentralverwaltungswirtschaft, dieser Unterschied sollte aber nicht darüber hinwegtäuschen, dass sich ihre relative Stärke nicht aus der inneren Harmonie ihrer Verhaltensprinzipien ergibt, sondern aus der Schwäche der kommunistischen Gegenutopie mit ihrer menschenverachtenden Grundphilosophie.

Mitmenschliche Solidarität ist als Prinzip der Sozialpolitik ein Wert an sich. Aber in der sozialen Marktwirtschaft hat Sozialpolitik über diesen Wert hinaus auch die pragmatische Aufgabe, die negativen Nebenwirkungen des ökonomischen Konkurrenzprinzips so weit wie möglich auszugleichen bzw. für die schwächeren Marktteilnehmer bessere Startbedingungen zu schaffen, damit sie am ökonomischen Wettbewerb überhaupt teilnehmen können. Wie die Lebenswirklichkeit der sozialen Marktwirtschaft zeigt, stehen die für eine gedeihliche Entwicklung der Familien erforderlichen Voraussetzungen – das sind die Stabilität der Partnerbeziehungen und die biografische Planungssicherheit der Indivi-

---

* Der Beitrag beruht auf dem Gutachten des Verfassers für das Bundesverfassungsgericht im Rahmen der Sachverständigenanhörung zum Urteil zur Pflegeversicherung vom 3. April 2001. Der Beitrag bildet die Grundlage für das Kapitel 11 in Birg, Herwig, Die demographische Zeitenwende – Der Bevölkerungsrückgang in Deutschland und Europa. München: Verlag C.H. Beck 2001, 2. Auflage 2002.

duen bei langfristigen Festlegungen im Lebenslauf durch die Geburt von Kindern –, in diametralem Gegensatz zu den marktwirtschaftlichen Forderungen nach größtmöglicher Flexibilität und Mobilität der Individuen. Deren Rolle ist aus wirtschaftlicher Sicht darauf reduziert, als „Produktionsfaktor Arbeit" das Angebot an Arbeitsleistung auf dem Arbeitsmarkt zu garantieren, und zwar ohne Rücksicht auf die Entwicklungsmöglichkeiten der Familien und die Folgen für die Stabilität der Gesellschaft.

Um den Konkurrenzbedingungen der Arbeitswelt gewachsen zu sein, wird die Verwirklichung der familialen Ziele von den Individuen in aller Regel aufgeschoben, was sich am Beginn des Lebenslaufs darin äußert, dass die Ziele der Familiengründung hinter die Ausbildungsziele zurücktreten. In den späteren Phasen der Biografie steigt der Anpassungsdruck der Arbeitsmärkte im gleichen Maße an, in dem die Individuen in ihrer Erwerbskarriere vorankommen. Die Folge ist, dass langfristige Bindungen an Partner vermieden und Kinderwünsche nicht verwirklicht werden. Bei Ehen und nichtehelichen Lebensgemeinschaften führt der Anpassungsdruck an die Zwänge des Arbeitsmarktes nicht nur zum Aufschieben von Kinderwünschen, sondern auch zur bewussten Entscheidung für eine lebenslange Kinderlosigkeit.

Wenn sich die millionenfachen individuellen Entscheidungen zu einer niedrigen Geburtenrate kumulieren und die Geburtenzahl jahrzehntelang permanent abnimmt, so dass sich schließlich die Altersstruktur durch die abnehmende Größe der nachwachsenden jüngeren Jahrgänge stark verändert, dann ist der Punkt erreicht, bei dem die gesellschaftliche Reparaturfunktion der Sozialpolitik so über die eigentlich übergeordneten Solidaritätsziele dominiert, dass der fundamentale Zusammenhang zwischen der demographischen Entwicklung und dem System der sozialen Sicherung nur noch als ein reines Funktionsproblem der Gesellschaft erscheint. In Wahrheit ist aber die Idee der Sozialpolitik selbst durch die demographische Entwicklung in Frage gestellt und mit ihr die ethischen Werte, auf denen alles menschliche Handeln einschließlich des politischen beruht.

2. Prinzipielle Zusammenhänge zwischen der demographischen Entwicklung und der Funktionsweise des sozialen Sicherungssystems

Die Unvereinbarkeit der Verhaltensprinzipien der Exklusion des Anderen durch Konkurrenz auf der einen Seite und der Inklusion des Mitmenschen durch Solidarität auf der anderen hat konkrete Auswirkungen in jedem Lebenslauf: Die miteinander unvereinbaren Ziele der Ausbildungsbiografie, der Erwerbsbiografie und der Familienbiografie müssen aufeinander abgestimmt werden. Das Ergebnis ist in den meisten Fällen, dass die Entscheidungen in der Ausbildungs- und Erwerbsbiografie über die Ziele der familialen Biografie dominieren. Der Gegensatz tritt auch auf gesellschaftlicher Ebene in Erscheinung. Er äußert sich in dem gegenläufigen Zusammenhang zwischen dem Entwicklungsstand eines Landes (gemessen z.B. durch die Lebenserwartung) und der Stabilität der Fami-

I. Demographie, Familie und Recht

lien, die sich z.B. mit der Geburtenrate messen lässt. Bereinigt man die von den Zufälligkeiten der momentanen Altersstruktur eines Landes abhängige absolute Geburtenzahl, indem man beim Vergleich verschiedener Länder oder verschiedener Zeitpunkte künstlich die gleiche Altersstruktur unterstellt, so erhält man die Zahl der Lebendgeborenen pro Frau (Total Fertility Rate) – ein aussagekräftiges Maß, mit dem sich sowohl das Fortpflanzungsverhalten der Individuen als auch die Stabilität der Familien in einer Gesellschaft quantitativ beschreiben lässt.

Der gegenläufige Zusammenhang zwischen der Kinderzahl pro Frau und dem Entwicklungsstand eines Landes, gemessen durch die Lebenserwartung, zeigt sich sowohl bei einem Vergleich eines bestimmten Landes zu verschiedenen Zeitpunkten als auch bei einem Vergleich verschiedener Länder zu einem gegebenen Zeitpunkt. Für die 30 größten Länder, die zusammen 80 % der Weltbevölkerung umfassen, ist dieser Vergleich in *Schaubild 1* veranschaulicht. Wiederholt man das Schaubild für verschiedene Zeitpunkte, erhält man stets die gleiche, fallende Anordnung der Länder. Der dort dargestellte Zusammenhang hat offensichtlich eine internationale bzw. globale Gültigkeit, er ist in allen Ländern der Welt wirksam, und zwar unabhängig von ihrem Wirtschafts- und Gesellschaftssystem und unabhängig von ihrer geschichtlichen Entwicklung, Religion und Kultur. Es muss sich also um einen fundamentalen Wirkungsmechanismus handeln, dessen Stringenz und Kraft sich aus dem unüberbrückbaren Gegensatz zwischen den grundlegenden menschlichen Handlungsprinzipien der Konkurrenz bzw. der Exklusion auf der einen Seite und der Solidarität bzw. Inklusion auf der anderen ergibt.

Durch die ökonomische Globalisierung werden die Grenzen der nationalen Arbeits- und Gütermärkte ausgeweitet, die Individuen konkurrieren als Arbeitskräfte direkt zwar immer noch vorwiegend auf den nationalen Arbeitsmärkten miteinander, aber zusätzlich zur direkten Konkurrenzbeziehung gibt es eine weniger deutliche, indirekte, die sich aus dem globalen Wettbewerb auf den internationalen Gütermärkten ergibt: Die von den nationalen Unternehmen produzierten Güter eines Landes konkurrieren mit den entsprechenden Gütern anderer Länder auf dem Weltmarkt, wobei die Güterpreise im Wettbewerb umso günstigere Positionen bieten, je niedriger die in ihnen enthaltenen Kostenbestandteile sind, die die Unternehmen und die Arbeitskräfte für die Renten-, Kranken- und Arbeitslosenversicherung (= so genannte Lohnnebenkosten) aufwenden, wobei in Deutschland die Pflegeversicherung als ein weiterer Bestandteil der Lohnnebenkosten hinzukommt. Dabei spielt es für die reale, demographisch bedingte Belastung keine Rolle, ob diese Kosten als prozentuale Anteile von den Löhnen und Gehältern berechnet werden, wie dies in Deutschland der Fall ist, oder als Anteile von den Gewinnen („Maschinensteuer"), denn ihre kostenerhöhende Wirkung und die Beeinträchtigung der Wettbewerbsfähigkeit ist in beiden Fällen gleich, lediglich die Art ihrer betriebswirtschaftlichen Kalkulation und Verbuchung differiert.

Schaubild 1: Zusammenhang zwischen der Lebenserwartung 1980/85 und der Kinderzahl pro Frau (Total Fertility Rate) 1985/90 für die 30 bevölkerungsreichsten Länder der Welt

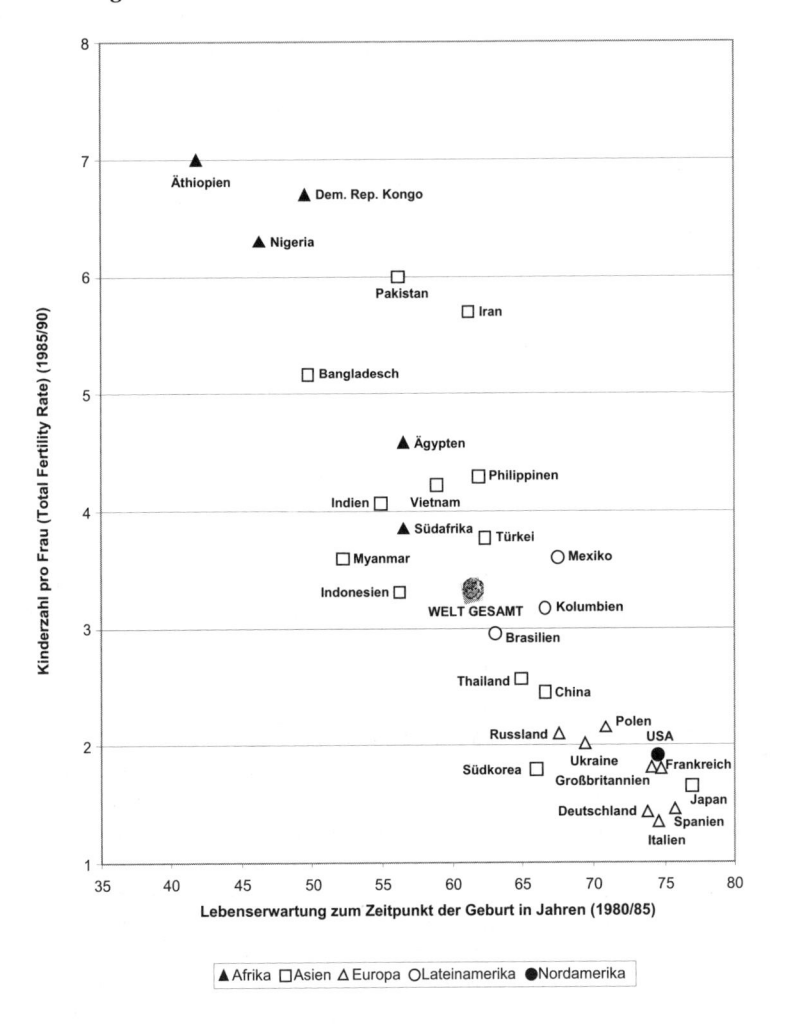

Je älter eine Gesellschaft ist, desto höher sind die Pro-Kopf-Aufwendungen für die sozialen Sicherungssysteme bzw. die Anteile der für die Preiskalkulation wichtigen Lohnnebenkosten an den Lohnstückkosten insgesamt, und desto ungünstiger ist die demographisch bedingte Position einer Volkswirtschaft im internationalen Wettbewerb. Die hochentwickelten Länder mit ihren hohen Pro-Kopf-Einkommen und hohen, demographisch bedingten Lohnnebenkosten können jedoch im Wettbewerb nicht einfach von den Ländern mit niedrigen Ein-

I. Demographie, Familie und Recht

kommen und Lohnebenkosten verdrängt werden, weil hohe Einkommen ihre Ursache in einer höheren Produktivität haben, durch die sich Lohnkostennachteile kompensieren und überkompensieren lassen. Auf diese Weise führen hohe bzw. steigende Realeinkommen nicht nur nicht zu einer Verdrängung der Hochlohnländer durch weniger entwickelte Länder im internationalen Wettbewerb, es bietet sich sogar für jedes Land ein ziemlich großer Spielraum, um seine Position in der Rangskala der Produktivität und des Pro-Kopf-Einkommens zu verbessern. Bisher hat sich der Abstand zwischen den entwickelten Volkswirtschaften mit demographisch ungünstigen Bedingungen zu den weniger entwickelten mit günstiger, jüngerer Altersstruktur in der Mehrzahl der Länder sogar vergrößert.

Auf den nationalen Arbeitsmärkten wirkt sich der Wettbewerb zwischen den Volkswirtschaften um einen günstigen Rangplatz in hohen Investitionen der Arbeitskräfte in die berufliche Qualifikation aus, so dass das durchschnittliche Niveau der Reallöhne permanent steigt. Die Kehrseite dieser Entwicklung ist, dass die Einkommen, die einer Frau entgehen, wenn sie zu Gunsten der Erziehung von Kindern auf Erwerbsarbeit verzichtet, im gleichen Maße steigen wie die Realeinkommen. Deshalb ist im weltweiten Vergleich die Geburtenzahl pro Frau in jenen Ländern am niedrigsten, in denen die Pro-Kopf-Einkommen am höchsten sind. Ich habe diesen Sachverhalt als „*demo-ökonomisches Paradoxon*" bezeichnet. Die demographische Konsequenz dieses Paradoxons ist, dass die niedrige Geburtenrate in den hochentwickelten Ländern zu einer inversen Altersstruktur geführt hat, bei der nicht mehr wie bei einer klassischen Alterspyramide die jungen Altersgruppen am stärksten besetzt sind, sondern die mittleren Altersgruppen bzw. in Zukunft die der über 70-Jährigen.

Die in Deutschland im Zuge der Bismarck'schen Sozialreformen schon am Ende des 19. Jahrhunderts eingeführte moderne Sozialversicherung galt einmal international als vorbildlich, aber sie war auf eine Altersstruktur zugeschnitten, die einer klassischen Bevölkerungspyramide mit breiter Basis entspricht. Das soziale Sicherungssystem hat fast ein Jahrhundert lang so gut funktioniert, dass in Deutschland schließlich niemand mehr eigene Kinder haben musste, um im Alter und bei Krankheit abgesichert zu sein. Weil die Innovation auf dem Gebiet der Sozialpolitik ihre Dienste für viele Jahrzehnte so gut verrichtete, trug sie eben dadurch dazu bei, dass das System seine Funktionsfähigkeit schließlich verlor, indem sich die Altersstruktur durch die niedrige Geburtenrate entscheidend veränderte. Die moderne Sozialversicherung ist zwar nicht der einzige Grund für die Abnahme der Geburtenrate, aber sie ist einer der entscheidenden Faktoren, die die ungestörte Funktionsweise des demo-ökonomischen Paradoxons mit seinen Folgen für die Abnahme der Geburtenrate garantierte.

3. Perspektiven der Bevölkerungsentwicklung in Deutschland und Europa im 21. Jahrhundert

Um die allgemeine Unsicherheit von Voraussagen über die Zukunft zu illustrieren, wird oft auf die schlechte Trefferquote von Wetterprognosen hingewiesen, aber gerade am Beispiel der Wetterprognosen lässt sich eine Besonderheit der demographischen Projektionsrechnungen demonstrieren, die sie von Wirtschaftsprognosen und anderen Voraussagen über die Zukunft unterscheidet: Über den Wechsel der Jahreszeit, der z.B. eine Änderung der Temperatur nach sich zieht, kann viele Monate im Voraus eine Aussage getroffen werden, deren Wahrscheinlichkeit größer ist als die einer Aussage über die Temperatur in der nächsten Woche. Die Regel, dass eine Aussage umso unsicherer ist, je weiter sie in die Zukunft reicht, stimmt zwar im Allgemeinen, aber in der Klimatologie und der Demographie hat diese Regel wichtige Ausnahmen. Eine der wichtigsten Ausnahmen ist das Phänomen der demographischen Trägheit bzw. der Eigendynamik des Bevölkerungswachstums und der Bevölkerungsschrumpfung: Eine Abnahme der absoluten Geburtenzahl, die auf einer Änderung des Fortpflanzungsverhaltens beruht und nicht auf einer Änderung der Zahl der Frauen in der für die Geburtenzahl wichtigen Altersgruppe von 15 bis 45, hat eine weitere Abnahme der Geburtenzahl zur Folge, auch wenn das Fortpflanzungsverhalten nach der eingetretenen Änderung wieder konstant bleibt. Die auslösende Ursache am Anfang ist die Änderung des Fortpflanzungsverhaltens, die sich anschließenden Abwärtsbewegungen der absoluten Geburtenzahl in Form von Wellentälern, die im Abstand von einer Generation aufeinander folgen, beruhen nicht mehr auf einer abermaligen Änderung des Fortpflanzungsverhaltens, sondern darauf, dass die Nichtgeborenen keine Nachkommen haben. Diese Wirkung der abnehmenden Zahl potenzieller Eltern auf die Geburtenzahl in der Zukunft tritt mit ähnlicher Sicherheit ein wie eine Aussage über den Wechsel der Jahreszeiten in der Zukunft, also praktisch mit 100 %. So verwundert es nicht, dass demographische Prognosen wesentlich zuverlässiger sind als z.B. wirtschaftliche. Die Prognose der Bevölkerungsentwicklung für die alten Bundesländer auf der Basis der Volkszählung von 1970 bis zur Wiedervereinigung hatte z.B. einen Fehler von 1 %.

In Westeuropa ist die Zahl der Lebendgeborenen pro Frau nach dem Zweiten Weltkrieg zunächst leicht gestiegen, danach aber stark gesunken. Sie nahm vom Zeitraum 1950-55 bis 1960-1965 von 2,39 auf 2,66 zu, danach sank sie bis 1995-2000 auf 1,48. In Deutschland (alte und neue Bundesländer zusammen) stieg die Zahl der Lebendgeborenen pro Frau von 1950-1955 bis 1960-1965 von 2,16 auf 2,49, danach ging sie bis 1995-2000 auf 1,30 zurück. Für Europa insgesamt mit seinen 729 Mio. Einwohnern im Jahr 2000 lauten die Zahlen: 2,57 (1950-1955), 2,56 (1960-1965) und 1,42 (1995-2000).[1]

---

1 UN (Ed.), World Population Prospects – The 1998 Revision, Vol. 1, New York 1999.

I. Demographie, Familie und Recht

Der generelle Abnahmetrend der Geburtenzahl pro Frau in Europa nach 1960-1965 beruhte auf einer Änderung des Fortpflanzungsverhaltens, wobei ein breites Spektrum von Ursachen zu nennen ist, darunter der so genannte Wertewandel, die sexuelle Befreiung, die Emanzipation und der Anstieg der Erwerbsbeteiligung der Frau sowie die damit einhergehende Zunahme der entgangenen Einkommen bei einem Verzicht der Frau auf Erwerbstätigkeit zu Gunsten der Erziehung von Kindern (so genannte Opportunitätskosten von Kindern), die immer perfektere Absicherung gegen die elementaren Lebensrisiken durch die moderne Sozialversicherung, die eigene Kinder als eine Art familienbasierte Sozialversicherung entbehrlich macht, bis hin zu Faktoren wie die Einführung moderner empfängnisverhütender Mittel. Diese Faktoren bieten zwar streng genommen noch keine Erklärung der Änderung des Fortpflanzungsverhaltens, weil sie voneinander abhängen und ihrerseits erklärungsbedürftig sind. Aber unabhängig davon, wie man diese Faktoren zu einer schlüssigen Theorie des Fortpflanzungsverhaltens zusammenfügt, lassen sich die Auswirkungen der eingetretenen Verhaltensänderungen auf die Zahl der nachwachsenden potenziellen Eltern und auf die absolute Geburtenzahl in den nächsten Jahrzehnten ziemlich genau berechnen.[2]

Selbst wenn man bei diesen Berechnungen annimmt, dass die Zahl der Lebendgeborenen pro Frau in den nächsten Jahrzehnten – aus welchen Gründen auch immer – wieder zunimmt, so wie dies in den Berechnungen der UN vorausgesetzt wird, ist eine Abnahme der absoluten Geburtenzahl in der Zukunft wegen des im letzten Viertel des 20. Jahrhunderts bereits eingetretenen Rückgangs der Geburtenzahl unvermeidlich – es sei denn, dass man millionenfache Einwanderungen aus außereuropäischen Ländern unterstellt, mit denen sich – rein rechnerisch – jedes Geburtendefizit der Industrieländer ausgleichen lässt. Allein in Indien beträgt der *jährliche* Geburtenüberschuss z.B. rd. 16 Mio., das entspricht der Summe aller Geburtendefizite in Deutschland in sämtlichen Jahren bis 2035.

Ohne Ein- und Auswanderungen würde sich die Einwohnerzahl Europas bis 2050 stark verringern, und zwar selbst dann, wenn man wie die UN einen Anstieg der Zahl der Lebendgeborenen pro Frau zwischen 1995-2000 und 2040-2050 von 1,42 auf 1,77 unterstellt: Die Bevölkerungszahl würde trotzdem von 729 Mio. (2000) auf 628 Mio. (2050) abnehmen. Für Deutschland wird in diesen Berechnungen der UN ohne Angabe von Gründen ein Wiederanstieg der Kinderzahl pro Frau zwischen 1995-2000 und 2040-2050 von 1,30 auf 1,64 unterstellt. Aber trotz der angenommenen Zunahme der Geburtenrate würde die Bevölkerungszahl ohne Ein- und Auswanderungen von 81,7 Mio. (1995) auf 58,8 Mio. (2050) schrumpfen. Die entsprechenden Zahlen für weitere europäische und außereuropäische Länder sind in *Tabelle 1* zusammengestellt. Bezüglich der

---

2 Einen Überblick über moderne Fortpflanzungstheorien aus unterschiedlichen wissenschaftlichen Disziplinen bietet Voland, Eckart, (Hrsg.), Fortpflanzung: Natur und Kultur im Wechselspiel – Versuch eines Dialogs zwischen Biologen und Sozialwissenschaftlern, Frankfurt am Main 1992. Vgl. darin die biografische Theorie des generativen Verhaltens, die eine Synthese zwischen den disziplinären Ansätzen versucht: Birg, Herwig, Differentielle Reproduktion aus der Sicht der biographischen Theorie der Fertilität, S. 189-215.

Annahmen über die dabei unterstellte gemäßigte Zunahme der Lebenserwartung sei auf die entsprechenden Berechnungen der UN verwiesen.[3]

Tabelle 1: Bevölkerungsentwicklung ohne Wanderungen bei einem hypothetischen Wiederanstieg der Kinderzahl pro Frau (in Mio.)
(Der angenommene Anstieg der Kinderzahl pro Frau von 1995-2000 bis 2040-2050 ist in Klammen angegeben)

	1995	2050
Frankreich (1,71 → 1,96)	58,0	59,4
Deutschland (1,25 → 1,64)	81,7	58,8
Italien (1,20 → 1,66)	57,3	40,7
Japan (1,43 → 1,75)	125,5	104,9
Südkorea (1,65 → 1,90)	44,9	51,8
Russische Förderation (1,35 → 1,70)	148,1	114,2
England (1,72 → 1,90)	58,3	55,6
USA (1,99 → 1,90)	267,0	290,6
Europa (1,42 → 1,77)	727,9	600,5
EU (1,44 → 1,80)	371,9	310,8

Die oben aufgeführten Faktoren, die bisher die Veränderung des Fortpflanzungsverhaltens bewirkten, werden sich in der Zukunft nicht außer Kraft setzen lassen, deshalb spricht nichts dafür, dass ihre Wirkung erlischt und die Kinderzahl pro Frau wieder zunimmt, wie es die UN in ihren Berechnungen unterstellen. Lässt man die Zeit nach dem Zweiten Weltkrieg wegen ihres Ausnahmecharakters außer Betracht, so kann für die zweite Hälfte des 20. Jahrhunderts folgende Regel festgestellt werden: Die Kinderzahl pro Frau nahm mit steigendem Lebensstandard und Pro- Kopf-Einkommen ab, nicht zu. Dieser als *„demographisch-ökonomisches Paradoxon"* bezeichnete, gegenläufige Zusammenhang zwischen dem Entwicklungsstand und der Geburtenrate eines Landes stimmt mit der modernen Theorie des generativen Verhaltens überein, er wird auch in Zukunft wirksam sein.[4]

Die Annahme eines Wiederanstiegs der Kinderzahl pro Frau wird von den UN nicht näher begründet. Welche Bevölkerungsentwicklung ergibt sich, wenn

---
3 UN (Ed.), Replacement Migration, New York, March 2000.
4 Birg, Herwig, Flöthmann, E.-Jürgen, Reiter, Iris, Biographische Theorie der demographischen Reproduktion, Frankfurt am Main – New York 1995.

I. Demographie, Familie und Recht

man von anderen Annahmen als die UN ausgeht? Die entsprechenden Berechnungen des Verfassers werden im Folgenden in ihren wesentlichen Ergebnissen dargestellt. Dabei werden zwei Varianten mit und ohne Wanderungen durchgerechnet (Varianten A und B). Jede Variante besteht aus 6 Untervarianten. Die Untervarianten sollen zeigen, wie sich die Bevölkerung entwickeln würde, wenn man – ähnlich wie die UN – von einem rein hypothetischen Wiederanstieg der Kinderzahl pro Frau ausgeht. Aber anders als in den Berechnungen der UN ist der Zeitpunkt des Beginns des Anstiegs in den 6 Varianten gestaffelt, beginnend entweder mit dem Jahr 2000 oder alternativ mit 2010, 2020, usf. bis 2050. Dabei soll die Kinderzahl pro Frau jeweils innerhalb von 15 Jahren von 1,25 (1995) auf 1,50 zunehmen. Mit den Ergebnissen jener Untervariante, bei der die Geburtenrate bis 2050 konstant bleibt, weil der Anstieg erst im Jahr 2050 beginnt, lässt sich die Frage beantworten, wie sich die Bevölkerung bis 2050 ohne den von den UN unterstellten Anstieg der Geburtenrate entwickeln würde: Ohne Wanderungen würde die Bevölkerungszahl bis 2050 auf 50,7 Mio. und bis 2100 auf 24,3 Mio. schrumpfen. Selbst bei einem unterstellten jährlichen Wanderungssaldo (= Überschuss der Zuwanderungen über die Abwanderungen) von 250 Tsd. ergäbe sich eine Abnahme bis 2050 auf 66,1 Mio. und bis 2100 auf 50,0 Mio. Der dabei angenommene Wanderungssaldo von 250 Tsd. ist im Vergleich zum Durchschnitt des Wanderungssaldos in den letzten Jahrzehnten (= 170 Tsd.) relativ hoch. Wäre der Wanderungssaldo niedriger, dann wäre die Bevölkerungsschrumpfung entsprechend intensiver (*Schaubilder 2 u. 3*).

Die starke Bevölkerungsabnahme trotz eines unterstellten Wanderungssaldos von 250 Tsd. pro Jahr zeigt die hohe Eigendynamik der Bevölkerungsschrumpfung, die darauf beruht, dass die Nichtgeborenen als potenzielle Eltern in der nächsten Generation entfallen usf. Durch die Eigendynamik der Schrumpfung vervielfacht sich das Geburtendefizit (= Überschuss der Zahl der Sterbefälle über die Zahl der Geburten) von derzeit rd. 100 Tsd. auf ein Maximum von rd. 700 Tsd. zur Mitte des 21. Jahrhunderts. Auch mit einem jährlichen Wanderungssaldo von z.B. 225 Tsd. und einer Geburtenrate auf dem seit einem Vierteljahrhundert bestehenden Niveau von rd. 1,4 Lebendgeborenen pro Frau ist ein Anstieg des Geburtendefizits bis 2050 auf rd. 700 Tsd. unvermeidlich (*Schaubild 4*). Wollte man dieses Geburtendefizit, so wie bisher, durch Einwanderungen ausgleichen, wäre ein permanent wachsender Einwanderungssaldo erforderlich, der – je nach der angenommenen Zahl der Geburten pro Frau – auf 700 Tsd. bis 800 Tsd. im Jahr 2050 zunehmen müsste. Das ist wesentlich mehr als der einmalig hohe Wanderungssaldo Deutschlands nach dem Zusammenbruch des Ostblocks.[5]

---

5 Birg, Herwig, „Demographisches Wissen und politische Verantwortung – Überlegungen zur Bevölkerungsentwicklung Deutschlands im 21. Jahrhundert". In: Zeitschrift für Bevölkerungswissenschaft, Nr. 3, 1998, Abb. 8, S. 238.

Schaubild 2: Bevölkerungsentwicklung Deutschlands im 21. Jahrhundert ohne Wanderungen - bei einem Anstieg der Geburtenzahl pro Frau von 1,25 auf 1,50 innerhalb von 15 Jahren ab alternativen Zeitpunkten

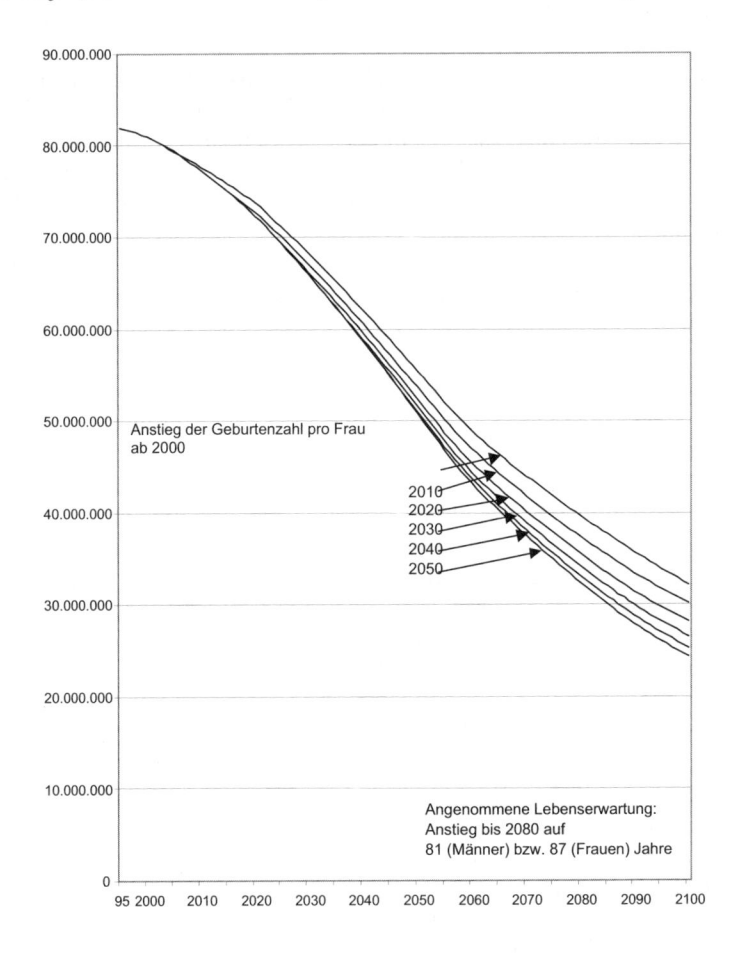

4. Konsequenzen der demographischen Entwicklung für die sozialen Sicherungssysteme in Deutschland

4.1. Das Ausmaß der demographischen Alterung und der Bevölkerungsrückgang im 21. Jahrhundert

Die Abnahme der absoluten Bevölkerungszahl auf der einen Seite und die Veränderung der Altersstruktur auf der anderen haben je eigene, unterschiedliche Auswirkungen auf Wirtschaft und Gesellschaft. Für die sozialen Sicherungssysteme ist vor allem die Veränderung der Altersstruktur ein Jahrzehnte im Vor-

I. Demographie, Familie und Recht

aus kalkulierbares Problem. Die Auswirkungen des Rückgangs der absoluten Bevölkerungszahl sind schwerer einzuschätzen, zumal die Zahl der Älteren in den nächsten Jahrzehnten noch zunimmt, während die Zahl der Jüngeren bereits schrumpft, so dass die Netto-Abnahme der Bevölkerungszahl in den nächsten zwanzig Jahren noch relativ gering ist. Danach ist jedoch mit einer zunehmenden Eigendynamik der Schrumpfung zu rechnen. Sie wird immer stärkere negative Auswirkungen auf das Wirtschaftswachstum und dadurch indirekt auch Auswirkungen auf die Finanzierbarkeit der Sozialausgaben z.B. durch Steuern haben. Die Wirkungen des wachstumsdämpfenden Einflusses der demographischen Entwicklung auf das Wirtschaftswachstum lassen sich nicht exakt vorausberechnen. Im Gegensatz dazu sind die Auswirkungen der zunehmenden Alterung auf die Einnahmen und Ausgaben der sozialen Sicherungssysteme (Renten-, Kranken- und Pflegeversicherung) klar zu überblicken. Hierauf soll die folgende Betrachtung konzentriert werden.

Unter dem Begriff „demographische Alterung" versteht man den Anstieg des Durchschnittsalters der Bevölkerung, wobei als Maß für das Durchschnittsalter z.B. das so genannte Medianalter verwendet wird, das heute in Deutschland 38 Jahre beträgt: Jeder zweite Mann ist älter als 37, jede zweite Frau älter als 40. Das Medianalter nimmt infolge der abnehmenden Größe der nachwachsenden Jahrgänge und durch die wachsende Lebenserwartung zu: Im Jahr 2050 wird jeder zweite Mann in Deutschland älter als 51, jede zweite Frau älter als 55 Jahre sein. Dabei ist schon unterstellt, dass jährlich netto rd. 150 Tsd. jüngere Menschen nach Deutschland einwandern, sonst betrüge das Medianalter im Jahr 2050 bei den Männern 53, bei den Frauen 58 (*Schaubild 5*).[6]

Die Auswirkungen der demographischen Alterung auf die sozialen Sicherungssysteme lassen sich am klarsten erkennen, wenn man die demographische Alterung nicht nur durch das Medianalter, sondern auch durch den Altenquotienten misst, der meist als Zahl der 60jährigen und älteren auf 100 Menschen im Alter von 20 bis unter 60 definiert wird. Der Altenquotient wird bis zum Jahr 2050 – je nach der Entwicklung der Geburtenrate, der Lebenserwartung und dem Einwanderungssaldo – um den Faktor zwei bis drei steigen. Sogar bei einer hypothetisch als konstant angenommenen Lebenserwartung würde er sich mindestens verdoppeln. Legt man die Ergebnisse der im Auftrag des Gesamtverbands der Deutschen Versicherungswirtschaft für die Rentenreform 2000 durchgeführten demographischen Projektionsrechnungen zu Grunde, erhält man folgende Eckwerte: Die Zahl der über 60-Jährigen wächst von 1998 bis 2050 von 17,9 Mio. auf 27,8 Mio., die der 20 bis unter 60-Jährigen schrumpft von 46,5 Mio. auf 30,4 Mio., d.h. der Altenquotient steigt von 38,6 auf 91,4, was einem Anstieg um den Faktor 2,4 entspricht (= mittlere Variante).[7]

---

6 Dies ist das Ergebnis weiterer Simulationsrechnungen, vgl. Birg, Herwig, Flöthmann, E.-Jürgen, Frein, Thomas, Ströker, Kerstin, Simulationsrechnungen zur Bevölkerungsentwicklung in den alten und neuen Bundesländern im 21. Jahrhundert. Materialien des Instituts für Bevölkerungsforschung und Sozialpolitik, Bd. 45, Universität Bielefeld, Bielefeld 1998, Bevölkerungsvarianten 2 und 5, S. A6 und A21.
7 Birg, Herwig, Börsch-Supan, Axel, Für eine neue Aufgabenverteilung zwischen gesetzlicher und pri-

Schaubild 3: Bevölkerungsentwicklung Deutschlands im 21. Jahrhundert mit Wanderungen – bei einem jährlichen Wanderungssaldo von 250.000 und einem Anstieg der Geburtenzahl pro Frau von 1,25 auf 1,50 innerhalb von 15 Jahren ab alternativen Zeitpunkten

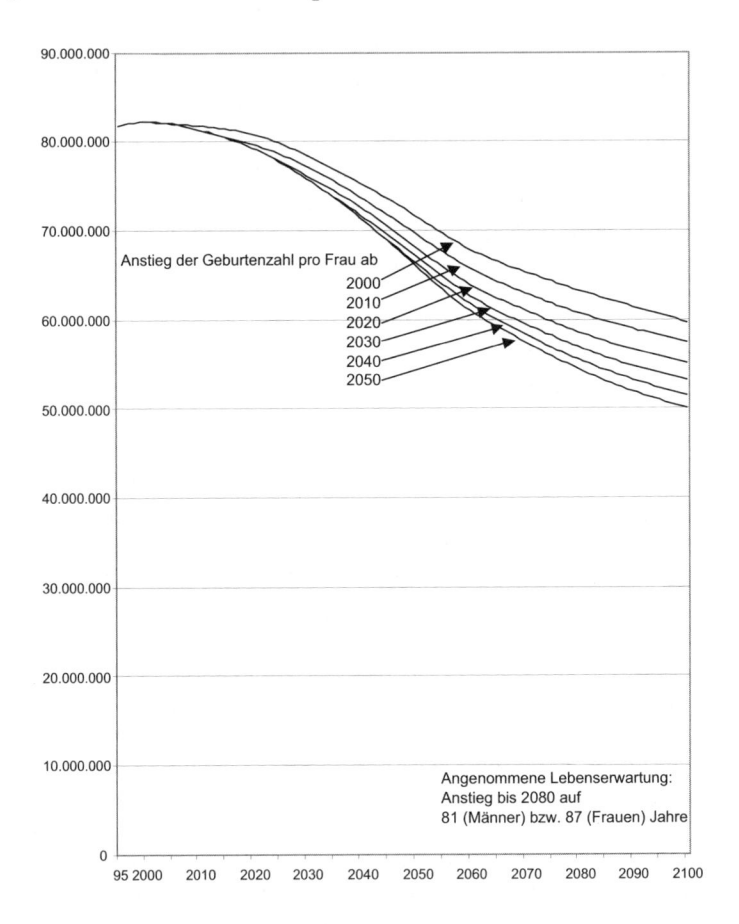

Anstieg der Geburtenzahl pro Frau ab
2000
2010
2020
2030
2040
2050

Angenommene Lebenserwartung:
Anstieg bis 2080 auf
81 (Männer) bzw. 87 (Frauen) Jahre

4.2. Die Veränderung der Altersstruktur

In dem zitierten Gutachten im Auftrag des Gesamtverbands der Deutschen Versicherungswirtschaft wurden Dutzende von demographischen Vorausberech-

---

vater Altersversorgung – eine demographische und ökonomische Analyse. Gutachten für den Gesamtverband der deutschen Versicherungswirtschaft, Berlin 1999, Bevölkerungsprojektion Nr. 5, S. 164. Der demographische Teil dieses Gutachtens wurde in einer erweiterten Form veröffentlicht: Birg, Herwig, Flöthmann, E.-Jürgen, Demographische Projektionsrechnungen für die Rentenreform 2000. Materialien des Instituts für Bevölkerungsforschung und Sozialpolitik der Universität Bielefeld, Bd. 47A und 47B, Bielefeld 2000.

I. Demographie, Familie und Recht

nungen unter alternativen Annahmen für die Geburtenrate, den Einwanderungsüberschuss und die Entwicklung der Lebenserwartung durchgeführt. Im Folgenden werden die Ergebnisse über die Veränderungen der Altersstruktur aus der mittleren Variante (= Bevölkerungsprojektion Nr. 5) zusammengefasst.[8]

Die Zahl der Jugendlichen (unter 20 Jahre) nimmt von 1998 bis 2050 kontinuierlich von 17,7 Mio. auf 9,7 Mio. ab, während die Zahl der über 80-Jährigen im gleichen Zeitraum stetig von 3,0 Mio. bis auf rd. 10 Mio. wächst. Die Gruppe der unter 40-Jährigen ist 1998 noch deutlich größer als die der über 60-Jährigen (42,3 Mio. versus 17,9 Mio.). In der Zukunft kehrt sich das Verhältnis um: Die Gruppe der über 60-Jährigen ist größer als die der unter 40-Jährigen (*Tabellen 2 und 3*).

Der Anteil der unter 20-Jährigen nimmt bis 2050 von 21,6 % auf 14,3 % ab, gleichzeitig steigt der Anteil der über 60-Jährigen von 21,8 % auf 40,9 %. Besonders stark ist die Zunahme des Anteils der Betagten und Hochbetagten (80 und älter) von 3,7 % auf 14,7 %. Ab dem Jahr 2050 ist der Anteil der über 80-Jährigen etwa gleich groß wie der Anteil der unter 20-Jährigen.

4.3. Konsequenzen für die gesetzliche Rentenversicherung

4.3.1. Die Funktionsweise des Umlageverfahrens

Die gesetzliche Rentenversicherung beruht in Deutschland zum weitaus überwiegenden Teil auf dem so genannten Umlageverfahren: Die heutigen Beitragszahler bekommen ihre Rentenbeiträge nicht im Ruhestand als Rente wieder, sondern ihre Beitragszahlungen werden ohne zeitlichen Umweg sofort an die heutigen Rentner ausbezahlt. Wenn die heutigen Beitragszahler das Rentenalter erreicht haben, sind ihre früher eingezahlten Beiträge bereits ausgegeben, ihre Renten müssen aus den Beitragseinnahmen der dann im Erwerbsleben stehenden Bevölkerung finanziert werden.

Eine Erhöhung des Verhältnisses der Zahl der zu versorgenden älteren Menschen zur Zahl der Versorgenden um einen Faktor von z.B. 2,4 bedeutet, dass die Beitragssätze zur gesetzlichen Rentenversicherung um den gleichen Faktor angehoben – oder dass das Rentenniveau (= Verhältnis der Durchschnittsrente zum Durchschnittseinkommen) um den Faktor 1/2,4 verringert werden müsste. Für die Rentenversicherung folgt daraus eine Erhöhung des Beitragssatzes auf mehr als das Doppelte oder alternativ eine Senkung des Rentenniveaus von zur-

---

[8] Die in dem Gutachten durchgerechneten Bevölkerungsprojektionen und ihre Annahmen sind nach den 4 Teilpopulationen Deutsche/alte Bundesländer, Deutsche/neue Bundesländer, Zugewanderte/alte Bundesländer und Zugewanderte/neue Bundesländer differenziert. Für Deutschland insgesamt lassen sich die für die 4 Teilpopulationen zu Grunde gelegten Annahmen wie folgt zusammenfassen: (1) Das durchschnittliche Niveau der Zahl der Lebendgeborenen pro Frau beträgt bei den Deutschen 1,25, bei den Zugewanderten 1,64. (2) Die Lebenserwartung eines Neugeborenen steigt von 74,0 auf 80,9 (Männer) bzw. von 80,8 auf 86,9 (Frauen), wobei die Lebenserwartung der Zugewanderten wegen des günstigen Selektionseffekts der Migration zunächst um rd. 5 Jahre höher liegt als bei den Deutschen, sich aber allmählich angleicht. (3) Der Einwanderungsüberschuss beträgt im Mittel 170 Tsd. pro Jahr. Bei diesen Annahmen sind die Rückwirkungen der ökonomischen Entwicklung auf die Geburtenrate und Migration berücksichtigt (= Rückkopplungsprojektion).

zeit 70 % auf weniger als die Hälfte, es sei denn, dass die Einnahmen der Rentenversicherung zu einem immer höheren Anteil aus Steuern finanziert werden, wie das heute bereits geschieht.

Schaubild 4: *Entwicklung der Geburten und Sterbefälle sowie der Geburtenbilanz in Deutschland von 1946 bis 1997 und von 1998 bis 2100*

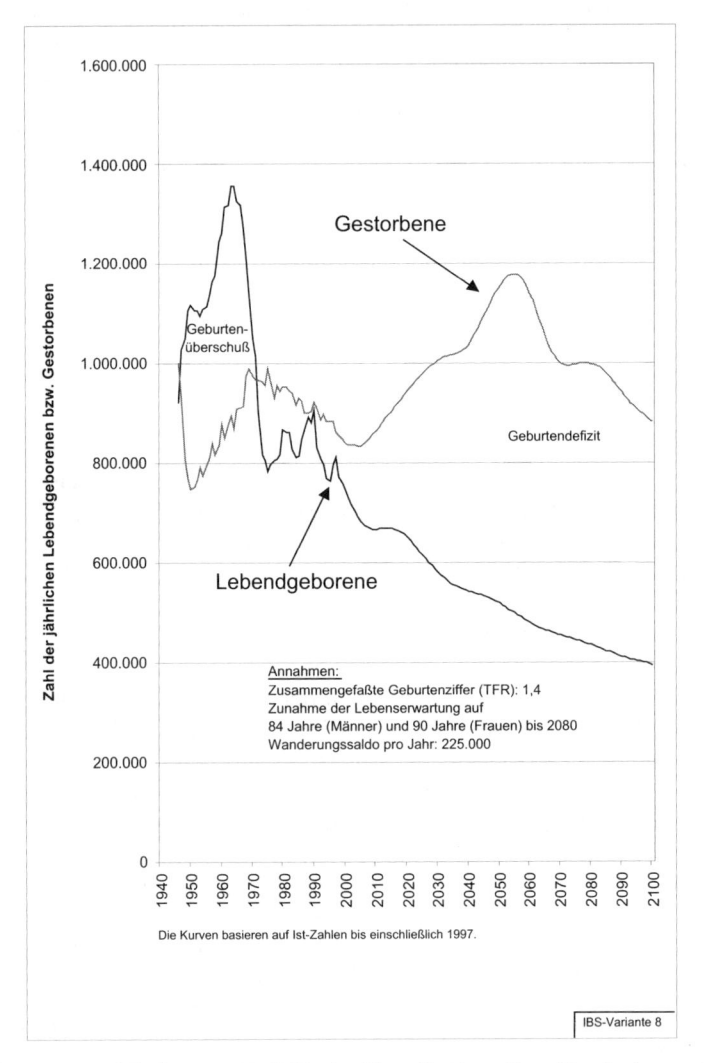

Quelle: Birg, H./Flöthmann, E.-J./Frein, T. u. Ströker, K.: „Simulationsrechnungen der Bevölkerungsentwicklung in den alten und neuen Bundesländern im 21. Jahrhundert", Universität Bielefeld, Bielefeld 1999

Diese Perspektiven sind politisch ebenso irreal wie sachlich unabweisbar. Deshalb wurde in den letzten 10 Jahren eine von den meisten Menschen nicht wahrgenommene schrittweise Verringerung des Leistungsumfangs der gesetzlichen Rentenversicherung beschlossen, die den erforderlichen Anstieg des Beitragssatzes dämpft, indem sie das bisher gewohnte Rentenniveau beträchtlich verringert. Zu den weitgehend unbekannten gesetzlichen Änderungen des Leistungsumfangs gehören Maßnahmen wie höhere Abschläge bei einem früheren Renteneintritt, Anrechnung von maximal 3 statt bisher 7 Jahren Schulausbildung, niedrigere Bewertung der ersten Berufsjahre, Abschläge bei Renten wegen verminderter Erwerbsfähigkeit sowie die generelle Absenkung des Rentenniveaus durch den so genannten *Demographiefaktor*, mit dem eine automatische Kürzung des Rentenniveaus in Abhängigkeit von der demographischen Alterung bezweckt wird. Wenn behauptet wird, dass der Beitragssatz von heute rd. 20 % bis 2030 auf „nur" 25 % statt auf über 40 % angehoben werden muss, so liegt dies zum einen an der schon beschlossenen Verringerung des Rentenniveaus, ohne die der Beitragssatz bereits heute deutlich höher läge, zum anderen aber auch daran, dass ein immer größerer Teil der Einnahmen der gesetzlichen Rentenversicherung aus Steuern finanziert wird, wodurch die wahre Höhe des Beitragssatzes ebenfalls verschleiert wird. Auch die Einführung der Ökosteuer ist ein Versuch, den in der Zukunft erforderlichen weiteren Anstieg des Beitragssatzes durch eine Steuerfinanzierung der Ausgaben statt durch Beitragseinnahmen zu dämpfen. Aber der Anstieg der demographisch bedingten, realen Belastung der Menschen lässt sich durch die Steuerfinanzierung der Beiträge nicht umgehen, denn ob die Beitragszahler ihre Rentenbeiträge wie bisher an die Rentenkasse abführen oder indirekt über einen höheren Benzinpreis an den Tankstellen entrichten, macht für die reale Belastung keinen Unterschied.

4.3.2. Handlungsoption I: Beitragserhöhung oder Rentenniveausenkung

Der durch das Umlageverfahren bedingte, grundsätzliche Zusammenhang zwischen dem Beitragssatz der Rentenversicherung, dem Altenquotienten und dem Rentenniveau ist in *Schaubild 6* graphisch dargestellt. Will man den Beitragssatz senken, muss das Rentenniveau verringert werden und umgekehrt. Die Wahlmöglichkeiten sind als Punkte auf einer Geraden ablesbar, deren Steigung vom Altenquotient bestimmt wird. Heute ist die demographische Alterung noch relativ gering, zurzeit gilt die unterste Gerade. Aber ihre Steigung erhöht sich in Zukunft im selben Maße wie der Altenquotient zunimmt. Der Altenquotient steigt allein schon wegen der schrumpfenden Zahl der Personen in der Altersgruppe 20-60, also auch dann, wenn die Lebenserwartung konstant bleiben würde. Im 20. Jahrhundert hat sich die Lebenserwartung eines Neugeborenen jedoch verdoppelt, sie wächst immer noch um 6 bis 8 Wochen pro Jahr. Auch wenn sich die Zunahme in der Zukunft abflacht, ist bis 2050 ein weiterer Anstieg um mindestens 5 bis 6 Jahre ziemlich wahrscheinlich. In dem zitierten Gutachten für die Rentenreform 2000 wurde in der mittleren Variante der Berechnungen ein

Zuwachs bei den Männern von 74,0 auf 80,9 und bei den Frauen von 80,8 auf 86,9 vorausberechnet. Dadurch wird die Steigung der Geraden in *Schaubild 6* noch steiler bzw. der für eine Beibehaltung des jetzigen Rentenniveaus erforderliche Beitragssatz wird höher als bei einer Konstanz der Lebenserwartung.

Schaubild 5: Entwicklung der Altersstruktur der Bevölkerung in den alten und neuen Bundesländern (gem. Bevölkerungsprojektion 5 – mit Rückkopplungen)

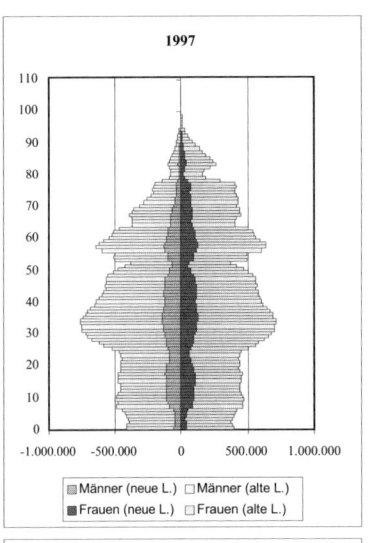

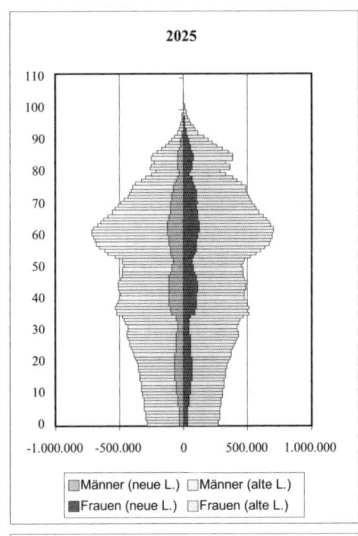

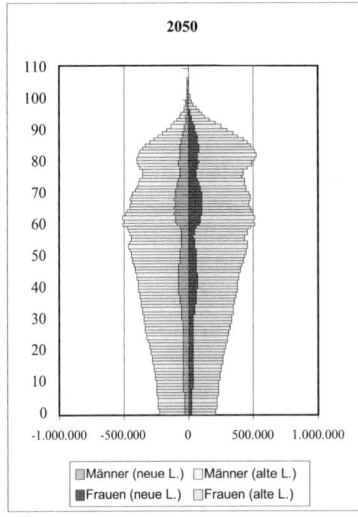

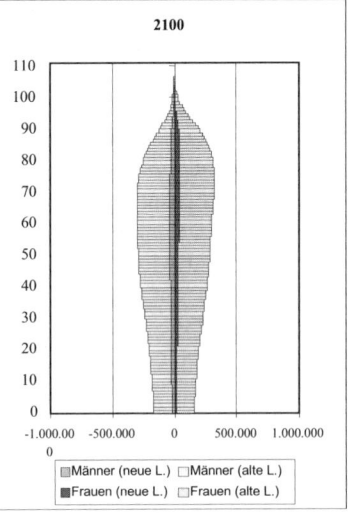

Quelle: Birg/Flöthmann, IBS, Univ. Bielefeld 1999

Der wissenschaftliche Beirat beim Bundesminister für Wirtschaft hat in seinem Gutachten sogar unter der unrealistischen Bedingung einer Konstanz der Lebenserwartung eine Erhöhung des Beitragssatzes von zurzeit 20 % auf rd. 40 % errechnet, falls das heutige Rentenniveau von 70 % beibehalten werden soll.[9] Zu einem ähnlichen Ergebnis kommt auch die Analyse in *Schaubild 6*. Wenn jedoch die Lebenserwartung zunimmt, ist eine Erhöhung auf deutlich mehr als 40 % erforderlich, wie sich im Schaubild ablesen lässt, nämlich auf d. 46 %. Alternativ dazu könnte der Beitragssatz konstant gehalten und dafür das Rentenniveau auf rd. 30 % gesenkt werden. Dabei ist die versteckte Beitragssatzerhöhung durch die Steuerfinanzierung der Beiträge explizit ausgewiesen.

In der Öffentlichkeit ist weitgehend unbekannt, dass die letzte Rentenreform auf der demographischen Vorausberechnung des Statistischen Bundesamtes beruht („*8. koordinierte Bevölkerungsvorausberechnung*"), die die unrealistische Annahme enthält, dass die Lebenserwartung in Deutschland ab dem 01. Januar 2000 nicht mehr zunimmt. Das Gutachten des Wissenschaftlichen Beirats stützt sich ebenfalls noch auf diese irreale Zahlenbasis. Erst in seiner folgenden Vorausschätzung vom Juni 2000 („*9. koordinierte Bevölkerungsvorausschätzung*") hat auch das Statistische Bundesamt eine Zunahme der Lebenserwartung berücksichtigt. Sie ist in *Schaubild 6* bereits vorweggenommen.

4.3.3. Handlungsoption II: Erhöhung des Ruhestandsalters

Aus der zwingenden Logik der demographischen Alterung gibt es keinen Ausweg: Will man weder das Rentenniveau senken noch den Beitragssatz steigern, ist eine drastische Anhebung des Ruhestandsalters unumgänglich. Berechnet man den Altenquotienten für ein nach oben variables Ruhestandsalter von alternativ 61, 62, 63, ..., 73, so lässt sich die Frage beantworten, wann das Ruhestandsalter um wie viel Jahre erhöht werden müsste, damit der variabel definierte Altenquotient konstant bleibt. Aus den im Auftrag des Gesamtverbands der Deutschen Versicherungswirtschaft durchgeführten demographischen Projektionsrechnungen (Projektionsvariante Nr. 5) ergeben sich die in *Tabelle 4* dargestellten Anhebungen des Ruhestandsalters.

---

[9] Bundesministerium für Wirtschaft (Hrsg.), Grundlegende Reform der gesetzlichen Rentenversicherung. Gutachten des Wissenschaftlichen Beirats beim Bundesministerium für Wirtschaft, Studienreihe des BMW, Nr. 99, Bonn, April 1998, S. 37.

Schaubild 6: Zusammenhang zwischen dem Beitragssatz der Rentenversicherung, dem Rentenniveau und der Zunahme der Lebenserwartung

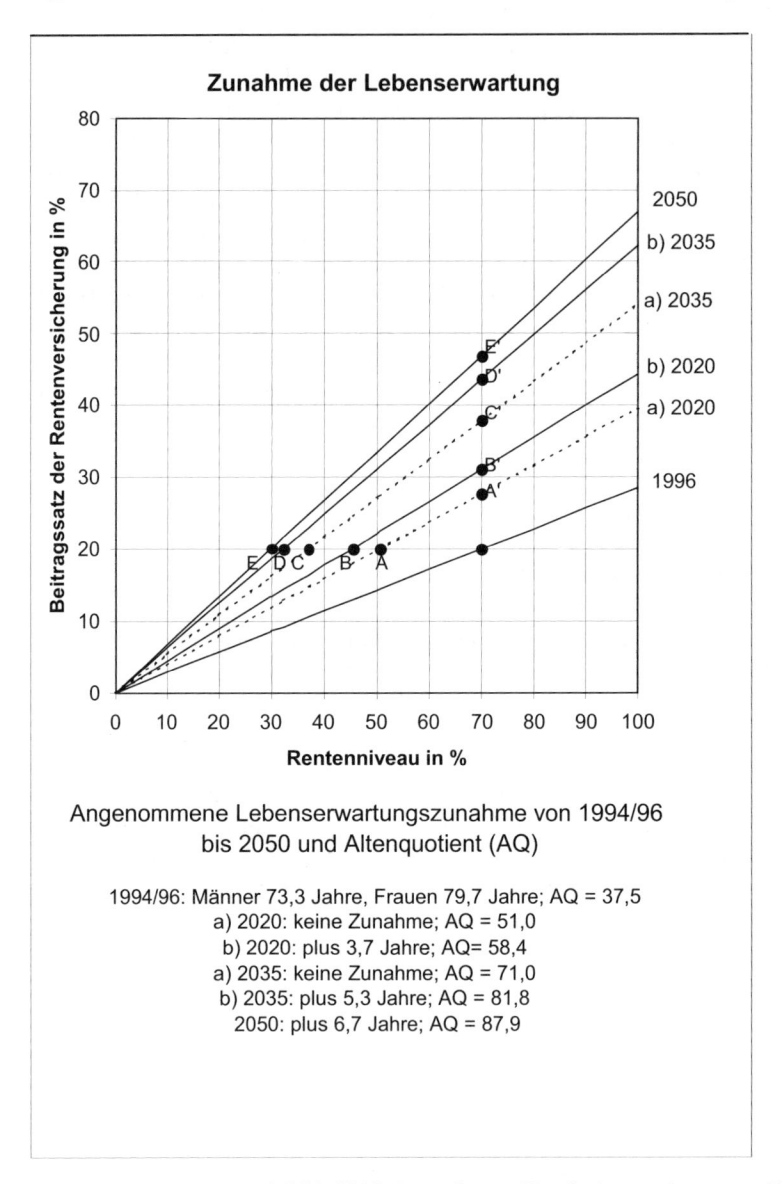

Zunahme der Lebenserwartung

Angenommene Lebenserwartungszunahme von 1994/96
bis 2050 und Altenquotient (AQ)

1994/96: Männer 73,3 Jahre, Frauen 79,7 Jahre; AQ = 37,5
a) 2020: keine Zunahme; AQ = 51,0
b) 2020: plus 3,7 Jahre; AQ= 58,4
a) 2035: keine Zunahme; AQ = 71,0
b) 2035: plus 5,3 Jahre; AQ = 81,8
2050: plus 6,7 Jahre; AQ = 87,9

Quelle: H. Birg, Universität Bielefeld, 1999. Datenbasis: Simulationsrechnungen, Variante 4; Materialien des IBS, Bd. 45, Universität Bielefeld, 1999.

I. Demographie, Familie und Recht

Tabelle 4: Die für die Konstanz des variablen Altenquotienten erforderliche Erhöhung des Ruhestandsalters

Erhöhung des Ruhestandsalters von ... auf ...	Die Erhöhung ist erforderlich im Jahr ...
60 → 61	2000
61 → 62	2002
62 → 63	2006
63 → 64	2014
64 → 65	2018
65 → 66	2022
66 → 67	2026
67 → 68	2029
68 → 69	2031
69 → 70	2036
70 → 71	2039
71 → 72	2042
72 → 73	2074

Das Ruhestandsalter von heute real rd. 60 müsste bis zum Jahr 2018 kontinuierlich auf 65, bis zum Jahr 2036 auf 70 und schließlich bis zum Jahr 2074 auf 73 angehoben werden, andernfalls ist ein Anstieg des für den Beitragssatz entscheidenden Altenquotienten unvermeidlich (*Schaubild 7, 7a* und *Tabelle 4*).

Eine so starke Erhöhung des Ruhestandsalters ist nicht nur unpopulär, sie ist auch unrealistisch, denn zum einen wäre nur eine Minderheit der älteren Bevölkerung gesundheitlich dazu in der Lage, bis zum Alter 65 oder gar 73 einer Erwerbstätigkeit nachzugehen – die Lebenserwartung der Männer liegt heute bei 74, künftig bei 80 –, zum anderen werden auch von der Wirtschaft vorwiegend jüngere Arbeitskräfte nachgefragt. In vielen Berufen, nicht nur bei Piloten und Informatikern, gelten Arbeitskräfte im Alter 40 oder 50 schon als alt. Je dynamischer sich die Volkswirtschaften im Zuge der Globalisierung entwickeln, desto stärker sinkt die so genannte Halbwertzeit des durch eine Berufsausbildung erworbenen Wissens, und desto weniger zählt (zurzeit noch) in den Augen der Wirtschaft das mit dem Alter wachsende Kapital an Erfahrung.

4.3.4. Handlungsoption III: Einwanderung und Erhöhung der Geburtenrate

Wollte man den Anstieg des Altenquotienten statt durch eine Erhöhung des Ruhestandsalters allein durch Einwanderungen Jüngerer verhindern, so wäre nach den Berechnungen der UN in Deutschland bis zum Jahr 2050 eine Netto-

Einwanderung von insgesamt 188 Mio. Menschen nötig.[10] Die Zahl ist deshalb so hoch, weil die Zugewanderten den Altenquotienten lediglich vorübergehend verringern und nach dem Erreichen des Ruhestandsalters selbst zu seiner Erhöhung beitragen, so dass der Netto-Entlastungseffekt nur gering ist, zumal auch die Geburtenrate der Zugewanderten nicht ausreicht, um die Bevölkerungsstruktur nachhaltig zu verjüngen: Wenn sowohl die Mutter als auch der Vater eine ausländische Staatsangehörigkeit haben, beträgt die Zahl der Lebendgeborenen pro Frau 1,5. Wenn dagegen nur die Mutter eine ausländische und der Vater eine ausländische oder die deutsche Staatsangehörigkeit besitzen, sind es 1,9 Lebendgeborene pro Frau.[11] In beiden Fällen liegt die Geburtenrate unter der für die langfristige Bestandserhaltung erforderlichen Zahl von 2,1 Lebendgeborenen pro Frau. Dennoch würde die zugewanderte Bevölkerung in Deutschland auch ohne weitere Zuwanderungen in den kommenden Jahrzehnten wegen ihrer jungen Altersstruktur vorübergehend noch von 7,4 Mio. (1998) auf 10,0 Mio. (2050) wachsen, danach aber bis 2100 auf 6,8 Mio. abnehmen.[12]

Fazit: Mit Einwanderungen jüngerer Menschen kann die demographische Alterung nicht aufgehalten, sondern nur gemildert werden.

Ein ähnlich ernüchterndes Ergebnis erhält man aus folgendem Gedankenexperiment: Wollte man den Anstieg des Altenquotienten allein durch eine Erhöhung der Geburtenrate verhindern, wäre eine Erhöhung der Zahl der Lebendgeborenen pro Frau von z.Zt. rd. 1,3 auf 3,8 erforderlich.[13] Dieses Ziel ist utopisch, denn selbst in den Entwicklungsländern, in denen die Geburtenrate weltweit am höchsten ist, entfallen im Durchschnitt pro Frau nur noch 3,0 Lebendgeborene.

Hieraus ergibt sich folgendes Zwischenfazit: Die demographische Alterung ist infolge des bereits eingetretenen Geburtenrückgangs, der unausweichlich weitere große Geburtenrückgänge in der Zukunft nach sich ziehen wird, weder mit Familienpolitik noch durch die Einwanderung Jüngerer aus dem Ausland zu verhindern. Die demographische Alterung der Gesellschaft kann durch demographische Maßnahmen nur noch gemildert, aber nicht mehr aufgehalten werden. Die deutsche Rentenversicherung wurde am Ende des 19. Jahrhunderts für eine damals junge Altersstruktur konzipiert. Der Rückgang der Geburtenrate im 20. Jahrhundert wird das Verhältnis der älteren Bevölkerung zur Zahl der Erwerbsbevölkerung im 21. Jahrhundert um den Faktor zwei bis drei erhöhen. Wollte man das bisherige Umlageverfahren ohne Beitragserhöhungen und ohne Kürzung des Rentenniveaus beibehalten, müsste das Ruhestandsalter auf 70 Jahre und mehr angehoben werden.

---

10 UN (Ed.), Replacement Migration, a.a.O., S. 39 und mein kommentierender Artikel in der FAZ vom 12.4.2000, S. 15.
11 Statistisches Bundesamt (Hrsg.), Gebiet und Bevölkerung 1997, Wiesbaden 1999, S. 51.
12 Birg, Herwig, Börsch-Supan, Axel, a.a.O., Bevölkerungsprojektion Nr. 1, S. 150.
13 Birg, Herwig, Koch, Helmut, Der Bevölkerungsrückgang in der Bundesrepublik Deutschland, Frankfurt am Main 1987, S. 144f. und Tabelle TE7, S. 159.

I. Demographie, Familie und Recht 177

Schaubild 7: Entwicklung der Altenquotienten bei unterschiedlicher Abgrenzung der Altersgruppen

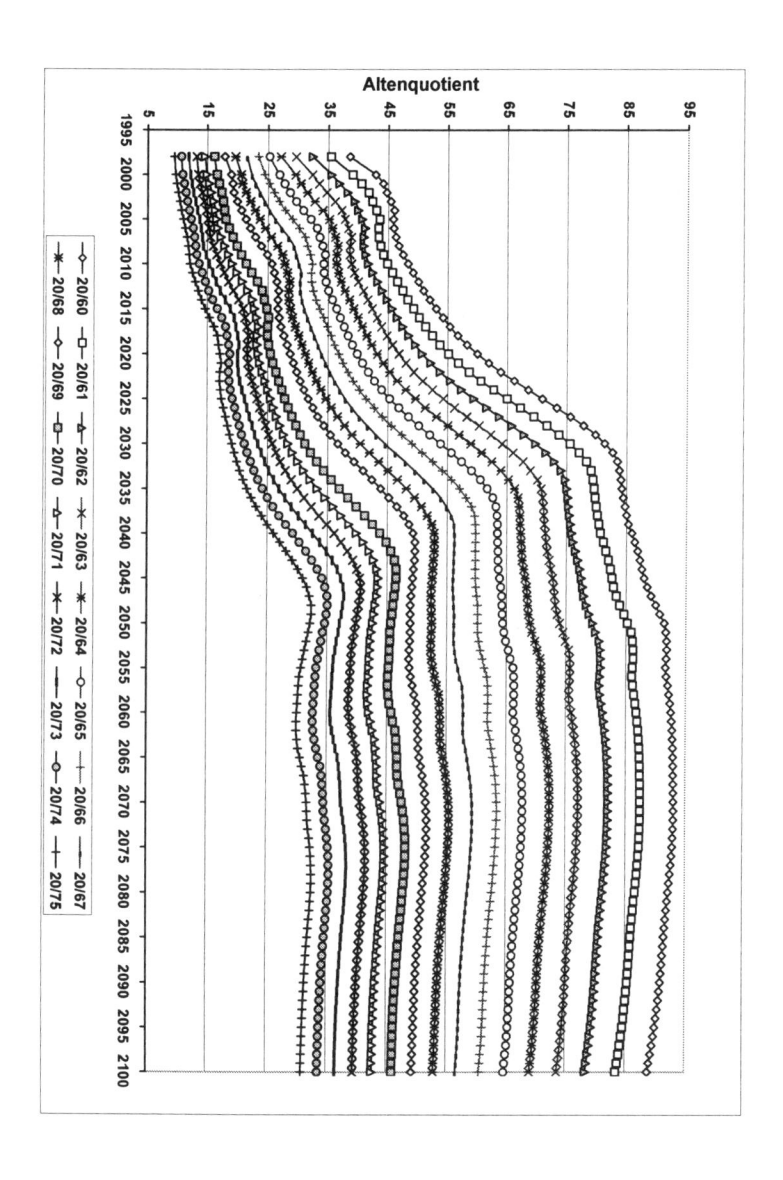

Quelle der Basisdaten: H. Birg, E.-J. Flöthmann, Demographische Projektionsrechnungen zur Rentenreform 2000, Gutachten für den Gesamtverband der Deutschen Versicherungswirtschaft, Berlin 1999 (Projektionsvariante 5).

Die Konsequenz ist, dass die auf dem Umlageverfahren beruhende gesetzliche Rentenversicherung reformiert und an die sich ändernde Altersstruktur angepasst werden muss. Um sowohl eine übermäßige Erhöhung des Beitragssatzes als auch eine untragbare Verringerung des Rentenniveaus zu vermeiden, muss eine zusätzliche, auf Eigenvorsorge durch private Ersparnis beruhende Altervorsorge eingeführt werden, die von der demo-graphischen Alterung wesentlich unabhängiger ist als das Umlageverfahren der gesetzlichen Rentenversicherung. Die umlagefinanzierte Rentenversicherung kann jedoch durch eine private Zusatzversicherung nicht ersetzt, sondern nur ergänzt werden. Ein vollständiger Ersatz würde bedeuten, dass an die Stelle der demographisch verbürgten Sicherheit im Alter durch die Erziehung von Kindern eine nur auf den Kapitalmarkt vertrauende Vorsorge träte, die naturgemäß umso weniger Sicherheit bietet, je ertragreicher und damit riskanter die Kapitalanlagen sind, die zunehmend im Ausland investiert werden müssten.

4.4. Auswirkungen auf die gesetzliche Krankenversicherung

Die demographisch bedingten Einnahmeausfälle und Ausgabensteigerungen der gesetzlichen Rentenversicherung lassen sich – wenigstens hypothetisch – durch eine Anhebung des Ruhestandsalters begrenzen, bei der Kranken- und Pflegeversicherung ist nicht einmal dieser rein theoretische Ausweg vorhanden, weil die mit steigendem Alter zunehmenden Pro-Kopf-Ausgaben für die Gesundheit unausweichlich sind, selbst wenn das Ruhestandsalter problemlos erhöht werden könnte.

Die Pro-Kopf-Ausgaben für die Gesundheit sind im höheren Alter etwa um den Faktor 8 größer als im Alter von 20.[14] Dies liegt zum einen daran, dass ältere Menschen häufiger erkranken als jüngere, zum anderen aber steigen die Kosten auch deshalb, weil der Anteil der Todesfälle an der Bevölkerung mit steigendem Alter stark wächst, wobei die Kosten mit der Nähe des Todes sprunghaft steigen: Von 1000 20 bis 25-jährigen Männern starb 1997 nur eine Person, bei den 1000 80 bis 85-jährigen Männern waren es 111, und bei 1000 90-Jährigen und älteren 256.[15] Hinzu kommt, dass sich das Altersprofil der Pro-Kopf-Gesundheitsausgaben durch den medizinisch-technischen Fortschritt insgesamt ständig nach oben verschiebt. Das Verhältnis der Pro-Kopf-Ausgaben zwischen Jung und Alt betrug 1992 noch 1:8, es könnte sich aber durch diese Verschiebungen bis 2040 auf über 1:20 erhöhen, wie die Enquete-Kommission „Demographischer Wandel" des Deutschen Bundestages unter Bezugnahme auf Untersuchungen des Prognos-Instituts feststellte.[16]

---

14 Ministerium für Gesundheit und Soziales NRW (Hrsg.), Gesundheitsreport 1994, Bielefeld 1995, S. 174f.
15 Statistisches Bundesamt (Hrsg.), Gebiet und Bevölkerung 1997, Wiesbaden 1999, Tabelle 5.2, S. 222.
16 Enquete-Kommission „Demographischer Wandel" des Deutschen Bundestages, Zweiter Zwischenbericht vom 5.10.1998, Abb. 8, S. 230.

I. Demographie, Familie und Recht

Schaubild 7a: **Entwicklung der Altenquotienten bei unterschiedlicher Abgrenzung der Altersgruppen (für Altenquotient 1998 = 100)**

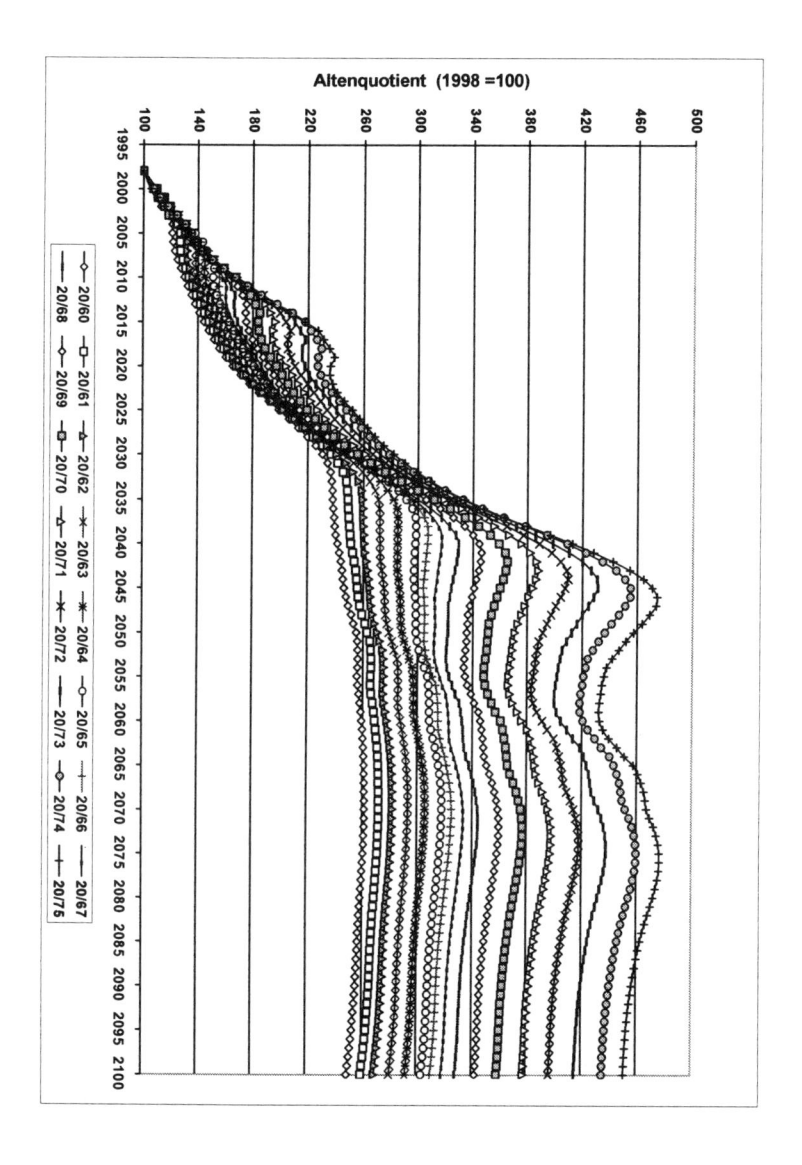

Quelle der Basisdaten: H. Birg, E.-J. Flöthmann, Demographische Projektionsrechnungen zur Rentenreform 2000, Gutachten für den Gesamtverband der Deutschen Versicherungswirtschaft, Berlin 1999 (Projektionsvariante 5).

Die demographische Alterung erhöht die Ausgaben und senkt die Einnahmen der gesetzlichen Krankenversicherung. Bei konstanten Pro-Kopf-Einkommen würden die Einnahmen wegen der demographisch bedingt abnehmenden Zahl der Personen im erwerbstätigen Alter, von der die Zahl der Beitragszahler abhängt, bis 2040 um rd. 30 % abnehmen. Gleichzeitig nehmen die Ausgaben aufgrund von zwei Faktoren zu, zum einen erhöht sich die Zahl der älteren Personen, zum anderen steigen die Ausgaben auf Grund der mit höherem Alter zunehmenden Pro-Kopf-Ausgaben für die Gesundheit. Wie eigene Simulationsrechnungen ergeben, wachsen die Ausgaben dadurch bis 2040 bei konstanten Preisen um rd. 22 %.

Die sich öffnende Schere zwischen zunehmenden Ausgaben bei sinkenden Einnahmen erfordert eine Erhöhung des Beitragssatzes der gesetzlichen Krankenversicherung von rd. 12 % auf etwa 21 % (2050) – es sei denn, dass das Versorgungsniveau verringert oder die Eigenbeteiligung stark erhöht wird. Dieses Ergebnis beruht auf der Annahme, dass der medizinisch-technische Fortschritt in der Zukunft keinerlei kostensteigernde Wirkung entfaltet bzw. dass das Altersprofil der Pro-Kopf-Gesundheitsausgaben sich künftig nicht weiter nach oben verschiebt. Würde sich die Relation der Pro-Kopf-Gesundheitsausgaben von 1:8 auf z.B. 1:20 erhöhen, müsste der Beitragssatz statt auf 21 % auf 24 % angehoben werden. Die relativ geringe Differenz von nur drei Prozentpunkten trotz der drastischen Verschiebung des Altersprofils durch den medizinischen Fortschritt zeigt, dass die erforderliche Beitragssatzerhöhung stärker von den schrumpfenden Einnahmen bestimmt wird als von den steigenden Ausgaben, deren Dynamik dadurch begrenzt wird, dass die Zahl der über 60-Jährigen nur bis 2030/35 wächst, danach aber wieder abnimmt (*Schaubild 8*).

4.5. Auswirkungen auf die Pflegeversicherung

Die demographische Alterung hat ähnlich wie in der gesetzlichen Krankenversicherung auch in der gesetzlichen Pflegeversicherung einnahmensenkende und ausgabenerhöhende Auswirkungen. Auch hier steigen die Pro-Kopf-Ausgaben für Pflegeleistungen mit zunehmendem Alter steil an: 1996 waren in der Altersklasse der 35-39-Jährigen 4 von 1000 Versicherten Empfänger von Leistungen der gesetzlichen Pflegeversicherung, in der Altersgruppe der 65-69-Jährigen waren es 24 und bei den über 80-Jährigen 280. Demographische Simulationsrechnungen verschiedener Institute ergaben, dass der Beitragssatz zur gesetzlichen Pflegeversicherung von 1,7 % bis 2040 auf rd. 3 bis 6 % erhöht werden müsste.[17] Wahrscheinlich ist selbst ein Prozentsatz von 6 % nicht ausreichend, wie die folgenden, neuen Berechnungen über den Anstieg des demographischen Altenpflegequotienten zeigen.

---

[17] Berechnungen des Prognos-Instituts und des Ifo-Instituts. Zweiter Zwischenbericht der Enquete-Kommission „Demographischer Wandel", a.a.O., Tab. 38, S. 126.

I. Demographie, Familie und Recht

Schaubild 8: Simulationsrechnungen zum demographisch bedingten Anstieg der Gesundheitsausgaben und zu den Auswirkungen auf den Beitragssatz zur Krankenversicherung im 21. Jahrhundert

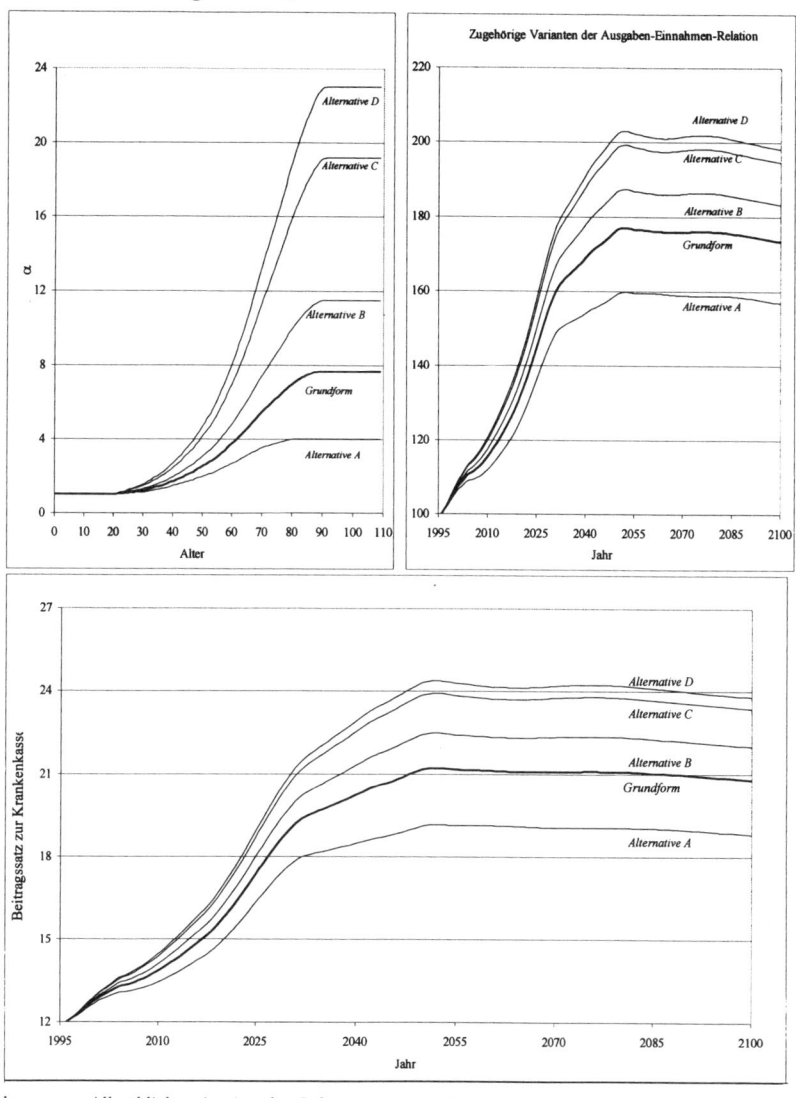

Annahmen: Allmählicher Anstieg der Lebenserwartung der Männer von 73 Jahr auf 81 Jahre bzw. der Frauen auf 80 Jahre
auf 87 Jahre bis 2080. Lebendgeborene pro Frau 1,4. Jährlicher Wanderungssaldo 150.000.
Quelle: siehe Variante 4 in: H. Birg, E.-J. Flöthmann, Th. Frein u. K. Ströker, Simulationsrechnungen zur Bevölkerungsentwicklung in den alten und neuen Bundesländern im 21. Jahrhundert, Bd. 45 der Materialien des Institutes für Bevölkerungsforschung und Sozialpolitik, Universität Bielefeld, 1999.
Quelle für die Daten der Gesundheitsausgaben pro Kopf (Grundform): Minister für Arbeit, Gesundheit und Soziales NRW (Hrsg.), Gesundheitsreport 1994, Bielefeld 1995, S. 174f.

Der hier verwendete Begriff „*demographischer Altenpflegequotient*" ist als die Zahl der Menschen in der für die Zahl der Pflegebedürftigen wichtigen Altersgruppe der Hochbetagten definiert, die auf je 100 Menschen in der um 20 bis 40 Jahre jüngeren Altersgruppe entfallen, von denen die meisten Pflegeleistungen erbracht werden. Dabei wird die Zahl der Hochbetagten alternativ als Gruppe der 80-Jährigen und älteren bzw. als Gruppe der 81-Jährigen und älteren usf. bis zu den 90-Jährigen und älteren definiert, die der um 20 bis 40 Jahre jüngeren potenziellen Pflegepersonen entsprechend alternativ als 40 bis 60-Jährige, 41 bis 61-Jährige usf.:

$$\textit{Altenpflegequotient B80/(40-60)} = \frac{\textit{Bevölkerung im Alter 80+}}{\textit{Bevölkerung im Alter 40-60}} \cdot 100$$

$$\textit{Altenpflegequotient B81/(41-61)} = \frac{\textit{Bevölkerung im Alter 81+}}{\textit{Bevölkerung im Alter 41-61}} \cdot 100$$

Die Berechnungen auf der Grundlage der für den Gesamtverband der Deutschen Versicherungswirtschaft durchgeführten mittleren Projektionsvariante führen zu folgenden Ergebnissen:

(1) Die Gruppe der 80-Jährigen und älteren Menschen, zu der die meisten Pflegebedürftigen gehören, verdreifacht sich von 1998 bis 2050 infolge der nachrückenden geburtenstarken Jahrgänge der 1960er Jahre von 3,0 Mio. auf 9,9 Mio.

(2) Die Zahl der 80-jährigen und älteren Männer ist heute infolge der kriegsbedingten Sterbefälle wesentlich niedriger als die der Frauen (0,8 Mio. Männer versus 2,2 Mio. Frauen). Die Zahl der 80-jährigen und älteren Männer normalisiert sich in der Zukunft, sie wächst bis 2050 auf 3,9 Mio., die der Frauen auf 6,0 Mio.

(3) Der demographische Altenpflegequotient (= Zahl der über 80-Jährigen auf 100 Menschen im Alter von 40 bis 60) erhöht sich von 1998 bis 2050 von 12,6 auf 55,0, d.h. er vervierfacht sich. Auf jede zweite Person in der Altersgruppe von 40 bis unter 60 entfällt dann eine Person in der für die Zahl der Pflegefälle wichtigen Altersgruppe der 80-Jährigen und älteren. Der Zuwachs ist bei den Männern wesentlich stärker als bei den Frauen.

(4) Der Altenpflegequotient für die Altersgruppe der Hochbetagten, der die Zahl der über 90-Jährigen auf 100 Personen in der Altersgruppe von 50 bis unter 70 bezieht, betrug 1998 2,3; er erhöht sich bis 2050 auf 10,8 und bis 2059 um das Sechsfache auf 14,1.

I. Demographie, Familie und Recht 183

Schaubild 9: Entwicklung des demographischen Altenpflegequotienten bei unterschiedlicher Abgrenzung der Altersgruppen

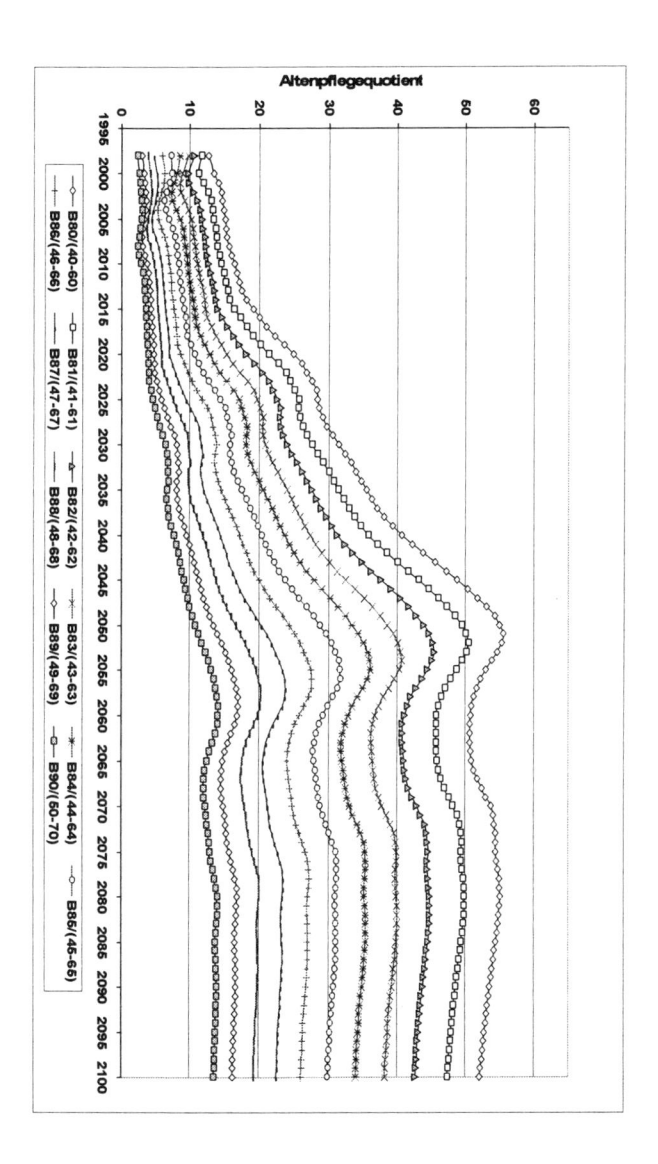

Quelle der Basisdaten: H. Birg, E.-J. Flöthmann, Demographische Projektionsrechnungen zur Rentenreform 2000, Gutachten für den Gesamtverband der Deutschen Versicherungswirtschaft, Berlin 1999, (Projektionsvariante 5).

(5) In den vergangenen Jahrzehnten hat sich die fernere Lebenserwartung der Menschen in einem hohen Alter von 70, 80, 90 und mehr wesentlich stärker erhöht als die fernere Lebenserwartung der jüngeren Menschen, bei denen die Sterblichkeit bereits früher stark gesunken war. Der Trend wird sich im 21. Jahrhundert fortsetzen. Dadurch wird die für Pflegeleistungen wichtige Zahl der 100-Jährigen und älteren, die 1998 schätzungsweise 11 Tsd. betrug, bis 2050 auf 70 Tsd. bzw. bis 2067 auf ein Maximum von 115 Tsd. zunehmen (*Schaubild 11*).[18]

Der Altenpflegequotient misst den rein demographisch bedingten Anstieg der Belastungen im Pflegebereich, der sich aus den Veränderungen der Altersstruktur ergibt. Weitere, ebenfalls demographisch bedingte Belastungen entstehen daraus, dass der Anteil der Personen, die lebenslang kinderlos bleiben, dramatisch gestiegen ist: Von den jüngeren Frauengenerationen bleibt jede dritte Frau zeitlebens kinderlos. Die Tendenz zur lebenslangen Kinderlosigkeit ist nach wie vor steigend. Der weitaus überwiegende Teil der Pflegeleistungen wird von den Familienmitgliedern der Pflegebedürftigen und von deren Kindern erbracht. Die Zahl der Pflegebedürftigen, die kinderlos bleiben und außerfamiliale Pflegeleistungen in Anspruch nehmen müssen, wird sich besonders stark erhöhen. Dies führt zu dem Problem, dass das Prinzip der Beitragsgerechtigkeit verletzt wird, wenn die Zahl der Nachkommen und deren Pflegeleistungen bei der Tarifgestaltung nicht berücksichtigt wird.

5. Schlussbetrachtung

Die jüngeren, nach 1960 geborenen Frauenjahrgänge in Deutschland bleiben zu einem Drittel zeitlebens kinderlos, bei ihren Eltern lag dieser Anteil erst bei rd. 10 %. Der hohe und weiter wachsende Anteil der Kinderlosigkeit ist der entscheidende Grund für den niedrigen, langjährigen Durchschnitt von 1,2 bis 1,4 Lebendgeborenen je Frau im letzten Viertel des 20. Jahrhunderts. Bei den zwei Dritteln der Frauen unter den jüngeren Jahrgängen, die nicht kinderlos bleiben, entfallen 2,1 Kinder auf jede Frau – eine unter mehreren Gesichtspunkten ideale Zahl.[19]

---

[18] Das Statistische Bundesamt stellt genaue Angaben über die Zahl der 90-Jährigen und älteren zur Verfügung. Zahlen über die Aufteilung der über 90-Jährigen in die beiden Gruppen der 90 bis 100-Jährigen und der 100-Jährigen und älteren wurden vom Statistischen Bundesamt nicht veröffentlicht, weil die Angabe des Geburtsjahres bei sehr alten Menschen nicht immer genau genug ist. Die hier gemachten Angaben beruhen auf eigenen Berechnungen über die Aufteilung der 90-Jährigen und älteren auf die beiden Teilgruppen der 90 bis 100-Jährigen und der über 100-Jährigen auf der Basis der Daten des Statistischen Bundesamtes. Die Ergebnisse wurden in der Bevölkerungsvorausberechnung im Auftrag des Gesamtverbands der deutschen Versicherungswirtschaft verwendet.
[19] Birg, Herwig, Flöthmann, E.-Jürgen, „Entwicklung der Familienstrukturen und ihre Auswirkungen auf die Belastungs- bzw. Transferquotienten zwischen den Generationen". Studienbericht im Auftrag der Enquete-Kommission des Deutschen Bundestages „Demographischer Wandel". Materialien des Instituts für Bevölkerungsforschung und Sozialpolitik, Bd. 38, Universität Bielefeld, Bielefeld 1996, Tabellen 3 u. 4, S. 31 und 35.

I. Demographie, Familie und Recht   185

Schaubild 10: Entwicklung des demographischen Altenpflegequotienten bei unterschiedlicher Abgrenzung der Altersgruppen (für Altenquotienten 1998 = 100)

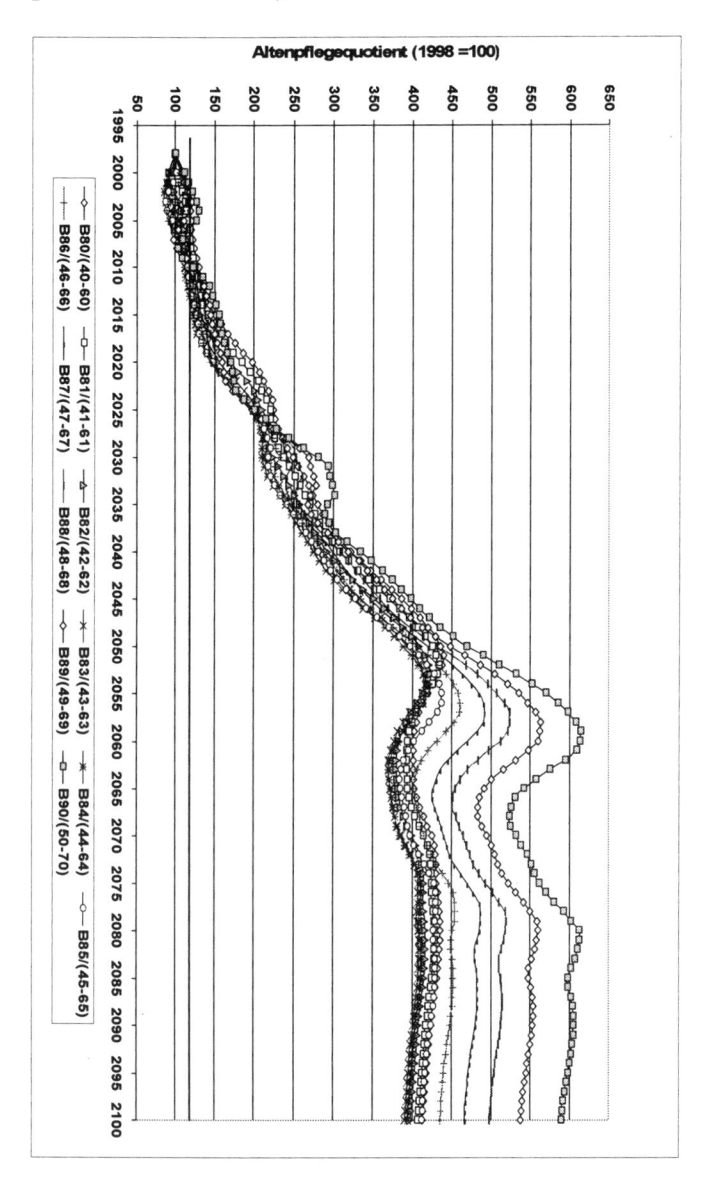

Quelle der Basisdaten: H. Birg, E.-J. Flöthmann, Demographische Projektionsrechnungen zur Rentenreform 2000, Gutachten für den Gesamtverband der Deutschen Versicherungswirtschaft, Berlin 1999, (Projektionsvariante 5).

In entwickelten Gesellschaften mit niedriger Sterblichkeit wird das für die Finanzierung des sozialen Sicherungssystems günstigste Verhältnis der Zahl der über 60-Jährigen zur Zahl der 20 bis unter 60-Jährigen genau dann erreicht, wenn die Geburtenrate im Durchschnitt rd. 2,1 Lebendgeborene pro Frau beträgt. Dieses stringent beweisbare, ermutigende Ergebnis der Bevölkerungsmathematik bedeutet, dass das entscheidende Ziel einer an demographischen Strukturen orientierten Politik darin bestehen sollte, die lebenslange Kinderlosigkeit zu verringern.[20] Wenn das Drittel der kinderlosen Frauen pro Kopf im Durchschnitt ebenso viele Kinder hätte wie die zwei Drittel mit Kindern, wäre die Altersstruktur langfristig optimal, die demographisch bedingten Belastungen für die sozialen Sicherungssysteme würden ein Minimum erreichen, permanente Einwanderungen zur Schließung von Arbeitsmarktlücken wären nicht erforderlich.

Es genügt allerdings nicht, dass wieder ein größerer Anteil der Menschen Kinder hat und erzieht, sondern diese Erziehung muss von einer demographisch nachhaltigen Art sein, so dass die Kinder ihrerseits Kinder zur Welt bringen usf. Das war in der Tausendjährigen Geschichte Deutschlands und Europas eine Selbstverständlichkeit, warum sonst hätten z.B. die Menschen im Jahr 1245 mit dem Bau des Kölner Doms beginnen sollen, dessen Vollendung ihre Lebenszeit weit überschritten, wenn sie nicht über ihre eigene Generation hinaus gedacht und gehandelt hätten? Es gibt einen Punkt, an dem alle Kulturen der Welt miteinander verglichen werden können, das ist die Fähigkeit, über das eigene Leben hinaus zu denken, zu planen und entsprechende Handlungen zu vollbringen. Deutschland erfüllt diese Aufgabe schon seit Jahrzehnten nicht mehr zufriedenstellend, und das demographische Defizit wird im 21. Jahrhundert noch dramatisch zunehmen.

Alles scheint von der Kultur abzuhängen, aber mit der Kultur hat es eine eigene Bewandtnis. Wenn einer Kultur die Fähigkeit fehlt, um in ihren Kindern weiter zu leben, woraus sollen dann Appelle für eine Änderung der kulturellen Werte ihre Kraft schöpfen? Bloße Appelle können nicht aus der Sackgasse der demographischen Schrumpfung und Alterung herausführen. Eine Änderung der Wertebasis zu fordern, scheint deshalb einen Widerspruch zu bergen. Aber es gibt keine andere Quelle, aus der sich eine Kultur erneuern kann, als die Kraft dieser Kultur selbst.

---

20 Zum Beweis vgl. Kapitel 4, S. 44ff der vorherigen Quelle.

I. Demographie, Familie und Recht

Schaubild 11a: Geschätzte Entwicklung der Zahl der hundertjährigen und älteren Bevölkerung in Deutschland (Bev.proj. 5)

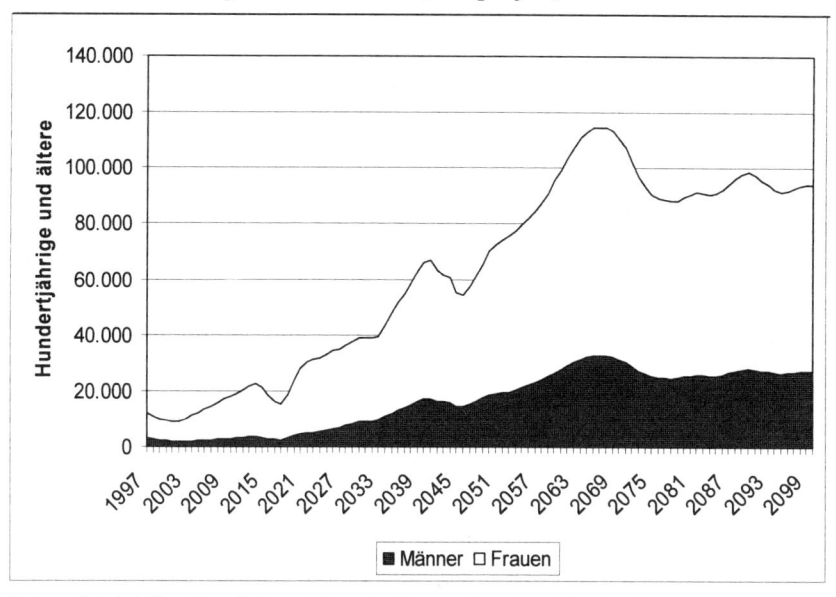

Schaubild 11b: Geschätzte Entwicklung des Anteils der hundertjährigen und älteren Bevölkerung an der Gesamtbevölkerung in Deutschland gem. Bev.proj. 5 (in Prozent)

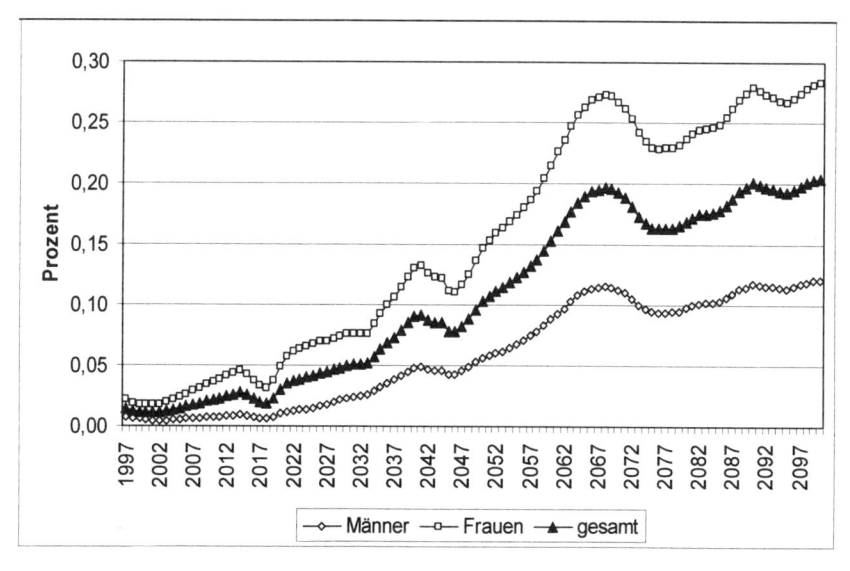

Birg/Flöthmann, Bielefeld 2000

Literatur

Birg, Herwig, Die demographische Zeitenwende – Der Bevölkerungsrückgang in Deutschland und Europa. München: Verlag C.H. Beck 2001, 2. Auflage 2002.

Birg, Herwig, „Demographisches Wissen und politische Verantwortung – Überlegungen zur Bevölkerungsentwicklung Deutschlands im 21. Jahrhundert". In: Zeitschrift für Bevölkerungswissenschaft, Nr. 3, 1998, Abb. 8, S. 238.

Birg, Herwig, Differentielle Reproduktion aus der Sicht der biographischen Theorie der Fertilität. In: Voland, Eckart, (Hrsg.), Fortpflanzung: Natur und Kultur im Wechselspiel – Versuch eines Dialogs zwischen Biologen und Sozialwissenschaftlern, Frankfurt am Main 1992, S. 189-215.

Birg, Herwig, Börsch-Supan, Axel, Für eine neue Aufgabenverteilung zwischen gesetzlicher und privater Altersversorgung – eine demographische und ökonomische Analyse. Gutachten für den Gesamtverband der deutschen Versicherungswirtschaft, Berlin 1999.

Birg, Herwig, Flöthmann, E.-Jürgen, Demographische Projektionsrechnungen für die Rentenreform 2000. Materialien des Instituts für Bevölkerungsforschung und Sozialpolitik der Universität Bielefeld, Bd. 47A und 47B, Bielefeld 2000.

Birg, Herwig, Flöthmann, E.-Jürgen, Frein, Thomas, Ströker, Kerstin, Simulationsrechnungen zur Bevölkerungsentwicklung in den alten und neuen Bundesländern im 21. Jahrhundert. Materialien des Instituts für Bevölkerungsforschung und Sozialpolitik, Bd. 45, Universität Bielefeld, Bielefeld 1998, Bevölkerungsvarianten 2 und 5, S. A6 und A21.

Birg, Herwig, Flöthmann, E.-Jürgen, „Entwicklung der Familienstrukturen und ihre Auswirkungen auf die Belastungs- bzw. Transferquotienten zwischen den Generationen". Studienbericht im Auftrag der Enquete-Kommission des Deutschen Bundestages „Demographischer Wandel". Materialien des Instituts für Bevölkerungsforschung und Sozialpolitik, Bd. 38, Universität Bielefeld, Bielefeld 1996.

Birg, Herwig, Flöthmann, E.-Jürgen, Reiter, Iris, Biographische Theorie der demographischen Reproduktion, Frankfurt am Main – New York 1995.

Birg, Herwig, Koch, Helmut, Der Bevölkerungsrückgang in der Bundesrepublik Deutschland, Frankfurt am Main 1987.

Bundesministerium für Wirtschaft (Hrsg.), Grundlegende Reform der gesetzlichen Rentenversicherung. Gutachten des Wissenschaftlichen Beirats beim Bundesministerium für Wirtschaft, Studienreihe des BMW, Nr. 99, Bonn 1998.

Enquete-Kommission „Demographischer Wandel" des Deutschen Bundestages, Zweiter Zwischenbericht vom 5.10.1998.

Ministerium für Gesundheit und Soziales NRW (Hrsg.), Gesundheitsreport 1994, Bielefeld 1995.

Statistisches Bundesamt (Hrsg.), Gebiet und Bevölkerung 1997, Wiesbaden 1999.

UN (Ed.), Replacement Migration, New York, March 2000.

UN (Ed.), World Population Prospects – The 1998 Revision, Vol. 1, New York 1999.

Voland, Eckart, (Hrsg.), Fortpflanzung: Natur und Kultur im Wechselspiel – Versuch eines Dialogs zwischen Biologen und Sozialwissenschaftlern, Frankfurt am Main 1992.

Zukunftsfähigkeit einer Gesellschaft in ihren Kindern

Prof. Dr. Paul Kirchhof

1. Einleitung

Unsere Gesellschaft in Deutschland macht sich auf den Weg, ihre eigene Zukunft zu verspielen. Wenn die Zahl unserer Kinder ständig sinkt, verliert der Staat seine freiheitsfähige und demokratiebereite Jugend, hat also kein Staatsvolk mehr. Die Wirtschaft wird in Zukunft weniger Produzenten und Nachfrager haben, die Gesellschaft von einem Generationenvertrag sprechen müssen, in dem der eine Vertragspartner, die jungen Menschen, fehlt. Alle unsere Bemühungen um wirtschaftlichen, politischen, wissenschaftlichen, kulturellen und sozialen Erfolg werden scheitern, wenn wir unser gegenwärtiges Leistungsniveau nicht an junge Menschen weitergeben können, die in diese Kultur hineingewachsen sind und sie deshalb verlässlich weitergeben. Das zentrale Thema von Verfassungsstaat, Wirtschaft und Gesellschaft besteht in der Frage, ob wir unsere eigene Zukunft in der Existenz von Kindern und deren Erziehung zur Freiheit- und Demokratiefähigkeit sichern können.

Bei einer Diskussion mit Sozialversicherern wurde jüngst versprochen, dass diese Versicherer sich durch Gründung von Fonds von der demographischen Entwicklung unabhängig machen und deshalb unseren Altersbedarf verlässlich sichern könnten. Diese Aussage ist eine Torheit. Wenn die in zwanzig Jahren alt gewordenen Menschen ihre Forderungen an ihren Versicherer richten, der Versicherer aber keine jungen Menschen mehr vorfindet, die in die Versicherung einzahlen, müssen diese Versicherungen alle ihre Fonds auf den Markt werfen; die Börsenkurse werden sinken, der Veräußerungserlös entsprechend zurückgehen. Spätestens dann wird auch der letzte in Deutschland merken, dass man die große Not der Kinderarmut nicht durch Kapitalbildung überspielen kann. Und niemand sollte glauben, er könne sich im Alter mit einer Hand auf eine Aktie stützen und mit der anderen auf einen Euroschein. Er wird darauf hoffen, dass junge Menschen ihn stützen, und wenn es das Schicksal gut mit ihm meint, werden dieses junge Menschen sein, die ihm in familiärer Dankbarkeit nahe stehen.

Die Voraussetzungen für eine in seiner Jugend vitale Zukunft in Deutschland sind nicht günstig. Wir haben zu wenig Kinder, zu wenig erziehungsbereite Eltern, zu wenig kindgerechte Programmdisziplin bei den Miterziehern der modernen Medien, eine hohe Jugendkriminalität und deutliche Wertungsschwächen in Staat, Wirtschaft und Gesellschaft. Deshalb stellt sich uns gegenwärtig die Grundsatzfrage, wie wir das vor uns liegende Jahrhundert in der Verantwortung unserer Demokratie, unseres Wirtschaftssystems und unserer Kulturstaatlichkeit so organisieren, dass die jungen Menschen ihre Bereitschaft zum Kind entfalten und durch die rechtlichen und wirtschaftlichen Rahmenbedingungen nicht an der Gründung einer Familie gehindert werden.

Eine freiheitliche Verfassung gibt die Entscheidung für die Ehe und für das Kind, damit die Familie in die Verantwortlichkeit der freiheitsberechtigten Menschen. Wie das Gelingen einer freien Marktwirtschaft von der Bereitschaft zur Erwerbsanstrengung abhängt, die Entfaltung des Kulturstaates von der individuellen Kraft zu Wissenschaft, Kunst und Religion, der Erfolg der Demokratie von der Beteiligung an Wahlen und der Mitwirkung in Staatsorganen, so gewinnt ein freiheitlicher Staat seine Zukunft nur, wenn die Staatsbürger sich für das Kind und für die Elternverantwortung entscheiden.

2. Trend und Wertekontinuität

Deshalb muss der Verfassungsstaat günstige Rahmenbedingungen für Familien schaffen und die Zukunftsbereitschaft der Menschen festigen. Gegenwärtig allerdings scheint sich eine gegenläufige Entwicklung der Zukunftsvergessenheit und Selbstaufgabe anzubahnen. Wenn wir einen Trend zu immer weniger Geburten, einer sich verringernden Leistungsfähigkeit unserer Kinder, weniger Eheschließungen und wachsender Scheidungsraten beobachten, veranlasst diese Entwicklung bisher kaum energische Gegenwehr, sondern führt zu der normativen Todsünde, einen Trend zum Wertewandel zu erklären. Die Fehlentwicklung wird mit einem entsprechenden Wandel der Werte gleichgesetzt, damit der Maßstab für richtig oder falsch, für gut oder schlecht aufgegeben und so eine kritische Würdigung unserer Gegenwart, ihrer Ursachen und der Verantwortlichen erübrigt.

Diese Gleichsetzung von Fehlentwicklung und Wertewandel ist genauso töricht wie etwa die Behauptung, wegen der täglichen Verkehrstoten in Deutschland sei der Schutz des Lebens als ein Grundsatzwert unserer Verfassung aufgegeben worden. Wenn Werte verletzt werden, müssen die Anstrengungen zur Beachtung der Werte gesteigert, nicht aber die Werte in Frage gestellt werden. Der Wertewandel bemisst sich nicht allein nach einem faktischen Verhalten der Menschen, sondern wird in der Regel durch eine Änderung der Verfassung vollzogen, die gesteigerte Anforderungen an eine Vergewisserung über die gegenwärtigen Werte, ihre demokratische Legitimation und ihre Abänderbarkeit im Rahmen universaler Menschenrechte voraussetzt.

Im Übrigen fehlt der These, der Wert von Ehe und Familie sei gegenwärtig in Deutschland nicht mehr anerkannt, die tatsächliche Grundlage. Empirische Erhebungen und persönliche Erfahrungen lehren, dass die jungen Menschen sich vor allem ein Kind wünschen, die älteren ein Enkelkind. Dieser Wille wird nur dann nicht hinreichend zur Geltung gebracht, wenn die Entscheidung für das Kind und seine Erziehung den endgültigen Abschied aus dem Berufsleben bedeutet, das Kind zu einem Armutsrisiko wird, die Kulturleistung der Eltern für

I. Demographie, Familie und Recht

das Kind im Vergleich zur beruflichen Erwerbsleistung gering geschätzt wird. Hätten wir heute noch die Lebensverhältnisse des 19. Jahrhunderts, in dem Familientätigkeit und Erwerbstätigkeit am selben Ort – im landwirtschaftlichen und gewerblichen Betrieb – gemeinsam von den Eltern ausgeübt wurde und Kinderreichtum die alleinige Sicherheit für Alter, Krankheit und Arbeitslosigkeit bot, so hätten wir die Rahmenbedingungen, nach denen sich das individuelle Glück des eigenen Kindes und die gemeinsame Zukunftsoffenheit in einer freiheitsfähigen Jugend entfalten kann.

Nun wird niemand den Weg zurück ins 19. Jahrhundert beschreiten, wohl aber unsere Zukunft in Familie und Kind sichern wollen. Das Grundgesetz stellt Ehe und Familie unter den besonderen Schutz der staatlichen Ordnung, verlangt also rechtliche, soziale und wirtschaftliche Vorkehrungen, so dass die jungen Menschen die Lebensform der Ehe, also der Gemeinschaft von Mann und Frau und damit der potenziellen Elternschaft wählen und in dieser Ehe sich für Kinder entscheiden und diesen die Geborgenheit ihrer Familien bieten. Der Gesetzgeber allerdings hat durch die so genannten „Lebenspartnerschaft – Gesetze" Anreize für Lebensformen geschaffen, aus der keine Kinder hervorgehen können. Zugleich lenkt er von der Verfassungserwartung allgemeiner Elternverantwortlichkeit ab und stärkt die Zukunftsvergessenheit, wenn er die Öffentlichkeit Glauben machen will, unsere demokratische, wirtschaftliche und kulturelle Zukunft sei durch Einwanderung zu lösen. Selbst wenn der Staat Einwanderer gewinnen würde, die sich sogleich integrieren und unsere hohen Maßstäbe des Rechts, der Kultur, der Wirtschaft und Technik mittragen und fortentwickeln könnten, würde unsere Gesellschaft weiterhin überaltern. Zudem wird der Staat dieses Personal nicht aus Ländern mit ähnlichen Lebensverhältnissen, sondern nur aus Schwellenländern gewinnen, diesen Ländern also einen Teil ihrer leistungs- und freiheitsfähigen Jugend nehmen. Auf ein solches Konzept der Ausbeutung sollte ein Staat seine Zukunft nicht stützen.

3. Familientätigkeit und Erwerbstätigkeit

Geboten ist stattdessen die Wiederherstellung einer Wirtschafts- und Rechtsordnung, die ihre eigene Zukunft in sich selbst findet. Deshalb muss der Gesetzgeber – wie das Bundesverfassungsgericht sagt – Grundlagen dafür schaffen, dass Familientätigkeit und Erwerbstätigkeit aufeinander abgestimmt werden können und die Wahrnehmung der familiären Erziehungsaufgabe nicht zu beruflichen Nachteilen führt. Vor allem die Erziehungsleistung der Eltern muss anerkannt und das heißt in einer Gesellschaft, in der Honor und Honorar eng beieinander liegen, durch Zahlung eines Familiengeldes oder Erziehungsgehaltes gewürdigt werden. Solange ein Wirtschaftssystem die Leistungen der Lehrerin, der Kindergärtnerin oder Sozialtherapeutin durch Einkommenszahlung entgilt, eine entsprechende Leistung der Mutter ohne zeitliche Beschränkung und Urlaubsanspruch im Stichwort der „Schattenwirtschaft" aber nur als Schatten zur Kenntnis nimmt, ist der Verfassungsauftrag des Schutzes von Ehe und Familie und des besonderen Schutzes der Mutter unerfüllt. Praktische Erfahrungen mit einer betrieblichen Rückkehrgarantie, die den Eltern nach Erfüllung ihres Erziehungsauftrages die Rückkehr in ihren vormaligen Beruf rechtlich sichern, sind ermutigend. Sie fördern die Familie und sind auch betriebswirtschaftlich für den einzelnen Betrieb ein Gewinn, weil der Betrieb Arbeitskräfte zurückgewinnt, die in der Begleitung, Betreuung und Erziehung des Kindes wertvolle Lebenserfahrung und Berufsdisziplin in die Betriebe tragen. Allerdings wird der Gesetzgeber zu erwägen haben, ob er die Finanzierung eines solchen Zukunftsprojektes überbetrieblich organisieren muss, weil die Betroffenheit der einzelnen Betriebe durch Mutter- und Elternschaft sehr unterschiedlich ist, sie im Übrigen je nach Art und Größe der Betriebe auch nur sehr unterschiedlich aufgefangen werden kann.

Art. 6 Abs. 4 GG gibt jeder Mutter einen Anspruch auf den Schutz und die Fürsorge der Gemeinschaft und verpflichtet derzeit den Gesetzgeber insbesondere, „Grundlagen dafür zu schaffen, dass Familientätigkeit und Erwerbstätigkeit aufeinander abgestimmt werden können und die Wahrnehmung der familiären Erziehungsaufgaben nicht zu beruflichen Nachteilen führt". „Dazu zählen auch rechtliche und tatsächliche Maßnahmen, die ein Nebeneinander von Erziehungs- und Erwerbstätigkeit für beide Elternteile ebenso wie eine Rückkehr in eine Berufstätigkeit und einen beruflichen Aufstieg auch nach Zeiten der Kindererziehung ermöglichen".

Gerade die jungen Familien leiden heute daran, dass die vom Grundgesetz angebotene Familien- und Berufsfreiheit nicht gleichzeitig wahrgenommen werden kann. Die durch die Erfordernisse der Industriegesellschaft bedingte Trennung der Orte für Erwerbstätigkeit und Familientätigkeit hat zur Folge, dass die Eheleute sich jeden Morgen entscheiden müssen, ob sie in der Familienwohnung bleiben und die Kinder erziehen oder aber den Arbeitsplatz aufsuchen und damit für die Kindererziehung nicht zur Verfügung stehen. Diese räumliche Trennung von Familienwohnung und Arbeitsplatz zwingt zu einer Entscheidung zwischen Familien- und Berufstätigkeit. Diese schroffe Alternativität sucht das Bundesverfassungsgericht mit der Forderung nach einer detaillierten Abstimmung von Familientätigkeit und Erwerbstätigkeit zu überwinden.

4. Das Rentenrecht

Als wirtschaftlicher Wert der Erziehungsleistung verbleibt der Unterhaltsanspruch der Eltern gegen ihre Kinder, der ihnen in Notfällen – insbesondere bei Krankheit, Arbeitslosigkeit, Invalidität und Alter – Unterhalt und Beistand durch ihre Kinder sichert. Dieser wirtschaftliche Wert der Erziehungsleistung ist aber im Generationenvertrag der öffentlichen Sozialversicherung kollektiviert und von der familiären Erziehungsleistung sogar weitgehend gelöst worden. Die sozialstaatliche Errungenschaft der öffentlichen Sozialversicherung, die auch den Kinderlosen wirtschaftliche Sicherheit im Krisenfalle bietet, wird zu einem

I. Demographie, Familie und Recht

rechtsstaatlichen Skandalon, wenn dieser Generationenvertrag die alleinigen Träger dieses so genannten Vertrages, die Eltern und in erster Linie die Mütter, aus eigenem Recht kaum beteiligt. Hier fordert der Verfassungsauftrag des Familienschutzes und der Gleichberechtigung von Mann und Frau strukturelle Veränderungen.

Die gesetzgeberische Entscheidung, dass die Kindererziehung als Privatsache, die Alterssicherung dagegen als gesellschaftliche Aufgabe gilt, benachteiligt die Familie, ohne dass es dafür angesichts der Förderungspflicht aus Art. 6 Abs. 1 GG einen zureichenden Grund gibt. Der Gesetzgeber hat deshalb „jedenfalls sicherzustellen, dass sich mit jedem Reformschritt die Benachteiligung der Familie tatsächlich verringert".

Das System der Sozialversicherung ist so auszugestalten, dass Erziehungsleistung und Erwerbsleistung gleichwertig berücksichtigt werden. Wenn gegenwärtig eine Beteiligung der Mütter am Generationenvertrag als „versicherungsfremde Leistung" missdeutet wird, so verweist die Verfassung demgegenüber auf die materielle Gleichwertigkeit von Kindererziehung und monetärer Beitragsleistung. Beiden Leistungen liegen eine vergleichbare Arbeitsanstrengung, ein gleicher Konsumverzicht und das gleiche Angewiesensein auf Sicherheit und Bedarfsdeckung zu Grunde. Kindererziehung und monetäre Beitragsleistung sind deshalb Grundlagen der öffentlichen Sozialversicherung, die zu gleichwertigen Leistungen führen. Vertretbar wäre es allerdings, die besondere Leistung der Eltern für den Generationenvertrag durch bevorzugte Leistungsansprüche zu berücksichtigen.

5. Das Steuerrecht

Ehe und Familie erfahren zudem nur einen ausreichenden verfassungsrechtlichen Schutz, wenn der steuerliche Zugriff auf das individuelle Einkommen ehe- und familiengerecht gestaltet wird. Auch hier ist der Begriff von Ehe und Familie ein wesentlicher Ausgangs- und Orientierungspunkt für die Entwicklung des Steuerrechts.

Die Ehe ist eine Erwerbsgemeinschaft, die auch vom Einkommensteuergesetzgeber im Splittingverfahren aufgenommen und anerkannt werden muss. Das Ehegattensplitting ist deshalb „keine beliebig veränderbare Steuervergünstigung", sondern „unbeschadet der näheren Gestaltungsbefugnis des Gesetzgebers eine an dem Schutzgebot des Art. 6 Abs. 1 GG und der wirtschaftlichen Leistungsfähigkeit der Ehepaare (Art. 3 Abs. 1 GG) orientierte sachgerechte Besteuerung". Das Einkommensteuerrecht findet eine von Art. 6 Abs. 1 GG geschützte eheliche Gemeinschaft vor, in der allein die Ehegatten eheintern die Aufgaben der Erwerbs- und Ehegestaltung verteilen, dem Staat gegenüber aber gemeinsam als Erwerbs- und Lebensgemeinschaft auftreten.

Damit wird die eheliche Erwerbsgemeinschaft, an der dem Staat wegen seiner eigenen Zukunft besonders gelegen ist (Art. 6 Abs. 1 GG), lediglich den sonstigen Erwerbsgemeinschaften, etwa der Gesellschaft des bürgerlichen

Rechts, der OHG oder der KG gleichgestellt. Auch in diesen Erwerbsgemeinschaften werden steuerpflichtige Einkommen gemeinsam erzielt, dann aber für den Zweck der Individualbesteuerung auf die einzelnen Beteiligten aufgeteilt. Deswegen fordert der allgemeine Gleichheitssatz – insoweit nicht anders als der besondere Gleichheitssatz des Art. 6 Abs. 1 GG – eine Gleichstellung all dieser Erwerbsgemeinschaften.

Im Übrigen hätte die These, das Einkommen des einen Ehegatten dürfe dem anderen nicht anteilig zugerechnet werden, zur Folge, dass dann ein Ehegatte einkommenslos und deshalb sozialhilfeberechtigt wäre. Damit würde das Sozialrecht in ungewollter Weise zu einem Instrument der Familienfinanzierung.

Im Gegensatz zur Ehe ist die Familie keine Erwerbsgemeinschaft, sondern eine Unterhaltsgemeinschaft. Die Kinder haben in der Realität moderner Bildungs- und Ausbildungsansprüche kaum zum Unterhalt der Familie beizutragen, beanspruchen vielmehr selbst Unterhalt durch ihre Eltern. Deshalb erfasst das Einkommensteuerrecht das Kind nicht als Steuerpflichtigen, der einen Teil des elterlichen Einkommens mitverdient hat, sondern als Unterhaltsberechtigten, der die steuerliche Leistungsfähigkeit der unterhaltspflichtigen Eltern mindert.

Haben die Eltern einen Teil ihres Einkommens zur Erfüllung ihrer Unterhaltsschuld an ihre Kinder weiterzugeben, so steht das zum Kindesunterhalt verwendete Einkommen nicht zur Verfügung der Eltern, kann von diesen deshalb auch nicht zur Zahlung von Steuern verwendet werden. Die finanzielle Leistungsfähigkeit der Eltern ist in Höhe des Kindesunterhalts verringert. Deshalb muss der Unterhaltsbedarf der Kinder die einkommensteuerliche Bemessungsgrundlage bei den Eltern realitätsgerecht mindern. Das für die Eltern nicht disponible Einkommen ist nicht besteuerbar. Dadurch werden die Eltern den kinderlosen Personen mit gleichem Einkommen – horizontal – gleichgestellt.

Die Höhe des einkommensteuerlich zu berücksichtigenden Kindesunterhalts bestimmt sich in einer folgerichtigen und widerspruchsfreien Rechtsordnung nach den zivilrechtlichen Vorgaben. Deshalb hat die Forderung, den notwendigen Kindesunterhalt voll abzuziehen, durchaus eine gewisse Plausibilität für sich. Doch erscheint es im Rahmen gesetzlicher Typisierung vertretbar, nicht den einkommensabhängigen Standard persönlicher Lebensführung, der für die Einkommensteuer grundsätzlich unerheblich ist, zum Maßstab zu wählen, sondern den Unterhaltsbedarf im erforderlichen Minimum zu bestimmen und diesen in Anlehnung an das Sozialhilferecht zu berechnen.

Die Mindesterfordernisse eines Kindesunterhalts beschränken sich heute allerdings nicht auf ein bloßes sachliches Existenzminimum, das dem Kind Obdach, Kleidung und Nahrung sichert. Dieses Existenzminimum mag in der Nachkriegszeit bei Inkrafttreten des Grundgesetzes zutreffend gewesen sein, ist aber heute in unserer reichen Wirtschafts- und Kulturgesellschaft nicht mehr sachgerecht. Deshalb hebt das Bundesverfassungsgericht in einer neueren Entscheidung hervor, dass der Mindestbedarf derzeit neben dem Existenzbedarf auch einen Erziehungs- und Betreuungsbedarf umfasst. Der Erziehungsbedarf deckt die Aufwendungen, die Eltern aufzubringen haben, „um dem Kind eine

Entwicklung zu ermöglichen, die es zu einem verantwortlichen Leben in dieser Gesellschaft befähigt", es also etwa in die moderne Welt der Mehrsprachigkeit einführt, an der Entwicklung des Computer- und Telekommunikationswesens teilhaben lässt, seine Bedürfnisse nach Reisen und internationalen Begegnungen maßvoll erfüllt. Der Betreuungsbedarf entsteht dadurch, dass die Kinder der persönlichen Zuwendung, Erziehung und Begleitung bedürfen (Art. 6 Abs. 2 GG), dies aber bei nicht eigenhändiger Erbringung durch die – beide erwerbstätigen – Eltern eine Finanzierung der zeitweisen Ersatzeltern, bei der Betreuung durch einen Elternteil dessen Einkommensverzicht zur Folge hat. Das Existenzminimum wird in Anlehnung an das Sozialhilferecht berechnet, der Erziehungsbedarf ähnlich dem bisherigen Haushaltsfreibetrag (§ 32 Abs. 7 EStG) bemessen, der Betreuungsbedarf in Anlehnung an den Abzugsbetrag für Kinderbetreuungskosten (§ 33 c EStG) quantifiziert.

6. Elterlicher Erziehungsauftrag und staatliche Schulhoheit

Die Zugehörigkeit von Eltern und Kindern begründet vor allem elterliche Pflichten, die von einem Schutzauftrag des Staates gestützt und ergänzt werden. Das Grundgesetz vermittelt eine Sicht des Menschen, der in das soziale Zusammenleben eingebettet und insoweit in seiner Beliebigkeit beschränkt ist. Der mit Würde und Freiheit begabte Mensch lebt nicht in der Vereinzelung, sondern in der Gebundenheit und Betreuung der Familie. Dementsprechend sind die Pflege und die Erziehung der Kinder nach Art. 6 Abs. 2 GG das natürliche Recht der Eltern und die zuvörderst ihnen obliegende Pflicht. Das Elternrecht ist dienendes Grundrecht, die Familie grundrechtserfüllter Auftrag. Das Elternrecht ist eingebunden in die rechtliche und gesellschaftliche Ordnung, auf das Zusammenwirken mit privaten, gesellschaftlichen und öffentlichen Einflüssen angelegt, in den Rahmen der Wertungen der Rechts- und Kulturordnung gestellt, die für die jeweilige Gegenwart wesentlich durch die Familien geformt und an die nachfolgende Generation weitergegeben wird. Dementsprechend verweist Art. 6 Abs. 2 GG die „staatliche Gemeinschaft" in ein Wächteramt, das die Erziehung den Eltern anvertraut und den Staat lediglich zu einer Korrektur grober Fehler ermächtigt.

Die elterliche Erziehung wird so zu einer verlässlichen Quelle für Rechtskontinuität, Wertungssicherheit und Gestaltungskraft. Das Elternhaus vermittelt eine wertgebundene Weltsicht und sinnerfüllte Lebensweise, befähigt die Kinder zur Freiheit, gibt ihnen die Erfahrung und die Urteilskraft, um die vielfältigen Angebote unter einer freiheitlichen Verfassung auch tatsächlich wahrnehmen zu können.

Neben die elterliche Erziehung tritt für das Kind im schulpflichtigen Alter die staatliche Schulhoheit, die Wissen vermittelt, aber auch persönlichkeitsbezogen erzieht. Der staatliche Erziehungsauftrag bündelt das Elternrecht zu gemeinsamer, aufeinander abgestimmter Ausübung und steht gleichgeordnet neben dem elterlichen Erziehungsauftrag. In dieser staatlichen Erziehungskompetenz ist der

Auftrag angelegt, alle Kinder zum Verständnis der Verfassung zu erziehen und den Kindern in der pluralistischen Gesellschaft die tragenden Grundwerte der Verfassung zu vermitteln. Die Erziehung zur Achtung der Menschenwürde, zum verantwortlichen Gebrauch der Freiheit, zur Vertrauenswürdigkeit, zu Leistungsbereitschaft und Pflichtbewusstsein, zu mitmenschlicher Rücksichtnahme und Schonung der materiellen und immateriellen Lebensgrundlagen ist nicht allein der Wahrnehmung des Elternrechts überlassen, sondern auch Inhalt des eigenständigen schulischen Erziehungsauftrages des Staates.

7. Familiäre Selbsthilfe und staatliche Intervention

Der verfassungsrechtliche Schutz von Ehe und Familie nimmt die in der Wirklichkeit vorgefundene Gemeinschaft der Ehegatten und die von Eltern und Kindern auf und macht sie zum Gegenstand einer Institutsgarantie, eines subjektiven Rechts und einer wertewahrenden Grundsatznorm. Die Ehe ist die rechtliche Form umfassender Bindung zwischen Mann und Frau, eine Lebens-, Haus-, Erwerbs-, Unterhalts- und Beistandsgemeinschaft, die grundsätzlich auf das Kind angelegt ist. Sie ist, wie das Bundesverfassungsgericht sagt, „alleinige Grundlage einer vollständigen Familiengemeinschaft und als solche Voraussetzung für die bestmögliche körperliche, geistige und seelische Entwicklung von Kindern". Die Familie ist die Gemeinschaft von Eltern und Kindern, die zunächst und zuvörderst als Lebens- und Erziehungsgemeinschaft geschützt wird, mit dem Heranwachsen des Kindes dann zur Hausgemeinschaft, später zur bloßen Begegnungsgemeinschaft werden kann. Ehe und Familie sind die Gemeinschaftsformen, in denen die „auf Dialog angelegte geistige Natur des Menschen" ihre Entwicklungs- und Entfaltungsmöglichkeit findet, sie sind „Raum für Ermutigung und Zuspruch", „seelischen Beistand und seelische Stabilisierung". Daneben ist die Lebenshilfe, die der Einzelne in Ehe und Familie erhalten kann, von grundlegender Bedeutung für die Ordnung des Gemeinschaftslebens. Verantwortliche Elternschaft und Erziehung erübrigt weitgehend staatliche Kinderbetreuung und Lebensbegleitung. Familiärer Unterhalt erspart öffentliche Sozialhilfe. Private Pflege ersetzt Dienstleistungen von Seniorenheim und Krankenhaus durch persönliche Zuwendung. Der eheliche und familiäre Dialog macht eine psychologische und therapeutische Beratung überflüssig. Ehe und Familie wirken bei Rechtsferne und drohender Rechtsverletzung ausgleichend und friedensstiftend und schützen so vor polizeilichen Eingriffen. Ehe und Familie sind damit Bedingungen der Freiheit, Voraussetzung für Rechtsstaat und Sozialstaat, der in seinen rechtlichen und ökonomischen Gestaltungsmöglichkeiten gänzlich überfordert wäre, würde das Kind nicht in der Geborgenheit der Familie zur Freiheitsfähigkeit erzogen, die Gesellschaft nicht in den Gemeinschaften von Ehen und Familien verantwortlich geformt, würden in einer arbeitsteiligen Gesellschaft und Wirtschaft nicht wesentliche Beistands- und Unterhaltspflichten der Ehe und Familie zugeteilt.

I. Demographie, Familie und Recht

Wenn gegenüber diesen wirtschaftlichen Erwägungen eingewandt wird, das Glück, Kinder zu haben, sei für die Eltern Belohnung genug und bedürfe keiner Ergänzung durch geldwerte Zuwendung, so ist dieser Hinweis ebenso wenig überzeugend wie die Tatsache, dass das Glück, einen Beruf auszuüben, viel Freude an der eigenen Leistung, der Begegnung und der Anerkennung vermittelt und deshalb den Verzicht auf das Berufseinkommen nahe legt. Richtig ist das Gegenteil: Das Glück der Kinder wie das Glück des Berufs hat nicht Einkommensverzicht und Armut zur Folge, sondern muss innerhalb unserer Wirtschaftsordnung und deshalb unter Beteiligung an den Einkommensströmen erlebt werden können. Ehe und Familie sind der Verfassung wegen auch in der jeweiligen Wirtschafts- und Sozialordnung zu schützen. Dies gilt insbesondere in einer Gesellschaftsordnung, in der Anerkennung, Einfluss und Existenzgrundlage durch Einkommen vermittelt wird.

Der Staat findet seine Zukunft in den Familien. Er baut auf die familiäre Bindung unter den Freiheitsberechtigten und die familiären Leistungen der Erziehung, des Beistandes, der Hausgemeinschaft, der privaten Pflege und auch des familiären Unterhalts, die der Staat nicht ersetzen könnte. Gäbe es die Ehen und Familien nicht, könnte der Rechtsstaat seine Freiheitlichkeit nicht bewahren, der Sozialstaat würde seine Leistungskraft überfordern. Mit den Familien steht deshalb auch der soziale Rechtsstaat auf dem Spiel.

1. Diskussionsteil nach den Referaten von
Prof. Dr. Herwig Birg und Prof. Dr. Paul Kirchhof

Frau Riedel:
Herr Professor Kirchhof, ich bin Ihnen dankbar für die meines Erachtens angemessen formulierte und sehr nachdrücklich ausgeführte Aussage, dass Kapitalstöcke Kinder nicht ersetzen können. In der Diskussion über die Rentenreform im letzten Jahr hat der deutsche Frauenrat sehr darauf gewartet, dass ein solcher Satz nachdrücklich von prominenter Stelle gesprochen wird.

Ich möchte noch einen ergänzenden Satz hinzufügen. Wir müssen uns die ökonomische Selbstverständlichkeit bewusst machen, dass nicht das Kapital, sondern der Mensch mit Kapital arbeitet. Wenn das Kapital nicht bewirtschaftet wird, liegt es herum und ist belanglos. Anders formuliert: Eine Aktie, ein Geldschein ist ein Stück Papier, das mich nur ernährt wenn diese Aktiengesellschaft das Einlösungsversprechen erfüllt. Das ganze wirtschaftliche System baut darauf, dass die Menschen anstrengungsbereit und hinreichend qualifiziert sind. Hierfür müssen wir uns einsetzen.

Herr Hankel:
Der Vortrag von Herrn Kirchhof wirft in meinen Augen eine Frage auf: Ist nicht ein großer Teil der Probleme die wir auf dieser Veranstaltung analysieren Erbe unseres derzeitigen Rechtssystems? In unserem bürgerlichen Gesetzbuch hat das Kapital mehr Rechte als beispielsweise die Kinder. Das ist sicher das Erbe des römischen Rechts, in dem der Faktor Arbeit nicht sonderlich gut bewertet wurde. Wenn wir Kinder nun ökonomisch als Humankapital definieren würden, dann würde es zu einer Gleichstellung von Kindern und Kapital kommen.

Herr Kirchhof:
Natürlich sind meine Überlegungen ein Plädoyer zur Änderung des Rechts. Ich wollte deutlich machen, dass dieses Recht, in seiner Familien- und Zukunftsoffenheit, wesentliche Defizite hat und dass wir es deshalb ändern müssen. Unsere Verfassung, die ja eine Zukunftsvision hat, zeichnet nämlich einen anderen Weg vor. Doch ich würde nicht so weit gehen und Kindern nur noch als „Humankapital" bezeichnen. Wenn wir die notwendigen Bedürfnisse des Menschen nur noch vermitteln können, wenn wir sie in Kategorien des Kapitals kleiden, dann haben wir die Schlacht bereits verloren. Wir müssen dagegen sagen, dass das Kapital dem Menschen dient, der es bewirtschaftet und wir haben Freude an seinem Ertrag. Der Artikel 1 des GG ist hier der maßgebliche Orientierungs-

I. Demographie, Familie und Recht

punkt, da er uns den Menschen in seiner Würde und Freiheit vorgibt. Deswegen kenne ich kein Humankapital, sondern Menschen, die das Kapital in seine Schranken weisen, es aber auch für den Menschen nutzen.

Herr Krüsselberg:
Im Zusammenhang mit dem menschlichen Handlungspotenzial hat die Diskussion über den Kapitalbegriff schon eine lange Geschichte in den Wirtschaftswissenschaften. Jeder Ökonom denkt in Bilanzgrößen. Hier gibt es den Unterschied zwischen Vermögen und Kapital. Vermögen ist das Handlungspotenzial im weitesten Sinne. Leider lässt unser Wirtschaftsrecht die Bilanzierung von Humanvermögen nicht zu. Herr Borchert benutzt im Wiesbadener Entwurf ganz dezidiert den Begriff des Humanvermögens. Ich bin froh, dass im Wiesbadener Entwurf menschliches Handlungsvermögen auch eindeutig als Vermögen bezeichnet wird – und nicht missverständlich als Kapital. Das Denken vom Vermögensbegriff her stellt einen der Vorteile des Wiesbadener Entwurfs dar. Vermögen ist das, was den Menschen dank seines Intellektes, seiner Qualifikation und Kompetenzen sowie der Wirtschaftsgüter, über die er verfügen kann, zum Handeln und zur eigenverantwortlichen Leistung befähigt. Der Kerngedanke des Vermögens ist auf den handelnden Menschen, nicht zuletzt als Rechtssubjekt, bezogen. Nach „Vermögen" zu fragen bedeutet nach der Summe der Aktiva einer Handlungseinheit zu fragen, nach allen ihren Handlungspotenzialen einschließlich der menschlichen Kreativität. Das hat mit Geld und Kapital nur bedingt etwas zu tun. Natürlich entstehen bei der Bildung von Vermögen Kosten. Es muss Geld, aber auch Zeit, Arbeitszeit aufgewendet werden, um Handlungsvermögen zu schaffen und zu erhalten. Letzteres gilt insbesondere für die Bildung und Erhaltung von Humanvermögen. Das trifft einmal für die Entscheidung zu, Kinder zu haben und sich um ihr Aufwachsen verantwortlich zu kümmern, zum anderen aber für die partnerschaftliche Pflege und Erhaltung familialer und beruflicher Kompetenzen sowie der Hilfe für die individuellen Lebenslagen aller Mitglieder von Familien während des Familien- und Lebenszyklus. Deshalb rückt der Begriff des Humanvermögens in das Zentrum der Diskussion über Familienpolitik. Die Sicherung der gesellschaftlichen Zukunft wird in den Familien geleistet und nirgendwo sonst. Die Familie ist ein Gesellschaft erhaltendes Unternehmen, und die Anerkennung der gesellschaftlichen Gleichwertigkeit von Familien- und Erwerbstätigkeit ist eine Grundentscheidung, auf die wir uns einlassen müssen. Wenn wir das nicht tun, werden wir nie aus den derzeitigen wirtschaftlichen und sozialen Engpässen herauskommen.

Frau Welskop-Deffaa:
Ich möchte einladen, noch einen Schritt weiter zu gehen und zu schauen, von welchem Bild das konkrete Rechtssystem bei der Ehe ausgeht. Herr Kirchhof hat beim Steuerrecht ausgeführt, dass es – richtig verstanden – von der Ehe als Wirtschafts- bzw. Erwerbsgemeinschaft ausgehen muss. Schauen wir aber ins Rentenrecht und ins Eherecht muss man feststellen, dass dieses Leitbild dem

dortigen Recht in keiner Weise zu Grunde liegt. Die Hinterbliebenenrente folgt beispielsweise deutlich der Vorstellung der Ehe als Unterhaltsgemeinschaft. Es handelt sich im Rentenrecht um rein unterhaltsrechtliche Zusammenhänge. Das gleiche gilt auch im Eherecht: Hier bildet die Zugewinngemeinschaft die Ehe nicht als Erwerbsgemeinschaft ab, sondern der Gedanke der gleichberechtigten Teilhabe wird erst dann realisiert, wenn die Ehe kaputt ist. Wenn man das Steuerrecht mit den anderen Rechtsgebieten vergleicht, kommt man zu der Erkenntnis, dass das Leitbild im Rechtssystem außerhalb des Steuerrechts dem anachronistischen Gedanken der Versorgerehe folgt. Wir werden im ganzen Bereich des Schutzes von Ehe und Familie nur dann weiterkommen, wenn wir dieses Leitbild aufbrechen und uns von diesem unterhaltsrechtlichen Denken emanzipieren. Es bedarf eines wirklichen, partnerschaftlichen Denkens, das Mann und Frau in der Ehe – unabhängig davon welche Rolle sie einnehmen – als gemeinsame Erwerber betrachtet. Also unabhängig davon, ob sie auf dem Arbeitsmarkt Geld verdienen, oder ob sie in der Familie arbeiten.

Herr Kirchhof:
Nach dem Verfassungsrecht – so meine verfassungsrechtlich fundierte, politische Einschätzung – und der Rechtsprechung des Bundesverfassungsgerichts seit 1957 ist die Ehe eine Lebens- und Erwerbsgemeinschaft. Familie, Eltern und Kinder bilden – das ist der entscheidende Unterschied – eine Unterhaltsgemeinschaft, weil sich in der Ehe jeder um der Gleichwertigkeit willen die Leistungen des Anderen zurechnet. Wenn die Frau die Kinder erzieht, nimmt der Ehemann das wie eine Selbstverständlichkeit und Segnung seiner Lebensbedingungen. Denn er lebt in dieser Familie. Genauso ist es mit den Vermögenspositionen, diese haben die Ehegatten gemeinsam erworben. Obwohl das verfassungsrechtlich geklärt ist, haben wir weiterhin im Familienrecht Defizite. In diesem Fall kann das Steuerrecht einmal für die anderen Rechtsgebiete vorbildlich sein. Aber wir müssen selbst im Steuerrecht darum kämpfen, dass wir die Erwerbsgemeinschaft nicht auf eine Unterhaltsgemeinschaft herunterdeuten oder sogar die Anerkennung der Erwerbsgemeinschaft in ihren steuerlichen Folgen gänzlich streichen. Im Sozialrecht sind die Defizite und Versäumnisse noch deutlicher. Wir haben teilweise auch noch Probleme im Arbeitsrecht.

Frau Wessig:
Ich habe zwei Fragen an Herrn Birg: Können Sie noch kurz etwas über die Bevölkerungsentwicklung in den Tigerstaaten und die Effekte bei der Erhöhung der Altersgrenze sagen? Welche Auswirkungen hätte die Erhöhung der Altersgrenze, wenn wir eine neue Definition von Alter fänden? Sie haben ausgeführt, dass das Gesundheitswesen sich so stark entwickelt, dass man bei einem 65-Jährigen eigentlich nicht mehr von einem alten Mann sprechen kann.

I. Demographie, Familie und Recht

Herr Birg:
Demographisch gesehen sind die Tigerstaaten auf europäischem Niveau und sogar in Indonesien gibt es Regionen mit einer Kinderzahl, die so niedrig wie in Europa ist. Alle Länder sind weltweit unterwegs zu einer immer niedrigeren Kinderzahl. Im Weltdurchschnitt wird eine Frau im Jahr 2040/2045 vermutlich zwei Kinder gebären. Danach werden wir dieses Niveau unterschreiten. Die Tigerstaaten sind mit den Industrieländern bei dieser Entwicklung gleichauf, alle anderen Länder folgen mit ähnlichen Konsequenzen. Die dramatische Alterung ist ein weltweites Phänomen – auch in Entwicklungsländern. Die Verdoppelung bis Verdreifachung des Altenquotienten ist nicht auf die Industrieländer beschränkt. In den Entwicklungsländern ist der Altenquotient im Niveau zwar niedriger, aber die Veränderung ist genau so stark wie in den Industrieländern. Jene die hoffen, dass dort immer junge, gut ausgebildete und dynamische Bevölkerungen sein werden, die die Rendite erwirtschaften, die wir zur Versorgung unserer älteren Bevölkerung brauchen, irren sich. Die Zahl der ausgebildeten jüngeren Arbeitskräfte ist nicht nur in den Industrieländern, sondern weltweit knapp. Der Weltarbeitsmarkt für Hochqualifizierte gibt nicht das her, was benötigt wird.

Zur zweiten Frage: Rein technisch gesehen kann man den Altersquotienten auch anders definieren. Statt der Altersschwelle 60 kann man das Ruhestandsalter auf 73 erhöhen. Das wäre notwendig, wenn man das Verhältnis der so definierten Alten zu den Mittleren konstant halten wollte. Aber die männliche Lebenserwartung liegt derzeit bei 74 Jahren. Wenn man die Ruhestandsgrenze auf 73 Jahre erhöhen würde, so dass alle Arbeitnehmer bis ein Jahr vor ihrem Tod erwerbstätig sind, dann wäre die Alterung kein Problem.

Die Frage ist wirklich, ob Ältere zukünftig in dem Sinne alte Menschen sind, wie wir das gewöhnlich unterstellen. Jetzt schon werden die Universitäten von vielen Älteren frequentiert. Studieren im dritten Lebensalter ist ein erfolgreiches Programm. Diese älteren Studierenden sind hellwache Köpfe, die die jüngeren häufig in Bedrängnis bringen. Sie bringen viel Lebenserfahrung mit. Das ist nicht unbedingt eine düstere Entwicklung. Sie wird erst dann zur Katastrophe, wenn wir uns so verhalten, als ob das kalendarische Alter so entscheidend wäre. Aber die Wirtschaft verhält sich leider so. Als Informatiker und Mathematiker ist man ab 45 alt. Philologen und Philosophen erreichen die Leistungsspitze erst in sehr hohem Alter. Entscheidend ist deshalb, welche Fähigkeiten und Berufe eine Volkswirtschaft braucht und nachfragt. Wenn sie nur Berufe nachfragt, bei denen die Leistungsspitze unter vierzig liegt, dann geraten wir in eine riesige Problematik. Wenn sich aber die Gesellschaft und Wirtschaft so wandeln können, dass sie die Fähigkeiten älterer Menschen richtig bewerten, dann haben wir nicht nur kein Problem, sondern wir können sogar etwas Positives entwickeln. Insofern muss man immer alte Zöpfe abschneiden, wenn sich die Voraussetzungen radikal ändern. Allerdings sind auch ältere Menschen irgendwann nicht mehr so zahlreich vorhanden. Die Zahl nimmt zwar in Deutschland bis 2050 um 10 Millionen zu, aber danach steht diese Ressource auch nicht mehr zur Verfügung. Den Gipfel der Sterbefälle erreichen wir um 2040, 2050, danach sinkt die Zahl der Sterbefälle. Das heißt, wir müssen dafür sorgen, dass es in der zweiten Jahrhunderthälfte eine tragfähige demographische Basis in diesem Lande gibt. Die primäre Quelle dafür sind natürlich die nachwachsenden, jüngeren Menschen. Das ist so banal und trivial, dass man sich nur wundern kann, wie einfach in dieser Gesellschaft eine kollektive Verdrängung elementarer Tatsachen organisiert werden kann.

Herr Adam:
In welchen Grenzen kann man denn tatsächlich junge durch alte Berufe, durch ein höheres Rentenzutrittsalter und durch Seniorenstudium ersetzen? Nach meinem Kenntnisstand war nicht ein einziger Nobelpreisträger der letzten Zeit bei seiner preiswürdigen Entdeckung älter als 30 Jahre. Der Präsident der Max-Planck-Gesellschaft, Hubert Markl, merkt immer wieder an, dass junge, talentierte, einfallsreiche und unternehmungsfreudige Menschen in der globalisierten Welt das größte Wachstumshindernis sein werden. Denn sie sind knapp und kaum zu ersetzen.

Herr Birg:
Im Prinzip stimme ich zu. Allerdings haben kleine Länder wie die Schweiz relativ wenige junge, talentierte Menschen, die Leistungen erbringen können. Trotzdem hat die Schweiz einen unvergleichlich höheren Wohlstand, als beispielsweise Indien mit einer Milliarde Menschen. Die Spitzenleistungen sind ohnehin auf eine zahlenmäßig winzige Gruppe von Menschen begrenzt, und die wird es in Deutschland auch bei einem drastischem Bevölkerungsrückgang geben. Wir reden hier nicht von dieser kleinen Minorität, sondern wir reden darüber, wie die große Mehrheit der Bevölkerung sinnvoll zu beschäftigen ist. Wir müssen hier vieles reorganisieren, sonst funktioniert das Gemeinwesen nicht mehr.

Herr Sans:
Habe ich richtig verstanden, dass die Alterungsentwicklung der Türkei in eine andere Richtung verläuft? Noch eine weitere Frage: Wenn sich das Realeinkommen tatsächlich verdoppelt, der größte Teil dieser Verdoppelung in die Versorgung älterer Menschen fließen würde und wir auf dem heutigen Lebensstandardniveau bleiben könnten, dann wäre das ja kein Beinbruch.

Herr Birg:
Die Türkei habe ich erwähnt, weil sich dort die Bevölkerung von derzeit rund 60 Millionen auf über 100 Millionen erhöhen wird. So wie in Deutschland die Schrumpfung der Bevölkerung wegen der schlechter werdenden Altersstruktur unvermeidlich ist, so ist in der Türkei das Wachstum – auch bei zurückgehenden Kinderzahlen pro Frau – unvermeidlich. Aber auch in der Türkei wird eine Alterung eintreten, d.h. die Relationen werden sich, ähnlich wie in den Entwick-

I. Demographie, Familie und Recht

lungsländern, auf Grund der steigenden Lebenserwartung zum einen und auf Grund der sinkenden Fertilität zum anderen verschlechtern.

Zur anderen Frage: Die Produktivitätssteigerung führt tatsächlich zu ständigen Einkommenszuwächsen. Das Problem liegt darin, dass die Wachstumsprognosen ständig nach unten korrigiert werden müssen. Heute wird eine reale Wachstumsrate von jährlich ein bis zwei Prozent schon als stattlich angesehen. Verglichen mit früheren Jahrzehnten ist das natürlich sehr wenig. Aber dennoch würde sich das Realeinkommen auch bei diesen kleinen Raten in den nächsten fünf Jahrzehnten verdoppeln. Wenn wir aber den heutigen Zustand halten wollten, also vom verdoppelten Realeinkommen sehr viel größere Anteile abzweigen müssten, wäre das in den Augen jener, die weniger verdienen, eine Katastrophe. Wir konnten im 20. Jahrhundert ständig Verbesserungen sowohl des Einkommens als auch der Sozialversicherungssysteme erwarten und müssen uns nun darauf einstellen, dass das zukünftig nicht mehr möglich ist. Die soziale Unzufriedenheit, die daraus entsteht, halte ich für die schwerwiegendste Folge der demographischen Entwicklung. Die sozialen Sicherungssysteme werden sich dauerhaft verschlechtern, nicht weil wir unsozialer geworden sind oder unsere Verfassung missachten, sondern weil wir keine Alternative zum Sozialabbau haben. Es werden kaum noch die gewohnten sozial- und verteilungspolitischen Erfolge erzielt werden können. Es wird sich eine Kluft zwischen schlecht ausgebildeten zugewanderten Menschen mit entsprechend geringeren Einkommen und wesentlich besser ausgebildeten Nichtzugewanderten öffnen. Diese Kluft ist ja jetzt schon da: von 100 hier geborenen Kindern aus Migrantenfamilien verlassen 60 das Schulsystem entweder ohne Ausbildung oder mit Hauptschulabschluss. Damit haben sie eine denkbar schlechte Voraussetzung für ihr berufliches Vorankommen und die spätere Positionen im Erwerbsstatus. Das ist eine Zeitbombe, die die deutsche Wirtschaft seltsamer Weise standhaft ignoriert und auf immer weitere Zuwanderung setzt, die das Problem aber nur verschärfen wird.

Frau Riedel:
Sie erwähnten, dass 30 % der jüngeren Frauen kinderlos bleiben. Wir haben beim Deutschen Frauenrat von der Familienforscherin Uta Meier aus Gießen gehört, dass mehr als 85 % der jungen Paare erklären, dass sie unbedingt Kinder wollen. Wie erklären Sie sich diese Differenz?

Herr Birg:
Kinderwunsch und Realität müssen nicht übereinstimmen. Ich möchte bei dieser Frage die Gelegenheit nutzen, um auf einen Tatbestand hinzuweisen, der ziemlich unbekannt ist. Als Statistiker darf man Frauen nicht fragen, das wievielte Kind sie gerade gebären, sondern nur, das wievielte Kind in ihrer jetzigen Ehe. So werden Kinder, die in der momentanen Ehe als erste Kinder zur Welt kommen, in der amtlichen Statistik als erste Kinder registriert. Auch wenn die Frau vorher schon in einer anderen Ehe z.B. zwei Kinder hatte. Das führt zu einer

Verzerrung der Datenlage. Mit der amtlichen Statistik kann man die Frage gar nicht beantworten, wie viele Frauen zeitlebens kein, ein oder mehr Kinder haben. Nur durch die Krankenhausstatistik haben wir eine Datenquelle, die es ermöglicht, die Fragen nach der Kinderzahl im bisherigen Leben und nicht in der jetzigen Ehe zu beantworten. Dort wird die Frau bei der Geburt gefragt, das wievielte Kind sie zur Welt bringt oder die wievielte Schwangerschaft sie hat. Aus diesen Datenquellen stammt die Information, dass ein Drittel der jüngeren Jahrgänge zeitlebens kinderlos bleibt. Der Kinderwunsch ist aber auch ein Hinweis darauf, dass die subjektiven Vorstellungen über die ideale Kinderzahl und die objektiven, makrodemographischen Berechnungen in wunderbarer Weise übereinstimmen. Bei der mathematischen Berechnung der minimalen Belastung der mittleren Generation durch die jüngere und ältere – die Versorgung der Jugend und die so genannte Altenlast – hat man in Gesellschaften mit niedriger Mortalität eine optimale Kinderzahl von durchschnittlich 2,1 errechnet. Diese Zahl entspricht derjenigen Kinderzahl, die auch junge Menschen subjektiv für ideal halten.

Frau Fritzen-Herkenhoff:
Ich freue mich, dass wir jetzt mehr in die Richtung der qualitativen Betrachtung gehen. Herr Birg hat beschrieben, dass wir eine Vielzahl von Ungleichgewichten haben und dass wir wenige Spielräume haben, an diesen Ungleichgewichten noch etwas zu ändern. Wie verhält sich nun das Verhältnis von Produktivität und Demographie? Bedarf die Definition der Produktion nicht einer dringenden Überarbeitung? Sobald etwas produziert wird, also eine Sache entsteht, ist es Geld und Anerkennung wert. In dem Moment, wo etwas im Sinne von Erziehung und Bildung hervorgebracht wird, wird es nicht in angemessener Form honoriert. Das gilt auch im Hinblick auf die Bezahlung der Arbeitnehmer, die in diesen Sektoren arbeiten. Wir beschweren uns darüber, dass unsere Kinder nicht angemessen betreut, erzogen und ausgebildet werden, sind aber nicht bereit, in die Berufe, die genau diese Leistungen erbringen, angemessen zu investieren. Wäre es nicht an der Zeit, Produktivität anders zu bewerten und damit auch zu ganz anderen Verteilungsmechanismen in dieser Gesellschaft zu kommen?

Herr Birg:
Das kann man nur unterstreichen. Allerdings wurde diese Forderung schon im 19. Jahrhundert vertreten und unterstrichen. Schon damals wurde in den Lehrbüchern der Ökonomie darauf hingewiesen, dass die Erziehung von Kindern im Sozialprodukt nicht als Beitrag vorkommt, während die Aufzucht von Eseln und Schweinen sehr wohl berücksichtigt wird. Die deutsche nationalökonomische Schule hat sich damals von der angelsächsischen entfernt, aber sie hat sich im Weltmaßstab nicht als dominante Schulrichtung durchgesetzt. Ein solcher Paradigmenwechsel ist mittlerweile überfällig, er wird aber noch eine zeitlang auf sich warten lassen.

I. Demographie, Familie und Recht

Herr Hankel:
Ich möchte Herrn Birg jetzt bewusst etwas provozieren, weil wir auch die gegenteilige Theorie testen müssen. Ökonomen haben über 100 Jahre daran geglaubt, dass das eigentliche Problem nicht die Unter-, sondern die Überbevölkerung ist. Entwicklungsökonomen und -ökologen glauben heute noch, dass das übertriebene Bevölkerungswachstum einer der Hauptgründe für übertriebenes Wirtschaftswachstum, für Raubbau an Ressourcen und für Umweltverschmutzung ist. Ist die Schrumpfung und Alterung der Weltbevölkerung also wirklich so dramatisch; ist die Antwort auf die Alterungsproblematik nicht vielmehr eine gesellschaftliche? Ich glaube nicht, dass die menschliche Kreativität mit dem Alter abnimmt. Antike Gesellschaften haben uns ein Vorbild gegeben, das wir überhaupt nicht aufgreifen. Die alten Leute hatten eine gesellschaftliche Funktion, die in keiner Weise zu Lasten der jugendlichen Berufsausübung ging, denn es war eine rein beratende. Liegt die Lösung nicht vielmehr darin, dass sich die Gesellschaft neue Formen der Betätigung für alte Menschen ausdenken muss und sie nicht gleich zum Rentner abstempelt? Rentner wird man durch den Gesetzgeber und dieser kann den Rentner auch später beginnen lassen und die Gesellschaft kann den Rentnern Aufgaben zuweisen. Ich frage mich, ob wir wirklich an die geradlinige Entwicklung einer schrumpfenden Gesellschaft mit all den furchtbaren Folgen glauben müssen.

Herr Birg:
Demographen können die Probleme relativ genau vorausberechnen, aber sie können nicht voraussagen, wie die Gesellschaft mit diesen Problemen fertig wird. Es kann sein, dass die Alterung und Schrumpfung gar kein Problem darstellen wird, weil die Gesellschaft das Problem durch einfallsreiche, radikale Reformen, die eine kulturelle Revolution bedeuten würden, löst. Es fällt mir aber schwer, daran zu glauben – vielmehr scheint die Gesellschaft der demographischen Entwicklung mit einer kollektiven Verdrängung zu begegnen.

II. Kinder- und Familienarmut: Befunde

Die Einkommenslage von Familien und Kindern

Erich Stutzer

1. Problemstellung und Methodik

Um die Lebenswirklichkeit von Familien beurteilen zu können, ist es wichtig ihre Einkommenslage zu kennen Die zentrale Bedeutung der Einkommensverhältnisse beruht nicht nur auf den damit verbundenen Konsummöglichkeiten, sondern auch darauf, dass die Einkommen in ihren Auswirkungen weit in den nicht-ökonomischen Lebensbereich hinein reichen. So berührt die wirtschaftliche Lage nicht nur die materielle Ausstattung der Familien, nicht nur die Wohnformen oder andere materielle Möglichkeiten, sondern wirkt darüber hinaus sehr stark auch auf Erziehungs- und Sozialisationsbedingungen in den Familien. Jüngstes Beispiel für solche Auswirkungen sind die Ergebnisse der PISA-Studie. Von ganz besonderem Interesse ist es, die Einkommensverhältnisse in Abhängigkeit von der Familienphase zu kennen.[1]

Ziel dieser Darstellung ist es, eine Analyse der Einkommensverhältnisse von Familien zu geben. Hierbei richtet sich das Interesse auf Familien in unterschiedlichen Familienphasen, vorrangig auf junge Familien. Eine Darstellung der durchschnittlichen Einkommenssituation aller Familien über alle Familienphasen ist wenig aussagekräftig, da einerseits die Einkommen der Familien über die Phasen stark streuen, andererseits die Familien in unterschiedlichen Familienphasen auch sehr unterschiedliche Aufgaben haben und Leistungen erbringen, die unterschiedliche materielle Ausstattungen bedingen. Darüber hinaus soll das Ausmaß der Sozialhilfebedürftigkeit von Familien und Kindern dargestellt werden. Auch wird die Entwicklung familienpolitischer Maßnahmen und ihre Auswirkungen auf die Einkommenssituation der Familien betrachtet. Datengrundlage sind der Mikrozensus und die Ergebnisse der Sozialhilfestatistik. Zur Beschreibung der Einkommensverhältnisse werden aus dem Mikrozensus die monatlichen Familiennettoeinkommen bzw. die monatlichen persönlichen Netto-

---

[1] Vgl. hierzu Cornelius (1988) oder Stutzer (2000).

einkommen herangezogen[2]. Aus der Sozialhilfestatistik gehen die Sozialhilfeempfänger, die Hilfe zum Lebensunterhalt erhalten, in die Analyse ein.

2. Die Einkommensstrukturen von jungen Familien

Junge Familien werden definiert als Ehepaare, in denen der Ehemann zwischen 25 und 35 Jahren alt ist. In dieser Phase der Familiengründung und des Aufbaus der Familie zeigen sich deutliche Einkommensvorteile gleichaltriger kinderloser Ehepaare (Tab. 1). Die Geburt eines Kindes bewirkt ein deutliches Absinken des monatlichen Familiennettoeinkommens der Familie. Im Mittel verfügen nach den Ergebnissen des Mikrozensus kinderlose Ehepaare in Deutschland über Nettoeinkommen von durchschnittlich 2.387 € (Median). Junge Ehepaare mit Kindern verfügen dagegen im Schnitt nur über 2.011 €, somit netto 376 € monatlich weniger. In Hessen liegt diese Relation noch etwas weiter auseinander. Kinderlose junge Ehepaare verfügen mit durchschnittlich 2.530 € über 550 € mehr als junge Familien. Warum das so ist, wird weiter unten dargestellt.

Eine Differenzierung nach der Anzahl der Kinder zeigt nur leichte Einkommensunterschiede zwischen den Familien: Mit zunehmender Kinderzahl ist kein erkennbarer Anstieg der Nettoeinkommen verbunden, wobei dieser Sachverhalt von Bundesland zu Bundesland variiert. In Hessen sinkt z.B. das Familiennettoeinkommen mit zunehmender Kinderzahl ab, während es in Baden-Württemberg leicht ansteigt. Auch dieser Sachverhalt wird im Folgenden geklärt werden.

---

2 Die monatlichen Nettoeinkommen im Mikrozensus umfassen die Summe aller Einkommensarten wie Löhne und Gehälter, Unternehmereinkommen, Renten und Pensionen, öffentliche Unterstützungen, Einkommen aus Vermietung und Verpachtung, Zinsen, Kindergeld, Wohngeld, BAföG oder Stipendien. Das monatliche Nettoeinkommen aus Erwerbstätigkeit ergibt sich aus dem Bruttoeinkommen abzüglich Steuern und Sozialabgaben. Das Familiennettoeinkommen wird aus den Individualeinkommen der Familienmitglieder ermittelt. Die Einkommensverhältnisse selbstständiger Landwirte und mithelfender Familienangehörigen werden nicht erfasst.

Tabelle 1: Einkommensstrukturen junger Ehepaare in Deutschland 2000

Ehepaare	Durchschnittliches Familieneinkommen			Ehepaare mit nur einem Einkommensbezieher		
	Median in Euro			Anteil in %		
	Deutschland	Hessen	Baden Württemberg	Deutschland	Hessen	Baden Württemberg
ohne Kinder	2387	2530	2556	12	13	12
mit Kind(ern)	2011	1979	2090	29	39	31
mit 1 Kind	2003	2009	2045	24	30	28
mit zwei Kindern	2018	1977	2115	32	44	32
mit 3 und mehr Kindern	2017	1843	2153	41	57	39

Alter des Ehemannes 25 bis unter 35 Jahre
Ergebnisse des Mikrozensus
Familienwissenschaftliche Forschungsstelle im Statistischen Landesamt Baden-Württemberg

Eine über die Durchschnittsbetrachtung hinausgehende Differenzierung der Einkommensverhältnisse zeigt, dass die Mehrheit der jungen Familien (ca. 75 %) über ein monatliches Nettoeinkommen von zwischen 1.300 € und 2.800 € verfügen. Dagegen ist die Mehrheit der kinderlosen Paare im Einkommensbereich zwischen 1.700 € und 3.300 € anzusiedeln. Charakteristisch ist für beide Einkommensverteilungen, dass die unteren Einkommenssegmente unter 700 € und zwischen 700 bis 1.300 € mit jeweils unter 3 % bzw. ca. 10 % recht ähnlich besetzt sind. Familien konzentrieren sich dann stärker auf mittlere Einkommenspositionen und sind bei höheren Einkommen deutlich seltener vertreten. Die Einkommensverteilung kinderloser Paare streut dagegen vergleichsweise stärker über alle Einkommenspositionen und erstreckt sich stärker in obere Einkommenssegmente. Die Einkommensverteilungen von Familien unterschiedlicher Kinderzahlen weichen kaum voneinander ab: Auch hier findet sich unabhängig von der Kinderzahl eine Konzentration auf mittlere Einkommensgruppen mit nur einer geringen Häufigkeit in oberen Einkommensbereichen. Interessant erscheint dabei, dass die früher häufig festgestellte Polarisierung der Einkommensverteilung für die Drei-Kinder-Familien mit einer stärkeren Besetzung im unteren und im oberen Einkommensbereich hier nicht bestätigt werden kann. Insgesamt bleibt festzuhalten, dass es Familien deutlich seltener gelingt, in obere Einkommensbereiche vorzudringen.

Eine Ursache für die Einkommensdifferenzen zwischen jungen kinderlosen Paaren und Paaren mit Kindern liegt in der Aufgabe der Erwerbstätigkeit oder einer Einschränkung der Erwerbstätigkeit mit der Geburt eines Kindes. Während bei kinderlosen jungen Paaren in der Regel beide zum Familiennettoeinkommen beitragen, trifft dies bei Ehepaaren mit Kindern nicht so stark zu und mit zunehmender Kinderzahl ist immer häufiger nur noch ein Einkommensbezieher anzutreffen (Tab. 1). Kinderlose Partner sind zu fast 90 % beide erwerbstätig, bei Ehepaaren mit Kindern sind es dagegen nur etwa 70 % und mit steigender Kinderzahl nimmt dieser Anteil weiter ab: In Familien mit drei Kindern sind es schließlich 59 % der Paare mit zwei Einkommensbeziehern. Hinzu kommt, dass bei kinderlosen Ehepaaren in der Regel beide Vollzeit erwerbstätig sind, während die Mehrheit erwerbstätiger Mütter eine Teilzeittätigkeit ausübt. Die Entscheidung für Kinder bzw. die Entscheidung für eine Betreuung und Erziehung der Kinder durch die Eltern ist nach diesen Ergebnissen verantwortlich für die relative finanzielle Schlechterstellung der Familien. Dieser Zusammenhang erklärt auch, warum in Hessen mit zunehmender Kinderzahl das Familiennettoeinkommen zurückgeht. Nur in 43 % der jungen hessischen Familien mit drei Kindern sind beide Ehepartner erwerbstätig, in Baden-Württemberg sind es 61 %.

Einkommensdifferenzen zwischen kinderlosen und Ehepaaren mit Kindern resultieren also vorrangig aus einem unterschiedlichen Erwerbsverhalten. Ein Vergleich der Individualeinkommen bestätigt diesen Zusammenhang. Das monatliche Nettoeinkommen der Väter liegt zwar generell über dem gleichaltriger kinderloser Männer und mit steigender Kinderzahl erhöht sich auch deren Einkommen. Das Einkommen der Mütter liegt dagegen deutlich unter dem kinderloser Frauen und erreicht im Schnitt nicht einmal die Hälfte des Einkommens kinderloser Frauen. Die sehr unterschiedlichen Einkommen zwischen jungen kinderlosen Ehepaaren und jungen Familien resultieren demnach wesentlich aus der Nichterwerbstätigkeit bzw. der eingeschränkten Erwerbstätigkeit der Mütter.

Bei jungen Ehepaaren steigt mit zunehmender Kinderzahl das monatliche Familiennettoeinkommen nicht in dem Ausmaß, wie es dem höheren Bedarf größerer Familien entspräche. Der materielle Einschnitt, der mit der Geburt von Kindern einhergeht, wird besonders deutlich, wenn man die Beträge vergleicht, die jedem Familienmitglied zur Verfügung stehen.[3] Pro Kopf verfügen Ehepaare mit Kindern nur über die Hälfte des Pro-Kopf-Einkommens kinderloser Ehepaare (Abb. 1). Mit zunehmender Kinderzahl sinkt das jedem Familienmitglied zustehende Pro-Kopf-Einkommen weiter.

Vergleicht man diese Beträge und setzt das Einkommen der kinderlosen Paare gleich 100, zeigt sich, dass jedem Familienmitglied in einer jungen Familie mit einem Kind nur 63 % dessen zur Verfügung steht über das jeder Partner einer kinderlosen Ehe verfügen kann. Mit steigender Kinderzahl sinkt diese Relation auf 51 % bei zwei Kindern und auf 42 % bei drei Kindern. Allein Er-

---

3 In dieser Pro-Kopf-Betrachtung der Einkommensverhältnisse werden die unterschiedlichen Verbrauchsausgaben von Erwachsenen und Kindern berücksichtigt. Ein Erwachsener erhält den Faktor 1,0 der Ehepartner den Faktor 0,8 und Kinder jeweils den Faktor 0,6. Ein kinderloses Ehepaar erhält demnach den Faktor 1,8, ein Ehepaar mit zwei Kindern den Faktor 3,0. Durch diesen Faktor ist das Familiennettoeinkommen zu dividieren, um das Pro-Kopf-Einkommen zu erhalten. In Abbildung 2 wird sodann das Pro-Kopf-Einkommen kinderloser Ehepaare gleich 100 gesetzt und die Pro-Kopf-Einkommen von Familien in Relation hierzu gesetzt.

ziehende mit einem Kind verfügen pro Kopf über ein monatliches Einkommen von 47 % und allein Erziehende über ein Einkommen von 38 % des Einkommens kinderloser Ehepaare.

Abbildung 1: Pro-Kopf-Einkommen von jungen Familien in Relation zum Pro-Kopf-Einkommen kinderloser Ehepaare in Deutschland 2000

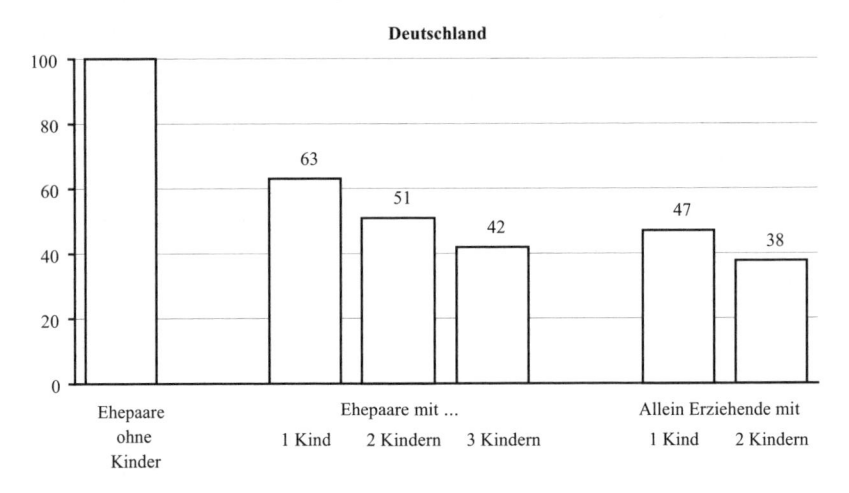

Deutschland

Ehepaare ohne Kinder	Ehepaare mit 1 Kind	Ehepaare mit 2 Kindern	Ehepaare mit 3 Kindern	Allein Erziehende mit 1 Kind	Allein Erziehende mit 2 Kindern
100	63	51	42	47	38

Alter des Ehemannes bzw. der(s) allein Erziehenden 25 bis unter 35 Jahre Familienwissenschaftliche Forschungsstelle im Statistischen Landesamt Baden-Württemberg

Nach den vorliegenden Ergebnissen ist davon auszugehen, dass Familien mit Kindern gerade in einer sehr sensiblen Familienphase des generativen, ökonomischen und sozialen Aufbaus der Familie, in der weitreichende generative und berufliche Entscheidungen fallen, deutliche Einkommensnachteile gegenüber gleichaltrigen Kinderlosen erfahren.

3. Familienpolitische Leistungen

Auch um diese strukturellen Nachteile von Familien gegenüber Kinderlosen abzubauen, wurden in den 1980er und 1990er Jahren staatliche materielle Leistungen verbessert (Tab. 2). Beispielsweise wurde 1986 ein Bundeserziehungsgeld in Höhe von 600 DM eingeführt, und das monatliche Kindergeld sowie die steuerlichen Kinderfreibeträge wurden in mehreren Schritten angehoben. 1982 erhielt eine Familie mit drei Kindern insgesamt 179 € monatlich an Kindergeld, im Jahre 2000 bei Inanspruchnahme des Kindergeldes und des Bundeserziehungsgeldes (für ein Kind) einen Betrag in Höhe von 737 €. Das sind monatlich 558 € mehr als 1980. Im Ergebnis wäre zu vermuten, dass die strukturelle Ungleichheit zwischen kinderlosen Ehepaaren und solchen mit Kindern zu Gunsten der Familien abgebaut worden sei. Dies kann jedoch für den Zeitraum bis Ende der 1990er Jahre nicht bestätigt werden. Der zeitliche Vergleich der relativen Einkommenspositionen in Tab. 3 zeigt, dass die strukturelle Schlechterstellung der Familien nicht behoben werden konnte. Familien mit einem Kind verfügen relativ konstant über etwa 60 % bis 63 % des Einkommens über das in kinderlosen Ehen jeder Ehepartner verfügen kann. Familien mit zwei Kindern liegen ebenfalls recht konstant bei etwa der Hälfte, und Familien mit drei Kindern liegen nach einem Anstieg von 40 % auf 43 % zu Beginn der 1980er Jahre heute wieder bei 41 %. Zuletzt hat sich für alle Familien ihre relative Einkommensposition verschlechtert.

Tabelle 2: Ausgewählte finanzielle familienpolitische Leistungen seit 1980

Seit dem	1.	2.	3.	4. u. weitere
		Euro		
01.07.1979	25,57	51,13	102,26	102,26
01.02.1981	25,57	61,35	122,71	122,71
01.01.1982	25,57	51,13	112,48	122,71
01.01.1983	25,57	35,79-51,13	71,58-112,48	71,58-122,71
01.07.1990	25,57	35,79-66,47	71,58-112,49	71,58-122,72
01.01.1992	35,79	35,79-66,48	71,58-112,50	71,58-122,73
01.01.1994	35,79	35,79-66,49	71,58-112,48	71,58-122,71
01.01.1996	102,48	102,48	153,39	178,95
01.01.1997	112,48	112,48	153,39	178,95
01.01.1999	127,82	127,82	153,39	178,95
01.01.2000	138,05	138,05	153,39	178,95
01.01.2002	154	154	154	179

	Jährlicher Kinderfreibetrag in der Einkommensteuer pro Kind in Euro
01.01.1983	221
01.01.1986	1.270
01.01.1990	1.546
01.01.1992	2.098
01.01.1996	3.203
01.01.1997	3.534
01.01.2000	5.080
01.01.2002	5.808

Familienwissenschaftliche Forschungsstelle im Statistischen Landesamt Baden-Württemberg

Tabelle 3: Entwicklung der Pro-Kopf-Einkommen junger Familien in Baden-Württemberg seit 1982

Familientyp	Pro-Kopf-Einkommen					
	1982	1986	1990	1992	1998	2000
	Messziffer					
Ehepaare ohne Kinder	100	100	100	100	100	100
Ehepaare mit 1 Kind	62	63	61	61	63	60
Ehepaare mit 2 Kindern	48	50	50	49	51	50
Ehepaare mit 3 Kindern	40	43	42	42	43	41

Alter des Ehemannes zwischen 25 und 35 Jahren.
Ergebnisse der Mikrozensen 1982 bis 2000
Nicht berücksichtigt sind mithelfende Familienangehörige und selbstständige Landwirte.
Familienwissenschaftliche Forschungsstelle im Statistischen Landesamt Baden-Württemberg

4. Die Einkommenssituation in unterschiedlichen Familienphasen

Exemplarisch wurden hier die Einkommensverhältnisse junger Familien betrachtet. Im Folgenden sollen noch kurz die ökonomischen Verhältnisse der Familien in späteren Familienphasen dargestellt werden. Bei dieser Betrachtung werden fünf Phasen der aktiven Elternschaft von Ehepaaren unterschieden, die über die Ehedauer und das Alter des ältesten bzw. jüngsten Kindes definiert werden.[4] Diese Phasen erstrecken sich von der Gründungs-, Aufbau- und Stabilisierungsphase hin zur konsolidierten Phase und zur Umorientierungsphase. In allen Familienphasen (bis auf die Umorientierungsphase) haben Kinderlose einen Einkommensvorteil im Pro-Kopf-Einkommen (Tab. 4).

---

4 Vgl. zur Methodik Stutzer, Schwartz, Wingen, (1992).

II. Kinder- und Familienarmut: Befunde

Tabelle 4: Einkommenslagen in unterschiedlichen Familienphasen und Familien im Niedrigeinkommensbereich in Deutschland 2000

Haushalte und Familien	Deutschland		
	Pro-Kopf-Einkommen	Relative Wohlstandsposition[1]	Ökonomisch defizitäre Lebenslage[2]
	Euro	%	
Privathaushalte	963	100	11
darunter			
Ehepaare ohne Kinder	1 326	138	5
darunter in Familienphasen			
Gründungsphase	1 261	131	6
Aufbauphase	1 405	146	3
Stabilisierungsphase	1 414	147	3
Konsolidierte Phase	1 286	133	3
Umorientierungsphase	1 047	109	6
Ehepaare mit Kinder	670	70	10
darunter in Familienphasen			
Gründungsphase	649	67	10
Aufbauphase	712	74	11
Stabilisierungsphase	769	80	8
Konsolidierte Phase	921	96	4
Umorientierungsphase	941	98	2

1) Relative Wohlstandsposition: relative Abweichung dern jeweiligen Pro-Kopf-Einkommen vom Durchschnitt aller Haushalte
2) Ökonomisch defizitäre Lebenslagen: unter 50 % des durchschnittlichen Pro-Kopf-Einkommen aller Haushalte
Ergebnisse des Mikrozensus
Familienwissenschaftliche Forschungsstelle im Statistischen Landesamt Baden-Württemberg

In allen Familienphasen haben kinderlose Ehepaare einen Einkommensvorsprung. Der Einkommensvorsprung beträgt in den ersten drei Familienphasen pro Kopf ca. 600 € pro Monat. Das Pro-Kopf-Einkommen Kinderloser ist damit nahezu doppelt so hoch wie das von Ehepaaren mit Kindern. Gerade in diesen Phasen zeigt sich, dass die zwar grundsätzlich mit der Familienphase steigenden Einkommen jedoch nicht mit dem wachsenden Bedarf der Familien Schritt halten. Erst in späteren Familienphasen, in denen die ersten Kinder das Elternhaus bereits verlassen haben und ein Teil der Kinder, die noch zu Hause leben, zum Familieneinkommen beitragen, nähern sich die Pro-Kopf-Einkommen zwischen kinderlosen Ehepaaren und Ehepaaren mit Kindern wieder an.

Das Einkommensgefälle zwischen Familien und kinderlosen Ehepaaren lässt sich auch anhand der relativen Wohlstandspositionen beschreiben. Diese zeigen die Abweichungen der durchschnittlichen Pro-Kopf-Einkommen der jeweiligen Haushaltstypen vom Durchschnitt aller Haushalte. Dabei wird das durchschnittliche gewichtete Pro-Kopf-Einkommen aller Privathaushalte gleich 100 % gesetzt (Tab. 4). Eine überdurchschnittliche Wohlstandsposition weisen allein kinderlose Ehepaare auf. Ehepaare mit Kindern nehmen generell unterdurchschnittliche Wohlstandspositionen ein. Das Wohlstandsniveau kinderloser Ehepaare liegt deutlich über dem Durchschnitt aller Haushalte. In der Gründungsphase liegen sie mit 131 % über dem Durchschnitt, in der Stabilisierungsphase mit 147 %. Die Wohlstandspositionen von Familien liegen dagegen schon in der Familiengründungsphase mit 67 % deutlich unter dem Durchschnitt aller Privathaushalte. Auch in der Aufbau- und Stabilisierungsphase ändert sich an dieser Situation nichts. Erst in späteren Familienphasen, wenn ein Teil der Kinder das Elternhaus bereits verlassen hat, nähert sich ihre Wohlstandsposition dem Durchschnitt an. Die Abstände der relativen Wohlstandspositionen zwischen kinderlosen Ehepaaren und Familien mit Kindern sind besonders groß in Phasen, in denen weitreichende Entscheidungen für oder gegen (weitere) Kinder fallen.

Bei der Beurteilung ökonomischer Lagen von Familien liegt ein besonderes Augenmerk auf Familien in wirtschaftlich schwierigen Situationen. Ökonomisch defizitäre Lebenslagen werden in der Regel definiert als Anteil derjenigen, die über weniger als die Hälfte des Durchschnittseinkommens aller Privathaushalte verfügen.[5] Legt man diesen Maßstab an die ökonomische Situation kinderloser Ehepaare und an die von Ehepaaren mit Kindern in unterschiedlichen Familienphasen an, so zeigt sich ein doppelt so hoher Anteil an Familien mit Niedrigeinkommen im Vergleich zu kinderlosen Ehepaaren (Tab. 4). Etwa 10 % der Ehepaare mit Kindern und knapp 5 % der kinderlosen Ehepaare verfügen über ein monatliches Pro-Kopf-Einkommen, das um 50 % unter dem Durchschnitt aller Haushalte liegt.

5. Sozialhilfebedürftigkeit von Familien

In der wissenschaftliche und politischen Diskussion wird zunehmend mehr auf die wirtschaftliche Lage von Familien und Kindern hingewiesen. Immer weniger Familien könnten heute aus eigener Kraft ihren sozialen Mindestlebensbedarf decken. Immer mehr Familien und vor allem Kinder seien deshalb auf staatliche Unterstützungen, insbesondere Sozialhilfe angewiesen. Zur Beschreibung der Einkommenslage von Familien ist es daher unerlässlich, auch die Sozialhilfebedürftigkeit von Familien und Kindern zum Abschluss etwas näher zu betrachten.

Die lange Zeit gültige These, dass Sozialhilfebedürftigkeit vor allem Ältere betreffe, ist heute nicht mehr gültig. Die Angewiesenheit auf Sozialhilfe hat sich in die jüngeren Altersgruppen verschoben. Dies hat dazu geführt, dass in der sozialpolitischen Diskussion neuerdings von einer „Infantilisierung" der Sozialhilfebedürftigkeit gesprochen wird. Als Beleg hierfür werden folgende empiri-

---

5 Vgl. Krause (1994).

II. Kinder- und Familienarmut: Befunde

sche Entwicklungen angeführt. Der Anteil der Kinder unter den Sozialhilfeempfängern liegt 2000 in Deutschland mit 17 % Kinder unter 7 Jahren bzw. 33 % Kinder unter 15 Jahren sehr hoch. Der Anteil Älterer (60 Jahre und älter) unter den Sozialhilfeempfängern liegt dagegen mit knapp 11 % vergleichsweise niedrig. Seit 1980 haben sich die Anteile jüngerer und älterer Sozialhilfeempfänger gegenläufig entwickelt. So waren 1980 23 % der Sozialhilfeempfänger älter als 60 Jahre und nur knapp 10 % unter 7 Jahren. Ganz besonders plastisch wird diese Entwicklung, wenn man die Absolutzahlen der Personen vergleicht, die auf Sozialhilfe angewiesen sind. Hierbei wird allein die Situation in den alten Bundesländern betrachtet. Die Anzahl sozialhilfebedürftiger Menschen ist in allen Altersgruppen in den letzten 20 Jahren angestiegen, bei den jüngeren aber deutlich überproportional. So stieg die Anzahl älterer (60 Jahre und älter) Menschen mit Sozialhilfebezug von 196.576 im Jahre 1980 um 43 % auf 280.864 im Jahre 2000. Im gleichen Zeitraum hat sich die Zahl der sozialhilfebedürftigen Kinder von 81.118 auf 363.046 um 347 % erhöht.

Das Sozialhilferisiko als Relation der Anzahl sozialhilfebedürftiger Personen in einer Altersgruppen zur Gesamtgruppe lag im früheren Bundesgebiet sowohl für Kinder und Jugendliche wie auch für ältere Menschen bei etwa 2 %. Seitdem hat sich das Sozialhilferisiko für unter 7-jährige Kinder auf über 8 % erhöht, während es für ältere Menschen auf 1,6 % gesunken ist (Tab. 5). Im Durchschnitt der gesamten Bevölkerung hat sich das Sozialhilferisiko von 1,4 % auf 3,5 % erhöht. Kinder haben demnach heute eindeutig ein höheres Sozialhilferisiko als andere.

Tabelle 5: Sozialhilferisiko für ausgewählte Altersgruppen und Lebensgemeinschaften in Deutschland 2000

Altersgruppen --- Lebensgemeinschaften	Empfänger von laufender Hilfe zum Lebensunterhalt in %
unter 7 Jahren	8,4
unter 15 Jahren	6,9
60 Jahre und älter	1,6
Ehepaare ohne Kinder	1,1
Ehepaare mit Kindern*	1,9
Nicht eheliche Lebensgemeinschaften ohne Kinder*	1,0
Nicht eheliche Lebensgemeinschaften mit Kindern*	4,7
Allein erziehende Männer*	1,1
Allein erziehende Frauen	29,7
Lebensgemeinschaften insgesamt	**3,0**

* mit Kindern unter 18 Jahren
Familienwissenschaftliche Forschungsstelle im Statistischen Landesamt Baden-Württemberg

Abschließend noch ein kurzer Blick auf das Sozialhilferisiko unterschiedlicher Familientypen. Hier zeigt sich eine breite Spannweite, wobei Ehepaare mit minderjährigen Kindern mit 2 % in Deutschland im Jahre 2000 ebenso wie kinderlose Ehepaare mit 1 % ein eher niedriges Sozialhilferisiko haben.[6] Mit steigender Kinderzahl steigt das Sozialhilferisiko jedoch stark. 5 % der Ehepaare mit drei oder mehr Kindern erhalten Sozialhilfe. Bei den nichtehelichen Lebensgemeinschaften sind solche mit Kindern deutlich häufiger sozialhilfeabhängig als kinderlose. Ganz besonders hoch ist die Sozialhilfeabhängigkeit unter den allein Erziehenden, was sicherlich auch mit der mangelnden Bereitschaft vieler Väter zusammenhängt, ihrer Unterhaltspflicht nachzukommen. Knapp ein Drittel der allein erziehenden Frauen mit minderjährigen Kindern bezieht Sozialhilfe. Mit steigender Kinderzahl erhöht sich dieser Anteil auf bis zu 50 % bei allein erziehenden Frauen mit drei oder mehr Kindern.

6. Ergebnis

Ziel dieser Darstellung war es, einen Überblick über die Einkommenssituation der Familien und Kinder in Deutschland zu geben. Dabei konnte nachgewiesen werden, dass deutliche Einkommensnachteile mit der Geburt von Kindern verbunden sind.
- Gerade in einer Phase weitreichender familialer Entscheidungen verfügen kinderlose Ehepaare über ein deutlich höheres monatliches Nettoeinkommen.
- Die Einkommenslage von Familien kann generell nicht als schlecht bezeichnet werden, aber es bestehen strukturelle Ungleichgewichte zwischen Paaren mit und ohne Kinder(n). Diese strukturellen Nachteile konnten auch mit dem Ausbau familienpolitischer Leistungen in den letzten 20 Jahren nicht beseitigt werden. Es konnte nur ein weiteres Abrutschen verhindert werden.
- Familien erreichen in allen Familienphasen ein niedrigeres Wohlstandsniveau als der Durchschnitt aller Haushalte. Der Anteil von Familien im Niedrigeinkommensbereich ist überdurchschnittlich hoch.
- Wesentliche Ursache für das starke Einkommensgefälle ist der Verzicht oder die Reduzierung der Erwerbstätigkeit der Mutter zugunsten der nicht bezahlten, gleichwohl gesellschaftlich sehr bedeutsamen Erziehungsarbeit.
- Sozialhilfebedürftig sind vor allem allein erziehende Mütter mit kleinen Kindern und mit mehreren Kindern. Dahingegen ist das Sozialhilferisiko von Ehepaaren mit Kindern vergleichsweise niedrig, allerdings gerade mit steigender Kinderzahl höher als bei kinderlosen Ehepaaren. Der Anteil der Kinder an den Sozialhilfeempfängern steigt. Das Sozialhilferisiko von Kindern liegt deutlich über dem Durchschnitt der Bevölkerung.
- Das niedrige Geburtenniveau in Deutschland hängt mit dem wachsenden Wohlstand der Gesellschaft und dem strukturellen ökonomischen Ungleichgewicht zwischen Kinderlosen und Familien zusammen. Es gibt zunehmend

---
6 Vgl. hierzu auch Eggen (2000).

mehr Anreize auf Kinder zu verzichten. Hier ist die Politik gefordert, Gegengewichte zu setzen.

Literatur

Cornelius, Ivar (1988): Sozialökonomische Problemlagen von Familien in unterschiedlichen Familienphasen, in: Sozialer Fortschritt, 11, S. 247-250.

Eggen, Bernd (2000): Familien in der Sozialhilfe und auf dem Arbeitsmarkt in Ost- und Westdeutschland – mit Hervorhebung von Thüringen und Baden-Württemberg, Stuttgart.

Krause, Peter (1994): Armut im Wohlstand: Betroffenheit und Folgen, in: Deutsches Institut für Wirtschaftsforschung (Hg.): DIW Diskussionspapier Nr. 88, Berlin.

Stutzer, Erich; Schwartz, Wolfgang und Wingen, Max (1992): Ein Familienphasenkonzept auf der Basis der amtlichen Statistik, in: Allgemeines Statistisches Archiv, 2, S. 152-174.

Stutzer, Erich (2000): Einkommensverhältnisse junger Familien in Deutschland, in: Jans, Bernhard; Habisch André und Stutzer, Erich: Familienwissenschaftliche und familienpolitische Signale, Grafschaft, S. 433-438.

Niedrigeinkommenslagen von Kindern und Kindererziehenden in Frankfurt am Main

Prof. Dr. Diether Döring

Vorbemerkung

Große Städte sind nicht zuletzt deshalb sozialpolitisch besonders interessant, da sie bestimmte in der Gesellschaft bestehende Veränderungen und Probleme wie in einem Brennglas aufzeigen. Dies zeigt sich insbesondere unter dem Familienaspekt. Die für die gesamte deutsche Gesellschaft klar belegte Tendenz der Schwächung traditioneller familiärer Lebensmuster in der zweiten Hälfte des 20. Jahrhunderts zeigt sich im großstädtischen Umfeld in einer extremen Ausprägung (besonders hoher Anteil von Einpersonenanteilen, Haushalten ohne Kinder und von allein Erziehenden). Aber auch Veränderungen in der Struktur der Erwerbstätigkeit, insbesondere der deutliche Bedeutungsanstieg teilzeiter, zeitvariabler und selbstständiger Tätigkeiten und eine in Verbindung damit stehende stärkere Differenzierung in den Erwerbsbiografien, zeigen sich in einem großstädtischen Umfeld in einem weiter fortgeschrittenen Stadium. Auch die Tatsache, dass wir seit längerer Zeit faktisch Zuwanderungsland geworden sind findet ihren Niederschlag besonders deutlich in der Einwohnerstruktur der Großstädte (einschließlich der damit verbundenen Integrationsprobleme). Insofern kann man Problemlagen im großstädtischen Umfeld bis zum gewissen Grade als Hinweis auf mögliche künftige Entwicklungen in der ganzen Gesellschaft auffassen. Es gibt allerdings Besonderheiten der Großstadt als Lebensraum, die auch künftig strukturelle Unterschiede bedingen werden.[1]

1. Vorgehensweise

Die im Folgenden vorgestellten Untersuchungsergebnisse stammen aus einer Analyse zur Einkommensverteilung in Frankfurt am Main auf Basis der Mikrozensusdaten für 1998. Sie wurde im Rahmen der Sozialberichterstattung für den Magistrat der Stadt Frankfurt am Main im Jahre 2001 durchgeführt.[2] Die gewonnenen Einkommensdaten zeigen, dass die *Haushalts*einkommen in Frank-

---

[1] Z.B. die vermutlich andauernde Tendenz junger Familien mit Kindern aus Gründen der Miethöhe, der höheren Hürden für den Eigentumserwerb und des Wohnumfeldes aus der Stadt herauszuziehen.
[2] Verantwortliche wissenschaftliche Sachverständige waren Diether Döring, Ute Gerhard, Rainer Höft-Dzemski, in Zusammenarbeit mit H. Jacobs.

furt am Main etwas unterhalb des hessischen Durchschnitts liegen. Allerdings fallen angesichts eines besonders hohen Anteils von Ein- und Zweipersonenhaushalten in Frankfurt die Einkommen *pro Kopf* hier dennoch höher aus. In bezug auf die Einkommensverteilung fällt auf, dass in Frankfurt die obersten Einkommenspositionen schwächer besetzt sind als im Durchschnitt des Landes Hessen; die unteren dagegen etwas stärker. Für die Untersuchung der Einkommenslage von Kindern und Kindererziehenden wurde eine Schwelle von 50 % des ermittelten durchschnittlichen Frankfurter Haushaltsäquivalenzeinkommens angewandt.[3] Für die Gewichtung des Bedarfs der einzelnen Haushaltsmitglieder wurde eine übliche, von der OECD entwickelte Skala verwandt. Nach dieser hat die erste Person im Haushalt das Bedarfsgewicht 1, jede weitere Person über 14 Jahren 0,7 und Kinder bis 14 Jahren eines von 0,5.[4] Ich spreche im Folgenden von „Niedrigeinkommen" und nicht von „Einkommensarmut", da die hier verwandte Schwelle auf die durchschnittlichen Verhältnisse in Frankfurt am Main und nicht, wie in der Armutsforschung üblich, auf das bedarfsgewichtete *nationale* Durchschnittseinkommen bezogen wird. Angemerkt sei, dass ein Haushaltsäquivalenzeinkommen für Westdeutschland, nach demselben Verfahren berechnet, 10 bis 15 % unter der Frankfurter Schwelle liegen würde.

2. Ergebnisse

Im ersten Schritt der Untersuchung wurde auf den Anteil von *Haushalten* – geordnet nach der Zahl der Kinder – abgestellt, die mit einem niedrigen Einkommen auskommen müssen. Hier wird nicht nach der Lebensform (Ehepaar, nichteheliche Lebensgemeinschaft, allein Erziehende etc.) unterschieden. Tabelle 1 zeigt, dass der Grad der Betroffenheit in außerordentlicher Deutlichkeit mit der Tatsache zusammenhängt, ob und wie viele Kinder im Haushalt leben. Haushalte ohne Kinder befinden sich in weit *unter*durchschnittlichem Maße im Bereich des niedrigen Einkommens. Haushalte mit Kindern sind dagegen stets deutlich *über*durchschnittlich betroffen – mit besonders hohen Raten bei 2 und mehr Kindern. Tabelle 2 differenziert anschließend nach der Lebensform, wobei wiederum das besondere Augenmerk auf das Vorhandensein oder Nichtvorhandensein von Kindern im Haushalt gelegt wird. Es kann nicht überraschen, dass der beherrschende Einfluss des Faktors Kind auch in der lebensformenbezogenen Betrachtung aufscheint. Bestimmte Konturen schälen sich jetzt noch klarer heraus. Alle hier dargestellten Lebensformentypen ohne Kind(er) weisen Anteile *unter* dem ermittelten Durchschnitt von 13,8 % auf. Alle mit Kind bzw. Kindern deutlich *über* diesem. Auffällig hoch ist der Anteil von Menschen mit niedrigem Einkommen bei allein Erziehenden; drastisch erhöht insbesondere bei ledigen allein Erziehenden ohne vorangehende Trennung oder Scheidung.

---

[3] Diese Schwelle lag 1998 bei DM 1.244,- = € 636,04.
[4] Über eine solche Skala, d.h. Schematisierung, lässt sich durchaus streiten. So kann bezweifelt werden, ob 0,5 – also 50 % des Ansatzes für die erste Erwachsenenperson – für Kinder bis 14 ausreichend sind.

In einem weiteren Schritt wird gefragt (Tabelle 3), wie viel *Personen* in Frankfurt a.M. mit einem niedrigen Einkommen auskommen müssen. Dabei wird nach dem Lebensalter differenziert. Da größere Familien häufiger knappe Einkommensverhältnisse aufweisen, ist der Anteil der von Niedrigeinkommen betroffenen Personen mit rund 19 % deutlich höher als der zuvor aufgezeigte Anteil der Haushalte. Die Altersverteilung zeigt eine geradezu dramatische Schieflage zu Lasten der nachrückenden Generation mit einer Massierung der Betroffenheit bei Kindern und Jugendlichen und einem kontinuierlichen Abstieg der Raten mit steigendem Erwachsenenalter. Alle Ziffern bis zum 25. Lebensjahr sind weit überdurchschnittlich. Alle Ziffern oberhalb dieses Lebensalters sind deutlich unterdurchschnittlich. Kinder bis zum 14. Lebensjahr liegen bei mehr als dem Doppelten des durchschnittlichen Prozentanteils von Personen, der mit einem niedrigen Einkommen auskommen muss.

3. Bewertung der Ergebnisse

Die Ergebnisse zeigen für Frankfurt am Main überdeutlich, dass ein hochgradiger Zusammenhang zwischen der Entscheidung für Kinder und dem Risiko besteht, in eine Niedrigeinkommenslage zu geraten. Bei der Interpretation dieser Ergebnisse muss m.E. zwischen *allgemeinen* Ursachen für diesen Zusammenhang und einigen *spezifischen* Aspekten unterschieden werden, die wiederum teilweise Frankfurt- (bzw. Großstadt-) spezifisch sind.

(1) Die Entscheidung für Kinder bedeutet stets einen erhöhten *Ausgabenbedarf* für den jeweiligen Haushalt. Dieser wird hier durch die OECD-Bedarfsgewichte dargestellt. Er wird bisher allenfalls teilweise durch kindbezogene Geldleistungen oder steuerliche Vorkehrungen kompensiert. Die Ergebnisse sind ein Indiz dafür, dass kindbezogene Geldleistungen – mindestens für bestimmte Gruppen – weiter verbessert werden müssen und die steuerlichen Vorkehrungen deutlich umgesteuert werden müssen.

(2) Die Entscheidung für Kinder bedeutet in aller Regel *Einschränkungen der Erwerbstätigkeit* der Eltern und damit Einkommensverluste. Sei es durch das Aussetzen der Erwerbstätigkeit oder durch Reduktion auf Teilzeittätigkeiten. Dies bedeutet eine entsprechende Minderung des Erwerbseinkommens. Selbst, wenn die bisherige Erwerbstätigkeit fortgesetzt wird, können sich Kindererziehende weit weniger auf den beruflichen Erfolg konzentrieren und Chancen wahrnehmen als dies Erwachsenen möglich ist, die sich von diesen Verpflichtungen freihalten. Es muss allerdings angemerkt werden, dass das Ausmaß, in den kindererziehende Erwachsene ihre Erwerbstätigkeit einschränken müssen, auch davon beeinflusst wird, welche Betreuungsmöglichkeiten – sei es in der Familie oder aber durch öffentliche und private Horte, Kindergärten und Ganztagsschulen gegeben sind. Als weiterer Gesichtspunkt kommt die Frage der Kosten dieser

Betreuungseinrichtungen hinzu.⁵ Die Ergebnisse sind ein Indiz für die Notwendigkeit, energisch auf den Ausbau von kostengünstiger Betreuungskapazität zu setzen und die stattfindende Differenzierung von Arbeitszeitangeboten weiter voranzutreiben.

(3) Als besondere moderne Entwicklung kommt eine offenbar verringerte *Stabilität von Ehe und Familie* hinzu, die gerade im großstädtischen Umfeld zu einem zählbaren Anteil „unvollständige Familien", insbesondere von allein Erziehenden führt. Diese Lebensform ist durch eine besonders große sozialpolitische Verwundbarkeit gekennzeichnet, da ihr jene innerfamiliäre Ausgleichsfunktion fehlt, über die selbst die heutige Kleinfamilie in gewissem Maße verfügt. Bei allein Erziehenden treten deshalb die mit Abstand höchsten Anteile von Haushalten im Niedrigeinkommensbereich auf; schon gar bei jenen, die nicht von einer vorangehenden Trennung oder Scheidung betroffen waren (woraus häufig eine Unterhaltszahlung resultiert).

(4) Als gerade für Frankfurt am Main besonders einflussreicher Aspekt kommt ein hoher *Ausländeranteil* hinzu. Zwar ist der Begriff „Ausländer" von der sozialen Lage her stark zu differenzieren, da er ebenso den britischen Finanzspezialisten wie auch den türkischen Arbeiter einschließt. Dennoch lässt sich feststellen, dass Ausländer in Frankfurt im Durchschnitt geringere Einkommen erzielen als Deutsche. Zusätzlich ist festzustellen, dass sie in Bezug auf Familie und Kinderwunsch ein stärker traditionell geprägtes Verhalten zeigen. Dies führt im Ergebnis dazu, dass in Frankfurt am Main der Zusammenhang zwischen den der Merkmalen „nichtdeutsch", „mit Kindern" und „Niedrigeinkommen" stark ausgeprägt ist. Haushalte mit deutscher Bezugsperson befinden sich dagegen häufiger in den oberen Einkommensgruppen. Sie sind sehr viel häufiger kinderlos. Allerdings ist dabei zu berücksichtigen, dass deutsche Haushalte mit Kindern und mittlerem bis hohem Einkommen häufiger ins Umland abwandern. Dabei spielen u.a. die besseren Chancen des Eigentumserwerbs, die geringeren Mietkosten und das andere Umfeld für Kinder eine Rolle. Die Einkommensverteilung in Frankfurt am Main ist somit auch von Zuwanderungs- und von Abwanderungsprozessen beeinflusst. Dies führt hier zu einer extremeren Struktur als wir sie in Hessen oder auch im Bundesgebiet vorfinden. Man könnte zugespitzt sagen, dass die Entscheidung zur Erziehung von Kindern in der Stadt eher zu einer Angelegenheit der unteren sozialen Schichten und damit zugleich häufig von Nichtdeutschen geworden ist. Für die Deutschen gilt – überspitzt formuliert – dass sich bei ihnen so etwas wie eine „kinderfreie Zone" herausbildet. Eine kinderfreie Zone in einem insgesamt kinderarmen Land.

(5) Die Bewertung der Ergebnisse wäre unvollkommen, wenn nicht wenigstens kurz der *Werteaspekt* angesprochen würde. Die starke Konzentration

---

5 Es ist wiederholt öffentlich kritisiert worden, dass das zwar öffentliche Schulen und Hochschulen weitgehend kostenfrei sind, Kinderbetreuungseinrichtungen jedoch in der Regel nicht.

der Kinderentscheidung in den unteren Einkommensschichten hat nach meinem Eindruck nicht nur mit Zu- und Abwanderungsprozessen zu tun. Es gibt neben dem traditionelleren auf Familie und Kinder bezogenen Einstellungs- und Verhaltensmuster von großen Teilgruppen der Ausländer auch so etwas wie die Herausbildung eines großstädtischen Lebensstils einschließlich der damit verbundenen Lebenshaltungen gerade bei gut gebildeten und beim Einkommen eher gut gestellten Gruppen. Die Orientierung auf Selbstentfaltung, auf individuelle Handlungsfreiheit, auf persönlichen beruflichen Aufstieg stehen oft in Widerspruch zu den langfristigen Bindungen, die ein Kind, schon gar Kinder bedeuten.

Es dürfte deutlich geworden sein, dass Frankfurt am Main in Bezug auf die Position von Kindern und Kindererziehenden eine relativ extreme Stellung einnimmt. Überspitzt könnte man sagen, dass sie etwas aus der umgebenden Gesellschaft herausfällt. Zugleich sollte man sich nicht täuschen. Die Tatsache, dass die Entscheidung für Kinder im großstädtischen Umfeld eine entscheidende Ursache für eine bedrängte Einkommenslage ist, lässt sich auch für Hessen oder auch die Republik im ganzen reproduzieren, nur dass die Raten etwas gemäßigter ausfallen.

4. Anmerkungen zu Rolle der sozialen Sicherung (insbesondere bei Teilzeittätigkeiten)

Geht man davon aus, dass die Erziehung von Kinder häufig eine bestimmte Zeit reduzierten Erwerbstätigkeit bedeutet, so ergeben sich charakteristische Folgewirkungen: Seit den Reformen der 1950er und 1960er Jahre sind die Geldleistungen des deutschen sozialstaatlichen Systems fast durchgängig nicht nur zeit- sondern vor allem auch einkommensproportional gestaltet. Dies gilt für Arbeitslosengelder (mit Einschränkungen für die Arbeitslosenhilfe), für Lohnersatzleistungen bei Krankheit, für Verletztengelder, Unfallrenten und gesetzliche Renten. Reduktionen der Arbeitszeit und damit des Einkommens werden deshalb im Grundsatz – von oberen und unteren Einkommensgrenzen (Geringfügigkeits-, Beitragsbemessungsgrenzen) einmal abgesehen – mit einer proportionalen Reduktion der Ansprüche beantwortet. Erhöhte Ersatzraten für Niedrigeinkommensbezieher, wie sie z.B. in der Arbeitslosenversicherung der Weimarer Zeit und Mindestrenten, wie sie z.B. in der GRV bis Mitte der 1950er Jahre vorgegeben waren, oder bedarfsunabhängige Mindestleistungen wie in mehreren europäischen Nachbarländern gewährt wurden, kennt das deutsche Sozialversicherungssystem bei Geldleistungen praktisch nicht.

Solche Mindestleistungen federn die Sicherungsansprüche bei Teilzeittätigkeit nach unten ab (eine – nicht die einzige – Erklärung für den starken Anreiz für Teilzeittätigkeiten in einigen Ländern). Infolge der weitgehenden Einkommensproportionalität der Geldleistungen in Deutschland werden Arbeitnehmer(innen) eher zu einer gewissen Vorsicht in bezug auf den Übergang von

II. Kinder- und Familienarmut: Befunde

Vollzeit- auf Teilzeittätigkeit angehalten. Relativiert wird diese Situation allerdings durch Maßnahmen insbesondere im Bereich der GRV. Hier gibt es inzwischen erfreulicherweise einen Einstieg in die Gewährung eigenständiger Ansprüche, heute für drei Erziehungsjahre auf Durchschnittslohnbasis. Darüber hinaus hat das „Altersvermögensergänzungsgesetz" (AVmEG) eine Aufwertungsregelung eingeführt, die Teilzeittätigkeiten von Kindererziehenden bis zu zehn Jahre nach der Geburt eines Kindes aufwertet. Die bisherigen Maßnahmen bleiben allerdings durch eine gewisse Halbherzigkeit gekennzeichnet. Es gibt bisher keine konsequente Ausrichtung des Systems auf eigenständige Ansprüche auch bei längerfristiger Übernahme einer Familienrolle. Hier bleibt es bei der abgeleiteten Sicherung. Außerdem bleibt unsicher, ob die bisher ergriffenen Maßnahmen zu *ausreichenden* Ansprüchen führen. Insofern bleibt das deutsche System bezüglich der Folgen von Kindererziehung universellen Systemen mit Mindestleistungen unterlegen.

Eine gewisse Halbherzigkeit kennzeichnet auch die neue staatlich geförderte Zusatzvorsorge nach dem „Altersvermögensgesetz". Hier wird das Niveau der staatlichen Zulagen zweifellos stark auf Kindererziehende und Versicherte mit niedrigem Einkommen zentriert – was im Prinzip richtig ist. Dennoch bleibt die Zusatzvorsorge *freiwillig* und von der Bereitschaft und der Fähigkeit abhängig, einen definierten *Eigenbeitrag* zu leisten. Dies wird aber gerade bei Personen mit niedrigem Pro-Kopf-Einkommen – und das sind häufig Kindererziehende – nicht passieren. Zugleich wird aber das GRV-Rentenniveau linear abgesenkt. Letztlich führt kein Weg an der Erkenntnis vorbei, dass gerade Menschen mit niedrigem Einkommen und Kindererziehenden ausreichende Sicherungen *im Staatssystem* geboten werden müssen.

Anhang: Tabellen

Tabelle 1: Prozentanteil der Haushalte, die bis zu 50 % des durchschnittlichen Haushalts-Äquivalenzeinkommens verfügen nach Kinderzahl

alle Haushalte	Zahl der Kinder im Haushalt				
	0	1	2	3	4
13,8	9,9	24,7	39,4	73,3	76,9

Quelle: Sozialberichterstattung Frankfurt am Main 2001

Tabelle 2: Prozentanteil der Haushalte mit niedrigem Einkommen (höchstens 50 % des durchschnittlichen Haushalts-Äquivalenzeinkommens) bei verschiedenen Lebensformen

Ehepaar ohne Kinder	11,3
Ehepaar mit Kindern	26,1
Nichteheliche Lebensgemeinschaft ohne Kinder	10,4
Nichteheliche Lebensgemeinschaft mit Kind(ern)	-*
Ledige Person ohne Kinder	13,2
Ledige allein Erziehende (ohne Partner)	59,1
Verheiratet getrennt lebende/ geschiedene allein Erziehende	35,3
geschiedene, verwitwete, getrenntlebende Person ohne Kinder	3,8
alle Haushalte	*13,8*

* weniger als 10 Haushalte
Quelle: Sozialberichterstattung Frankfurt am Main 2001

Tabelle 3: Personen in Haushalten mit niedrigem Einkommen (höchstens) 50 % des durchschnittlichen Haushalts-Äquivalenzeinkommens, nach Altersgruppe in %.

Altersgruppe									Alle Personen
bis 14	bis 17	bis 25	bis 35	bis 45	bis 55	bis 65	bis 75	über 75	
42,3	34,1	30,1	18,0	16,2	13,9	11,0	8,4	3,6	*18,9*

Quelle: Sozialberichterstattung Frankfurt am Main 2001.

Tabelle 4: Haushaltseinkommen in DM im April 1998 in Frankfurt am Main

Einkommen von ... bis unter ...	Anteil in %
bis 1.000	5,0
1.000 - 1.400	6,7
1.400 - 1.800	8,0
1.800 - 2.200	10,7
2.200 - 2.500	9,5
2.500 - 3.000	12,4
3.000 - 3.500	10,8
3.500 - 4.000	7,8
4.000 - 4.500	5,8
4.500 - 5.000	5,6
5.000 - 5.500	3,6
5.500 - 6.000	3,0
6.000 - 6.500	2,7
6.500 - 7.000	1,4
7.000 - 7.500	0,9
7.500 - 8.000	2,0
8.000 - 10.000	2,1
10.000 - 12.000	0,6
über 12.000	1,5

Quelle: Sozialberichterstattung Frankfurt am Main 2001.

Tabelle 5: Durchschnittliches Haushalts-Äquivalenzeinkommen in €
(und in DM) nach Kinderzahl und Nationalität der Bezugsperson

	alle Haushalte	ohne Kind	1 Kind	2 Kinder	3 Kinder	4 Kinder
deutsch	1.338 (2.616)	1.389 (2.717)	1.050 (2.054)	895 (1.750)	596 (1.166)	-*
ausländisch	958 (1.873)	1.080 (2.112)	835 (1.633)	667 (1.304)	543 (1.062)	-*
insgesamt	1.272 (2.488)	1.348 (2.636)	978 (1.912)	808 (1.581)	566 (1.107)	493 (964)

* wegen zu geringer Fallzahl nicht ausgewiesen
Quelle: Sozialbericht Frankfurt am Main 2001.

Tabelle 6: Durchschnittliches Haushalts-Äquivalenzeinkommen in €
(und in DM) nach Lebensformentyp des Haushalts

Ehepaar ohne Kinder	1.352 (2.644)
Ehepaar mit Kindern	977 (1.911)
Ledige allein Erziehende (ohne Partner)	638 (1.248)
Verheiratet getrennt lebende/ geschiedene allein Erziehende	821 (1.606)
Verwitwete allein Erziehende	1.005 (1.966)
Nichteheliche Lebensgemeinschaft ohne Kind	1.676 (3.277)
Nichteheliche Lebensgemeinschaft mit ledigen Kindern	1.046 (2.046)
geschiedene, verwitwete, getrennt lebende Person ohne Kinder	1.384 (2.706)
ledige Person ohne Kinder	1.313 (2.567)
alle Haushalte	1.272 (2.488)

Quelle: Sozialbericht Frankfurt am Main 2001.

2. Diskussionsteil nach den Referaten von
Prof. Dr. Diether Döring und Erich Stutzer

Frau Welskop-Deffaa:
Herr Stutzer, Sie haben sich in der Betrachtung der Ressourcen der Familie weitgehend auf die finanziellen Ressourcen bezogen. Die Beeinträchtigung bei den finanziellen Ressourcen beschreibt sicherlich eine wichtige Beeinträchtigung der Teilhabechancen von Familien. Ich komme aber zunehmend zu der Einschätzung, dass die Ressourcenknappheit bezüglich der Ressource Zeit die noch viel wichtigere Knappheit markiert. Die Knappheit der Ressource Zeit verunmöglicht Familienmitgliedern sich politisch zu engagieren, weil sie durch Familien- und Erwerbsarbeit bereits erschöpft sind. Wie sieht hier der wissenschaftliche Blick auf die Ressource Zeit aus? Wie können wir über eine Erforschung dieser Ressource zu einer Verbesserung der Situation der Familien kommen?

Außerdem kann die Nichtverbesserung der Situation von Familien in den letzten 20 Jahren meines Erachtens nicht nur darauf zurückgeführt werden, dass sich bei der Einkommenssituation nichts verbessert hat, hinzu kommt, dass sich gleichzeitig die Ausgabensituation massiv verschlechtert hat: gerade in dem Bereich, in dem die Ausgaben im weitesten Sinne politisch induziert sind. Durch die Finanzknappheit der Kommunen sind die bisher subventionierten Angebote massiv teurer geworden. Das fängt bei den Kindergärten an, es hört aber bei den Musikschulen noch lange nicht auf. Wenn Ausgaben für die Familien so massiv steigen, dann bleibt für die Eltern dieser Familie ein kleinerer finanzieller Spielraum als noch vor 10 oder 15 Jahren. Denn wenn die Musikschule weiterhin bezahlt werden soll, müssen die Eltern auf eigenen Konsum verzichten. Das macht die Abwägungsentscheidung für oder gegen ein Kind nicht leichter.

Herr Stutzer:
Bezüglich der Ressource Zeit haben wir uns in unseren Forschungen mit einem Aspekt sozialer Gleichheit oder sozialer Ungleichheit beschäftigt und das war die finanzielle Situation. Im Bereich der Einkommen haben wir die Ungleichheit dargelegt. Es gibt auch eine Ungleichheit im Bereich der zeitlichen Allokation, der zeitlichen Verfügbarkeit. In der amtlichen Statistik wurde eine große Zeitbudgeterhebung durchgeführt, wo die Zeitanteile der Menschen in Deutschland festgehalten wurden. Hier wurde eine starke Belastung der Familien festgestellt und auch die traditionellen Verhaltensmuster von Männern und Frauen wurden vorgefunden. Aber diese Fragestellungen müsste man in einem gesonderten

Vortrag behandeln. Ihren Ausführungen bezüglich der sich verschlechternden Ausgabensituation der Familien stimme ich uneingeschränkt zu.

Herr Döring:
Natürlich steht hinter einer solchen Untersuchung, in der Bedarfsgewichte angewandt werden, eine Annahme über eine bestimmte Belastung auf der Ausgabenseite. Ob die Bedarfsgewichte diese Belastung richtig wiedergeben, darüber kann man streiten. Ob der Wert 0,5 für ein Kind bis 14 Jahren im Verhältnis zu einer erwachsenen Person mit dem Wert 1 korrekt erfaßt ist, ist nur schwer zu entscheiden.

Aber ich möchte die Diskussion um eine weitere Facette ergänzen. Als quasi Metropolen-Verantwortlichem auf dieser Tagung fällt mir das Sonderproblem der Wohnungsversorgung auf. Wir haben eine Studie zum Wohnungsmarkt in Frankfurt oder im Rhein-Main-Gebiet gemacht, in der sich überdeutlich die deutliche Verknappung des Angebots an preisgünstigen großen Wohnungen zeigt. Bei den Mieten hat es in der langfristigen Betrachtung einen enormen Auftrieb gegeben und diese Verteuerung ist ein ganz spezifisches Problem auf der Ausgabenseite.

Herr Schwarz:
Vielleicht kann ich eine Teilantwort auf die Frage geben, warum es so viele Kinderlose gibt. Zunächst einmal kosten Kinder Geld. Der wissenschaftliche Beirat für Familienfragen hat schon vor Jahren ausgerechnet, dass die durchschnittlichen Kinderkosten bis zum achtzehnten Lebensjahr so hoch wie die Kosten für ein Einfamilienhaus im ländlichen Raum oder für eine Eigentumswohnung in Wiesbaden sind. Daraus könnte man schließen, dass die Reichen die meisten Kinder haben, aber das ist falsch. Denn Kinder kosten nicht nur Geld, sondern Kinder kosten auch Zeit. Kinder brauchen Zuwendung. Dieser zeitliche Gesichtspunkt spielt heute eine viel größere Rolle als das finanzielle Moment. Von allen Ehepaaren haben die Akademikerehepaare die wenigsten Kinder. Akademikerfamilien gehören aber mit zu den reichsten Familien in Deutschland. Sie haben die wenigsten Kinder, weil offenbar weder die Männer noch die Frauen Zeit für Zuwendung an Kinder haben. Auch heiraten überhaupt nur noch 40 % der Akademikerinnen. Damit ist schon fast die Frage beantwortet, wer die im Wiesbadener Entwurf angesprochene Neustrukturierung bezahlen soll. Dafür kommen in erster Linie die Kinderarmen und die Wohlhabenden in Frage. Wenn ich das behaupte, beziehe ich mich wieder auf den Wiesbadener Entwurf. Die Kinderarmen, das sind die Kinderlosen – ich rechne aber auch die Familien mit einem Kind dazu –, müssen zur Einsicht bekehrt werden, dass sie gegenüber Familien mit mehreren Kindern eine Bringschuld zu begleichen haben. Denn ihre heutige Existenz und noch mehr ihre Existenz im Alter beruhen weithin darauf, dass andere Kinder haben.

II. Kinder- und Familienarmut: Befunde

Frau Fritzen-Herkenhoff:
Die Vorredner haben deutlich gemacht, unter welchem Druck Familien stehen, sobald sie sich für Kinder entschieden haben. Möglicherweise kann eine gesellschaftliche Diskussion über die Folgen dieses Drucks dazu beitragen, dass es zu einem Umdenken und zu einem Paradigmenwechsel kommt. Denn durch diesen Druck wird die Gesellschaft mit erheblichen Folgekosten belastet. Das erste Scheidungshoch liegt zwei bis drei Jahre nach der Geburt eines ersten Kindes. Die Nachteile und die Optionen, die den Eltern verloren gehen, sind vielfältig. Das betrifft insbesondere die Mütter. Die Kosten, die dadurch entstehen, fallen wieder auf die Sozialbudgets zurück. Deshalb muss es zu einer Umschichtung und zu einer maßgeblichen Besserstellung von Familien gerade in der Gründungsphase kommen, da die Einschnitte hier am größten und auch in der Familienbinnendynamik am wirkmächtigsten sind. Zudem halte ich es für die eigentliche Notwendigkeit, den Generationenvertrag durch einen Geschlechtervertrag zu ergänzen.

Frau Michels:
Ich möchte gerne Herrn Stutzer fragen, warum er vor allem die Ehepaar-Familien in ihrer wirtschaftlichen Situation angeschaut hat. Außerdem möchte ich darauf hinweisen, dass allein Erziehende zwar die am stärksten von der Sozialhilfe abhängige Gruppe sind, dass sie aber eine sehr geringe Verweildauer in der Sozialhilfe aufweisen. Die durchschnittliche Verweildauer von allein Erziehenden in der Sozialhilfe beträgt 21 Monate und das liegt vor allem an der Inanspruchnahme der Elternzeit.

Herr Maywald:
Mich beschäftigt der Begriff der kinderfreien Zonen. Ich würde gern erfahren, welche regionalen Verteilungen es zurzeit gibt und welche Veränderungen in der Infrastruktur sich hieran anschließen. Gibt es beispielsweise die politische Entscheidung, in bestimmten Stadtteilen keine Kindergärten und Schulen mehr zu bauen?

Herr Stutzer:
Natürlich muss die Einkommenssituation der allein Erziehenden näher analysiert werden. Die Ursache dafür, dass ich das ausgelassen habe, lag allein in der zeitlichen Begrenzung meines Referats, weshalb ich mich auf bestimmte Gruppen konzentrieren musste. Wir haben die Situation der allein Erziehenden sehr intensiv analysiert und im Familienbericht 1998 für Baden-Württemberg ist die Einkommenslage von allein Erziehenden deutlich dargestellt. Auch stimme ich zu, wenn bestimmte Gründe für die Sozialhilfebedürftigkeit von allein Erziehenden genannt werden, beispielsweise das Unterhaltsrecht. Es hat mir dazu die Zeit gefehlt und ich wollte mich auf bestimmte andere Typen konzentrieren.
    Noch eine Bemerkung zum Zusammenhang zwischen Geburten und Wohlstand. Geburten und Wohlstand stehen in einem paradoxen Zusammen-

hang: je reicher eine Gesellschaft ist, desto mehr Anreize gibt es, keine Kinder zu haben. In den skandinavischen Staaten wird durch Familienpolitik versucht, die Geburtenzahlen zu erhöhen. Das hat zeitweise Erfolge, aber die Geburtenzahlen sind in der letzten Zeit auch in diesen Staaten wieder gefallen. Ich will nicht behaupten, dass man mit Familienpolitik nichts erreichen kann, nur ist es sehr schwierig.

Herr Döring:
Man kann nicht objektiv herausarbeiten, warum sich Leute gegen Kinder entscheiden. Es kommt entscheidend darauf an, inwieweit Menschen tatsächlich bereit sind, sich für eine längere Zeit – verbunden mit gewissen Einkommensverlusten – auf die Kindererziehung zu konzentrieren und das hat mit Wertehaltungen zu tun.

Der Ausdruck „kinderfreie Zone" ist natürlich eine Überspitzung. Sie kommen aber zu dem Ergebnis, wenn Sie beispielsweise in Frankfurt am Main nur deutsche Familien mit mittlerem oder überdurchschnittlichem Einkommen betrachten. Da haben Sie eine relativ eindeutige Tendenz. In Frankfurt ist heute die klassische Familie in einer extremen Minoritätsposition. Natürlich gibt es Zu- und Abwanderungsprozesse, die dabei eine Rolle spielen. Insofern kann man das Bild der Stadt nicht auf das ganze Land übertragen. Aber es ergeben sich Hinweise für mögliche Entwicklungen und auch Bruchlinien innerhalb der Gesellschaft. Die Politik in Frankfurt hat bisher begrenzt darauf reagiert, da es ja zum Beispiel bisher in der Betreuung ein extremes Defizit gab. Es gibt wenig und nur sehr begrenzte positive Entwicklungen, zum Beispiel hinsichtlich des Betreuungsangebots für allein Erziehende und hinsichtlich des Angebots von Ganztagsschulen. Da müssen Frankfurter überwiegend auf private Anbieter zurückgreifen, die aber nicht billig sind.

Frau Hohmann-Dennhardt:
Als Akademikerin erlaube ich mir doch einen kleinen Hinweis zum Schutz junger Akademikerinnen. Man sollte das Problem nicht wie üblich auf die weiblichen Akademiker fokussieren. Sie tragen zwar die Kinder aus, aber es sind eigentlich immer zwei, die ein Kind bekommen und auch für das Kind sorgen sollten. Zudem sollte man die Situation in den Blick nehmen, in der sich junge Akademikerinnen befinden. Die berufliche Situation von jungen Frauen ist trotz ihrer oftmals ausgezeichneten Ausbildung gegenüber den Männern immer noch ungleich. Die Frauen erwartet ein ungleich schwierigeres Anforderungsprofil. Aus diesem Grund ist die Aufgabe des Berufs für Frauen eine Entscheidung, mit der sie trotz hoher Qualifikation noch mehr ins Hintertreffen geraten und ihre Karriere an den Nagel hängen, während ihre männlichen Kollegen an ihnen vorbeiziehen. Zugleich aber werden sie mit Einkommensverlust und mangelnder gesellschaftlicher wie finanzieller Anerkennung ihrer Erziehungsarbeit bestraft. Welch eine Entscheidungsalternative, die ihnen so geboten wird! Deshalb sollte man meines Erachtens auch mit Hinweisen auf Gründe oder Kausalitäten etwas

II. Kinder- und Familienarmut: Befunde

zurückhaltender sein, wenn man der Frage nachgeht, warum sich gerade qualifizierte Frauen gegen Kinder entscheiden.

Frau Riedel:
Es geht vielfach nicht nur um den Verlust der Erwerbsarbeit oder um durchschnittliche Einkommenseinbußen, die finanziell noch zu verkraften wären, sondern um die Tatsache, auf Sozialhilfeniveau zu fallen. Wir sollten nicht unterschätzen, dass die schlichte Existenzangst Menschen davon abhält, Verantwortung für lange Fristen zu übernehmen. Wenn man von dem Lohn der Erwerbsarbeit leben muss, dann ist die Entscheidung für oder gegen Kinder eine Bauch- und sicher keine Kopfentscheidung. Die gegenwärtige Arbeitsmarktsituation ist entscheidend für die Geburtenquote verantwortlich.

Frau Wessig:
Ich würde darum bitten, dass wir aufhören darüber zu reden, dass Kinder Druck machen, uns einengen und unsere Lebensqualität verschlechtern. Wir sollten darüber nachdenken, wie sehr sie eine Bereicherung sind. Denn wir haben ein existenzielles Privileg, Kinder zu bekommen und für sie zu sorgen. Das ist nicht nur für Frauen, sondern auch für Väter eine ganz große Aufgabe. Wir brauchen einen Wertewandel und müssen uns bewusst machen, wie wertvoll uns Kinder sind. Erst wenn sie an die erste Stelle der Gesellschaft rücken, werden wir aufhören zu behaupten, dass sie uns einengen und Druck machen. Auch deshalb müssen wir die Betreuungsangebote ausbauen, damit unsere Kinder sicher und in Ruhe aufwachsen können, während sich Mütter und Väter auch ihrer beruflichen Karriere widmen können.

III. Kinder- und Familienarmut: Ursachen

Auf der Suche nach tieferen Ursachen für die familienpolitischen Strukturfehler und Defizite der staatlichen und gesellschaftlichen Systeme

Prof. Dr. Max Wingen

1. Notwendigkeit der Spurensuche nach ursächlichen Faktoren

An den Anfang des Beitrags sei der Hinweis des griechischen Philosophen Epikur gesetzt: „Der Beginn des Heils ist die Erkenntnis des Fehlers." Man mag darin immer noch einen guten Schuss Optimismus sehen, was die Überwindung des Fehlers angeht; aber wo stünde unsere sozialstaatliche Ordnung ohne optimistische Grundgestimmtheit in der oft steinigen, immer wieder auch mit „realistischen Utopiequanten" durchsetzten Kleinarbeit an der Verwirklichung familiengerechter Lebensbedingungen.

Die vielfältigen Befunde zur Lage von Familien (in ihren unterschiedlichen äußeren Erscheinungsformen), die zahlreichen sozial- und familienwissenschaftlich untermauerten oder Einzelbeobachtungen entnommenen „Reportagen" darüber, wie sich die Situation von Familien heute darstellt, weisen durchweg in die Richtung einer massiven, jedenfalls mit den Vorstellungen von mehr sozialer Gerechtigkeit – wie schwer konkret fassbar diese auch immer sein mag und wohl immer eine „Zielgröße" bleiben wird – kaum vereinbaren wirtschaftlichen und sozialen Bedrängnissituation von Eltern-Kinder-Gemeinschaften. Stellvertretend für die vielfältigen Befunde sei das zusammenfassende Ergebnis aus dem jüngsten Gutachten des Wissenschaftlichen Beirats für Familienfragen beim BMFSFJ zur Begründung und Weiterentwicklung des Familienlasten- und Familienleistungsausgleichs zitiert: „Die Familie erfährt angesichts der Lasten, die sie durch die Versorgung, Betreuung, Erziehung und Bildung der Kinder zu tragen hat, und der Leistungen, die sie für die Gesellschaft erbringt, keine ausreichende Gerechtigkeit. Alle Gesellschaftsmitglieder profitieren von der Übernahme dieser Lasten und von den Leistungen, während die Mitglieder der Familien selbst – unbeschadet des Nutzens und der Vorzüge familialen Lebens für die Familienmitglieder – erhebliche nachteile in der Gestaltung ihres Alltags, ihrer sozialen und kulturellen Teilhabe und der Sicherung ihres Lebens im Alter hin-

III. Kinder- und Familienarmut: Ursachen

nehmen müssen."[1] Dahinter verbergen sich erhebliche familienpolitische Defizite und Strukturfehler, auf die in der Vergangenheit wiederholt hingewiesen worden ist und in denen auch der Wissenschaftliche Beirat, teils im Rückgriff auf die Analysen der Sachverständigenkommission für den Fünften Familienbericht, einen Anlass für eine notwendige „grundlegende Neuausrichtung familienrelevanter Politik"[2] sieht.

Familien dürfen getrost als Hauptlastenträger in den Modernisierungsprozessen angesprochen werden. Diese strukturellen Benachteiligungen verschärfen sich mit steigender Kinderzahl in einkommensmäßiger Hinsicht bis in mittlere und gehobene Einkommensschichten hinein und sind in soziokultureller Hinsicht sogar von der reinen Einkommenslage weitgehend unabhängig. Sie sind zum einen Ergebnis von „systemimmanenten" Wirkungen der bestehenden Wirtschafts- und Sozialordnung, zum anderen aber auch Folge unzulänglich oder falsch angelegter familienpolitischer Ansätze zur Korrektur solcher Wirkungen.

Im Ergebnis wird dadurch – über das Lebensschicksal der einzelnen Angehörigen der nachwachsenden Generationen hinaus – der elementare Beitrag der Familien zum Aufbau des Humanvermögens einer Gesellschaft sehr beeinträchtigt und die Sicherung der Generationenfolge in bedenklicher Weise gefährdet. So ist die Frage von höchster individueller *und* gesellschaftlicher Relevanz, wo hier die eigentlichen Ursachen für die aus der Sicht der Familien negativ zu bewertende Beschaffenheit der Tatsachen, der Asymmetrien von Wirtschafts- und Sozialstrukturen und vor allem von Unzulänglichkeiten, familienpolitischen Irrwegen, Strukturfehlern und Defiziten der staatlichen und gesellschaftlichen Systeme zu suchen und auszumachen sind? Dabei kann das Aufstellen von Hypothesen eine weiterführende Art des Fragens sein. Es gilt, über die Symptome hinaus zu einer vertiefteren Ursachenanalyse vorzustoßen, wie dies ja auch ein Ziel des „Wiesbadener Entwurfs" ist. Denn neben den wichtigen empirischen Befunden zu den familiären Lebenslagen (in ihrem umfassenden Sinne) und den diesbezüglichen Indikatoren bildet eine möglichst umfassende Analyse der ursächlichen Faktoren eine unentbehrliche Voraussetzung für die wirkliche Überwindung von familienrelevanten Strukturfehlern und Defiziten, die – dies Teilergebnis sei schon vorausgeschickt – nicht *nur,* aber *auch* politisch zu verantworten sind.

---

1 BMFSFJ (Hrsg.), Gerechtigkeit für Familien – Zur Begründung und Weiterentwicklung des Familienlasten- und Familienleistungsausgleichs, Schriften-Reihe Bd. 202, Stuttgart/Berlin/Köln 2001, S. XV.
Zur Veränderung der relativen Wohlstandsposition von Familien im Zeitablauf sei besonders auch auf die Arbeiten von Richard Hauser verwiesen. Vgl. nur Hauser, Richard, Die Entwicklung der Einkommenslage von Familien über zwei Dekaden – einige empirische Grundlagen zur Würdigung der deutschen Familienpolitik, in: Kleinhenz, Gerhard (Hrsg.), Die soziale Ausgestaltung der Marktwirtschaft (Festschrift zum 65. Geburtstag für Heinz Lampert), Berlin 1995, S. 133 ff.
Zur Einkommenslage junger Familien sei auf die bis zur Gegenwart reichenden Analysen der Familienwissenschaftlichen Forschungsstelle im Statistischen Landesamt Baden-Württemberg verwiesen; siehe auch den Beitrag von Erich Stutzer im vorliegenden Band.
2 BMFSFJ 2001, S.XV.

2. Die Seite der Einkommensbildung

In einer marktwirtschaftlichen Ordnung bildet das *(Geld-)Einkommen* eine grundlegende Voraussetzung für die wirtschaftliche Existenzsicherung und die Lebensentfaltung. Das marktleistungsbestimmte Einkommen aus der sog. ersten Einkommensverteilung nimmt keine wirksame Rücksicht auf kinderbedingte unterschiedliche Lebensbedarfe unterschiedlich großer Familien und bedarf der Korrektur im Wege der sog. zweiten Einkommensverteilung unter dem familienbezogenen Aspekt. Zur Sicherung eines familiengemäßen Einkommens dient in der Einkommensbildung in erster Linie der „Familienlastenausgleich" (FLA), den Gerhard Mackenroth vor einem halben Jahrhundert als die sozialpolitische Großaufgabe des 20. Jahrhunderts bezeichnete, der aber auch am Beginn des neuen Jahrhunderts immer noch mehr Aufgabe als einkommenspolitische Wirklichkeit ist. Die Defizite einer familiengemäßen Einkommensgestaltung lassen sich in dreifacher Hinsicht ausmachen:

2.1. Steuergerechtigkeit für Familien

Zunächst einmal – und dies ist einem FLA i.e.S. noch vorgelagert – sind die sozial-kulturellen Existenzminima von Kindern (die über das physische Existenzminimum hinausgehen) einkommensteuerlich freizustellen. Dies geschieht bisher noch keineswegs in voll befriedigender Weise (über Kinderfreibeträge, an deren Stelle in unteren und mittleren Einkommensgruppen einkommensunabhängige direkte Kindergeldleistungen treten), zumal weil nach einer (dankenswerten) Entscheidung des BVerfG aus jüngerer Zeit auch ein Mindestbetreuungs- und Erziehungsbedarf von Kindern in diesem Existenzminimum mit zu berücksichtigen ist. Nachdem Anfang der 1990er Jahre das BVerfG zuvor für die Bemessung des Existenzminimums an den Sozialhilfesätzen Maß genommen hat, sind diese – über die Bedeutung für den überwiegend von den Kommunen zu tragenden Finanzbedarf für die Sozialhilfe hinaus – wegen der Höhe der Steuerausfälle durch die steuerlichen Kinderfreibeträge verstärkt in den Vordergrund des fiskalpolitischen Interesses des Bundes (und der Länder) gerückt, was mittelbar mit einer zusätzlichen „Bremswirkung" auf die einkommensteuerliche Freistellung des Existenzminimums von Kindern verbunden war und ist. Insgesamt geht es aus dieser steuerrechtlichen Sicht „nur" um die Verwirklichung von Steuergerechtigkeit und noch nicht um eigentliche wirtschaftliche Familienförderung.

2.2. Bedarfsgerechtigkeit durch Familienlastenausgleich

Sodann gilt es familienpolitisch, den unterschiedlich großen Lebensbedarf unterschiedlich großer Familien angemessen zu berücksichtigen. Die hier ansetzende Familienförderung greift nur insoweit, wie die Transferleistungen (Kindergeldleistungen) über die Einkommenswirkung der einkommensteuerlichen

III. Kinder- und Familienarmut: Ursachen

Freistellung des Existenzminimums hinausgehen. Das Ausmaß dieser eigentlichen Familienförderleistung ist damit mittelbar eine Funktion des Einkommensteuertarifs, was unter dem Gesichtspunkt problematisch erscheinen kann, dass der Verlauf des Einkommensteuertarifs in keinem inneren Bezug steht zu dem zu regelnden Sachverhalt der Berücksichtigung des zusätzlichen Lebensbedarfs von Kindern in der Familie. Erst recht wäre es – wie gelegentlich in der familienpolitischen Diskussion vorgeschlagen – ein verhängnisvoller Fehler, die Ausgleichsleistungen für Kinder in ihrer Grundausrichtung auf die maximale Höhe der Einkommenswirkung der jeweiligen steuerlichen Kinderfreibeträge zu beschränken (auch wenn dies gegenwärtig als „Etappenziel" zwecks Erreichung von Verbesserungen zielführend sein kann). Die Problematik einer solchen Denkfigur zeigt sich z.B. darin, dass dies etwa bei Absenkungen des allgemeinen Einkommensteuertarifs auf Reduzierungen der bedarfsorientierten Einkommensleistungen für Kinder hinauslaufen würde (zumindest aber zu deren „Einfrieren"). Das Ziel der Verwirklichung von familien- und kindorientierter „Bedarfsgerechtigkeit" in der Einkommensverteilung würde damit weiterhin verfehlt.

2.3. Leistungsgerechtigkeit durch echten Familienleistungsausgleich

Ein dritter Aspekt der familiengemäßen Einkommensgestaltung betrifft die einkommenspolitische Berücksichtigung von Leistungen, die Familien durch das Auf- und Erziehen von Kindern für die Allgemeinheit erbringen und von den Ökonomen als positiv zu bewertende „externe Effekte" angesprochen werden. An dieser Stelle könnte von „Familienleistungsausgleich" gesprochen werden, (dessen Abgrenzung zum FLA allerdings nicht ganz trennscharf möglich ist). Es erscheint familienpolitisch problematisch, diese externen Effekte unberücksichtigt zu lassen; nicht minder problematisch wäre es in diesem Zusammenhang aber auch, das Kind als solches als ein „öffentliches Gut" zu betrachten (in Anlehnung etwa an die natürliche Umwelt). Der Charakter eines öffentlichen Gutes kann wohl nur im Blick auf die soziale Dienstleistung des Aufziehens von Kindern in der Familie in Betracht kommen; und auch diese familiäre Dienstleistung ist nicht in Gänze ein öffentliches Gut, sondern sie ist – inzwischen allerdings auf dem Hintergrund der sog. differenzierten Kinderhäufigkeiten mehr als je zuvor – durch Elemente eines Kollektivgutes gekennzeichnet. Da es sich also nicht um ein reines Kollektivgut handelt, müsste in der Sprache der Theorie der öffentlichen Güter wohl von einem „Mischgut" gesprochen werden.[3] Soweit damit positiv zu bewertende externe Effekte verbunden sind, ist dann auch eine öffentliche finanzielle Mitverantwortung für die Erstellung dieses Gutes zu sehen und kommt insoweit eine einkommenspolitische Anerkennung dieser familiären Leistungen in Betracht. Dem kollektiven Nutzen aus dem Auf- und Erzie-

---

[3] Vgl. dazu Wingen, Max, Zum Verhältnis von familialer und außerfamilialer Kinderbetreuung, in: Schmähl, Winfried (Hrsg.), Soziale Sicherung zwischen Markt und Staat. Schr. des Vereins f. Socialpolitik, NF Bd. 275, S. 345.

hen von Kindern steht ein erheblich verminderter individueller Nutzen in der einzelnen Familie gegenüber, d.h. der Anreiz für Eltern, über Auf- und Erziehen von Kindern in die Humanvermögensbildung der Gesellschaft zu investieren, ist in jüngerer Zeit deutlich gesunken. Das Ergebnis ist ein Auseinanderlaufen von individueller und kollektiver Rationalität. Eine einkommenspolitische Anerkennung kann hier durch direkte, nicht zweckgebundene Transferleistungen erfolgen, aber auch durch gezielte Vergünstigungen für Eltern mit „Anreizwirkung" auf der Seite der Einkommensverwendung.[4]

3. Die Seite der Einkommensverwendung

Neben der Einkommensbildung bietet die Seite der Einkommens*verwendung* wichtige Ansatzpunkte für die Berücksichtigung kinderbedingter Einkommensbelastungen, und zwar hinsichtlich der konsumtiven wie auch der (gesetzlich erzwungenen oder freiwilligen) nichtkonsumtiven Einkommensverwendung. Beide Seiten haben übrigens in einem familienpolitischen Gesamtkonzept ihre je eigenständige Bedeutung, und es wäre ein gravierender Fehler, eine Seite auszublenden oder nicht genügend in ihrem inneren Zusammenhang mit der anderen Seite zu sehen.[5] Dieser Gefahr scheint auch der „Wiesbadener Entwurf" in seiner – teils berechtigten, teils aber wenig nachvollziehbaren – Kritik am „Irrweg" Familiengeld (bei dem noch wieder dieses selbst und ein Erziehungs*gehalt* in einen Topf geworfen werden) nicht ganz entgangen zu sein.

3.1. Bedeutung der Mehrwertsteuer

Hinsichtlich der konsumtiven Einkommensverwendung (Verbrauchsausgaben) ist wiederholt auf verteilungspolitische Nachteile für Familien durch die Mehrwertsteuer hingewiesen worden. Wenn diese Auswirkungen angesichts unterschiedlicher Verbrauchsstrukturen kinderloser Haushalte und solcher mit Kindern in Verbindung mit dem halbierten Mehrwertsteuersatz für Güter des Grundbedarfs auch nicht überbewertet werden sollten, so bleibt doch die Tatsache festzuhalten, dass Mehrkinderfamilien einer Mehrwertsteuerbelastung bzw. -erhöhung weniger leicht als Kinderlose ausweichen können, weil für sie die Verbrauchsausgaben weit stärker lebensnotwendig sind, (während Kinderlose in Sparprozesse ausweichen können, dann allerdings bei Auflösung der Ersparnisse die Mehrwertsteuerbelastung tragen müssen). Im Übrigen bleibt zu familienpolitischen Strukturfehlern in diesem Zusammenhang festzuhalten, dass es wenig problemangemessen erscheint, wenn Familien aus Erhöhungen der Ökosteuer die Rentenleistungen für zeitlebens kinderlose Rentner tendenziell mitfinanzieren.

---

4 Was man mit André Habisch auch als „Reprivatisierung von Nutzen des Kinderhabens" auffassen könnte.
5 Zu diesem einkommenspolitischen Zusammenhang im Gesamtsystem der Familienpolitik vgl. auch Wingen, Max, Familienpolitik – Grundlagen und aktuelle Probleme, UTB-Bd. Nr. 1970, Stuttgart 1997.

3.2. Betragsgestaltung im sozialen Sicherungssystem

Für die gesetzlich erzwungene nichtkonsumtive Einkommensverwendung sind Beiträge an die sozialen Sicherungssysteme von großer Bedeutung, insbesondere zur Gesetzlichen Rentenversicherung (GRV) und zur Gesetzlichen Krankenversicherung (GKV), aber auch zur Pflegeversicherung. Auf die letztere wird hier nicht näher eingegangen, wohl aber daran erinnert, dass das BVerfG bereits einen Strukturfehler des bestehenden Systems kritisiert und dessen Beseitigung angemahnt hat. Zur GRV sei jenseits von speziell familienpolitischen Korrekturmaßnahmen vorweg grundsätzlich festgehalten, dass die Beitragsbelastung auch für Familien tendenziell niedriger sein könnte, wenn die Beitragsbasis in Richtung auf die Gesamteinkommen des Versicherten verbreitert, die Rentenleistungen jedoch deutlich nach oben limitiert wären.[6] Auch erweist sich immer wieder die Beschränkung der bestehenden GRV auf nur etwa 80 % der Bevölkerung als Erschwernis für möglichst saubere Verteilungswirkungen, etwa aus dem allgemeinen Steueraufkommen finanzierten Staatszuschüssen in das System der GRV.

Von noch größerer gerade auch familienpolitischer Bedeutung erweist sich die gleichzeitige demographische Strukturveränderung, die von erheblicher ökonomischer Tragweite für die Mehrkinderfamilien ist. Denn die größere Beitragsbelastung auf längere Sicht durch den steigenden Anteil alter Menschen (und den noch überproportionalen Anstieg bei den Hochbetagten) ist zum überwiegenden Teil von allen in die GRV einbezogenen Aktiv-Erwerbstätigen zu tragen, also auch von den Familien mit gleichzeitig größerer Kinderzahl. Damit ergibt sich aber eine wichtige Verschiebung von Belastungswirkungen aufgrund des veränderten generativen Verhaltens (wie es in den sehr ausgeprägten „differenzierten Kinderhäufigkeiten" seinen Ausdruck findet): Ehen bzw. Familien, die auf mehrere Kinder verzichten, „zwingen" über die Veränderungen in der Altersstruktur, wie sie durch ihr verändertes generatives Verhalten (mit-) ausgelöst werden, auch die anderen, größeren Familien in der Folgezeit, die höheren Beitragslasten mitzutragen. Dies gilt besonders im zeitlichen Längsschnitt.[7] Soweit nämlich die tatsächlichen zusätzlichen Lasten durch eine größere Quote alter Menschen erst zu einem Zeitpunkt eintreten, zu dem die Ehen mit heute sehr geringer Kinderzahl bereits nicht mehr zur aktiv-erwerbstätigen Generation zählen, werden heute Wechsel auf die nachwachsenden Generationen gezogen, die von diesen dann einzulösen sind. Hier muss gefragt werden (dürfen), inwieweit das System der GRV, so wie es gegenwärtig konstruiert ist, angesichts der ungenügenden demographischen Reproduktion – das Geburtenniveau in unserer Gesellschaft ist nicht nur auch im internationalen Vergleich „relativ niedrig", es ist schlicht *zu niedrig* – nicht eine immanente Schieflage enthält und darauf

---

6 Insofern hat das schweizerische System der Altersversicherung einen gewissen Charme für sich.
7 Vgl. Wingen, Max, Drei-Generationen-Solidarität in einer alternden Gesellschaft – Familienpolitische Anmerkungen zur Strukturreform der sozialen Altersversorgung –, im Auftrag der Deutschen Liga für das Kind in Familie und Gesellschaft, Neuwied 1988, S. 21f.

hinausläuft, dass die gegenwärtig im fortpflanzungsfähigen Alter stehende Generation den nachwachsenden Generationen Belastungen zuschiebt, die nachhaltig gegen die Generationengerechtigkeit verstoßen, noch etwas zugespitzter: dass die heute kinderlos Bleibenden sich insoweit bei den Kindern anderer verschulden, ohne dafür je eintreten zu müssen.

Aus familienpolitischer Sicht muss ein bis heute nachwirkender, entscheidender Strukturfehler der GRV darin gesehen werden, dass die Leistung der Kindererziehung völlig unzureichend als Äquivalent zu den monetären Beitragszahlungen gewertet wird, (aber auch nicht als Kompensation an anderer Stelle des Systems der Einkommensverteilung berücksichtigt würde). Hier wirkt sich nämlich eine *gravierende Schwäche der* so grundlegenden, gedanklich von Wilfrid Schreiber mitgeprägten *Rentenreform von 1957* aus. In der einschlägigen Diskussion ist in der Vergangenheit wiederholt festgehalten worden, bei der Rentenreform von 1957 sei mit fataler Langzeitwirkung praktisch nur der „halbe Schreiber-Plan" verwirklicht worden. Auf den schwerwiegenden Mangel der fehlenden engen Verzahnung von Altersversorgung und Familienlastenausgleich ist zuletzt noch wieder in dem Gutachten des Wissenschaftlichen Beirats beim BMFSFJ zur Weiterentwicklung des Familienlasten- und Familienleistungsausgleichs (2001) hingewiesen worden. Wie aber erklärt sich dieser Befund? Die Frage, wie es dazu kommen konnte und warum das von W. Schreiber gleichzeitig mit vorgelegte Konzept einer „Kindheits- und Jugendrente" einfach in den Hintergrund trat, ist wohl nur auf dem Hintergrund der damaligen Situation im Zusammenwirken mehrerer Faktoren zu verstehen, (wenn auch letztlich nicht zu entschuldigen). Man wird rückschauend zunächst einmal davon ausgehen müssen, dass in der praktischen Sozial- und insbesondere Rentenpolitik die innere Verklammerung von Rentenversicherung und Familienlastenausgleich aus mehreren Gründen weitestgehend verdrängt war: Die verantwortlichen Politiker konzentrierten sich auf die – in der Tat gewaltige – Aufgabe der Neustrukturierung der GRV, die als vorrangiges Ziel deutliche Priorität hatte. Im Feld des Familienlastenausgleichs wurde mit dem 1955 – nach vielen Querelen – in Kraft getretenem erstem Kindergeldgesetz (mit der Errichtung der Familienausgleichskassen) zunächst einmal auf Ruhe an dieser Front gesetzt. (Schreiber nannte es übrigens einen „kümmerlichen und dilettantischen Anfang".) Von wirtschafts- bzw. sozialwissenschaftlicher Seite wurde die Notwendigkeit der Verklammerung von Rentenversicherung und Familienlastenausgleich zwar gesehen (wie insbesondere die Vorlage des „Schreiber-Plans" zeigt). Aber die Brücke zur sozialpolitischen Praxis ließ sehr zu wünschen übrig.

Exkurs: Ein historisches Beispiel für Mängel in der wissenschaftlichen Sozialpolitikberatung mit Nachwirkung bis heute

Liegt hier eine Schwachstelle der Sozialpolitik-Theorie vor, was aber so kaum gesagt werden kann, wenn man bedenkt, dass der nur zur Hälfte verwirklichte

Schreibersche Ansatz eben auch eine zweite Hälfte hatte. Oder haben hier an einer so wichtigen gesellschaftspolitischen Weichenstellung die verantwortlichen Politiker einfach „versagt"? Vielleicht führt hier ein Hinweis von Hans Achinger etwas weiter, der noch Anfang der 1960er Jahre festhielt, es könne kein Zweifel sein, „dass es bisher in der westdeutschen Bundesrepublik nicht zu einer wirkungsvollen Zusammenarbeit zwischen Sozialwissenschaft und Sozialpolitik gekommen ist".[8] Er machte dafür letztlich weder eine Sturheit der Bürokratie oder die Macht der Interessengruppen noch andererseits die Unfähigkeit und Unwissenheit der Wissenschaftler verantwortlich. Vielleicht wäre das Urteil von Achinger nicht so hart ausgefallen, wenn er persönlich stärker eingebunden gewesen wäre. Andererseits war die Einladung von Schreiber zum Vortrag im „Sozialkabinett" zwar schon sehr bemerkenswert und ein hoch bedeutsamer Vorgang, aber andererseits auch wiederum nicht typisch für die Zusammenarbeit von Sozialwissenschaft und Sozialpolitik.

In der praktischen Sozialpolitik waren die *Prioritäten* eindeutig zu Gunsten der Rentenversicherung gesetzt – nicht zuletzt wohl auch unterlegt mit wahlpolitischen Überlegungen – und für die im Feld der Sozialpolitik handelnden Politiker (und die ihnen zuarbeitende Ministerialbürokratie) war es notwendig, sich auf das nächstliegende Ziel zu konzentrieren. Die teilweise mit dieser Reform der GRV verbundenen viel weitergehenden Erwartungen im Sinne etwa einer „Sozialreform"[9] gingen weit über das hinaus, was tatsächlich leistbar, aber auch notwendig schien. Dabei sollte man gewisse Eigengesetzlichkeiten der vorgegebenen ministeriellen Strukturen nicht unterschätzen. Die GRV gehörte im BMA in den Zuständigkeitsbereich der Abteilung Soziale Sicherung, während der FLA seinerzeit als ein *lohnpolitisches* Problem in einer anderen Abteilung zu bearbeiten war. Hier fehlte es offenbar an der integrierenden Klammer, die von der Gesamtleitung des Ministeriums oder gar der Regierung insgesamt auch nicht geliefert wurde, die diesen *inneren Zusammenhang von Altersversorgung und FLA* angemessen und politikwirksam hätte zur Geltung bringen können. Hinzu kommt, dass man demographisch gesehen in einer „Schönwetterperiode" mit einer sehr zufrieden stellenden Geburtenentwicklung handelte, die allerdings wenige Jahre später schon zu Ende ging.[10]

Auch auf der wissenschaftlichen Seite konzentrierten sich die überhaupt an Sozialpolitikberatung interessierten Wissenschaftler – in gewissem Sinne durchaus verständlich – auf Fragestellungen, die von der praktischen Sozialpolitik als vorrangig zu lösende Aufgabe vorgegeben wurden. Dabei erscheint es verständlich, wenn der in die Beratung einbezogene Wissenschaftler schon einen „Erfolg" seiner Bemühungen darin sehen konnte, dass wenigstens ein Teil seiner Vorschläge aufgegriffen und umgesetzt wurde. Es wäre wohl auch wenig aussichtsreich gewesen, mehr oder weniger massiv auf die Zusammenschau und

---

[8] Achinger, Hans, Sozialpolitik und Wissenschaft, Stuttgart 1963, S. 86.
[9] Der zuständige Abteilungsleiter im BMA trug sogar den Titel „Generalsekretär für die Sozialreform".
[10] Die Änderung im generativen Verhalten unter der Oberfläche vorerst noch steigender absoluter Geburtenzahlen setzte bekanntlich schon zu Anfang der 1960er Jahre ein.

gemeinsame Regelung von Altersversorgung und FLA zu insistieren. Von Schreiber ist im Übrigen bekannt, dass er – ähnlich wie Oswald von Nell-Breuning – mit der schließlich beschlossenen Regelung bei der Rentenversicherung keineswegs zufrieden war und sich nur schwer damit abgefunden hat. Er selbst sprach von einer „enormen Variationsbreite des Urteils" über das Rentenreformgesetz und hielt fest, diese Diskrepanzen bekundeten „eine gefährliche Unsicherheit der Wertung". Wenn für ihn die Diskussion das „Bild einer babylonischen Sprachverwirrung" bot, so „als sprächen Befürworter und Gegner der Reformgedanken in verschiedenen Zungen", so wurden damit deutliche Unterschiede etwa zum Feld der *Wirtschaftspolitik* sichtbar, für die Achinger seinerzeit angesichts einer erfolgreichen wissenschaftlichen Wirtschaftspolitikberatung auf eine Plattform verwies, auf der zwar keineswegs alle einer Meinung waren, aber „auf einem von allen respektierten wissenschaftlichen Niveau in *einer* Sprache überlegen, diskutieren und gutachtliche Entscheidungen erarbeiten konnten." Die besondere Chance der wirtschaftwissenschaftlichen Politikberatung sah er dabei in der Natur der ökonomischen Theorie und der von ihr gebotenen Ablaufmodelle des Wirtschaftsprozesses – im Unterschied zu den sozialpolitischen Handlungen, die jeweils als korrigierende Einwirkung mit außerwirtschaftlicher Begründung allein verstanden werden könnten.

In den seinerzeit zur Frage stehenden sozialpolitischen und im engeren Sinne rentenstrukturpolitischen Entscheidungen fehlte es offenbar an der nötigen Einsicht in die Bedeutung eines integrativen, über das Feld Rentenreform hinausgehenden Denkansatzes. Von wissenschaftlicher Seite war in dem vom Bundeskanzler veranlassten „Denkschrift" zur Sozialreform („Rothenfelser Denkschrift", 1955) festgehalten worden, dass die im Gutachten behandelten speziellen Bereiche der sozialen Sicherung „insbesondere voraussetzen, dass, vorgeschaltet vor alle Einzelgebiete der sozialen Sicherung, ein Familienlastenausgleich wirksam wird". Hiernach wie auch nach den anschließenden Beratungen des Deutschen Fürsorgetags wurde also ein umfassender Familienlastenausgleich als *Voraussetzung* für jede soziale Neuordnung bezeichnet. In der Begegnung von Theorie und Praxis fehlte es nicht etwa an jeglicher Resonanz in der praktischen Politik: Das Bundesministerium für Familienfragen legte im Herbst 1955 eine Denkschrift „Der Familienlastenausgleich – Erwägungen zur gesetzgeberischen Verwirklichung" vor, in der die vorgenannte Position programmatisch aufgegriffen und in die familienpolitische Diskussion eingebracht wurde – allerdings ohne den gewünschten Erfolg, wobei daran zu erinnern ist, dass das Ministerium selbst seinerzeit keine Gesetzgebungszuständigkeit auf diesem Gebiet hatte. Es gab einen wissenschaftlich als gesichert erkannten Zusammenhang, der aber in der praktischen (Sozial-) Politik nicht mit der entsprechenden Handlungskonsequenz erkannt wurde. Hier lag ein bis heute fortwirkender Fehler, der auch heute noch das Bewusstsein um die Probleme und Grenzen effizienter wissenschaftlicher Politikberatung, in diesem Falle gerade auch auf dem Feld der Familienpolitik, schärfen muss. Unverkennbar wirkten sich hier aber

III. Kinder- und Familienarmut: Ursachen

auch allzu isoliert nebeneinander beschrittene Denkgeleise in ressortspezifischen Zuständigkeitsfeldern aus, was in der Folgezeit noch deutlicher werden sollte.

Als ein Jahrzehnt später – für die Kindergeldgesetzgebung war inzwischen das Bundesministerium für Familie und Jugend zuständig – die „Sozialenquete" vorgelegt wurde, stellte die Kommission, der Schreiber auch angehörte und in der er für die GKV federführend war, dessen frühere Vorstellungen als eine „andere Theorie des Kindergeldes", wie sie in der ersten Hälfte der 1960er Jahre auch ihren Niederschlag gefunden hatten, nochmals referierend vor, und zwar als „Überlegungen" zu einer „theoretischen Wirkungsanalyse des gegenwärtigen Kindergeldsystems"[11], schloss sich dem Kern der Schreiberschen Vorstellungen aber nicht an. Die in der „Sozialenquete" nicht weiter aufgegriffenen Vorstellungen von Schreiber hatte dieser zuvor in einem vom damaligen BMFJ veranlassten (!) Gutachten nochmals ausformuliert[12], so dass die vom Ministerium ermöglichte Veröffentlichung eine Vorlage für die wissenschaftliche und politische Diskussion hätte bieten können. Stattdessen wurde von L. Neundörfer, der seinerzeit als Vorsitzender des Wissenschaftlichen Beirats für Familienfragen beim BMFJ auch in die Vorarbeiten des ersten deutschen Familienberichts einbezogen war, ein eher pragmatischer Vorschlag zur Vereinheitlichung von Kindergeld und einkommensteuerlichen Kinderfreibeträgen eingebracht, der weit weg war von der inneren Verzahnung von Altersversorgung und Familienlastenausgleich. Diesmal wären nicht nur zwei verschiedene Abteilungen eines Ressorts betroffen gewesen, sondern drei verschiedene Ressorts (BMA, BMFJ und BMF), was einer problemangemessenen Reform zusätzlich wenig dienlich war.

Innerhalb der bestehenden GRV erscheint in ihrer gegenwärtigen Grundstruktur eine angemessene Berücksichtigung von Kindererziehungszeiten in der GRV – auch rentenbegründend bei einer vorerst noch nicht die Gesamtbevölkerung umfassenden GRV – als ein zentraler Ansatzpunkt für eine familienpolitische Korrektur ihrer Ausgestaltung. Rentendifferenzierung im Alter je nach Kinderzahl bringt demgegenüber die Kaufkraft zu spät; dies sähe schon anders aus bei Beitragsdifferenzierungen je nach Kinderzahl (was aber praktisch nur für den Arbeitnehmeranteil in Betracht kommen könnte); eine solche Regelung wurde in Kritik an der Struktur der GRV sehr früh als „Hamburger Plan" (des DFV)[13] bekannt und ist immer wieder einmal in der politischen Diskussion angesprochen worden, aber an der Dogmatik der Bindung der Rentenleistung an die *monetäre* Beitragsleistung gescheitert – obwohl man sich den Slogan „Die Rente ist Lohn für Lebensleistung" auch in erweiterten Denkkategorien vorstellen kann, in denen auch „Naturalbeiträge" zählen.

---

11 Vgl. Soziale Sicherung in der Bundesrepublik Deutschland, Bericht der Sozialenquete-Kommission, Stuttgart u.a. 1968, S. 311-315.
12 Schreiber, Wilfrid, Kindergeld im sozio-ökonomischen Prozess (Familienlastenausgleich im Prozess zeitlicher Kaufkraft-Umschichtung im Individual-Bereich), Sozialtheorie und Sozialpolitik Bd. 1, Köln 1964.
13 Vgl. dazu auch Wingen, Max, Familienpolitik – Ziele, Wege und Wirkungen, Paderborn 21965, S. 86.

Allerdings gilt es bei der Berücksichtigung der Familie in der GRV auch den inneren Zusammenhang unterschiedlicher Ansatzpunkte einer systematischen familienpolitischen Einkommenskorrektur zu sehen: Je mehr die familiäre Dienstleistung des Kinderaufziehens als positiver externer Effekt bereits in einem echten Familienleistungsausgleich (der gegenwärtig vom Gesetzgeber als ein solcher bezeichnete FLA trägt diese Bezeichnung zu vorschnell) berücksichtigt bzw. „honoriert" würde, um so weniger dringlich erscheint es, die Kindererziehung daneben zur Grundlage für Rentenleistungen im Alter zu machen.

3.3 Gesetzliche Krankenversicherung

Besondere Beachtung unter dem Aspekt von Strukturfehlern in der sozialen Sicherungspolitik verdient sodann die GKV. Die Ausgestaltung der Beiträge und Leistungen für den Kreis der Versichertengemeinschaft ist auf der einen Seite unverkennbar familienfreundlich: Für den gleichen Beitrag (bei gleicher Lohnhöhe) ist im Falle des Ledigen nur dieser selbst, im Falle des Familienvaters mit mehreren noch unterhaltsbedürftigen Kindern die gesamte Familie mit Anspruch auf die Sachleistungen in den Krankheitsschutz einbezogen (oft auch „indirekter FLA"). Hier kann es allerdings fraglich erscheinen, ob diese Regelung auch für die Ehefrau (ohne eigene Erwerbstätigkeit) problemangemessen erscheint oder ob die beitragsfreie Einbeziehung von Familienangehörigen nicht auf die Kinder beschränkt sein sollte. Was im Übrigen die oft angeprangerten „versicherungsfremden" Leistungen in der Sozialversicherung angeht, so bleibt festzuhalten, dass diese keineswegs „sozialversicherungsfremd" sind, sondern ein klassisches Element des für die Sozialversicherung konstitutiven sozialen Ausgleichs darstellen; sehr wohl können sie als „privatversicherungsfremd" angesprochen werden, weshalb manche Kritiker auch auf die Bezeichnung „nicht beitragsgedeckt" ausweichen.

Bei näherem Zusehen zeigt sich allerdings auch, dass die Familienangehörigen zwar „beitragsfrei", nicht aber kostenfrei mitversichert sind; d.h. der (bei gegebener Lohnhöhe) einheitlich hohe Beitrag ist nicht ein kostendeckender Beitrag für nur eine Person, sondern für den durchschnittlich großen Versichertenhaushalt. Der Familienvater ist in gewissem Grade an der Finanzierung der Leistungen für seine Familienangehörigen mit beteiligt – je größer die Kinderzahl ist, desto größer ist der positive Nettoeffekt dieser Beitragregelung.[14]

Trotz dieser im Ansatz familienfreundlichen Ausgestaltung enthält die GKV aber auch problematische Umverteilungseffekte, die bei einer Analyse der Ursachen für soziale Schieflagen zu Ungunsten von Familien mit zu bedenken sind: Grundsätzlich führt die starke Verschiebung im zahlenmäßigen Gewicht von der aktiven, *voll* beitragspflichtigen Generation auf die alte Generation in Verbindung mit dem bekannten altersspezifischen Kostenprofil im Gesundheitswesen zu einer Einkommensbelastung der die Gesundheitsleistungen für die gesamte

---

14 Im Prinzip handelt es sich um einen ähnlichen Effekt wie bei Beziehern von Kindergeldleistungen aus dem allgemeinen Steueraufkommen.

III. Kinder- und Familienarmut: Ursachen

Versichertengemeinschaft überwiegend tragenden erwerbstätigen Generation, die die Frage berechtigt erscheinen lässt, ob dieses Ausmaß an intergenerationeller Solidarität noch vertretbar ist angesichts einer zugleich durchweg relativ günstigen Einkommenslage der alten Generation. Unter den so begünstigten Rentnern befinden sich in wachsendem Maße zeitlebens kinderlos gebliebene Personen. Damit aber finanzieren die Kinder, die bereits vergleichsweise unter sehr eingeschränkten Einkommensbedingungen in ihren Herkunftsfamilien aufgewachsen sind, überproportional die Gesundheitsleistungen nicht nur ihrer alten Eltern, sondern auch die derer, die sich selbst an der Sicherung der Generationenfolge – aus welchen auch immer voll zu respektierenden Gründen – gar nicht durch Aufziehen von Kindern beteiligt haben. Wiederum erweist sich die unzureichende Berücksichtigung der demographischen Strukturveränderungen als ein Mangel, diesmal im Verhältnis GKV und Familie.

3.4 Familien zwischen Sparwilligkeit und Sparfähigkeit

Im Bereich der freiwilligen nichtkonsumtiven Einkommensverwendung mit Ersparnis- und dauerhafter Vermögensbildung spiegelt sich die prekäre Einkommenslage der (Mehr-Kinder-) Familien in der deutlich geringeren Sparfähigkeit (bei an sich aus familiären Gründen großer Sparwilligkeit). Ein auf Grund vergleichsweise verringerter Sparfähigkeit gebildetes Vermögen teilt sich bei der Weitergabe an die nächste Generation entsprechend der Kinderzahl auf, was in diesem Falle zu größeren wirtschaftlichen Startvorsprüngen von Einzelkindern in der nachfolgenden Generation führt. Grundsätzlich sind diese Zusammenhänge bei staatlichen Fördermaßnahmen zur privaten Vermögensbildung durchaus gesehen (z.B. in jüngster Zeit kinderbedingte Zulagen zur Förderung bei der „Riester-Rente"), die darauf fußenden Fördermaßnahmen vermögen freilich die Schieflagen in der privaten Vermögensbildung zwischen dem Familiensektor und dem Nicht-Familiensektor nur eher am Rande zu korrigieren.

4. Zum Problem der Mitfinanzierung von Familienleistungen durch die Leistungsempfänger

Bei den bisher betrachteten einkommenspolitischen Maßnahmen musste mehrfach auf die Tatsache verwiesen werden, dass die nominell begünstigten Familien an der Finanzierung ihrer familien- und kindbezogenen Leistungen auch selbst mitbeteiligt sind (Problem der „Selbstfinanzierung") Unter dem Aspekt einer möglichst rationellen Umverteilungspolitik kann man diesen Effekt bedauern. Er wäre z.B. bei einem FLA i.e.S. durchaus vermeidbar, wenn dieser als eine „direkte" Umverteilung von den Kinderlosen (der Ledigen und kinderlos Verheirateten) zu den Familien mit Kindern angelegt würde. Dies würde die Einkommensumschichtung nicht nur transparenter machen, sondern auch zu einem insgesamt geringeren Umverteilungsvolumen bei gleichem Effekt führen.[15]

Das Problem ist nicht neu,[16] aber gerade die Transparenz ist es, die nach aller Erfahrung in diesem Falle große sozialpsychologisch bedingte Widerstände mobilisiert und eine solche *ökonomisch* durchaus besonders rationale Lösung praktisch kaum realisierbar erscheinen lässt. Aus der Vergangenheit der deutschen Familienpolitik kann hier auf den wissenschaftlich ausgearbeiteten Vorschlag des Finanzwissenschaftlers W. Albers (in einem Gutachten für das BMJF in der zweiten Hälfte der 1960er Jahre) und sein Schicksal in der politischen Diskussion verwiesen werden.[17] In jüngerer Zeit hat die Sachverständigenkommission für den Fünften Familienbericht (1994) das Problem der Selbstfinanzierung nochmals aufgegriffen mit der Einsicht, dass die Familien bei den FLA-Leistungen zu etwa 32 % an der Finanzierung der erhaltenen Leistungen beteiligt sind. Man wird die bestehende Form der „indirekten" Finanzierung nicht unbedingt als einen familienpolitischen Strukturfehler bezeichnen können, wenn nur die angestrebte Einkommenskorrektur i.S. der Differenzierung des verfügbaren Einkommens nach der Familiengröße im Ergebnis erreicht wird. Was in rein ökonomischer Sicht als Systemmangel angesehen werden kann (und muss), trägt in diesem Falle zur größeren Akzeptanz der Gesamtregelung in der Bevölkerung bei.[18]

Nun kann man das Problem der „Selbstfinanzierung" allerdings auch unter einem ganz anderen Aspekt sehen, der nicht von Vorneherein die Frage nach einem Strukturfehler auslöst. Dies ist die bisher in der tatsächlichen Familienpolitik zu wenig beachtete *intertemporale Einkommensumschichtung von Lebenseinkommen des Einzelnen*. In einer Gesellschaft, in der der (auch wirtschaftlichen) Eigenverantwortung ein hoher Stellenwert beigemessen wird und interpersonelle Umverteilungen ohnehin in wachsendem Maße auf Akzeptanzprobleme stoßen, kann ein Strukturmangel im Sozialleistungssystem darin gesehen werden, dass intertemporale Umschichtungen von Lebenseinkommen des Einzelnen eine so geringe Ausprägung erfahren.

Der Grundgedanke taucht im Feld der Familienpolitik schon sehr früh auf, so in Ansätzen in der Konzeption des so genannten absoluten Familienlohns, der noch in den ersten Jahren nach dem Zweiten Weltkrieg in der familienpolitischen Diskussion eine Rolle spielte. Sie ging von dem Gedanken aus, dass der

---

15 So könnte u.U. die gewünschte Einkommensdifferenzierung dadurch erreicht werden, dass z.B. die (ohnehin zahlenmäßig sehr große Gruppe der) Ein-Kind-Familien nicht zu einer Einkommensabgabe herangezogen, aber auch keine Leistung erhalten würden, die Umschichtung von Einkommensteilen also gleichsam über ihren Kopf hinweg erfolgte.
16 Zu den beiden Grundformen eines „direkten" und eines „indirekten" Einkommensausgleichs siehe die Darstellung in Wingen 21965, S. 232-236.
17 Vgl. Wingen, Max, Anmerkungen zu 50 Jahren Familienpolitik mit Reflexionen und Reminiszenzen, in: Familienpolitische Denkanstöße – Sieben Abhandlungen, Connex – gesellschaftspolitische Studien, Bd. 1, Grafschaft 2001, S. 255 f. .
18 Vgl. z.B. die polemische und familienpolitisch abträgliche Diskussion um die „Glatzensteuer", wie sie seinerzeit durch den von Frau Bundesministerin Rönsch noch einmal aufgegriffenen Vorschlag unter dem Stichwort eines Zukunftsbeitrags der Kinderlosen ausgelöst wurde.

Lohn aus dem Erwerbsarbeitsverhältnis grundsätzlich so hoch sein müsse, dass er für den Unterhalt einer größeren Familie voll ausreiche. An den jungen, noch unverheirateten Arbeitnehmer richtete sich die Erwartung, die zunächst noch „überschüssigen" Lohnbeträge für den späteren Familienunterhalt zurückzulegen und diesen damit zu erleichtern. Es war ein relativ statisches Lohnkonzept, das im Übrigen von der Annahme durchgängig größerer Familien ausging und die sich alsbald verstärkt herausbildenden differenzierten Kinderhäufigkeiten in den Ehen (mit einem bis heute noch wachsenden Anteil zeitlebens kinderlos bleibender Verheirateter) vernachlässigte, (weshalb sich gegenüber diesem Lohnkonzept auch alsbald der sog. relative Familienlohn durchsetzte). Immerhin gewinnt bei dem Konzept des absoluten Familienlohns der Gedanke einer eigenverantwortlichen Einkommensumschichtung im Lebenseinkommen des Einzelnen ansatzweise Gestalt. Bekanntlich hat W. Schreiber in Verbindung mit seiner Deutung der ökonomischen Verteilungsströme des FLA (Kindergeldgewährung) den Gedanken der intertemporalen Umschichtung von Lebenseinkommen des einzelnen mit seinem Modell der Kindheits- und Jugendrente auf den Punkt gebracht. Danach erhält der einzelne in seiner Kindheit und Jugendzeit durch einen Vorgriff auf sein späteres Erwerbseinkommen (im Rahmen einer parafiskalisch organisierten Regelung) eine respektable Einkommensleistung („Kredit") zu Händen der Eltern, die er später aus seinem Erwerbseinkommen zurückzahlt. Eine nähere Befassung mit einem solchen Konzept erscheint auch und gerade heute bei der Überwindung von familienpolitischen Strukturfehlern unseres Sozialleistungssystems besonders empfehlenswert, wenn auch manche Elemente des Schreiberschen Vorschlags, so etwa die einkommensschichtenspezifische Höhe der Kindheitsrente mit entsprechend unterschiedlichen, am späteren eigenen Einkommen bemessenen Rückzahlungsbeträgen, in unserer heute weit stärker dynamisierten und auch regional mobilen Wirtschaftsgesellschaft so nicht zu übernehmen wären.[19]

Grundsätzlich könnte und sollte, wenn es familienpolitische Strukturfehler auszumerzen gilt, gerade auch der Aspekt der intertemporalen Einkommensumschichtung eine stärkere Beachtung finden. Zu den Ursachen für die bestehenden einkommenspolitischen Defizite der Familienpolitik gehört sicherlich auch die Vernachlässigung, die dieser Ansatz erfahren hat. Es werden zwar immer auch interpersonelle Umverteilungen erforderlich sein, aber ein Einbau von Elementen der intertemporalen Einkommensumschichtung erscheint geeignet, bisherige familienpolitische Unzulänglichkeiten im Verteilungssystem durch weitaus treffsicherere und auch die Eigenverantwortung stärkende Lösungen zu ersetzen. Jüngst wurde der Grundgedanke von Reinar Lüdeke[20] weiterführend diskutiert und dann auch in dem umfangreichen Gutachten des Wissenschaftli-

---

19 Zur Diskussion des Schreiberschen Ansatzes, seiner teils zuvor auch bei Beveridge auftauchenden Schauweise und den notwendigen Einschränkungen, siehe schon seinerzeit Wingen, 21965, S. 232-236.
20 Vgl. Lüdeke, Reinar, Familienbesteuerung in Deutschland: Der besondere grundgesetzliche Schutz der Ehe, das Ehegattensplitting und die Kinderfreibeträge, in: Jans, Bernhard, Habisch, André, Stutzer, Erich (Hrsg.), Familienwissenschaftliche und familienpolitische Signale, Grafschaft 2000, S. 155 ff.

chen Beirats für Familienfragen beim BMFSFJ zum FLA (2001) aufgegriffen, ohne dass aber der im Gutachten angesprochene intergenerationelle Fonds mit eigener Leistungsstruktur und parafiskalischer Finanzierungsstruktur (unter Eingliederung von aus allgemeinen Haushaltsmitteln finanzierten Leistungselementen) bereits als ein in sich geschlossener, ohne weiteres realisierungsfähiger Vorschlag eines FLA gelten kann. Das wird spätestens deutlich, wenn in dem Gutachten vorgeschlagen wird, aus dem Fonds auch „sämtliche Erziehungs- und Bildungsaufwendungen der öffentlichen Hand" zu finanzieren, „die den Kindern als Kredit – entweder individuell oder der Kindergeneration als ganzes – zugerechnet werden"[21]. Weiter klärungsbedürftig wäre z.b. auch der Vorschlag, das duale Entlastungssystem für Kinder (nicht am sozialkulturellen Existenzminimum von Kindern, sondern) an deren „durchschnittlichen Startchancen"[22] zu orientieren, was eher auf die tatsächlichen Ausgaben für Kinder hindeutet, die sich freilich nicht ohne weiteres als in Geldeinheiten umgemünzte Startchancen der Kinder in ihren Familien bestimmen lassen.

Ein Verdienst des Gutachtens (und der Vorarbeiten von Lüdeke) liegt aber darin, den Grundgedanken der intertemporalen Umschichtung von Lebenseinkommen des Einzelnen – auch für den Fall besonderer wirtschaftlicher Belastungssituationen – wieder verstärkt in das Blickfeld der familienpolitischen Diskussion gerückt zu haben, – wenn auch zunächst nur als insoweit mehrheitlich bejahtes „Referenzmodell". Dieser Ansatz bleibt damit auf der Tagesordnung und sollte beim Nachdenken über ein neues familienpolitisches Gesamtkonzept die ihm gebührende Beachtung finden. Denn dass dies bisher nicht der Fall war, darf als *eine* Ursache für die unverkennbaren familienpolitischen Schwachstellen eines sozialstaatlichen Systems gesehen werden, das die Balance zwischen (auch wirtschaftlicher) Eigenverantwortung und Umverteilung immer wieder neu zu finden hat. Ganz ist dieser Denkansatz zur Verteilungspolitik nie aus der familienpolitischen Diskussion verschwunden; so wurde vor einigen Jahren ein *Erziehungsgeldmodell* auf einer solchen - privatwirtschaftlich organisierten – Kreditbasis in die Diskussion gebracht[23], ohne aber ein politisches Echo gefunden zu haben; und selbst in dem jüngsten Gutachten des Wissenschaftlichen Beirats für Familienfragen, in dem die Möglichkeit, Probleme der phasenweisen Geldknappheit in Familienhaushalten durch die intertemporale Umverteilung von Liquidität zu lösen, wird dieser Beitrag nicht zur Kenntnis genommen.

5. Die Sinngebungspotenziale Übernahme von Elternverantwortung und Berufstätigkeit im „Verdrängungswettbewerb"?

Ein massives familienpolitisches Defizit im gesellschaftlichen System lässt sich, wie zahlreiche Untersuchungen belegen, hinsichtlich der *konfliktfreieren Ver-*

---

[21] Gutachten, Ziffer 7.6.1.
[22] Gutachten, Ziffer 7.1.3.
[23] Arndt, Joachim, Das Familienkreditmodell. Möglichkeiten der Kreditfinanzierung von Zeiten des Erziehungsurlaubs, Berlin 1995.

III. Kinder- und Familienarmut: Ursachen

einbarkeit von Kinderhaben und Erwerbstätigkeit ausmachen. Die bestehenden Strukturen der Erwerbsarbeitswelt stehen einer Übernahme von Elternverantwortung – unabhängig von dem Individuallohnsystem – in mehrfacher Weise eher hindernd gegenüber. Die auch im politischen Raum durchgängig befürwortete Vereinbarkeit von Familien- und Erwerbsarbeit i.S. unterschiedlicher Möglichkeiten einer besseren Verknüpfung der Übernahme von Familienverpflichtungen vor allem in der Kinderbetreuung und -erziehung mit Anforderungen aus einer Erwerbstätigkeit ist bisher aufs Ganze gesehen ein gesellschaftliches Ziel, aber noch keine durchgängige Wirklichkeit. Die Defizite liegen nicht in einer unzureichend postulierten Gleichwertigkeit von Erwerbs- und Familienarbeit, sondern in den nur ungenügenden Voraussetzungen für eine konkrete Umsetzung des Vereinbarkeitspostulats mit entsprechender Berücksichtigung der „doppelten Loyalitätsverpflichtung" der Erwerbstätigen mit heranwachsenden Kindern gegenüber Betrieb und Familie. Bei der Suche nach Ursachen dafür stößt man auf die Schwierigkeiten gelingenden Zusammenwirkens der verschiedenen Entscheidungsträger auf den unterschiedlichen (staatlichen und privatwirtschaftlichen) Handlungsebenen, die sich hier in Pflicht nehmen lassen müssen. Dieser Abstimmungsprozess wird durch die aus guten, übergeordneten Gründen bestehende föderale Ordnung zusätzlich, aber keineswegs unüberwindbar erschwert.

Hinzu kommt, dass schon bei der Konkretisierung des Vereinbarkeitsproblems die Auffassungen auseinander gehen, wenn es um die Frage geht, ob es sich in erster Linie oder sogar ganz vorrangig um das gleichzeitige Nebeneinander von Erwerbstätigkeit und Kleinkindererziehung (unter betontem Rückgriff auf außerfamiliäre Kinderbetreuung) handeln soll oder ob nicht auch eine lebensperspektivisch möglichst konfliktfreie Verknüpfung von Familien- und Erwerbsarbeit in teils familienphasenversetzter Form ermöglicht werden sollte. Grundsätzlich müssen beide Grundmuster als gleichwertig angesehen werden, aber auch lebbar sein. So muss die letztere Option dort auf Zurückhaltung der betroffenen Eltern (Mütter *oder* Väter) stoßen, wo nach Zeiten einer Familienphase der Wiedereintritt in das Erwerbsleben erheblich erschwert ist. Familienbewusste Personalpolitik als integraler Teil der Unternehmenspolitik ist bisher keineswegs selbstverständlich; ihr Fehlen oder ihre doch sehr unterentwickelte Ausprägung gibt mit eine Ursache ab für nach wie vor bestehende Vereinbarkeitsprobleme. Insgesamt muss von einer durch staatliche (und tarifvertragliche) Rahmenordnungen flankierten unternehmerischen Familienpolitik in ihrer großen Relevanz für die Erwerbsarbeitsbedingungen ein bereichsspezifischer Beitrag auch zur Erleichterung der Neuverteilung der Arbeit im Lebensbereich der Familie zwischen den Geschlechtern erwartet werden. Eine mangelnde Familienorientierung der Erwerbsarbeitswelt bezeichnet demgegenüber einen entscheidenden Mangel für eine konfliktfreie Verknüpfung von Familien- und Erwerbsarbeit, die gerade auch das Kindeswohl besonders im Auge behält, wie auch für die tatsächliche Durchsetzung der Gleichberechtigung von Frauen und Männern in diesem Feld. Junge Familien müssen nur zu oft in unguter Weise erfahren, wie das Sinngebungspotenzial Erwerbstätigkeit mit demjenigen des Kindes in einer Art „Verdrängungswettbewerb" steht. Nicht zuletzt – und auch dies gehört zu den Gründen für Schwierigkeiten bei der Lösung des Vereinbarkeitsproblems – bedarf es der Überwindung von Widerständen in den Familien selbst, was eine *gleichberechtigungsorientierte Arbeitsteilung zwischen Männern und Frauen* angeht. Diskrepanzen zwischen verbaler Aufgeschlossenheit und tatsächlicher „Handlungszurückhaltung" sind in Familien (auf Seiten der Männer) nicht weniger selten als in der offiziellen Familienpolitik.

Dennoch muss in ordnungspolitischer Sicht die Zielsetzung einer größeren Chancengleichheit für die Verwirklichung von Lebensentwürfen mit Kindern auch im sicherlich nie ganz spannungsfreien Feld von Familien- und Erwerbsarbeit konsequent verfolgt werden, um auch hier Spaltungstendenzen in unserer Gesellschaft zwischen einem Familiensektor und einem Nicht-Familiensektor nachhaltig zu begegnen. Es gilt gerade für junge Familien grundsätzlich Handlungsoptionen zu vergrößern und Freiräume für unterschiedliche Lebensmuster nach dem individuellen Lebensentwurf zu erweitern, nicht aber ist ein bestimmtes Lebensmuster einseitig zu begünstigen und damit „attraktiv" zu machen.[24] So finden sich immer wieder Voten – auch aus dem Bereich der Wirtschaft! –, die darauf hinaus laufen, dass insbesondere Mütter ihre Erwerbstätigkeit wegen Kleinkinderbetreuung möglichst nicht unterbrechen und deshalb die Einrichtungen der außerhäuslichen Kleinkinderbetreuung sehr viel stärker gefördert werden sollten. Dies geschieht aber bezeichnenderweise nicht – was ja noch ein diskutabler, wenn auch fragwürdiger Grund sein könnte – zwecks Verbesserung des Sozialisationsprozesses des Kindes, sondern um das Arbeitskräftepotenzial auch der jungen verheirateten Frauen mit kleinen Kindern möglichst auszuschöpfen. Dabei wird die demographische Entwicklung noch zusätzlich ins Feld geführt, ohne so recht zu bedenken, dass eine Politik, die im Ergebnis junge Eltern vorrangig für den Arbeitskräftebedarf der Wirtschaft verfügbar zu machen sucht, längerfristig die demographische Problematik der zu niedrigen Geburtenrate eher noch verschärfen dürfte. Was im Blick auf Kapitalverwertungsinteressen an spätkapitalistischen Bestrebungen unter dem Etikett neoliberaler Politik daherkommt, hat mit dem ursprünglichen neo- bzw. ordoliberalen Ansatz inhaltlich kaum etwas gemein.[25] Auch das Konzept der „Neuen Sozialen Marktwirtschaft" sollte darauf bedacht sein, im Urteil junger Familien durch Absicherung vergrößerter, nach dem individuellen Lebensentwurf auszufüllender Freiheits- und Handlungsspielräume glaubwürdig zu sein.

Die Problemlage im Verhältnis von Familie und Erwerbsarbeitswelt verweist aber auch auf Spannungsverhältnisse, die in deutlichen Unterschieden in den

---

24 Wie etwa durch die von der Bundesregierung eingeführte Änderung beim Bundeserziehungsgeldgesetz, nach der Erziehungsgeld von 600,- DM auf 900,- DM dann erhöht wird, wenn man vorzeitig in den Erwerbsprozess zurückkehrt (so genannte Budget-Lösung).
25 Wer erinnert sich noch, dass ein Alexander Rüstow von der Aktionsgemeinschaft Soziale Marktwirtschaft sich seinerzeit sogar für ein gesetzliches Verbot (!) der Erwerbstätigkeit der Mütter von Kleinkindern aussprach? – was heute erst recht ohnehin niemand will.

III. Kinder- und Familienarmut: Ursachen

Strukturen der beiden Lebenswelten begründet sind und unter den Bedingungen einer wachsenden Globalisierung der Wirtschaft noch an Bedeutug zu gewinnen scheinen. Im erwerbswirtschaftlichen Prozess wird die ständige Verfügbarkeit des Einzelnen verstärkt gefordert; die Mitarbeiter müssen u. U. ungewöhnlich mobil sein, wenn sie denn berufliche Entwicklungschancen wahrnehmen wollen. Die Entwicklung geht in einigen Fällen längst bis hin zur Forderung nach dem „kulturmobilen" Mitarbeiter. Familiales Zusammenleben ist demgegenüber durch Beständigkeit charakterisiert, die mit diesen Anforderungen wenig übereinstimmt. Entscheidungen für Kinder sind unter diesen Umständen sogar eher weniger ein finanzielles Problem für die Eltern als vielmehr ein Problem der Vereinbarkeit von Mobilität mit langfristiger Übernahme von Elternverantwortung. Verwiesen sei hier stellvertretend für weitere ähnliche Zeugnisse auf die Analysen des amerikanischen Soziologen und Kulturkritikers Richard Sennett, in denen unter dem bezeichnenden Titel „Der flexible Mensch" deutlich wird, wie sehr ein zukunftsgerichtetes Wirtschaften auf Kurzfristigkeit und „Elastizität" angelegt ist.[26] Hier wäre mit Sennett zu fragen, ob diese Kurzfristigkeit mit einer durchgehenden Unsicherheit nicht in Konflikt geraten muss mit menschlichen Grundbedürfnissen, die eher auf Dauerhaftigkeit und Verlässlichkeit gerichtet sind. Dürfen Familie und soziale Stellung des Einzelnen so sehr den zufälligen Anforderungen des Wirtschaftslebens unterworfen werden? Lässt sich das Bedürfnis des Menschen nach langfristigen Bindungen so vernachlässigen? Es rührt an das Fundament einer Gesellschaft, wenn der Autor fragt: Gibt es Grenzen, wieweit Menschen verbogen werden dürfen? Seine Warnung lässt aufhorchen: Eine Gesellschaftsordnung, die den Menschen „keinen Tiefengrund gibt, sich um einander zu kümmern", kann letztlich nicht von Bestand sein. Auch der total „flexible" Mensch, für den dauerhafte familiäre Bindungen praktisch keine Bedeutung haben, sollte nicht zum Zukunftsbild unserer Gesellschaft gehören.

Hier werden mit den Entwicklungstendenzen der Individualisierung und Enttraditionalisierung Zusammenhänge berührt, die im Blick auf das Verhältnis von Einzelnem und Familie als durchaus *ambivalent* angesehen werden müssen: Für den Einzelnen sind durchaus positiv zu bewertende Effekte damit verbunden; aus der Sicht des Sozialgebildes Familie sieht es anders aus: Was sich für den Einzelnen teilweise als größere Freiheitsspielräume und mehr Handlungsoptionen darstellen kann, bringt für die Lebensgemeinschaft von Vätern, Müttern und Kindern aber auch Beeinträchtigungen in der Entfaltung der Familie als ganzer mit sich. Diese Ambivalenz gilt es nicht nur zu sehen, sondern auf ihre politikwirksamen Konsequenzen hin zu bedenken.

Hier wird eine ganz neue Dimension sichtbar in einer mangelnden Familienorientierung in den wirtschaftlichen und gesellschaftlichen Strukturen, die besondere Aufmerksamkeit verdient. Schon taucht jüngst im Zusammenhang mit einer vom BMFSFJ veranlassten Studie über „Berufsmobilität und Lebensform"

---

26 Sennett, Richard, Der flexible Mensch. Die Kultur des neuen Kapitalismus, Berlin 1998, die zweite Auflage erschien 2000 als Siedler-Taschenbuch.

die Frage auf, wie Familie und Mobilsein überhaupt zusammenpassen, ob berufliche Mobilitätserfordernisse in Zeiten der Globalisierung noch mit Familie vereinbar sind. Rund 16 % der 25- bis 55-jährigen Erwerbstätigen, die in einer Familie oder Partnerschaft leben, sind aus beruflichen Gründen zu den „Mobilen" (in ihren unterschiedlichen Formen) zu rechnen. Sie sehen mehr Nachteile als Vorteile in ihrer Situation. 42 % der befragten Männer und 69 % der Frauen geben an, dass die berufliche Situation ihre Familienentwicklung hemmt. Beruflich mobile Menschen bleiben signifikant häufiger kinderlos als nicht mobile; beruflich mobile Frauen bleiben fast immer kinderlos. Für berufsmobile Männer ist das Modell Familie, Beruf und Mobilität vereinbar, wenn Frauen ihre eigene Berufsperspektive zurückstellen. Umso wichtiger werden damit Fragen wie diese: Wie können Politik und Unternehmen (letztere etwa mit bisher durchweg unzureichenden Maßnahmen einer Work&Life-Balance) geeignete Rahmenbedingungen für eine mit Familiehaben vereinbare Mobilität setzen, damit Menschen möglichst nicht gezwungen sind, sich für Familie und familiäre Bindungen *oder* Beruf mit seinen Mobilitätsanforderungen entscheiden zu müssen? Es stimmt nachdenklich, wenn aus der Untersuchung hervorgeht, dass noch immer Arbeitgeber die Probleme, die sich für Mitarbeiter durch die Mobilität ergeben, meist als Privatangelegenheit betrachten. Noch gibt es hier mehr Fragen als Antworten, die indessen auf wichtige Ursachen mangelnder Familienkonformität von Wirtschafts- und Sozialstrukturen verweisen.[27]

6. Fehlende Gesamtanlage einer auch bevölkerungsbewussten Familienpolitik

Ein gesellschafts- und familienpolitisches Defizit von besonderer Tragweite bildet die seit vielen Jahren zu beobachtende und auch gegenwärtig noch immer nicht überwundene Tabuisierung des aktiv-gestaltenden *politischen Umgangs mit der demographischen Problemlage* unseres Gemeinwesens. Der Sachverhalt der demographischen Strukturveränderungen und der kaum noch durch neue Einsichten anzureichernde Stand der Ursachenforschung können an dieser Stelle als hinreichend bekannt vorausgesetzt werden. Der hier interessierende familienpolitische Fehler bzw. das Defizit besteht in der fehlenden Integration des demographischen Aspekts in das Gesamtkonzept der Familienpolitik, m.a.W. in deren Gesamtanlage als einer auch bevölkerungsbewussten Familienpolitik. Darunter ist eine Familienpolitik zu verstehen, die ihre Tragweite für den Bevölkerungsprozess zu erkennen und ihre demographischen (Neben-)Wirkungen bewusst zu berücksichtigen sucht. Aus familienwissenschaftlicher Perspektive

---

27 Weiterführend zu dieser Gesamtthematik, die in der zweiten Hälfte der 1990er Jahre Gegenstand eines größeren Forschungsprojekts der Gemeinnützigen Hertie-Stiftung war vgl. u.a. Becker, Stefan, de Graat, Elena, Wingen, Max, Gesellschaftliche, sozialrechtliche und familienpolitische Rahmenbedingungen für eine familienbewusste Personalpolitik – Sachlage und Perspektiven, in: Gemeinnützige Hertie-Stiftung (Hrsg.), Unternehmensziel: Familienbewusste Personalpolitik (Ergebnisse einer wissenschaftlichen Studie), Köln 1999, S. 283 ff.

geht es dabei um Grundlagen einer als gesellschaftliche Ordnungs- und Strukturpolitik verstandenen Familienpolitik, die ihre möglichen und tatsächlichen Auswirkungen auf die Geburtenentwicklung nicht verdrängt, sondern mit reflektiert, ohne für eine bevölkerungspolitische Zielsetzung instrumentalisiert zu werden.[28]

Es kann nicht ernsthaft bestritten werden, dass die Frage nach Berechtigung, Möglichkeiten und Grenzen einer zielgerichteten Beeinflussung der Geburtenhäufigkeit eine legitime Fragestellung im Blick auf die Weiterentwicklung unserer Sozialordnung bezeichnet. Der bereits gegebene Hinweis auf die *zu niedrige* Generationenrate ist kein ideologisch begründetes, sachfremdes Werturteil, sondern stellt das Ergebnis eines (hier nicht im Einzelnen nachzuzeichnenden) rationalen Diskurses dar: Umsetzung der gemeinwohlrelevanten Wertentscheidungen des Grundgesetzes, dauerhafte Absicherung der Sozialstaatlichkeit, Verwirklichung von „Generationengerechtigkeit" (was meint, dass jede Generation der nächsten mindestens genau so viele Chancen und Handlungsspielräume hinterlassen sollte, wie sie selbst vorgefunden hat) und ähnliche grundlegende Ziele unseres Gemeinwesens werden durch den derzeit programmierten demographischen Prozess massiv beeinträchtigt. Dieser sollte nicht durch einen derart drastischen Rückgang der (deutschen) Bevölkerung in den nächsten Jahrzehnten gekennzeichnet sein, wie er ohne Kurskorrekturen schon seit Jahren absehbar ist. Hier gilt es, auf eine Abschwächung der rückläufigen demographischen Entwicklung hinzuwirken. Das Problem besteht im Grunde nicht einmal in erster Linie in dem Bevölkerungsrückgang als solchem, sondern in dessen Ausmaß, also in dem Grad des Schrumpfens. Man könnte insofern von der Aufgabe der „verantworteten Bevölkerungsschrumpfung" sprechen. Es ist für entwickelte Industriegesellschaften mit hoch ausdifferenzierten sozialstaatlichen Strukturen gar nicht so einfach, in sozialverträglicher Weise zu schrumpfen.

7. Zur Bedeutung von Desiderata in den familienpolitikwissenschaftlichen Grundlagen

Der zuletzt angesprochene Zusammenhang verweist mit Blick auf die gedanklichen Grundlagen einer familienbezogenen Gesellschaftspolitik bereits auf einen weiteren Aspekt familienpolitischer Defizite, der einige *Desiderata in den familienpolitikwissenschaftlichen Grundlagen* betrifft. Vier Punkte, die für die weitere gedankliche Durchdringung einer systematischen Familienpolitik (mit möglichst wenigen Defiziten) wichtig erscheinen, seien hervorgehoben:

7.1. Bedeutung integrativ geplanter Maßnahmenbündel

Immer wieder werden im familienpolitischen Alltag bestimmte familienpolitische Maßnahmen favorisiert, ohne deren Zusammenhang mit benachbarten

---

28 Näheres dazu Wingen, Max, Notwendigkeit, Möglichkeiten und Grenzen einer bevölkerungsbewussten Familienpolitik – ein erneutes Plädoyer –, in: ders., 2001, S. 147-208.

Maßnahmenfeldern ausreichend zu berücksichtigen. Sie werden oft zu sehr als isolierte Einzelmaßnahmen gesehen, (was aus der Situation der Politiker, die sich mit ganzer Kraft auf deren Durchsetzung konzentrieren müssen, verständlich sein mag). Dabei wird vielfach übersehen, dass es für eine effiziente Familienpolitik auf das Zusammenspiel von aufeinander abgestimmten Maßnahmen ankommt (im Ansatz durchaus gesehen bei der „Trias" von Erziehungsgeld/Elternzeit/Anrechnung von Erziehungszeiten in der GRV). Nur zu häufig wird eine Einsicht vernachlässigt, die zum *Systemwissen einer rationalen Familienpolitik* gerechnet werden muss: Integrativ geplante Politikansätze mit entsprechenden Maßnahmenbündeln, die im Übrigen die Notwendigkeit des Ineinandergreifens von Änderung der gesellschaftlichen Strukturen und Bewusstseinsänderung bis in die einzelnen Familien hinein einbeziehen, versprechen am ehesten Erfolg, nehmen allerdings auch unterschiedliche Verantwortungsträger gleichermaßen in die Pflicht. Dies erfordert wiederum institutionalisierte Formen der Abstimmung, die zu organisieren und moderieren eine besondere Aufgabe staatlicher Politik darstellt.

7.2. Problemangemessene Ausgewogenheit von monetären Transferleistungen und „Realtransfers"

Wenig geklärt – und unzureichend auf breiteren politischen Konsens hin ausgelegt – ist einmal das Verhältnis von direkten Transferleistungen an den einzelnen Familienhaushalt zum Umfang von unentgeltlichen (oder doch zu bei weitem nicht kostendeckenden Preisen bereitgestellten) insbesondere kindbezogenen Sach- und Dienstleistungen (oft auch als „Realtransfers" angesprochen). Es darf sich hier nicht um ein Entweder-Oder handeln. Monetäre Individualleistungen und Realtransfers haben ihre je eigenständige Bedeutung. Monetäre Transfers an die einzelnen Familien entsprechen vor allem dann, wenn sie nicht zweckgebunden gewährt werden, in besonderer Weise dem Grundsatz der Konsumentensouveränität; sie können aber die Realtransfers keineswegs überflüssig machen, die in besonderer Weise auf spezielle familiale Problemlagen zugeschnitten sind und besonders geeignet sein können, in einer adressatenspezifischen Ausgestaltung bestimmte gesellschaftspolitische Zielsetzungen möglichst treffsicher zu erreichen.[29]

Als familienpolitisches Defizit im sozialstaatlichen Ausbau ist hier vor allem der mangelnde (bundes-)länder- und parteiübergreifende Konsens über das *Gewicht* anzusprechen, das monetären Individualleistungen an die einzelnen Familien einerseits und (u.U. über gezielte Anreize den Familien und Kindern zugute kommenden) zweckgebundenen kollektiven Sach- und Dienstleistungen andererseits beizumessen ist. Deutlich unterschiedliche „Mischungsverhältnisse" können als ein Indikator für von einander abweichende Grundmuster einer familienbezogenen Sozialstaatsstruktur angesehen werden, die sich auf die tat-

---

29 Wie z.B. auf dem Gebiet der Gesundheitsförderung von Kindern, der Förderung der frühkindlichen Sozialisation oder im Schul- und Bildungsbereich durch kinderbezogene Güter und Dienstleistungen.

III. Kinder- und Familienarmut: Ursachen

sächlichen Lebenslagen von Familien und Kindern entsprechend auswirken. Dahinter stehen meist unterschiedliche politisch präferierte Zielsetzungen[30], die nicht nur regional voneinander abweichen, sondern sich auch im Zeitablauf – u.U. bei wechselnden politischen Mehrheiten – ändern können. Hier im Blick auf eine tendenzielle Angleichung der Lebensverhältnisse sichtbar werdende Defizite haben eine ihrer Ursachen in einer unzureichenden Klärung der Frage nach der problemangemessenen Ausgewogenheit in diesen verteilungspolitischen Ansätzen; die befriedigende Klärung steht in der theoretischen Fundierung eines in sich geschlossenen familienpolitischen Gesamtkonzepts bisher noch aus. Voraussetzung dafür sind vor allem überzeugende Wirkungsanalysen der familien- und kindbezogenen Aufwendungen, die sich auch danach befragen lassen müssen, was sie jeweils auf einer metaökonomischen Ebene tatsächlich für die familiale Lebensentfaltung bewirken. Hier liegt ein entsprechenden Forschungsbedarf signalisierendes Desiderat in den gedanklichen Grundlagen einer zukunftsfähigen Familienpolitik.

7.3. Die EU-weite Dimension einer ganzheitlichen Familienpolitik

Die zuvor angesprochenen, für die Lebenslagen von Familien sehr relevanten sozialstaatlichen Divergenzen dürften in Zukunft in EU-weiter Sicht noch an Bedeutung gewinnen und stellen weit mehr als in der Vergangenheit eine die Grenzen der einzelnen Mitgliedstaaten der Gemeinschaft überschreitende Herausforderung dar. Die Frage der familienpolitischen Strukturfehler im sozialstaatlichen Bereich muss ganz allgemein im Blick auf die inzwischen immer wichtiger werdende EU-Ebene gestellt werden, und zwar insbesondere dann, wenn Familienpolitik als gesellschaftliche „Querschnittspolitik" verstanden wird. Schon bisher musste es unbefriedigend erscheinen, dass „Familie" als soziale Grundeinheit der europäischen Gesellschaften und „Familienpolitik" als darauf bezogene gesellschaftliche Struktur- und Ordnungspolitik in den Gemeinschaftsverträgen gar nicht vorkommen. In der neuen Grundrechte-Charta der EU wird wenigstens festgehalten, der rechtliche, wirtschaftliche und soziale Schutz der Familie werde gewährleistet (in Art. 33). Dies ist auch deshalb von Bedeutung, weil diese Grundrechte-Charta als Vorstufe zu einer europäischen Verfassung oder doch wenigstens einem „Verfassungsvertrag" gesehen werden kann und im Übrigen daran die Erwartung geknüpft wird, die Charta könnte helfen, den „Kapitalismus zu zivilisieren" (Jutta Limbach). Naheliegend wäre, in den Verträgen selbst im Blick auf die Durchführung der Gemeinschaftsaufgaben eine ausdrückliche „Rücksichtnahmeverpflichtung" gegenüber der Familie als Ausdruck des Prinzips der Familiengerechtigkeit zu verankern. Selbst das von Brüssel eingesetzte, „Europäische Observatorium für die nationalen Familienpolitiken" stellte in seinem Bericht von 1996 fest, nicht nur die Mitgliedstaaten, sondern auch die Kommission schenkten den Auswirkungen, die ihre Maßnah-

---

30 Vgl. Wingen 1997, S. 424 ff.

men und politischen Aktionen auf Familien haben, zu wenig Beachtung. Was bisher – nicht zuletzt wegen des mangelnden politischen Gewichts in der Vertretung der Familienbelange – noch nicht gelungen ist, bleibt auch insoweit auf der Agenda der Weiterentwicklung der rechtlichen Grundlagen der Gemeinschaft.

Es entspräche dem Querschnittscharakter einer systematischen Familienpolitik, wonach die EU – ohne der Brüsseler Kommission zusätzliche Kompetenzen zu übertragen – dort, wo sie nach den Verträgen eindeutig Kompetenzen besitzt[31], den Familienaspekt mit zu berücksichtigen hat. Eine Reihe von nationalen Regierungen waren in dieser Hinsicht zu sehr fixiert auf den höchst fragwürdigen Standpunkt, die Familienpolitik müsse allein Angelegenheit der Nationalstaaten bleiben. Dies findet auch in dem jüngst von der CDU/CSU vorgelegten Entwurf für einen Verfassungsvertrag sehr deutlich seinen Niederschlag. Darin wird die „Familienpolitik" als nationale Angelegenheit reklamiert.[32] In einer Zuständigkeitsordnung innerhalb der EU die Familienpolitik als *rein nationale* Aufgabe einzuordnen kann wohl nicht befriedigen und sollte von den Schöpfern des im Prinzip dankenswerten Entwurfs eines Verfassungsvertrags überdacht werden. Oder sollte hier Familienpolitik als auf „Kindergeldpolitik" verengte Politik gesehen werden?[33]

Die gegenüber der EU restriktive Haltung nationaler Regierungen in Fragen der sozialpolitischen Kompetenzen ist wegen der handfesten und für Staaten wie Deutschland u. U. hoch kostenträchtigen Bestrebungen sozialpolitischer „Harmonisierung" verständlich. Dennoch bleibt zu fragen, inwieweit eine im Grundsatz allgemein bejahte gemeinsame Finanz- und Währungspolitik und eine koordinierte und sich nicht widersprechende Wirtschaftspolitik in der EU nicht auch ein gewisses Mindestmaß an gemeinsamer Sozialpolitik und damit auch Familienpolitik bedingt. Die Verknüpfung von Wirtschafts- und Sozialpolitik muss im Grunde auch für eine auf längere Sicht zu gewährleistende Funktionsfähigkeit der Marktwirtschaft selbst als bedeutsam angesehen werden. Die Bedeutung von leistungsstarken (und heute mehr denn je durch eine familienbezogene gesellschaftliche Strukturpolitik zu stärkenden) Familien für die Grundlagen der Wirtschaftsordnung ist von den geistigen Vätern der Sozialen Marktwirtschaft wiederholt betont worden, woran sich auch alle diejenigen erinnern sollten, die sich gegenwärtig über eine „Neue Soziale Marktwirtschaft" Gedanken machen. Geht man von der Einheit von Wirtschafts-, Finanz- und Sozialpolitik und ihrer Integration in einer übergreifenden Gesellschaftspolitik aus, kann der Frage nicht ausgewichen werden, inwieweit ein einheitlicher Europäischer Binnenmarkt durch eine europäische gerade auch familienbezogene (als Gesell-

---

31 Vgl. insbesondere Art. 3 EGV.
32 Für andere Zweige der sozialen Sicherung werden nur bestimmte Bereiche wie Finanzierungsweise und Leistungsgestaltung als der nationalen Zuständigkeit vorzubehalten eingestuft.
33 Das stünde freilich in deutlichem Gegensatz zu den grundsätzlichen Ausführungen zur Familienpolitik in dem von der „Wertekommission" der CDU jüngst vorgelegten Dokument zur „Aktualität des christlichen Menschenbildes", in dem eine verengte Sicht von Familienpolitik ausdrücklich zurückgewiesen und eine „ganzheitliche" Familienpolitik als moderne Familienpolitik der CDU herausgestellt wird.

schaftspolitik verstandene) Sozialpolitik ergänzt werden muss, um eine Wirtschafts- und Sozialordnung „aus einem Guss" zu erhalten. Mit anzustrebenden tendenziell einheitlichen Lebensverhältnissen in den Ländern der Gemeinschaft wäre es schlecht vereinbar, wenn in den Mitgliedstaaten die sozio-ökonomischen Lebensbedingungen von Familien, vor allem deren *relative* Wohlstandspositionen innerhalb ihrer auf absehbare Zeit noch nationalstaatlich organisierten Gesellschaften, deutlich unterschiedlich wären; hier ist ein Hinwirken auf einen gleichgerichteten Abbau sozialer Unterschiede zwischen dem Familien- und Nicht-Familiensektor innerhalb der Mitgliedstaaten und damit auf einen gemeinsamen Nenner der Familienpolitik-Profile angesagt. Der familienpolitische Aspekt der Sozialordnung in der EU ordnet sich damit ein in das Konzept der Sozialstaatlichkeit, die in ihrer konkreten Ausformulierung als Bestandteil einer rechtsverbindlich verfassten Sozialordnung der EU bisher keineswegs ausreichend und mit Konsens geklärt ist.[34] Diese geht indessen hinsichtlich der Ordnung des familialen Zusammenlebens über Vorstellungen von einer Selbstregulierung gesellschaftlicher Prozesse und von einer allein ausreichenden Steuerungskraft konkurrierender Individualinteressen deutlich hinaus.

7.4. Stärkung der familienwissenschaftlichen Grundlagenforschung

Eine defizitäre Situation muss schließlich hinsichtlich der institutionellen Grundlagen der familienwissenschaftlichen und familienpolitikbezogenen Forschungsarbeit angesprochen werden. Was bisher in Deutschland völlig fehlt, nunmehr allerdings an der Universität Erfurt als Stiftungsprofessur eingerichtet wird, ist z.B. auch nur eine einzige spezielle Forschungsprofessur für eine interdisziplinär angelegte und betont praxisorientierte Familienwissenschaft, der ein arbeitsfähiges Institut zur Verfügung stehen sollte.[35] Wenn man die Situation im Feld der institutionalisierten Wirtschafts- und Konjunkturforschung betrachtet, können die familienwissenschaftlichen Fachvertreter nur vor Neid erblassen.[36] Nachdenklich kann in diesem Zusammenhang stimmen, in welchem Ausmaß in den vergangenen Jahren die Frauen- und Genderforschung ausgeweitet worden ist – ganz offensichtlich nicht ohne Unterstützung durch frauenpolitische „power", der die Familienforschung kaum etwas Vergleichbares an die Seite zu stellen hat. Diese insgesamt höchst unbefriedigende Situation lässt Rückschlüsse auf den gesellschaftlichen Stellenwert des Arbeitsfeldes einer familienbezogenen und familienpolitikbezogenen Forschungsarbeit zu, deren Bedeutung für die Vermeidung von sozialstaatlichen Strukturfehlern und für seriöse Evaluierung

---

34 Vgl. dazu auch Wingen, Max, Sozialordnungspolitische Aufgaben der Familienpolitik am Beginn des neuen Jahrhunderts, in: ders. 2001, S. 112-126.
35 Näheres dazu bei Wingen, Max, Zur wissenschaftlichen und politischen Bedeutung von Familie und Haushalt – Zugleich ein Plädoyer für einen praxisorientierten interdisziplinären Ansatz der Familienwissenschaft –, in: Familienpolitische Denkanstöße – Sieben Abhandlungen –, in: ders., 2001, S. 17 ff.
36 In Hessen ist wenigstens an der Universität Gießen bei der Professur für Wirtschaftslehre des Privathaushalts im Institut für Wirtschaftslehre des Haushalts und Verbrauchsforschung anlässlich der letzten Neubesetzung eine Erweiterung der Denomination um Familienwissenschaft vorgenommen worden.

familienpolitischer Maßnahmen kaum zweifelhaft sein kann. Auch solche „rankings" im gesellschaftlichen Teilsystem Wissenschaft und ihre Gründe sollten bei der vorliegenden Fragestellung nicht ganz unberücksichtigt bleiben.

8. Hoch problematische Denkansätze an den Wurzeln von Strukturfehlern und Defiziten

Die Spurensuche nach tiefer reichenden und vielschichtigen Ursachen für familienpolitische Strukturfehler und Defizite in ausgewählten staatlichen und gesellschaftlichen Ordnungsbereichen bis in das gesellschaftliche Teilsystem Wissenschaft hinein hat eine Reihe von Tatbeständen, aber auch von Handlungs- und Erkenntnislücken sichtbar werden lassen, deren Auswirkungen in hohem und teils höchstem Maße unbefriedigend erscheinen. Die sozialstaatlich gesetzten, aber auch im gesellschaftlichen und wirtschaftlichen Prozess – bis auf die Mikroebene der einzelnen Familien (Bewusstseinslagen der einzelnen Familienmitglieder, insbesondere von Männern) – wirksamen Bedingungen und Unzulänglichkeiten geben einen Hintergrund ab für eine gesellschaftliche Entwicklung, die die Funktionstüchtigkeit der einzelnen Familien in vielfacher Weise erschwert. Dennoch bleibt zu fragen, ob mit den auf einer ersten Erklärungsebene aufgezeigten Zusammenhängen bereits die eigentlichen Ursachen wirklich erfasst sind oder ob der Scheinwerfer nicht noch etwas schärfer die geistigen Fundamente der bisher sichtbar gewordenen Prozesse und Bedingungen gerichtet werden muss. Die hier angestellte Spurensuche wird wohl nur dann einigermaßen erfolgreich sein können, wenn sie einem multikausal orientierten Ansatz folgt, der übrigens in dem „Wiesbadener Entwurf" mit Recht angesprochen wird und vielleicht noch um den einen oder anderen Gesichtspunkt ergänzt werden sollte. Es gibt offensichtlich in den verschiedenen Ordnungsbereichen übergreifend wirksame ursächliche Faktoren in Gestalt von *Denkstrukturen*, die sich auf einer tiefer reichenden, zweiten Ursachenebene ausmachen lassen. Strukturfehler in ihren unterschiedlichen Ausformungen entstehen in den Köpfen, und zwar nicht nur der verantwortlichen politischen Entscheidungsträger, sondern auch der vielen, die für die Akzeptanz von (Fehl-) Entscheidungen wichtig sind.

Beim Versuch, diese Denkstrukturen in der gebotenen Kürze darzustellen, lassen sich folgende Zusammenhänge benennen: Maßgebliche Strukturfehler und Defizite, wie sie über unterschiedliche Handlungsfelder hinweg aus familienpolitischer Sicht konstatiert werden müssen, entspringen offensichtlich einem betont *„individualistischen"* Denkansatz.[37] Dieser Denkansatz hat seinen Ausgangspunkt weniger in der *Person* als einem Einzel- *und* Gemeinschaftswesen, als dass er vielmehr von einem mehr oder weniger isolierten Einzelnen mit seinen Individualinteressen ausgeht. Er darf nicht einfach als Ausdruck der bereits angesprochenen, im Blick auf das Verhältnis von Einzelnem und Familie durch-

---

[37] Insofern trifft übrigens die Bezeichnung „individualistische Engführung" der Arbeitseinkommen in dem „Wiesbadener Entwurf" den hier gemeinten allgemeineren Befund recht gut.

aus ambivalenten Individualisierungs- und Enttraditionalisierungsprozesse gesehen werden, die sich auf dem Weg in die so genannte Postmoderne ausgeprägt haben. Eine wachsende Individualisierung mit der betonten Anerkennung des Rechts auf individuelle Entscheidung kann ein an sich begrüßenswertes Leitbild der Gesellschaft mit einer vergrößerten Möglichkeit der Lebensgestaltung des einzelnen bedeuten, kann freilich auch – muss aber nicht – tendenziell vorhandene individualistische, (zu) wenig gemeinschaftsorientierte Lebenseinstellungen begünstigen. Hinter solchen auch politikwirksamen Tendenzen verbirgt sich eine die *personale* und das heißt auch gemeinschaftsgebundene Dimension des Menschen ausblendende ideologische Position, der sich das Verständnis für familienpolitische Grunderfordernisse von Vorneherein weitgehend verschließen muss. Deren Überwindung bildet eine geistige Voraussetzung für die Verwirklichung von mehr familiärer Gerechtigkeit.

Zugleich ist dieser individualistische Ausgangspunkt mit einer betont „privatistischen" Sichtweise verbunden, in der Familie und Kinderhaben auf eine *reine Privatangelegenheit* des Einzelnen verkürzt werden. Aus einem gesellschaftstheoretischen „Fundamentalirrtum" heraus wird hier nicht gesehen, dass Kinderhaben eben keine reine Privatangelegenheit ist. In diesem Denkgehäuse kommen Positionen ins Spiel, aus denen heraus die gesellschaftliche Grundeinheit Familie allzu pauschal in den reinen Privatbereich des Einzelnen ausgegliedert wird. Familie, für die ein absoluter Autonomieanspruch reklamiert wird, erscheint mehr oder weniger ausschließlich als Intimgruppe, die weitgehenden Verzicht auf politischen Gestaltungs- und Regulierungsbedarf hinsichtlich der familialen Lebenslagen zu rechtfertigen scheint – bis hin zur generativen Funktion der Sicherung der Generationenfolge in der Gesellschaft. Familie ist zwar auch ein originär privater Lebensbereich und im innersten Kern kein rein zweckrationales System im Unterschied zu den sehr viel mehr zweckgerichteten Systemen im „öffentlichen Bereich". Die Tatsache, dass der Privatraum der Familie verfassungsrechtlich besonders geschützt ist (Art. 6 GG), darf aber nicht zu dem Missverständnis verleiten, Familiehaben und Elternverantwortung übernehmen sei eine auf den privaten Lebensbereich beschränkte Entscheidung. Die Entscheidungen der Einzelnen für oder gegen Kinder sind eine hochpersönliche Entscheidung – und müssen es auch unter noch so schwierigen demographischen Problemlagen bleiben; in ihren objektiven Konsequenzen sind sie jedoch gesellschaftlich in hohem Maße (gemeinwohl)relevant. Es gibt sogar gute Gründe dafür, den Familienbelangen eine besondere „Gemeinwohlnähe" zuzusprechen.

Diese problematischen Denkstrukturen, die gegenwärtig auch in der steuerrechtswissenschaftlichen Diskussion, so etwa bei Bareis[38], anzutreffen sind, sind keineswegs neu. Schon Ende der 1950er Jahre treffen wir im Rahmen der Diskussionen um den Familienlastenausgleich auf eine besonders pointierte Stellungnahme des Bundes der Steuerzahler, die dies belegt: Die materielle

---

38 Warum soll die Gesellschaft für Kinder zahlen?, in: Süddeutsche Zeitung vom 2.10.1996.

Schlechterstellung der Mehrkinderfamilie wird als im Grund gar nicht existent zu erweisen versucht, und zwar mit der Feststellung, dass das kinderlose Paar und das Ehepaar mit Kindern, gleiches Einkommen unterstellt, materiell gleichgestellt seien, verschieden sei nur die *Art der Einkommensverwendung*.[39] Hinter dieser Betrachtungsweise steht im Grunde die Auffassung, das Aufziehen der nächsten Generation sei ein privates „Hobby", ein durch „privates Glück" bereits ausgeglichenes „Privatvergnügen", und die damit verbundenen finanziellen Belastungen berührten ausschließlich die private Sphäre des Einzelnen. Ihr liegt der fundamentale Irrtum zu Grunde, dass die Einkommensverwendung des Einzelnen für die Allgemeinheit ohne Bedeutung sei oder doch das Aufziehen von Kindern zumindest von keiner größeren Bedeutung als jede andere Art der Einkommensverwendung. Indessen stellt letztere als solche bereits einen *sozial* in hohem Maße *relevanten* Vorgang dar. Nur bei einer individualistischen Gesellschaftsauffassung könnte die Familie als eine mögliche Folgeerscheinung der jeweils bevorzugten Einkommensverwendung angesehen werden, an deren Stelle bei einer anderen „individuellen Bedürfnisskala" ebenso gut auch eine andere Aufteilung des zur Verfügung stehenden Markteinkommens auf Ausgabeposten vorgenommen werden könnte, die sich nicht von den Lebensbedürfnissen einer Familie herleiten. Hier wird ein die gesamte familienpolitische Diskussion immer wieder einmal kennzeichnender Einfluss von gesellschaftsphilosophischen Grundsatzwerturteilen sichtbar, ohne dessen Berücksichtigung manche familienpolitischen (Denk-)Blockaden gar nicht ganz zu verstehen wären. Insgesamt wird hier ein zu wenig gesellschaftliches, zu einseitig vom Individuum ausgehendes Denken sichtbar, das die Gesichtspunkte, die für die Funktionstüchtigkeit der Familien als gesellschaftlicher Grundeinheiten zu berücksichtigen sind, gar nicht zu erfassen vermag.

Hinzu kommt, dass sich diese Denkstrukturen in den verschiedenen gesellschaftlichen Teilsystemen mit einer gewissen Eigengesetzlichkeit entwickeln, (wozu die jüngere Systemtheorie vielfältige Erklärungsansätze liefert). Deshalb ist es schwer, ihnen beizukommen; ihre Überwindung in einem gesellschaftlichen Teilsystem bedeutet noch nicht ihre Überwindung in benachbarten Teilsystemen, die aber allesamt für das relativ „totale" Sozialgebilde Familie von Bedeutung sind. Dies mag mit zu Spannungsverhältnissen „zwischen unterschiedlich strukturierten und sich verändernden Sozialbereichen"[40] beitragen. Auf den Punkt gebracht wurde dieser Sachverhalt der sich unterschiedlich entwickelnden gesellschaftlichen Teilsysteme mit mangelnder Rücksichtnahme auf die Familie in der von Franz-Xaver Kaufmann geprägten und in den Fünften

---

39 „Jede Ausgabe wird letztlich zur Befriedigung materieller oder immaterieller Bedürfnisse getätigt. Es ist einfach nicht zu leugnen, dass das Großziehen von Kindern ein spezielles Bedürfnis der Eltern befriedigt." Einzeldarstellung Nr. 46: Kindergeld, 1958. Vgl. dazu kritisch Wingen, Max, Die wirtschaftliche Eigenverantwortung in der Familienpolitik, in: Die Neue Ordnung, 1961 (Sonderdruck), S. 9.
40 In späteren Arbeiten (1978) wurde ausdrücklich ein „strukturelles Ordnungsdefizit" im sozialen Bereich gegenüber Familien festgehalten, das seinerzeit vom Verfasser angesprochen wurde (vgl. Wingen 21965).

Familienbericht eingebrachten eingängigen Formel von der „strukturellen Rücksichtslosigkeit" von Wirtschaft und Gesellschaft gegenüber der Familie.

Hier sind Zusammenhänge angesprochen, die unbedingt zur Ursachenerklärung von aus familienpolitischer Sicht auszumachenden Strukturdefiziten in Wirtschaft und Gesellschaft dazu gehören. Deren Bedeutung erscheint auch wichtig, wenn man sich auf die von der jüngeren Systemtheorie vorgestellte Denkfigur der „horizontalen Subsidiarität" einlassen möchte. Für die Überwindung struktureller Benachteiligungen von Familien durch Eigengesetzlichkeiten z.B. der Wirtschaft folgt aus dieser Sichtweise heraus, dass die Gefährdung des Teilsystems Familie durch negativ zu bewertende externe Effekte, die vom Teilsystem Wirtschaft ausgehen, in erster Linie auch von dem Funktionssystem Wirtschaft selbst korrigiert werden können und sollten. Solche Korrekturen können indessen aber wohl kaum allein von dort aus erfolgen; für Staat und Gesetzgeber bleibt z.B. die wichtige Aufgabe, für solche Selbstkorrekturen im Teilsystem Wirtschaft förderliche Rahmenbedingungen zu setzen und u.U. auch entsprechende Anreize zu schaffen. Familienbezogene Strukturfehler und Defizite in der Wirtschafts- und Sozialordnung sind auch mit darauf zurückzuführen, dass horizontale Subsidiarität nicht „von selbst" funktioniert.

9. Abirrungen von zentralen gesellschaftspolitischen Leitvorstellungen

Die aufgezeigten Denkstrukturen insbesondere in ihrer individualistisch-privatistischen Grundtönung müssen sich darauf hin befragen lassen, ob sie denn in Übereinstimmung stehen mit dem *Menschenbild unserer Verfassung*, auch mit *grundlegenden gesellschaftlichen Leitvorstellungen*, wie sie für die Ordnungsstrukturen unseres Gemeinwesens zumindest im sozialethischen Anspruch reklamiert werden. Insoweit sich hier Diskrepanzen ausmachen ließen, würde eine noch tiefer reichende, erweiterte Ursachenerklärung sichtbar, die hier immerhin zur Diskussion gestellt werden soll.

9.1. Das Menschenbild unserer Verfassung

Wenn man nach dem Menschenbild des Grundgesetzes fragt, so bleibt das Bild des Menschen als Trägers einer unantastbaren Würde noch „einseitig"[41]. Damit wird zwar eine eindeutige Abwehrstellung gegen einen den Menschen zum Objekt herabwürdigenden Kollektivismus bezogen, der vom GG vorausgesetzte Mensch entspricht aber auch keineswegs dem anderen Extrem, wonach im klassischen liberalistischen Sinne des 19. Jahrhunderts der Mensch als autonomes, in sich geschlossenes, jede Einwirkung von außen ablehnendes Individuum angesehen wird (ebd.). In der eindeutigen Ablehnung sowohl des Individualismus wie des Kollektivismus hat das BVerfG festgehalten: „Das Menschenbild des Grundgesetzes ist nicht das eines isolierten souveränen Individuums; das

---
41 Maunz-Dürig, Grundgesetz, zu Art. I, Abs.1.

Grundgesetz hat vielmehr die Spannung Individuum – Gemeinschaft im Sinne der Gemeinschaftsbezogenheit und Gemeinschaftsgebundenheit der Person entschieden, ohne dabei deren Eigenwert anzutasten." (BVerfGE 4, 7) Diese in Abkehr von klassisch liberalistischen Doktrinen vorgenommene Sichtweise des Menschen als eines gemeinschaftsbezogenen und gemeinschaftsgebundenen Wesens („Persönlichkeit") entspricht in einer mittleren Linie zwischen individualistischen und kollektivistischen Ordnungsvorstellungen einem Verständnis des Menschen in seiner *personalen* Existenz, die auch „familiale Existenz" ist. Es gehört zum Menschenbild der Verfassung, dass die einzelnen nicht beziehungslos nebeneinander her leben. Ein dem auch entsprechendes „Familienbewusstsein" ist bisher in der nötigen politikwirksamen Breitenwirkung nicht auszumachen.[42]

Inzwischen ist die inhaltliche Füllung des Personverständnisses wohl weniger konsensfähig als sie es bei Schaffung des GG war, d.h. das in der Person angelegte Spannungsverhältnis zwischen Individuum und Gemeinschaft lässt sehr unterschiedliche Akzentsetzungen zu der einen oder der anderen Seite hin zu. Die zur Erklärung der wirtschaftlichen, sozialen und kulturellen Lage von Familien aufgezeigten problematischen Denkstrukturen konkurrieren nach wie vor mit solchen, die die Gemeinschaftsbezogenheit und -gebundenheit des Einzelnen mit einer auch bestehenden Sozialpflichtigkeit stärker gewichten, und laufen in ihrer extremen Ausprägung auf eine Diskrepanz mit einer (bisher noch) dominanten Interpretation des Menschenbildes der Verfassung hinaus. Auch für familienpolitische Strukturfehler und Defizite muss diese Diskrepanz als erklärende Variable mit herangezogen werden.

9.2. Das ordnungspolitische Konzept der Sozialen Marktwirtschaft

Es bleibt aber auf dieser erweiterten Ebene der Ursachenerklärung nicht nur bei dieser Diskrepanz. Zu fragen ist auch nach einem Abweichen der Denkstrukturen, deren Auswirkungen weithin die gesellschaftlichen Lebensbedingungen von Familien und die Familienpolitikansätze bestimmen, vom Leitbild einer sozialmarktwirtschaftlichen Ordnung, einer Ordnung, in der der Marktrahmen (mit Familien darin) ebenso wichtig, in mancher Hinsicht noch wichtiger ist als der Markt selbst (mit seinen wettbewerblich organisierten Marktprozessen). Zugespitzt wird diese Sichtweise verschiedentlich in der Formulierung: „Erst der Mensch – dann der Markt". Zum festen Bestand der konzeptionellen Grundlagen der Sozialen Marktwirtschaft (die nicht nur ein *wirtschafts*-, sondern ein *gesellschafts*ordnungspolitisches Konzept darstellt) gehört nicht nur die Verbindung von Freiheit des Marktes mit sozialem Ausgleich (samt staatlicher Korrektur des marktwirtschaftlichen Einkommenspotenzials) – während Marktwirtschaft in ihrer reinen Form noch keinen sozialen Ausgleich schafft; dazu gehört auch die der Sozialen Marktwirtschaft zugesprochene Aufgabe, auf ein Mehr an

---

42 Im Unterschied etwa zum – allerdings politisch massiv geförderten – Umweltbewusstsein.

III. Kinder- und Familienarmut: Ursachen

sozialer Gerechtigkeit (als „Zielgröße") hinzuwirken – und damit eben auch für Familien mit ihren „marktpassiven" Familienmitgliedern (Kindern). Darüber hinaus sucht eine sozialmarktwirtschaftliche Ordnung nach dem Konzept, nach dem sie angetreten ist, den Rahmen für gesellschaftliches Handeln des einzelnen Wirtschaftssubjekts zu erweitern und beruht von ihrem Anspruch her auf einer Sichtweise, in deren Mittelpunkt der Mensch mit seinen individuellen *und sozialen Verpflichtungen* (und Rechten) steht, und damit auch mit seinen Pflichten gegenüber seiner Familie. Die realexistierende Soziale Marktwirtschaft muss sich an diesen grundlegenden Zielorientierungen messen lassen. Vielfältig aufgewiesene Defizite im staatlichen und gesellschaftlichen System lassen damit die These begründet erscheinen, dass die wirtschaftliche und soziale Wirklichkeit der Familien mit (insbesondere mehreren) Kindern weithin durch ein *Abweichen* der an sich der familienpolitischen Gestaltung zugänglichen wirtschaftlichen und sozialen Strukturen *vom Leitbild der sozialmarktwirtschaftlichen Ordnung* bestimmt wird. Hier liegt übrigens eine Herausforderung auch für die Anwälte einer im Zusammenhang mit der Vereinbarkeitsproblematik bereits angesprochenen „Neuen Sozialen Marktwirtschaft", die wohl eher als eine erneuerte („runderneuerte") Soziale Marktwirtschaft gesehen werden muss. Aus familienpolitischer Sicht gilt es konsequent darauf hinzuwirken, dass die „Schatten der Marktwirtschaft" nicht noch länger, sondern verkürzt und möglichst sogar beseitigt werden.

9.3. Gegenwartsinteressen versus Zukunftsinteressen

Die aufgezeigten Denkstrukturen, die sich hinter den auf einer ersten Ebene aufgezeigten Ursachen für die vorgefundene Lage von Familien und den darin aufwachsenden Kindern auf einer tiefer reichenden Ebene erkennen lassen, müssen sich schließlich daraufhin befragen lassen, inwieweit sie der „*Fernverantwortung*" (Hans Jonas) für die nachfolgenden Generationen gerecht werden. Auch insoweit ist eine kritische Bewertung angebracht, wie sich z.B. am Umgang mit der „Generationengerechtigkeit" näher aufzeigen ließe. Unverkennbar sind Tendenzen in unserer Gesellschaft vorhanden, Gegenwartsinteressen zu Lasten der Zukunftsinteressen durchzusetzen. Nachteilige Wirkungen politischer Entscheidungen werden gerne in die Zukunft und damit auf nachfolgende Generationen verlagert. Hier rücken insbesondere auch Auswirkungen der demographischen Entwicklung ins Blickfeld, die ja kein unabwendbares Schicksal darstellt, sondern zumindest teilweise der politisch-gestaltenden Einwirkung – gerade auch über eine oben angesprochene bevölkerungsbewusste Familienpolitik – zugänglich ist. Strukturfehler im sozialstaatlichen System und Defizite im familienpolitischen Konzept und seinen konsensfähigen gedanklichen Grundlagen finden eine weitere Ursache in einem bei den verantwortlichen Instanzen auszumachenden Kurzfristdenken und einer weitgehenden Verdrängung der aus der demographischen Problematik erwachsenden politischen Handlungskonsequenzen sowie in einem mangelnden Ernstnehmen der Fernverantwortung für nachfolgende Generationen, die auch weiterhin in Familien aufwachsen sollen.

10. Stärkung eines politikwirksamen Familienbewusstseins durch ein Familienwahlrecht?

Aus diesen Überlegungen zur Ursachenanalyse, wie sie in der Konfrontation wesentlicher politikbestimmender Denkstrukturen
a) mit dem Menschenbild der Verfassung (die mit ihren Basisnormen so etwas wie „das Gedächtnis der Demokratie" (Paul Kirchhof) bildet – oder doch bilden sollte),
b) mit dem Leitbild der auf mehr soziale Gerechtigkeit mit erweiterten Handlungsspielräumen *aller* Wirtschaftssubjekte (auch derer mit Familienverpflichtungen) bedachten Sozialen Marktwirtschaft als einem nicht nur wirtschafts-, sondern gesellschaftsordnungspolitischen Konzept und
c) mit der „Fernverantwortung" für nachfolgende Generationen

ihren Niederschlag finden, ergeben sich wichtige Hinweise für ein vertieftes Verständnis von familien- und kindbezogenen Strukturproblemen und familienpolitischen Defiziten. Verantwortliche und zukunftsfähige Politikgestaltung wird sich mit diesen in einen umfassenderen Zusammenhang rückenden Befunden auseinandersetzen müssen, auch wenn in der politischen Konsequenz Eingriffe in Besitzstände damit verbunden sind. Dies erfordert viel zähe Kleinarbeit, hat aber auch einen erheblichen politischen Gestaltungs*willen* zur Voraussetzung. Die Familien selbst und ihre legitimen Sprecher vor allem in Gestalt der Familienorganisationen sind weitestgehend auf das Beklagen von höchst unzulänglicher Einlösung von familiärer sozialer Gerechtigkeit und das Einklagen von strukturellen Reformen verwiesen, es fehlt ihnen die *Macht* zur nachhaltigen politischen (Mit-)Gestaltung.

Wird die offizielle Gesellschafts- und Familienpolitik die Kraft finden, die in den angesprochenen Richtungen allfälligen Kurskorrekturen durchzusetzen? Hier ist, so die abschließende kurze These, mit vielerlei Erschwernissen und Stolpersteinen zu rechnen. Vor allem sind in der *real existierenden parlamentarisch-repräsentativen Demokratie* aus politikwissenschaftlicher Sicht die folgenden Bedingungen für das Handeln der politisch Verantwortlichen zu bedenken:
a) Noch mangelt es an einem breitenwirksamen, zukunftsbezogene familienpolitische Entscheidungen begünstigenden Familienbewusstsein in der Öffentlichkeit, dessen Ausbildung erst noch parteiübergreifend zu fördern wäre.
b) Erfahrungsgemäß ist es schwierig, in zentralen Fragen dringlicher Korrekturen familienpolitischer Systemfehler zu überparteilicher Gemeinsamkeit und fraktionsübergreifenden Konsensen zu finden (stattdessen

belasten parteipolitische Konkurrenzen die Weiterentwicklung in solchen wichtigen Zukunftsfragen eher als dass diese gefördert würde).
c) Schwer wiegt auch die inzwischen sehr wirksam gewordene Ausrichtung der Politik an der „ökonomischen Theorie der Demokratie" (Philipp Herder-Dorneich), was auch das Feld der familienbezogenen Gesellschafts- und Familienpolitik wesentlich prägt. Der Politiker sucht zwecks Machterhalt oder Machtgewinn Stimmen (von stimmberechtigten Bürgern) für sich zu maximieren – ein für ihn als Politiker durchaus „rationales" Verhalten –, und zwar im Allgemeinen in kurzfristiger, auf die nächste Legislaturperiode bezogener Sichtweise, so dass Problemlagen mit Langzeitcharakter in der Gefahr stehen, unterbewertet zu werden. Gesellschafts- und familienpolitisch noch so sinnvolle, aber unpopuläre Entscheidungen haben weit weniger Chancen aufgegriffen zu werden, wenn sie eigene Mehrheiten gefährden. Dies kann besonders zu Lasten künftiger, gegenwärtig und in naher Zukunft noch gar nicht wahlberechtigter Generationen gehen.
d) Das zahlenmäßige Gewicht der alten Menschen in der Gesellschaft wird in den nächsten Jahren noch deutlich ansteigen: In einigen Jahren wird allein die Gruppe der über 60-Jährigen zahlenmäßig größer sein als die gesamte nachwachsende Generation der unter 18-Jährigen.[43] Den Interessenlagen der wahlberechtigten alten Menschen wird damit noch mehr politisches Gewicht verliehen (im Gegensatz zu denjenigen des noch rückläufigen Anteils der ohnehin noch nicht Wahlberechtigten).

Unter diesen Bedingungen mag sich die Frage nach dem „*Familienwahlrecht*" stellen. Es muss hier offen bleiben, ob das Fehlen eines solchen Familienwahlrechts i.S. einer Regelung, wonach Eltern für noch unmündige Kinder ein Wahlrecht wahrnehmen können, das diese noch nicht selbst ausüben dürfen (so genanntes Stellvertretermodell), als Strukturfehler der staatlichen Ordnung anzusehen ist.[44] Ein solches (Familien-)Wahlrecht würde immerhin ein Signal für Politiker bedeuten, Familienbelange, die sich durch eine besondere Gemeinwohlnähe und durch Zukunftsbezogenheit auszeichnen, bewusster in ihr Kalkül hineinzunehmen. Die Frage muss immerhin gestellt werden dürfen: Werden sich nach einigen Jahren weiteren demographischen Alterns unserer Gesellschaft überhaupt noch Mehrheiten finden für Entscheidungen, die Zukunftsinteressen gegenüber Gegenwartsinteressen den ihnen gebührenden Stellenwert sichern? Oder wird hier dann eine Politik zu Lasten der jungen Familien und der nachwachsenden Generationen noch leichter durchsetzbar?

---

43 Nach vorliegenden Modellrechnungen könnte im Jahr 2020 der Anteil der über 60-Jährigen an der Gesamtbevölkerung bei 22 %, derjenige der unter 20-Jährigen dagegen bei 17 % liegen.
44 Möglich wäre eine solche schon recht grundlegende Modifizierung des Wahlrechts durchaus, allerdings nur mit entsprechender Änderung des GG mit einer Zwei-Drittel-Mehrheit; und schon regt sich zur Einschätzung der Bereitschaft zu einem solchen Schritt die Frage, für welche politischen Gruppierungen davon besondere Stimmengewinne zu erwarten wären.

Auf jeden Fall erscheint die Diskussion über ein Familienwahlrecht von bewusstseinsbildendem Wert und Effekt: Sie verdeutlicht in Politik und Öffentlichkeit gewisse Defizite in unserem staatlich organisierten gesellschaftlichen Zusammenleben. Immerhin kann die Debatte um ein Familienwahlrecht den Bestrebungen Auftrieb geben, auch jenseits von Wahlrechtsänderungen der Vertretung von Familienbelangen in Gesellschaft und Politik mehr Gewicht zu verleihen. Wer dazu im Familienwahlrecht keinen geeigneten Weg sieht, mag über andere Mechanismen nachdenken, die ein *stärkeres Gewicht der Belange von Familien und Kindern im politischen Willenbildungsprozess* sicherstellen könnten.[45] Für die Überwindung von familienpolitischen Strukturfehlern und Defiziten der staatlichen und gesellschaftlichen Systeme bildet dies jedenfalls eine unabdingbare Voraussetzung. Dies hat die Entwicklung der Familienpolitik über ein halbes Jahrhundert hin eindrucks- und leidvoll gezeigt.[46] Sie sollte in unserer real existierenden parlamentarisch-repräsentativen Demokratie bei einer konzeptionellen Neuorientierung einer umfassenden, als gesellschaftlicher Querschnittspolitik verstandenen Familienpolitik ebenso mit bedacht werden wie die Notwendigkeit, ein solches Konzept in einer EU-weiten Zuständigkeitsordnung politischer Verantwortlichkeiten zu entwickeln.

Zusammenfassung

Die Spurensuche nach tieferen Ursachen für familienpolitische Strukturfehler und Defizite in staatlichen und gesellschaftlichen Systemen blieb bei dem gewählten multifaktoriellen Ansatz nicht ohne Ergebnisse und ließ ganze Ursachenkomplexe erkennen. Die recht eindeutigen Befunde wären vor allem für neue konzeptionelle Entwürfe einer problemangemessenen, in die übergreifende Gesellschaftspolitik integrierte und familienwissenschaftlich ausreichend abgesicherte Familienpolitik zu bedenken. Deren Durchsetzung wird große und möglichst parteiübergreifende politische Anstrengungen erfordern. Umso mehr gilt es, die offenen und geheimen, weit in geistige Grundhaltungen hineinreichende Widerstände zu überwinden, damit die politischen Anstrengungen wirklich erfolgreich sein können. Dazu mag der vorliegende Beitrag eine Orientierungshilfe leisten. Die Ergebnisse lassen sich von der Mitte her wie folgt zusammenfassen:

(1) Hochgradig individualistisch/privatistisch geprägte Geisteshaltungen, die allerdings nicht mit den zu beobachtenden Individualisierungstendenzen,

---

45 Näheres zu den Problemen und Möglichkeiten eines Familienwahlrechts siehe Wingen, Max, Stärkung des Gewichts der Familienbelange im Prozess der politischen Willensbildung durch ein Familienwahlrecht?, in: Familienpolitische Denkanstöße – Sieben Abhandlungen –, in: ders. 2001, S. 223 – 239.
46 Siehe dazu vor allem die Aufarbeitung der Entwicklung der Familienpolitik in der Bundesrepublik Deutschland bei Lampert, Heinz, Priorität für die Familie (Plädoyer für eine rationale Familienpolitik), Berlin 1996, S. 147-199, hier auch die wichtigen Hinweise auf konzeptionelle Mängel und Unzulänglichkeiten der Familienpolitik, S. 196 ff; ferner Wingen, Max, Anmerkungen zu 50 Jahren Familienpolitik mit Reflexionen und Reminiszenzen, in: Familienpolitische Denkanstöße – Sieben Abhandlungen –, in: ders. 2001, S. 241 – 291.

III. Kinder- und Familienarmut: Ursachen

die größere Freiheitsspielräume für den Einzelnen ermöglichen, gleichgesetzt werden dürfen, führen dazu, dass Familien insbesondere mit mehreren Kindern – weit über die Auswirkungen einer marktleistungsbestimmten Einkommensverteilung hinaus – in die Rolle des Hauptlastenträgers von Modernisierungsprozessen verwiesen sind. Aus einem gesellschaftstheoretischen Fundamentalirrtum heraus wird in diesen Denkstrukturen Kinderhaben als eine reine Privatangelegenheit eingestuft, und aus einem falschen wirtschaftstheoretischen Ansatz heraus wird nicht selten noch heute politikwirksam auch die soziale Relevanz der Einkommensverwendung verkannt.

(2) Eine Reihe von familienrelevanten Wirkungen gesellschaftlicher und wirtschaftlicher Strukturen und familienpolitischer Handlungsmuster weichen deutlich ab von der – bei allen in unserer wertpluralistischen Gesellschaft eher größer gewordenen Differenzen im Personverständnis – dominanten Interpretation des Menschenbildes unserer Verfassung, das auf die gemeinschaftsbezogene und gemeinschaftsgebundene *Person* (als Einzel- *und* Gemeinschaftswesen) abhebt. Sie widersprechen aber auch grundlegenden Ordnungsvorstellungen des gesellschaftsordnungspolitischen Konzepts der Sozialen Marktwirtschaft, das auf möglichst große, in soziale Verantwortung eingebundene Freiheits- und Handlungsspielräume des Einzelnen abzielt. Die getroffen (oder unterlassenen) familienpolitischen Entscheidungen sind durch ein bedenkliches Maß an Kurzfristdenken (nicht selten nur in Legislaturperioden) gekennzeichnet und werden der sozialethisch wohlbegründeten „Fernverantwortung" für nachfolgende Generationen nicht ausreichend gerecht.

(3) Bei der (im Umfeld der jüngeren Systemtheorie entwickelten) hilfreichen Denkfigur der „horizontalen Subsidiarität" zwischen verschiedenen gesellschaftlichen Teilsystemen in ihrer jeweiligen Verantwortung für verursachte negative Auswirkungen im Bereich Familie läge ein Fehler darin, auf deren automatischen Funktionieren zu vertrauen, z.B. hinsichtlich der Gewährleistung einer „Work and Life-Balance". Für aus diesem Ansatz abzuleitende nachhaltige Defizitkorrekturen mangelt es weithin an dem erforderlichen „Familienbewusstsein" in Politik und Öffentlichkeit überhaupt. Für die Erwerbsarbeitswelt ist eine mangelnde Anerkennung der „doppelten Loyalitätsverpflichtung" im Spannungsfeld von Familie und Betrieb festzuhalten. (In diesem Zusammenhang wäre allerdings auch die bestehende Finanzverfassung in Deutschland zu überdenken.)

(4) Die Überwindung von familienpolitischen Strukturfehlern und Defiziten setzt offensichtlich ein Maß an gesellschaftlicher Macht der Familien und der organisatorischen Vertretungen von Familienbelangen voraus, das in unserer real existierenden parlamentarisch-repräsentativen Demokratie nicht gegeben ist (und auch durch Interventionen aus dem Teilsystem Wissenschaft heraus nicht wirklich ersetzt werden kann). Hier könnte die Diskussion um die Sinnhaftigkeit und Möglichkeit des demokratietheore-

tisch nicht ganz unproblematischen „Familienwahlrechts" (in Form des so genannten Stellvertretermodells) zumindest das Problembewusstsein für die notwendige Stärkung des politischen Gewichts der Familienbelange im Prozess der politischen Willensbildung schärfen.

(5) Die familienwissenschaftlichen Grundlagen für familienpolitisches Handeln (u.a. mit kontinuierlicher Evaluation der getroffenen Maßnahmen, und zwar bei wirtschaftlichen Fördermaßnahmen auch auf einer metaökonomischen Ebene) erscheinen unzureichend. Für die gedankliche Klärung der Grundlagen rationalen familienpolitischen Handelns müssen einige konkrete Desiderata überwunden werden, wozu insbesondere gehören: die Klärung des problemangemessenen Gewichts der beiden unterschiedlichen verteilungspolitischen Ansatzpunkte einerseits auf der Seite der Einkommensbildung (frei verfügbare Einkommenstransfers) und andererseits auf der Seite der Einkommensverwendung (kollektive Sach- und Dienstleistungen), die angemessene einkommenspolitische Berücksichtigung der familiären sozialen Dienstleistung des Aufziehens von Kindern mit seinen Elementen eines öffentlichen Gutes („Mischgut") in einer qualitativen Weiterentwicklung des bestehenden Erziehungsgeldes, die weitere Aufarbeitung der Grundlagen einer intertemporalen Einkommensumschichtung von Lebenseinkommen des Einzelnen für eine auf möglichst großer Eigenverantwortung beruhenden Einkommenspolitik sowie nicht zuletzt die Überwindung der im eigenen Land immer noch nicht überwundenen Tabuisierung einer demographischen Gegensteuerung (Geburtenentwicklung) in einem rationalen Diskurs über Möglichkeiten und Grenzen einer *auch* bevölkerungsbewussten Familienpolitik.

(6) Für den institutionalisierten Dialog zwischen Familienwissenschaft und familienpolitischer Praxis bildet nach aller Erfahrung die Gemengelage, in der politische Tagesprioritäten, die Bedingungen familienwissenschaftlicher Politikberatung (mit unterschiedlich ausgeprägten Denklogiken auf beiden Seiten), ministerielle Strukturen mit ihren Beharrungskräften, Eigengesetzlichkeiten und Ressortegoismen zusammentreffen, eine wenig günstige Ausgangslage für die Entwicklung und Umsetzung längerfristig angelegter Konzepte. Ein eindrucksvolles Beispiel bildet die Rentenreform von 1957, die die Verklammerung von Altersversorgung und Familienlastenausgleich /Familienleistungsausgleich in einem *Dreigenerationenverbund* verfehlte – mit Nachwirkung bis heute. Vor allem wird aus eher kurzfristig orientierten Erwägungen heraus, aber auch begünstigt durch die Kompetenzaufteilung auf dem föderalen Hintergrund unseres Gemeinwesens, zudem immer wieder das *Systemwissen einer auf Rationalität bedachten Familienpolitik* zu wenig beachtet, zu dem die Einsicht gehört, dass nur integrativ angelegte Politikansätze mit Maßnahmenbündeln, die mit der Notwendigkeit des ineinander Greifens von Änderung gesellschaftlicher Lebensbedingungen und Bewusstseinsänderung des Einzelnen ernst machen, am ehesten Erfolg versprechen, aller-

(7) dings auch unterschiedliche Verantwortungsträger (im staatlichen und nichtstaatlichen Raum) gleichermaßen in die Pflicht nehmen.

(7) Bei aller Notwendigkeit der gedanklichen Trennung zwischen verschiedenen ursächlichen Faktoren für familienpolitische Strukturfehler und Defizite in politischen und gesellschaftlichen Systemen gilt es zu sehen, dass diese Faktoren im tatsächlichen gesellschaftlichen Prozess eng miteinander verflochten sind, sich teils gegenseitig bedingen und durchdringen und in mancher Hinsicht auch wechselseitig verstärken. Dies erinnert – um noch einmal auf die zu Eingang beschworene griechische Antike zurückzukommen – an einen „Gordischen Knoten", mit dessen Lösung als Deichselknoten an einem phrygischen Streitwagen der Sage nach die Herrschaft über Asien verbunden war, in diesem Falle aber der Weg frei würde zu einer familiengerechteren Gesellschaft. Lässt dieser Knoten sich mit einem heldenhaften Schwertstreich zerschlagen oder muss er in ebenfalls anstrengender zäher Kleinarbeit mit dem im Anschluss an Max Weber „beharrlichen Bohren dicker Bretter mit Leidenschaft und Augenmaß zugleich" entflochten werden? Oder wird letzten Endes nur beides zusammen zum Ziel führen? Der Hessische Ministerpräsident Roland Koch spricht jedenfalls mit Recht von einem „beispiellosen Kraftakt", den wir für den Schritt zur „familiären Gesellschaft" brauchten; dieser Kraftakt setze allerdings auch Selbstkritik der Politik voraus.[47] Die vorstehenden Anmerkungen zu den Ergebnissen einer Spurensuche wollten zu diesem Unterfangen einen argumentativen Beitrag leisten.

Literatur

Achinger, Hans, Sozialpolitik und Wissenschaft, Stuttgart 1963.
Arndt, Joachim, Das Familienkreditmodell. Möglichkeiten der Kreditfinanzierung von Zeiten des Erziehungsurlaubs, Berlin 1995.
Becker, Stefan, de Graat, Elena, Wingen, Max, Gesellschaftliche, sozialrechtliche und familienpolitische Rahmenbedingungen für eine familienbewusste Personalpolitik – Sachlage und Perspektiven, in: Gemeinnützige Hertie-Stiftung (Hrsg.), Unternehmensziel: Familienbewusste Personalpolitik (Ergebnisse einer wissenschaftlichen Studie), Köln 1999 S. 283 ff.
BMFSFJ (Hrsg.), Gerechtigkeit für Familien. – Zur Begründung und Weiterentwicklung des Familienlasten- und Familienleistungsausgleichs, Schriften-Reihe Bd. 202, Stuttgart/Berlin/Köln 2001.
Hauser, Richard, Die Entwicklung der Einkommenslage von Familien über zwei Dekaden – einige empirische Grundlagen zur Würdigung der deutschen Familienpolitik, in: Kleinhenz, Gerhard (Hrsg.), Die soziale Ausgestaltung der Marktwirtschaft (Festschrift zum 65. Geburtstag für Heinz Lampert), Berlin 1995, S. 133 ff.
Koch, Roland, Kinderfreundliche Gesellschaft: Familienförderung ist die beste Wirtschaftsförderung, in: Soziale Ordnung 1/2002, S. 12ff.
Lampert, Heinz, Priorität für die Familie (Plädoyer für eine rationale Familienpolitik), Berlin 1996, S. 147-199.

---

47 Koch, Roland, Kinderfreundliche Gesellschaft: Familienförderung ist die beste Wirtschaftsförderung, in: Soziale Ordnung 1/2002, S. 12ff.

Lüdeke, Reinar, Familienbesteuerung in Deutschland: Der besondere grundgesetzliche Schutz der Ehe, das Ehegattensplitting und die Kinderfreibeträge, in: Jans, Bernhard, Habisch, André, Stutzer, Erich (Hrsg.), Familienwissenschaftliche und familienpolitische Signale, Grafschaft 2000, S. 155 ff.

Schreiber, Wilfrid, Kindergeld im sozio-ökonomischen Prozess (Familienlastenausgleich im Prozess zeitlicher Kaufkraft-Umschichtung im Individual-Bereich), Sozialtheorie und Sozialpolitik Bd. 1, Köln 1964.

Sennett, Richard, Der flexible Mensch. Die Kultur des neuen Kapitalismus, Berlin 1998.

Soziale Sicherung in der Bundesrepublik Deutschland, Bericht der Sozialenquete-Kommission, Stuttgart u.a. 1968, S. 311-315.

Wingen, Max, Die wirtschaftliche Eigenverantwortung in der Familienpolitik, in: Die Neue Ordnung, 1961 (Sonderdruck), S. 9.

ders., Familienpolitik – Ziele, Wege und Wirkungen, Paderborn 21965.

ders., Drei-Generationen-Solidarität in einer alternden Gesellschaft – Familienpolitische Anmerkungen zur Strukturreform der sozialen Altersversorgung –, im Auftrag der Deutschen Liga für das Kind in Familie und Gesellschaft, Neuwied 1988, S. 21f.

ders., Zum Verhältnis von familialer und außerfamilialer Kinderbetreuung, in: Schmähl, Winfried (Hrsg.), Soziale Sicherung zwischen Markt und Staat, Schr. des Vereins f. Socialpolitik, NF Bd. 275, S. 345.

ders., Familienpolitik – Grundlagen und aktuelle Probleme, UTB-Bd. Nr. 1970, Stuttgart 1997.

ders., Zur wissenschaftlichen und politischen Bedeutung von Familie und Haushalt, in: ders., Familienpolitische Denkanstöße – Sieben Abhandlungen, [Connex gesellschaftliche Studien, Bd. 1,] Grafschaft 2001, S. 17 ff.

ders., Sozialordnungspolitische Aufgaben der Familienpolitik am Beginn des neuen Jahrhunderts, in: ders., Denkanstöße 2001, S. 112-126.

ders., Notwendigkeit, Möglichkeiten und Grenzen einer bevölkerungsbewussten Familienpolitik – ein erneutes Plädoyer –, in: ders., Denkanstöße 2001, S. 147 – 208.

ders., Stärkung des Gewichts der Familienbelange im Prozess der politischen Willensbildung durch ein Familienwahlrecht?, in: ders., Denkanstöße 2001, S. 223 – 239.

ders., Anmerkungen zu 50 Jahren Familienpolitik mit Reflexionen und Reminiszenzen, in: ders., Denkanstöße 2001, S. 241 – 291.

IV. Hindernisse und Notwendigkeiten in der Familienpolitik

Familienpolitik in der Zwickmühle: Nachhaltigkeit in der Sozialpolitik

Prof. Dr. Bernd Raffelhüschen[1]

1. Einleitung

Ohne grundlegende Reformen ist die langfristige Finanzierbarkeit der deutschen Fiskalpolitik nicht gewährleistet – diese Erkenntnis ist heute weit verbreitet. Die Nachricht von der fehlenden fiskalischen Nachhaltigkeit, die den dringenden Reformbedarf offen legt und weitreichende Konsequenzen erahnen lässt, hat in der öffentlichen Diskussion für Gesprächsstoff gesorgt. Bei der Suche nach den Ursachen der langfristigen fiskalischen Schieflage erweisen sich speziell die umlagefinanzierten Komponenten der Sozialversicherungen, also Renten-, Kranken- und Pflegeversicherung, als diejenigen Bestandteile der Fiskalpolitik, die deren Nachhaltigkeit maßgeblich in Frage stellen. Ursache hierfür ist der doppelte Alterungsprozess, dem sich neben Deutschland auch die meisten anderen Industrienationen gegenübersehen. Von einem doppelten Alterungsprozess spricht man deshalb, weil das Durchschnittsalter der deutschen Bevölkerung aufgrund einer geringen Fertilität, aber auch einer höheren Lebenserwartung ansteigt: Immer weniger Junge versorgen immer mehr Alte, die zugleich immer älter werden.

Als Konsequenz dieses doppelten Alterungsprozesses sinken in den umlagefinanzierten Sozialversicherungen die durchschnittlichen Beitragseinnahmen pro Mitglied, während die durchschnittlichen Leistungsausgaben pro Mitglied ansteigen. Daraus ergibt sich eine Finanzierungslücke, die eine weitere Anhebung der Beitragssätze befürchten lässt. Da diese als Lohnnebenkosten den Faktor Arbeit verteuern, ist die Problematik einer derartigen Entwicklung im Hinblick auf die hohe Arbeitslosigkeit in Deutschland offenkundig: Gerade in Zeiten einer zunehmenden Globalisierung der Wirtschaft besteht die Gefahr, dass die Wettbewerbsfähigkeit des Standorts Deutschland im internationalen Vergleich sinkt. Eine Anhebung der Beitragssätze bedeutet aber zudem, dass zukünftige

---

[1] In Zusammenarbeit mit Stefan Fetzer und Stefan Moog.

Generationen einen höheren Preis für das gleiche Niveau an Leistungen zu bezahlen haben. Damit gefährdet sie auch den innerhalb der Sozialversicherungssysteme etablierten Generationenvertrag.

Ziel dieses Beitrags ist es, die Konsequenzen des demographischen Wandels für die Nachhaltigkeit der Fiskalpolitik und speziell der umlagefinanzierten Sozialversicherungssysteme im Rahmen der Generationenbilanzierung zu quantifizieren. Während sich frühere Beiträge dabei auf die langfristige Finanzierbarkeit der gesetzlichen Rentenversicherung konzentrierten, steht eine solche Analyse für die gesetzliche Kranken- und Pflegeversicherung noch aus.[2] Deshalb werden die Konsequenzen für die Nachhaltigkeit der gesetzlichen Kranken- und Pflegeversicherung in diesem Beitrag isoliert dargestellt und sowohl im Rahmen der Generationenbilanzierung als auch anhand ergänzender Beitragssatzprojektionen umfassend diskutiert.

Im Weiteren ist der Beitrag wie folgt gegliedert: Kapitel 2 beschreibt zunächst die Methodik der Generationenbilanzierung. Daran anschließend bietet Kapitel 3 eine Analyse der Nachhaltigkeit der aktuellen Fiskalpolitik insgesamt und der umlagefinanzierten Sozialversicherungssysteme im Besonderen. Kapitel 4 untersucht speziell die gesetzliche Krankenversicherung (GKV), Kapitel 5 die gesetzliche Pflegeversicherung (GPV). Dabei werden jeweils zwei Szenarien betrachtet. Ein erstes Szenario konzentriert sich auf die rein demographisch bedingten Finanzierungsprobleme und deren Konsequenzen für die Nachhaltigkeit. Darüber hinaus ist in der gesetzlichen Kranken- und Pflegeversicherung aber mit weiteren Ausgabensteigerungen zu rechnen, die nicht demographisch bedingt sind. Diesen Effekten wird in einem zweiten Szenario Rechnung getragen. Kapitel 6 beschließt den Beitrag mit einer Zusammenfassung und einem Ausblick.

2. Methodik der Generationenbilanzierung

Budgetdefizit oder Schuldenstand werden häufig als Indikatoren staatlicher Aktivität verwendet. Da diese Indikatoren jedoch zukünftige Zahlungsverpflichtungen, wie sie insbesondere in den Sozialversicherungen vorkommen, vernachlässigen, können sie zur Beurteilung der Lastverschiebung auf zukünftige Generationen nur bedingt herangezogen werden.[3] Um dieses Problem zu beseitigen, wurde als ergänzendes Instrument zur langfristigen Analyse fiskalischer Aktivitäten das Konzept der Generationenbilanzierung (Generational Accounting) entwickelt.[4] Dabei handelt es sich um ein intertemporales Budgetierungssystem, mit dessen Hilfe alle zukünftigen Zahlungen eines Individuums an den Staat mit allen zukünftigen Leistungen, die es vom Staat erhält, saldiert

---

[2] Da im weiteren Verlauf nicht mehr explizit auf die Rentenversicherung eingegangen werden soll, sei für einen Vergleich der Rentenreformen und Reformvorschläge der letzten Jahre auf Borgmann, Krimmer und Raffelhüschen (2001) verwiesen.
[3] Zur Willkür traditioneller Budgetierung vgl. auch Raffelhüschen und Walliser (1996).
[4] Vgl. Auerbach, Gokhale und Kotlikoff (1991, 1992, 1994).

IV. Hindernisse und Notwendigkeiten in der Familienpolitik

werden, um so die Nettosteuerlasten einzelner Generationen abschätzen zu können. Als nachhaltig gilt die Fiskalpolitik immer dann, wenn sie keine Lastverschiebungen zwischen heutigen und zukünftigen Generationen bewirkt.[5] Kern der Generationenbilanz ist die intertemporale Budgetrestriktion des Staates, die formal wie folgt dargestellt werden kann:[6]

$$(1) \quad B_t^g = \sum_{s=0}^{D} N_{t,t-s} + \sum_{s=1}^{\infty} N_{t,t+s}.$$

Dabei steht B_t^g für die Nettostaatsschuld im Basisjahr t, welche durch die Nettozahlungen aller lebenden Generationen ($\sum_{s=0}^{D} N_{t,t-s}$) und die Nettozahlungen aller zukünftigen Generationen ($\sum_{s=1}^{\infty} N_{t,t+s}$) finanziert werden muss. Alle Nettozahlungen ($N_{t,k}$) repräsentieren Barwerte aus zukünftigen Steuerzahlungen abzüglich der erhaltenen Transfers über den verbleibenden Lebenszeitraum einer Generation, welche im Jahr k geboren wurde und deren maximales Lebensalter auf D Jahre (in der vorliegenden Arbeit 100 Jahre) begrenzt ist. Transfers beinhalten neben allen altersspezifischen Leistungen auch einen gleichmäßigen Pro-Kopf-Anteil der staatlichen Konsumausgaben.[7] Gleichung (1) impliziert demnach, dass jede Erhöhung des Staatsverbrauchs oder der Transferleistungen in der Gegenwart durch spätere Ausgabensenkungen oder Steuererhöhungen finanziert werden muss.

Um geschlechtsspezifischen Unterschieden hinsichtlich ökonomischer Aktivitäten (unterschiedliche Erwerbsquoten, Einkommenssituationen, geschlechtsspezifische Transfers, usw.) über den Lebenszyklus hinweg Rechnung zu tragen,[8] werden die Nettozahlungen für den weiteren Gang der Untersuchung aufgegliedert:

$$(2) \quad N_{t,k} = N_{t,k}^m + N_{t,k}^f = \sum_{s=t}^{k+D} T_{s,k}^m P_{s,k}^m (1+r)^{t-s} + \sum_{s=t}^{k+D} T_{s,k}^f P_{s,k}^f (1+r)^{t-s}.$$

Hierbei stehen $T_{s,k}^m$ und $T_{s,k}^f$ für die durchschnittliche Nettosteuerzahlung im Jahr s durch ein im Jahr k geborenes männliches (m) bzw. weibliches (w) Individuum. Diese wird multipliziert mit der Anzahl der männlichen bzw. weibli-

---

5 Für eine kritische Bestandsaufnahme der Generationenbilanzierung vgl. Feist und Raffelhüschen (2000).
6 Im Rahmen dieser Analyse wird im Wesentlichen auf die methodische Grundkonzeption von Raffelhüschen (1999) zurückgegriffen.
7 Wir unterstellen damit implizit, dass die Bereitstellung öffentlicher Güter, welche nicht bestimmten Kohorten zugerechnet werden können, allen Generationen denselben Nutzen stiftet.
8 Da auch den unterschiedlichen ökonomischen Aktivitäten ost- und westdeutscher Bürger Rechnung getragen werden soll, wird im Weiteren unterstellt, dass sich die individuellen Nettosteuerzahlungen in den neuen Bundesländern bis 2010 an das Niveau der alten anpassen.

chen Überlebenden der entsprechenden Kohorte im Jahre s ($P^m_{s,k}$ bzw. $P^f_{s,k}$), die aus langfristigen Bevölkerungsprojektionen ermittelt werden,[9] und unter Annahme einer exogenen Diskontrate r (in der vorliegenden Arbeit drei Prozent) auf das Basisjahr abgezinst.

Die durchschnittliche Nettosteuerzahlung eines in k geborenen Individuums im Jahr s besteht aus der Summe der verschiedenen Steuern oder Transfers i, die es an den Fiskus zahlt oder von ihm erhält:

(3) $$T^m_{s,k} = \sum_i h^m_{s-k,i,s}, \quad T^f_{s,k} = \sum_i h^f_{s-k,i,s}.$$

Ein positives $h^m_{s-k,i,s}$ ($h^f_{s-k,i,s}$) kennzeichnet dabei eine Steuer- oder Beitragszahlung eines männlichen (weiblichen) Individuums, das im Jahr s das Alter a=s-k aufweist. Ein negatives $h^m_{s-k,i,s}$ ($h^f_{s-k,i,s}$) impliziert hingegen einen Transfererhalt im Lebensjahr s des entsprechenden Individuums. Wachsen alle Pro-Kopf-Größen mit dem allgemeinen Produktivitätsfortschritt g (bei den folgenden Standardexperimenten 1,5 %), so gilt:

(4) $$h^m_{a,i,s} = h^m_{a,i,t}(1+g)^{s-t}.$$

Hinter Gleichung (4) verbirgt sich die Annahme, dass alle Generationen von einer Fiskalpolitik betroffen sein werden, deren Einnahmen- und Ausgabenströme mit g wachsen, die ansonsten jedoch unverändert Bestand hat. Mit den Gleichungen (1)-(4) ist es nun möglich die Nettozahlungen aller Generationen zu berechnen. Dazu werden in einem ersten Schritt altersspezifische Durchschnittszahlungen aus Mikrodaten ermittelt.[10] In einem zweiten Schritt werden die verwendeten Steuer- und Transferprofile gemäß den im Basisjahr beobachteten Einnahmen und Ausgaben des Staates zu skalierten geschlechtsspezifischen Profilen umgewandelt. Mit Hilfe der Gleichung (4) werden diese Querschnittsprofile dann auf den zeitlichen Längsschnitt angewandt, um die zukünftigen Nettosteuerzahlungen zu ermitteln. Die Barwerte der Nettosteuerzahlungen werden schließlich gemäß Gleichung (2) und (3) ermittelt. Den einzelnen Kohorten können nun so genannte Generationenkonten (Generational Accounts),

---

9 Als Basis dient in diesem Fall die 9. koordinierte Bevölkerungsprognose des Statistischen Bundesamts. Für eine detaillierte Auseinandersetzung mit den Auswirkungen verschiedener Annahmen zur Bevölkerungsentwicklung vgl. Besendorfer, Bonin und Raffelhüschen (2000).
10 Die altersspezifischen Durchschnittszahlungen wurden im vorliegenden Fall auf Grundlage der Einkommens- und Verbrauchsstichprobe des Jahres 1993 ermittelt. Weitere Daten über die relative fiskalische Position verschiedener Altersgruppen wurden auf Basis von Sozialversicherungsdaten und Schulstatistiken gewonnen. In der Regel wurde dabei unterstellt, dass die Inzidenz der jeweiligen Steuer bzw. des jeweiligen Transfers auf den jeweiligen Steuerzahler bzw. Transferempfänger fällt. Vgl. Bonin (2001) für eine ausführliche Diskussion der verwendeten Nettosteuer-Profile.

IV. Hindernisse und Notwendigkeiten in der Familienpolitik

die den Barwert zukünftiger Nettozahlungen pro Kopf der jeweiligen Generation widerspiegeln, zugeordnet werden:

(5) $$GA_{t,k} = \frac{N_{t,k}}{P_{t,k}}, \quad GA_{t,k}^m = \frac{N_{t,k}^m}{P_{t,k}^m}, \quad GA_{t,k}^f = \frac{N_{t,k}^f}{P_{t,k}^f}.$$

Zur Messung der Nachhaltigkeit der momentanen Fiskalpolitik werden in den folgenden Kapiteln zwei Indikatoren verwendet. Die Nachhaltigkeitslücke als ein erster Indikator entspricht der Summe aus expliziten und impliziten Nettostaatsschulden. Implizite Nettostaatsschulden resultieren aus Ansprüchen heutiger Generationen an zukünftigen Staatsbudgets, wie sie z.B. aus den Generationenverträgen der Sozialversicherungssysteme hervorgehen. Die Nachhaltigkeitslücke oder tatsächliche Staatsverschuldung (TS_t) des Basisjahres kann mit Hilfe der berechneten Nettozahlungsströme aller Generationen als Residuum der intertemporalen Budgetrestriktion berechnet werden:

(6) $$TS_t = B_t^g - \sum_{k=t-D}^{\infty} N_{t,k}.$$

Diese tatsächliche Staatsschuld wird nun in einem Standardexperiment gemäß den heute geltenden Steuer- und Transferprofilen auf alle zukünftigen Generationen gleichmäßig verteilt. Es kann dann, wie in Gleichung (5), das Generationenkonto eines Repräsentanten der zukünftigen Generationen (im Folgenden auch „1"-Jähriger genannt) berechnet werden, welches mit dem eines im Basisjahr Null-Jährigen verglichen werden kann. Ist die absolute Differenz zwischen dem Generationenkonto des Repräsentanten zukünftiger Generationen und dem Null-Jährigen positiv, so ist die momentane Fiskalpolitik nicht nachhaltig, da heutige Transferansprüche zu Lasten zukünftiger Generationen finanziert werden. Im weiteren Verlauf dieser Arbeit wird deshalb auch von der Mehrbelastung zukünftiger Generationen gesprochen.

3. Ein Überblick über die deutsche Fiskalpolitik

3.1. Die Nachhaltigkeitslücke der deutschen Fiskalpolitik

Nachdem im vorangegangenen Kapitel die Methodik der Generationenbilanzierung erläutert wurde, soll diese im vorliegenden Abschnitt illustriert werden. Über die reine Illustration hinaus vermittelt die dargestellte Generationenbilanz auch einen Überblick über die Nachhaltigkeit der gesamten Fiskalpolitik. Dies ermöglicht es, die in nachfolgenden Abschnitten bzw. Kapiteln isoliert betrachteten Sozialversicherungssysteme in den Gesamtkontext der deutschen Fiskalpolitik einzuordnen. Die Generationenbilanz der gesamten deutschen Fiskalpolitik berücksichtigt alle Einnahmen- und Ausgabenströme des Staates im Basisjahr 1999. Auch der Ökosteuer- und der Riester'schen Rentenreform ist insofern

Rechnung getragen worden, als die betroffenen Einnahmen- und Ausgabenströme gemäß den zu erwartenden Auswirkungen dieser Reformen angepasst wurden.[11]

In Abbildung 1 sind die Generationenkonten für das Basisjahr 1999 dargestellt. Ein positives Generationenkonto entspricht einer Nettosteuerzahlung. Über den verbleibenden Lebenszyklus betrachtet, übersteigen die Steuerzahlungen eines repräsentativen Mitglieds der Kohorte also die vom Staat empfangenen Transferleistungen. Analog entspricht ein negatives Generationenkonto einer Nettotransferleistung des Staates an den Repräsentanten der entsprechenden Kohorte. Da alle vor dem Basisjahr geleisteten Zahlungen keine Berücksichtigung finden, können Generationenkonten zwischen lebenden Generationen nicht verglichen werden. Sie weisen aber in obiger Abbildung ein typisches sinuskurvenförmiges Verlaufsmuster auf, das auf die Bestandteile der erhaltenen Transfers und Steuerzahlungen einzelner Kohorten rückschließen lässt. So wachsen die Generationenkonten anfangs mit steigendem Alter stetig an, da einerseits immer mehr ausbildungsbezogene Transferleistungen entfallen, andererseits die während des Erwerbslebens anfallenden Steuerzahlungen und Sozialversicherungsbeiträge einer schwächeren Diskontierung unterliegen. Ab dem Alter, in dem ein durchschnittliches Individuum in die Erwerbstätigkeit tritt, beginnt sich der Verlauf umzukehren. Bezahlt ein im Basisjahr 25-Jähriger noch 289.900 DM an Nettosteuern über seinen restlichen Lebenszyklus hinweg, verringert sich dieser Betrag auf einen Nettotransfer in Höhe von 412.100 DM für einen zu diesem Zeitpunkt 63-Jährigen. Dieser abfallende Verlauf erklärt sich durch das immer näher rückende Ende des Erwerbslebens, was mit einem abnehmenden Barwert der noch zu zahlenden Steuern und Beiträgen einhergeht, während gleichzeitig die im Ruhestand empfangenen Transferleistungen einer abnehmenden Diskontierung unterliegen. Für Jahrgänge, die älter als 65 sind, nehmen die Barwerte der verbleibenden Nettotransferleistungen stetig ab.

Wird die gegenwärtige Fiskalpolitik auf Dauer fortgeführt, so müssten zukünftige Generationen mit Nettosteuerzahlungen rechnen, die 80.500 DM über dem Betrag der im Basisjahr Geborenen liegen. Anders ausgedrückt: Die Nachhaltigkeitslücke beträgt 102,3 % des BIP. Berücksichtigt man, dass die ausgewiesene Staatschuld des Jahres 1999 genau 59,3 % des BIP ausmacht, ergibt sich eine implizite Staatsschuld in Höhe von 43 % des BIP. Diese resultiert vor allem aus den Generationenverträgen der Sozialversicherung.

---

[11] Die Auswirkungen der Eichel'schen Steuerreform wurden nicht berücksichtigt, da zuverlässige Steuerschätzungen noch nicht vorliegen und diese ohnehin keinen Einfluss auf die Nachhaltigkeit der in dieser Arbeit im Vordergrund stehenden Generationenverträge hätten.

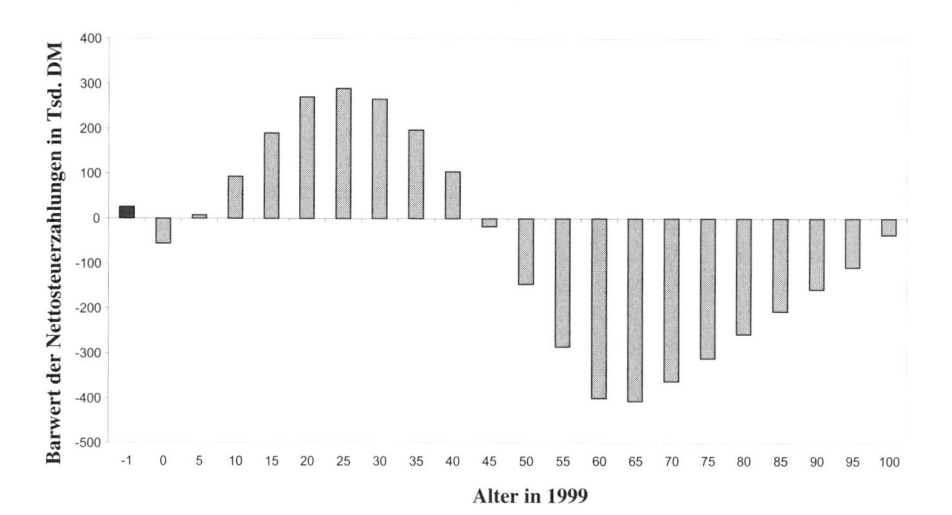

IV. Hindernisse und Notwendigkeiten in der Familienpolitik 275

Abbildung 1: Generationenbilanz 99, Status quo (r=3%, g=1,5%)

[Balkendiagramm: Barwert der Nettosteuerzahlungen in Tsd. DM nach Alter in 1999]

3.2. Eine Generationenbilanz der Generationenverträge

Im Folgenden soll eine Generationenbilanz der Generationenverträge isoliert betrachtet werden, da die Nachhaltigkeitslücke der gesamten Fiskalpolitik im Wesentlichen aus der Interaktion zwischen demographischem Wandel und der Ausgestaltung der gesetzlichen Renten-, Kranken- und Pflegeversicherung als Umlageverfahren resultiert. Der doppelte Alterungsprozess, dem die Bevölkerung Deutschlands im Zuge des demographischen Wandels unterliegt, wirkt sich dabei auf zweierlei Wegen auf die umlagefinanzierten Sozialversicherungssysteme aus.

Zum einen steigt der so genannte Alterslastquotient, d.h. das Verhältnis zwischen Rentnern und Erwerbstätigen, an und wird sich im Laufe der kommenden drei Jahrzehnte verdoppeln. Infolge geringerer durchschnittlicher Beitragszahlungen eines Rentners im Vergleich zu einem Erwerbstätigen sinken die durchschnittlichen Beitragseinnahmen pro Mitglied der umlagefinanzierten Sozialversicherungen. Dieser auf der Einnahmenseite wirkende Effekt des demographischen Wandels wird in Anlehnung an Cassel (2001) im Folgenden als Finanzierungseffekt des demographischen Wandels bezeichnet.[12] Zum anderen werden die Leistungen der umlagefinanzierten Sozialversicherungssysteme erst oder zumindest verstärkt im Alter in Anspruch genommen. Aus diesem Grund impliziert ein steigender Alterslastquotient auch, dass die durchschnittlichen Leistungsausgaben pro Mitglied der umlagefinanzierten Sozialversicherungssysteme

---

12 Gleichfalls sank in der Vergangenheit auch die Lohnquote, so dass letztlich auch von der gesamtwirtschaftlichen Bemessungsgrundlage negative Finanzierungseffekte auf die Einnahmenseite der Generationenverträge gewirkt haben. Ob und wie sich dies fortsetzen wird ist zweifelhaft.

zunehmen. Analog zum Finanzierungseffekt bezeichnet Cassel (2001) diesen auf der Ausgabenseite wirkenden Effekt dann auch als Ausgabeneffekt des demographischen Wandels.

Während sich das quantitative Ausmaß des Finanzierungseffekts für alle drei Generationenverträge relativ sicher vorhersagen lässt, gilt dies im Falle des Ausgabeneffekts nur für die gesetzliche Rentenversicherung.[13] Im Gegensatz dazu besteht im Falle der gesetzlichen Kranken- bzw. Pflegeversicherung größere Unsicherheit hinsichtlich des zu erwartenden, quantitativen Ausmaßes des Ausgabeneffekts. Diese Unsicherheit resultiert zum einen aufgrund der unsicheren Auswirkungen des medizinisch-technischen Fortschritts, zum anderen aber auch aus der Uneinigkeit hinsichtlich der Konsequenzen einer steigenden Lebenserwartung für die Ausgabenprofile der gesetzlichen Kranken- und Pflegeversicherung. Dieser Punkt wird in den Abschnitten 4.1 bzw. 5.1 eingehender untersucht.

In Abbildung 2 sind die Generationenkonten dargestellt, die sich bei einer isolierten Betrachtung der gesetzlichen Renten-, Kranken- und Pflegeversicherung ergeben. Dabei wurden alle für diese Versicherungen relevanten Einnahmen- und Ausgabenströme isoliert.[14] Offensichtlich tragen unter lebenden Generationen nur diejenigen bis zu einem Alter von 25 Jahren mit ihren Nettobeitragszahlungen zur Finanzierung dieser Sozialversicherungen bei. Alle anderen im Basisjahr lebenden Kohorten empfangen Nettotransferleistungen vom Staat. Diese sind wesentlich höher als die Nettobeitragszahlungen der jungen Kohorten, was sich an der Höhe der Generationenkonten ablesen lässt. Die aus diesem Bild resultierende Mehrbelastung zukünftiger Generationen ist immens: Ein „-1"jähriger muss im Laufe seines Lebens 189.500 DM mehr an Nettobeitragszahlungen erbringen als ein 1999 geborener Null-Jähriger. Die aus den Generationenverträgen resultierende Nachhaltigkeitslücke beträgt 254 % des BIP.[15] Im Vergleich zu den Ergebnissen aus Abschnitt 3.1 lässt sich somit folgern, dass die aus den Generationenverträgen resultierende Nachhaltigkeitslücke zu einem beträchtlichen Teil durch Erhebung von Steuern „gestopft" wird.

---

13 Da die heutigen Beitragssätze bekannt sind, kann auf Basis einer Bevölkerungsprojektion und einer Prognose der beitragspflichtigen Einkommen auf das quantitative Ausmaß des Finanzierungseffektes zurückgeschlossen werden. Weil das zukünftige Rentenniveau durch die gesetzlich verankerte Rentenformel determiniert ist, gilt dies im Falle der gesetzlichen Rentenversicherung auch für den Ausgabeneffekt.
14 Für die Rentenversicherung wurde zusätzlich angenommen, dass der Bundeszuschuss gleichmäßig durch alle Steuern finanziert wird.
15 In diesem Fall entspricht dies auch der impliziten Staatschuld, da eine explizite Staatschuld in den Generationenverträgen definitionsgemäß ausgeschlossen ist.

IV. Hindernisse und Notwendigkeiten in der Familienpolitik 277

*Abbildung 2: **Generationenbilanz 99 der gesetzlichen Renten-, Kranken- und Pflegeversicherung*** (r=3%, g=1,5%)

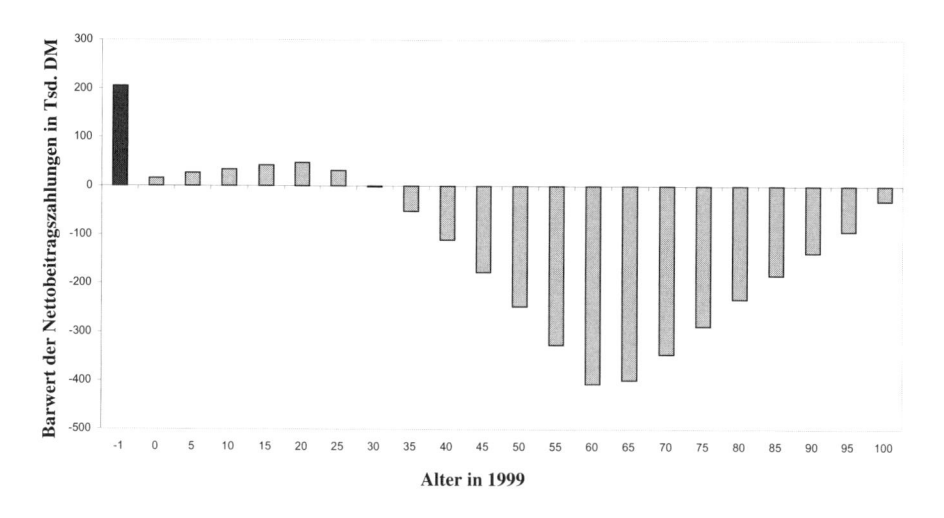

4. Diagnose der gesetzlichen Krankenversicherung

4.1. Demographische Alterung und medizinisch-technischer Fortschritt

Beginnend mit dem „Krankenversicherungs-Kostendämpfungsgesetz" von 1977 bis hin zu den „GKV-Neuordnungsgesetzen" von 1997, versuchten bislang alle Regierungen die steigenden Ausgaben in der gesetzlichen Krankenversicherung regulatorisch in den Griff zu bekommen. Da das Problem als „Kostenexplosion" erkannt war, war es nur logisch für den Gesetzgeber, den Anstieg der Ausgaben zu bremsen und damit den Beitragssatz in der GKV zu stabilisieren.[16] Für sich genommen stellen steigende Ausgaben und Beitragssätze allerdings kein wirkliches Problem dar, sofern sie auf eine Höherschätzung des Gutes „Gesundheit" zurückzuführen sind.[17] Obwohl eine solche Interpretation der „Ausgaben- und Beitragssatzexplosion" in der GKV für die Vergangenheit durchaus zutreffen mag, besteht doch begründeter Zweifel daran, ob dies auch für die Zukunft gelten wird. Selbst bei Konstanz des heutigen realen Ausgaben- und Leistungsniveaus lassen sich Beitragssatzerhöhungen allein aufgrund des demographischen

---

[16] In Zahlen ausgedrückt stieg der Anteil der Ausgaben der GKV am BIP von 3,7 % im Jahre 1970 (nur Westdeutschland) auf 6,6 % im Jahre 1999 (Gesamtdeutschland) an. Parallel stiegen die Lasten zur Finanzierung dieser Ausgaben, ausgedrückt durch den durchschnittlichen Beitragssatz der GKV, von 8,2 % im Jahre 1970 (nur Westdeutschland) auf 13,5 % im Jahre 1999 in West-Deutschland bzw. 13,9 % in Ostdeutschland an.

[17] Überspitzt ausgedrückt: Allein aufgrund des in der Vergangenheit stark gestiegenen Ausgabenanteils für Dienstleistungen würde niemand von einer Kostenexplosion im Dienstleistungssektor sprechen. Vgl. hierzu Breyer und Zweifel (1999) und Zweifel (2001).

Alterungsprozesses nicht vermeiden. Einher geht damit zugleich eine intergenerative Umverteilung, da zukünftige Generationen einen steigenden Preis in Form höherer Beitragssätze für das gleiche Niveau an Krankenversicherungsleistungen zu bezahlen haben.

Im Folgenden sollen die durch den demographischen Wandel bedingten intergenerativen Umverteilungswirkungen in der GKV mit Hilfe der Methodik der Generationenbilanzierung quantifiziert werden. Zunächst sollen jedoch die Konsequenzen des demographischen Wandels und des medizinisch-technischen Fortschritts für die zukünftige Entwicklung der Einnahmen- und Ausgabenströme der GKV erläutert werden, da sie für die Analyse der Nachhaltigkeit von entscheidender Bedeutung sind.

Wie bereits erwähnt, resultiert aus dem steigenden Alterslastquotient unmittelbar ein negativer Finanzierungseffekt. Allerdings werden Krankenversicherungsleistungen auch altersspezifisch in Anspruch genommen, d.h. im Querschnitt liegt ein mit dem Alter stark ansteigendes Ausgabenprofil vor. Dies impliziert steigende durchschnittliche Leistungsausgaben je Mitglied. Während dies unbestritten ist, besteht in der Wissenschaft Uneinigkeit über die Konsequenzen einer höheren Lebenserwartung für die Ausgaben der GKV.

Gemäß der „Medikalisierungsthese" steigt die Morbidität, d.h. die Häufigkeit der Erkrankung innerhalb einer Bevölkerungsgruppe, mit dem Alter an. Dies impliziert, dass das Ausgabenprofil mit zunehmendem Alter weiter ansteigen wird. Eine höhere Lebenserwartung würde dann die ausgabensteigernde Wirkung der geringeren Fertilität doppelt verstärken, denn Leistungen würden nicht nur länger, sondern auch in steigendem Ausmaß in Anspruch genommen werden. Demgegenüber steigen die Gesundheitsausgaben gemäß der „Kompressionsthese" erst kurz vor dem Todeszeitpunkt sprunghaft an, während die Morbidität infolge einer qualitativ besseren Gesundheitsversorgung nur geringfügig mit dem Alter ansteigt. Auch die Kompressionsthese begründet im Querschnitt ein steigendes Ausgabenprofil.[18] Im Gegensatz zur Medikalisierungsthese würde das Ausgabenprofil infolge einer höheren Lebenserwartung jedoch nicht ansteigen, sondern in der Horizontalen gestreckt werden. Steigt die Lebenserwartung z.B. um vier Jahre an, so würde ein dann 84-Jähriger die gleichen Ausgaben verursachen wie ein heute 80-Jähriger. Will heißen: Die gleichen Gesundheitsausgaben finden einfach später statt. Eine höhere Lebenserwartung, für sich genommen, würde dann auch nicht mit höheren durchschnittlichen Leistungsausgaben einhergehen.

In der Literatur findet sich allerdings keine ausreichende Evidenz für die eine oder die andere These.[19] Da aufgrund des Datenmangels keine Aufschlüsselung

---

18 Da höhere Altersgruppen eine höhere Mortalität aufweisen, steigen im Querschnitt die Gesundheitsausgaben mit dem Alter an.
19 Zweifel, Felder und Meiers (1999) finden im Rahmen einer ökonometrischen Längsschnittstudie für die Schweiz keinen signifikanten Einfluss des Lebensalters auf die Höhe der Gesundheitsausgaben, hingegen einen signifikanten Zusammenhang zwischen den Gesundheitsausgaben und dem Todeszeitpunkt eines Individuums. Aufgrund der Ergebnisse dieser Studie scheint also die Kompressionsthese zuzutreffen. Demgegenüber zeigt Nocera (1996) für das gleiche Land, dass für ambulante Leistungen

der Gesundheitsausgaben in unterschiedliche Leistungskategorien vorgenommen werden konnte, basiert die hier vorgestellte Generationenbilanzierung auf einem Mittelweg bzw. einer abgeschwächten Form der Medikalisierungsthese: Für die im Folgenden unterstellten altersspezifischen Gesundheitsausgaben wird ein Profil verwendet, das die durchschnittlichen Leistungsausgaben ab einem Alter von 90 Jahren nicht mehr weiter anwachsen lässt.[20]

Entscheidend für die Ausgabenentwicklung in der GKV ist neben den bereits besprochenen Effekten aber auch die Hebelwirkung, die der medizinisch-technische Fortschritt bei demographischer Alterung induziert. Beim medizinisch-technischen Fortschritt handelt es sich nämlich größtenteils um so genannte Produktinnovationen (Zusatz- oder add-on-Technologien), die im Gegensatz zu kostensenkenden Prozessinnovationen (Substitutionstechnologien) den Umfang des praktisch Machbaren erweitern. Während die Medizin infolge des Fortschritts in der Lage ist, immer mehr Krankheiten zu heilen, haben sich die Kosten für bestehende Behandlungsarten nicht oder nur geringfügig verringert. Aufgrund der stetigen Ausdehnung des Leistungskataloges der GKV ist der medizinisch-technische Fortschritt unabhängig vom demographischen Wandel mit steigenden durchschnittlichen Leistungsausgaben je Mitglied der GKV verbunden. Es konnte auf der Grundlage einer ökonometrischen Untersuchung gezeigt werden, dass die Leistungsausgaben der GKV aufgrund des medizinisch-technischen Fortschritts um einen Prozentpunkt stärker wachsen als der allgemeine Produktivitätsfortschritt.[21]

4.2. Eine Generationenbilanz der gesetzlichen Krankenversicherung

Die isolierte Generationenbilanz der GKV umfasst nicht Nettosteuerzahlungen, sondern allein Nettobeitragszahlungen der entsprechenden Jahrgänge, d.h. ausschließlich die relevanten Einnahmen- und Ausgabenströme des fiskalischen Subsystems. Auf der Einnahmenseite sind dies die Beitragszahlungen der Erwerbstätigen, der Rentner und der Arbeitslosen. Auf der Ausgabenseite wird zwischen altersspezifischen und nicht-altersspezifischen Ausgaben der GKV unterschieden. Letztere entsprechen größtenteils den Verwaltungsausgaben und werden gleichmäßig auf die einzelnen Kohorten umgelegt.

Um die Auswirkungen des demographischen Wandels von den Konsequenzen des medizinisch-technischen Fortschritts zu isolieren, werden zwei Szenarien gegenübergestellt. Das erste Szenario (A) konzentriert sich auf den Finanzierungseffekt und den rein demographisch bedingten Ausgabeneffekt, indem

---

eher die Kompressionsthese, für stationäre Leistungen hingegen eher die Medikalisierungsthese zuzutreffen scheint.
20 Infolge des unterstellten Wachstums verändern sich die relativen Positionen der Kohorten nicht, da von einem im Zeitablauf konstanten Ausgabenprofil ausgegangen wird. In Anbetracht der Ergebnisse von Buchner und Wasem (2000) dürfte diese Annahme als optimistisch anzusehen sein. Diese Autoren finden eine Versteilerung der Ausgabenprofile, will heißen: Die durchschnittlichen Leistungsausgaben für ältere Kohorten steigen im Zeitablauf überproportional an.
21 Vgl. dazu die Studie von Breyer und Ulrich (1999).

unterstellt wird, dass die Beitragseinnahmen und Leistungsausgaben parallel mit dem allgemeinen Produktivitätsfortschritt (1,5 %) anwachsen. Hier wird also unterstellt, dass kein zusätzlicher Kostendruck durch den medizinisch-technischen Fortschritt entsteht. Im Gegensatz dazu wird im zweiten Szenario (B) den zu erwartenden technologischen Konsequenzen Rechnung getragen, indem unterstellt wird, dass die altersspezifischen Ausgaben mittelfristig mit einer um einen Prozentpunkt höheren Rate von 2,5 % anwachsen.[22]

Abbildung 3 illustriert die Generationenbilanzen der GKV für beide Szenarien. Schon im Szenario (A), d.h. für den unrealistisch optimistischen Fall, dass die Gesundheitsausgaben mit dem BIP wachsen, gibt es nur wenige Jahrgänge, die im Durchschnitt Nettobeitragszahler sind. Dies betrifft die 13- bis 33-Jährigen. Alle anderen Jahrgänge, ob jünger oder älter, sind im Erwartungswert Nettotransferempfänger der GKV. Auf wie schwachem Fundament der Generationenvertrag steht, wird auch deutlich, wenn man sich die absoluten Beträge ansieht: Im Maximum wird ein 23-Jähriger 10.200 DM netto an Beiträgen über seine verbleibende Lebenszeit in die GKV einzahlen. Demgegenüber beziffert sich der maximale Nettotransfer über den restlichen Lebenszyklus für einen 64-Jährigen auf 58.850 DM. Summiert man die mit der Jahrgangsstärke gewogenen Nettobeitragszahlungen aller heute und zukünftig lebenden Generationen auf, so ergibt sich eine Nachhaltigkeitslücke in Höhe von 65,1 % des BIP. Dies entspricht 2,5 Billionen DM oder anders ausgedrückt, einer Mehrbelastung zukünftiger Generationen in Höhe von 51.200 DM.[23]

Wie wenig nachhaltig die gegenwärtigen Leistungsansprüche in der GKV finanziert sind, zeigt sich im deutlich realistischeren Szenario (B), in dem zusätzlich der Kostendruck des medizinisch-technischen Fortschritts modelliert wurde. Da alle lebenden Generationen Nettoleistungsempfänger sind, kann von einem Generationenvertrag eigentlich nicht mehr gesprochen werden. Vielmehr entpuppt sich die GKV als Bereicherungsabkommen zu Lasten zukünftiger Generationen, denn keine heute lebende Generation wäre in diesem Falle bereit, die finanziellen Lasten wirklich zu tragen. Entsprechend verwundert es nicht, dass sich im Kostendruckszenario eine Nachhaltigkeitslücke in Höhe von 213,4 % des BIP, dies entspricht 8,2 Billionen DM, ergibt. Für den Fall, dass wiederum nur die zukünftigen Generationen diese Nachhaltigkeitslücke schließen, beziffert sich ihre Mehrbelastung auf 167.300 DM.

---

[22] Die unterstellte mittlere Frist umfasst den Zeitraum 2000-2040. Die an sich arbiträre Annahme einer Begrenzung ist insofern notwendig, als sonst die Gesundheitsausgaben langfristig oberhalb des BIP lägen. Die im Folgenden beschriebenen qualitativen Aussagen sind jedoch nicht davon abhängig, ob der unterstellte Zeitraum ein Jahrzehnt früher oder später endet. Langfristig wachsen die Gesundheitsausgaben wieder in Höhe des allgemeinen Produktivitätsfortschritts.
[23] Zur Erinnerung: Diese Summe ist die zusätzliche Zahlung, die jeder zukünftige Beitragszahler zu leisten hätte, wenn allein die zukünftigen Generationen zur Schließung der Nachhaltigkeitslücke herangezogen würden.

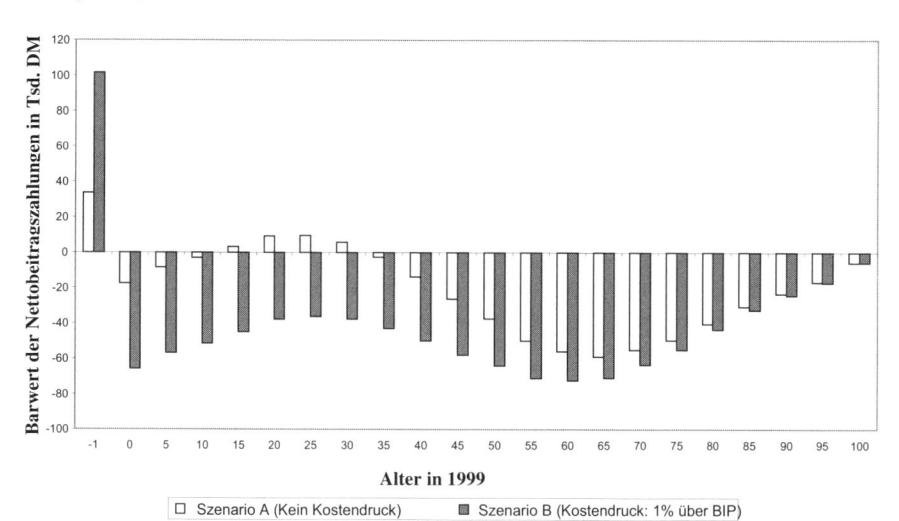

IV. Hindernisse und Notwendigkeiten in der Familienpolitik 281

Abbildung 3: *Generationenbilanzen der gesetzlichen Krankenversicherung*
(r=3%, g=1,5%)

[Balkendiagramm: Barwert der Nettobeitragszahlungen in Tsd. DM nach Alter in 1999, Szenario A (Kein Kostendruck) und Szenario B (Kostendruck: 1% über BIP)]

Zusammenfassend kann man sagen, dass die langfristige Finanzierbarkeit der GKV bei einer (unrealistisch optimistischen) Nachhaltigkeitslücke in Höhe von 65 % des BIP allein durch den demographischen Effekt fundamental in Frage gestellt wird. Da im realistischeren Fall der medizinisch-technische Fortschritt eine Verdreifachung der Nachhaltigkeitslücke auf über 200 % des BIP bewirkt, muss die GKV als tickende Zeitbombe angesehen werden.

Welche Konsequenzen haben diese Nachhaltigkeitslücken hinsichtlich der zukünftig zu erwartenden Beitragssätze für die oben beschriebenen Szenarien? Im vorangegangenen Abschnitt war implizit unterstellt worden, dass die GKV alle Defizite akkumuliert und als Nachhaltigkeitslücke vor sich her schiebt. Da die GKV jedoch vom Gesetzgeber zu einer einnahmenorientierten Ausgabenpolitik verpflichtet ist, d.h. die Ausgaben sind in gesamtem Umfang durch die Beitragseinnahmen zu decken, kann die Finanzierung etwaiger Defizite nicht in die Zukunft verschoben werden, sondern muss durch laufende Beitragssatzanhebungen sichergestellt werden. Formal bedeutet dies, dass der (durchschnittliche) Beitragssatz des Basisjahres t für alle Jahre $s \geq t$ mit einem Faktor

(7) $$q_s = \frac{\text{Leistungsausgaben der GKV im Jahr s}}{\text{Beitragseinnahmen der GKV im Jahr s}}$$

multipliziert wird.[24] Liegt q_s über (unter) eins, impliziert dies im Vergleich

---

24 Zur Methodik dieser Angleichung vgl. Boll, Raffelhüschen und Walliser (1994).

zum Basisjahr eine Beitragssatzsteigerung (-senkung) um $100 \cdot (q_s - 1)$ Prozent, da die Beitragseinnahmen ansonsten nicht zur Deckung der Ausgaben ausreichen würden.

In Abbildung 4 sind die sich gemäß dieser Anpassung ergebenden Beitragssatzprojektionen für beide Szenarien dargestellt.[25] Im Szenario (A) steigt der Beitragssatz von 13,5 % im Basisjahr 1999 auf 16,8 % im Jahr 2040 und erreicht sein Maximum dann im Jahr 2055 mit 17,1 %. Wie nicht anders zu erwarten, fällt dieser Anstieg des Beitragssatzes im realistischeren Szenario (B) wesentlich deutlicher aus. In diesem Fall steigt er um mehr als 11 Prozentpunkte auf 24,8 % im Jahr 2040 und im Maximum auf 25,4 % im Jahr 2055.[26] Offensichtlich induziert der rein demographische Effekt einen relativ moderaten Anstieg der Beitragssätze, während im Zuge des medizinisch-technischen Fortschritts mit einer regelrechten Beitragssatzexplosion zu rechnen ist. Dass eine solche Beitragssatzexplosion nicht nur in der GKV zu erwarten ist, wird das nächste Kapitel zeigen, das die Konsequenzen des demographischen Wandels in der gesetzlichen Pflegeversicherung untersucht.

Abbildung 4: Beitragssatzentwicklung der gesetzlichen Krankenversicherung

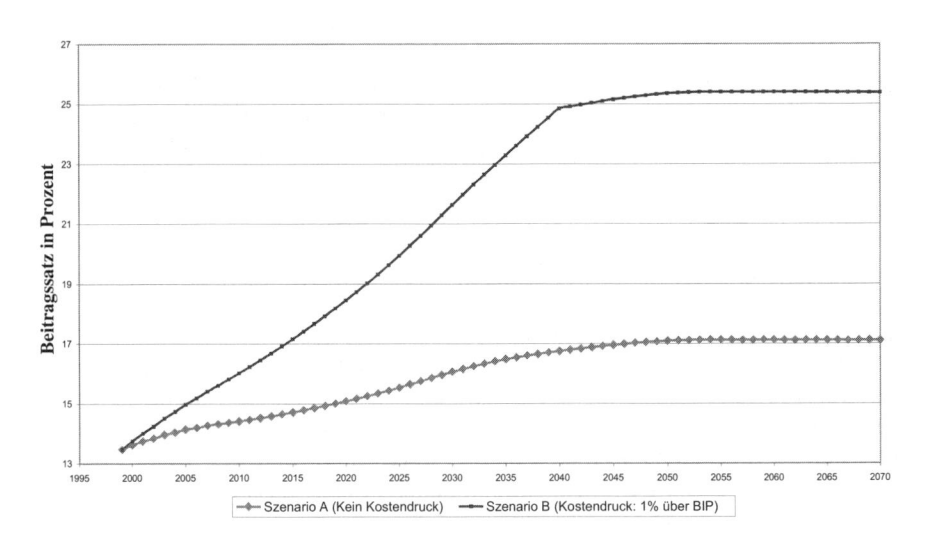

---

[25] Die Beitragssatzprojektion orientiert sich am durchschnittlichen Beitragssatz Westdeutschlands 1999 (13,5 %).

[26] Eine Reihe anderer Studien kommen zu ganz ähnlichen Ergebnissen. Beispielsweise zeigen Erbsland, Ried und Ulrich (1999), dass der Beitragssatz infolge des rein demographischen Effekts von 12,9 % im Jahre 1995 auf 15,5 % im Jahre 2040 ansteigen wird. Breyer und Ulrich (1999) und PROGNOS (1998) prognostizieren einen Anstieg der Beitragssätze auf 15,3 % bzw. 15,4 % im Jahre 2040. Zieht man die Auswirkungen des medizinisch-technischen Fortschritts in Betracht, so steigt der Beitragssatz bei Breyer und Ulrich (1999) auf 23,1 % im Jahre 2040 an, während Oberdieck (1998) auf Basis der Medikalisierungsthese sogar einen Anstieg auf 31,2 % im Jahre 2040 prognostiziert.

IV. Hindernisse und Notwendigkeiten in der Familienpolitik 283

5. Diagnose der gesetzlichen Pflegeversicherung

5.1 Einflussfaktoren der Pflegeversicherungsausgaben

Die gesetzliche Pflegeversicherung wurde in Deutschland 1995 als fünfte Säule der sozialen Sicherung begründet. In den ersten sechs Jahren konnte der Beitragssatz nicht nur konstant gehalten werden, sondern durch den verzögerten Beginn der Leistungsauszahlungen wurde sogar ein Vermögen akkumuliert.[27] Jedoch ist schon allein aufgrund des oben beschriebenen demographisch bedingten Finanzierungseffekts nicht zu erwarten, dass die Beitragssätze auch in Zukunft stabil bleiben. Da die Leistungen auf der Ausgabenseite bislang nicht einmal nominell angepasst wurden, soll zunächst analysiert werden, ob hierin eine Besonderheit der GPV vorliegt oder ob in Zukunft nicht vielmehr damit zu rechnen ist, dass die Leistungen mit dem allgemeinen Produktivitätsfortschritt wachsen.

Um eine Annäherung für eine Schätzung des künftigen Ausgabenwachstums der GPV zu bekommen, können einige Anhaltspunkte aus der Vergangenheit gewonnen werden. Bis zur Einführung der Pflegeversicherung wurden Pflegeleistungen für Bedürftige aus der Sozialhilfekomponente „Hilfe in besonderen Lebenslagen" finanziert. Die jährliche reale Wachstumsrate dieser Ausgabenkomponente, die zu rund 60 % aus Pflegeleistungen bestand, lag im Zeitraum 1980 bis 1994 um 6,5 Prozentpunkte über dem BIP-Wachstum.[28] Bei dieser Sozialhilfekomponente kam das Selbstkostendeckungsprinzip zum Tragen, welches mit der Einführung der GPV abgeschafft und durch eine bisher nominell nicht angepasste leistungsorientierte Vergütung ersetzt wurde.[29] Es stellt sich allerdings die Frage, ob es zukünftig gelingen wird, diese kostendämpfende Vergütung weiterhin aufrecht halten zu können.

Einige Indizien für mögliche Antworten lassen sich bereits durch eine schlaglichtartige Bestandsaufnahme finden. So spiegelt sich im Schlagwort „Pflegenotstand" die Unzufriedenheit von Pflegebedürftigen, Pflegeeinrichtungen und Pflegepersonal gleichermaßen wider.[30] Deswegen scheint es nur eine Frage der Zeit zu sein, bis den Forderungen der Pflegeeinrichtungen und deren Personal nach einer offenbar längst überfälligen Vergütungsanpassung nachge-

---

[27] Der Beitragssatz wurde bereits ab 1.1.1995 mit 1 % erhoben (ab 1.7.1996 1,7 %), Leistungen im ambulanten Bereich aber erst seit 1.4.1995, im stationären ab 1.7.1996 erstattet.
[28] Vgl. die in Raffelhüschen (2001), Tabelle 2 enthaltenen Zahlen auf die Entwicklung des BIP angepasst.
[29] Der neue Leistungskatalog umfasst dabei je drei Pflegestufen für ambulante Geldleistung, ambulante und stationäre Sachleistung, sowie eine Härtefallregelung bei vollstationärer Pflege und ambulanter Sachleistung.
[30] So äußerte die Arbeiterwohlfahrt ihren Unmut in einer Pressemitteilung vom 29.03.2000 aus Anlass des 5-jährigen Bestehens der Pflegeversicherung mit dem Titel „Der gut organisierte Pflegenotstand". Die bislang neueste Idee seitens der Politik, dem Pflegenotstand zu begegnen, stammt von Arbeitsminister Riester. Dieser kündigte am 21.11.2001 an, tschechischen und polnischen Pflegekräften eine Arbeitserlaubnis zu erteilen, vgl. Bundesregierung (2001). In Analogie zur Green Card wird hier in der Presse von einer Grey Card gesprochen, vgl. z.B. Hagelüken (2001).

kommen wird. Tatsächlich gibt es auch keinen ersichtlichen Grund, weshalb die Löhne für das Pflegepersonal unter der allgemeinen gesamtwirtschaftlichen Lohnentwicklung liegen sollten. Schließlich sind Pflegedienstleistungen in höchstem Grade personalintensiv, weshalb das Rationalisierungspotenzial als eher gering einstuft wird.[31] Insofern dürfte es den Pflegeeinrichtungen kaum gelingen, höhere Lohnkosten allein durch Stelleneinsparungen zu kompensieren. Insgesamt ist mithin zu erwarten, dass die Entwicklung der Pro-Kopf-Ausgaben sich langfristig mindestens der allgemeinen Produktivitätsentwicklung angleichen wird.

Um zu überprüfen, ob darüber hinaus noch Faktoren in der GPV wirken, die einen weiteren Kostenanstieg verursachen, sollen zunächst die Überlegungen zur GKV aufgegriffen werden. Wie im vorigen Kapitel gezeigt, hängt das Ausmaß intergenerativer Lastverschiebung bzw. die Entwicklung des Beitragssatzes in der GKV entscheidend vom medizinisch-technischen Fortschritt ab. Ein entsprechender „medizinisch-pflegerischer" Verschiebungstrend für den Pflegebereich ist aber nicht zu diagnostizieren.[32] Hingegen spielt die Annahme über die Entwicklung der Inanspruchnahme der Pflege bei einer höheren Lebenserwartung in der GPV eine noch entscheidendere Rolle: Da die altersbezogenen Ausgabenprofile im Gegensatz zur GKV erst in sehr hohem Alter, dann aber sehr viel steiler ansteigen, wäre der individuelle Pflegebedarf bei Unterstellung der Medikalisierungsthese weitaus größer als bei Gültigkeit der Kompressionsthese. Wegen der fehlenden empirischen Evidenz wird analog zum obigen Vorgehen eine abgeschwächte Form der Medikalisierungsthese unterstellt.

Ein möglicher überproportionaler Kostenanstieg in der GPV ist vergleichsweise weniger stark zu erwarten als in der GKV. Er wird davon abhängig sein, inwiefern bisher privat geleistete Pflegeausgaben durch eine Inanspruchnahme der im ambulanten Bereich erstatteten Geldleistungen substituiert werden. Auch könnte sich durch die Veränderung familiärer Strukturen ein überproportionaler Kostenanstieg ergeben: Momentan wird noch ein Großteil der Pflegebedürftigen von ihren Lebenspartnern oder Kindern versorgt. In einer schrumpfenden Bevölkerung sinkt jedoch die Wahrscheinlichkeit, dass junge Generationen für ihre Eltern sorgen können. Hinzu kommen noch der ansteigende Trend zu Einpersonenhaushalten und eine zunehmende Erwerbsbeteiligung der Frauen. Insgesamt ist absehbar, dass in Zukunft immer mehr Pflegebedürftige auf professionelle Hilfe angewiesen sein werden. Hinsichtlich der Ausgaben hat dies den Effekt, dass in Zukunft die Geldleistungen im ambulanten Bereich durch die teureren Sachleistungen substituiert werden müssen.[33] Überdies hinaus könnte die zunehmende Nachfrage nach professioneller Pflege einen zusätzlichen Lohnanstieg des Pflegepersonals verursachen, der die Ausgaben um ein Weiteres steigen ließe.[34]

---
31 Vgl. Schmähl (1999).
32 Knappe und Optendrenk (1999).
33 Vgl. Schmähl (1999).
34 Vgl. Breyer (1995).

IV. Hindernisse und Notwendigkeiten in der Familienpolitik   285

5.2. Eine Generationenbilanz der gesetzlichen Pflegeversicherung

In jedem Fall ist für die Zukunft ein Ausgabenwachstum in der GPV in Höhe des allgemeinen Produktivitätsfortschritts zu erwarten. Ob und wie stark eine überproportionale Kostensteigerung eintreten wird, ist zum heutigen Zeitpunkt eher unbestimmt. Aus diesem Grunde sollen wie im vorherigen Kapitel in der Generationenbilanz zwei Szenarien unterschieden werden. Das Szenario (A) konzentriert sich dabei wiederum auf die rein demographische Komponente und unterstellt ein Wachstum der Pflegeversicherungsausgaben nach Maßgabe des allgemeinen Produktivitätsfortschritts. Szenario (B) unterstellt einen überproportionalen Anstieg der altersspezifischen Pflegeausgaben, der um einen Prozentpunkt höher liegt.[35] In diesem Falle ist jedoch eher eine Obergrenze eines möglichen zukünftigen Kostendrucks in der GPV modelliert worden. Bei beiden Varianten wird zusätzlich berücksichtigt, dass in der Pflegeversicherung zum 31.12.1998 ein Vermögen von 9,74 Mrd. DM aufgelaufen ist.[36] Analog zum obigen Vorgehen wird eine Untergliederung in altersspezifische und nicht-altersspezifische Ausgaben vorgenommen, während auf der Einnahmenseite zwischen Beitragszahlungen von Erwerbstätigen, Rentnern und Arbeitslosen unterschieden wird.

Abbildung 5 zeigt die Generationenbilanzen für beide Szenarien. Ihr jeweiliger Verlauf kann schlicht als katastrophal bezeichnet werden: Unter den lebenden Generationen gibt es keine einzige Generation, die selbst im optimistischen Fall des Szenarios (A) Nettobeitragszahlungen leistet. Die langfristige Finanzierung der GPV wird also allein durch zukünftige Generationen getragen. Deren Mehrbelastung ist im pessimistischen Szenario B mit 45.400 DM fast doppelt so hoch wie in der optimistischen Variante (23.200 DM).[37] Die Nachhaltigkeitslücke beträgt im günstigsten Fall 29,4 %, im ungünstigsten Fall 55,7 % des BIP.[38] Wird berücksichtigt, dass die Höhe des Budgets der GKV das ca. Achtfache des Pflegebudgets, die Nachhaltigkeitslücke der GKV aber beim Standardszenario mit 65,1 % „nur" etwas mehr als das Doppelte beträgt, kann das Ausmaß der intergenerativen Lastverschiebung durch die GPV als verheerend bezeichnet werden.

Wie bereits im Falle der GKV soll auch für die Pflegeversicherung eine Beitragssatzprojektion durchgeführt werden. Hierbei sei unterstellt, dass das bislang buchhalterische Vermögen der GPV dazu dient, das Defizit solange zu decken,

---

35 Die Begrenzung der differentiellen Wachstumsraten erfolgt wie oben für den Zeitraum 2000-2040. Vgl. auch Fußnote 22.
36 Vgl. BMA (1999).
37 Verglichen mit den Generationenbilanzen der GKV, wo die Mehrbelastung im Szenario B etwa das dreifache des Szenarios (A) betrug, ist dies in diesem Fall dem Umstand zuzuschreiben, dass die Ausgabenprofile erst in späteren Jahren ansteigen. Dies führt zu einer zeitlichen Verzögerung des Eintritts der starken Geburtsjahrgänge in ausgabenintensive Jahre, woraus schließlich über die stärkere Abdiskontierung geringere Barwerte resultieren.
38 Die implizite Staatsschuld ist bei der Pflegeversicherung etwas höher, da das Vermögen mit ca. 0,3 % des BIP als explizites Staatsvermögen in die Nachhaltigkeitslücke eingeht.

bis es aufgebraucht ist.[39] Danach erfolgt eine laufende Beitragsanpassung gemäß Gleichung (7). Abbildung 6 illustriert diese Beitragssatzentwicklung für den Zeitraum 1999 bis 2070. In beiden Szenarien bleiben die Beitragssätze zunächst konstant, bis der Kapitalstock der GPV aufgezehrt ist. Dies ist im Experiment mit Kostendruck im Jahr 2004 der Fall, ohne eine überproportionale Ausgabensteigerung reicht der „fiktive" Kapitalstock bis 2006. Im Szenario (B) erreicht der Beitragssatz im Jahre 2055 mit 5,5 % sein Maximum und würde danach wieder absinken. Selbst im optimistischen Fall des Szenarios (A) wäre der Beitragssatz im Jahr 2055 mit 3,7 % noch mehr als doppelt so hoch wie im Basisjahr.[40]

Abbildung 5: Generationenbilanzen der gesetzlichen Pflegeversicherung
(r=3%, g=1,5%)

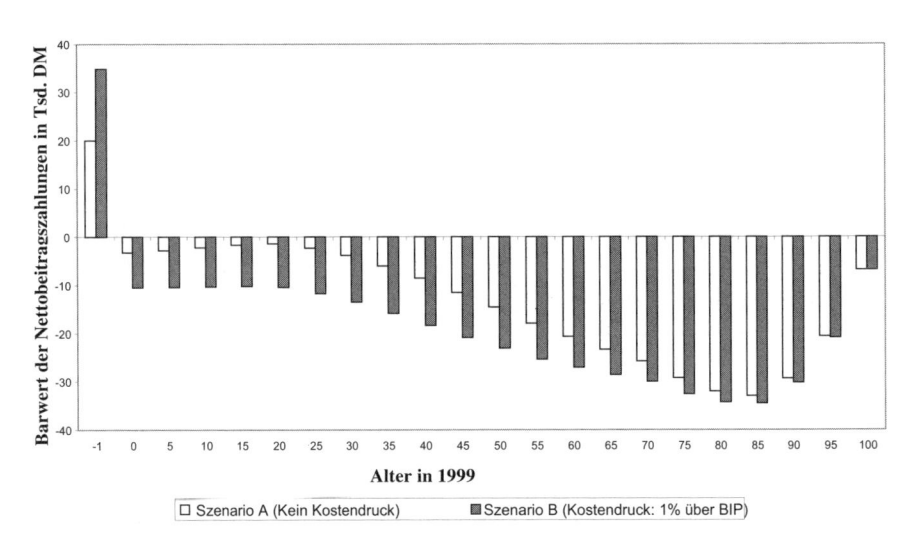

Auch im Bereich der Pflegeversicherung ist schon allein aufgrund der demographischen Veränderung definitiv mit einem erheblichen Beitragsanstieg zu rechnen. Im Gegensatz zur GKV ist hier die demographische Komponente deutlich ausgeprägter, da bereits im Falle des Szenarios ohne Kostendruck eine Verdoppelung der Beitragssätze eintritt. Angesichts dieser düsteren Zukunftsprognosen und des offensichtlich nicht tragfähigen Generationenvertrages ist zu bezweifeln, ob der maßgebliche Initiator der Pflegeversicherung, Norbert Blüm, auch

---

39 Dabei wird von der gesetzlich vorgeschriebenen Finanzreserve von 1,5 Monatsausgaben (§§ 63, 64 SGB) abgesehen. Bei ihrer Berücksichtigung würde sich das zur Finanzierung von Defiziten zur Verfügung stehende Vermögen verringern, und wäre in beiden Szenarien früher aufgezehrt.
40 Auch hier bestätigen Vergleichsstudien die vorgelegten Beitragssatzprojektionen: Wille et. al. (1998) kommen für das Jahr 2040 zu Beitragssätzen zwischen 2,8 und 3,8 %. Hof (2001) prognostiziert Beitragssätze zwischen drei und sechs Prozent für das Jahr 2050.

heute noch sagen würde: „Die Finanzsituation der Pflegeversicherung bietet die besten Voraussetzungen dafür, auch mit den künftigen Herausforderungen – z.B. mehr leistungsberechtigte Pflegebedürftige aufgrund der demographischen Entwicklung – gut fertig zu werden."[41]

Abbildung 6: Beitragssatzentwicklung der gesetzlichen Pflegeversicherung

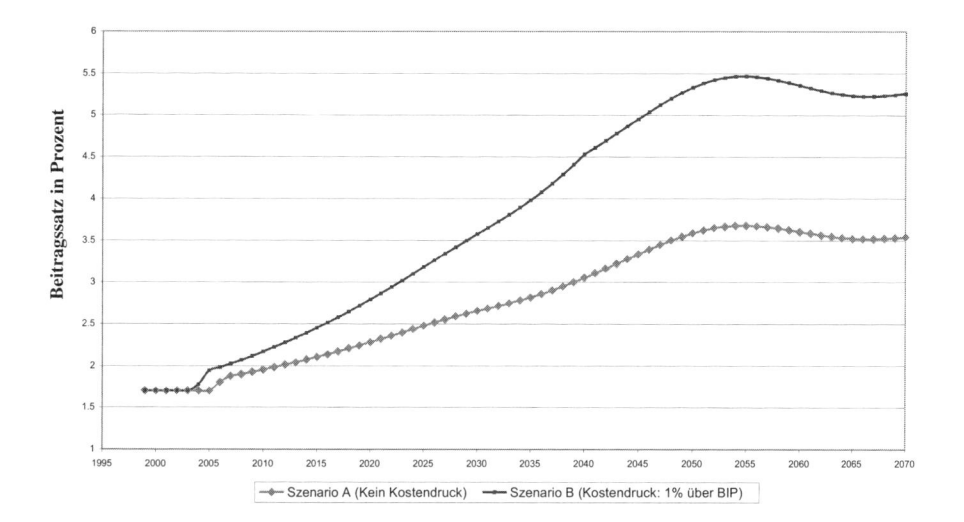

6. Zusammenfassung und Ausblick

Offenkundig ist die gegenwärtige Fiskalpolitik nicht nachhaltig. Offenkundig ist auch, dass dies hauptsächlich an den Generationenverträgen der umlagefinanzierten Sozialversicherungssysteme liegt. Welches Ausmaß allerdings die Nachhaltigkeitslücken in diesen Systemen annehmen, wird selbst von pessimistischen Zeitgenossen hoffnungslos unterschätzt. Die isolierte Betrachtung der Pflege- und Krankenversicherung zeigte, dass beide schon dann unter vehementen Druck geraten und nur noch mit deutlich zunehmenden Beitragssätzen finanzierbar sein werden, wenn kein Kostendruck im Gesundheitssektor zu verzeichnen wäre. Unter diesen optimistischen Voraussetzungen beziffern sich die kapitalisierten Mehrbelastungen zukünftiger Generationen allein in diesen beiden Sicherungssystemen auf fast ein ganzes Bruttoinlandsprodukt. Realistischere Annahmen, die den medizinisch-technischen Fortschritt mit ins Kalkül einbeziehen, implizieren eine deutlich größere Nachhaltigkeitslücke von 2,5 Bruttoinlandsprodukten.

Es wäre mehr als gewagt anzunehmen, dass zukünftige Beitragszahler bereit sein werden, etwa 30 % Kranken- und Pflegeversicherungsbeiträge zu zahlen.

---

41 Blüm (1997).

Mit realistischen Annahmen hinsichtlich der Renten- und Arbeitslosenversicherung käme man unter diesen Umständen zu Sozialversicherungsabgaben in der Größenordnung von fast Zwei-Drittel des Einkommens. Mithin liegt es im Selbstinteresse der heutigen Erwerbstätigen, zukünftige Generationen nicht zur Kündigung der Generationenverträge zu zwingen. Damit ist eine umfassende Reform insbesondere der Kranken- und Pflegeversicherung unausweichlich.

Wie genau soll diese Reform aussehen und wie wird sie zu einer wirklich nachhaltigen Reform? Hier kann in Zukunft eine Generationenbilanz potenzieller Reformen eine Hilfestellung bieten. Eines zeichnet sich jedoch schon anhand der vorgelegten Berechnungen ab: Da das Problem selbst dann nicht in den Griff zubekommen wäre, wenn alle Kostendämpfungsgesetze der Vergangenheit ihren Zweck vollständig erfüllt hätten, mag es angezeigt sein, die bisher erfolglosen Regulierungsbemühungen durch Erfolg versprechende Deregulierungsmaßnahmen zu ersetzen.

Literatur

Arbeiterwohlfahrt Bundesverband (2000), Fünf Jahre Pflegeversicherung – Der gut organisierte Pflegenotstand, Pressemitteilung vom 29.2.2000, www.awo.org/presse/2000.

Auerbach, A., Gokhale, J., Kotlikoff L. (1991), Generational Accounting: A Meaningful Alternative to Deficit Accounting, in: D. Bradford (Hrsg.), Tax Policy and the Economy, Vol. 5, Cambridge: MIT Press, S. 55-110.

Auerbach, A., Gokhale, J., Kotlikoff, L. (1992), Generational Accounting: A New Approach to Understand the Effects of Fiscal Policy on Saving, Scandinavian Journal of Economics, 94, S. 303-318.

Auerbach, A., Gokhale, J., Kotlikoff, L. (1994), Generational Accounting: A Meaningful Way to Evaluate Fiscal Policy, Journal of Economic Perspectives, 8, S. 73-94.

Besendorfer, D., Bonin, H., Raffelhüschen B. (2000), Reformbedarf der sozialen Alterssicherung bei alternativen demographischen Projektionen, in: Hamburger Jahrbuch für Wirtschafts- und Gesellschaftspolitik 2000, Hamburg, S. 105-122.

Blüm, N. (1997), Positive Zwischenbilanz, in: Bundesarbeitsblatt, 10/1997, Stuttgart, 5-8 BMA – Bundesministerium für Arbeit und Sozialordnung (1999), Arbeits- und Sozialstatistik, Hauptbericht 1999, Bonn.

Boll, S., Raffelhüschen, B., Walliser, J. (1994), Social Security and Intergenerational Redistribution: A Generational Accounting Perspective, Public Choice, 81, S. 79-100.

Bonin, H. (2001), Generational Accounting – Theory and Application, Springer, Berlin.

Borgmann, C., Krimmer, P., Raffelhüschen, B. Korrekturen und Freigabe am 2. Dezember 2002 (2001), Rentenreformen 1998-2001: Eine (vorläufige) Bestandsaufnahme, Perspektiven der Wirtschaftspolitik, 2, S. 319-334.

Breyer, F. (1995), Ökonomische Grundlagen der gesetzlichen Pflegeversicherung, Diskussionsbeiträge der Fakultät für Wirtschaftswissenschaften und Statistik der Universität Konstanz, Nr. 277.

Breyer, F., Ulrich V. (1999), Gesundheitsausgaben, Alter und medizinischer Fortschritt: eine Regressionsanalyse, Wirtschaftswissenschaftliche Diskussionspapiere der Rechts- und Staatswissenschaftlichen Fakultät an der Ernst-Moritz-Arndt-Universität Greifswald, Nr. 1/99.

Breyer, F., Zweifel P. (1999), Gesundheitsökonomie, 3. Aufl., Springer, Berlin u.a.

Buchner, F., Wasem, J. (2000), Versteilerung der alters- und geschlechtsspezifischen Ausgaprofile von Krankenversicherern, Wirtschaftswissenschaftliche Diskussionspapiere der Rechts- und Staatswissenschaftlichen Fakultät an der Ernst-Moritz-Arndt-Universität Greifswald, Nr. 1/00.

IV. Hindernisse und Notwendigkeiten in der Familienpolitik

Bundesregierung (2001), Pflegehilfskräfte aus Tschechien und Polen zur Unterstützung der Pflege in Deutschland, Bundesregierung Aktuell, 22.11.2001.

Cassel, D. (2001), Demographischer Wandel – Folgen für die Gesetzliche Krankenversicherung, Wirtschaftsdienst, 81, S. 87-91.

Erbsland, M., Ried W., Ulrich, V. (1999), Die Auswirkungen der Bevölkerungsstruktur auf Ausgaben und Beitragssatz der gesetzlichen Krankenversicherung, in: Wille, E. (Hrsg.), Entwicklung und Perspektiven der Sozialversicherung, ZEW Wirtschaftsanalysen, Band 33, Nomos, Baden-Baden, S. 173-197.

Feist, K., Raffelhüschen, B. (2000), Möglichkeiten und Grenzen der Generationenbilanzierung, Wirtschaftsdienst, 80, S. 440-447.

Hagelüken, A. (2001), Riesters Grey Card, Süddeutsche Zeitung vom 24.11.2001, S. 21.

Hof, B. (2001), Auswirkungen und Konsequenzen der demographischen Entwicklung für die gesetzliche Kranken- und Pflegeversicherung, Gutachten im Auftrag des Gesamtverbandes der deutschen Versicherungswirtschaft e.V. und des Verbandes der privaten Krankenversicherung, Köln.

Knappe, E., Optendrenk, S. (1999), Der Einfluss des demographischen Wandels auf die Kranken- und Pflegeversicherung, in: Grünheid, E. (Hrsg.), Demographische Alterung und Wirtschaftswachstum, S. 157-178.

Nocera, S. (1996), Alterung und Gesundheit, in: Zweifel, P., und Felder, S. (Hrsg.), Eine ökonomische Analyse des Alterungsprozesses, Verlag Paul Haupt, Bern u.a., S. 61-99.

Oberdieck, V. (1998), Beitragssatzexplosion in der gesetzlichen Krankenversicherung. Demographische und medizintechnische Determinanten der Beitragssatzdynamik und ihre reformpolitischen Implikationen, Duisburger Volkswirtschaftliche Schriften, Band 25, Hamburg.

PROGNOS (1998), PROGNOS-Gutachten 1998: Auswirkungen veränderter ökonomischer und rechtlicher Rahmenbedingungen auf die gesetzliche Rentenversicherung in Deutschland, DRV-Schriften, Band 9, Frankfurt/Main.

Raffelhüschen, B. (1999), Generational Accounting: Method, Data and Limitations, European Economy Reports and Studies 6/1999, S. 17-28.

Raffelhüschen, B. (2001), Soziale Grundsicherung in der Zukunft: Eine Blaupause, Diskussionsbeiträge des Instituts für Finanzwissenschaft der Albert-Ludwigs-Universität Freiburg, Nr. 96/01.

Raffelhüschen, B., Walliser, J. (1996), Generational Accounting - Eine Alternative zur Messung intergenerativer Umverteilungspolitik, Wirtschaftswissenschaftliches Studium, 25, S. 181-188.

Schmähl, W. (1999), Pflegeversicherung in Deutschland: Finanzbedarf und Finanzverflechtung. Empirische Befunde und offene Fragen, Allgemeines statistisches Archiv, 83, S. 5-26.

Wille, E., Erbsland, M., Frohwitter, I., Neubauer, G. (1998), Finanzwirtschaftliche und strukturelle Entwicklungen in der Pflegeversicherung vor dem Hintergrund des demographischen Wandels bis zum Jahr 2040, Expertise für die Enquete-Kommission „Demographischer Wandel" des Deutschen Bundestages, Endbericht, Mannheim.

Zweifel, P. (2001), Eine Gesundheitspolitik für das 21. Jahrhundert: Zehn Reformvorschläge, Perspektiven der Wirtschaftspolitik, 2, S. 81-98.

Zweifel, P., Felder S., Meiers, M. (1999), Ageing of Population and Health Care Expenditure: A Red Herring?, Health Economics, 8, S. 485-496.

Für einen kinderfreundlichen Generationenvertrag

Prof. Dr. Franz-Xaver Kaufmann

1. Die sozialpolitische Metapher des Generationenvertrags

Der Generationenvertrag ist kein juristischer Vertrag, sondern eine sozialpolitische Metapher, die sich unterschiedlich weit auslegen lässt. Natürlich können Generationen als unorganisierte Menge von der gleichen Altersgruppe zugeordneten Personen untereinander keine Verträge schließen. Das Urbild der Metapher ist der „contrat social" die vertragstheoretische Konstruktion des gesellschaftlichen Zusammenhangs von Individuen, welche im Wesentlichen auf Thomas Hobbes, John Locke und Jean Jacques Rousseau zurückgeht. Moderner ausgedrückt geht es um die grundlegenden Institutionen des gesellschaftlichen Zusammenlebens unter den Bedingungen des Nationalstaates, somit um die Verfassung, welche solche Staatlichkeit konstituiert und deren Ziele und Grenzen markiert. Die Metapher des Vertrages macht aber auch deutlich, dass es sich nicht um eine unabänderliche Ordnung, sondern um bei sich ändernden Umständen neu auszuhandelnde Bedingungen handelt.

Von „Generationen" ist ursprünglich im familialen, genauer im verwandtschaftlichen Zusammenhang die Rede. Generationen unterscheiden sich durch Abstammung, durch die mittels genealogischer Verkettungen gemessene Distanz zu einem Stammvater. Wie viele andere, dem Raum primärer Sozialbeziehungen entstammende Begriffe wurde auch diese Bezeichnung im 19. Jahrhundert verallgemeinert, um den neuen, nicht mehr primär durch feudale oder verwandtschaftliche Beziehungen getragenen, indirekteren Formen menschlichen Zusammenlebens begriffliche Gestalt zu geben. Dabei wurde der Begriff fast zwangsläufig unscharf: Wir können Generationen in ihrem diachronen oder in ihrem synchronen Verhältnis konstruieren.

In den Geistes- und Sozialwissenschaften dominiert der *diachrone Generationenbegriff*: Als zur gleichen Generation gehörig gelten Personen, die durch ähnliche geschichtliche Umstände geprägt wurden bzw. ähnliche Einstellungen teilen. Wahrscheinlich werden Menschen in ihren Einstellungen am stärksten im Jugendalter geprägt; dieser bio-psychische Sachverhalt erlaubt es, geschichtliche Generationen (z.B. die „68er") in etwa auch bestimmten Geburtsjahrgängen oder – demographisch gesagt – *Kohorten* zuzuordnen.

Die sozialpolitische Metapher des Generationenvertrags orientiert sich dagegen an einem *synchronen Generationenbegriff*. Zur gleichen Generation werden hier Personen gerechnet, die derselben *lebensphasenspezifischen Altersklasse*

IV. Hindernisse und Notwendigkeiten in der Familienpolitik 291

angehören. Während ein bestimmter Geburtsjahrgang in diachroner Perspektive während seiner Lebensdauer grundsätzlich derselben geschichtlichen Generation zugerechnet wird, durchläuft er in synchroner Perspektive unterschiedliche lebensphasenspezifische Altersklassen. Hier entscheiden also gesellschaftlich verbreitete Abgrenzungen zwischen den Lebensphasen über die Zugehörigkeit von Personen zu bestimmten Generationen.

Lebensphasen werden in nahezu allen Kulturen unterschieden, denn Alter und Geschlecht gehören zu den evidentesten Unterschieden zwischen den Menschen. Erst durch das Aufkommen des modernen Staates und seines Regulierungsdranges werden dagegen die Lebensphasen mit dem *chronologischen* Lebensalter verknüpft. Es ist der Staat, welcher Mündigkeit, Schulpflicht oder Erwerbstätigkeit an bestimmte *Altersgrenzen* bindet und eben dadurch die Schwellen zwischen unterschiedlichen Lebensphasen definiert. In diesem Zusammenhang kommt der Sozialpolitik entscheidende Bedeutung zu: Das Verbot der Kinderarbeit und die allgemeine Schulpflicht grenzen die Generation der Noch-Nicht-Erwerbstätigen ab. Die Festlegung eines Ruhestandsalters grenzt die Generation der Nicht-Mehr-Erwerbstätigen ab. Während mein Vater noch bis kurz vor seinem Tode im 87. Lebensjahr als Selbstständiger erwerbstätig war, genieße ich als Beamter seit meinem 66. Lebensjahr ein großzügig bemessenes Ruhegehalt ohne jede Gegenleistung, und heute sorgen die berufsständischen Versorgungswerke auch für die „rechtzeitige" Ausgliederung der Selbstständigen aus dem Produktionsprozess.

Mit der Regulierung der Altersgrenzen hat sich der Staat – das wird zumeist übersehen – erst in einem unmittelbaren Sinne von der demographischen Entwicklung abhängig gemacht. Zugleich beeinflusst die staatliche Sozialpolitik durch die Ausgestaltung der von ihr ausgehenden Prägungen der Lebensphasen und der damit einhergehenden Umverteilungsprozesse auch die demographische Entwicklung. Auch wenn wir das Verbot der Kinderarbeit und die Einführung der allgemeinen Schulpflicht mit guten Gründen als Fortschritt loben, so sollte doch nicht vergessen werden, dass eben dadurch die bis dahin im Verfügungsbereich der Eltern befindliche Produktivkraft ihrer Kinder expropriiert und damit ein wesentliches ökonomisches Motiv der Fortpflanzung beseitigt wurde. Ebenso reduzierte die Kollektivierung der Alterssicherung den ökonomischen Nutzen eigener Kinder. Die demographische Entwicklung ist also nichts Naturwüchsiges, Schicksalhaftes, sondern sie ist in hohem Umfange von der institutionellen Strukturierung der Lebensbedingungen und den damit verbundenen Anreizen abhängig, zu denen die staatliche Sozialpolitik nachhaltig beiträgt. Dabei geht es allerdings nicht allein um ökonomische Zusammenhänge, vielmehr spielen auch kulturelle Leitbilder des Lebensverlaufs und Gerechtigkeitsvorstellungen eine erhebliche Rolle.

Wir können nach diesen Vorüberlegungen die Metapher des Generationenvertrages genauer fassen. Ist der „contrat social" ein begrifflicher Ausdruck für die in der Verfassung institutionalisierten Ordnungsvorstellungen politischen Zusammenlebens, so *meint der Begriff des Generationenvertrages die normati-*

ven Vorstellungen, welche in den die Lebensphasen strukturierenden Gesetzen und in den von ihnen ausgehenden Umverteilungsvorgängen (von Einkommen und/oder Dienstleistungen) *zum Ausdruck kommen.* Man kann dies auch im Anschluss an Karl Polanyi und Martin Kohli als die „moralische Ökonomie" einer Gesellschaft bezeichnen. Es geht um die von der Politik hergestellten institutionellen Voraussetzungen der allen Einwohnern eines Landes gemeinsamen Erwartungen über die Rahmendaten ihres Lebenslaufs: Erziehung und Ausbildung, Familien- und Erwerbstätigkeit, Ruhestand. Für die Bundesrepublik kommt im Besonderen hinzu, dass sich diese Rahmendaten für beide Geschlechter bisher unterschiedlich darstellen, und dass die anstehende Sozialreform deshalb nicht nur den „Generationenvertrag" sondern auch den „Geschlechtervertrag" beachten muss.

In der politischen Rhetorik der Bundesrepublik wird der Begriff des Generationenvertrags im Wesentlichen nur verwendet, um das Umlageverfahren in der Rentenversicherung zu legitimieren, und in dieser Engführung kommen die politischen Problemverdrängungen zum Ausdruck, auf die ich im Folgenden hinweisen möchte.

2. Politische Problemverdrängungen

Oswald von Nell-Breuning hat die deutsche Rentenversicherung schon kurz nach der Rentenreform von 1957 als ein „System zur Prämierung von Kinderlosigkeit" bezeichnet. Sie ist im Wesentlichen ein System der Lebensstandardsicherung für die Vollzeit-Erwerbstätigen, und als solche wurden damals nur die Männer in Betracht gezogen, bei denen man als selbstverständlich unterstellte, dass sie im Regelfalle heiraten und Kinder haben würden, mehr noch, dass die geschlossenen Ehen auch lebenslang halten würden. Im internationalen Vergleich werden die Hausfrauen im deutschen Rentenversicherungssystem schlecht behandelt: Nahezu alle ausländischen sozialen Alterssicherungssysteme sehen für Ehepaare höhere Renten als für Alleinlebende vor (in der Schweiz z.B. 150 %), während sich die Höhe der gesetzlichen Renten in Deutschland ausschließlich an Merkmalen der Erwerbsbiografie orientiert. Dadurch stellen sich Doppelverdienerhaushalte auch im Alter günstiger als Einverdienerhaushalte, auch im Falle der Witwenschaft. Dass das Aufziehen von Kindern eine volkswirtschaftlich notwendige, wertschöpfende Leistung darstellt, wurde bis vor kurzem überhaupt nicht anerkannt. Von der Konstruktion des deutschen Rentenversicherungssystems gehen somit erhebliche geburtenbeschränkende Anreizwirkungen aus.

Bei einem internationalen Vergleich der kollektiven Alterssicherungssysteme erweist sich das deutsche System zudem als für die demographisch induzierten Veränderungen besonders ungünstig konstruiert. Das Umlageverfahren und das Äquivalenzprinzip von Beiträgen und Leistungen bewirken, dass sich Veränderungen des Verhältnisses von Erwerbstätigen und Rentnern *unmittelbar* in Bilanzveränderungen der Gesetzlichen Rentenversicherung niederschlagen. Der

IV. Hindernisse und Notwendigkeiten in der Familienpolitik 293

Umstand, dass nicht die ganze Bevölkerung gesetzlich versichert ist, sondern insbesondere die Beamten und die Selbstständigen durch anders konstruierte Systeme im Alter versorgt werden, bringt es mit sich, dass das demographische Risiko die Beamten und Selbstständigen nicht unmittelbar trifft. So besteht in Deutschland hinsichtlich der Alterssicherung *kein bevölkerungsweiter Solidarzusammenhang*, er ist vielmehr auf die Arbeiter und Angestellten (und deren Arbeitgeber) reduziert, die deshalb auch allein einen Großteil der Kosten der deutschen Einigung zu tragen haben, soweit sie die soziale Sicherung betreffen.

Welche impliziten Ordnungsvorstellungen lassen sich aus dieser institutionellen Ausgestaltung der Alterssicherung erschließen? Da ist *erstens* die Gliederung des Systems nach Berufsgruppen. Während die meisten europäischen Systeme eine einheitliche Trägerschaft und zudem eine bevölkerungsweite Risikoabdeckung vorsehen, impliziert das deutsche System eine je nach dem beruflichen Status *unterschiedliche* Verantwortung des Staates und *getrennte* Risikogruppe, eine immer noch am Modell der ständischen Gesellschaft orientierte Struktur. Zwar wurde mittlerweile zwischen den Trägern der Gesetzlichen Rentenversicherung ein Finanzausgleich institutionalisiert, doch weder die durch die „Hergebrachten Grundsätze des Berufsbeamtentums" (Art. 33 Abs. 5 GG) privilegierten Beamten noch die freien Berufe und überhaupt die Einkommensbezieher oberhalb der Pflichtversicherungsgrenze sind in den Solidarzusammenhang eingeschlossen. Dieser Solidarzusammenhang erfasst auch nicht diejenigen, die vom Erwerbsleben mehr oder weniger ausgeschlossen sind, aus welchen Gründen auch immer. Ihnen stehen im Falle von Bedürftigkeit lediglich Unterstützungen seitens ihrer Familie (sofern vorhanden) und seitens der Sozialhilfe zu. Mit der zunehmenden Entstandardisierung der faktischen Lebensverläufe weicht das bestehende System immer stärker von den tatsächlichen Bedarfslagen selbst der männlichen Bevölkerung und erst recht von denjenigen der Frauen ab.

Zweitens: Bezüglich der familialen Beziehungen impliziert das deutsche Alterssicherungssystem die Hausfrauen-Ehe, wie sie das im Jahre 1900 in Kraft getretene Bürgerliche Gesetzbuch festgeschrieben hat. Im Vergleich zum Allgemeinen Preußischen Landrecht, das schon Ende des 18. Jahrhunderts die Ehe vertragstheoretisch begründet hatte, stellte dies eine restaurative Wendung dar, welche durch die konservative Kritik an der Liberalität der landrechtlichen Regelungen vorbereitet worden war. Auch die Rentenreform von 1957 erfolgte im Horizont einer restaurativen Familienauffassung. Wie die sozialwissenschaftliche Geschlechterforschung herausgearbeitet hat, hält sich die Vorstellung von grundlegenden Unterschieden zwischen Männern und Frauen, die sich im Gegenzug zur Aufklärung entwickelt hatte, bis heute in den Köpfen der deutschen Eliten, unter Einschluss der Gewerkschaften. Mittlerweile hat sich zwar im Familienrecht manches geändert, aber die soziale Stellung der Mutter ermöglicht noch längst nicht die von den meisten Frauen heute angestrebte Achtung und Unabhängigkeit. Wie neuere international vergleichende Untersuchungen zeigen, liegt möglicherweise in der ambivalenten Situation der Frauen ein Schlüssel für die Erklärung der niedrigen Geburtenhäufigkeit in Deutschland und in den südeuropäischen Ländern, wie auch in Japan. Das hier vorherrschende traditionalistische Familienbild, das den Frauen allein die Verantwortung für Haushalt und Kinder zuschreibt, führt zu einem nachhaltigen Konflikt mit den Lebensaspirationen der jüngeren Frauen.

Drittens: Das deutsche Alterssicherungssystem betont weit stärker als ausländische Systeme das Prinzip der Äquivalenz von Beiträgen und Leistungen; es orientiert sich damit am Grundkonzept der Privatversicherung. Bedarfsgesichtspunkte und sozialer Ausgleich gelten als „versicherungsfremd" und lassen sich deshalb nur schwer dem System inkorporieren.

3. Nachwuchssicherungspolitik: Plädoyer für eine lebensförderliche Kinderpolitik

Wie steht es nun mit dem Generationenvertrag in Deutschland? Wenn wir darunter die impliziten Normen verstehen, die den institutionellen Vorkehrungen zu Grunde liegen, welche von Seiten des Staates zur Strukturierung der Lebensläufe in der Bevölkerung getroffen werden, so können wir zugespitzt formulieren, *dass in Deutschland die alte Generation als des Schutzes bedürftig angesehen wird, während Kinder als Privatsache ihrer Eltern gelten, für die sich der Staat nur im Falle eklatanten Missbrauchs zu interessieren habe*. Bekanntlich schlug Wilfried Schreiber, der geistige Vater der Rentenreform von 1957, nicht nur eine „Altenkasse", sondern auch eine „Kinderkasse" vor, die aber politisch nie ernsthaft in Betracht gezogen worden ist. Auch wenn auf Druck des Bundesverfassungsgerichts der Familienlastenausgleich in den letzten Jahren verbessert worden ist, so zeigen die im „Wiesbadener Entwurf" enthaltenen Befunde, dass damit keine relative Verbesserung der Lage Familien erreicht, sondern bestenfalls die Wirksamkeit der sie fortwährend benachteiligenden Strukturen abgebremst wurde. Angesichts der strukturellen Rücksichtslosigkeit unserer Institutionen gegenüber Eltern und Kindern ist eine bis in unsere kulturellen Vorstellungen reichende Reorientierung notwendig.

Wir brauchen zwar keine „Bevölkerungspolitik", also eine sich an den schieren Bevölkerungsdaten orientierende, die Menschen nur als Quantitäten gewichtende Politik, aber eine „Nachwuchssicherungspolitik", d.h. mit den Worten des Fünften Familienberichts, *eine Politik der Förderung von „Humanvermögen"*. Es geht darum, in jeder Generation Menschen mit den jeweiligen gesellschaftlichen Verhältnissen entsprechenden Fähigkeiten in ausreichender Zahl heranzubilden, die sich als produktive Arbeitskräfte, engagierte Bürger und verantwortungsvolle Eltern in den Generationenzusammenhang einbringen. Die wichtigsten Felder der Nachwuchssicherungspolitik sind die Bildungspolitik und die Familienpolitik, aber auch weitere Politikfelder wie die Wohnungspolitik, die Regionalpolitik, der Ausbau sozialer Dienste oder die Arbeitszeitpolitik und natürlich die Zuwanderungspolitik sind von Belang. Seit Mitte der 1970er Jahre investiert die Bundesrepublik in ihr Humanvermögen weit weniger, als für ein

IV. Hindernisse und Notwendigkeiten in der Familienpolitik 295

langfristiges Gleichgewicht der Generationen und die zukünftige Prosperität der Wirtschaft erforderlich wäre. Bisher hat noch keine industrialisierte Volkswirtschaft die Erfahrung eines kontinuierlichen, ja eines sich beschleunigenden Bevölkerungsrückgangs gemacht, wie er sich für Deutschland in den kommenden Jahrzehnten abzeichnet. Dessen Folgen werden m.E. weithin unterschätzt.

Eine Migrationspolitik steckt erst in den Anfängen; Bildungs- und Familienpolitik sind in der Bundesrepublik, folgt man wiederum dem internationalen Vergleich, unterdurchschnittlich entwickelt und finanziert. Was die Familienpolitik betrifft, so wird dazu das Notwendige in anderen Referaten und auch im „Wiesbadener Entwurf" gesagt, *allerdings mit einer merkwürdigen Engführung auf die Bundespolitik.* Für die Eltern und ihre Kinder ist jedoch das Angebot an sozialen Diensten und die Verlässlichkeit der schulischen Betreuung mindestens ebenso wichtig wie der Familienlasten- oder gar -leistungsausgleich. Das gilt in noch verstärktem Maße für die Integration der Kinder von Zuwanderern aus anderen Sprach- und Kulturräumen. Soziale Dienste und Bildung sind Ländersache und beanspruchen einen Löwenanteil an den Länderausgaben. Dennoch: Die Bundesrepublik steht – auch unter Einbeziehung der von der Wirtschaft getragenen beruflichen Bildung – hinsichtlich der *Quantität der Bildungsaufwendungen*, also ihrem Anteil am Volkseinkommen, in den hinteren Rängen der OECD-Staaten. Das kann sich angesichts der heraufkommenden „Wissensgesellschaft" für die Produktivität der deutschen Volkswirtschaft verheerend auswirken. Wie nun die PISA-Studie zeigt, ist es auch um die *Qualität der Bildungsprozesse* nicht gut bestellt. Erstmals werden nun öffentlich Zusammenhänge zwischen Familie, Kindergarten, Schule und Freizeitbereich thematisiert, allerdings eher noch im Sinne wechselseitiger Schuldzuweisungen denn im Sinne einer integralen Perspektive ihrer Förderung.

Makrotheoretisch wird die integrale Perspektive durch Begriffe wie „Humanvermögen" „Humankapital" oder „Nachwuchssicherung" angemessen thematisiert. Das ist die *legitimatorische Ebene*, auf die „große Politik" sich vor allem zu beziehen hat, da hier Gemeinwohlbezüge unschwer herzustellen sind. Was die *Effektivität* einer nachwuchsorientierten Politik betrifft, so bedarf es allerdings einer zusätzlichen mikrotheoretischen Perspektive. „Humanvermögen" oder „Nachwuchs" thematisieren ja nur die Summe aller einzelnen Kinder, die in konkreten Familien aufwachsen, bei konkreten Lehrern und in bestimmten Schulen unterrichtet werden, kurzum, in je verschiedenen, höchst differenzierten Sozialisationsumwelten aufwachsen, deren Verbesserung bestenfalls ein *mittelbares Ergebnis* politischer Entscheidungen sein kann. Will man eine integrale Perspektive auch der Bevölkerung plausibel machen, so sind die makrotheoretischen Begriffe zu abstrakt. Hier sollte eher von einer *„Lebensförderlichen Politik für Kinder"* die Rede sein. Der Begriff Familienpolitik ist zu eng, um unserem Thema gerecht zu werden.

Dass die Verteilungsmechanismen des deutschen Sozialstaates die Familienhaushalte benachteiligen, ist zwar nicht zu bestreiten, und im Rahmen einer verteilungspolitischen Analyse sind die Haushalteinkommen sicher die zweckmäßigste Beobachtungsgröße. Wer jedoch den Herausforderungen einer nachwuchssichernden Politik gerecht werden will, und hierum muss es m.E. gesellschaftspolitisch gehen, kann sich nicht auf die Korrektur der Haushalteinkommen beschränken, sondern muss die Problemlagen junger Familien und die Sozialisationssituation der Kinder *im Zusammenhang* thematisieren. Hier sind soziale Dienste wie Kinderkrippen, Kindergärten und Angebote ganztägiger Schulformen von möglicherweise größerer Bedeutung. *Schulen* sollten, insbesondere für Kinder aus benachteiligenden Milieus, *Lebensräume des Alltags* werden, wie dies in Frankreich, Holland, Großbritannien und Skandinavien bereits weitgehend der Fall ist. Dort stellen Schulen eine ausreichende und gesunde Ernährung sicher, sie ermöglichen die Erledigung von Hausaufgaben unter Aufsicht, sie vermindern den Stress des bis zu sieben Stunden umfassenden Halbtagsschulbetriebs, sie halten auch sinnvolle Freizeitangebote vor und sind nicht selten auch mit psychologisch oder sozialarbeiterisch ausgebildeten Fachkräften ausgestattet, welche die vielfältigen Konfliktfronten zwischen Schule und Elternhaus im Sinne einer *integralen Lern- und Erziehungssituation* zu entschärfen trachten. Die Intellektualisierung und Kompartimentierung des Schulbetriebs in der Bundesrepublik wird, zumindest in der Grund- und teilweise auch noch der Mittelstufe, den kindlichen Lernmotivationen kaum gerecht, vor allem nicht bei Kindern aus benachteiligenden Umständen. Wie gerade dieser Tage anlässlich eines Kongresses der Bertelsmann-Stiftung in Essen aus Holland berichtet wurde, trägt dort die Entwicklung der Schulen zu Quartierszentren nicht nur zur besseren Integration von Ausländerkindern, sondern auch zur besseren Vereinbarkeit von Familie, Schule und Arbeitswelt bei.

4. Erste Schritte auf dem Weg zu einer familienpolitischen Strukturreform

Was in Deutschland noch stärker als in anderen Ländern auffällt, ist ein weitgehendes *Fehlen von Koordination zwischen den einzelnen Politikbereichen*. Natürlich gibt es überall Koordinationsschwierigkeiten, da jede Verwaltung dazu tendiert, ihre Umwelt nur nach ihren eigenen Kriterien wahrzunehmen und den Rest zu vernachlässigen. Aber das föderale System der Bundesrepublik bringt gerade für den hier interessierenden Bereich der Nachwuchssicherungspolitik zusätzliche Barrieren mit sich, da die Kompetenzen in verschiedenen Politikbereichen bald auf Bundes-, bald auf Landesebene liegen, und da auch auf Gemeindeebene einige Zuständigkeiten angesiedelt sind, andere jedoch fehlen. Es fehlt in der Bundesrepublik somit schon an einer bestimmten Politikebene, auf der die Koordination, entsprechenden politischen Willen vorausgesetzt, ohne politische Nebenkosten in Gang gesetzt werden könnte.

Aber wir müssen das Problem noch mehr zuspitzen: *Es fehlt nicht nur an Koordination, es fehlt schon am Problembewusstsein.* Die Nachwuchssicherungspolitik ist heute im Zustand der Umweltpolitik Anfang der 1970er Jahre: Man nahm zwar schon Umweltschäden wahr, und es gab auch schon Maßnah-

IV. Hindernisse und Notwendigkeiten in der Familienpolitik

men auf verschiedenen Teilgebieten wie der Luftreinhaltung oder der Wasserwirtschaft, aber es fehlte noch die integrale Perspektive auf „die Umwelt" oder „die Natur" und damit die kognitive Voraussetzung für eine zusammenhängende „Umweltpolitik". Ähnlich ist es heute mit der Familien-, Bildungs- und Migrationspolitik, um nur die drei wichtigsten Politikbereiche zu nennen. Sie werden nicht im integralen Zusammenhang der Nachwuchssicherung gesehen. „Nachwuchssicherungspolitik" ist noch kein Thema.

Der „Wiesbadener Entwurf" zur familienpolitischen Strukturreform des Sozialstaates ist ein gewaltiger Fortschritt im Hinblick auf eine zusammenhängende Betrachtungsweise der finanziellen Benachteiligungen der Familienhaushalte durch die gewachsenen Strukturen des deutschen Sozialstaates und hinsichtlich der Vorschläge zu einer „familienfreundlicheren" Veränderung. Es wäre jedoch verfehlt, dies bereits als eine integrale Perspektive auf die Probleme aufzufassen, die durch das andauernde Geburtendefizit und den Mangel an qualifiziertem Nachwuchs schon heute erkennbar sind und sich in absehbarer Zukunft noch verschärfen werden. *Nur wenn Kinder und die Bedingungen ihres Heranwachsens zu einem Thema politischer Verantwortung werden, ändern sich die Bedingungen des Generationenvertrages in einer zukunftsförderlichen Weise.* Diese Verantwortung betrifft nicht nur den Bund, sondern mehr noch die Ebene der Länder und der Kommunen, von deren Entscheidungen die Bildungs- und Lebensbedingungen von Kindern weit unmittelbarer abhängen. Lebensförderliche Politik für Kinder bedarf einer breiteren, auch die Ebene der Länder und Kommunen mit einbeziehenden Perspektiven. Denn hier wird über die Qualität der Sozialisationsumwelten entschieden, in denen Kinder aufwachsen.

Es mutet deshalb etwas seltsam an, wenn eine sich Landesregierung über die Probleme der Nachwuchssicherung ausschließlich in Kategorien der Bundespolitik nachzudenken anschickt. Es gäbe viel auf der Länderebene selbst zu tun, und Landespolitik formuliert in vielen Bereichen auch die Vorgaben für örtliche Politik und erleichtert diese durch Mittelzuweisungen. Vieles lässt sich allerdings erst auf lokaler Ebene konkretisieren: Eine eltern- und kinderfreundliche Politik auf regionaler und örtlicher Ebene stellt auch einen wichtigen Standortfaktor dar, der sich selbst wirtschaftlich auszahlen kann. Ebenso kann die Integration von Zuwanderern und ihren Kindern nur auf der regionalen und lokalen Ebene gelingen. Das Land Hessen täte gut daran, als ersten Schritt ein Querschnittsreferat für Nachwuchsfragen und Kinderpolitik einzurichten, das Vorschläge zu einer verstärkten Koordination von Familienpolitik, Vorschul- und Bildungspolitik sowie Ausländerpolitik auf Landesebene zu erarbeiten hätte.

Nachwuchspolitik lässt sich nur gegen den Wind der vorherrschenden Interessentenpolitik machen. Einwände gegen den bundespolitisch orientierten „Wiesbadener Entwurf" sind nicht nur vom Verband der Rentenversicherungsträger, sondern auch von Seiten der Gewerkschaften, der Selbstständigen und vor allem von Seiten des Deutschen Beamtenbundes zu erwarten. Es sei daher abschließend betont, dass Art. 33 Abs. 5 des GG („hergebrachte Grundsätze des Berufsbeamtentums") m.E. eines der bedeutendsten Hindernisse für eine Reform des deutschen Sozialstaates im Sinne einer gesellschaftsweiten Grundsicherung als Basis bürgerschaftlicher Solidarität im Zeitalter der Globalisierung darstellt.

Literatur

Bundesministerium für Familie und Senioren (Hrsg.), Fünfter Familienbericht: Familien und Familienpolitik im geeinten Deutschland – Zukunft des Humanvermögens. Bonn 1994.

Geißler, Clemens u.a., Handbuch zur örtlichen und regionalen Familienpolitik. 2 Bd. Stuttgart 1992.

Kaufmann, Franz-Xaver, Zukunft der Familie im vereinten Deutschland: Gesellschaftliche und politische Bedingungen. München 1995.

Kaufmann, Franz-Xaver, Generationsbeziehungen und Generationenverhältnisse im Wohlfahrtsstaat, in: Mansel, Jürgen, u.a. (Hrsg.), Generationen-Beziehungen, Austausch und Tradierung. Opladen 1997, S. 17-30.

Kohli, Martin, Moralökonomie und „Generationenvertrag", in: Haller, Max u.a. (Hrsg.), Kultur und Gesellschaft. Frankfurt am Main – New York 1989, S. 532-555.

Leisering, Lutz, Sozialstaat und demographischer Wandel: Wechselwirkungen – Generationenverhältnisse – politisch-institutionelle Steuerung. Frankfurt am Main – New York 1992.

V. Elemente der familienpolitischen Strukturreform

Familienpolitische Strukturreform des Steuersystems

Prof. Dr. Joachim Lang

1. Steuerrecht und „Transferausbeutung der Familie"

Demographische Zeitenwende und Transferausbeutung der Familie hängen eng damit zusammen, dass das so genante Humanvermögen in unserer Rechtsordnung unterbewertet ist. Diese Rechtsordnung beruht auf der Werteordnung einer individualistisch ausgerichteten westlichen Kultur, in der jeder Einzelne zunächst einmal seinen „pursuit of happiness" beansprucht, wie ihn die amerikanische Unabhängigkeitserklärung gewährleistet. Aus dieser Sicht werden Kinder deshalb immer teurer, weil sie nach eingebüßten Einkommenschancen der Eltern bemessen werden. Attraktiv ist ein Lebensstil, den sich kinderlose Doppelverdienerpaare leisten können, der Lebensstil der „Dinkies" – des double income no kids. Die Bereitschaft, die altruistische Aufgabe von Eltern zu übernehmen, nimmt zunehmend dramatisch ab. Hier ist ein Umdenken erforderlich, nicht nur im Rechtsdenken, sondern auch im gesellschaftlichen Denken.

Die westlichen Kulturen sind stolz auf die Erfindung der Menschenrechte (Freiheit, Gleichheit und Menschenwürde) und der Gewährleistung von sozialen Anrechten. Indessen haben diese epochalen Errungenschaften der Menschheit in den westlichen Gesellschaften immer stärker hervortretende Defizite sozialer Verantwortung zur Folge. Die Menschenrechte überwuchern die Menschenpflichten. Alle westlichen Demokratien leiden unter der Durchsetzungsschwäche allgemeiner Interessen. Der Sozialstaat wird ausgebeutet und degeneriert zu einem Schlachtfeld der Gruppeninteressen.

Es gibt kaum ein Rechtsgebiet, wo dieser Befund besser nachgewiesen werden kann als im Steuerrecht. Das Steuerrecht ist an der Transferausbeutung der Familie zu Gunsten bestimmter, lobbyistisch stark vertretener Interessengruppen massiv beteiligt. Jüngstes Beispiel ist die ökologische Steuerreform: Die Ökosteuerbelastung trifft besonders hart Sozialhilfeempfänger, Arbeitslose, Geringverdiener und Familien mit vielen Kindern, die z.B. in Altbauten wohnen, die sich nur mit großem Aufwand energiesparend renovieren lassen. Warum sollen die wirtschaftlich schwächsten Bevölkerungskreise die Alterssicherung der meist gut situierten versicherten Arbeitnehmer finanzieren? Die Bezeichnung „ökologisch-soziale Steuerreform" ist purer Etikettenschwindel.

2. Der verfassungsrechtliche Schutz von Ehe und Familie

Das Beispiel der ökologischen Steuerreform zeigt, dass die Steuerpolitik nicht aus sich heraus familienfreundlich angelegt ist. Es ist immer wieder erstaunlich, wie schwach die Lobby der Familie ist, obgleich doch jeder Mensch Eltern hat. Strukturreformen der Familienbesteuerung werden immer wieder mit dem Argument abgeschnitten, dass sie zu teuer seien. Steuerentlastungen der Familie kommen zumeist nur unter dem Diktat des Bundesverfassungsgerichts zu Stande. Das belegen zuletzt die beiden Gesetze zur Familienförderung. In den Finanzministerien wird das verfassungsrechtlich Notwendige stets akribisch geprüft. Was nicht unbedingt getan werden muss, wird als zu teuer verworfen.

Auf dieses Grenzverhalten hat das Bundesverfassungsgericht mit einer immer strengeren Rechtsprechung reagiert. Inzwischen lässt sich feststellen, dass es kein Gebiet gibt, in dem der Grundsatz verfassungsrichterlicher Zurückhaltung gegenüber dem Gesetzgeber stärker reduziert worden ist als auf dem Gebiet der familiensteuerlichen Rechtsprechung zu Art. 6 des Grundgesetzes, der Ehe und Familie unter den besonderen Schutz der staatlichen Ordnung stellt. Seit dem grundlegenden Beschluss des Ersten Senats im Jahre 1957 zur Ehegattenbesteuerung hat das Bundesverfassungsgericht die Maßstäbe für eine verfassungskonforme Ausgestaltung der Familienbesteuerung zunehmend stringenter judiziert, bis die Beschlüsse des Zweiten Senats von 1998 den Kinderfreibetrag bis auf die Mark genau festlegten.

Der Beschluss von 1957 leitete aus Art. 6 des Grundgesetzes zwei Postulate ab, erstens ein den Gleichheitssatz verschärfendes Verbot der Benachteiligung der Familie und zweitens ein Gebot, die Familie zu fördern. Die Steuerpolitik möchte gerne den Eindruck erwecken, sie würde mit den Steuerentlastungsmaßnahmen die Familie fördern. Dementsprechend heißen die jüngsten Gesetze „Erstes Gesetz zur Familienförderung" und „Zweites Gesetz zur Familienförderung".

Tatsächlich ist die Steuerpolitik nicht so familienfreundlich, wie die Gesetzestitel suggerieren. Vielmehr handelt es sich um den vom Bundesverfassungsgericht verordneten Abbau von verfassungswidrigen Benachteiligungen der Familie. Das Bundesverfassungsgericht hat zum Benachteiligungsverbot klare Kriterien entwickelt: Die gleichmäßige Austeilung der Steuerlasten beruht allgemein auf dem Grundsatz der Besteuerung nach der Leistungsfähigkeit. Das bedeutet, dass jeder Bürger nach Maßgabe seiner wirtschaftlichen Leistungsfähigkeit Steuern zu zahlen hat.

Aus diesem Prinzip ergibt sich für das Familiensteuerrecht die geradezu banale Erkenntnis, dass derjenige, der von seinem Einkommen mehrere Personen zu ernähren hat, steuerlich weniger leistungsfähig ist als der Junggeselle, der das gesamte Einkommen für sich verbrauchen kann und der nur für die eigene Zukunft vorsorgen muss. Die Fragen, die sich dieser Grunderkenntnis anschließen, erstrecken sich nunmehr darauf, wie die Unterschiede steuerlich richtig zu messen sind. Auch dazu haben Bundesverfassungsgericht und Steuerrechtswissenschaft klare Antworten entwickelt. Die richtige Messung der wirtschaftlichen Familienleistungsfähigkeit basiert auf folgenden beiden Prinzipien:

(1) Auf dem so genannten privaten Nettoprinzip, wonach der Teil des Einkommens, der für den existenznotwendigen Lebensbedarf der Familie benötigt wird, steuerfrei zu stellen ist. Dies geschieht durch die Grundfreibeträge für Ehegatten, den Kinderfreibetrag und den Steuerabzug außergewöhnlicher Belastungen.

(2) Nach dem zweiten Prinzip familiärer Einkommensverteilung sollen die zivilrechtlich zwangsläufigen Unterhaltsleistungen im Steuerrecht abgebildet werden. Dies geschieht durch das politisch erneut umstrittene Ehegattensplitting, durch das Realsplitting für geschiedene Eheleute und durch Steuerabzüge für Unterhaltsleistungen an Verwandte, die weder Kinder noch Ehegatte des Steuerpflichtigen sind. In mehreren Entscheidungen hat das Bundesverfassungsgericht unmissverständlich festgestellt, dass Unterhaltsverpflichtungen „realitätsgerecht" zu berücksichtigen sind.

Gleichwohl negiert das geltende Steuerrecht die wirtschaftliche Leistungsfähigkeit der Familie hartnäckig, indem es die Verteilung des Einkommens durch die Erfüllung von Unterhaltsverpflichtungen nicht nachvollzieht.

3. Steuerfreiheit des Familienexistenzminimums

Dank der Entscheidungen des Bundesverfassungsgerichts aus den Jahren 1992 und 1998 stellt das geltende Steuerrecht das Familienexistenzminimum durch die Grundfreibeträge, den Kinderfreibetrag für das sächliche Existenzminimum und den Freibetrag für den Betreuungs-, Erziehungs- und Ausbildungsbedarf weitgehend steuerfrei. Das private Nettoprinzip ist also sehr viel umfassender verwirklicht als das Prinzip familiärer Einkommensverteilung. Gleichwohl lassen sich auch im Bereich der Lebensbedarfabzüge ganz erhebliche Defizite feststellen.

3.1. Kinderfreibetrag und Kindergeld

Der geltende so genannte Familienleistungsausgleich verbindet den Kinderfreibetrag mit dem Kindergeld in einem so genannte dualen System: Es wird zunächst monatlich Kindergeld mit der Funktion gezahlt, die Einkommensteuer zu vergüten, die den für den existenznotwendigen Lebensbedarf des Kindes aufgewendeten Einkommensteil belastet. Soweit hierfür das Kindergeld nicht ausreicht, was bei den hohen Einkommen der Fall ist, wird im Einkommensteuerbescheid der Kinderfreibetrag angesetzt; dieser hat das elterliche Einkommen in Höhe des sozialhilferechtlichen Kindexistenzminimums steuerfrei zu stellen.

Verfassungsrechtlich zulässig wäre auch ein monistisches System: Würde der Kinderfreibetrag gestrichen werden, müsste das Kindergeld in der am Spitzensatz der Einkommensteuer ausgerichteten Höhe gezahlt werden. Würde hingegen das Kindergeld gestrichen, müsste der Kinderfreibetrag in der vom Bundesverfassungsgericht festgelegten Höhe für alle Einkommensbezieher angesetzt werden. Der monistische Kinderfreibetrag ist für den Fiskus sehr viel billiger als das monistische Kindergeld, weil sich der Kinderfreibetrag bei den niedrigen Einkommen kaum auswirkt.

Das duale System entspricht zwar der Rechtsprechung des Bundesverfassungsgerichts, leidet jedoch unter dem fundamentalen Mangel, dass Steuernormen einer gleichmäßigen Austeilung der Steuerlasten nach der wirtschaftlichen Leistungsfähigkeit und Subventionsnormen so miteinander vermengt werden, dass weder Steuerpolitiker noch Steuerzahler genau ausmachen können, wo der Staat ein Existenzminimum steuerfrei stellt und wo der Staat die Familie subventioniert.

Steuerpolitiker neigen dazu, alles der Familienförderung und damit dem verfassungsrechtlichen Fördergebot zuzuordnen, denn dort räumt das Bundesverfassungsgericht dem Gesetzgeber einen weiten Gestaltungsspielraum ein. Der Politiker erscheint als Wohltäter der Familie und der Gesetzgeber nicht als ein vom Bundesverfassungsgericht Zurechtgewiesener, der verfassungswidrige Diskriminierungen der Familie zurückzunehmen hat. Tatsächlich bewegen sich die bisherigen Aktionen der Steuergesetzgebung nur im letzteren Bereich. Dabei pflegt der Steuergesetzgeber der Familie nur das zu gewähren, was er ihr aufgrund der Verfassung nicht versagen darf.

Eine transparente Rechtsordnung hat den Fiskalzweck vom Subventionszweck normativ klar zu trennen. Verfassungsrechtlich geboten ist die Steuerfreistellung des Kinderexistenzminimums. Hierfür zuständig ist der Kinderfreibetrag, der allen Steuerzahlern eingeräumt werden sollte. Der Kinderfreibetrag ist keine Subvention, wie infolge der Verzahnung von Kinderfreibetrag und Kindergeld immer wieder irrtümlich angenommen wird. Zusätzlich zum Kinderfreibetrag als Norm horizontaler Steuergerechtigkeit stellt sich die Aufgabe der Familienförderung. Das richtige Prinzip ist hier das Bedürfnisprinzip. Das bedeutet, dass erstens allen Eltern für das Kind der Kinderfreibetrag zusteht und zweitens Eltern mit niedrigen Einkommen zusätzlich ein Kindergeld gewährt werden sollte. Die Trennung von Steuer- und Subventionsnorm macht deutlich, dass die einkommensschwachen Eltern zu wenig gefördert sind.

Demgegenüber werden vermögende Eltern durch die mangelnde Abgestimmtheit von Kinderfreibetrag und Grundfreibetrag begünstigt. Werden einem Säugling Wertpapiervermögen geschenkt und dadurch Zinseinkünfte übertragen, mit denen der Kindesunterhalt bestritten werden kann, so genießt der Säugling zunächst den Grundfreibetrag, also die Steuerfreiheit eines Existenzminimums für den Erwachsenen. Zudem wird das Existenzminimum für den Säugling durch einen den Eltern gewährten Kinderfreibetrag berücksichtigt. Mit der Über-

V. Elemente der familienpolitischen Strukturreform

tragung von Einkunftsquellen wird also das Existenzminimum überhöht und mehrfach angesetzt.

3.2. Steuerabzug von Kinderbetreuungskosten

3.2.1. Konglomerat von Steuerabzügen

Zusätzlich zum Kinderfreibetrag von 3.648 Euro wird der Betreuungs-, Erziehungs- und Ausbildungsbedarf durch einen Freibetrag von 2.160 Euro berücksichtigt. Außerdem können erwerbstätige Eltern nachgewiesene Kinderbetreuungskosten bis 1.500 Euro absetzen, soweit sie den Betrag von 1.548 Euro übersteigen. Für volljährige Kinder, die sich in Berufsausbildung befinden und auswärts untergebracht sind, wird ein Ausbildungsfreibetrag von 924 Euro gewährt. Dieses Konglomerat von Steuerabzügen ist das Ergebnis des Widerstreits verfassungsrechtlicher und fiskalischer Anforderungen an das Steuerrecht.

3.2.2. Monetäre und nicht monetäre Kinderbetreuung

Kinderbetreuung und -erziehung haben grundsätzlich zwei Komponenten, zum einen die nicht monetär messbare zeitliche und emotionale Fürsorge für das Kind und zum anderen der Kostenfaktor. Das Steuerrecht ist für die letztere Komponente zuständig. Die Bemessungsgrundlage der Einkommensteuer vermag nur monetäre Größen, die Minderung wirtschaftlicher Leistungsfähigkeit durch den Kostenfaktor der Versorgung von Kindern zu erfassen. Wird auch die nicht monetäre Komponente der Kinderbetreuung in die Bemessungsgrundlage der Einkommensteuer einbezogen, dann ist der Kostenfaktor überhöht angesetzt. Die Messung steuerlicher Leistungsfähigkeit schlägt in ein Steuerprivileg um. Insofern sind die Beschlüsse des Bundesverfassungsgerichts von 1998 zu Recht kritisiert worden, als sie der Bemessung des Freibetrages auch die nicht monetäre Kinderbetreuung zu Grunde gelegt haben.

3.2.3. Kinderbetreuung keine Privatsache

Das Bundesverfassungsgericht mag hier dem Steuergesetzgeber zu viel abverlangt haben. Indessen hat dieser Impetus, der Kinderbetreuung und -erziehung die steuerliche Anerkennung zuzusprechen, seine tiefere Ursache in einem ökonomischen Verständnis, von dem das Steuerrecht immer noch stark geprägt ist und das der Nationalökonom Friedrich List vor 150 Jahren in dem berühmten Satz zum Ausdruck gebracht hat: „Wer Schweine aufzieht, ist nach ökonomischer Betrachtung ein produktives, wer Menschen aufzieht, ein unproduktives Mitglied der Gesellschaft". Heute formuliert es der bekannte Betriebswirt Dieter Schneider so: Das Kinderaufziehen sei „kein ökonomischer Sachverhalt, vergleichbar dem Füttern junger Kälber" und der amerikanische Nobelpreisträger

Joseph Stiglitz meint, Kinder seien Privatangelegenheit und Freude der Eltern und hätten in einer Steuererklärung nichts zu suchen.

Die steuerliche Gleichstellung der Kindererziehung mit einem privaten Hobby wie Segeln, Golf oder Tennisspielen hat schon so manchen Verfassungsrichter aufgeregt. Sie ist mit dem verfassungsrechtlichen Familienschutz gänzlich unvereinbar, leider aber immer noch Faktum des geltenden Steuerrechts. Das steuerliche Gemeinnützigkeitsrecht geht sogar soweit, dass die Aufzucht eines Schäferhundes durch den Steuerabzug von Spenden an Tierzuchtvereine besser gestellt ist als die Aufzucht von Kindern.

4. Bausteine einer Strukturreform

Was hat hier nun ein strukturell reformiertes Steuerrecht zu leisten? Im Kern geht es hier nicht um die Verwirklichung des verfassungsrechtlichen Förderungsgebots, sondern um die Beachtung des Diskriminierungsverbots.

4.1. Kinderfreibetrag für alle Steuerzahler

An erster Stelle steht die Steuerfreistellung des Familienexistenzminimums. In der politischen Diskussion wird der Kinderfreibetrag immer wieder zur Disposition gestellt und als Subventionsnorm bewertet. Dies hängt mit der ökonomischen Sicht zusammen, das Kindhaben der steuerlich irrelevanten Privatsphäre zuzuordnen. Kein Ökonom würde auf die Idee kommen, den Betriebsausgabenabzug für den Betriebs-Mercedes als Subvention des Unternehmers oder einer Automarke zu qualifizieren. Indessen gibt es prominente Ökonomen, die den Steuerabzug existenznotwendiger Aufwendungen für das Kind für verfehlt erachten.

Hierzu ist noch einmal nachdrücklich festzuhalten, dass nach dem heute herrschenden verfassungsrechtlichen Verständnis der Kinderfreibetrag keine Subvention darstellt, sondern notwendiger Baustein zur Berücksichtigung des Familienexistenzminimums im Einkommensteuerrecht ist. Daher steht – wie bereits ausgeführt – der Kinderfreibetrag jedem Steuerzahler zu. Bedürftigen Eltern sollten zusätzlich Direktsubventionen wie das Kindergeld gewährt werden.

4.2. Vergütung indirekter Steuern, die das Familienexistenzminimum belasten

Noch vollkommen ungeklärt ist die Belastung des Familienexistenzminimums durch indirekte Steuern, namentlich durch die Umsatzsteuer und Ökosteuern auf Energie. Die Steuerfreistellung des Existenzminimums erschöpft sich nicht im Grundfreibetrag oder im Kinderfreibetrag. Besonders im Bereich der niedersten Einkommen an der Grenze der Sozialhilfe vermag ein einkommensteuerlicher Freibetrag die Belastung durch indirekte Steuern nicht auszugleichen. Dies vermag nur eine Vergütung der das Familienexistenzminimum belastenden Steuer.

4.3. Kinderbetreuungskosten als Betriebsausgaben oder Werbungskosten

Die Ungleichbewertung von Erwerbs- und Familienarbeit findet in dem begrenzten Abzug von Kinderbetreuungskosten seinen Niederschlag. Wenn Alleinerziehende oder beide Eltern erwerbstätig sind, dann sind die Aufwendungen für die Fremdbetreuung von Kindern durch die Erwerbstätigkeit veranlasst. Damit liegen begrifflich Betriebsausgaben oder Erbungskosten vor. Dennoch wird die Kinderbetreuung der Privatsphäre zugeordnet, in der grundsätzlich kein Steuerabzug möglich ist, so dass sich der Steuergesetzgeber als Wohltäter geriert, wenn er gleichwohl einen Abzug von Betreuungskosten einräumt.

Im Ergebnis werden aber durch den limitierten Steuerabzug die Vereinbarkeit von Erwerbstätigkeit und Familienarbeit erheblich erschwert. Ein strukturell richtiges Steuerrecht muss daher den Betriebsausgaben- bzw. Werbungskostenabzug der Aufwendungen für Kinderbetreuung im vollen Umfange zulassen.

4.4. Ehegattensplitting und Familienrealsplitting

Schließlich lässt das geltende Steuerrecht das verfassungsrechtliche Gebot, Unterhaltsverpflichtungen „realitätsgerecht" zu berücksichtigen, weitgehend unerfüllt. Realitätsgerechtigkeit bedeutet hier die Übereinstimmung des Steuerrechts mit dem Familienrecht, namentlich mit dem Unterhaltsrecht. Unterhaltsverpflichtungen werden im Steuerrecht durch ein Realsplitting am exaktesten abgebildet: Der Verpflichtete kann die familienrechtlich zwangsläufigen Zahlungen absetzen, der Berechtigte hat sie zu versteuern.

Ausgangspunkt dieses Modells ist die Besteuerung von Ehegatten. Das Ehegattensplitting soll nach Auffassung sozialdemokratischer Politikerinnen nicht mehr zeitgemäß sein. Tatsächlich geht es hier wieder um die Gleichstellung von Erwerbs- und Familienarbeit, um den gleichrangigen Anteil des familienarbeitenden Ehegatten am Einkommen. Den Gegnern des Ehegattensplittings liegt ein Bild der Ehe zu Grunde, in der jeder Ehegatte das von ihm erwirtschaftete Einkommen für sich beansprucht.

Das Bundesverfassungsgericht hat das Ehegattensplitting im 61. Band nicht nur unterhalts-, sondern auch güterrechtlich gerechtfertigt. Heute stellt sich die Rechtfertigung anders dar: Die Senkung des Einkommensteuer-Spitzensatzes wird mit seinem früheren Einsetzen finanziert. Ab 2005 werden die zu versteuernden Einkommen bereits ab 52.152 Euro mit dem Spitzensatz belastet. Damit wirkt das Ehegattensplitting im Bereich mittlerer Einkommen und ist praktisch auf die zivilrechtliche Unterhaltsgemeinschaft der Eheleute reduziert, so dass es seiner weiteren güterrechtlichen Rechtfertigung nicht mehr bedarf. Einer Kappung des Ehegattensplittings steht bereits das eheliche Unterhaltsrecht entgegen.

Die eigentliche Ungleichbehandlung von kinderlosen Ehepaaren und Eltern resultiert demnach nicht aus dem Ehegattensplitting, sondern aus dem Fehlen einer sachgerechten Lösung für alle Unterhaltsgemeinschaften. Der Deutsche Juristentag hat 1994 mit überwältigender Mehrheit folgendes beschlossen: „Das

Ehegattensplitting ist in eine Form der Familienbesteuerung umzugestalten, welche das Familienexistenzminimum in Übereinstimmung mit dem Sozialhilferecht steuerfrei stellt und die familienrechtlich vorgegebene Einkommensverteilung in Ehe und Familie nachvollzieht".

Mit diesem Modell eines Familienrealsplittings wären alle vom Bundesverfassungsgericht entwickelten Anforderungen an das Steuerrecht erfüllt. Das sozialhilferechtlich bestimmte Existenzminimum kann relativ exakt nachvollzogen werden und es wäre nicht mehrfach oder überhöht berücksichtigt. Im Ergebnis würde das Familienrealsplitting auch eine Vereinfachung des Steuerrechts bewirken, denn es würde der in der Steuerpraxis äußerst streitanfälligen Übertragung von Einkunftsquellen den Boden entziehen. Durch die Anbindung der Unterhaltsabzüge an den Arbeitslohn ließe sich das Familienrealsplitting auch in den Lohnsteuerabzug integrieren.

5. Resümee

Nach alledem hat die Strukturreform des Steuerrechts die *Benachteiligung* der Familie im geltenden Steuerrecht abzubauen. Für die Verwirklichung des *Fördergebots* ist das Steuerrecht ungeeignet, weil es die einkommensschwachen und einkommenslosen Eltern nur marginal erfasst. Bei der Familienförderung muss der Schwerpunkt auf die Bekämpfung der Familienarmut gesetzt werden. Das sachgerechte Instrument hierfür ist die Direktsubvention (u.a. Kindergeld, Familiengeld, Erziehungsgeld). Auch hier muss ein Konglomerat neugeordnet werden, um die Gleichwertigkeit von Erwerbs- und Erziehungsarbeit zu erreichen.

Die familienpolitische Strukturreform der Sozialversicherung*

Dr. Jürgen Borchert

> *„Remota itaque justitia quid sunt regna nisi magna latrimonia?"*
> *(Augustinus)***

Einleitung

Wie im „Wiesbadener Entwurf" ausführlich erörtert, ergibt sich die Notwendigkeit einer familienpolitischen Strukturreform der Sozialversicherung aus verteilungs- und wirtschaftspolitischen sowie verfassungsrechtlichen Gründen. Das Bundesverfassungsgericht betrachtet diese Aufgabe zu Recht als dringlich, wie die Fristsetzung zum Jahresende 2004 im „Pflegeurteil" vom 3. April 2001 zeigt, mit welchem dem Gesetzgeber die familiengerechte Gestaltung der Beiträge zur Pflegeversicherung aufgegeben und zugleich der Auftrag erteilt wurde, die übrigen umlagefinanzierten Systeme der Alterssicherung auf ihre Familiengerechtigkeit zu überprüfen. Dass damit die gesetzliche Rentenversicherung gemeint ist, ist offensichtlich. Der Auftrag betrifft aber ebenso die gesetzliche Krankenversicherung, denn sie ist ebenfalls umlagefinanziert und hier erfolgen heute bereits etwa die Hälfte aller Ausgaben für Ruheständler; zudem wird dieser Anteil im Zuge der fortschreitenden Alterung der Bevölkerung rasch steigen. Weil der Grund dafür insbesondere in der rasch ansteigenden Kinderlosigkeit der heutigen Aktivengeneration zu finden ist, sind deshalb die Grundsätze des Pflegeurteils auch hier anzuwenden.

Offen gelassen hat das Bundesverfassungsgericht die Frage, wie der Gesetzgeber die Korrektur vorzunehmen hat. Drei Ebenen der Benachteiligung sind zu unterscheiden. Zum einen nämlich die synchron und horizontal erfolgende Benachteiligung, welche aus der Tatsache resultiert, dass die Sozialversicherung von Eltern und Nichteltern dieselben Geldbeiträge vom Bruttolohn abführt, obwohl Eltern mit ihrer Kindererziehung schon die bestandssichernden Beiträge für das System erbringen und weniger leistungsfähig sind. Zum anderen führt der linear-proportionale Beitragstarif in (synchron-) vertikaler Richtung zwi-

---

* Das Referat wurde im Hinblick auf die fortgeschrittene Diskussion im Dezember 2002 aktualisiert.
** „Wenn die Gerechtigkeit fehlt, was sind Staaten dann anderes als große Räuberbanden?"

schen „Oben" und „Unten" zu einer regressiven Belastungswirkung, welche ebenfalls mit dem Gleichheits- wie dem Solidarprinzip unvereinbar ist. Schließlich ist – drittens – der diachrone Nachteil auszugleichen, der aus der Tatsache resultiert, dass die Eltern im Rentensystem sowie teilweise auch in der Pflege- und Krankenversicherung um die Früchte ihrer Investitionen in das Humanvermögen geprellt werden.

Eine Betrachtung der Probleme aus diesen verschiedenen Blickwinkeln führt zu der Einsicht, dass zur Lösung der synchronen Ungleichheiten letztlich nur ein universales System der sozialen Sicherung unter Einbeziehung der gesamten Wohnbevölkerung und aller personengebundenen Einkommen geeignet ist, bei welchen die Beitragsgestaltung dem Muster des Solidaritätszuschlags bei der Einkommensteuer folgt. Auf der Leistungsseite des Rentensystems ist dem „bestandssichernden Beitrag", welcher durch Kindererziehung erbracht wird, diachron durch die Einrichtung von Elternrenten nach dem Dualen Modell Rechnung zu tragen. Wegen der Einzelheiten wird auf den „Wiesbadener Entwurf" Bezug genommen. In diesem Referat sollen einige Aspekte vertieft und dazu die Standpunkte diskutiert werden, die zu den einschlägigen Fragen vertreten werden.

I. Diskussion des Streitstandes zur Strukturreform

1. Contra: Bert Rürup, Franz Ruland, VDR und Sachverständigenrat

Die Notwendigkeit einer derartigen Strukturreform wird mit einer Fülle von Behauptungen und Argumenten bestritten, die allerdings nicht überzeugen können.

1.1. Die Kritik von Bert Rürup[1]

In seinem Kommentar kritisiert Bert Rürup am „Wiesbadener Entwurf" einen „ausgeprägt antiindividualistischen und damit in Teilen auch antidemokratischen Fundamentalismus", eine „exzessive Zunahme der staatlichen Umverteilungsaktivitäten", ohne dass deren Legitimation und die allokativen sowie die gesamtwirtschaftliche Entwicklungsdynamik beeinflussenden Konsequenzen diskutiert würden. Der „Wiesbadener Entwurf" ignoriere den Unterschied zwischen Steuern und Beiträgen. Die Ablehnung der Kapitaldeckung übersehe, dass ein mischfinanziertes Alterssicherungssystem stabiler und effizienter sei als ein nur aus dem Lohn- oder Erwerbseinkommen finanziertes System. Nicht einmal ansatzweise erwogen werde, „ob das vorgeschlagene familienpolitische Umverteilungsprogramm nicht einen „brain drain" von kinderlosen „high-potentials" aus Deutschland heraus akzeleriert". Auch Kinderlosigkeit sei ein legitimer

---

[1] Vgl. unten – Teil B – Dokumentation.

V. Elemente der familienpolitischen Strukturreform 309

Lebensentwurf und Eltern seien sich bei der Erfüllung ihres Kinderwunsches der Belastungen bewusst. Es fehlten jegliche Überlegungen zu einem möglichen Zusammenhang zwischen Kinderarmut und Frauenerwerbstätigkeit, auch werde nicht auf die zahlreichen internationalen Befunde eingegangen, dass – sofern die infrastrukturellen Bedingungen erfüllt seien – Frauenerwerbstätigkeit und Geburtenrate positiv miteinander korrelierten.

1.2. Die Einwände Franz Rulands gegen BVerfG vom 3. April 2001[2]

Scharfe Kritik am Pflegeurteil hat Franz Ruland geäußert: Das Bundesverfassungsgericht verhalte sich wie „ein nicht-legitimierter Ersatzgesetzgeber". Das Gericht habe zudem den Umstand nicht erkannt, dass die Bevölkerung vor allem wegen der zurückgehenden Kinderzahlen in den Familien schrumpfe. Eine Umstrukturierung der Beiträge würde zu einem Ausgleich von einem Fünftel Kinderloser zu vier Fünfteln Eltern führen. Ruland kritisiert ferner, dass das Gericht nicht geprüft habe, ob trotz der enormen Verbesserungen der letzten Jahre noch von einem unzulänglichen Familienlastenausgleich ausgegangen werden könne. Der Kinderlastenausgleich könne sachgerecht im Übrigen nur von der gesamtgesellschaftlichen Solidargemeinschaft wahrgenommen werden. Die Beschränkung auf Versicherte benachteilige nichtversicherte Eltern. Ein Binnenausgleich innerhalb der Pflegeversicherung treffe zudem nur die Kinderlosen, deren Einkommen die Versicherungspflichtgrenze nicht übersteige. Eine Beitragsstaffel begünstige die Besserverdienenden; ohnehin komme nur der Arbeitnehmerbeitrag für einen Ausgleich in Betracht. Schließlich meint Ruland, in der Rentenversicherung finde bereits ein effektiver FLA statt; das System der beitragsbezogenen Rente werde gesprengt und die Berücksichtigung der Kindererziehung führe zu negativen Renditen Kinderloser, weil deren Beiträge um ca. 6 v.H. steigen müssten.

1.3. Die Sicht des Verbandes deutscher Rentenversicherungsträger (VDR)[3]

Der Verband deutscher Rentenversicherungsträger bestreitet die Prognose rasant steigender Beitragssätze ebenso wie die Behauptung unzureichender Leistungen. Der Beitragssatz steige bis 2020 nicht über 19,8 %; die Rentenreform 2001 habe auch zu mehr Generationengerechtigkeit geführt. Eine Reform nach dem „Wiesbadener Entwurf" sei mit dem Eigentumsschutz der Rentenanwartschaften sowie dem Äquivalenzprinzip der GRV unvereinbar. Im Übrigen berücksichtige das

---

2 Ruland, Franz, Familie und Rentenversicherung, Mittlg. LVA Ober- und Mittelfranken,12/2001, S. 699 ff; Ruland, Franz, Das BVerfG und der Familienlastenausgleich in der Pflegeversicherung, NJW 23/2001, S. 1673 ff.; ähnlich Eichenhofer, Eberhard, Beitragsvergünstigung für Eltern in der Rentenversicherung?, Mitteilungen der LVA Ober- und Mittelfranken, S. 719; ders., Empfiehlt es sich, die rechtliche Ordnung finanzieller Solidarität zwischen Verwandten in den Bereichen des Unterhaltsrechts, des Sozialhilferechts und des Sozialversicherungsrechts neu zu gestalten? In: Verhandlungen des 64. DJT, Berlin 2002, S. B3 ff. (B 40 ff.).
3 Vgl. unten – Teil B – Dokumentation.

Rentenrecht die Kindererziehung bereits in ausreichendem Maße und der Familienlastenausgleich sei eine Aufgabe der gesamtgesellschaftlichen Solidarität. Bei steigender Geburtenzahl müssten langfristig immer weniger Kinderlose und Kinderarme für immer mehr Elternrenten aufkommen. Das „duale System aus Eltern- und Geldbeitragsrenten" führe zu einer extremen Überbewertung der Kindererziehung. Die Arbeitsproduktivität sei von weit größerer Bedeutung als der generative Faktor des Humankapitals.

1.4. Argumente des Sachverständigenrates[4]

Der Sachverständigenrat geht in seinem Jahresgutachten 2001/2002 für das Jahr 2020 sogar von einem Rentenbeitragssatz von nur 19,4 % aus und beschäftigt sich unter der Überschrift „Lösungen und Scheinlösungen" ausführlich mit der Frage einer personellen und finanziellen Erweiterung der Sozialversicherung. Der Entlastung durch Einbeziehung der Selbständigen stünden langfristig wegen deren längerer Lebenserwartung höhere Ausgaben gegenüber. Zudem würde der Rückkoppelungsfaktor der GRV bei sinkenden Beiträgen in den Folgejahren den Anpassungssatz erhöhen. Auch die Einbeziehung der Beamten wäre wegen deren höherer Lebenserwartung für die GRV ein riesiges Verlustgeschäft. Weil zudem die in der Beamtenbesoldung implizit (u.a. durch geringere Bruttobezüge im Vergleich zu sozialversicherten Arbeitnehmern in vergleichbarer Position) versteckten Abzüge entfielen, würden sich für die Dienstherrn Mehrbelastungen ergeben. Soweit berufsständische Versorgungswerke betroffen seien, müssten Kompensationszahlungen durch die GRV erfolgen. Zielführender sei deshalb eine Verlängerung der Lebensarbeitszeit durch Erhöhung des Renteneintrittsalters. Gegen die Gleichsetzung von Kindererziehungsaufwand und staatlichen Zwangsabgaben sprächen die Freiwilligkeit der und die Lebensbereicherung durch Elternschaft. In einem Land mit einer zunehmenden Unstetigkeit der Erwerbsformen und Erwerbsbiografien, einer zunehmend arbeitsmarktorientierten Zuwanderung und nicht zuletzt mit einem kostenlosen Bildungssystem sei eine Differenzierung der positiven Externalitäten nicht sinnvoll und praktisch unmöglich. Insoweit verweist der Sachverständigenrat noch auf die Bilanzierung der staatlichen Leistungen für Familien in Höhe von 290.994 Mrd. DM, dabei das Ehegattensplitting und die Familienhilfe in der GKV nicht einmal mitgerechnet.

1.5 Die Einwände von Ribhegge, Ebsen, Köhler-Rama und Eichenhofer

Im Zusammenhang mit der durch das Pflegeurteil des Bundesverfassungsgerichts ausgelösten Reformdiskussion sind im Verlauf des Jahres 2002 zahlreiche Stellungnahmen erschienen, welche die vorgenannten Einwände teilweise wiederholen, teilweise sie aber auch ergänzen. Ihr gemeinsamer Nenner besteht

---

[4] Sachverständigenrat zur Begutachtung der gesamtwirtschaftlichen Entwicklung, Für Stetigkeit – gegen Aktionismus, Jahresgutachten 2001/2002, Stuttgart 2001, S. 159 ff.

V. Elemente der familienpolitischen Strukturreform

darin, dass sie das zu lösende Problem als ein solches der „Vereinbarkeit" und des Familienlastenausgleichs sehen und letzteres dem Steuersystem überantworten wollen.

Für Ribhegge ist das Kernproblem der unzureichenden Amortisation elterlicher Vorleistungen in der unzureichenden innerfamiliären Solidarität zu suchen. Entscheidende Gründe für die Entstehung der sozialen Sicherungssysteme lägen in den Defiziten der zu kleinen Risikogemeinschaften. Die gesellschaftlichen externen Effekte durch die Besteuerung der Arbeitseinkommen seien aber ein steuerrechtliches, kein sozialversicherungsrechtliches Problem. Im Generationenvertrag dürfe man nicht allein die Belastung der Eltern sehen, sondern müsse auch die Versorgungsansprüche der Kinder berücksichtigen, welche diese durch Beitragszahlung erwürben. Eine funktionale Zuordnung der familialen Leistungen auf einzelne Subsysteme sei weder sinnvoll noch machbar.[5]

Für Köhler-Rama[6] wäre die Berücksichtigung der Kindererziehung im Rentenrecht eine Individualisierung des Risikos der Kindererziehung, gleichbedeutend mit einer ex-post risikobezogenen Prämiendifferenzierung, zudem mit einer bevölkerungspolitischen Ideologie und Stoßrichtung behaftet. Die wirkungsvollste Maßnahme zur Lösung der vielfältigen Probleme sei allemal die Steigerung der Erwerbsbeteiligung von Frauen. Dies sehen Ebsen[7] und Eichenhofer[8] genauso.

2. Diskussion

2.1. Zu Ribhegge, Köhler-Rama, Eichenhofer und Ebsen

Auffallend ist an allen Stellungnahmen, dass die umfassende Diskussion der einschlägigen Fragen im Rahmen des „Trümmerfrauenverfahrens", die auch in der Literatur ihren Niederschlag fand,[9] komplett ignoriert wird. Dabei ist alles Wesentliche bereits damals nahezu erschöpfend behandelt worden:
- Dass es nicht um Fragen der Entlastung geschweige denn der „Besserstellung", sondern um „Leistungsgerechtigkeit" geht (kein Kindergeld für die Oma, sondern eine leistungsgerechte Rente);
- dass – wenn Kindererziehung eine Leistung nicht nur für das Alterssicherungssystem, sondern für Staat und Gesellschaft insgesamt ist – nach den

---

5 Ribhegge, Hermann, Das Urteil des Bundesverfassungsgerichts zur Pflegeversicherung, in: Kritische Justiz, 3/2002, S. 358 ff.
6 Köhler-Rama, Tim, Kinderzahlabhängige Beiträge in der gesetzlichen Rentenversicherung: Rückschritt statt Fortschritt, DAngVers 11/2002, S. 449 ff.
7 Ebsen, Ingwer, Verfassungsanforderungen an den Familienleistungsausgleich in den Alterssicherungssystemen – einige Überlegungen zur Rechtsprechung des Bundesverfassungsgerichts, DRV 12/2002, S. 697 ff.
8 Eichenhofer, Eberhard, Familien und soziale Sicherheit in internationaler Perspektive, DRV 12/2002, S. 725 ff; ders., Beitragsvergünstigung für Eltern in der Rentenversicherung?, Mitteilungen der LVA Oberfranken und Mittelfranken 12/2001, S. 722 ff.
9 Vgl. Borchert, Plädoyers (1992) sowie ders., Man muß kein Extremist sein..., in: Familie und Recht 2/1992, S. 88ff. und Ruland, Franz, DRV 1992, S.327 ff.

Gesetzen der Proportionalität nicht einzusehen ist, dass Eltern für dieses „Mehr" in der Alterssicherung „weniger" erhalten sollen;
- dass es die Sozialversicherung, vor allem die Rentenversicherung, ist, welche die „ungeheuere Begünstigung der Kinderlosen und kinderarmen Familien und die entsprechenden Benachteiligungen der kinderreichen Familien herbeiführt" und deshalb „nach dem Verursacherprinzip auch sie es ist, und nicht die im Staat zusammengefasste Volksgemeinschaft, die das wieder in Ordnung zu bringen hat. Sie kann es also nicht auf die Steuergesetzgebung abschieben" (von Nell-Breuning),
- dass „Sondersysteme" keine Rechtfertigung für Transferausbeutung sind;
- dass schon das schiere Ausmaß der externen Effekte im „Generationenvertrag" (derzeit etwa 120 Mrd. €) eine Korrektur lediglich durch Steuern ausschließt,
- dass der so genannte Familienlastenausgleich bei genauer Betrachtung ein „Etikettenschwindel", „Schildbürgerstreich", „Leerlaufmaschinerie", „einlullende Harmoniehypothese" usw. ist.[10]

Deshalb ist diese neuerliche Diskussion nicht nur mit wissenschaftlichen Grundsätzen kaum vereinbar, sondern es liegt auch eine gehörige Portion „contempt of court" in ihr, denn es wird der Eindruck erweckt, als habe das Bundesverfassungsgericht in seiner bahnbrechenden Trümmerfrauenentscheidung alle diese Aspekte überhaupt nicht erkannt. Tatsächlich wurde das Urteil damals aber vor dem Hintergrund einer intensiven Debatte gefällt, die nahezu alle heutigen Argumente bereits kannte; diese waren mit einigen hundert Seiten zum Gegenstand des Rechtsstreits gemacht worden.

Die Autoren gehen im übrigen zu Unrecht davon aus, dass die Probleme, welche die falsche Konstruktion der Sozialversicherung verursacht, durch „Vereinbarkeit" oder durch den steuerlichen „Familienleistungsausgleich" lösbar seien; solange die Quellursachen der Deklassierung der Familien, die familienfeindlichen Revenuestrukturen und die positiven externen Effekte im Generationenvertrag, weiterwirken, wird vielmehr nur das fatale Hase/Igel-Rennen weitergehen. Ohne eine durchgreifende familienpolitische Strukturreform können diese Instrumente nicht funktionieren; das käme dem Versuch gleich, Wasser mit einem Sieb zu schöpfen.

Dass Köhler-Rama von „ideologischer Grundrichtung" schreibt, davon spricht, dass Altersarmut aufgrund von Kinderlosigkeit der Vergangenheit angehöre und dabei Altersarmut aufgrund von Kindererziehung auslässt, dass er von rückwirkender Prämiendifferenzierung und einer erheblich verschlechterten Rendite Kinderloser im Falle einer Beitragsdifferenzierung zwischen Eltern und Kinderlosen spricht, zeigt nur, dass er die zentrale Frage der „Beitragsäquivalenz" der Kindererziehung offenbar immer noch nicht versteht: Wer nur Geld-

---

10 So Suhr, Dieter, Transferrechtliche Ausbeutung und verfassungsrechtlicher Schutz von Familien, Müttern und Kindern, Der Staat, 1/1990, S. 70 ff.

V. Elemente der familienpolitischen Strukturreform

beiträge erbringt, leistet nur die Hälfte des zur Aufrechterhaltung des Systems nötigen Beitrags. Deshalb – und das ist das tatsächlich Neue in seinem Beitrag! – muss er auch voraussetzen, dass „Kinderlosigkeit von dem bislang versicherten Risiko zu einem individuell rentenschädlichen Tatbestand umdefiniert" würde. Dass das System niemals „Kinderlosigkeit" versichert hat, sondern dem System im Gegenteil die stillschweigende, inzwischen jedoch widerlegte Vorstellung der „Kontinuität des Volksganzen" bei vernachlässigbar geringer Kinderlosigkeit zugrunde lag, scheint ihm unbekannt zu sein. Und dass Mütter durch das System um ihre genuinen, originär erworbenen Ansprüche auf Altersunterhalt geprellt werden, weil das familiäre durch das soziale System verdrängt wurde, sieht er ebenfalls nicht.

Wenn Ribhegge die „Sozialisierung" des Kindernutzens nur im Falle der steuerlichen Abschöpfung zu erkennen vermag, jedoch die ungleich stärkere im Bereich der Sozialversicherung nicht, gilt ähnliches. Wenn er dabei auf die Ansprüche abstellt, welche Kinder durch ihre Beiträge ja selbst erwürben, übersieht er, dass diese Ansprüche nur dann valutiert werden können, wenn sie ihrerseits durch „Humankapital" gedeckt sind. Letztlich handelt es sich deshalb um eine chrematistische Betrachtung, welche dem Gegenstand der Untersuchung nicht gerecht wird.[11]

Auch Ebsen ist bei seiner Interpretation der einschlägigen Entscheidungen offenbar davon ausgegangen, das Bundesverfassungsgericht habe sich mit den Voraussetzungen und Implikationen seiner Rechtsprechung, insbesondere der „gesamtgesellschaftlichen Dimension" des Kinderlastenausgleichs und der „Förderung erziehungsfreundlicher Rahmenbedingungen" nicht auseinander gesetzt, obwohl das Gegenteil richtig ist. Seine zur Stützung seines Standpunktes vorgenommene Literaturauswahl wirkt dementsprechend recht einseitig, eine kritische Auseinandersetzung mit dem Begriff [12] und erst recht den Realitäten des „Familienleistungsausgleichs" unterbleibt. Ähnliches gilt für die Beiträge Eichenhofers, der „die rentenrechtlichen Kompensationen nicht auf die Frauen konzentrieren, sondern stattdessen jeden die Familienarbeit leistenden Elternteil in seiner konkreten Stellung als Erwerbstätiger schützen" will. Wie er aber die asymmetrischen Belastungswirkungen für Familien im Transfersystem und die externen Effekte bei Kinderlosen eliminieren will, für welche er hier Eltern wie selbstverständlich Doppelleistungen in Gestalt von Erwerb und Kindererziehung zumutet, diese entscheidende Frage lässt er offen.

---

11 Zum Chrematismus siehe Wiesbadener Entwurf zu Fußnote 82. Ribheggges Argumentation in weiteren Einzelaspekten, z.B. in seiner Kritik an der Entscheidung zur privaten Pflegeversicherung und der irrigen Vorstellung des Senats betreffend die Kapitaldeckung, ist hingegen überzeugend; allerdings übernimmt er andererseits die Zahlen des Sachverständigenrates zum Ausmaß des Familienlastenausgleichs, ohne sich über die tatsächlichen Verteilungswirkungen Rechenschaft abzulegen.
12 Dazu beispielsweise Estelmann, Martin, SGb 2002, S. 246.

2.2. Erwiderung auf Bert Rürup

Naturgemäß kommt den Einwänden Bert Rürups, der sowohl Vorsitzender des Sozialbeirates als auch Mitglied des Sachverständigenrates zur Begutachtung der gesamtwirtschaftlichen Entwicklung ist und zudem in zahlreichen einschlägigen Kommissionen mitwirkt(e), besonderes Gewicht zu. Sein Kommentar zeigt jedoch, dass er die Vorentscheidungen des Grundgesetzes für jedwede Sozialpolitik einschließlich der mittlerweile gefestigten einschlägigen Verfassungsjudikatur ignoriert.

(1) Von seinem Standpunkt muss nämlich die gesamte Rechtssprechung des Bundesverfassungsgerichts zu familienpolitischen Fragen als „ausgeprägt anti-individualistisch und damit auch letztlich anti-demokratischer Fundamentalismus" angesehen werden, denn diese Rechtssprechung ist an Art. 3 Abs. 1 GG ausgerichtet und bereits deswegen „egalitätsorientiert". Die Tatsache, dass zudem Art 6 Abs. 1 GG nicht nur zusätzlich einen besonderen Gleichheitssatz, sondern obendrein ein Fördergebot enthält, scheint Rürup ebenso unbekannt zu sein, denn schon aus dieser normativen Grundorientierung unserer Gesellschaft folgt, dass die von ihm eingeforderte „valide Begründung" für die „egalitätsorientierte" Politik zu Gunsten der Familien bereits besteht. Rechtfertigen muss sich nicht eine Politik, die Familien zu ihrem Recht verhilft, sondern genau umgekehrt die von ihm so vehement befürwortete „individualistische", sobald sie zu Lasten der Familien geht.

(2) Rürup befürchtet weiter eine „exzessive Zunahme der staatlichen Umverteilungsaktivitäten", ohne sich jedoch mit der im „Wiesbadener Entwurf" detailliert belegten Tatsache auseinander zu setzen, dass genau eine solche in der Sozialversicherung stattfindet und hart kritisiert wird – allerdings eine zu Lasten der Familien und Kleinverdiener. Der „Wiesbadener Entwurf" will die Umverteilung im Gegenteil genau dadurch eliminieren, dass der maßlose staatliche Eingriff in die Familienökonomie zurückgenommen wird. Familien, die infolge einer nach dem Leistungsfähigkeitsprinzip bemessenen Steuer- und Sozialabgabenlast ihre Kinder aus dem selbst erwirtschafteten Einkommen großziehen können, benötigen keine Umverteilungsgeschenke mit zusätzlichem Verwaltungsaufwand.

(3) Nirgendwo im Wiesbadener Entwurf wird die Legitimität eines kinderlosen Lebensentwurfs in Frage gestellt oder „die Sicherung der eigenen Altersversorgung, die Stabilisierung der staatlichen Sicherungssysteme oder eine Erhöhung des zukünftigen Produktionspotenzials der Gesellschaft als relevante Geburtsmotive" angeführt, noch wird eine „volle Kompensation des kinderbedingten Konsumverzichts" verlangt. Worum es geht, ist stattdessen die hier nur noch von Rürup bestrittene „Transferausbeutung" der Familien, die zu astronomischen Umverteilungen von

V. Elemente der familienpolitischen Strukturreform

Familien zu Kinderlosen führt, wie vom Bundesverfassungsgericht seit dem Trümmerfrauenurteil vom 7. Juli 1992 auch erkannt.[13]

(4) Wenn Rürup in diesem Zusammenhang behauptet, dass Eltern sich heute in aller Regel der mit Kindererziehung verbundenen Verpflichtungen und Belastungen bewusst seien, so muss dem schon deshalb widersprochen werden, weil die Transferausbeutung selbst der Verfassungsjudikatur lange Zeit verborgen blieb. Zudem beweisen nicht zuletzt die Daten des Statistischen Landesamts Baden-Württemberg, dass sich die ökonomische Situation der Familien über Jahrzehnte verschlechterte und sich sogar entgegen den erteilten unmissverständlichen Verfassungsaufträgen fortlaufend noch weiter verschlechtert. Konnten die Eltern heute minderjähriger oder studierender Kinder mit einer solchen, mit Art. 6 GG schlechthin nicht zu vereinbarenden Entwicklung rechnen? Weshalb also sollten Eltern es besser wissen, wenn selbst der Vorsitzende des Sozialbeirats offenkundig über die Entwicklung der Verteilungsverhältnisse zu Lasten der Familien nicht ganz im Bilde ist?

(5) Steuern/Beiträge: Diese Problematik spielt, wie an vielen Stellen nachzulesen, eine zentrale Rolle im „Wiesbadener Entwurf". Rürup vergisst einerseits allerdings, dass auch Kindererziehung nach der zutreffenden Verfassungsjudikatur ausdrücklich „Beitrag" ist, weshalb der Verfasser/Referent auch zur Frage der „genau definierten Ansprüche" eine dezidiert andere Auffassung hat, als Rürup mit seinem letztlich judikativ längst überholten „Weltbild" der Sozialversicherung. Andererseits hätte Rürup von seinem Standpunkt aus dann auch thematisieren müssen, in welchem Umfang die Leistungen der Beitragssysteme derzeit aus Steuern finanziert werden, im Rentensystem zum Beispiel zu rund 40 %. Entgegen seiner Behauptung werden die Grenzen zwischen Steuern und Beiträgen im „Wiesbadener Entwurf" sehr wohl beachtet, aber die bestehenden Realitäten vor allem auch kritisch hinterfragt.

(6) Entgegen der Behauptung Rürups enthält der „Wiesbadener Entwurf" keineswegs eine „Zentralhypothese" eines kausalen Zusammenhangs der sozialstaatlichen Abgabenstruktur mit der Geburtenentwicklung, sondern geht auf diesen Aspekt nur quasi der Vollständigkeit halber am Rande ein. Auch der Einwand, dass die Verminderung der Erwerbstätigkeit die dominante Armutsursache sei und diese im „Wiesbadener Entwurf" nicht behandelt werde, geht fehl, denn diese Frage wird mehrfach erörtert – mit dem Ergebnis, dass dies so nicht stimmt.[14] Seine Annahme, dass bei verbesserten Vereinbarkeitsbedingungen steigende Erwerbs- und Geburtenraten international korrelierten, lässt sich ebenfalls, wie im Wiesbadener Entwurf am Beispiel Schwedens diskutiert, so nicht halten und wird schon durch die Verhältnisse in den neuen Bundesländern mit einer aus-

---

13 Vgl. BVerfG v. 7. Juli 1992 E 87, 1 (36 ff.): „Transferleistungen von Familien mit mehreren Kindern an die ohnehin schon bessergestellten Familien mit einem Kind und die Kinderlosen".
14 Vgl. oben, S. 50 f und 92 f.

gebauten Kinderbetreuung widerlegt. Im Übrigen verkennt Rürup, dass vermehrte Frauenerwerbstätigkeit kein Ersatz für eine den Verfassungsmaßstäben genügende Sozial- und Abgabenordnung ist.

(7) „Brain-drain": Die nahe liegende Frage, dass gerade die üblicherweise im Alter der Familiengründung stehenden „high-potentials" Deutschland auch wegen der extrem hohen Sozialabgaben und der einem Nachwuchswunsch extrem hinderlichen Bedingungen den Rücken kehren könnten, scheint sich für Rürup nicht zu stellen. Derzeit sollen bereits 15 % der promovierten Hochschulabsolventen dem Land den Rücken kehren, von den Jungmedizinern sogar über 30 %. 1999 sind nach einer Meldung des Statistischen Bundesamtes 116.000 Menschen ausgewandert, vorwiegend junge „High Potentials"; von 1990 bis 1999 waren es 1,1 Millionen. Dass die überkommene Sozial- und Familienpolitik[15] jedenfalls verheerende Folgen zeitigt, bedarf demgegenüber keines Beweises mehr.

(8) Kapitaldeckung: Hier übersieht Rürup, dass die Ausweitung der Beitragspflicht auf alle personengebundenen Einkommen gerade die Abhängigkeit von der Lohnbasierung überwinden will. Interessant ist in diesem Zusammenhang ferner seine Bemerkung an anderer Stelle, dass es nicht möglich sei, die intertemporalen Verteilungswirkungen von Sachinvestitionen zu erfassen. Bei der Frage der Kapitaldeckung scheint Rürup im Übrigen innerhalb kurzer Zeit eine rasante Kehrtwendung vollzogen zu haben, denn noch als Mitglied der so genannten Blüm-Kommission war er 1997 in prominenter Rolle für die entschiedene Ablehnung der (Teil-) Kapitaldeckung verantwortlich. Anders als Rürup es darstellt, sind die mit einer (Teil-) Kapitaldeckung verbundenen Fragen unter Ökonomen auch nach wie vor hoch umstritten.[16]

2.3. Auseinandersetzung mit Franz Ruland

Ruland wiederholt viele seiner Argumentationen, mit denen er bereits im „Trümmerfrauenverfahren" nicht überzeugen konnte.[17] Im Übrigen handelt es sich überwiegend um Überlegungen, welche zwar zur Abwehr von Angriffen auf das gegliederte System der Alterssicherung gedacht sind, implizit jedoch für eine Lösung im hier vorgeschlagenen Sinne einer Universalsicherung unter Ein-

---

15 Zu der Rürup ja nicht ganz untergeordnete Beiträge geleistet hat!
16 Vgl. z.B. nur die Zusammenfassung der Enquete-Kommission „Demographischer Wandel" in: Zur Sache 8/98, S. 376 f. (Mitglied: Prof. Rürup). Dezidierten Widerspruch erntete Rürup auch in der Diskussion seines Beitrags namentlich durch Professor Hankel – vgl. dort. Wegen der von ihm eingeforderten „Regale füllenden Literatur" wird schließlich auf den als Quelle mit weiterführenden Literaturhinweisen angegebenen Aufsatz Borchert, Jürgen, Finanzierung der Gesetzlichen Rentenversicherung, in: Boecken et al. (Hg.), Öffentliche und private Sicherung gegen soziale Risiken, Colloquium zum 65. Geburtstag Bernd Baron von Maydells, Baden-Baden 2000, S.133 f. sowie auf Borchert, Jürgen, „Renten vor dem Absturz", Frankfurt am Main 1993 (Herausgeber: Prof. Rürup), S. 118 ff., 130 ff. verwiesen (jeweils mit vielen weiteren Nachweisen).
17 Vgl. Ruland, Rentenversicherung und Kinderlastenausgleich, DRV 1992, S. 327 ff.

V. Elemente der familienpolitischen Strukturreform 317

beziehung aller personengebundenen Einkommen und einer Beitragsgestaltung nach dem Muster des „Soli" sprechen.

(1) Soweit Franz Ruland die Auffassung des Bundesverfassungsgerichts angreift, dass Kindererziehung bei kapitalgedeckten Vorsorgesystemen nicht berücksichtigt werden müsse, wird diese Meinung hier geteilt.

(2) Soweit er die Beschränkung auf den Versichertenkreis und die damit einhergehende Umverteilung von unten nach oben kritisiert, ist ihm ebenfalls recht zu geben, jedoch ist seine Schlussfolgerung falsch, dass nur eine Lösung über die gesamtgesellschaftliche Solidarität sachgerecht wäre. Dies ist genau nicht der Fall, weil auf diesem Weg der Freiheits-/Verantwortungsbezug in der Achse Kinderlose/Eltern verloren ginge, wie Bernd Wegmann zur Lösung der „Kindererziehungszeiten" zutreffend herausgearbeitet hat. Ruland selbst hat zur „Lösung" durch steuerfinanzierte Kindererziehungsjahre ja schon gesagt, dies sei „in doppelter Weise verkehrt".[18] Ruland übersieht zudem, dass die Sozialversicherung die wirksamste Quelle der Benachteiligung ist und deshalb eine steuerfinanzierte Korrektur – unter Einschluss der Eltern – erneut ein intransparentes Kurieren am Symptom und angesichts der Größenordnung der notwendigen Korrekturen aussichtsloses Unterfangen beinhalten würde. Solange die Transfersysteme so asymmetrisch zulasten der Familie wirken, generiert jede „Wohltat" nur zwangsläufig neue Ungerechtigkeiten. Entgegen seiner Absicht sprechen diese Überlegungen Rulands aber unmittelbar für das Universalsystem mit dem „Solibeitrag" sowie das „Duale System" aus Geldbeitrags- und Elternrenten.

(3) Seine Kritik am Bundesverfassungsgericht als „nicht legitimiertem Ersatzgesetzgeber" ist unzutreffend. Denn Tatsache ist, dass der Gesetzgeber nicht nur den alle Transfersysteme betreffenden Verfassungsauftrag aus dem „Trümmerfrauenurteil" vom 7. Juli 1992 nicht erfüllt, sondern ihm – und sogar seinem eigenen Versprechen einer umfassenden Rentenreform in der gemeinsamen Entschließung von Bundesrat und Bundestag vom 21. Juni 1991 – grob zuwider gehandelt hat. Das zwingt das Gericht zu deutlich präziseren Vorgaben, an deren Legitimität in Anbetracht der Befugnis des Gerichts zu Vollstreckungsanordnungen gem. § 35 Bundesverfassungsgerichts-Gesetz auch kein Zweifel besteht.

(4) Der Einwand, dass die Bevölkerung vor allem wegen der zurückgehenden Kinderzahlen in den Familien schrumpfe, ist teilweise zutreffend, verfängt aber nicht, denn das Problem resultiert aus der Tatsache, dass entgegen Ruland der Anteil der lebenslang Kinderlosen inzwischen die 30-Prozent-Marke deutlich überschritten hat und auf 40 % zu geht. Stellt

---

18 In einem Diskussionsbeitrag beim 7. Speyerer Sozialrechtsgespräch, siehe dort S. 130: „Worum es doch letztlich geht im Bereich der Familienpolitik, ist der Ausgleich zwischen denen, die Kinder haben, und denen, die keine Kinder haben. Wegen des Umlageverfahrens zahlen für die Kindererziehungszeiten die Kinder und nicht die Kinderlosen. Insofern ist dieser Ansatz in doppelter Weise verkehrt. Es ist allen bekannt! Aber die Familienpolitik muss Erfolge erzielen und deshalb geht man diesen Weg weiter."

man auf die Haushalte mit und ohne Kinder ab, ist sogar von einem Verhältnis von rund 23/77 auszugehen,[19] was für eine Reform nach dem „Wiesbadener Entwurf" zur Folge hätte, dass für jeden Euro, welchen man den Familien lässt, von kinderlosen Hauhalten etwa 30 Cents mehr aufzubringen wären.

(5) Auch die Einwände bezüglich der Beitragsstaffel bzw. der Differenzierung des Arbeitgeberanteils greifen nicht: Da der Arbeitgeberanteil nach unbestrittener Auffassung vorenthaltener Lohn ist, kommt auch die Lösung einer Koppelung an die Einkommenssteuer nach dem Muster des Solidaritätszuschlags in Betracht. Der Arbeitgeber hätte dann, bei für ihn gleichen Bruttokosten, je nach Kinderzahl verschieden hohe Nettoeinkommen auszuzahlen.

(6) Die von Ruland geforderte Bestandsaufnahme der familienpolitischen Leistungen haben die Bundesbank, der Wissenschaftliche Beirat beim Bundesfamilienministerium, der Sachverständigenrat zur gesamtwirtschaftlichen Entwicklung und das Kieler Institut für Weltwirtschaft (Astrid Rosenschon) längst erarbeitet und sind übereinstimmend zu astronomischen Summen gekommen.[20] Allerdings besagen sie nichts zur Nettoförderung der Familien, weil die Zuordnung vieler Rechnungsposten (z.B. Bildungsausgaben oder Bundesbeiträge für Kindererziehung) zum Familienlastenausgleich schlicht absurd ist und zudem das so genannte Inzidenzproblem nicht erkannt wird: Wie viel Familien selber zahlen und erhalten, lässt sich nicht ausmachen.[21]

(7) Wenn Ruland schließlich meint, in der Rentenversicherung finde bereits ein effektiver FLA statt, ist ihm entgegen zu halten, dass dies zum einen nicht der Fall ist, zum anderen geht es dem Bundesverfassungsgericht im Pflegeurteil überhaupt nicht um einen FLA in der Sozialversicherung, sondern um die Frage der Beitragsäquivalenz der Kindererziehung.[22] Bei der Umrechnung der elterlichen Humaninvestitionen in monetäre Werte errechnen sich Summen, die bei einem Kind bis zu 250.000 € und zwei Kindern bis zu 450.000 € reichen und damit ohne weiteres dem Äquivalent für ein Einfamilienhaus in gehobener großstädtischer Lage entsprechen.[23] Während dieser „investiven" Erziehungsleistung der Eltern im familiären Synallagma früher die Gegenleistung der Kinder in Gestalt von

---

19 Vgl. Grabka, Markus/Kirner, Ellen, Einkommen von Haushalten mit Kindern, DIW-Wochenbericht Nr. 32/ 2002, 527 ff. (528).
20 Vgl. Wiesbadener Entwurf zu Fn. 287.
21 Vgl. zum Beispiel Willeke, Franz-Ulrich; Onken, Ralph, Allgemeiner Familienlastenausgleich in der Bundesrepublik Deutschland, Frankfurt/New York 1990, S. 338 ff. Vgl. dazu auch Lampert, Priorität für die Familie, Berlin 1996, S. 181 ff.
22 So zutreffend auch Estelmann, Martin, Das „Beitragskinderurteil" des Bundesverfassungsgerichts, Die Sozialgerichtsbarkeit 5/2002, S. 245 ff.
23 Zur Problematik derartiger Berechnungen Lampert, Heinz, Priorität für die Familie, Berlin 1996, S. 25 ff. Unberücksichtigt in den üblichen Rechenwerken zu dieser Frage blieben bisher – soweit ersichtlich – die Nachteile, welche sich für Familien aus ihrer deutlich geringeren Sparquote ergeben, dazu Lampert, Heinz 1996, S. 104 ff.

V. Elemente der familienpolitischen Strukturreform 319

Mitarbeit in Haus und Hof sowie als Alters- und Pflegeunterhalt gegenüber stand, hat vor allem die Rentenversicherung dieses familiäre Austauschband zerschnitten; für die heute in den Ruhestand tretenden Eltern hält das Rentensystem nach wie vor nur das Almosen eines „Babyjahres" im Wert von rund 25 € bereit. Nur in der Kranken- und Pflegeversicherung erhalten Eltern immerhin dieselben Sachleistungen wie Kinderlose. Erst ab etwa dem Jahr 2020 kommen in der GRV in größerem Umfang die erweiterten „Anrechnungen" zur Valutierung, die für Geburten ab 1992 gelten.[24]

(8) Mit seiner Auffassung, das System der beitragsbezogenen Rente werde gesprengt und die Berücksichtigung der Kindererziehung führe zu negativen Renditen Kinderloser, weil deren Beiträge um ca. 6 v.H. steigen müssten, stellt Ruland die realen Verhältnisse und die Verfassungsfragen auf den Kopf: In den Renditen Kinderloser verstecken sich nämlich gerade die verfassungswidrig enteigneten genuinen Ansprüche der Eltern! Weil die Geldbeiträge realökonomisch nichts anders als der der Elterngeneration geschuldete Altersunterhalt, keinesfalls aber Vorsorgebeiträge sind, erhalten Kinderlose ihre Renten quasi ohne Vorleistungen. Weil diese „Rendite" deshalb der harte Kern der Verfassungsverstöße des Rentensystems ist, ist ihre Schmälerung aus verfassungsrechtlichen Gründen also gerade geboten.[25]

(9) Zur Klarstellung: Die Hauptachse der Argumentation von Ruland, Eichenhofer u.a. dreht sich um die Frage des FLA in der Sozialversicherung. Mit dieser Blickrichtung wird das eigentliche Problem der „Beitragäquivalenz der Kindererziehung" aber verfehlt: Dass es nicht um „Förderung"[26], sondern um den Ausgleich von Nachteilen der Eltern geht, welche sich komplementär dazu intertemporär als „positive externe Effekte" bei den kinderlosen Rentnern der Elterngeneration niederschlagen. Wenn also die „gesamtgesellschaftliche Solidargemeinschaft" (unter Einschluss der Eltern selbst!) die Nachteile der Eltern verringert, die „positiven externen Effekte" jedoch – zu Lasten der Kinder – nicht antastet, bleibt das Problem im Prinzip ungelöst.

(10) Fazit: Ruland ist insoweit zuzustimmen, als er die Begrenzung der Ausgleichspflichtigen im Pflegeurteil und dessen ökonomisch unhaltbare Wertung der Kapitaldeckung in diesem Zusammenhang kritisiert. Die meisten der Argumente Rulands beinhalten implizit jedoch ein Votum für

---

24 Dass in dieser „Stichtagsregelung" selbst verfassungsrechtlicher Sprengstoff steckt, ist evident, dazu Haase, Friedhelm, Familienbezogene Neuregelungen in der Rentenreform, Mittlg. LVA Ober- und Mittelfranken, 12/2001, S. 728 ff. sowie Rust, Ursula, Geschlechtspezifische Neuregelungen der Rentenreform, ebenda, S. 737 ff.
25 Schon im „Trümmerfrauenurteil" wies das Bundesverfassungsgericht darauf hin, dass „der Schutz der Rentenanwartschaften durch Art. 14 Abs. 1 GG einer maßvollen Umverteilung innerhalb der gesetzlichen Rentenversicherung zu Lasten kinderloser und kinderarmer Personen nicht entgegen steht", BVerfGE 87, 1, 40.
26 Eichenhofer, Eberhard /2001 spricht von „Begünstigung".

das im „Wiesbadener Entwurf" vorgeschlagene „Soli-Universalmodell". Im Übrigen handelt es sich um altbekannte Abwehrargumente, welche den Kern des Problems verfehlen.

2.4. Diskussion der Einwände des VDR sowie des Sachverständigenrates

Die meisten dieser Argumente sind, wie auch die von Franz Ruland, nicht neu. Sie werden seit über einem Jahrzehnt gegen eine familienpolitische Strukturreform der GRV ins Feld geführt. Schon der im Jahr 1990 verstorbene ehemalige Vorsitzende des VDR Alfred Schmidt hatte dazu 1988 in bemerkenswerter Offenheit angemerkt, die „Gilde der Sozialpolitiker, vor allem der Rentenversicherungsexperten", habe „sich allzu vordergründig darauf beschränkt, mit verkürzten Argumentationen vom Versicherungsprinzip her Korrekturen auch innerhalb der Alterssicherungssysteme abzuwehren". Bei dieser Abwehrargumentation brauche es „vieler gedanklicher Kunststückchen – aber das ist ein Klavier, auf dem heute bravourös gespielt wird."[27]

(1) Wenn der VDR ausführt, bei steigenden Geburtenzahlen würden weniger Kinderlose mehr Elternrenten zu finanzieren haben, wird übersehen, dass im dualen Elternrentenmodell die Erhöhung der Zahl der Beitragszahler wegen der sinkenden Beitragslasten auch zu sinkenden Elternrentenansprüchen führt. Hinsichtlich der Auffassung des VDR, die GRV berücksichtige Elternleistungen bereits in ausreichendem Maße und die Produktivität sei wichtiger als der „generative Faktor", ist das Gegenteil im „Wiesbadener Entwurf" ausführlich belegt. In der Auseinandersetzung mit Ruland wurden die Investitionsleistungen bei der Erziehung eines Kindes soeben mit einem Nettosaldo von rund 250.000 € beziffert. Dieser Betrag entspricht nahezu dem, was ein Beitragspflichtiger mit Durchschnittseinkommen während eines 45-jährigen Versichertenlebens an Geldbeiträgen erbringt. Während dieser zurzeit eine Rente von rund 1.150 € erhält, steht laut VDR diesen Erziehungsleistungen im Rentenrecht nur ein Rentenanspruch von maximal 185 € im Monat gegenüber, was einem Beitragwert von rund 38.700 € entspräche. Dabei wird freilich die Tatsache, dass diese „Anrechnung" ausschließlich von den Kindern valutiert wird[28], genauso ausgeklammert wie die Steuerfinanzierung der „Erziehungsbeiträge des Bundes". Auf die Diskussion dieser Fragen im „Wiesbadener Entwurf" ist deshalb zur Vermeidung von Wiederholungen zu verweisen.

(2) Gleiches gilt für die weiteren Argumente: Das Volumen der gegenwärtigen Leistungen des Familienlastenausgleichs besagt nichts zu dessen Wirksamkeit. Genau so verfehlt der Begriff der „versicherungsmäßigen Äquivalenz" den realen Sachverhalt schon deshalb, weil die Kriterien des

---

27 Familie und Alterssicherung, DAngVers 1988, S. 488 ff.
28 „Doppelt falsch" (Ruland), vgl. oben.

V. Elemente der familienpolitischen Strukturreform

Versicherungsbegriffs auf die soziale Alterssicherung nicht zutreffen. Auch die „Rangstellenhierarchie" der so genannten „Teilhabeäquivalenz", welche durch Beiträge definiert werde, ist nach dem „Trümmerfrauen"- sowie dem „Pflegeurteil" um den Kindererziehungsbeitrag zu erweitern. Zudem ist daran zu erinnern, dass der Zufluss von Bundesmitteln in den letzten Jahren auf nunmehr rund 40 % des Gesamtvolumens der Renten so stark zugenommen hat, dass selbst der Sozialbeirat von einer „schleichenden Konversion" des Systems spricht.[29] Bis 2002 dürfte der in der Steuerfinanzierung enthaltene implizite Beitragssatz zur GRV auf rund 10 % der Bruttolöhne gestiegen sein.[30] Bei einer Steuerfinanzierung von rund 40 % der Rentenausgaben bleibt für das rentenrechtliche Äquivalenzprinzip jedenfalls nicht viel Raum (wie immer man dieses auch definieren mag), erst recht wenn man die ab 1. Januar 2003 geltende neue Grundsicherung in die Betrachtung einbezieht. Denn für dieses Prinzip ist nach herrschender Meinung jedenfalls die Beitragsfinanzierung konstitutiv.[31] Zieht man beispielsweise von der Netto-Standardrente[32] in Höhe von rund 1.070 € einen steuerfinanzierten Anteil von einem Drittel (rund 360 € ab, bleibt nur ein auf Beiträge zurückzuführender Rentenanteil von gerundet lediglich rund 710 € übrig, der damit rund 130 € unter der ab 2003 für Rentner geltenden Grundsicherung von bis zu 844 € liegt. Diese Proportionen sind angesichts eines Gesamtvolumens an Beiträgen über 45 Jahre (bezogen auf die Verhältnisse 2002) von rund 250.000 € dann allerdings in keine Richtung mehr vermittelbar.[33] Entgegen gängiger Ansicht, die in der Steuerfinanzierung eine Solidarbeteiligung aller Bürger sehen,[34] werden wegen der Struktur der Steuerrevenue, bei welcher die indirekten Steuern und die Lohnsteuer rund 80 % ausmachen,[35] hier im Ergebnis wiederum vor allem die Arbeitnehmer selbst und darunter insbesondere die Familien überproportional belastet, zumal mit der Mehrwertsteuererhöhung 1998 und vor allem der Ökosteuer seit 1999 gezielt Verbrauchssteuern zur Rentensubvention eingesetzt werden. Wür-

---

29 BT-Drucks.14/ 5394 v. 13.2.01, S. 4f.
30 Vgl. Börsch-Supan, Axel, Was lehrt uns die Empirie in Sachen Rentenreform?, in: Perspektiven der Wirtschaftspolitik 1(4)/2000, S. 431 ff.., der für 1999 einen impliziten Beitragssatz von 9 Prozent ermittelt.
31 Vgl. Ruland, Franz, in GK – SGB VI – Einleitung (24.12.1995), Rdnr. 42.
32 Das ist die Rente eines Versicherten, der 45 Jahre stets ein Entgelt in Höhe des Durchschnittsverdienstes aller Versicherten bezogen hat (ab 1.7.2002 brutto 1.163,70 €, netto 1.072,35 € (ABL) bzw. 1021,50 und 941,32 € (NBL).
33 Soweit der VDR behauptet, die GRV leiste noch eine Lebensstandardsicherung und dies mit seiner Tabelle untermauern will, ist dazu anzumerken, dass hier unterschiedslos alle Alterseinkünfte zusammen gefasst sind; das ist methodisch zum einen nicht korrekt, zum anderen ist im zitierten Alterssicherungsbericht im Einzelnen dargelegt, dass bei den Alterseinkommen die „sonstigen Einkünfte" neben GRV-Renten immer größeren Anteil gewinnen.
34 Vgl. zum Beispiel Kirchhof, Ferdinand, Sozialversicherungsbeitrag und Finanzverfassung, NZS 4/1999, S. 166.
35 Vgl. Sachverständigengutachten 2001, S. 121 f.

de man diese impliziten Beiträge sowie die Arbeitgeberbeiträge und damit das Ausmaß der Gesamtbelastung der Arbeitnehmerschaft offen ausweisen, würden die zur Akzeptanzstärkung verwendete Versicherungsterminologie[36] und das Äquivalenzprinzip vermutlich den gegenteiligen Effekt erzielen. In Beiträge umgerechnet, liegt die Gesamtbelastung heute schon bei über 30 Prozentpunkten. Wachsende Beitragslasten und sinkende Leistungen sind jedenfalls „nonäquivalent".

(3) Auf dem Äquivalenzprinzip basieren auch die Einwände des Sachverständigenrates, die deshalb ebenfalls nicht durchdringen. Soweit der Sachverständigenrat die Erhöhung des Renteneintrittsalters bzw. die Verlängerung der Lebensarbeitszeit vorschlägt, ist dem grundsätzlich zuzustimmen, jedoch setzt dies die Strukturreform der Sozialversicherung zur Bereinigung des Arbeitsmarktes voraus. Zudem scheidet eine Reformrichtung, welche bei den aus demographischen Gründen notwendigen Leistungseinschränkungen Eltern unterschiedslos in die Mithaftung einbezieht, aus verfassungsrechtlichen Gründen aus.

(4) Die Wechselwirkungen, welche sich aus den demographischen, technologischen und globalwirtschaftlichen Strukturveränderungen für ein lohnbasiertes System ergeben, werden weder vom VDR noch vom Sachverständigenrat in voller Konsequenz in Rechnung gestellt. Dass schon die Ausgangsprognosen vollkommen unrealistisch sind, ist an der Beitragssatzentwicklung innerhalb weniger Monate bereits deutlich geworden. So steht der Gesamtsozialversicherungssatz, der nach den Schätzungen des Jahres 2000 bei „deutlich unter 40 %" liegen sollte, im November 2002, je nach Krankenkasse, stattdessen bereits bei 42,5 %. Die Rentenbeiträge werden nach dem Stand November 2002 trotz eines zweimaligen Zugriffs auf die Schwankungsreserve sowie trotz der anschwellenden Mittelzuflüsse aus der Ökosteuer im Jahr 2003 bei 19,5 % liegen, wobei teilweise schon eine weitere Steigerung auf 19,9 % für 2003/2004 prognostiziert wird. Tatsächlich ist also ein Anstieg der Beitragssätze in schwindelerregende Höhen vorprogrammiert – auf womöglich sogar über 70 % der Bruttoeinkommen, wie die Referate von Herwig Birg[37] und Bernd Raffelhüschen[38] unterstreichen. Die anders lautenden Versprechen von Politik, Sozialversicherungsträgern und regierungsnaher Wissenschaft, mit einer Reihe von „Jahrhundertreformen" weitere Beitragssprünge wirksam zu verhindern, entpuppen sich ein ums andere Mal als unseriöse Durchhalteparolen und untergraben das Vertrauen der Bürger.[39]

---

36 Vgl. Niemeyer, Werner/van Almsick, Staffelung des Beitragssatzes nach Kinderzahl – mögliches Element der Strukturreform der gesetzlichen Rentenversicherung?, DRV 1988, S. 45.
37 Vgl. oben – B – Dokumentation, S.157 ff.
38 Vgl. oben – B – Dokumentation, S.269 ff.
39 Ähnliches gilt für die Zukunft vermutlich auch für die mit dem Altersvermögensgesetz eingeführte „Riester-Rente", bei welcher mit Verzinsungsraten von über 5 Prozent gerechnet wird, denn schon im Ausgangsjahr wird diese Verzinsung weit unterschritten und dürfte in Zukunft mit an Sicherheit grenzender Wahrscheinlichkeit sogar noch weiter sinken, denn im Zuge „der demographischen Entwicklung wird

V. Elemente der familienpolitischen Strukturreform 323

(5) Mit den Kaskaden an wechselwirkenden Negativeinflüssen, welche aus Beitragssatzerhöhungen resultieren, setzen sich diese Meinungen ebenfalls nicht auseinander. Denn im Zuge dieser Entwicklung werden die Nettorealeinkommen immer weiter vom Lohnfortschritt abgekoppelt,[40] was die Arbeitsmotivation noch weiter sinken lässt und die Ausweichbewegung in die Schattenwirtschaft verstärkt.[41] Weil der Parafiskus bei seinem Zugriff das Existenzminimum nicht verschont, geraten vor allem Familien auf breiter Front unter dasselbe, sogar bis in die mittleren Einkommensschichten hinein.[42] Zugleich wächst für die Unternehmen der Rationalisierungsdruck bzw. der Druck zur Verlagerung von Unternehmensteilen ins Ausland, was zu zusätzlichen Belastungen für den Arbeitsmarkt mit der Folge weiterer Beitragssteigerungen führt. Nach einer Prognose des Kieler Instituts für Weltwirtschaft entspricht aber jeder Zehntelprozentpunkt an Beitragserhöhung einem Negativeffekt am Arbeitsmarkt von 30.000 Stellen.[43] Dass die Massenkaufkraft wegbricht, ist bei einer solchen Lastenverteilung die zwingende Folge. Angesichts der Tatsache, dass bei jungen Familien mit ihrem großen ungedeckten Bedarf die Einkommensarmut grassiert, während bei Singles und Senioren, bei denen der Bedarf entweder gedeckt oder geringer ist, relative Einkommensüberhänge anzutreffen sind, kann deshalb der Verfall der Konsumquote nicht überraschen; die Ursachen sind hausgemacht. Ohne diesen Hub aus dem Konsum kommt aber zwangsläufig auch kein Schub an Investitionen in Schwung. Schließlich wird wegen der wachsenden und auf die Haushalte der Kommunen durchschlagenden Sozialhilfeausgaben auch die Investitionskraft der Kommunen gebrochen, welche für rund 75 % der öffentlichen Investitionen zuständig sind, aber am Aufkommen der Gemeinschaftssteuern nur zu knapp 15 % beteiligt sind. Der Schwund an Risikobereitschaft, der in einer alternden Gesellschaft vorgezeichnet ist, wird ein Übriges tun. So werden also die volkswirtschaftlichen Aggregate Konsum, Investition und Staatsverbrauch gleichzeitig aus dem Takt gebracht.[44]

---

der Produktionsfaktor Arbeit relativ knapp. Dies wiederum senkt den Realzins", so das Sachverständigengutachten 2001, S. 210 (Ziffer 359).
40 Vgl. oben „Wiesbadener Entwurf" insbesondere Tabelle 10: „Arbeitseinkommen vor und nach der Umverteilung" die bei einer annähernden Verdoppelung des realen BSP eine Verminderung der Nettorealeinkommen um 6,5 Prozent ausweist, S. 74 (zu Fn. 136)
41 Funk, Lothar, Sozialer Fortschritt 11/2002, S. 270 ff. – oben, S. 76 (zu Fn. 137)
42 Vgl. oben „Wiesbadener Entwurf" Tabelle 2, S. 36.
43 So ein Bericht in der Stuttgarter Zeitung vom 5.11.2002; anders lautenden Schätzungen zufolge soll jeder Zehntelprozentpunkt 10.000 Arbeitsplätze ausmachen, vgl. Rürup, SPIEGEL-Interview, in Nr. 47/02 v. 18.11.2002.
44 Dem Fazit Wilhelm Hankels ist deshalb zuzustimmen: „Das System selber degeneriert aufgrund seiner eingebauten Dynamik – Abkopplung vom volkswirtschaftlichen Produktivitätsfortschritt und soziale Ungerechtigkeit gegenüber den Einzahlern – zum marktwirtschaftlichen Rohrkrepierer. Es sprengt Marktwirtschaft und Demokratie, die es beide schützen sollte", in: Sozialstaat und Nationalismus, in: Sozialstaat am Ende? Dokumentation des Symposiums anlässlich des 40jährigen Bestehens der Hessischen Sozialgerichtsbarkeit, Wiesbaden 1994, S. 57 f.

(6) Fazit: Problemangemessen können also nur Argumente und Vorschläge sein, welche auch „worst-case-Szenarien" standhalten. Das aber trifft auf keine der hier erörterten Abwehrargumentationen zu, sondern sie setzen die Überlebensfähigkeit der überkommenen Systeme voraus und basieren, wie die schroffe Beitragssatzabweichung vom berechneten Verlauf binnen weniger Monate beweist, auf vollkommen unrealistischen Annahmen. Weil der Sozialstaat in seiner gegenwärtigen Konstruktion die Probleme, vor denen er schützen soll, in zunehmendem Ausmaß selbst generiert, ist seine familienpolitisch akzentuierte Strukturreform unausweichlich.

II. Verfassungsrechtliche Konsequenzen der sozialen und strukturellen Veränderungen auf synchroner und vertikaler Ebene

Wenn die Sozialversicherung unter den tiefgreifend veränderten Bedingungen ihre kohäsive Funktion im Sozialstaat jedoch offensichtlich nicht mehr zu erfüllen vermag und mehr Schaden anrichtet als Nutzen stiftet, dann steht, ganz unabhängig von der später zu erörternden Familienfrage, zugleich in mehrfacher Hinsicht auch ihre herkömmliche verfassungsrechtliche Einordnung in Frage: Sowohl im Hinblick auf die Kompetenz-Kompetenz des Bundesgesetzgebers gem. Art. 74 Abs. 1 Nr. 12 GG, wie im Verhältnis zur Finanzverfassung (Art. 104 a ff. GG) und zu den Grundrechten allgemein. Ausgangspunkt ist dabei das Postulat der Verfassungsrechtsprechung, dass der Gesetzgeber bei allem, was er tut, das „Gleichgewicht und die Funktionsfähigkeit des Ganzen" zu beachten hat.[45] Er kann sich deshalb auch der Rückendeckung der Verfassungsjudikatur für alle Maßnahmen sicher sein, die diesem Ziel dienen.

1. Schranken für weitreichende Reformen bereits geöffnet

Tatsächlich hat das Bundesverfassungsgericht in den letzten Jahren in mehreren Entscheidungen bereits die Schranken für weitreichende Veränderungen der Sozialsysteme geöffnet. So wurde die Ungleichbehandlung freiwillig und gesetzlich versicherter Rentner mit Beschluss vom 15. März 2000 – 1 BvL 16/96[46] beanstandet und dem Gesetzgeber freigestellt, die erweiterte Bemessungsgrundlage auch für die gesetzlich versicherten Rentner anzuwenden. Im „Pflegeurteil" vom 3. April 2001[47] wurde sodann neben der Feststellung der Gleichwertigkeit von Kindererziehung und Geldbeiträgen noch eine Volksversicherung

---

45 Zuletzt im „Pflegeurteil" (1 BvR 1629/94) v. 3.April 2001 unter C. II. 2. der Entscheidungsgründe.
46 BVerfGE 102, 68 ff.
47 BVerfGE 103, 242 ff.

V. Elemente der familienpolitischen Strukturreform 325

für zulässig gehalten und im „Rentenbesteuerungsurteil" vom 6. März 2002[48] schließlich der über fast zwei Jahrzehnte während Versuch aufgegeben, relevante normative oder faktische Unterschiede zwischen der GRV und der Beamtenversorgung zur Rechtfertigung ihrer unterschiedlichen steuerlichen Behandlung zu finden; bei beiden Gruppen sei vielmehr die Übereinstimmung dominierend, dass sie nichtselbstständige Tätigkeiten ausübten.[49] Damit dürften die Zeiten, in denen sich fehlender sozialpolitischer Reformernst hinter verfassungsrechtlichen Beamtenprivilegien verstecken konnte, vorbei sein.[50] Ohnehin war bisher schon verfassungsgerichtlich geklärt, dass es Aufgabe des Gesetzgebers ist, den Mitgliederkreis einer Pflichtversicherung so abzugrenzen, wie es für eine leistungsfähige Solidargemeinschaft erforderlich ist.[51] Der Staats- und Sozialrechtslehrer Harald Bogs, selbst seit über vierzig Jahren an der Diskussion über Sozialreformen beteiligt, entnimmt der jüngeren Verfassungsjudikatur „spekulativ" sogar eine „ordnungspolitische Grundsympathie und vielleicht sogar Gesamttendenz auch zu abgabentatbestandlich einfach konstruierter, steuerfinanzierter Staatsbürger-Grundversorgung (in Zeiten neuer Demographie-Trends, hoher Arbeitslosigkeit und neuer Strukturen der nationalen und supranationalen Arbeitssysteme)".[52]

2. Beitragsstruktur und „sozialer Ausgleich"

Obwohl die Fälle dazu Anlass geboten hätten, hat das Gericht im Pflegeurteil aber die Frage der Bemessung der Sozialversicherungsbeiträge nach Leistungsfähigkeit, welche für die hier vertretene Reformkonzeption zentral ist, nicht erörtert, sondern hat die Notwendigkeit einer familiengerechten Korrektur der Beitragsseite aus einer „beitragsrechtlichen Inäquivalenz" nur zwischen versicherten Eltern und versicherten Kinderlosen unter den Bedingungen eines gestörten generativen Gleichgewichts und dies nur für die umlagefinanzierten Systeme intergenerationeller Verteilung gefolgert.[53]

Dieser Ansatz wird dem Problem jedoch nicht gerecht: Zum einen, weil die deklassierende Wirkung der Sozialversicherung sich nicht nur aus der biologi-

---

48 NJW 2002, S. 1103 ff.
49 BVerfG, 2 BvL 17/99 Nrn. 209 ff.
50 Vgl. auch Kaufmann, Franz-Xaver 2002, Teil B – Dokumentation: „Es sei abschließend betont, dass Art. 33 Abs. 5 GG [...] eines der bedeutendsten Hindernisse für eine Reform des deutschen Sozialstaates im Sinne einer gesellschaftsweiten Grundsicherung als Basis bürgerschaftlicher Solidarität im Zeitalter der Globalisierung darstellt".
51 BVerfGE 44, 70, 90.
52 BVerfG-Durchbruch: Soziale Generationsumlage-Versicherungen, Familien(unterhalts)lastenausgleich und verfassungsrechtlicher Gleichheitssatz, in: Boecken; Ruland; Steinmeyer, Sozialrecht und Sozialpolitik in Deutschland und Europa. Festschrift für Bernd Baron von Maydell, Neuwied 2002, S. 91 ff.
53 Ausführlich Estelmann, Martin, Das „Beitragskinderurteil" des Bundesverfassungsgerichts, Die Sozialgerichtsbarkeit 5/2002, S. 245 ff. Wenn Estelmann jedoch ausführt, das BVerfG habe explizit die unterschiedlichen Auswirkungen gleicher Beitragslasten gebilligt, so findet sich dazu in den Gründen des Urteils kein Hinweis, vielmehr wird dort die „Abwägung aller Belange" für die Prüfung der Angemessenheit vorausgesetzt.

schen, sondern ebenso aus der „sozialen" Kinderlosigkeit ergibt: Auch die – steuerprivilegierten! – Einkommensüberhänge der Senioren mit oder ohne erwachsene Kinder erschweren – synchron – durch ihre preissteigernden Wirkungen die Marktteilnahme der Familien. Zum anderen gilt das für alle Systeme. Drittens werden so die Spielräume einer Korrektur unnötig verengt: Im Unterschied zu den 1950er Jahren, in welchen zirka 70 v.H. aller Haushalte Mehrgenerationenhaushalte gewesen sein dürften, ist ihr Anteil heute auf unter 25 v.H. geschrumpft.[54] Jeder Euro, den man den Familien mehr lassen will, würde die Haushalte ohne Kinder somit in schematischer Gleichung nur etwa 30 Cent kosten. Will man den Ausgleich aber nur zwischen den vielleicht 50 % biologisch Kinderlosen (einschließlich der Jungen, die noch keine Kinder haben) und den ca. 50 % aktuellen Eltern in der Generation der Aktiven stattfinden lassen, dann müssten erstere jedoch für jeden Euro an Familien ebenfalls einen Euro zahlen. Viertens fehlen bei diesen synchronen und diachronen Korrekturparametern noch die in einkommensvertikaler Richtung. Während also mehrere Ebenen zu unterscheiden sind, hat sich das Bundesverfassungsgericht aber nur auf eine einzige beschränkt.

Deshalb sollen hier einige Aspekte angesprochen werden, die eine Generalrevision der überkommenen verfassungsrechtlichen Betrachtungsweise der Sozialversicherung erfordern und eine Öffnung in der hier vorgeschlagenen Richtung nahe legen. Der die Sozialversicherung als Abgabensystem privilegierende Rahmen[55] war im Grundgesetz einst für ein System geschaffen worden, was sowohl hinsichtlich seiner Größe wie seiner kohäsiven Funktion mit dem heutigen System nicht einmal entfernt vergleichbar war. Aber weder die Verfassungsrechtsprechung noch -lehre haben bisher den fundamentalen Wandel, den das System seit seinem Beginn erfahren hat, auch nur ansatzweise reflektiert. Wie vor allem einschlägige Urteile des Bundessozialgerichts aus den letzten Jahren zeigen,[56] werden die überkommenen Vorstellungen und Begrifflichkeiten, welche für die 1950er Jahre passten, weiterhin auf grundlegend veränderte Sachverhalte angewendet. Dabei ist allerdings der Bezug zur Realität zumindest teilweise verloren gegangen.

2.1. Die regressive Wirkung der Beiträge

In vielen Entscheidungen haben nämlich sowohl das Bundesverfassungsgericht als auch das Bundessozialgericht ihre Entscheidungen, insbesondere zu Fragen des sozialversicherungsrechtlichen Beitragswesens mit dem „sozialen Ausgleich", der „Solidarität" und „sozialen Fürsorge" oder „sozialen Gerechtigkeit" der gerechtfertigt, denen die Sozialversicherung diene.[57] Natürlich gibt es diese

---

54 Grabka/Kirner, DIW-Wochenbericht 32/2002.
55 Dazu ausführlich Kirchhof, Ferdinand 1999.
56 Insbesondere BSG v. 11.10.2001 – B 12 KR 19/00 R – sowie v. 29.1.1998 – B 12 KR 35/95 R.
57 Die Sozialversicherung „beruht wesentlich auf dem Gedanken der Solidarität ihrer Mitglieder", BVerfG 76, 256, 301; E 17 1,9; 70, 101, 111; 79, 223, 236 f.; der Sache nach auf die Solidarität rekurrie-

V. Elemente der familienpolitischen Strukturreform

Solidarelemente: So werden in der GKV und bei der Sozialen Pflegeversicherung unabhängig vom individuellen Risiko und von der Einkommens- und damit Beitragshöhe im Wesentlichen dieselben Leistungen gewährt. Auch die so genannten Unisex-Tarife wird man hier hinzuzählen müssen. Anders sieht es aber schon bei den beitragslosen Zeiten in der GRV aus, denn deren Anrechnung folgt seit dem RRG 1992 der Beitragsdichte und -höhe und damit den Einkommen.[58] Zu Unrecht wird auch die Familienhilfe in der GKV dem Solidarausgleich zugerechnet, denn es handelt sich hier bei genauer Betrachtung ja nicht ja nicht um eine „beitragsfreie" Mitversicherung[59], sondern um eine Beitragsgestaltung, bei welcher die Beitragsanteile entsprechend dem auf jedes Familienmitglied entfallenden Einkommensanteil proportional entrichtet werden. Von „Beitragsfreiheit" könnte man richtigerweise also allenfalls dann sprechen, wenn die gesetzlich geschuldeten Unterhaltsbeträge von der Bemessungsgrundlage abgezogen sind.

Wenn die Obergerichte aber ihre einschlägigen, die Verfassungskonformität der Sozialversicherung bestätigenden Entscheidungen auf die Annahme stützen, dass in der Sozialversicherung Besserverdienende infolge eines sozialen Ausgleichs stärker herangezogen würden, dann irren sie fundamental.[60] Denn richtig ist das genaue Gegenteil, wie Franz Ruland zu Recht anmerkt: „Aus diesem Unterschied zwischen einheitlichem Beitragssatz und progressivem Steuersatz folgt, dass eine Beitragsfinanzierung sozialer Lasten vor allem die begünstigt, die hohe Einkommen haben und die daher bei einer Steuerfinanzierung mit einer höheren Belastung zu rechnen hätten. Doppelt begünstigt sind die, deren Einkommen oder dessen Spitzenbetrag überhaupt nicht beitragspflichtig ist. Daher ist die immer wieder anzutreffende Feststellung, dass Besserverdienende infolge eines sozialen Ausgleichs in der Rentenversicherung stärker herangezogen würden, unzutreffend [...] Das Prinzip der Lastengleichheit aller Bürger gilt nicht nur für das Steuerrecht. Es wäre sonst ein Formalprinzip ohne Schutzwirkung [...] Der Sozialversicherungsbeitrag unterliegt, wie alle anderen Abgaben auch, dem Prinzip der Lastengleichheit. Er kann insoweit keine Ausnahme machen. Das Sozialversicherungsrecht steht nicht außerhalb der Grundrechtsgeltung. Daher kann nicht schon die Qualifikation einer Abgabe als Sozialversicherungsbeitrag ausreichen, um die Durchbrechung des Prinzips der Lastengleichheit zu rechtfertigen."[61] „Dem Sozialstaatsprinzip, dessen Aufgabe es vor allem ist, Wohlstandsdifferenzen abzubauen, entspricht diese Art der Umverteilung sicher

---

rend E 39, 316, 330; 40, 121, 136; in BVerfG 11, 111 f. und 29, 233 benutzt das BVerfG auch die Formel vom „Bild der klassischen Sozialversicherung".
58 Zudem bestimmt § 213 Abs. 3 SGB VI nunmehr, dass die „nicht beitragsgedeckten Leistungen" vom Bund bezuschusst werden.
59 Entgegen der Auffassung des BVerfG in E 103, 242, 259 f. (bezugnehmend auf § 25 SGB XI).
60 Vgl. BSG und BVerfG in SozR 2200 § 1385 Nrn. 16 und 17 sowie BSG v. 29.1.1998 – B 12 KR 35/95 und vom 11.10.2001 – B 12 KR 19/00.
61 DRV 1/ 1995 S. 28 ff.; Ruland kritisiert damit implizit u.a. auch BVerfGE 75, 108, 148.

nicht."[62] Es wird also dringend notwendig, dass die höchstrichterliche Rechtsprechung sich auf Tatsachen statt auf Fiktionen gründet.

2.2 Quantitäten der parafiskalischen Revenue

Ganz entgegen den gängigen Ansichten belasten die parafiskalischen Abgaben also extrem „regressiv" und stellen so die am Leistungsfähigkeitsprinzip orientierten Gerechtigkeitsvorstellungen auf den Kopf; mit einer solchen Belastungswirkung lässt sich prinzipiell kein solidarisches Ergebnis erzielen. Es ist deshalb wichtig, sich die Größenordnung klar zu machen, in welcher diese regressive Umverteilung heute im Vergleich zur Nachkriegszeit passiert. 1950 betrug das Beitragsaufkommen der Sozialversicherung trotz der enormen sozialen Kriegsfolgelasten dennoch nur 7,8 % des Bruttosozialprodukts. Heute dagegen ist das Beitragsaufkommen der Sozialversicherungen aber auf rund 19 % (2001) des BIP gestiegen. Es macht 43,1 % der staatlichen Einnahmen insgesamt aus und liegt damit anteilsmäßig, bezogen auf das BSP, nur um ca. 7 % unter dem gesamten Steueraufkommen. Verglichen mit dem Bundeshaushalt liegt der beitragsfinanzierte des Parafiskus um nahezu 50 % darüber. Der Beitragssatz zur gesamten Sozialversicherung lag noch Anfang der 1960er Jahre bei etwa 20 %, in 2003 klettert er auf rund 43 % – mit weiter stark steigender Tendenz. Dabei weist Deutschland im internationalen Vergleich ausgewählter Industrienationen schon heute mit 43,1 % an den staatlichen Gesamteinnahmen bzw. mit 18,6 % des BIP den mit großem Abstand höchsten Anteil an Sozialbeiträgen auf.[63]

2.3 Parafiskus und Steuersystem

Weil der proportional gleiche Beitragssatz bei unterschiedlichen Einkommenshöhen damit gerechtfertigt wird, „die Leistungsfähigkeit des Bürgers sei bereits durch die Steuer erschöpft und dürfe nicht nochmals zur Rechtfertigung einer Belastung dienen"[64], bedarf auch diese Annahme der Überprüfung. Hier zeigt sich, dass diese Aussage für die frühen 1950er Jahre vollkommen zutreffend war, denn damals war die veranlagte Einkommensteuer die primäre Revenuequelle der öffentlichen Hände. Ihre steile Progression mit einem Spitzensteuersatz von 95 % sorgte zudem dafür, dass finanzielle Leistungsfähigkeit fiskalisch abgeschöpft und für den ursprünglich breit ausgestatteten sozialen Ausgleich in der Sozialversicherung[65] fruchtbar gemacht wurde. Unter diesen Voraussetzungen stellte sich deshalb die Frage nach der Bemessung der parafiskalischen Beiträge nach Leistungsfähigkeit deshalb auch nicht, weil wenigstens im Steuersystem wirtschaftliche Freiheit und soziale Verantwortung noch kongruent waren. In 2002 liegt der Spitzensteuersatz jedoch bei nur noch 46 % und wird bis

---

62 Ders., DRV 1992, S. 331.
63 Bach/Seidel/Teichmann, DIW-Wochenbericht 40/2002, 658 ff – vgl. oben, S. 67 f (Tabelle 7).
64 Kirchhof, Ferdinand, 1999, S. 166.
65 Zum Beispiel die bis 1957 in der GRV enthaltene Grundsicherung.

2006 noch weiter auf 42 % abgesenkt, obwohl die indirekten Steuern, die ja ebenfalls – mit Ausnahme der Mehrwertsteuer – extrem regressiv belasten, deutlich angehoben wurden.[66] Das aber bedeutet, dass der auch von Kleinverdienern erhobene Beitrag zur Sozialversicherung höher ist als der Spitzensteuersatz! Von einer Abschöpfung der Leistungsfähigkeit durch die Steuer kann somit im Vergleich zu früher keine Rede mehr sein. Auch im internationalen Vergleich hat Deutschland mit 25,9 % der Staatseinnahmen einen auffallend niedrigen Revenueanteil der direkten Steuern (=11,2 des BIP), übertrifft aber viele vergleichbare Nationen bei den indirekten Steuern (27,7 % der Staatseinnahmen insgesamt). Weil die Sozialversicherungsbeiträge und die indirekten Steuern aber eine extrem regressive Belastungswirkung haben, bedeutet das, dass Familien und Niedrigeinkommensbezieher nirgendwo sonst so hart belastet werden wie in Deutschland und dies vor allem ausgerechnet durch die „Solidarsysteme"! Wenn die amtliche Berichterstattung zu „Armut und Reichtum" eine eklatant gewachsene soziale Kluft zwischen Arm und Reich dokumentiert, so findet man wesentliche Ursachen hier.

Wenn die Verfassungsrechtsprechung und -lehre sich demgegenüber nur auf die Unterscheidungsmerkmale „Non-Affektation" bei Steuern einerseits und „Gegenleistung" bei Beiträgen andererseits zurückzieht, überzeugt das nach allem nicht.

3. Rentenversicherung: Spreizung auf der Leistungsseite

Mit der extrem regressiven Belastungswirkung ihrer Beiträge und einem derart wuchtigen Volumen schafft insbesondere die Rentenversicherung also schon lange keinen gesellschaftlichen Zusammenhalt mehr, sondern zerstört ihn. Dies gilt um so mehr, als die Rentenformel im Hauptsystem der Gesetzlichen Rentenversicherung eine Art Progressionswirkung entfaltet, welche zusätzlich zur regressiven Beitragswirkung auch auf der Leistungsseite noch zu einer weiteren Spreizung zwischen Oben und Unten führt.[67] Zudem wurden im zentralen System der Rentenversicherung, beginnend mit dem Haushaltbegleitgesetz 1984, unter der Parole „Stärkung des Versicherungsprinzips" bis heute viele traditionelle Eckpfeiler des „sozialen Ausgleichs" demontiert oder die Abdeckung klassischer Versicherungsrisiken – wie bei der Erwerbsunfähigkeit – massiv beschnitten. Zugleich wurden aber die Zuflüsse von Steuermitteln in das System verstärkt, welche jedoch ebenfalls überwiegend aus regressiv erhobenen Steuern stammen. Inzwischen ist man in § 213 Abs. 3 SGB VI sogar so weit gegangen, für die nicht beitragsgedeckten Leistungen die materielle Verantwortung des

---

66 Eine Steuerpolitik mit einer solchen Kombinationswirkung wird in der Steuerrechtswissenschaft als „primitiv und brutal" bezeichnet, vgl. Tipke, Klaus, Steuerrechtsordnung, 1974, S. 922.
67 Dazu weist beispielsweise Wischet, Das Nettorentenniveau in der Krise?, ZSR 7/98, S. 485 ff, nach, dass die Nettoprozentsätze der Renten der Geringverdiener von 1990 auf 1995 von 63,7 auf 57,3 gesunken sind, während die der Besserverdienenden sogar von 83,1 auf 84,8 stiegen.

Bundes festzuschreiben. Das bedeutet aber nichts anderes, als dass der beitragsfinanzierte Solidarausgleich vom Gesetzgeber weitgehend abgeschafft wurde.

4. Konkordanz mit dem Europarecht

Dass die Sozialversicherung das Existenzminimum nicht, wohl aber durch die Bemessungsgrenzen die leistungsfähigsten Einkommen sowie durch die ausschließliche Lohnbasierung die wirtschaftlich starken anderen Personengruppen schont, dass sie ferner die pflichtigen Einkommen nicht entsprechend ihrer Leistungsfähigkeit durch einen progressiven Tarif heranzieht und auch auf der Leistungsseite keine sozial ausgleichende Verteilung vornimmt, macht sie auch europarechtlich fragwürdig. Die Monopole der Sozialversicherungsträger sind nach der Rechtsprechung des EuGH nämlich nur dann von den Anforderungen des Art. 86 EGV ausgenommen, wenn sie sowohl durch ihre Finanzierung wie durch ihre Leistungsgewährung sozial umverteilend tätig sind. „Gerade europarechtlich ist also die „soziale", umverteilende Komponente der Sozialversicherung notwendig, um ihren Bestand gegenüber der Privatversicherung zu legitimieren. Je stärker die Sozialversicherung also „(privat-) versicherungsfremd" ist, umso eher hat sie Bestand gegenüber der Privatversicherung".[68]

5. Rentenfinanzierung: Maximum an Intransparenz

Insbesondere die chaotische Rentenfinanzierung wirft dabei zahlreiche verfassungsrechtliche Fragen auf. Sie besteht heute aus Beiträgen der Versicherten (einschließlich der Arbeitgeberanteile), dem „normalen" Bundeszuschuss, einem „zusätzlichen" Bundeszuschuss aus dem Ertrag der Mehrwertssteuererhöhung,[69] dito aus der Ökosteuer, dazu kam dann noch ein „Extra" – Bundeszuschuss von 2,1 Milliarden DM für 1999 zur Stabilisierung des Beitragssatzes sowie schließlich die „Bundesbeiträge" für Kindererziehung, die mittlerweile 11,7 Mrd. € ausmachen.[70] Dieses Sammelsurium an Beiträgen, Steuerzuschüssen und Zwecksteuern schafft ein Maximum an Intransparenz, bei welchen vollkommen unklar bleibt, wer was aus welchem Grund und in welcher Höhe und mit welcher finalen Lastenallokation eigentlich genau trägt. Ein besonders aufschlussreiches Detail für die Willkür des Gesetzgebers speziell gegenüber den Familien sind dabei die „Bundesbeiträge für Kindererziehung" in Höhe von mittlerweile 11,7 Mrd. € und dies gleich in mehrfacher Hinsicht: Erstens nämlich hat die Verfassungsjudikatur inzwischen hinreichend deutlich gemacht, dass Kindererziehung selbst „Beitrag" ist. Im Lichte dieser Rechtsprechung bedeutet das also,

---

[68] Bieback, ZSR 9/2000, S. 779 ff. (787); vgl. ferner Müller-Matysiak, Christina, Die Beitragsbemessungsgrenze – Schongrenze für Besserverdienende, in: Die Sozialversicherung, 10/97, S. 253 ff.
[69] Aus der Gesetzesfassung wie seiner Begründung ergibt sich, dass der Bund diesen zusätzlichen Zuschuss leistet, damit der Beitragssatz niedriger festgesetzt werden kann, Art. 1 Ziff. 65 = § 213 Abs. 3 SGB 6 – BT-Drucks. 13/8011.
[70] Vgl. DAngVers 8/2002, S. 307.

V. Elemente der familienpolitischen Strukturreform 331

dass hier das systemfremde Novum der „Beiträge auf Beiträge" eingeführt wurde. Zweitens zwingt der Gesetzgeber die Eltern, auf ihre bestandssichernden Beiträge noch einmal „Steuerbeiträge" zu leisten – und so den vom Bundesverfassungsgericht durch seine Verfassungsaufträge angestrebten Ausgleich der Beitrags- und Leistungsverzerrungen gegenüber Kinderlosen zu Teilen wieder zu konterkarieren. Drittens fällt die Diskrepanz zwischen der Höhe dieser Bundesbeiträge für Kindererziehung von fast 12 Mrd. € und der aktuellen Belastung der GRV mit Ausgaben für die „Anrechnung" der Kindererziehungszeiten in Höhe von nur etwa einem Viertel dieser Summe auf, weshalb der Verstoß gegen das gesetzlich vorgeschriebene Umlageverfahren (§ 153 SGB VI) auf der Hand liegt.

6. „Halbteilungsgrundsatz" nur für Wohlhabende?

Ein weiteres verfassungsrechtliches Problem findet sich in der Höhe des Gesamtsozialversicherungssatzes, der einschließlich des so genannten Arbeitgeberanteils derzeit bei über 42 % und unter Berücksichtigung des impliziten „Steuerbeitrags" von rund 10 % der Lohnsumme sogar bei über 52 % angelangt ist. Selbst wenn man den Arbeitgeberanteil dem Bruttoentgelt zurechnet, bleibt eine Belastung von deutlich über 42 %. Nach Ansicht der Zweiten Kammer des Ersten Senats des Bundesverfassungsgerichts, geäußert in einer Randbemerkung (obiter dictum) in einem Beschluss vom 17. Februar 1997, indizierte jedoch bereits der Gesamtsozialversicherungsbeitrag des Jahres 1996 in Höhe von 40,55 % eine Verletzung der Dispositionsfreiheit und damit des Selbstbestimmungsrechts.[71] Darüber hinaus stellt sich angesichts eines im Durchschnitt etwa 20- bis 30prozentigen Lohnsteuerzugriffs (zu welchem sogar die Verbrauchssteuern ebenfalls hinzu kommen) noch die Frage, wie diese Eingriffe unter weiterer Berücksichtigung des so genannten Halbteilungsgrundsatzes zu beurteilen sind, demzufolge der Staat sich beim Zugriff auf den Wirtschaftserfolg seiner Bürger mit einer annähernd hälftigen Teilung zufrieden geben muss.[72] Dass der Staat im Bereich der veranlagten Einkommens-, Vermögens-, Schenkungs- und Erbschaftssteuern, also bei den in aller Regel eher wohlhabenden Bürger diese Halbteilungsgrenze zieht, nicht aber bei der Masse der Lohnempfänger, denen er Belastungen jenseits der 60-Prozent-Grenze zumutet (und vor allem Familien unter die Armutsschwelle drückt)[73], lässt sich zwar juristisch begründen, aber im Lichte des Gleichheitssatzes (Art. 3 Abs. 1 GG) gegenüber der Masse der Bürger nicht überzeugend rechtfertigen. Wenn das Bundesverfassungsgericht einerseits für das Steuerrecht formuliert, es sei das „grundsätzliche Gebot der Steuergerechtigkeit zu berücksichtigen, dass die Bemessung nach der wirtschaftlichen Leistungsfähigkeit ausgerichtet wird"[74], andererseits dieses Grund-

---

[71] 1 BvR 1903/96 = NZS 1997, S. 226.
[72] BVerfGE 93, 12, 138 und Leitsatz 3.
[73] Dazu zuletzt Funk, Lothar, Sozialer Fortschritt 11/2002, S. 270 ff.
[74] BVerfGE 66, 214, 223.

satzgebot für das größte und noch weiter wachsende Abgabensystem nicht gelten soll, obwohl dieses dem Solidargebot und damit einem „Mehr" als nur der Berücksichtigung bloßer Leistungsfähigkeit verpflichtet ist, dann beinhaltet dies tatsächlich einen massiven Widerspruch in der Wertung der Rechtsordnung.

7. Befreiung des „privilegierten Teils" gleichheits- und sozialstaatswidrig

Weil schon wegen der aus demographischen Gründen steigenden Lasten aber eine nennenswerte Senkung der Abgabenlast illusorisch ist, sondern diese rasant steigt, wird die Abgabengleichheit zum zentralen Thema. Da die Abgabengleichheit allein an der Belastungswirkung und diese wiederum verfassungskonform nur am frei verfügbaren Einkommen jenseits des Existenzminimums messbar ist, können die bisher sozialversicherungsfreien Einkommen nicht länger ausgespart werden. Hierfür spricht auch noch folgende Überlegung: Seit jeher hat das Bundesverfassungsgericht einen Verstoß gegen Art. 3 Abs. 1 GG dann gesehen, „wenn Sozialleistungen unter Vernachlässigung wichtiger Gemeinschaftsbelange bevorzugt einem privilegierten Teil der Gesellschaft zugute kommen"[75]. Einen ebenso erheblichen Gleichheitsverstoß muss man dann aber auch darin sehen, dass ein privilegierter Teil der Gesellschaft unter Vernachlässigung wichtiger Gemeinschaftsbelange an wachsenden sozialen Lasten nicht beteiligt wird, obwohl der soziale Frieden, welcher für die Geldwertstabilität die wichtigste Voraussetzung ist, dieser Personengruppe sogar noch mehr zugute kommt.

8. Fazit

Einen dominanten „sozialen Ausgleich" im Sinne einer zumindest proportionalen Belastung der starken Schultern oder sogar einer Einkommensumverteilung von oben nach unten sucht man jedenfalls im größten Sozialversicherungssystem, der Rentenversicherung, heute vergeblich. Die Sozialversicherung in ihrer Gesamtheit führt mit ihrer Lohnbasierung ebenso wie mit ihrer Beitragsstruktur zur weitgehenden Entkoppelung von wirtschaftlicher Freiheit und sozialer Verantwortung. Genau das ist jedoch mit dem Sozialstaatsprinzip unvereinbar. Wie das Beispiel der obligatorischen Privatversicherung bei der Pflege beweist, wären die Reste des Risikoausgleichs, der – zum Beispiel bei den Unisex-Tarifen – etwas ausgeprägter als in der Privatversicherung ist, durch einen entsprechenden Kontrahierungszwang auch auf dem privatversicherungsrechtlichem Weg umzusetzen. Dafür, dass ein in seinen Verteilungswirkungen derart von Elementen des sozialen Ausgleichs entkleidetes System die ihm einst wegen des Solidargehalts verliehene verfassungsrechtliche Sonderstellung weiter behalten sollte, lässt sich also heute kein vernünftiger Grund mehr finden. Dies gilt umso mehr,

---

75 BVerfGE 33, 303, 334f.

V. Elemente der familienpolitischen Strukturreform

als der Bundesgesetzgeber in Wahrnehmung seiner Gesetzgebungszuständigkeit für die „Sozialversicherung" gem. Art. 74 Abs. 1 Nr. 12 GG mit seinen massiven und ohne Rücksicht auf die Leistungsfähigkeit der Verpflichteten durchgesetzten Beitragserhöhungen der letzten Jahrzehnte (einschließlich der Zuzahlungsregelungen in der GKV[76] und „Notopfer") die kardinale Ursache der explodierenden Sozialhilfekosten gesetzt hat und sich so zunehmend seiner materiellen Verantwortung zulasten der unteren föderalen Ebenen entledigt. Statt mit den vorrangigen Sicherungssystemen die Sozialhilfehaushalte zu entlasten, passiert das Gegenteil: Zugleich ein weiterer Beweis für die zunehmend apokryphen Strukturen der Realitäten der Finanzverfassung. Dabei ist weiter zu berücksichtigen, dass der Gesetzgeber den für das Steuerrecht formulierten Anforderungen insbesondere seit dem ersten „Kindergeldurteil" des Bundesverfassungsgerichts vom 29. Mai 1990[77] ausgewichen ist, indem er im Wesentlichen unkontrolliert und unsystematisch Aufgabenverschiebungen aus dem allgemeinen Haushalt in die Sozialversicherungs-Parafisci vornahm.[78]

Damit sind drei Schlüsse aus alledem zu ziehen: Erstens bewegen sich die Verfassungsjudikatur (und die Verfassungsrechtslehre) fernab der Wirklichkeit, wenn sie der Sozialversicherung im Allgemeinen und der Rentenversicherung im Besonderen eine sozial ausgleichende Wirkung attestieren, denn das Gegenteil ist zutreffend. Tatsächlich ist – zweitens – das Beitragssystem der Sozialversicherung, misst man seine Realitäten am Gleichheitsprinzip, am Grundsatz des Familienschutzes sowie dem Gebot des sozialen Ausgleichs, damit verfassungswidrig geworden. Drittens kann diesem Gebot nur eine Beitragsgestaltung gerecht werden, die über das steuerrechtliche Minimum der Lastenbemessung nach Leistungsfähigkeit hinausgeht. Dem käme eine Ausgestaltung des Beitragssystem am nächsten, welche sich am Solidaritätszuschlag der Einkommensteuer orientiert und die Beitragsschuld als Quote der Einkommensteuerschuld ausweist, denn nur so würden Existenzminima, Leistungsfähigkeit und das Solidarprinzip ausreichend berücksichtigt.

III. Das Problem der „Transferausbeutung"

Mit einer Beitragsgestaltung nach dem „Soli-Modell" wäre der synchroninterpersonelle Teil des Verteilungsproblems zwischen Personen mit und ohne Kinder in der Sozialversicherung gelöst, welcher aus ihrer Ankoppelung an das Arbeitseinkommen unter Vernachlässigung des Leistungsfähigkeitsprinzips

---

[76] §§ 61 f. SGB V.
[77] BVerfGE 82, 60.
[78] Von Maydell, Bernd Baron; Seegmüller, Robert, Versicherungsfremde Leistungen in der Sozialversicherung, Rechtsgutachten für das Bayerische Staatsministerium für Arbeit und Sozialordnung. München, Oktober 1996, S. 19 ff., die hierin zugleich einen Verstoß gegen das Demokratieprinzip sehen, weil die Wahlbürger ihre politischen Erfolgs- oder Misserfolgsmaßstäbe vor allem an den Steuergesetzgeber anlegten.

resultiert. Denn vor allem hierdurch wird die „individualistische Engführung" der lohnbasierten Sozialversicherung in ihrer „strukturellen Rücksichtslosigkeit" ja noch einmal verstärkt. Zugleich wäre damit auch das Vertikalproblem bei unterschiedlich hohen Einkünften bereinigt. Mit dem von der Verfassung vorgeschriebenen Familienlastenausgleich im Sinne einer „Förderung" hat diese Korrektur nichts zu tun, denn es werden nur eklatante Benachteiligungen abgebaut. Die Unterhaltslasten verbleiben den Familien nach wie vor. Deswegen verbleibt hier auch ausreichend Spielraum, um durch Förderleistungen der gesamtgesellschaftlichen Solidargemeinschaft insbesondere Niedrigverdienern unter die Arme zu greifen. Im Effekt kann man das ähnlich einer „Negativabgabe" sehen.

1. Die Verwirklichung der Beitragsäquivalenz im Dualen Modell

Ungelöst bleibt aber noch der diachrone Teil der Probleme, der sich aus dem Charakter der Kindererziehung als Investition in das Humanvermögen ergibt. Genau wie die Investitionen in Realkapital erfordern auch die Humaninvestitionen Arbeit sowie Konsum- und oft Karriereverzicht. Während dieser Aufwand für Kinder, welcher ökonomisch nichts anderes als eine Investition in das Humanvermögen ist, vor dem Ausbau der sozialen Sicherungssysteme im Rahmen der familiären Unterhaltsströme zu einer intertemporären synallagmatischen Gegenleistung in Form von Altersunterhalt und Pflege führte, werden Eltern seitdem um die Früchte ihrer Investitionen geprellt. Insbesondere stellen die „Erziehungsjahre" weder ein Äquivalent für die „Kinderbeiträge" dar, noch führen sie zu einer Mitverantwortung der kinderlosen Jahrgangsteilnehmer. Denn zu valutieren sind diese Ansprüche ausschließlich von den Kindern der bedachten Eltern selbst – mithin ein sozial organisierter Binnentransfer der Familien selbst. Eltern werden durch dieses System also gezwungen, die Vorsorgeverantwortung für die Freiheit der Kinderlosen bei der Gestaltung ihres Lebensentwurfs auf Privatkosten mitzutragen. So führt das System der „Generationenverträge" bei den Kinderlosen komplementär zu „positiven externen Effekten", denn sie werden weder an den Kinderlasten beteiligt, noch werden ihre Leistungen im Alter relativ zu Eltern gemindert. Umgekehrt werden aber die Vorsorgeleistungen der Eltern in Gestalt ihrer „Kinderbeiträge" bei der Bemessung der monetären Beitragslasten überhaupt nicht und bei der Rentenbemessung selbst nur marginal berücksichtigt, obwohl beide Beiträge, der in „Geld" wie der in „Kinderziehung", auch ökonomisch identisch sind. Wie die Zahlung von Geldbeiträgen erfordert auch der materielle Unterhalt der Kinder und ihre Betreuung nämlich einen entsprechenden Konsumverzicht, wobei zu unterstreichen ist, dass auch Zeit ökonomisch als Konsumgut gilt.

Sind aber Kindererziehung und Geldbeiträge gleichwertig, dann ist jeder Beitragsform grundsätzlich je eine Hälfte der von der Nachwuchsgeneration geleisteten Beiträge zuzuteilen. Für Kinderlose ergibt das eine Halbierung ihrer Ansprüche, umgekehrt errechnen sich für Eltern ihre Ansprüche aus der Hälfte des durchschnittlichen Beitragssatzes multipliziert mit dem Verhältnis Ruheständler/Aktive.[79] Diese Elternrenten sind also für alle Eltern je Kind gleich hoch. Dadurch würde gleichzeitig sowohl das familiäre Synallagma in notwendigem Maß sozial restituiert, wie die „positiven externen Effekte" bei Kinderlosen reduziert. Soweit teilweise sogar gefordert wird, Kinderlose nur zur Beitragszahlung an die Elterngeneration heranzuziehen, ihnen jedoch keine Ansprüche auf Renten zuzuerkennen, wird übersehen, dass sie mit ihren Geldbeiträgen im Zweifel auch die Eltern bei der Versorgung ihrer eigenen Eltern entlastet haben; zugleich lässt ihre in aller Regel höhere Erwerbsbeteiligung auch den Schluss zu, dass sie in höherem Maße auch an den Investitionsleistungen für die Kapitalausstattung einschließlich der öffentlichen Infrastruktur beteiligt waren. Dieses Verteilungsziel eines „dualen Modells" lässt sich zügig dadurch erreichen, dass die demographisch notwendigen Leistungskürzungen (einschließlich der Verlängerung der Lebensarbeitszeit bzw. der Anhebung des Rentenalters) auf Kinderlose beschränkt bleiben und dort dann entsprechend stärkere Reduktionen zur Folge haben. Die gegenwärtige unterschiedslose Kürzung von Sozialleistungen für Eltern und Nichteltern, welche ausdrücklich aus demographischen Gründen erfolgen, lässt sich verfassungsrechtlich ohnehin nicht rechtfertigen.

IV. Untauglich: Das „Bayerische Solidarmodell"

Zur Umsetzung des Pflegeurteils für die Pflege- und Rentenversicherung hat die Bayerische Staatsregierung den Vorschlag gemacht, Familien im Rahmen der Sozialversicherung mit einem „Kinderbonus" von 100 DM je Kind und Monat zu fördern, der als Zuschuss des Systems mit der Beitragsschuld des Arbeitnehmers zu verrechnen sei. Dieser „Bonus" entspreche in etwa der Summe, welche sich bei einer Freistellung des Kinderexistenzminimums (11.400 DM) von den Arbeitnehmerbeiträgen zur Pflege- und Rentenversicherung (10,4 %) ergäbe. Die Kosten werden mit 11,2 Milliarden DM beziffert und die Problematik der Refinanzierung erörtert (systemintern oder extern?).

Dieser Vorschlag überzeugt nicht. Er erfasst von seiner Zielsetzung her nur die synchron-interpersonelle Ebene, beinhaltet also nur den Versuch einer Teillösung. Dieser wird zudem nur halbherzig und mit äußerst unbefriedigenden Ergebnissen verfolgt. Denn schon die Terminologie eines „Kinderbonus" zeigt, dass es gar nicht um die verfassungsrechtlich geforderte „Beitragsäquivalenz" der Kindererziehung geht. Deren voller Wert spielt überhaupt keine Rolle. Darüber hinaus wird, wie der Begriff des „Bonus" verrät, nicht einmal wenigstens

---

79 Ausführlich bereits Borchert, Jürgen, Die Berücksichtigung familiärer Kindererziehung im Recht der gesetzlichen Rentenversicherung, Berlin 1981, S. 225 ff. Zuletzt soll nach einem Bericht in der „Tagespost" v. 21.11.2002 das Institut zur Zukunft der Arbeit (IZA) in Bonn die Forderung aufgestellt haben, den individuellen Rentenanspruch nach der Kinderzahl zu staffeln: „Der Erhalt des Generationenvertrags erfordert von den Versicherten neben den Beitragszahlungen auch Nachkommenschaft, die den Bevölkerungsstand erhält. Der Teil der Bevölkerung, der diesen zweiten Beitrag nicht leistet, sollte bei gleichen Beitragszahlungen deutlich niedrigere Rentenansprüche erwerben."

die Tatsache der eklatanten Benachteiligung der Familien in Rechnung gestellt. Nicht begründet wird ferner, weshalb man es bei der Zugrundelegung des steuerlichen Kinderfreibetrags belassen will, statt konsequent am Durchschnittsunterhalt anzusetzen und so den Widerspruch zum Familienrecht auszuräumen. Sodann wird die Krankenversicherung ausgeklammert, weil dort derzeit „noch" (sic!) nicht vorwiegend altersspezifische Risiken abgedeckt würden. Damit wird aber zugleich konzediert, dass dies wegen der Alterung demnächst der Fall sein wird. Weil der Grund hierfür aber insbesondere im bereits heute dramatisch gestiegenen Anteil der Kinderlosen zu finden ist, entsteht auch die Ausgleichspflicht bereits heute. Schließlich wird mit der Begründung, der Arbeitgeber dürfe nicht zwischen kinderlosen und kinderhabenden Arbeitnehmern differenzieren, darauf verzichtet, den Arbeitgeberbeitrag einzubeziehen. Bei dieser Argumentation wird aber übersehen, dass es für den Arbeitgeber allein auf das Bruttoeinkommen ankommt (vgl. § 275 HGB), mithin Nettodifferenzen ohne weiteres möglich sind. Ohnehin ist, wie dargelegt wurde, die Unterscheidung von Arbeitgeber- und Arbeitnehmerbeiträgen längst obsolet geworden; sie führt nur zur Verschleierung der Gesamtlast. Dass auch die impliziten „Steuerbeiträge" von rund 10 v.H. zur GRV in Form von Steuern zu berücksichtigen wären, wird nicht erwogen. Statt eines Betrages von nur 100 DM würde eine konsequente Lösung allein auf der Basis der Kinderfreibeträge somit eher bei 400 DM je Kind und Monat anzusiedeln sein.

Fazit: Letztlich hält das „Solidarmodell" also nicht, was es verspricht. Sein Kardinalfehler liegt schon darin, die Grundstrukturen der bestehenden Systeme nicht anzutasten. Das Argument, eine kleine Reform sei besser als gar keine, ist dabei falsch, wie das Schicksal der Schreiber'schen Jugendrente 1957 lehrt: Sie hatte wegen der kurz zuvor beschlossenen Kindergeldeinführung – ein Klacks gemessen an der großen Reformnotwendigkeit – keine Chance mehr. Das Beispiel zeigt: Kleine Reformen werden von der Politik immer gern dazu missbraucht, sich hinter ihnen zu verstecken, um die notwendigen großen zu vermeiden.

IV. Ergebnis

Wer die Dinge wirklich nachhaltig zum Guten wenden will, kommt an dem „Soli-Modell" plus Dualem Rentenmodell also kaum vorbei. Und wenn diese große Reform nicht bald kommt, verkommt Deutschland – siehe das Eingangszitat von Augustinus – immer mehr zur großen Räuberbande: Dann werden wir schon bald mit unserem Latein am Ende sein.

V. Elemente der familienpolitischen Strukturreform

Literatur

Bach, Stefan/Seidel, Bernhard/Teichmann, Dieter, Entwicklung der Steuersysteme im internationalen Vergleich, DIW-Wochenbericht 40/2002, S. 657 ff.

Bieback, Karl-Jürgen, Verfassungsrechtliche Probleme, insbesondere des Eigentumsschutzes und des Übergangsrechts bei einer Reform der Rentenversicherung, ZSR 9/2000, S. 779 ff.

Bogs, Harald, BVerfG-Durchbruch: Soziale Generationsumlage-Versicherungen, Familien(unterhalts) lastenausgleich und verfassungsrechtlicher Gleichheitssatz, in: Boecken; Ruland; Steinmeyer, Sozialrecht und Sozialpolitik in Deutschland und Europa. Festschrift für Bernd Baron von Maydell, Neuwied 2002.

Borchert, Jürgen, „Renten vor dem Absturz", Frankfurt am Main 1993.

Borchert, Jürgen, Die Berücksichtigung familiärer Kindererziehung im Recht der gesetzlichen Rentenversicherung, Berlin 1981.

Borchert, Jürgen, Finanzierung der Gesetzlichen Rentenversicherung, in: Boecken et al. (Hg.), Öffentliche und private Sicherung gegen soziale Risiken, Colloquium zum 65. Geburtstag Bernd Baron von Maydells, Baden-Baden 2000, S.133 ff.

Borchert, Jürgen, Plädoyer vor dem Bundesverfassungsgericht am 28. April für die Arbeitsgemeinschaft der Deutschen Familienorganisationen, in: Deutsche Liga für das Kind in Familie und Gesellschaft (Hrsg.). Das Jahrhundertunrecht an den Müttern, Neuwied 1992, S. 35-69.

Borchert, Jürgen, Familie und Recht 1991, S. 88 ff.

Börsch-Supan, Axel, Was lehrt uns die Empirie in Sachen Rentenreform?, in: Perspektiven der Wirtschaftspolitik 1(4)/2000.

Ebsen, Ingwer, Verfassungsanforderungen an den Familienleistungsausgleich in den Alterssicherungssystemen– einige Überlegungen zur Rechtsprechung des Bundesverfassungsgerichts, DRV 12/2002, S. 697 ff.

Eichenhofer, Eberhard, Beitragsvergünstigung für Eltern in der Rentenversicherung?, Mitteilungen der LVA Oberfranken und Mittelfranken 12/2001, S. 722 ff.

Eichenhofer, Eberhard, Empfiehlt es sich, die rechtliche Ordnung finanzieller Solidarität zwischen Verwandten in den Bereichen des Unterhaltsrechts, des Sozialhilferechts und des Sozialversicherungsrechts neu zu gestalten? In: Verhandlungen des 64. Deutschen Juristentages (DJT), Berlin 2002, S. B 3 ff. (B 40 ff.).

Eichenhofer, Eberhard, Familien und soziale Sicherheit in internationaler Perspektive, DRV 12/2002, S. 725 ff.

Enquete-Kommission „Demographischer Wandel" in: Zur Sache 8/98.

Estelmann, Martin, Das „Beitragskinderurteil" des Bundesverfassungsgerichts, Die Sozialgerichtsbarkeit 5/ 2002.

Grabka, Markus/Kirner, Ellen, Einkommen von Haushalten mit Kindern, DIW-Wochenbericht Nr. 32/ 2002.

Haase, Friedhelm, Familienbezogene Neuregelungen in der Rentenreform, Mittlg. LVA Ober- und Mittelfranken, 12/2001.

Hankel, Wilhelm, Sozialstaat und Nationalismus, in: Wiegand (Hg.), Sozialstaat am Ende? Dokumentation des Symposiums anlässlich des 40jährigen Bestehens der Hessischen Sozialgerichtsbarkeit, Wiesbaden 1994.

Kirchhof, Ferdinand, Sozialversicherungsbeitrag und Finanzverfassung, NZS 4/1999.

Lampert, Priorität für die Familie, Berlin 1996.

Köhler-Rama, Tim, Kinderzahlabhängige Beiträge in der gesetzlichen Rentenversicherung: Rückschritt statt Fortschritt, DAngVers 11/2002, S. 449 ff.

Müller-Matysiak, Christina, Die Beitragsbemessungsgrenze – Schongrenze für Besserverdienende, Die Sozialversicherung, 10/97, S. 253ff.

Niemeyer, Werner/van Almsick, Staffelung des Beitragssatzes nach Kinderzahl – mögliches Element der Strukturreform der gesetzlichen Rentenversicherung?, DRV 1988.

Ribhegge, Hermann, Das Urteil des Bundesverfassungsgerichts zur Pflegeversicherung, in: Kritische Justiz, 3/2002, S. 358 ff.

Ruland, Franz, Das BVerfG und der Familienlastenausgleich in der Pflegeversicherung, NJW 23/2001, S. 1376ff.

Ruland, Franz, Familie und Rentenversicherung, Mittlg. LVA Ober- und Mittelfranken,12/2001, S. 699ff.

Ruland, Franz, in: Lueg/von Maydell/Ruland (Hg.), Gemeinschaftskommentar zum Sozialgesetzbuch – Gesetzliche Rentenversicherung (GK – SGB VI)Einleitung (Loseblatt: 24.12.95), Rdnr. 42.

Ruland, Franz, Rentenversicherung und Kinderlastenausgleich, DRV 1992, S. 327ff.

Ruland, Franz, Versicherungsfremde Leistungen in der gesetzlichen Rentenversicherung, DRV 1/ 1995. DRV 1992, S. 28 ff.

Rust, Ursula, Geschlechtspezifische Neuregelungen der Rentenreform, Mittlg. LVA Ober- und Mittelfranken, 12/2001, S. 737ff.

Sachverständigenrat zur Begutachtung der gesamtwirtschaftlichen Entwicklung, Für Stetigkeit– gegen Aktionismus, Jahresgutachten 2001/2002, Stuttgart 2001.

Tipke, Klaus, Steuerrechtsordnung, Köln 1974.

Schmidt, Alfred, Familie und Alterssicherung, DAngVers 1988, S.477 ff.

von Maydell, Bernd Baron/ Seegmüller, Robert, Versicherungsfremde Leistungen in der Sozialversicherung, Rechtsgutachten für das Bayerische Staatsministerium für Arbeit und Sozialordnung. München, Oktober 1996 (unveröffentlicht).

Willeke, Franz-Ulrich; Onken, Ralph, Allgemeiner Familienlastenausgleich in der Bundesrepublik Deutschland, Frankfurt/New York 1990.

Wischet, Ernst, Das Nettorentenniveau in der Krise?, ZSR 7/98.

3. Diskussionsteil nach den Referaten von Prof. Dr. Max Wingen, Prof. Dr. Bernd Raffelhüschen, Prof. Dr. Franz-Xaver Kaufmann, Prof. Dr. Joachim Lang und Dr. Jürgen Borchert

Frau Obländer:
Meines Erachtens muss – wie im Wiesbadener Entwurf auch getan – hinterfragt werden, wieso Sozialpolitik vor Familienpolitik rangiert und letztere lediglich Restmittelpolitik sein darf. Es ist sehr dankenswert, dass der Wiesbadener Entwurf deutlich die wirtschaftliche Schieflage der Familien aufzeigt und damit auch die Politik der Bundesregierung kritisiert.

Der Kritik an der deutschen Haltung, immer die Mutter für die Erziehungsaufgaben freistellen zu wollen, ist natürlich zuzustimmen. Aber dennoch kostet Erziehung nicht nur Geld sondern auch Zeit, die von den Eltern aufgebracht werden muss. Kindererziehung kann nicht Betreuungseinrichtungen überlassen bleiben und ist nicht nebenbei zu erledigen – übrigens ein Familienhaushalt auch nicht! Wer von Eltern, zumal von Eltern mit mehreren Kindern, erwartet – wie es der politische Raum zurzeit suggeriert – dass sie ihre Familien durch beiderseits möglichst volle Erwerbstätigkeit aus der Armutsfalle holen, mutet ihnen zwei oder mehr „Schichten" zu!

Herr Kaufmann:
Ich möchte Herrn Borchert hinsichtlich seiner Reaktion warnen, dass mein Statement sofort in den Wiesbadener Entwurf eingearbeitet werden sollte. Man muss zwischen der Notwendigkeit einer Vision, die die Gesamtzusammenhänge in den Blick nimmt, und der Partikularität politischer Initiativen unterscheiden. Politiker sind unfähig, mit einem von mir skizzierten komplexen Gegenstand unmittelbar umzugehen. Aber sie sollten akzeptieren, dass eine solche Perspektive notwendig ist. Deshalb meine Idee, man solle einen Querschnittsreferat für Nachwuchsfragen und Kinderpolitik einrichten und hier Vorschläge zu einer verstärkten Koordination von Familienpolitik, Vorschul- und Bildungspolitik sowie Ausländerpolitik auf Landesebene erarbeiten. Ohne eine notwendige Spezialisierung kommt man nicht aus. Den Wiesbadener Entwurf sollte man bezüglich der vorgeschlagenen wichtigen Umverteilungsvorgänge als einen Teil der Reformbemühungen sehr ernst nehmen.

Dass Kinder Zeit brauchen, ist natürlich nicht in Frage zu stellen. Nur fällt im internationalen Vergleich auf, dass es neben Deutschland kein Land gibt, das eine derartige Diskussion um die Fragen führt, wer die Kinder erziehen sollte, welche Rolle die Mütter zu spielen haben und wie das Verhältnis zur Erwerbstätigkeit ist. Die Franzosen haben schon lange ein Vorschulsystem. Dagegen gingen in Deutschland Anfang der 1970er Jahre während der Diskussion um die Tagesmütter die Kinderärzte auf die Barrikaden und die deutsche Liga für Kind und Gesellschaft meinte, außerhäusliche Betreuung müsse schlecht sein.

Herr Petropulos:
Herr Lang hat sich mit dem Kinderbetreuungsurteil des Bundesverfassungsgerichtes beschäftigt und erklärt, es sei aus steuerrechtlicher Sicht eine fundamentale Fehlentscheidung der Richter die Kinderbetreuungskosten, die nicht in messbarer Höhe entstanden sind, als eine zu berücksichtigende Größe einzuführen. Durch dieses Kinderbetreuungsurteil wird anerkannt, dass durch die Betreuungs- und Erziehungspflicht der Eltern Kosten entstehen. Diese Betreuungs- und Erziehungspflicht können sie entweder selbst wahrnehmen oder an andere delegieren. Wenn sie sie an andere delegieren, entstehen sichtbare Kosten, wenn sie sie selbst wahrnehmen, entstehen auch Kosten, die allerdings nicht sichtbar werden. Die Betreuungskosten werden unabhängig von der gewählten Betreuungsform in pauschaler Höhe für alle Eltern festgelegt. Mit seiner Kritik an der pauschalen Festsetzung greift Herr Lang eigentlich den Kern des Urteils an.

Frau Riedel:
In der Entscheidung des Bundesverfassungsgerichts zum Bund-Länder-Finanzausgleich aus dem Jahr 1999 werden interessante Aussagen hinsichtlich der Durchführung dieses Finanzausgleichs gemacht. Das Gericht hat den Regierungsverantwortlichen aufgetragen, bis Ende 2002 ein Gesetz anzufertigen. In diesem Gesetz sind nun verschiedene Kriterien enthalten, die die Verteilung der Gelder regeln. Beispielsweise spielt die Bevölkerungsdichte eine Rolle. So können Stadtstaaten 35 % mehr Mittel pro Einwohner erhalten, weil sie die Infrastruktur für das Umland mitfinanzieren müssen. Dünnbesiedelte Länder, z.B. Mecklenburg-Vorpommern, können unter Umständen bis zu 100 % mehr Mittel erhalten. Diese Kriterien berücksichtigen aber nur die Bevölkerungszahl. Andere Maßstäbe, z.B. das Alter der Bevölkerung, werden außer Acht gelassen. Damit wird der Betreuungsbedarf für kleine Kinder und Alte einfach ignoriert. Wenn die höheren Ausgabenbelastungen der Kommunen für Kinder und Alte als Maßstab genommen worden wären, hätte die Regelung zum Bund-Länder-Finanzausgleich die Möglichkeit geboten, Gelder vom Bund in die Kommunalhaushalte zu transferieren. Da die Infrastruktur der Kommunen immer auch ein wichtiger Wirtschafts- und Standortfaktor ist, hätten sich in diesem Fall die Interessen der Kommunen und die Interessen der Frauen getroffen. Die Frage ist also einzig und allein, welche Kriterien für den finanziellen Ausgleich gelten.

V. Elemente der familienpolitischen Strukturreform

Herr Lang:
Es handelt sich hier nicht um meine persönliche Kritik, sondern sie wird allgemein in der Steuerrechtsliteratur geltend gemacht und ich halte diese Kritik für richtig. Im Bereich der Kinderbetreuung hat das Bundesverfassungsgericht auch nichtmonetären Aufwand berücksichtigt, wozu sich die Bemessungsgrundlage der Einkommensteuer grundsätzlich nicht eignet. Der Einbau nichtmonetären Aufwands bewirkt Verwerfungen horizontaler Steuergerechtigkeit. Das Existenzminimum ist in die Größenordnung des Erwachsenenexistenzminimums geraten. Auch Kinder, die ihre Eltern betreuen, könnten ähnlich argumentieren. Das bedeutet, dass dann für bestimmte Sonderfälle das Prinzip des monetären Aufwands verlassen wird. Deshalb sollte man besser den Weg der Direktsubvention gehen. Wir dürfen nicht nur an die Situation der Kinder denken, sondern müssen auch an die Familie insgesamt, an die Gleichbehandlung von Eltern und Nichteltern und anderen Steuerpflichtigen denken. Hierfür wird ein Maßstab der Gleichbehandlung benötigt. Wenn auch in anderen Fällen das nicht-monetäre Moment mit einbezogen werden würde, dann hätten wir wieder eine Gleichstellung. Aber das isolierte Abweichen von dem Grundsatz der wirtschaftlichen Leistungsfähigkeit führt zu einer neuen Ungleichbehandlung und deshalb auch zu einem Privileg. Deshalb sollte dieser Weg nicht weiter beschritten werden, sondern das Instrumentarium der Direktsubvention angewandt werden. Das würde auch gerade für die einkommensschwachen Familien eine Hilfe bieten.

Frau Riedel:
Herr Borchert, ich bin mir nicht sicher, ob ich den Wiesbadener Entwurf richtig verstanden habe. Wollen Sie die Sozialversicherungssysteme auf durch Steuer finanzierte Systeme umstellen oder wollen sie das durch Beiträge finanzierte System erhalten? Meines Erachtens können die Arbeitgeber nur durch die Einbindung in ein solches durch Beiträge finanziertes System zur Mitfinanzierung motiviert werden. Wenn dieses System in Frage gestellt wird, dann wird sich Situation dramatisch verschlechtern. Denn die Arbeitgeber sind ja bekanntlich keine besonders freudigen Steuerzahler.

Herr Borchert:
Natürlich befürworte ich weiterhin die Finanzierung über Beiträge, weil diese den Verantwortungsaspekt unterstreichen. Bezüglich der Arbeitgeberbeiträge bin ich der Überzeugung, dass diese zum Lohn gehören und deshalb vorenthaltenen Lohn darstellen. Der Arbeitgeber wird also in Zukunft den Bruttolohn berechnen und davon die sehr unterschiedlichen Nettobeträge auszahlen, je nachdem wie viele Menschen von diesem Einkommen leben müssen. Es bleibt aber Brutto bei denselben Kosten. Beim Wiesbadener Entwurf gab es eine Anregung vom Finanzminister in Hessen, weil ich vergessen hatte zu verdeutlichen, dass die Grundsätze von § 31 EStG bei diesem dualen Modell des Kindergeldtransfers selbstverständlich nicht angetastet werden sollen. Das steht so nicht in dem hier vorliegenden Manuskript des Wiesbadener Entwurfs.

Frau Wurster:
Ich würde die Diskussion gerne nochmals auf steuerrechtliche Aspekte lenken. Herr Lang und Herr Borchert präferieren beide das Familienrealsplitting. Dieses Modell hat den Charme, dass die zivilrechtlichen Unterhaltspflichten quasi eins zu eins im Steuerrecht abgebildet werden. Aus dieser Sicht könnte man das Modell des Familienrealsplittings befürworten. Aber die Familien haben ja nicht nur Anspruch, dass sie nach ihrer Leistungsfähigkeit besteuert werden, sondern sie haben nach den Familienbeschlüssen des Bundesverfassungsgerichtes aus dem Jahr 1998 auch einen Anspruch auf ein transparentes Steuerrecht. Das Familienrealsplitting würde aber bei der Steuerveranlagung einen zusammengefassten Familienbescheid implizieren. Das heißt, nicht nur die steuerpflichtigen Eltern oder der allein erziehende Elternteil, sondern jedes Kind würde mit in die Besteuerung einbezogen. Dass damit die Anzahl der Steuerpflichtigen sprunghaft in die Höhe steigt, kann kaum im Sinne der Familien sein.

Wie soll außerdem der Abzugsbetrag, den Sie mit der Unterhaltspflicht gleichgesetzt haben, von der einzelnen Familie beziffert werden? Ist es den einzelnen Familien zuzumuten, diesen jedes Jahr für jedes Kind gesondert in der Steuererklärung zu ermitteln? Zurzeit wird das den Familien nicht abverlangt, da die Kinderfreibeträge pauschal berücksichtigt werden. Kann man den Familien das unter dem Gesichtspunkt der Transparenz des Steuerrechts und der Einfachheit der Veranlagungsvorgänge abverlangen?

Das Familienrealsplitting mag ja im Bereich der horizontalen Steuergerechtigkeit zu akzeptablen Ergebnissen kommen, aber wenn man einzelne Fälle durchrechnet profitieren diejenigen von der Steuerregelung, die auch ein zu versteuerndes Einkommen haben. Was ist dagegen an dem jetzigen dualen System von Steuerlösung und Transferleistung durch Kindergeld zu bemängeln?

Herr Lang:
Ich habe an dem Kinderfreibetrag und dem dualen System nichts zu bemängeln. Aber auf der einen Seite gibt es die Steuerfreistellung des Existenzminimums und auf der anderen Seite die realitätsgerechte Berücksichtigung von Unterhaltsverpflichtungen. Hier ist noch ein großes Regelungsdefizit und zum Entwurf des Steuergesetzbuchs habe ich die verfahrensrechtlichen Konsequenzen ausgearbeitet. In Übereinstimmung mit dem Steuerrecht würde die Steuer auf die Unterhaltsbezüge eigentlich von den Eltern bezahlt. Die Kinder müssten mit dem Finanzamt überhaupt nichts zu tun haben. Nur wenn das Kind zusätzlich Einkünfte hat, muss es einzeln veranlagt werden. Das Familienrealsplitting soll genau diese Einkommensverteilung abbilden und die wirtschaftliche Leistungsfähigkeit dadurch berücksichtigen, dass man die Einkommensverteilung wie sie im Unterhaltsrecht vorgegeben ist, auch im Steuerrecht abbildet. Damit soll nicht die Familie gefördert, sondern die Gleichbehandlung zwischen den vermögenden Eheleuten hergestellt werden. Derzeit sind besonders solche Eltern benachteiligt, die keine Möglichkeit zur Übertragung von Einkunftsquellen haben.

Ein Familienrealsplitting ist deshalb in erster Linie ein Thema der horizontalen Steuergerechtigkeit.

Die Anzahl der Steuerpflichtigen nimmt beim Familienrealsplitting nicht zu, weil nur den Eltern der Familiensteuerbescheid zugestellt wird und sie die Einkommenssteuer zu entrichten haben, solange die Kinder keine eigenen Einkünfte haben – so § 1004 Entwurf meines Steuergesetzbuches. Im Ergebnis wird die Steuerpraxis erheblich vereinfacht, weil die Verbindung von Unterhaltsrecht und Steuerrecht das Bedürfnis der Übertragung von Einkunftsquellen weitgehend entfallen lässt. Die steuerliche Anerkennung von Verträgen zwischen Angehörigen verursacht permanent großen Rechtssprechungsaufwand. Die Anknüpfung an das Unterhaltsrecht ermöglicht Pauschalbeträge, die in Übereinstimmung mit Unterhaltsverordnungen festgesetzt werden können. Unterhaltsverordnungen bilden also die gemeinsame Basis für den zivilrechtlichen und den steuerrechtlichen Ansatz von Unterhalt. Im Ergebnis leistet das Familienrealsplitting nicht nur mehr horizontale Steuergerechtigkeit für Familien, sondern auch eine durchgreifende Steuervereinfachung. Es geht schließlich um den Abbau des Gefälles zwischen dem Ehegattensplitting und der Nichtberücksichtigung der Einkommensverteilung zwischen Eltern und Kindern. Das ist das zentrale Anliegen.

Herr Borchert:
Der alte § 1603 Abs. 3 BGB des Familienrechts enthielt die Formulierung, dass die Mutter ihre Verpflichtung, zum Unterhalt des Kindes auch durch die Betreuung und Erziehung beizutragen, erfülle. D.h. dass in diesem Absatz die Gleichwertigkeit beider Leistungen – Erwerbsarbeit und Erziehung – formuliert war. Das hätte unterhaltsrechtlich auch zu einer Gleichbewertung bei der Steuer führen müssen.

Frau Welskop-Deffaa:
Ich möchte Herrn Kaufmann in seinem Votum unterstützen, neben den bundespolitischen Fragen, die landes- und kommunalpolitischen Fragen in den Blick zu nehmen. Gerade auf kommunaler Ebene gibt es zurzeit durch die finanziellen Engpässe die Schwierigkeit, überhaupt noch familienpolitische Maßnahmen umzusetzen. Deshalb reicht alleine die Änderung der Sozialversicherung nicht aus, um die strukturellen Rücksichtslosigkeiten gegenüber Kindern abzubauen. Die Leistungen für Familien dürfen nicht einfach unter der Rubrik „freiwillige Leistungen" verbucht werden. Das führt in den Zeiten der leeren Kassen nämlich dazu, dass diese Leistungen von den Kommunen nicht erbracht werden. Deshalb muss den Kommunen durch eine Änderung des Finanzausgleichs ein finanzieller Spielraum geschaffen werden, damit diese die familienpolitischen Maßnahmen umsetzen können, die ihnen teilweise gesetzlich vorgegeben sind und für die vor Ort Ideen vorhanden sind.

Frau Michels:
Warum können die tatsächlichen Kinderbetreuungskosten eigentlich nicht als Werbungskosten abgesetzt werden?

Herr Lang:
Es gibt eine Entscheidung des Bundesverfassungsgerichts aus dem Jahre 1977, die mit der alten Kinderfreibetragsentscheidung zusammenhing und in der der Kinderfreibetrag noch als Subvention bewertet wurde. Dort wurde geurteilt, dass die Kinderbetreuung privat und damit kein Werbungskostenabzug möglich sei. Ich halte diese Auffassung für falsch. Die realen Kinderbetreuungskosten sollten im vollen Umfang abzusetzen sein. Erwerbstätige Eheleute haben zum Teil erhebliche Kinderbetreuungskosten, die sie nur sehr limitiert absetzen können, weil sie als private Aufwendungen bewertet werden. Hingegen wird jemandem, der überhaupt keine Kinderbetreuungskosten hat, immerhin eine bestimmte Pauschale zugestanden. Hier kommt es meiner Auffassung zu einer Schieflage zwischen den erwerbstätigen Ehegatten mit hohen Kinderbetreuungskosten. Deshalb ist hier die Entscheidung des Bundesverfassungsgerichts durchaus kritisch zu betrachten. Sie führt dazu, dass höhere, reale Kinderbetreuungskosten nicht voll abgesetzt werden können. Dass dieser private Status von Kinderbetreuungskosten weiterhin betont wird, halte ich für falsch.

Herr Krüsselberg:
Die Grundprinzipien des Wiesbadener Entwurfs lauten in meiner Interpretation: Vermögensbildung ist zukunftsorientiert, während Konsum gegenwartsbezogen ist. Deshalb muss ein Steuersystem Vermögensbildung schonen und den Konsum belasten. Die Klarheit dieser Aussage ist das eigentlich Großartige an diesem Entwurf. Sie folgt Vorschlägen, die auch anderweitig gemacht und mit Erfolg, z.B. in Transformationsländern durchgesetzt wurden, ohne jedoch auf große Resonanz in Deutschland zu stoßen. Zur Vermögensbildung gehört unabdingbar die Humanvermögensbildung. Sie ist sogar deren wichtigste Komponente. Wenn dieser Denkansatz zu Ende gedacht wird, liefert er zugleich das Kriterium für die Bestimmung des Erfolgs von Familienpolitik. Jede Maßnahme wäre daraufhin zu überprüfen, ob sie tatsächlich die Humanvermögensbildung schont oder nicht, sie fördert oder gar belastet. Das Problem der Belastung junger Familien durch indirekte Steuern könnte über eine „Erstattungsmöglichkeit" geregelt werden.

Herr Lang:
Richtig: Mit dem Einstieg in die nachgelagerte Besteuerung haben wir eigentlich schon einen Systemwechsel. Es ist interessant, dass gerade im internationalen Vergleich zunehmend mehr die direkte Belastung des Konsums durch nachgelagerte Besteuerung zu einem Grundmodell wird. Das führt natürlich in der Konsequenz für die Familie dazu, dass der erhöhte Konsum der Familie steuerverschonende Auswirkungen hat. Die Rechtsprechung des Bundesverfassungsge-

V. Elemente der familienpolitischen Strukturreform 345

richts, die die volle Steuerfreiheit des Einkommens in Höhe des sozialhilferechtlichen Lebensbedarfs bestätigt hat, ist eine Hinwendung zu einer konsumorientierten Bewertung der Bemessungsgrundlage. In Kroatien ist beispielsweise durch eine solche Veränderung des Steuersystems die Arbeitslosigkeit innerhalb eines Jahres halbiert worden. Aber in Deutschland haben wir einen Reformstau und sind nicht bereit, konzeptionell neue Wege zu beschreiten.

Herr Borchert:
Wir kommen nun zu dem Aspekt, der im Wiesbadener Entwurf ausgeklammert ist. Zur Bildungspolitik, der Ganztagsschule und den Mütterzentren. Diese Aspekte sind ausdrücklich zur Vervollkommnung des Wiesbadener Entwurfs vorgesehen.

Familie leben – Mütterzentren: Generationsübergreifendes Miteinander

Eva Orth und Hannelore Weskamp

Die Vision

Die Vision ist 1996 von Mütterzentrumsfrauen verfasst worden:
„Das SOS-Mütterzentrum Salzgitter ist eine von Frauen initiierte und gelebte Organisation, die als Alternative zu herkömmlichen Lebensformen generationsübergreifendes Leben und Arbeiten ermöglicht. Das Zentrum bietet eine lebendige Antwort auf die Fragen und Bedürfnisse einer sich im Wandel befindenden Gesellschaft. Die Akteurinnen im SOS-Mütterzentrum sind von der Gleichwertigkeit aller Menschen überzeugt. Progressive Arbeitsformen und mütterfreundliche Arbeitsplätze ermöglichen es Frauen, ihre Fähigkeiten und Kompetenzen voll zu entfalten. Die wechselwirkende Gemeinschaft im Zentrum ist ein richtungsweisendes, nachahmenswertes Vorbild für zukunftsorientierte, menschliche Lebensformen. Der sichtbare Ausdruck der Arbeit sind erfüllte Menschen, die die Kraft haben, grenzsprengende Projekte zu realisieren. Die Basis des Engagements sind ein großer persönlicher Einsatz und individuelle Zielstrebigkeit einerseits und ein vertrauensvolles Miteinander andererseits. Jeder einzelne Beitrag ist wichtig und unverzichtbar. Gleichzeitig ist die Summe aller Fähigkeiten und Kompetenzen größer als der einzelne Beitrag, so dass eine Gemeinschaft entsteht, in der sich alle Beteiligten wie in einem gut geölten Uhrwerk aufeinander beziehen und dadurch das Leben in all seinen vielfältigen Facetten zum Ausdruck bringen. Das SOS-Mütterzentrum ist die Arche Noah der sozialen Fähigkeiten. Es ist die Ursache dafür, dass die Welt ein phantasievoller, bunter Lebensraum und eine offene, liebevolle Gemeinschaft aller Menschen ist."[1]

2.   Das Mütterzentrumskonzept

Das SOS-Mütterzentrum Salzgitter arbeitet unter der Trägerschaft des SOS-Kinderdorf e.V.

---

1 Vgl. Mütterzentrum (1996).

1.1. Wie alles anfing – die Historie des SOS-Mütterzentrums

Die ersten Mütterzentren sind Anfang der 1980er Jahre als Antwort auf die Klientelisierung der Beratungs- und Bildungsarbeit der 1970er Jahre entstanden: Auf die sich ausbreitende Professionalisierung der sozialen Arbeit, die den zertifizierten Ausbildungsformen und Tätigkeiten einen absoluten Vorrang vor den im Umgang mit Menschen und in der Familie erworbenen Kompetenzen einräumten. Ein in dieser Zeit durchgeführtes Forschungsprojekt des Deutschen Jugendinstitutes (DJI) zur Situation von Eltern, kam u.a. zu dem Ergebnis, dass Mütter die meisten Angebote der Elternberatung und -bildung in ihrer hierarchischen Struktur als stigmatisierend oder abwertend erleben.

In gedeihlicher Kooperation zwischen der Wissenschaft (DJI), die nicht dabei stehen bleiben wollte, ihre Erfahrungen lediglich zu publizieren und betroffenen Müttern, die sich nicht länger als Klienten einer Profiwelt sehen, sondern ihre individuellen Eigenkräfte entwickeln und umsetzen wollten, entstand so das Modell Mütterzentrum (1980 bis 1983).

Mit den Mütterzentren haben sich die Frauen in Selbsthilfe und für sich selbst einen öffentlichen Raum als Treffpunkt im Stadtteil geschaffen, in dem sie ihre speziellen Bedürfnisse im Beisein ihrer Kinder selbst organisieren und leben können. Im Mütterzentrum werden die Frauen auf ihre Fähigkeiten angesprochen. Es gilt das Prinzip: Jede kann etwas besonders gut, was sie ins Zentrum einbringen kann. Das Prinzip der Mütterzentrumsarbeit hat neben diesem privaten Aspekt auch einen gesellschaftlichen. Hinter dem Motto „Nicht jede kann alles – aber gemeinsam können wir das, was wir brauchen" steht der Anspruch, Erfahrungswissen und soziale Kompetenzen aus dem Familienalltag den institutionalisierten und professionalisierten Lebenswelten gleichwertig gegenüberzustellen. Die Frauen können im Mütterzentrum Arbeit mit Leben so verbinden, dass sie weder unter der Isolation der Kleinfamilie leiden noch sich mit der Vielfachbelastung von Berufs- und Familienarbeit überfordern müssen.

Der konzeptionelle Kontext, in dem das SOS-Mütterzentrum entstanden und gewachsen ist, lässt sich aus heutiger Sicht unter den Begriffen Ressourcenorientierung, Empowerment und Partizipation zusammenfassen. Was das inhaltlich ausmacht, lässt sich an den folgenden vier Grundgedanken beschreiben:
- gleitende Öffnungszeiten,
- das Laien-mit-Laien Prinzip,
- das Offene Angebot mit „Kinder gehören dazu",
- gleiches Honorar für alle.

Das Mütterzentrum in Salzgitter-Bad öffnete als erstes Zentrum überhaupt 1981 seine Türen. Im gleichen Jahr folgten die Zentren in München-Neuaubing und Darmstadt. Die ersten drei Jahre wurden alle drei Zentren als Modellprojekt des Bundesfamilienministeriums gefördert. 1984 übernahm der SOS-Kinderdorf e.V. auch die Trägerschaft für die Mütterzentren in Salzgitter und Neuaubing von Anfang an.

Durch seinen Träger hat das SOS-Mütterzentrum schon sehr früh in seiner Entwicklungsgeschichte konzeptionelle und finanzielle Unterstützung gefunden. Der SOS-Kinderdorf e.V. hat damit sein Angebotsspektrum um gemeinwesenorientierte, auf Selbsthilfe basierende Einrichtungen erweitert. Das Konzept des SOS-Mütterzentrums „passte" zu der Idee des Jugendhilfeträgers, auf der Basis lebensweltorientierter und partizipativer Ansätze die Lebensbedingungen sozial benachteiligter Kinder und ihrer Familien nachhaltig zu verbessern – nach dem Motto: Wenn es den Müttern gut geht, geht es auch den Kindern gut." Neben den inzwischen fünf Mütterzentren unter der Trägerschaft des SOS-Kinderdorfes gibt es in Deutschland ca. 400 weitere Zentren, die auf der Basis der Grundkonzeption arbeiten.

1.2. Selbsthilfe als Motor der Entwicklung – wie alles weiter ging

Aus der vor 20 Jahren geborenen Idee ist in Salzgitter ein Zentrum gewachsen, das zu einer generationsübergreifenden Begegnungsstätte in der Nachbarschaft, zu einer sozialen Dienstleistungsagentur und zu einem beruflichen Fortbildungsträger geworden ist.

Wir haben im SOS-Mütterzentrum angrenzende Aufgabenfelder entwickelt, deren Angebote für eine breite Bevölkerung bürgernah zur Verfügung stehen. Mit diesen Angeboten, z.B. Altenbetreuung und Kindertagesbetreuung, haben wir uns für eine Teilprofessionalisierung geöffnet und damit beispielhaft gezeigt, dass eine Verbindung von Selbsthilfe und institutioneller Arbeit möglich ist, ohne den Selbsthilfegedanken dabei zu verlieren.

Dass uns diese Verbindung immer wieder gelingt, passiert nicht automatisch. Eine wichtige Voraussetzung ist, dass die Selbsthilfe der Motor für den Aufbau der ergänzenden Bereiche ist. Aus den Bedürfnissen aktiver Mütterzentrumsfrauen nach flexibler Kinderbetreuung, d.h. nach Hort- und Krippenplätzen für ihre Kinder, entstand der Schüler- und Schülerinnentreff, der Minikindergarten und der Offene Treff für Jugendliche. Heute ist aus den Betreuungsanfängen für die eigenen Kinder und die aus der Nachbarschaft ein großes Kinderhaus mit 76 Plätzen für Kinder im Alter von 1 bis 12 Jahren geworden, die in vier Gruppen altersgemischt betreut werden.

Ähnlich sind nachbarschaftliche Dienstleistungen, die Haushaltspflege, Mittagstisch, Fahrdienst und Wäscherei anbieten und die Altenbetreuung entstanden. Hier trafen sich die Bedürfnisse alter Menschen aus der Nachbarschaft einerseits, die um Unterstützung im Haushalt, um Pflege, Versorgung, Kontakt und Kommunikation nachfragten, und die der Mütterzentrumsfrauen anderseits, die zu ihren Bedingungen, z.B. zeitlich flexibel, bezahlte Arbeitsplätze brauchten.

Die gelungene Verbindung von Selbsthilfe und institutioneller Arbeit zeigt sich weiterhin in der Zusammensetzung unserer Mitarbeiterinnen. Neben den gesetzlich geforderten Fachkräften in der Altenbetreuung und im Kinderhaus haben wir Mütter als Laienmitarbeiterinnen eingestellt.

V. Elemente der familienpolitischen Strukturreform 349

Die Trennung von Laienarbeit und professioneller Arbeit, die nach wie vor charakteristisch für das System sozialer Arbeit in unserem Land ist, entspricht ebenso wie die Versäulung der Hilfsangebote, nicht mehr den Herausforderungen, die die gesellschaftlichen Entwicklungen mit sich bringen.

Der Fokus liegt nicht nur darauf, dass beide Gruppen miteinander arbeiten, was ja schon unüblich ist, sondern dass ihre Arbeit trotz unterschiedlicher Qualifikation gleich bewertet wird. Laienarbeit wird in der professionellen Welt meist als eine Art Hilfsarbeit verstanden, die im Gegensatz zur Arbeit von Fachkräften, ehrenamtlich, d.h. unbezahlt, geleistet werden muss und meist als minderqualifiziert angesehen wird.

Die Laienmitarbeiterinnen im SOS-Mütterzentrum sind längst keine homogene Gruppe mehr. Es gibt Frauen, die gerade erst anfangen, sich im SOS-Mütterzentrum zu orientieren und andere, die seit mehr als 15 Jahren aktiv in der Arbeit stehen. Sie haben Leitungsfunktionen übernommen, müssen zuverlässig Aufgaben übernehmen und tragen im umfassenden Sinn Verantwortung. Sie sind keine Profis, denn ihnen fehlt die formale Qualifikation. Aber Laien sind sie auch nicht mehr – wir bezeichnen sie als „Praxisexpertinnen". Was eine gute Mütterzentrumsmitarbeiterin ausmacht, ist nicht einfach mit Profi oder Laie zu beantworten. Letztendlich entscheiden über die Qualität soziale Kompetenzen, Herzenswärme und die Bereitschaft zu Selbsterfahrung und persönlicher Weiterentwicklung.

Mit der gleichwertigen Einbeziehung der Kompetenzen der Laienmitarbeiterinnen, die sie im familiären Leben mit Kindern und in der Nachbarschaft erfahren, ist die Mütterlichkeit immer präsent.

1.3. Jeder Mensch kann etwas in die Gemeinschaft einbringen

Unser Haus ist offen für alle Menschen im Stadtgebiet: für Frauen, Kinder, Familien, Männer, für Jung und Alt, für Gesunde und Kranke, für Hilfesuchende und Gebende, für mehr und weniger Begüterte, für mehr oder weniger Gebildete, für Angehörige aller Nationalitäten und Glaubensgemeinschaften. Diese Liste ließe sich noch fortsetzen. Wir wollen damit zum Ausdruck bringen, dass uns das Miteinander ein zentrales Anliegen ist.

Es zeigt sich, dass ökonomisch unterprivilegierte und gesellschaftlich marginalisierte Gruppen immer weniger in der Lage sind, eigeninitiativ die gesellschaftlich zunehmend geforderte Beziehungsarbeit zu leisten. Soziale Netzwerke verkümmern gerade in dieser Gruppe. Deshalb kümmern wir uns zuerst um Menschen, die z.B. sozial benachteiligt oder psychisch beeinträchtigt sind. Da das Kümmern in der Gemeinschaft aller stattfindet, braucht es dazu auch Menschen, jenseits der professionellen Hilfe, die bereit sind zu geben. Das Geben und Nehmen, ein Grundprinzip der Mütterzentrumsarbeit, ist nicht an bestimmte Personen gebunden, mal gibt einer mehr, mal nimmt einer mehr. In der Wechselseitigkeit der Erfahrung liegt der soziale Gewinn.

1.4. Selbsthilfe als Motor unserer Arbeit – Arbeitsweisen und Methoden

Die Hilfe zur Selbsthilfe ist das Prinzip unserer Arbeit, egal wer mit welchem Thema kommt. Ein weiteres Kennzeichen unserer Arbeitsweise ist das Laien-mit-Laien-Prinzip. Für uns sind Mütter Expertinnen, die anderen bei Problemen, Sorgen und Fragen weiterhelfen, Managementfunktionen übernehmen, altersgemischte Kindergruppen betreuen und vieles mehr. Jede kann von der Alltagskompetenz der anderen etwas lernen. Auf diese Weise wird jede mit ihrem besonderen Wissen und ihren Fähigkeiten wahrgenommen und angenommen. Dieses Arbeitsprinzip ermöglicht es jeder Frau, Verantwortung zu übernehmen und gleichberechtigte Ansprechpartnerin zu sein.

Charakteristisch für unsere Arbeitsweise ist die Flexibilität der Angebote im Offenen Bereich. Die Angebote werden nicht langfristig und losgelöst vom Alltag geplant. Wir reagieren mit unseren Angeboten flexibel auf die Nachfragen und Bedürfnisse unserer Besucher und Besucherinnen. Gleichzeitig sind sie auch Abbild der Fähigkeiten der aktiven Frauen im Hause. Manche Angebote gibt es über die Jahre hinweg, weil das Interesse daran ungebrochen ist, andere werden auch nach kürzerer Zeit wieder eingestellt, weil die Bedürfnisse befriedigt sind.

Wenn es auch eher unüblich erscheint – das Prinzip „Gleiches Honorar für alle" gehört ebenfalls zu unserer Arbeitsweise. Es hat die gleiche Bedeutung wie früher, obwohl wir heute von einer anderen Situation ausgehen als in den ersten zehn Jahren. Damals, als wir begonnen haben, hatten wir einen Geldtopf, aus dem wir Frauen bezahlten, die im Mütterzentrum aktiv waren. Auch heute verfügen wir über Honorarmittel. Dieses Geld wird zum gleichen Stundenlohn an alle Mitarbeiterinnen verteilt, egal welche Arbeit sie tun. Bei diesen Honorarkräften, ob im Büro, im Kinderzimmer oder in der Caféstube, ist dieses Prinzip nach wie vor sehr lebendig. Darüber hinaus gibt es aber auch regulär bezahlte Arbeitsplätze.

Unser im Mai 1999 fertig gestellter Neubau ist das architektonische Abbild des MütterZentrum-Konzeptes und letztlich ein Kennzeichen unserer Arbeitsweise, die auf Begegnung setzt. In der Mitte des Hauses erstreckt sich über zwei Etagen die Begegnungszone. Sie verbindet in der vertikalen Linie die beiden Haushälften miteinander. Die Begegnungszonen sind so konzipiert, dass die Menschen über die Wege, die sie sowieso machen müssen, sich wechselseitig „über den Weg laufen", ganz zufällig, oder weil sie dort an verschiedenen Angeboten teilnehmen. In dieses Konzept gehören auch die hintereinander gehängten Räume und die fehlenden Flure. Die Räume fordern die Menschen, die Kommunikation immer am Laufen zu halten – Wege schaffen Begegnung, Begegnung schafft Beziehung, Beziehung schafft Verantwortung, und so entsteht die Grundlage für Gemeinschaft.

V. Elemente der familienpolitischen Strukturreform

1.5. Angebotspalette im Überblick – von A wie Altenbetreuung bis Z wie Zugehörigkeit

Die Angebote im SOS-Mütterzentrum sind Abbild der Bedürfnisse der Menschen im Stadtteil und der aktiven Mütterzentrumsfrauen. Da sie nicht am „grünen Tisch" entstehen, sondern aus dem Alltagsgeschehen wachsen, sind sie nicht festgeschrieben. Unsere Arbeit ist so organisiert, dass die Angebote jederzeit schnell und flexibel verändert werden können. Zurzeit bieten wir unter einem Dach folgende Angebote:

- Offener Treff mit vielfältigen Angeboten
    - Caféstube als Treffpunkt für Jung und Alt,
    - gemeinsame Mahlzeiten,
    - Bistro und Café „Frau Kniestedt",
    - Kreativangebote.
- Beratung und Information
- gemeinsam selbstständig sein
    - Ladenzone mit Kosmetik, Friseur, Second-Hand-Boutique, Lebens-ARTikel-Laden,
    - Gesundheits-Wohlfühl-Angebote,
    - Wäsche- und Nähservice.
- Offene Kinder- und Jugendarbeit
- Kinderhaus
    - mit vier Gruppen (1 bis 12 Jahre, 19 Kinder je Gruppe, altersgemischt)
- Altenservice
    - ambulante Betreuung und Pflege zu Hause,
    - Tagesbetreuung und Pflege im SOS-Mütterzentrum,
    - Mittagstisch außer Haus,
    - nachbarschaftliche Dienstleistungen
    - Familienservice.
- Laien-, Fachberatung und Fortbildung für Mitarbeiterinnen und Besucherinnen
- Beschäftigung, Lernen, Ausbildung

2. Der offene Treff

Das Mütterzentrum ist von Müttern entwickelt worden, und damit haben sie zunächst für sich und auch für andere den Raum geschaffen, die eigenen Selbsthilfekräfte zu fördern. Sie haben die Möglichkeit geboten, sich und ihre individuellen Fähigkeiten einzubringen und zu erproben, sie können sich befähigen, die Dinge selbst in die Hand zu nehmen und so die eigenen Potentiale und Ressourcen wieder zu entdecken und zu entwickeln.

Im Mittelpunkt des SOS-Mütterzentrums steht die Caféstube als Offener Treff. Die Caféstube ist durchgängig für alle Menschen von 9.00 bis 18.00 Uhr geöffnet, niemand muss sich anmelden oder ein formuliertes Anliegen vorbringen.

Hier treffen sich Menschen aus der näheren oder ferneren Nachbarschaft: Mütter mit Kindern, Frauen ohne Kinder, Väter, Schüler und Schülerinnen, Omas, Opas, Tanten und Onkel – Jung und Alt. Es gibt Kommunikation, Kontakt, Zugehörigkeit, Austausch, Information, Kurse und Gesprächskreise, Beratung, Kinderbetreuung, Entspannung, Versorgung, Unterhaltung, Spaß und ganz viel Raum für Engagement.

Die Caféstube des SOS-Mütterzentrums wird auf der Basis des Konzeptes von allen gestaltet – innerlich und äußerlich – die darin leben, arbeiten und sich engagieren wollen. Nicht die Teilhabe an professionellen Angeboten, wie es in Einrichtungen der Erwachsenenbildung üblich ist, kennzeichnen den Tagesablauf, sondern Engagement aus eigener Betroffenheit und Bedürftigkeit, aus Interesse, aus Neugier, aus Spaß und Freude. Die Frauen ermuntern sich gegenseitig, ihre spezifischen Kenntnisse und Fähigkeiten einzubringen, z.B. durch Angebote (Nähen, Basteln, Sprachkurse, Gesprächskreise, Beratung), bei der Dekoration der Räume, in der Organisation und Durchführung von Veranstaltungen, in der Organisation der Caféstube insgesamt, in der Öffentlichkeitsarbeit, z.B. bei der Betreuung von Besuchergruppen oder an Informationsständen in der Stadt. Und für all diese Aktivitäten müssen die Kinder nicht „wegorganisiert" werden, sondern sie sind wie selbstverständlich dabei.

Die Erfahrungen aus der Arbeit im Mütterzentrum – ich kann etwas, ich kann meine Sachen selbst in die Hand nehmen – werden von den Frauen auch auf ihre Lebensbereiche außerhalb des Zentrums übertragen. Das Gleiche gilt auch für erlebte und gelebte Toleranz. Das alltägliche Miteinander unterschiedlicher Generationen und Menschen unterschiedlicher nationaler, sozialer und kultureller Hintergründe, das nicht immer leicht zu bewerkstelligen ist, führt dazu, dass wirkliche Toleranz entsteht und nicht nur Lippenbekenntnisse

Die Caféstube ist für viele Frauen die Eingangstür für weitergehende Aktivitäten. Aktiven Frauen wird die Möglichkeit gegeben, verbindlich einen Caféstubendienst zu übernehmen. Für viele ist das ein erster Schritt in eine spätere Berufstätigkeit – innerhalb oder außerhalb des Mütterzentrums.

Jeweils zwei Frauen sind vormittags und nachmittags auf Honorarbasis tätig. Die diensthabenden Frauen verstehen sich vor allem als Gastgeberinnen, sie begrüßen neue Besucher und führen sie in die Möglichkeiten des Hauses ein. Dabei ist es ihnen besonders wichtig, sich im wahrsten Sinn des Wortes um die Besucher zu kümmern. Sie sorgen für eine wertschätzende und akzeptierende Atmosphäre, in dem sie unterschiedliche Menschen und Altersgruppen integrieren, Besucher in die Gespräche am Kaffeetisch einbeziehen, Beratungsgespräche

V. Elemente der familienpolitischen Strukturreform

führen und bei Bedarf unterschiedliche Unterstützung und weitergehende Angebote vermitteln.

2.1. Die Angebote im Offenen Treff

Aus dem persönlichen Engagement, den vielfältigen Ideen und Interessen, der eigenen Betroffenheit und den Bedürfnissen der Menschen entstehen in der Caféstube die wechselnden Angebote. Jede kann das, was sie besonders gut kann oder was sie besonders gerne tut, in die Tat umsetzen und in die Gemeinschaft einbringen. Eine junge Mutter, die Spaß am Dekorieren hat, übernimmt die Gestaltung der Caféstube. Die Frau, die Kontaktfähigkeit mit Kochkünsten verbindet, macht ein Angebot für gesunde Ernährung. Dabei sind Art, Dauer und Ausgestaltung nie festgelegt, Veränderungen und die Gestaltung neuer Angebote jederzeit möglich. Alle Angebote werden von den aktiven Frauen selbst geplant und durchgeführt.

Es gibt Gesprächskreise, Fremdsprachenangebote, wechselnde Kreativangebote wie Basteln, Töpfern und Nähen. Musische Angebote wie der Mütterzentrumschor oder die Gitarren- und Trommelgruppe stehen neben sportlichen und gesundheitsfördernden Aktionen wie z.B. Tai-Chi. Manche Angebote laufen das ganze Jahr, andere entwickeln sich spontan, je nach Interesse.

Die Angebote sind offen für jeden und sie können in der Regel ohne Voranmeldung besucht werden. Neben dem gemeinsamen Tun geht es auch immer um das Gespräch und den Kontakt untereinander.

2.2. Alltagspraktische Entlastung -nachbarschaftliche Dienstleistungen

Wir legen viel Wert auf alltagspraktische Entlastung, die je nach der individuellen Bedürfnislage von den Menschen aus der Nachbarschaft gerne angenommen wird. Ohne zu stigmatisieren, unbürokratisch und flexibel, sind diese Angebote eine Unterstützung bei der Bewältigung schwieriger und anstrengender Lebenslagen.

Beispielsweise gehören Kinder im Offenen Treff wie selbstverständlich dazu. Wenn eine Mutter im Haus aktiv ist, können die Kinder in das Offene Kinderzimmer oder in den Schüler und Schülerinnen-Club gehen. Sie werden dort verantwortlich betreut. So haben Mütter Zeit und den Raum sich zu engagieren oder Zeit und Muße für sich selbst, von der permanenten Zuständigkeit für die Kinder ein Stück abgeben zu können.

Das Prinzip der Selbsthilfe führt auch dazu, dass sich die Frauen gegenseitig helfen und unterstützen, sie fühlen sich füreinander verantwortlich, wenn zum Beispiel eine allein erziehende Mutter unerwartet ins Krankenhaus muss, ist die Freundin und Kollegin aus der Caféstube bereit, ihre drei kleinen Kinder zu betreuen. Bei erforderlicher Mehrarbeit der Mutter holt die Nachbarin das Kind aus dem Kindergarten ab und verbindet dies mit einem Besuch in der Caféstube, weil dort auch ihre Freundinnen zum Kaffee sind.

In der Caféstube gibt es jeden Morgen ein gemeinsames Frühstück und am Nachmittag selbstgebackenen Kuchen. Für alle, die nicht selbst kochen können oder wollen, gibt es den Mittagstisch, z.b. für Mütter und ihre Kinder, alte und kranke Leute, Schulkinder und Berufstätige. Bei diesen Angeboten geht es um mehr als nur Essen – in der Gemeinschaft mit anderen bekommen die Mahlzeiten eine kommunikative und kontaktstiftende Bedeutung.

Mit dem öffentlichen Café und Bistro „Frau Kniestedt" haben wir unser Angebot erweitert. Die Gäste erwartet neben dem Service ein reichhaltiges kulinarisches Angebot. Das Bistro hat am Abend bis 20.00 Uhr und am Sonntag ab 13.00 Uhr geöffnet (Stand Mai 2001). Es bietet neben dem Offenen Treff eine weitere niedrigschwellige Möglichkeit, Kontakt zum Mütterzentrum aufzubauen.

Seit einiger Zeit stellt die Küche in Zusammenarbeit mit dem Service-Team des Bistros einen Party-Service für Familienfeiern und andere festliche Gelegenheiten zur Verfügung. Alle Fragen und Wünsche rund um Essen, Tischschmuck und Service werden individuell beantwortet und erfüllt.

Durch den Hausmeisterinnen-Service im Offenen Treff werden kleinere Reparaturen vorgenommen. Die Vor- oder Nacharbeiten bei Renovierungen gehören ebenso dazu wie die Beratung bei Einrichtungs- und Wohnfragen.

Die Nutzung von Kopierer, Telefax und Computern ist allen Besucher in Absprache mit den Bürofrauen möglich.

2.3. Beratung in der Caféstube

Beratung im SOS-Mütterzentrum beginnt in der Regel im Offenen Treff in der Caféstube mit einem Gespräch am Kaffeetisch. Aus dem Selbsthilfeansatz heraus haben sich differenzierte Formen der Beratung entwickelt, mit einer Vielzahl von sehr unterschiedlichen Beraterinnen mit einem breiten Kompetenzspektrum; charakteristisch ist das Laien-mit-Laien-Prinzip. Diese Form der Beratung basiert auf der Erkenntnis, dass Mütter, die keine professionelle Beratungsausbildung absolviert haben aufgrund ihrer langjährigen Familien- und Sorgetätigkeit eine hohe soziale Kompetenz, eine Ansammlung von Erlebnissen, Abenteuern und Lebenserfahrung als unerlässliche Quelle für die Beratung in sich haben. Die Frauen selbst sehen sich gar nicht als Beraterinnen, sondern als Frauen, die sich um andere kümmern, die ihr Wissen und ihre Erfahrungen zum Beispiel im Umgang mit Ämtern und Behörden, der Lebensführung, Kindererziehung oder Partnerschaftsproblemen einbringen und weitergeben. Trotzdem ist Beratung im Mütterzentrum mehr als verständnisvolle Gespräche zu führen oder wohlgemeinte Ratschläge zu geben. Auf der Grundlage umfassend reflektierter Praxiserfahrungen wird eine alltagsnahe Beratung angeboten, die unmittelbare Entlastung und Unterstützung ebenso umfasst wie das Gespräch nach einer gemeinsam bewältigten Situation oder die Möglichkeit, die gewonnenen Erkenntnisse bei nächster Gelegenheit umzusetzen. Bei außergewöhnlichen Situationen, in Krisen wird unbürokratisch reagiert und Soforthilfe geleistet.

V. Elemente der familienpolitischen Strukturreform

Die Laienberaterinnen haben umfassende und fundierte soziale Fähigkeiten entwickelt, auf Menschen zuzugehen, sie einzubeziehen, ihnen genau zuzuhören, ihre verbalen und nonverbalen Signale wahrzunehmen, einzuschätzen und das eigene Handeln darauf zu beziehen.

Gespräche unterschiedlicher Intensität finden zum größten Teil in aller Öffentlichkeit statt. Beratung wird so zu einem alltäglichen, transparenten Vorgang, dem nichts Geheimnisvolles, Angstmachendes und Hierarchisches anhaftet.

Bei Bedarf wird an professionelle Beratungseinrichtungen weitervermittelt, zu denen ein guter Kontakt besteht. Die Vermittlung wird mit den betroffenen Frauen sehr gut vorbereitet, zum Teil werden sie begleitet. Die Berührungsängste der Frauen sind oft sehr hoch, und negative Erfahrungen erschweren den Schritt, sich an traditionelle kirchliche und behördliche Beratungs- und Hilfsinstanzen zu wenden.

2.4. Professionelle Beratung

In Ergänzung zu der Laienberatung, die der Kern unserer Beratungsarbeit ist, haben wir seit einigen Jahren eine professionelle Beraterin (Diplom-Pädagogin) im SOS-Mütterzentrum etabliert. Die Beraterin hält sich täglich im Offenen Bereich auf und bringt sich in die Mütterzentrumsarbeit ein. So ist sie im Mütterzentrumsalltag anwesend und ansprechbar. Die Beraterin kann erlebt und beobachtet werden, nicht nur in ihrer Rolle, sondern ganz persönlich, wie sie arbeitet und sich im Kontakt mit Menschen verhält. Kontakte zu den Besuchern, Kindern und Jugendlichen ergeben sich ganz selbstverständlich und können wachsen. Der Kaffeetisch wird zum Arbeitsplatz der Beraterin. Für vertrauliche Gespräche und weiterführende Interventionen stehen ruhige Räume zur Verfügung ohne das traditionelle Setting der professionellen Beratung.

Die Beraterin arbeitet eng mit den Laienberaterinnen zusammen und übernimmt spezielle Aufgaben, die ein besonderes Fachwissen erfordern, zum Beispiel bei der Schuldner- oder Weiterbildungsberatung, bei Hilfeplanvereinbarungen, bei psychiatrischen oder geriatrischen Problemlagen oder bei langfristig angelegten psychosozialen Einzelbetreuungen.

Das Anliegen unserer Arbeit, Beratung transparent und nachvollziehbar zu gestalten, um ihr damit das Hierarchische, Geheimnisvolle und Stigmatisierende zu nehmen und gleichzeitig den Schutz und die Vertraulichkeit der Ratsuchenden zu gewährleisten, bleibt gewahrt.

3. Konzept Altenservice

Ausgehend von Nachfragen aus der Nachbarschaft, speziell von alten Menschen, nach verschiedenen Unterstützungsangeboten wie Haushaltshilfen, Mittagstisch oder Essen außer Haus, Hausflurreinigung oder Pflege- und Betreuungsleistungen, den Bedürfnissen engagierter Mütterzentrumsfrauen und der aktuellen Arbeitsmarktsituation in Salzgitter, wurde 1986 im Selbsthilfeprinzip das

Konzept Stadtteilservice als Modell für Nachbarschafts- und Berufshilfe entwickelt. Aus den ersten Anfängen entwickelte sich im Zuge steigender Nachfragen der Altenservice mit den Teilbereichen Offene Altenarbeit, Tagesbetreuung und Pflege im Mütterzentrum und ambulante Pflege und Betreuung zu Hause.

Immer mehr Menschen werden immer älter. Diese Bevölkerungsentwicklung stellt unsere Gesellschaft vor neue Herausforderungen. Die immer älter werdenden Menschen brauchen ganz gezielt besondere Formen unterschiedlicher Hilfe- und Pflegeangebote. Der Wunsch der meisten Menschen, bis zum Lebensende in der privaten Häuslichkeit zu verbleiben und nicht in herkömmlichen Institutionen alt werden zu wollen, setzt vielfältigste und ganzheitliche Betreuungskonzepte voraus, die es in Salzgitter nicht gab. Dieser Herausforderung, neue Antworten zu finden und lebensnahe Lösungen zu entwickeln, haben wir uns selbst gestellt.

3.1. Selbstverständnis der Arbeit

Das Konzept des Altenservice ist als Antwort auf die Veränderungen des sozialen Lebens entstanden. Die natürliche Großfamilie mit ihren gewachsenen Versorgungsstrukturen für ihre älteren Familienmitglieder wurde abgelöst von individuellen persönlichen Lebensstilen, die sich gesellschaftlich hauptsächlich in einer Individualisierung und Singularisierung bemerkbar machen. Der Altenservice versteht sich als Beitrag zum Aufbau neuer Nachbarschaften mit Begegnungs- und Kontaktmöglichkeiten zwischen Jung und Alt. Er hat das Ziel, der Isolierung alter und kranker Menschen entgegenzuwirken. Neben der professionellen Pflege werden im Offenen Treff des Mütterzentrums Unterhaltung und Kontakte ermöglicht. Der Schwerpunkt unserer Bemühungen liegt darauf, regelmäßige Begegnungen im Alltag zu ermöglichen und auf starre institutionalisierte Veranstaltungen zu verzichten.

Das lebendige Leben wie in einer großen Familie stärkt die Selbstheilungskräfte alter oder betreuungsbedürftiger Menschen und reaktiviert ihre Fähigkeiten. Kinder erleben alte Menschen in ihrem alltäglichen Umfeld.

Diese Erfahrungen sind heutzutage nicht mehr selbstverständlich, für ein natürliches Miteinander der unterschiedlichen Generationen aber unerlässlich. Wie sonst kann ein alter Mensch Verständnis entwickeln für jüngere Menschen, die unter selbstgewählten Lebensbedingungen leben, die früher gesellschaftlich nicht möglich waren, wie beispielsweise die Berufstätigkeit von Müttern oder die Alleinerziehung eines oder mehrerer Kinder. Auch Vorurteile, die von Seiten jüngerer Menschen bestehen, können abgebaut werden, etwa wenn ein Jüngerer erlebt, dass das Erfahrungsspektrum des älteren Menschen für ihn durchaus hilfreich sein kann und zwar gerade nicht in dem Sinne „Ältere haben immer Recht". Unser generationsübergreifendes Selbstverständnis zeigt jüngeren Menschen die Lebenswelten älterer Menschen auf, die sie im Alltag nicht mehr selbstverständlich miterleben können. Vorurteile werden so schneller abgebaut.

V. Elemente der familienpolitischen Strukturreform

Alte Menschen müssen sich mit vielen Veränderungen in ihrem Leben zurechtfinden, wie z.B. altersbedingte körperliche Erkrankungen und Einschränkungen, wenig Kontakt zu eigenen Familienmitgliedern oder Rentenschaft. Im regelmäßigen Umgang mit jüngeren Generationen erleben sie sich als Lebensexperten und -expertinnen und können so wieder neues Selbstbewusstsein und Selbstwertgefühl erleben.

Die pflegenden Angehörigen werden stark entlastet. Sie sind nicht mehr allein für die Pflege zuständig und haben wieder mehr Zeit für sich selbst. Dadurch wird das Zusammenleben der Generationen in den eigenen Familien wesentlich erleichtert und ein Übersiedeln in ein Pflegeheim kann verzögert werden oder wird gar nicht notwendig.

Das Angebot im Altenservice beinhaltet:
- Offener Treff,
- ambulante Betreuung und Pflege zu Hause,
- Tagesbetreuung und Pflege im Mütterzentrum (teilstationär),
- Besuchsdienste,
- fahrbarer Mittagstisch,
- Beratung von alten Menschen und Angehörigen

Unser ganzheitlicher Betreuungsansatz bietet den Menschen eine große Durchlässigkeit unserer Angebote. Der Wunsch, Beziehungen zwischen den Generationen aufzubauen, ist Präambel unseres Lebens im SOS-Mütterzentrum. Auf diese Weise kennen und vertrauen beispielsweise Menschen, die den Offenen Treff besuchen, Mitarbeiterinnen des Altenservice, die sie gegebenenfalls ambulant betreuen würden. Die Pflege wird daher von vertrauten Personen durchgeführt und so nicht mehr als stigmatisierend empfunden. Werden die Menschen später hilfe- oder pflegebedürftig, so nehmen sie die teilstationäre oder ambulante Betreuung leichter an. Es ist ihnen nicht mehr peinlich, sich helfen zu lassen, da sie in gewachsene Beziehungsstrukturen eingebettet sind. Angehörige werden von Anfang an in die unterschiedlichsten Betreuungsleistungen mit einbezogen, häufig lernen wir sie „ganz nebenbei" auf den vielfältigsten Veranstaltungen im Mütterzentrum kennen. Für die Angehörigen ist es sehr wichtig, ihre Väter oder Mütter in guten Händen zu wissen und sie sind froh, dass ihre Eltern eine Ersatz- bzw. Ergänzungsfamilie gefunden haben.

3.2. Offener Treff

In unserem Offenen Treff kommen ältere Menschen aus dem Stadtteil, um gemeinsam die Mahlzeiten einzunehmen, Gesellschaftsspiele zu spielen oder an Angeboten des SOS-Mütterzentrums teilzunehmen. Seit Jahren trifft sich dort täglich der so genannte Nachbarschaftstisch, um in gemütlicher Runde unter der Obhut der Mütterzentrumsfrauen das Mittagessen einzunehmen. Sechs bis zehn Menschen gehören zum festen Stamm dieses Nachbarschaftstisches und für sie, die allein lebend sind, gehört dieses Treffen zu den festen Bestandteilen ihres Lebens. Die Einbindung ins Mütterzentrum, das „Mittendrinsein" in der Runde von Kindern und jüngeren Menschen, die Gespräche, das gemeinsame Feiern von Geburtstagen oder das Gedenken an Verstorbene dieser Runde geben ihrem Leben eine wichtige Strukturierung. Seit Jahren besucht ein älterer, allein stehender Herr den Offenen Treff des SOS-Mütterzentrums. Im Rahmen eines bürgerschaftlichen Engagements hat er sich als enge Kontaktperson zwischen dem Offenen Treff, der Tagesbetreuung und anderen Bereichen des SOS-Mütterzentrums etabliert. Er nimmt an hausinternen Besprechungen teil, ist bei Repräsentationen des Mütterzentrums tatkräftig dabei und hat einen festen Platz in der wöchentlichen Romme-Runde der Tagesbetreuung, die ihren Höhepunkt in von ihm mitorganisierten Romme-Turnieren findet. Durch sein einfühlsames Wesen macht er die Mitarbeiterinnen des Altenservice häufig schon im Frühstadium auf Bedürfnislagen älterer Menschen aufmerksam, so dass dann schnell und wirksam reagiert werden kann.

Sämtliche Dienstleistungen des SOS-Mütterzentrums wie der Wäscheservice, der Friseur- und Kosmetikservice mit Fußpflege oder der Fahrdienst erleichtern den alten und jungen Menschen im Mütterzentrum das Leben und geben Hilfestellungen in alltagspraktischen Dingen.

3.3. Ambulante Pflege

Die ambulante Betreuung und Pflege zu Hause ermöglicht es den Menschen, ihren Lebensabend in den eigenen vier Wänden zu verbringen. Dabei wird so viel Lebensqualität wie möglich erhalten und die Selbständigkeit gestärkt. Einer Heimunterbringung wird so entgegengewirkt und die Teilnahme am Alltag vermindert eine Vereinsamung im Alter. Die Mitarbeiterinnen des Altenservice verstehen sich als professionelle Nachbarinnen, die einerseits eine fachlich hochqualifizierte Dienstleistung anbieten, aber andererseits auch die Zeit mitbringen, die ein älterer Mensch braucht, um seine psychosozialen Kontakte zu pflegen. Die betreuten Menschen werden immer mit einbezogen in das Netzwerk Mütterzentrum, was sich in selbstverständlichen Einladungen und Fahrdiensten zu jahreszeitlichen Festen, zu Aktivitäten, Angeboten und Informationsveranstaltungen für sie und ihre Angehörigen äußert.

Jede ambulante Betreuungsleistung beginnt mit einer individuellen Beratung, die unter ganzheitlichen Aspekten sämtliche Problemlagen des Alters berücksichtigt. Dabei wird festgelegt, welche Hilfeangebote relevant sein werden. Neben der Körper- und Behandlungspflege bieten wir Bewegungsübungen und Mobilisation nach Krankenhausaufenthalten und zur Vorbeugung altersbedingter Erkrankungen an. Wir begleiten die Menschen zu Arztterminen und Einkäufen und helfen bei behördlichen Angelegenheiten. Sämtliche Leistungen im Rahmen der Pflegeversicherung und der häuslichen Krankenpflege halten wir vor, bieten daneben aber auch eine große Angebotspalette von Maßnahmen zur Steigerung des Wohlbefindens der betreuten Menschen wie Vorlesen, Spazier-

V. Elemente der familienpolitischen Strukturreform

gänge, gemeinsames Singen und Musizieren usw. Zu einer optimalen häuslichen Versorgung gehört für uns neben einer gezielten Ernährungsberatung auch eine umfassende Einrichtungs- und Wohnraumberatung.

3.4. Tagesbetreuung und Pflege im Mütterzentrum (teilstationär)

Die Altentagesbetreuung ist ein Angebot zwischen Einsamkeit und Überforderung zu Hause und Unterbringung in einem Altenheim. Hier verbringen einsame und körperlich oder geistig eingeschränkte Menschen den Tag in der Sicherheit des Betreutseins. Gemeinsam mit Jüngeren, ähnlich wie in einer Großfamilie, wird der Tag nach den Fähigkeiten und Erfordernissen der Gruppenmitglieder strukturiert. Jeder Tag beginnt mit einem liebevoll gedeckten Frühstückstisch mit einem Morgenimpuls der Mitarbeiterinnen. Dies kann ein Gedicht, das Tagesmotto des Kalenderblattes oder aber eine kleine gymnastische Übung sein. Danach wird gemeinsam gefrühstückt und der kommende Tag besprochen. Neben den festen Angeboten bleibt den älteren Menschen genug Zeit, sich mit oder ohne Hilfe durch das gesamte Haus zu bewegen. Viele bummeln regelmäßig durch den Second-Hand-Shop und den LebensARTikel-Laden, besprechen mit den Wellness-Frauen ihre Friseur- oder Kosmetiktermine oder gehen in unser Café „Frau Kniestedt". Dabei treffen sie die „kleinen" und „großen" Menschen des Mütterzentrums. Über diese alltäglichen Begegnungen entstehen zum Teil sehr tiefe Beziehungen. Die alten Menschen bewegen sich wie in einer kleinen Stadt, in der sie Teil einer großen Gemeinschaft sind. Die spontane Begegnung wird durch die Architektur des Hauses verstärkt. Menschen, die zum Beispiel den Wellness-Bereich unseres Hauses besuchen, können durch die Räume der Tagesbetreuung gehen. Es ergeben sich hierbei immer wieder interessante und belebende Begegnungen für Jung und Alt.

Durch den Anteil am Leben in der Mütterzentrumsgemeinschaft werden eigene Kräfte wieder aktiviert und stabilisiert. Dieses positive Erleben einer trotz eventueller Eingeschränktheit „eigenen Lebenswelt" kann sich wiederum auf die gesamte Pflegesituation auswirken und somit echte Entspannungsmechanismen für die Pflegenden aufzeigen.

Angehörige unserer Betreuten berichten uns immer wieder von den positiven Auswirkungen auf die gesamte Familiensituation. Nicht zu verkennen ist dabei auch, dass viele berufstätige Frauen ohne unsere Tagesbetreuung nicht mehr ihrer Erwerbstätigkeit nachgehen könnten, was für einige schwerwiegende finanzielle Folgen hätte.

Als therapeutische Angebote haben wir die Grund- und Behandlungspflege, wie zum Beispiel Medikamentenüberwachung oder Blutzuckerkontrollen, unsere Seniorengymnastik, Gedächtnistraining sowie psychosoziale Beratung.

Die kulturellen Angebote bieten Unterhaltung mit Jung und Alt, wöchentliche Ausflüge, einen gemeinsamen Urlaub im Jahr, Spielnachmittage und jahreszeitliche Feste. Unsere Lese- und Musikstunden und unsere generationsübergreifenden Lyrikworkshops mit abschließenden Präsenzveranstaltungen erfreuen sich großer Beliebtheit. Auch die verschiedenen geragogischen Projekte, wie zum Beispiel die Erstellung eines Erinnerungskoffers oder die Theaterspielgruppe, bereichern unser tägliches Miteinander.

Weitere Dienstleistungsangebote sind drei Mahlzeiten täglich, der Fahrdienst, Besuchsdienste, Haushaltshilfen und Beratung für Angehörige.

3.5. Besuchsdienst

Für uns ist es selbstverständlich, zu unseren alten Menschen regelmäßigen Kontakt zu halten, auch wenn dies über unsere angebotene Betreuungsleistung hinausgeht. Wenn Menschen in das Krankenhaus oder in die Kurzzeitpflege kommen, halten wir zu ihnen und den behandelnden Ärzten und Pflegepersonen engen Kontakt. Weiterhin werden ältere Menschen, die in ein Alten- oder Pflegeheim umsiedeln müssen, regelmäßig besucht und ins Mütterzentrum eingeladen. Die gewachsenen Beziehungen sollen auch in dieser Situation keinen Abbruch erleiden. Der Schock, den viele Menschen erleben, wenn sie ins Alten- oder Pflegeheim kommen, kann so abgemildert werden.

3.6. Fahrbarer Mittagstisch

Unser fahrbarer Mittagstisch, das Essen außer Haus, bringt von Montag bis Freitag den Menschen das Mittagessen, die nicht ins Mütterzentrum kommen können. Dieser Service hilft vielen Menschen, in ihrem privaten Umfeld zu verbleiben, auch wenn sie nicht mehr Einkäufe erledigen können oder nicht mehr in der Lage sind, selbst zu kochen. Unsere Mitarbeiterinnen bringen das frischgekochte warme Mittagessen appetitlich auf Porzellantellern und haben dabei immer Zeit für Fragen nach dem Wohlbefinden der Menschen. Durch diese tägliche Begegnung freuen sich die älteren Menschen nicht nur auf das Essen, sondern auch auf die Menschen, die es zu ihnen bringen.

4. Nachwort: Warum heißt das Mütterzentrum eigentlich Mütterzentrum?

Für uns im SOS-Mütterzentrum ist die Großfamilie das Modell, um mit allen Generationen gemeinsam zu leben und zu arbeiten. Der Name Mütterzentrum wurde bewusst gewählt, um weibliche Kultur sichtbar zu machen und aufzuwerten. Der Name beschreibt nicht die Zielgruppe „Mütter", sondern die Initiatorinnen dieses Konzeptes und die Aktiven des Alltags. Ursprünglich sind Mütterzentren speziell von Müttern für Mütter geschaffen worden mit dem Ziel einen Ort zu haben, wo Mütterlichkeit die Atmosphäre bestimmt. Nach wie vor ist es diese Atmosphäre, die Menschen einlädt, in das SOS-Mütterzentrum Salzgitter zu kommen, um hier etwas für sich und auch für die Menschen, die ihnen wichtig sind, zu tun. Es sind Mütter, die die Fähigkeit haben, Wärme und Geborgenheit zu schaffen, Dinge sich entwickeln zu lassen, Schutz zu geben,

V. Elemente der familienpolitischen Strukturreform

Schwaches und Starkes miteinander zu verbinden und einen angemessenen Umgang mit Macht zu praktizieren. Mütter wissen in der Regel, wann sie sich zurücknehmen müssen, damit eine andere Person sich entwickeln kann, wann sie führen und leiten, wann sie mit Strenge oder Güte reagieren müssen, so wie es Mütter in Familien seit jeher gemacht haben. Auch wenn sich das Angebotsspektrum in den Jahren ausgeweitet hat und nicht mehr nur Mütter das Zentrum als Lebensort nutzen, bleibt der Name wichtig, weil er die Kultur „miteinander leben und arbeiten" beschreibt.

5. Seit zwölf Jahren Kinderbetreuung ohne „Wenn und Aber" im Mütterzentrum in Darmstadt

Da das Konzept von Müttern für eine Kinderbetreuungseinrichtung im Mütterzentrum erarbeitet wurde, stand der Entlastungsgedanke für Familien an erster Stelle. So entstand ein unkonventionelles Konzept, unbeeinflusst von jeglichem Ressortdenken. Aufgrund einer Öffnungszeit ist von 7 bis 19 Uhr besteht die Möglichkeit, je nach Arbeitszeit und persönlicher Situation die Kinder in diesem Zeitraum betreuen zu lassen. Diese flexible Betreuung, z.B. zwei ganze, aber auch fünf ganze Tage in der Woche, drei halbe Tage oder drei Stunden in den späten Nachmittagsstunden ist nicht ganz beliebig. Zwar wird ein Höchstmaß an Übereinstimmung mit der persönlichen Situation der jeweiligen Eltern versucht, doch auf Grund der Erfahrung hat sich eine mindest Besuchszeit von zwei Tagen mit drei Stunden pro Woche herauskristallisiert, um eine Gruppenintegration der Kinder gewährleisten zu können.

Die Betreuungswünsche der Eltern spiegeln den Bedarf nach flexibleren Betreuungszeiten wider:

- ganztägig 5 Tage in der Woche   17 %
- ganztägig 2 - 3 Tage in der Woche   7 %
- halbtags, 5 Tage in der Woche von ca. 7/30 Uhr bis max. 14 Uhr   24 %
- halbtags 2 - 3 mal wöchentlich von ca. 7/30 Uhr bis max. 14 Uhr   17 %
- halbtags, nur nachmittags ab 13 Uhr bis 18 Uhr   15 %
- nach der Schule, Essen, Hausaufgaben, Spielmöglichkeiten
  bis ca. 16 Uhr   20 %

Ein Grundgedanke für die flexible Aufnahme war auch, die Kinder zu betreuen, wenn die Eltern selbst keine Zeit haben, so haben die Eltern die Möglichkeit ihre Freizeit mit ihren Kindern zu verbringen. Bei Studenten und Lehrerinnen z. B. richtet sich die Betreuungszeit nach dem jeweiligen Stundenplan an der Hochschule oder der Schule. Eine große Entlastung für die Eltern ist, dass es keine starren Bring- und Abholzeiten gibt, sie müssen sich nicht abhetzen, falls sie aus welchem Grund auch immer, es nicht schaffen, rechtzeitig da zu sein. Ein kurzes Telefonat oder Absprache, reicht aus die Betreuungszeit unbürokratisch für einen Tag zu verlängern. Diese zusätzliche Zeit wird in die Anwesenheitsliste eingetragen und in Rechnung gestellt. Die Elternbeiträge werden nach Alter des Kindes und nach Länge der Aufenthaltsdauer individuell abgerechnet. Für ein Kind unter drei Jahren kostet die Stunde 3 €, bei Kindern älter als drei Jahren 2,70 €.

Die Eltern genießen es sehr, dass sie sich Zeit lassen können. Die nicht abrupte Schließung am Spätnachmittag, sondern das Ermöglichen eines Ausklingens – sei es eines Arbeitstages (aus Sicht der Eltern) oder eines Betreuungstages (aus Sicht des Kindes) ermöglicht ein stressfreies „sich-aufeinander-Einstellen" zwischen Eltern und Kindern. Aus Sicht der Forschung ist gerade die Zeit des Abholens und des Übergangs in die „Familienlogik" als sensibler Punkt bekannt, der durch überzogene Erwartungshaltung, oder aufgrund von Hektik durch Verspätungen usw. entsteht. So finden sich in der Einrichtung häufig Mütter und Väter, die noch zusammen mit den Kindern reden und spielen oder sich einfach bei einer Tasse Kaffee und einem Schwatz mit anderen Eltern erholen. Dies ist insofern keine Störung für den laufenden Betrieb, da die Eltern im Mütterzentrums-Cafe sitzen können.

5.1. Platz-Sharing

Diese Flexibilität ermöglicht ein so genanntes Platz-Sharing. Damit ergibt sich die Möglichkeit, aufgrund zeitlicher Abstimmung einen Ganztagesplatz mehrfach zu nutzen. Das bedeutet, dass bei einem ganztägigen Platzbedarf von zwei Tagen ein anderes Kind an den restlichen drei Tage kommen kann – oder ein Kind bleibt nur bis 14 Uhr, ein anderes Kind kann den Platz bis zum Ende beanspruchen usw. So teilen sich z.B. am 14. November 2002 zweiundfünfzig Kinder die 18 vom Landesjugendamt genehmigte Ganztagesplätze. So unterschiedlich die Betreuungszeiten der einzelnen Kinder sind, wird bei der Kinderaufnahme genau darauf geachtet, dass die Zahl der gleichzeitig anwesenden Kinder, die 18 Plätze nicht überschreiten.

5.2. Altersmischung

Die Altersmischung wurde unter dem Gedanken der Entlastung für Eltern eingeführt. Wir finden es unsinnig, wenn Eltern sowohl beim Bringen als auch beim Abholen verschiedene Einrichtungen, die nach Krippe, Kindergarten und Hort aufgeteilt sind aufsuchen müssen. Die Mütter beklagten sich, dass sie den ganzen Vormittag unterwegs seien und bis das letzte Kind weggebracht ist, das erste schon wieder abgeholt werden muss. Außerdem haben pädagogische Untersuchungen inzwischen bewiesen, dass altersgemischte Gruppen, so genannte Familiengruppen für die Kinder am förderlichsten sind.

Ein andere Gedanke war, dass die Eltern, kaum haben sie endlich einen Platz in einer Krippe gefunden, schon nach einem Kindergartenplatz suchen müssen und dann dasselbe bei einem Hortplatz. Das heißt, es kann passieren, dass ein

V. Elemente der familienpolitischen Strukturreform 363

Kind bis zu seinem 12ten Lebensjahrs schon, mit der Schule, mit vier Einrichtungen konfrontiert war. Also wollen wir Kontinuität anbieten.

Dass unsere Überlegungen richtig waren zeigt sich an verschiedenen Erfolgen, denn mehrere Kinder, die im Sommer 1991 mit 18 Monaten zu uns kamen, gehen inzwischen vom Hort der Kindertagesstätte aus ins Gymnasium.

5.3. Eltern und Mitarbeiterinnen Service – Paket

Unter dem Gesichtspunkt der Elternentlastung werden verschiedene Dienste angeboten. Dazu gehören Bring- und Abholdienste, ein Eltern Mittagstisch, Unterstützung bei Hausaufgaben. Die Kinder werden morgens von der Einrichtung aus in die Schule gebracht und mittags abgeholt. Das ist für die Eltern sehr wichtig, denn so wissen sie, dass die Kinder rechtzeitig und sicher in die Schule kommen und nach der Schule ohne Umwege in den Hort gehen. Außerdem ist das Bringen und Abholen wichtig um den Hortalltag aufzulockern. Die Kinder werden zu Musik- Sport- Malkursen, Kindergeburtstagen oder zur Krankengymnastik begleitet. Bei älteren Kindern sorgen wir dafür, dass sie sich rechtzeitig auf den Weg machen und alles Nötige dabei haben z.B. für die Jugendmusikschule oder wir begleiten sie zur Straßenbahn oder Omnibus.

Der Mittagstisch für Eltern oder Mitarbeiterinnen ist ein beliebter Treffpunkt. Eltern die ihre Kinder bringen oder abholen bleiben zum essen und haben größere oder kleinere Kinder dabei, die einmal bei uns waren oder von denen die Mütter hoffen, dass wir sie bald aufnehmen. Es kommen Frauen mit ihren Freundinnen aus der Nachbarschaft, die es schon immer so schön fanden, dass man im Mütterzentrum so gut, so viel und so preisgünstig essen kann.

Zur Hausaufgabenhilfe brauche ich nicht viel zu sagen, denn alle Eltern von Schulkindern wissen, wie groß die Erleichterung ist, wenn auf die Frage nach schon erledigten Hausaufgaben die Antwort „Ja" heißt.

5.4. Zusammenarbeit von pädagogischen Fachkräften und pädagogischen Laien

Im Mütterzentrum gab es engagierte Frauen, darunter auch Pädagoginnen, die bereit waren, als Fachfrauen zusammen mit „Nicht-Pädagoginnen" in der Kindertagesstätte zu arbeiten. Bei den konzeptionellen Überlegungen für ein Betreuungsangebot stand der Laiengedanke weiterhin im Mittelpunkt. Im Mütterzentrum gab es genügend Frauen, die über Jahre hinweg mit Begeisterung gute Kinderbetreuung geleistet hatten. Für die einen ist es eine zufrieden stellende Aufgabe, solange die eigenen Kinder noch klein sind, für andere, deren Kinder erwachsen sind, ist es eine Freude und der Spaß mit Kindern zusammen zu sein und Verantwortung für sie mitzutragen. Die Frauen arbeiten völlig gleichberechtigt mit gleicher Tätigkeit zusammen.

In der Auswertung einer Interviewreihe mit allen Mitarbeiterinnen schreibt Annemarie Gerzer-Sass vom Deutschen Jugendinstitut, die von 1990 bis 1995 den Modellstandort Mütterzentrum Darmstadt während des Projektes „Orte für Kinder" wissenschaftlich begleitet hat:

„Nach wie vor sehen die Laien einen klaren Unterschied ihrer Tätigkeit zu der Profession der Erzieherin. Durch das Erlernen entwicklungspsychologischer Kriterien und didaktisch bestimmter Arbeitsweisen glauben viele, dass der Erzieherin vielfältigere Handlungsmuster zur Verfügung stehen und sie bei Bedarfe daraus auswählen können. So erwarten die Laien auch je nach Situation Anleitung, in manchen Leerphasen Ideen, wie diese ausgefüllt werden könnten […] Dies ist für sie eine wichtige und unverzichtbare Ergänzung ihrer eigenen Sichtweise." Auch geben die Erzieherinnen aufgrund ihrer Profession nach außen taktischen Schutz, damit Laien nicht unterstellt wird, beim Kind etwas Gravierendes zu übersehen […] Doch gab es in der ganzen Zeit – trotz Erfahrungen mit stark verhaltensauffälligen und behinderten Kindern – für Laien noch keine Situation, wo sie das Gefühl hatten, dies letztlich nicht zu meistern."

5.5. Elterneinbindung und Elterneinmischung

Je besser die Eltern den Alltag bewältigen, desto entspannter und fröhlicher ist das Leben in der Familie, also umso besser geht es den Kindern. Es ist eine große Verunsicherung für ein Kind, wenn täglich neue Zusatzbetreuungen zur Regelbetreuung mit Freundinnen, Nachbarinnen und Verwandten organisiert werden müssen und die Eltern die Befürchtungen haben, es könnte vielleicht doch alles nicht so ganz klappen. Beim gemeinsamen Mittagessen sehen die Eltern was und wie viel ihr Kind isst. Das heißt die Mütter und Väter können selbst beobachten, wie es dem eigenen Kind geht, wie es spielt, wie es sich unter den anderen Kindern bewegt, und wie die Betreuerinnen mit ihm umgehen. Die Eltern sehen das Kind hat seinen Spaß und fühlt sich wohl. Die Eltern können selbst in den Kindertagesstättenalltag nur eingreifen, wenn sie sehen, was gebraucht wird, wenn am Küchenschrank ein Zettel hängt, „Wer kocht für mich am?" oder, wenn sie zur Gitarre greifen können, um mit den Kindern zu singen und sie feststellen, da fehlt eine Seite, dann können sie aktiv werden. Elterndienste, wie Putzen, Einkaufen und Kochen werden nicht gefordert, das wäre mit dem Entlastungsgedanken nicht vereinbar. Das Konzept das von engagierten Müttern entwickelt wurde ist sehr anspruchsvoll und stellt hohe Anforderungen an das Team.

Literatur

Sozialpädagogisches Institut im SOS-Kinderdorf e.V. (Hrsg.), Die Rückkehr des Lebens in die Öffentlichkeit: Zur Aktualität von Mütterzentren. Hermann Luchterhand Verlag, Neuwied – Kriftel 2000.

Sozialpädagogisches Institut im SOS-Kinderdorf e.V. (Hrsg.), Mütterzentren im Dialog. Zwischen Selbsthilfe und professioneller Unterstützung. Dokumentation zum Fachtag am 1. Oktober 1996 anlässlich der Eröffnung des SOS-Mütterzentrums Zwickau. München 1997.

Die Ganztagsschule: Mehr Leben in der Schule – mehr Schule im Leben?

Dr. Kerstin Wessig

1. Einleitung

„Kindererziehung wird bei uns als Privatsache verstanden. In Wirklichkeit ist sie aber die wichtigste Investition unserer Gesellschaft in die Zukunft, also eine hoch – öffentliche Angelegenheit, die allergrößte Aufmerksamkeit sämtlicher staatlicher Stellen auf sich ziehen muss."

(1) Die Elternschaft unterliegt als existenzielles Privileg besonderem staatlichen Schutz und besonderer staatlicher Förderung.
(2) Das Wecken und die Förderung kindlicher Lernbereitschaft ist zunächst ein wesentlicher Bestandteil elterlicher Erziehungsverantwortlichkeit.

Erst, wenn wir unsere Kinder wieder als tragende Säulen unserer Gesellschaft „kultivieren" und Veränderungsarbeit an uns selbst leisten, wird es uns gelingen

(1) Bildung nicht nur als Wissensvermittlung und -verwaltung, sondern als wesentlichen Bestandteil unserer Kultur neu zu definieren,
(2) die derzeitige Gegnerschaft zwischen Eltern und Lehrern und Erziehern zum Wohl der Kinder aufzulösen,
(3) kindliche Lernbereitschaft und Neugier innerhalb der gesamten Lebensumgebung zu fördern,
(4) Schule nicht nur als Bildungsstätte sondern als zusätzliches soziales Forum der Gesellschaft zu verstehen.

„Wird die Schule neben einer Institution für Wissensvermittlung und intellektuelles Training auch zu einem sozialen Forum, zu einem anregenden Bestandteil des Alltags von Jugendlichen, dann eröffnet sie wichtige Erfahrungsräume und fördert die persönliche Selbstentfaltung in vielen Dimensionen der Persönlichkeit. Eine „gute Schule" in diesem Sinn ist ein nicht zu überbietender Beitrag für die Jugendpolitik einer Gesellschaft."

Im Mittelpunkt muss ein Verständnis von „Globalem Lernen" stehen, das darauf abzielt, das eigene Leben und den Zustand der Welt angesichts von Globalisierung, Ökonomisierung und Individualisierung zu reflektieren und Menschen zu befähigen, den Herausforderungen in verantwortlicher und in angemessener Weise zu begegnen. Denn die rasanten Veränderungen führen zu neuen

Fragen: Wie gehen wir mit unserer relativen Ohnmacht angesichts komplexer Verhältnisse um, wie ertragen wir, dass Nichtwissen immer mehr unseren Wissensbestand überwiegt, dass Fremdes und Fremde immer mehr auch unsere unmittelbare Lebenswelt bestimmen? „Globales Lernen" reflektiert diese veränderten Rahmenbedingungen und zielt auf umfassenden Kompetenzerwerb: Fachkompetenz in der Sache, Methodenkompetenz für die Bewältigung der Herausforderungen, und Sozialkompetenz für einen konfliktfähigen Umgang miteinander. Neue pädagogische Konzeptionen des „globalen Lernens" müssen gefunden werden und daraus resultierende didaktische Strategien und methodische Vorschläge für einen entsprechenden Unterricht entwickelt werden. Diese „offenen Lernformen" bedeuten den Abschied von althergebrachtem Wissenstransfer und eröffnen zukunftsfähige Lernprozesse. Fachliche Qualifikation, Verantwortungsbewusstsein und Persönlichkeit sind die Basis für die Zukunftsfähigkeit einer modernen Gesellschaft. Sichert unser Bildungssystem die Zukunft unserer Kinder noch ausreichend, oder fehlt es uns schon jetzt an internationaler Wettbewerbsfähigkeit, zu der Ganztagsschulangebote beitragen könnten?

Kritische Beleuchtung des derzeitigen Aktionismus aller politischen Lager nach der Veröffentlichung der PISA – Studie

- Vorklassen,
- zusätzlicher Deutschunterricht
- Ganztagsschulen lediglich zur besseren Vereinbarkeit von Familie und Beruf ohne Berücksichtigung des zu verändernden pädagogischen Konzepts.

2. Wesentliche staatliche Aufgaben zur Verbesserung der Bildungssituation

2.1. Entwicklung eines Qualitätsmanagement in den Kindergärten

- bessere Ausbildung der Erzieher/innen
- Überprüfung und Anpassung der pädagogischen Konzepte an die Grundschulzeit
- Ziel: möglichst für jedes Kind einen zertifizierten Kindergartenplatz!

2.2. Qualitätsmanagement der Grundschulen

- Überprüfung, Verbesserung und Anpassung der Lerninhalte an europäische Standards
- Einführung der Ganztagsschule: Vor mittlerweile elf Jahren veröffentlichte das Bundesbildungsministerium eine Studie zum Thema: „Ganztagsschule. Angebot, Nachfrage, Empfehlungen". 1993 schließlich hat

V. Elemente der familienpolitischen Strukturreform

sich die Kultusministerkonferenz für eine „Ganztagsbetreuung von Schulkindern" ausgesprochen.[1]

3. Die Notwendigkeit der flächendeckenden Einführung von Ganztagsschulen

(1) Erwiesene Verbesserung der Lernsituation durch einen ganztägigen Unterricht, der die Aufnahmefähigkeit des menschlichen Gehirns durch längere Pausen und projektorientierter -statt fachorientierter Wissensvermittlung sehr viel stärker fördert. Erziehungswissenschaftler loben die in Ganztagsschulen besseren Voraussetzungen, Unterrichtsinhalte projektorientiert und fächerübergreifend zu vermitteln, was vielgeforderte Qualifikationen wie Kommunikations-, Konflikt- und Teamfähigkeit trainiere. Unterricht werde nicht einfach auf den Nachmittag ausgeweitet, sondern sinnvoll auf den Tag verteilt.[2]

(2) Die Anzahl der Unterrichtsstunden unterrichteter Kinder in Deutschland passt sich an andere europäische Wettbewerbsländer an. Mit durchschnittlich nur 25 Wochenstunden Unterricht liegen bundesdeutsche Grundschüler derzeit im europäischen Vergleich an vorletzter Stelle. Die allgemein beklagte Leseschwäche deutscher Grundschüler liegt hier begründet. Grundschüler niederländischer Ganztagsschulen z.B. werden durchschnittlich 32 Stunden wöchentlich unterrichtet und erhalten pro Grundschuljahr 160 Stunden mehr Unterricht. Deutsche Kinder können, selbst wenn sie auf Oster- und Weihnachtsferien verzichteten, diesen Vorsprung nicht mehr einholen.[3] Bei Eintritt in die Sekundarstufe I haben niederländische Schüler gegenüber deutschen einen Unterrichtsvorsprung von ca. 640 Unterrichtsstunden

(3) Für die in Zukunft erfolgreiche Anwerbung und Entwicklung besonders qualifizierten Personals fordern neben der Bundesvereinigung der Deutschen Arbeitgeberverbände und dem Institut der Deutschen Wirtschaft Köln auch hessische Unternehmen weitreichende Möglichkeiten der pädagogisch sinnvollen Ganztagsbetreuung an hessischen Schulen.[4] Dabei stehen die frühe Förderung besonderer Begabungen und die Entwicklung eines im Arbeitsleben geforderten breiten Kompetenzspektrums im Mittelpunkt. Für ein modernes Unternehmen stehen hinter der Forderung nach einem Ganztagsschulangebot auch die Bemühungen um eine kontinuierliche, qualifizierte Frauenförderung, die nur dann lohnend sind, wenn Karrieren nicht zwangsläufig aufgrund fehlender Kinderbetreuungsangebote abgebrochen werden müssen.[5]

---
1 Vgl. Schlaffke (2000).
2 Vgl. Appel; Sandfuchs (1988); Deutscher Kinderschutzbund.
3 Vgl. Schlaffke (2000).
4 Vgl. Schlaffke (2000).
5 Vgl. Schlaffke (2000).

(4) Umfragen unter Eltern ergaben, dass in Deutschland ca. 4.400 Schulen zu Ganztagsschulen umgebaut und ausgestattet werden müssen, um der Nachfrage nach Ganztagsschulen gerecht zu werden. Derzeit findet man bundesweit jedoch nur ca. 1000 allgemeinbildende Schulen mit einem Ganztagsangebot.[6] Eltern möchten Kindern die bestmögliche Bildung und Erziehung ermöglichen, wünschen sich aber gerade zur besseren Vereinbarkeit von Familie und Beruf Unterstützung durch pädagogisch sinnvolle, qualifizierte Bildungs- und Betreuungsangebote.[7] Elternschaft bedeutet in der modernen Gesellschaft für Viele immer noch Verzicht auf liebgewordene Lebensspielräume. So sehr Eltern ihr Kind als Freude und Bereicherung erleben, so sehr empfinden insbesondere Mütter die Entscheidung zur Mutterschaft als gravierende und langfristige Einschränkung selbstverständlich gewordener Lebensgewohnheiten.[8] Die Entscheidung junger Paare zur Familiengründung, die für die Sicherung unserer Gesellschaft dringend notwendig ist, kann durch sinnvolle Ganztagsbetreuungsangebote und Unterstützung bei der Kindererziehung erleichtert werden.[9]

(5) Während in Hamburg, Schleswig-Holstein, Baden-Württemberg, Bayern und Rheinland-Pfalz bereits konkrete Pläne zur weiteren Ausgestaltung eines fakultativen Ganztagsschulsystems vorliegen, ist man in Hessen noch nicht so weit. Hier steht noch immer die „Grundschule mit festen Öffnungszeiten", die Halbtagsschule mit verlässlichem Unterricht, die eigentlich eine Selbstverständlichkeit sein sollte, im Mittelpunkt der Diskussion. Aus allen Lagern werden nun aber auch in Hessen Forderungen nach Ganztagsschulangeboten an hessischen Schulen lauter.[10] Die Einrichtung pädagogisch sinnvoller, durch Lehrer und Erzieher gestalteter Ganztagsschulangebote wird sowohl von Pädagogen, Psychologen, Kinder- und Jugendforschern, als auch von Arbeitgebern, politisch Verantwortlichen und vielen Eltern zur Verbesserung des Bildungssystems, der internationalen Wettbewerbsfähigkeit und der besseren Vereinbarkeit von Familie und Beruf gewünscht. Die Einrichtung eines Ganztagsangebotes eröffnet einer Schule die Chance zur Weiterentwicklung im Sinne des Qualitätsmanagements.

4. Beispiel eines schulischen Ganztagsprofils

Wenn sich eine Schule ihres Bildungsauftrages in ihrer schulartspezifischen Ausprägung vergewissert und für die Ganztagsschule erweitert,
- sie die Eltern und Schüler bei der Planung zum Konzept einbezieht und

---

6 Vgl. Schlaffke (2000).
7 Vgl. Appel.
8 Vgl. Hurrelmann
9 Vgl. Hurrelmann; Schlaffke (2000); Deutscher Kinderschutzbund.
10 Vgl. Appel.

V. Elemente der familienpolitischen Strukturreform 369

- beteiligt, Engagementressourcen erschließt und damit alle Kompetenzen ihrer Lehrkräfte zu nutzen weiß,
- sie ergänzende Kompetenzen durch geeignetes, pädagogisches Fachpersonal gewinnt, und außerschulische Partner aus der Region integriert, die geeignet sind, die Ganztagsschule durch interessante und pädagogisch wertvolle Angebote zu bereichern,
- sie die erweiterten pädagogischen Möglichkeiten der Ganztagsschule positiv und werbend in der (Schul-)Öffentlichkeit darstellt und dadurch dauerhaft einen Großteil ihrer Schüler zum Ganztagsbesuch motiviert,
- sie ihr Ganztagskonzept als weiteren Schritt einer kontinuierlichen Schulentwicklung versteht,
- dann besitzt sie eine qualifizierte und für ihre weitere Entwicklung stabile Basis zur Weiterentwicklung.

Zu einem pädagogisch sinnvollen qualifizierten Ganztagskonzept gehören gleichwertige Anteile unterrichtsbezogener Elemente, themenbezogene Vorhaben und Projekte, der Förderung und Übungsbetreuung, der Freizeitgestaltung.

4.1. Kostenprofil einer Ganztagsschule

4.1.1. Personalkosten

Abbildung 1: Geschätzte Personalkosten für ein Nachmittagsangebot

- Nebenkosten 17%
- Erzieherin 15%
- Teilzeithausmeister 3%
- 2 Küchenhilfen 3%
- 3 Teilzeiterzieherinnen 27%
- 3 Teilzeitlehrer 20%
- 1 Dipl. Pädagoge 15%

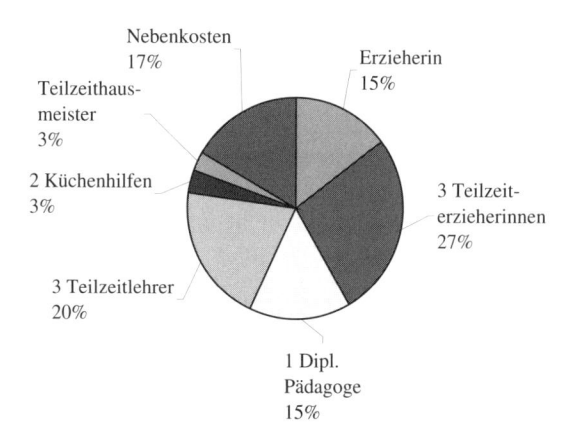

- Ein Erzieher/in, vollbeschäftigt mit einer Wochenarbeitszeit von 38,5 Stunden, zur Hälfte freigestellt für die Organisation des Nachmittagsprogramms und Vertrauensperson für die Nachmittagskinder und deren Eltern erhält nach dem Bundesangestelltentarif in der Gruppe BAT Vc inkl. DM 650 Urlaubsgeld und dreizehn Monatsgehältern eine Vergütung von ca. DM 65.000 pro Jahr.

- Drei Erzieher/innen, teilzeitbeschäftigt mit einer Wochenarbeitszeit von 25 Stunden, erhalten ebenfalls nach BAT Vc, inkl. eines anteiligen Urlaubsgeldes von DM 430 und einem dreizehnten Monatsgehalt (jeweils ca. DM 40.000 pro Jahr), DM 20.000 pro Jahr.
- Ein Diplompädagoge/in vollbeschäftigt mit einer Wochenarbeitszeit von 38,5 Stunden mit Schwerpunkt in der Erlebnispädagogik erhält nach BAT IVa, einem Urlaubsgeld von DM 650 und 13. Monatsgehalt: ca. 68.000 DM pro Jahr.
- Drei Lehrer, teilzeitbeschäftigt, mit jeweils einer wöchentlichen Arbeitszeit von 15 Stunden mit Schwerpunkt in der Kunst- und Musikerziehung und eventuell Englisch und Französisch erhalten je nach Träger nach den Richtlinien des BAT oder des BBGes. und einem 13. Monatsgehalt (jeweils ca. DM 30.000): ca. 90.000 DM pro Jahr.
- Zwei über die Mittagszeit stundenweise beschäftigte Küchenhilfen erhalten bei einer wöchentlichen Arbeitszeit von 10 Stunden und einem Gehalt von DM 630 jeweils 7560 DM pro Jahr: ca. DM 15.120 pro Jahr.
- Ein anteilig zu übernehmender Hausmeister mit einer Wochenarbeitszeit von ca. 15 Stunden kostet nach BAT VIII, einem anteiligen Urlaubsgeld von ca. DM 200 und einem dreizehnten Monatsgehalt: ca. DM 12.600 pro Jahr.

Die geschätzten jährlichen Personalkosten ergeben eine Summe von DM 370.720. Zu diesem Betrag addieren sich zusätzlich die Personalnebenkosten in Höhe von ca. 20 %, d.h. DM 74.144, so dass die jährlichen Gesamtkosten für Personal DM 444.864 betragen.

4.1.2. Grundlage der Schätzung der Betriebskosten

Eine auch nur im Mittel genaue Kostenfestsetzung für die Betriebskosten einer Grundschule lässt sich aufgrund der Vielzahl der unterschiedlichen Schulträger- und Überlassungsmodelle allgemeingültig nicht erstellen. Im Bereich der Betriebskosten gestaltete sich die Kostenermittlung sehr schwierig, da die Kameralistik der öffentlichen Hand von sachbezogenen und nicht von objektbezogenen Kosten ausgeht. Die Liegenschaftsabteilung des Stadtschulamts Frankfurt am Main hat freundlicherweise für diese Studie mit großem Aufwand die laufenden Betriebskosten sowie alle weiteren Nebenkosten für den Betrieb der Zehntgrafenschule und einer herkömmlichen, vergleichbaren Halbtagsgrundschule mit ähnlicher Schülerzahl im Stadtgebiet Frankfurt ermittelt und in einer Übersicht zur Verfügung gestellt. Diese Zahlen sind Grundlage des Kostenvergleichs zwischen einer vergleichbaren Halbtagsschule und dem Ganztagsangebot im zweiten Teil dieser Studie.

Derzeit werden die Grundschulen den Trägern des Programms der verlässlichen Grundschule kostenlos überlassen. Für den Betrieb einer hortähnlichen Einrichtung an einer Grundschule zahlen Träger der freien Jugendhilfe im Rah-

V. Elemente der familienpolitischen Strukturreform   371

men einer Nebenkostenumlage im Jahr 2001 ca. DM 250 monatlich an den Schulträger, so dass die Betriebskosten im Verhältnis zu den Gesamtkosten für diese Träger nur eine untergeordnete Rolle spielen.

4.1.3. Schätzung der jährlichen Betriebskosten für den Nachmittagsbetrieb einer Grundschule

Die Angaben der Liegenschaftsabteilung des Stadtschulamtes zur Höhe der Betriebskosten der Ganztagsschule und einer vergleichbaren Halbtagsgrundschule waren nahezu identisch. Die Betriebskosten der Halbtagsschule überstiegen sogar die Kosten der Ganztagsschule um fast DM 2000. Daraus geht hervor, dass für einen zusätzlichen Nachmittagsbetrieb einer Halbtagsschule womöglich keine zusätzlichen Betriebskosten entstehen.

4.1.4. Grundlage der Schätzung der Sachkosten

In den Schulen selbst wird nur das Sachmittelbudget für das laufende Kalenderjahr geschätzt und beantragt. Eine echte Budgetierung oder Bilanzierung wird nicht durchgeführt. Da das Sachmittelbudget von Jahr zu Jahr wegen unterschiedlicher notwendiger Neuanschaffungen an jeder Schule nach Auskunft mehrerer Schulleiter stark variiert, und kein Schulleiter bereit war, sein beantragtes Budget für Sachmittel sowie die hieraus gemachten Ausgaben und gebildeten Rücklagen preiszugeben, wurden für die Schätzung der Sachkosten für ein Nachmittagsangebot die Sachmittelausgaben der Träger der freien Jugendpflege in hortähnlichen Einrichtungen zu Grunde gelegt. Daraus ergab sich eine Summe der jährlichen Verwaltungskosten von DM 10.515.

4.1.5 Jährliche Sachkosten für einen Nachmittagsbetrieb

1. Bastelmaterial	DM 2.000
2. Malutensilien	DM 1.500
3. Werkstoffe	DM 2.000
4. Tonträger, Kassetten, CDs	DM 600
5. Bücher	DM 1.500
6. Spiele	DM 1.000
7. Ausflüge	DM 4.000
8. Mobile Erste Hilfe-Einrichtung	DM 150
9. Geschirr und Gläser	DM 300
10. Reinigungsutensilien	DM 300
11. Toilettenpapier und Seife	DM 1.000

Summe der jährlichen Sachkosten: DM 14.350
Summe der Kosten für jährliche Reparaturen: DM 18.000

4.1.6. Summe der jährlichen laufenden Gesamtkosten eines durch Lehrer und Erzieher gestalteten Nachmittagsangebots an einer Grundschule

1. Personalkosten	DM 444.864
2. Verwaltungskosten	DM 10.515
3. Sachkosten	DM 14.350
4. Instandhaltung und Reparaturen	DM 18.000

Summe der jährlichen laufenden Kosten ca.   DM 487.729

Abbildung 2: Geschätzte Gesamtkosten eines Nachmittagsangebots

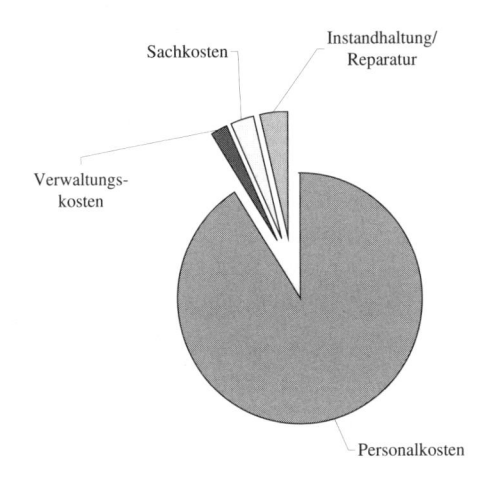

Auch wenn die Kosten für die Unterhaltung eines Gebäudes, das für den Nachmittagsbetrieb eventuell separat genutzt wird, nicht in die Berechnungen zur Ermittlung der Gesamtkosten eingeflossen sind, konnte doch durch die Hochrechnung der Kosten bereits bestehender Angebote eine realitätsnahe Schätzung der Kosten der „Nachmittagsgrundschule" erstellt werden.

4.2. Kosten der Erstausstattung einer Nachmittagsbetreuung in einer hierfür räumlich geeigneten Grundschule

Berechnungen des Stadtschulamtes Frankfurt für eine komplette Neueinrichtung eines Kinderhortes mit ca. 90 Kindern nehmen Kosten in Höhe von DM 3.000 pro Kind für eine qualitativ hochwertige Einrichtung mit Spielgeräten, Spielen, Sportgeräten und Einrichtungsgegenständen an.[11] Da in der hier beschriebenen, fiktiven Ganztagsschule 180 Kinder am Nachmittagsprogramm teilnehmen sollen, wird von einem Gesamtkostenaufwand für die komplette Neueinrichtung in

---

11 Vgl. Gespräch Mehnert.

V. Elemente der familienpolitischen Strukturreform

Höhe von ca. DM 2.000 pro Kind ausgegangen. Bei 180 Kindern kostet die Erstausstattung ca. DM 360.000. Diese Kosten werden monatlich finanziert werden müssen. Das nachfolgende Beitragsmodell der Kombination einer einmaligen mit regelmäßigen monatlichen Beitragszahlungen garantiert eine schnelle Kostentilgung.

4.2.1. Beitragsmodell zu den Kosten der Erstausstattung

Eltern zahlen eine einmalige Aufnahmegebühr von DM 500 pro Kind. Bei einem Start des Nachmittagsangebots mit 180 Kindern lassen sich durch die Aufnahmegebühr Kosten der Neueinrichtung in einer Höhe von ca. DM 90.000 bereits im ersten Betriebsjahr decken. Eltern zahlen einen monatlich zu entrichtenden Beitrag zu den Kosten der Erstausstattung in Höhe von DM 50. Die Monatsbeiträge decken monatlich Kosten in Höhe von DM 9.000.- und jährlich DM 108.000 der Kosten der Einrichtung des Angebots. Die nachfolgende Tabelle zeigt die Höhe der Kosten einschließlich der Angabe der monatlichen Zinsbelastung, die Tilgung über die einmaligen und die monatlichen Elternbeiträge und den Verlauf bei der angenommenen Beitragsentwicklung mit einer angenommenen Verzinsung von 8 % und einem regelmäßigen Eintritt von 45 Kindern zu Schuljahrsbeginn.

Die vollständige Tilgung der Kosten der Erstausstattung wird bei diesem Beitragsmodell bereits im 28. Monat, also in der ersten Hälfte des dritten Schuljahrs nach Einrichtung des Nachmittagsangebots erreicht. Die nachfolgenden Einnahmen dieses Modells entwickeln sich innerhalb eines Schuljahres zu sechsstelligen Rücklagebeträgen, die für den Unterhalt der Gebäude, Neuanschaffungen, größere Renovierungen und Stipendien verwendet werden können.

4.2.2. Ermittlung des monatlichen Elternbeitrags

Zur vollständigen Kostendeckung der jährlich laufenden Gesamtkosten für das Projekt in Höhe von DM 487.729 (monatlich DM 40.644,10) und der Tilgung der Kosten für die Neueinrichtung des Angebots ist ein monatlicher Elternbeitrag pro Kind in Höhe von DM 275,80 erforderlich.

5. Die fiktive Entwicklung des Elternbeitrags bei Förderung durch das Programm „Kinderbetreuung" des Hessischen Sozialministeriums

Bei einem Früh- und Nachmittagsangebot sind die Voraussetzungen für eine Antragstellung zur jährlichen Förderung durch das Hessische Sozialministerium im Rahmen des Programms für teilzeitbetreute Grundschüler mit mehr als achtstündiger Betreuung und Mittagsversorgung in Höhe von DM 700 pro Kind gegeben. Die jährliche Förderung aus dem Programm Kinderbetreuung des Hessischen Sozialministeriums bei 180 Kindern DM 126.000. Der monatlich noch zu leistender Elternbetrag pro Kind beträgt dann DM 217,47 zuzüglich der Kosten für Mittagessen und Getränke.

6. Darstellung der Aufwendungen im Vergleich zur Kostensituation der Halbtagsschule

Auch für den Kostenvergleich wurden die Kosten der Zehntgrafenschule, einer fakultativen Ganztagsschule in Frankfurt mit ca. 330 Schülern, den Kosten einer vergleichbaren Halbtagsschule und ca. 340 Schülern in Frankfurt gegenübergestellt. Die Liegenschaftsabteilung des Stadtschulamtes Frankfurt hat freundlicherweise für diese Berechnungen die Quellzahlen ermittelt und zur Veröffentlichung freigegeben.[12] Bestandteile der Ermittlung der Gesamtkosten des laufenden Betriebs der Vormittagsschule sind hierbei:

1.	Die Kosten für pädagogisches Personal in Höhe von	DM 1.056.000.-
2.	Kosten für anderweitiges Personal in Höhe von	DM 142.544.-
3.	Sachmittel in Höhe von	DM 22.712.-
4.	Betriebskosten in Höhe von	DM 78.362.-

Die Laufenden jährlichen Gesamtkosten der Vormittagsschule betragen damit DM 1.299.518.

6.1. Vergleich der Personalkosten

Aus der vorangegangenen Studie zur Kostenermittlung wurde bereits deutlich, dass der Schwerpunkt der Kosten eines Nachmittagsangebots bei der erstmaligen Einrichtung der Schule für dieses Angebot und den Personalkosten liegt. Nach den vorliegenden Berechnungen der Liegenschaftsabteilung des Stadtschulamtes Frankfurt[13], sind nicht so sehr die Sachkosten, die von Schule zu Schule zwar stark variieren und von den Schulleitern streng geheim gehalten werden, ausschlaggebend für hohe Ausgaben, sondern der eigentliche innere Schulbetrieb, die Personalkosten angestellter und beamteter Lehrer.

An einer vergleichbaren Halbtagsschule sind ca. 11 Vollzeitlehrer mit einem durchschnittlichen Jahresgehalt von ca. DM 80.000 angestellt.[14] Sie verursachen bei der Annahme von Personalnebenkosten in Höhe von ca. 20 %, jährliche Kosten in Höhe von DM 1.056.000. Addiert man zu diesen Ausgaben die Kosten des nichtpädagogischen Personals (Schulsekretariat, Hausmeister etc.) in Höhe von DM 142.544 hinzu[15], errechnen sich für eine vergleichbare Halbtagsschule jährliche Personalkosten in Höhe von DM 1.198.544. Die Ganztagsschule weist im nichtpädagogischen Bereich Mehrkosten für Personal in Höhe von ca.

---

12 Vgl. Liegenschaftsabteilung Stadtschulamt Frankfurt am Main.
13 Vgl. Liegenschaftsabteilung Stadtschulamt Frankfurt am Main.
14 Vgl. Gespräch Mehnert.
15 Vgl. Liegenschaftsabteilung Stadtschulamt Frankfurt am Main.

V. Elemente der familienpolitischen Strukturreform   375

DM 250.000 aus,[16] also ca. DM 100.000 mehr als in der reinen Vormittagsschule. Die Ursache für diese Mehrkosten könnte bei den für ein pädagogisch sinnvolles Ganztagskonzept zusätzlichen Gehältern der Erzieher und Erzieherinnen, die von der Stadt angestellt werden, gefunden werden. Aus dem Bereich der Pädagogen kommen nach unserer Schätzung und unserem Stellenschlüssel nochmals Kosten in Höhe von ca. DM 200.000 hinzu. Setzt man nun die errechneten Gesamtpersonalkosten in Höhe von DM 444.864 des Nachmittagsangebots zu den geschätzten Personalkosten der Halbtagsschule in Höhe von DM 1.198.544 ins Verhältnis, zeigt sich, dass ein pädagogisch sinnvolles Nachmittagsangebot im Bereich der Personalkosten nur 37,1 % der Kosten des Vormittagsunterrichts ausmacht, obwohl das Nachmittagsangebot im Vergleich zum Vormittagsunterricht täglich für die ersten beiden Klassen zwei Stunden länger und für die dritten und vierten Klassen um eine Stunde länger ist!

Abbildung 3: Personalkostenvergleich Halbtags-/Ganztagsschule

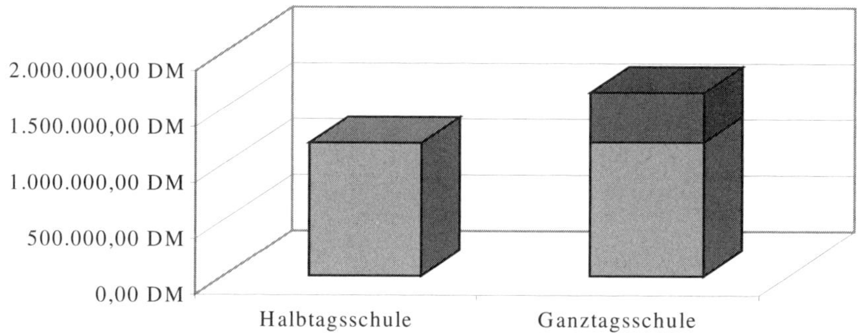

6.2.   Vergleich der Kosten für die Unterhaltung des Schulgebäudes

Bei dieser Vergleichsrechnung finden die Kosten für die Unterhaltung der Gebäude, die sowohl aufgrund unterschiedlicher Schulträger- und Überlassungsmodelle unterschiedlichen Kostenträgern unterliegen als auch nach Zustand, Alter, Größe und gerade durchgeführter baulicher Maßnahmen sehr variabel sind, wieder keine Berücksichtigung. Hier unterscheiden sich die Unterhaltungskosten der Ganztagsschule von denen der Halbtagsschule nur um rund DM 50.000.[17] Da es sich jedoch um von Jahr zu Jahr sehr stark schwankende Kosten handeln kann, wurden sie von den Vergleichsrechnungen ausgeklammert.

In welcher Höhe die Unterhaltskosten auf ein Nachmittagsangebot umgelegt werden sollten, bleibt zu diskutieren. Auf der einen Seite existiert das Gebäude ohnehin und erfährt durch eine ganztägige Nutzung im Verhältnis zu den

---

16 Vgl. Liegenschaftsabteilung Stadtschulamt Frankfurt am Main.
17 Vgl. Liegenschaftsabteilung Stadtschulamt Frankfurt am Main.

Erstellungs- und Unterhaltungskosten eine sicher erheblich größer zu bewertende Rentabilität. Auf der anderen Seite unterliegt das Gebäude durch die Nutzung am Nachmittag einem verstärkten Verschleiß.

Deshalb wird vorgeschlagen, die durch die Elternbeiträge für die Einrichtung des Nachmittagsangebots gebildete Rücklage für die Unterhaltung der nachmittags genutzten Gebäudeteile mit zu verwenden, so dass hier nicht nur der Träger, sondern auch die Eltern einen regelmäßigen jährlichen „Zuschuss" zu den Unterhaltskosten dieser Gebäudeteile leisten.

Gleichzeitig wäre an dieser Stelle auch denkbar, dass sich Unternehmen, die durch die Schaffung eines Nachmittagsangebots an einer ihnen benachbarten Grundschule einen Vorteil bei der Personalgewinnung und -entwicklung generieren, mit einem festen Betrag an den Kosten des Unterhalts dieser Schule beteiligen. Die Höhe der Beteiligung könnte sich in Form einer Patenschaft nach der Größe des Unternehmens und der Anzahl der Mitarbeiterkinder, die diese Schule besuchen, richten.

6.3. Vergleich der Betriebskosten

Zunächst war unklar, ob sich nicht auch die Betriebskosten durch einen Nachmittagsbetrieb erhöhen würden. Der Vergleich der Betriebskosten der Ganztagsschule (DM 76.837,13) mit den Betriebskosten einer entsprechenden Halbtagsschule mit ähnlicher Schülerzahl (DM 78.362,74) zeigte jedoch, dass die Betriebskosten der Halbtagsschule sogar höher als die der Ganztagsschule waren.[18]

6.4. Vergleich der Einnahmen

Gleichzeitig verbucht diese Ganztagsschule sogar noch Einnahmen: Nämlich durch die Vermietung oder Verpachtung bestimmter Gebäudeteile an örtliche Institutionen, Turnverein und die Jugendmusikschule in Höhe von DM 143.131.[19] Und die Nachmittagsschüler können das Sportprogramm des Turnvereins und der Musikschule ebenso wie Externe gegen Entgelt nutzen. Zieht man diese Einnahmen in Höhe von DM 143.131 wiederum von den laufenden geschätzten Mehrkosten der Ganztagsschule ab, entstehen für ein laufendes Nachmittagsangebot an einer Grundschule jährliche Mehrkosten in Höhe von ca. DM 344.598 was einem Kostenverhältnis von 26,5 % der Gesamtkosten einer Halbtagsschule entspricht.

Da die Voraussetzungen der Vermietung und Verpachtung bestimmter Gebäudeteile jedoch nicht in idealer Weise an jeder Schule gegeben sind, sondern durch das Nachmittagsangebot unter Umständen Räumlichkeiten hinzu gebaut oder angemietet werden müssen, soll die Einnahmenseite hier zwar dargestellt werden, aber in der Schlussbetrachtung des Kostenvergleichs unberücksichtigt bleiben.

---

18 Vgl. Liegenschaftsabteilung Stadtschulamt Frankfurt am Main.
19 Vgl. Liegenschaftsabteilung Stadtschulamt Frankfurt am Main.

6.5. Vergleich der Gesamtkosten

Betrachtet man nun die Gesamtkosten des laufenden Betriebs einer herkömmlichen Halbtagsschule im Verhältnis zu den geschätzten Gesamtkosten eines zusätzlichen Nachmittagsangebots ohne Berücksichtigung der Kosten für den jeweiligen Unterhalt der Gebäude, stehen den Gesamtkosten von DM 1.299.518 für den laufenden Betrieb der Halbtagsschule DM 487.729 für den Betrieb eines Nachmittagsangebots gegenüber. Die laufenden Kosten eines Nachmittagsangebots belaufen sich folglich auf nur 37,5 % der laufenden Kosten des Schulbetriebs am Vormittag!

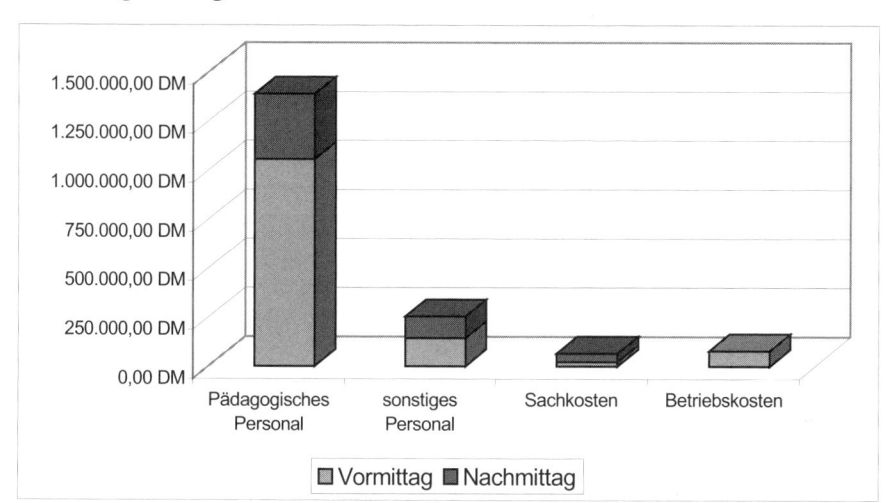

Abbildung 4: Vergleich der Gesamtkosten ohne Unterhaltskosten

Betrachtet man jedoch das vielfältige Bildungs- und Kulturleben, das den Kindern durch einen Nachmittagsbetrieb einer Grundschule angeboten wird, übersteigt dies ein Vielfaches der Kosten. Kindern wird so ein familienähnliches Miteinander während des Essens und die Gesellschaft Gleichaltriger in den verschiedensten Neigungsgruppen, im Sport- und Musikunterricht genauso wie beim Erlernen einer Fremdsprache, beim Kino-, Konzert- oder Museumsbesuch ermöglicht. Die täglich notwendige Zeit, sich mit Ruhe und Muße einem Kind intensiv zu widmen oder die Hausaufgaben zu betreuen, bleibt, gerade wenn jüngere Geschwister nicht gelegentlich durch Großeltern oder Babysitter betreut werden können, neben den alltäglichen Verpflichtungen kaum. Auch die Qualität der Elternzeit kann durch Ganztagsschulangebote verbessert werden.[20] Nach Ende eines Schultages mit all seinen Aktivitäten bleibt für Mütter und Väter ausreichend Zeit für ein entspanntes Zusammensein mit den Kindern in der Familie.

---

20 Vgl. Deutscher Kinderschutzbund.

Ganztagsangebote an Schulen sind folglich nicht nur für soziale Brennpunkte und Kinder unvollständiger Familien oder berufstätiger Eltern sinnvoll.[21] Ganztagsschulen sollten zur intensiven Förderung besonderer Begabungen, Neigungen und Fähigkeiten Heranwachsender, die nicht alle Eltern in dieser Form, oder nur mit großen Anstrengungen und mit großem finanziellem Aufwand fördern können, zur Zukunftssicherung unserer Gesellschaft flächendeckend als Angebotsschulen einen selbstverständlichen Rang im hessischen Bildungssystem einnehmen.[22]

Literatur

Deutscher Kinderschutzbund (DKSB), „Standpunkte zur Ganztagsschule", hrsg. vom Deutschen Kinderschutzbund, Bundesverband e.v.

Dezernat VI Schule und Bildung der Stadt Frankfurt am Main (Hrsg.), Schulen – Wegweiser in Frankfurt.

Betreuung an Grundschulen, Förderungsmöglichkeiten, hrsg. vom Dezernat VI Schule und Bildung der Stadt Frankfurt am Main.

Gespräch mit Frau Seidel, Schulleiterin der Zehntgrafenschule in Seckbach im März 2001.

Gespräch mit Herrn Diegelmann, Referat Grundschulen im Hessischen Kultusministerium, Wiesbaden im März 2001.

Merkblatt des Hessischen Kultusministeriums zur verlässlichen Halbtagsschule.

Gespräch mit Herrn Rudloff, Referat Betreuungsangebote im Hessischen Sozialministerium, Wiesbaden im März 2001.

Gespräch mit Herrn Burbach, Geschäftsführer des Vereins berufstätiger Väter und Mütter e.V., Frankfurt am Main.

Gespräch mit Herrn Mehnert, Lehrerkooperative e.V., Frankfurt am Main, Träger der freien Jugendhilfe verschiedener hortähnlicher Betreuungseinrichtungen an Grundschulen in Frankfurt am Main im März 2001.

Stadtschulamt Frankfurt am Main (Hrsg.), Elterngelte in Frankfurter Kindertagesstätten, Erläuterungen des Verfahrens.

Kostenstellenbericht nach Kostenarten der Liegenschaftsabteilung des Stadtschulamtes der Stadt Frankfurt am Main vom Jahr 2000.

Hurrelmann, Klaus, „Plädoyer für mehr Ganztagsschulen", Pädagogische , familien-, jugend- und bildungspolitische Argumente.

Appel, Stefan, Vorsitzender des Ganztagsschulverbandes GGT, Kassel: „Formen und Bildungsmöglichkeiten ganztägig geführter Schulen in Deutschland."

Schlaffke, Winfried, Institut der Deutschen Wirtschaft, Köln: „ Neue Weichenstellungen für ein zukunftsweisendes Schulsystem." Veröffentlichung zum Ganztagsschulkongress in Hamburg im November 2000.

Sandfuchs, Uwe, Die Ganztagsschule braucht ein eigenständiges pädagogisches Profil, in: Die Ganztagsschule, Heft 2 – 1988 (28. Jg.).

---

21 Vgl. Appel.
22 Vgl. Hurrelmann ; Appel ; Schlaffke (2000).

VI. Symposium mit dem Hessischen Ministerpräsidenten Roland Koch und den Ministerinnen Ruth Wagner und Silke Lautenschläger

Herr Borchert:
Fasst man die bisherigen Ergebnisse der Tagung zusammen, dann zeigt sich, dass Illusionen über die nähere Zukunft angesichts der demographischen Entwicklung unangebracht sind. Das hat Professor Birg verdeutlicht. Professor Kirchhof hat mit Nachdruck die staatliche Rücksichtnahme auf Familien verlangt und dabei insbesondere die Frage der indirekten Steuerlast angesprochen. Herr Stutzer vom Statistischen Landesamt Baden-Württemberg hat danach Ergebnisse präsentiert, die zeigen, dass junge Menschen insbesondere in der Zeit, in der sowohl berufliche als auch Fragen des Kinderwunsches zusammentreffen, in einer relativen Deklassierung leben müssen. Zudem scheinen offensichtlich alle familienpolitischen Maßnahmen der letzten Jahrzehnte wirkungslos zu verpuffen, weil sie von anderen staatlichen Maßnahmen konterkariert werden. Das ließ sich ganz besonders deutlich an der Entwicklung seit 1998 nachweisen. Professor Döring hat die Entwicklung sodann sehr eindrucksvoll am Beispiel des städtischen Großraums Frankfurt am Main illustriert und seinen Blick auf die Wirkungsweisen unseres sozialen Sicherungssystems gerichtet. Er hat das deutsche mit anderen europäischen Sicherungssystemen verglichen und dargestellt, wie familiär unverträglich unsere soziale Sicherung beispielsweise auf Sachverhalte wie Teilzeit reagiert. Daran anschließend hat Herr Professor Wingen die Strukturfehler und Defizite der sozialen Sicherungssysteme nochmals eingehender beleuchtet und einige sehr interessante Ausführungen zu politischen Strategien, beispielsweise zum Familienwahlrecht, gemacht.

Professor Raffelhüschen schließlich erläuterte auf der Basis bereits heute greifender demographischer Entwicklungen mit gewaltigen sozialen und finanziellen Konsequenzen sehr plastisch, in welcher Zwickmühle sich die Familienpolitik befindet. Professor Kaufmann hat danach den Wiesbadener Entwurf wegen seiner Konzentration auf die Transfersysteme als eindimensional kritisiert und die Frage gestellt, warum Hessen sich nicht auf regionalspezifische Aufgaben konzentriert. In meinem eigenen Referat habe ich verdeutlicht, dass unter den Bedingungen dieser demographischen Veränderungen eine grundlegende Korrektur unserer sozialen Sicherungssysteme notwendig ist, wenn die Funktionsfähigkeit und das Gleichgewicht des Ganzen nicht zerstört werden sollen. Auf mein Referat folgten mehrere Referate, die die Lücken füllen wollten, die der Wiesbadener Entwurf gelassen hat. Im Bereich von Familie und

Bildung präsentiert der Entwurf eine Leerstelle. Deshalb hat Frau Fritzen-Herkenhoff die Ergebnisse einer Studie der Konrad-Adenauer-Stiftung und dabei interessante Komponenten einer modernen Bildungs- und Familienpolitik vorgestellt. Frau Wessig hat sodann gezeigt, dass die Ganztagsschule nicht nur sein muss, sondern ohne weiteres mit einem vergleichsweise geringen Aufwand realisierbar ist. Auch das sollte man sich in Hessen etwas genauer anschauen. Schließlich haben Frau Orth und Frau Weskamp das Konzept der Mütterzentren, d.h. die Frage intergenerationeller Betreuung von Alten und Jungen dargestellt. Dieses Modell ist auch von den finanziellen Ressourcen her überzeugend. Frau Riedel hat danach den frauenpolitischen Gegenwind zum Wiesbadener Entwurf formuliert, aber nicht versäumt zu erwähnen, dass die Transferfragen den Gefallen des Deutschen Frauenrates finden. Das war in aller Kürze der bisherige Ablauf der Tagung. Die Referate waren gemeinhin spannender als man bei familienpolitischen Veranstaltungen eigentlich erwartet.

Ministerpräsident Koch:
Sehr geehrter Herr Borchert, meine Damen und Herren. Zunächst heiße ich Sie auch im Namen von Frau Wagner und Frau Lautenschläger herzlich willkommen. Ich bedanke mich dafür, dass Sie bereit sind ihre Zeit zu opfern, um unter der Moderation von Herrn Borchert über die Zukunft der Familienpolitik zu sprechen. Sie können an unserer Anwesenheit erkennen, dass wir die Diskussionen mit Interesse verfolgen und Ihnen unseren Respekt gegenüber ihrer Arbeit versichern.

Ich möchte meine Einführungsbemerkungen so formulieren, dass Sie sich provoziert oder jedenfalls herausgefordert fühlen, um noch einmal an der Diskussion teilzunehmen. Viele haben ein bisschen irritiert geschaut, als ich Herrn Borchert gebeten habe, sein Amt als unabhängiger Richter am Hessischen Landessozialgericht in Darmstadt für eine gewisse Zeit mit der Stellung eines Mitarbeiters in der Hessischen Staatskanzlei zu tauschen. Aber ich glaube, dass Menschen in Regierungsverantwortung das Wissenspotenzial in ihrem Bundesland nutzen und sich nicht den Blick für dieses Wissen versperren sollten. Wenn die Kritik, die Sie zu familienpolitischen Fragen geäußert haben, auch vor dem Bundesverfassungsgericht Beachtung findet, heißt das, dass sich die Politik mit diesen Ideen auseinander setzen muss. Vorausschauende Politik lebt nämlich davon, sich zu einem Zeitpunkt mit Paradigmen zu beschäftigen, die man für sakrosankt und ihre Veränderung für undurchsetzbar hält. Als Politiker muss man gelegentlich die Tatsache zur Kenntnis nehmen, dass es auch andere Paradigmen gibt. Nur so kann der Politiker am Ende verantworten und die Entscheidung treffen, wie lange ein bestimmter Rahmen erhalten werden und wann ein Wechsel vorgenommen werden sollte. In der Bundesrepublik Deutschland verspüren die Menschen heute, dass wir gerade bei der Behandlung der Familie, bei ihren materiellen und immateriellen Rahmenbedingungen einen Paradigmenwechsel benötigen. Ich glaube zwar nicht, dass Familienpolitik nur etwas mit Geld zu tun hat. Ein großer Teil dessen, was eine Gesellschaft zusammenhält, ist

VI. Symposium mit dem Hessischen Ministerpräsidenten 381

nicht materialisierbar. Aber wir müssen uns fragen, welchen Anteil der finanzielle Aspekt hat. Neben dem sozialen Status hat auch das Materielle einen Anteil an der Frage von Familienpolitik, das kann überhaupt nicht angezweifelt werden. Dass unsere derzeitigen Sozialsysteme, ganz unabhängig von der Frage der Familienpolitik, schon überbelastet sind ist unstreitig. Ich glaube auch, dass sich Politiker aller Parteien Mühe geben, die familienpolitische Fragen und die Frage eines gerechten Steuersystems zu lösen.

Trotzdem müssen sich die Politiker vorhalten lassen, dass die Familienpolitik in der Wirkung nicht besonders erfolgreich gewesen ist. Das kann an den falsch gewählten Konzepten der Politiker liegen. Aber man kann festhalten, dass die Politik an dem Thema Familie nicht uninteressiert ist, denn sonst hätte man seit vielen Jahren nicht die ganzen Anstrengungen unternehmen müssen. Es gibt aber ersichtlich Probleme: Wir stellen fest, dass die Situation für die Familien schlechter geworden ist. Oftmals muss erst das Bundesverfassungsgericht die Politiker zu Reformen drängen. Die Debatte, die wir im Augenblick bezüglich des Unterhalts von allein Erziehenden haben, ist eine möglicherweise nicht beabsichtigte Nebenwirkung einer Gleichstellungsentscheidung des Bundesverfassungsgerichts.

Jetzt müssen wir den provokanten Wiesbadener Entwurf beurteilen: Was wird hier als mögliche Entwicklungslinie aufgezeigt, was lehnen wir davon ab und was nehmen wir an? Ein schönes Beispiel ist das Familiengeld: Ich streite mich mit Ihnen darüber, ob das Familiengeld ein Irrweg ist oder ein realistischerer, kurzfristiger Schritt, anstatt das ganze System auf den Kopf zu stellen. Diese Debatte kann ich nicht alleine mit Fachleuten führen, weil sie auch politisch durchgesetzt werden muss. Ich habe noch keine abgeschlossene Meinung, aber es ist mir in einem ersten Schritt lieber, etwas innerhalb des Sozialbudgets zu Gunsten der Familien umzuverteilen. Dafür gibt es nämlich eine politische Mehrheit, die einen Verteilungsspielraum eröffnet. In der Abwägung des pragmatischen Politikers und den systematisch denkenden Fachleuten gibt es Unterschiede. Herr Borchert sollte seinen Entwurf unter Fachleuten, aber auch in den Ministerien, zur Diskussion stellen. Die Antwort der Ministerien ist sehr spannend. Die Frauenabteilung von Frau Lautenschläger hat viel mit Herrn Borchert diskutiert und er hat gegen deren Einwände wiederum Notizen verfasst. Das Gleiche gilt für die Steuerabteilung. Am Ende stellt sich die Frage, was man politisch verantworten und auch durchsetzen kann. Eine Partei oder gar eine Landesregierung muss es sich nicht zur Aufgabe machen, alle Vorschläge umzusetzen. Dass die Idee eines Ministeriums für Familie und Ökologie durchsetzbar ist, halte ich im Augenblick für unwahrscheinlich; aber ich denke auch, dass es in der graduellen Rangfolge der Vorschläge nicht besonders wichtig ist.

Mit seinen Fragestellungen provoziert Herr Borchert und fordert so, ungewohnte Denkwege zu gehen. Was mich eigentlich im Augenblick an dem Wiesbadener Entwurf am meisten beschäftigt ist der horizontale Vergleich zwischen einem Elternpaar und einem Paar ohne Kinder und der Aufforderung, beide gleichzustellen. Das heißt, dass einzelne Einkommen mit seriösen Kriterien berechnet werden müssen. Diese Gleichstellung ist Ihres Erachtens wichtiger, als die Definition der sozialen Spannungen zwischen Einkommensschichten. Das ist exakt das Gegenteil dessen, was wir 50 Jahre in der Politik diskutiert haben. Deshalb muss ein Politiker nicht nur überlegen, ob er diesen Vorschlag inhaltlich aufgreifen will, sondern auch, ob er politische Mehrheiten dafür findet. Wir haben immer die Frage fokussiert, dass Chancengerechtigkeit für ein Kind bedeutet, dass aus den unterschiedlichen materiellen Voraussetzungen keine unterschiedliche Zukunftsentwicklung folgt. Chancengerechtigkeit ist ja auch nach der PISA-Studie weiterhin ein Thema. Da wir die Transfersysteme nur kollektiv für eine Familie betrachten wollen, führt das im sozialen Wettbewerb automatisch zu einer größeren Unterscheidung der Ausgangsposition von Kindern. Ich akzeptiere inzwischen die Logik, dass man die Einkommensspreizung deutlich niedriger gewichten muss, wenn man allein Erziehende und Familien wirklich gleichstellen will. Aber ich bin nicht sicher, dass wir eher vom Kind als vom Erwachsenen denken sollen. Spannend finde ich zudem, dass Sie gleichzeitig an einer anderen Stelle einen Paradigmenwechsel machen: Der soziale Ausgleich soll Ihrer Meinung nach nicht mehr bei der Steuer, sondern im Sozialsystem stattfinden. Der Wiesbadener Entwurf schlägt vor die Krankenversicherungsbeiträge und einen Teil der Rentenversicherungsbeiträge zukünftig nach der Einkommensteuer zu zahlen. In Zukunft soll die Krankenversicherung nach der Leistungsfähigkeit und sollen die Steuern nicht mehr nur nach der Leistungsfähigkeit, sondern nach dem Familiestand bezahlt werden.

Eine sozial gerechte Gesellschaft erfordert in der Leistungsgesellschaft weiterhin eine breite Spreizung, aber an bestimmten Punkten erfordert sie auch eine Umverteilung. Bei der Frage, ob die Lohn- und Erwerbseinkommen weiterhin die einzigen Bezugsgrößen für Sozialleistungen sein können, bin ich dem Wiesbadener Entwurf wesentlich aufgeschlossener. Die CDU hat diese Frage erstmals in ihrem Programm formuliert. Trotz einer Berührungsangst hat die Politik hier einige Vorschläge aufgenommen. Dennoch schließe ich nicht aus, dass ich letztlich eine ganze Reihe dieser Ansätze richtig finde, aber nicht an den großen Systemwechsel in den kommenden zehn Jahren glaube. In jedem Fall kann der Politiker des 21. Jahrhunderts nicht mehr verantworten, dass der Transfer der Staatsanteile in der Summe weiterhin steigt. Ganztagsschule, Betreuung, soziale Transfersysteme, Alterssicherungssysteme müssen immer kumulativ betrachtet werden. Im internationalen Schnitt werden wir uns als moderner Sozialstaat immer an der Obergrenze einer vertretbaren Staatsquote befinden; aber das darf nicht außerhalb des Wettbewerbkorridors geschehen. Das führt politisch zu Ressortstreitigkeiten, da in einem Haushalt nur eine bestimmte Summe verteilt werden kann. In Hessen erhöhen wir derzeit den Korridor der Bildung zu Lasten anderer Aufgabenbereiche. Hier streiten dann die verschiedenen Ministerien miteinander. Deshalb ist ein Ministerium für Familie und Ökologie auch so problematisch. Hier würden nämlich alle Konflikte der Erde aufeinander treffen. Ein Minister kann dann aber nicht mehr für sein Ressort kämpfen. Derzeit streiten Ruth Wagner und Silke Lautenschläger mit dem Finanzminister für ihre

VI. Symposium mit dem Hessischen Ministerpräsidenten

Bereiche. Ein Superminister für Familie und Ökologie müsste gegenüber dem Finanzminister bereits einen Kompromiss vortragen, sonst wäre er überhaupt nicht kommunikationsfähig. Doch dies ist sicher nicht die wirklich spannende Frage des Wiesbadener Entwurfs. Die spannende Frage ist, ob die jetzigen Systeme überlebensfähig sind und in welche Richtung wir sie weiterentwickeln sollten. Was bedeutet eine Weiterentwicklung für eine allein erziehende Familie, lohnen sich die Vorschläge für eine Kinderfamilie, ist der Transfer wirklich saldenneutral? Wenn er nicht saldenneutral ist, sollte dann die Kinderbetreuung oder eher die Steuerreform etwas kosten? Darauf muss die Politik eine Antwort geben, indem sie eine Prioritätenliste erstellt. In einem hoch entwickelten Land kann ich nicht alles durchsetzen, da hier letztlich Konversionsprozesse das gefährlichste sind. In allen wichtigen Fragen diskutieren wir über Konversionsprozesse: was müssen wir tun, was trauen wir uns zu und in welchen Schritten können wir es politisch verträglich gestalten? Dafür brauchen wir die Ideen von Fachleuten. Deshalb bin ich Herrn Borchert dankbar, dass er diese risikoreiche Aufgabe übernommen hat. Er gilt möglicherweise als schwach, wenn wir nicht alle seiner Vorschläge verwirklichen. Wenn wir aber alle seine Ideen aufgreifen, gelten wir als Revolutionäre. Dennoch haben wir uns aufeinander eingelassen und das ist aus meiner Sicht ein sehr wichtiger Schritt. Nun lade ich Sie zur Diskussion ein.

Herr Borchert:
Was ich will, ist nicht neu, sondern so alt wie die Bundesrepublik selbst: Steuern sollen nach Leistungsfähigkeit bemessen werden und die Sozialsysteme dem sozialen Ausgleich dienen. Heute haben wir weder das eine noch das andere. Hinzu tritt nun noch das Problem der ungleich verteilten Verantwortung für Kinder und damit die horizontale Problematik. Aber wir haben mit Herrn Lang über die Spreizungswirkung der verschiedenen Steueralternativen diskutiert. Herr Lang hat sich auch noch einmal zur Frage indirekter Besteuerung geäußert und zur Spreizungswirkung beim Ehegattensplitting Aufklärungsarbeit geleistet. Insofern sollte er diesen Punkt noch einmal kurz erläutern: Warum wirken die Steueralternativen in ihrer Spreizungswirkung nicht so voluminös oder asymmetrisch, wie das bisher behauptet wird?

Herr Lang:
Herr Ministerpräsident, ich habe mit großer Freude Ihren Beitrag in der Sozialen Ordnung[1] gelesen. Dort haben Sie festgestellt, dass man zuerst die Diskriminierung der Familie abbauen muss, bevor man mit der Familienförderung beginnen kann. Das Bundesverfassungsgericht interpretiert das Benachteiligungsverbot, das aus Artikel 6 des Grundgesetzes abgeleitet wird, sehr streng und hat auch eine entsprechend stringente Rechtsprechung, die dazu führt, dass in den Beschlüssen von 1998 der Kinderfreibetrag bis auf die Mark genau festgelegt wor-

---
1 Koch, Roland, Kinderfreundliche Gesellschaft. Familienförderung ist die beste Wirtschaftsförderung, in: Soziale Ordnung 1/2002, S. 12 ff.

den ist. Nun haben wir nach wie vor in zwei Bereichen ein sehr großes Defizit: Erstens: Die Steuereingriffe in das Familienexistenzminimum durch indirekte Steuern sind noch nicht hinreichend geklärt und gerade durch die ökologische Steuerreform sind soziale Verteilungswirkungen ausgelöst worden, die ja von der Politik derjenigen, die für die Ökosteuer verantwortlich sind, völlig unter den Tisch gekehrt werden. Im Grunde genommen finanzieren Sozialhilfeempfänger, Geringverdiener und Familien mit vielen Kindern die Besserverdienenden. Über diese Verteilungswirkungen ist noch nicht gesprochen worden. Doch die Verknüpfung zwischen Ökosteuerbelastung und Finanzierung der Rente stellt ein Verteilungsproblem dar, das ernsthaft diskutiert werden sollte. Zweitens: Aufgrund der Rechtsprechung des Bundesverfassungsgerichts wurden im einkommenssteuerlichen Bereich gute Fortschritte gemacht. Es gibt nun einen Kinderfreibetrag, der das sozialhilferechtliche Existenzminimum berücksichtigt. In der Kombination mit dem Kindergeld stellt das einen Fortschritt dar. Doch das große Defizit ist weiterhin, dass die Einkommensverteilung innerhalb der Familie nach wie vor negiert wird. Das Unterhaltsrecht und das Steuerrecht befinden sich in einem elementaren Widerspruch. Auf der einen Seite statuiert der Zivilrechtsgeber gesetzliche Unterhaltspflichten und auf der anderen Seite negiert das Steuerrecht diese Pflichten. Sie weisen zu recht darauf hin, dass das durch einen Kinderfreibetrag nicht abgegolten ist. Wir müssen die Verteilung des Einkommens unbedingt auch im Steuerrecht abbilden. Erst dann haben wir es im Sinne der Rechtsprechung des Bundesverfassungsgerichtes mit einem gerechten Steuersystem zu tun. Das heißt, dass die Verteilung des Einkommens im Steuerrecht abgebildet werden muss und die richtige Lösung zur Verwirklichung der Rechtsprechung des Bundesverfassungsgerichts zum Benachteilungsverbot ist das Familienrealsplitting. Alle Steuerjuristen haben sich nachdrücklich für das Familienrealsplitting ausgesprochen. Wir wissen, dass das französische Familiensplitting Begünstigungseffekte enthält und nicht exakt die Vorgaben des Unterhaltsrechts nachvollzieht. Außerdem müssen beim französischen Familiensplitting die Kinder mit veranlagt werden. Die Kinder erfahren über den Steuerbescheid, welche Einkünfte die Eltern haben und umgekehrt erfahren die Eltern über die Einkünfte der Kinder. Das hat in der Vergangenheit immer Streit gegeben. Das Familienrealsplitting ist dagegen anders konstruiert. Es wird verfahrensrechtlich durch einen Familiensteuerbescheid realisiert, indem die Eltern die Unterhaltsleistungen für die Kinder übernehmen, d.h. solange die Kinder keine eigenen Einkünfte haben, sind sie vom Finanzamt nicht betroffen. Wenn sie eigene Einkünfte haben, werden diese natürlich in den Familiensteuerbescheid einbezogen. Nun wird behauptet, dass das Familienrealsplitting umverteilungspolitisch nicht zu akzeptieren ist. Doch jeder, der in der Steuerpraxis tätig ist, weiß, dass sehr viele das Familienrealsplitting schon längst durch die Beteiligung von Kindern am Unternehmen, durch die Übertragung von Einkunftsquellen und durch die Übertragung von Wertpapiervermögen anwenden. Diejenigen, die es sich leisten können, stellen das Familienrealsplitting für sich schon längst her. Daraus ergibt sich die Verpflichtung, dieses Familienrealsplitting auch für einkommensschwache Familien herzustellen.

Ein weiterer Punkt wird gerade in der Diskussion über das Ehegattensplitting immer wieder übersehen: Wenn wir die Entwicklung der Steuersätze betrachten, also die Absenkung und das frühere Ansetzen des Spitzensteuersatzes, dann haben wir es beim Ehegattensplitting nicht mehr mit Spitzeneinkommen, sondern mit einer Einkommensverteilung im mittleren Einkommensbereich zu tun. Wenn man aber die Rechtsprechung des Bundesverfassungsgerichts zur realitätsgerechten Berücksichtigung von Unterhaltsverpflichtungen befolgt, gibt es keinen Spielraum mehr für eine weitere Kappung des Ehegattensplittings. Außerdem würde bei einer weiteren Abschmelzung des Ehegattensplittings die Zahl der Verträge zwischen den Ehegatten dramatisch zunehmen. Dadurch würden neue Ungleichheiten entstehen.

Deshalb appelliere ich an Sie, Herr Ministerpräsident, dass das, was Sie in Ihrem Artikel aufgeschrieben haben, zu Ihrem politischen Programm machen. Sie könnten sich der Unterstützung der Steuerrechtswissenschaft sicher sein.

Herr Hankel:
Was Herr Lang sagt, lässt sich auch ökonomisch sehr zweckmäßig begründen. Wir stoßen aus ökonomischer Sicht mit dem Herzstück unserer Steuerverfassung, den Wertschöpfungssteuern, auf zwei Grenzen: Die Belastung der Wertschöpfung ist ein schweres internationales Wettbewerbshindernis. Die Globalisierung zwingt zu einer deutlichen Vorsicht bei dieser Art der Besteuerung. Wertschöpfung sollte nicht besteuert werden. Zudem wird die innere Aufkommensneutralität zunehmend verletzt und degeneriert zu einer reinen Lohnsteuer. Denn die Gewinnsteuer ist durch die neue Mobilität und Volatilität, sowohl des nationalen, wie internationalen Kapitals, aber auch durch zahlreiche Steuerschlupflöcher und Möglichkeiten bedingt. Dass die Kapitalgewinne nicht gegen Null gehen, sondern inzwischen zeitweilig negativ sind, bedeutet eine schwere Beeinträchtigung der sozialen Gerechtigkeit. Deshalb schlage ich die Umrüstung auf indirekte Steuern vor. Da begegnen wir einem Tabu, dass in unseren Zeiten neu hinterfragt werden muss. Natürlich bedeuten indirekte Steuern eine soziale Repression für die Familien. Sie sind härter als jene besteuert, die sparen und investieren können. Dennoch verlangt die internationale Entwicklung die Umrüstung von den Wertschöpfungssteuern auf die Konsumsteuern. Eine andere Konsumsteuer, als die Besteuerung der Umsätze gibt es letztlich nicht. Also muss darüber nachgedacht werden, wie indirekte Steuern sozialverträglich gemacht werden können. Es gibt viele Möglichkeiten, beispielsweise das Herausnahmen der Grundnahrung und der existenznotwendigen Güter. Es ist auch nicht vorgeschrieben, dass ein Mehrwertsteuersatz uniform sein muss. Hier brauchen wir eine neue Kasuistik und müssen über die soziale Sensibilität von Mehrwertsteuern nachdenken. Mit ein bisschen Sachverstand lässt sich die Aufgabe aber lösen.

Frau Welskop-Deffaa:
Herr Lang hat deutlich daran erinnert, dass wir durch die schlechte Abstimmung des Steuer-, Renten- und Familienrechts familienpolitisch in ein Legitimationsproblem gekommen sind. Er hat darauf hingewiesen, dass wir im geltenden Steuerrecht von der Ehe als Wirtschafts- und Erwerbsgemeinschaft ausgehen. Im Eherecht stellen wir hingegen die Unterhaltszahlungen in den Mittelpunkt dessen, was die Ehe rechtlich konstituiert. Herr Lang hat nun für ein Modell geworben, das die Ehe weiterhin als Unterhaltsbeziehung konstruiert und das auch so im Steuerrecht abbilden sollte. Hier werden dann die jeweiligen Unterhaltszahlungen zum Anknüpfungspunkt der steuerrechtlichen Abzugsmöglichkeiten gemacht. Ich würde dagegen umgekehrt argumentieren: Eigentlich sollte die Ehe rechtsförmig mehr als eine bloße Unterhaltsgemeinschaft, sie sollte eine tatsächliche Erwerbs- und Wirtschaftsgemeinschaft sein. Das würde dann sehr gut zum Ehegattensplitting passen. Hier wird die Ehe, ähnlich wie eine OHG oder KG, als Wirtschaftsgemeinschaft aufgefasst. Das sollte sich dann aber auch im Eherecht und Rentenrecht ähnlich darstellen. Im Eherecht sollte die Ehe nicht als Zugewinn- sondern als eine Errungenschaftsgemeinschaft aufgefasst werden. Im Rentenrecht käme es dann bezüglich der Teilhabe beider Ehepartner an den Rentenanwartschaften zu einem Konzept, wie es im Wiesbadener Entwurf mit berücksichtigt wurde und sich an die Schweizer Vorstellungen zum Rentensplitting anlehnt. Es geht dabei auch um die nachhaltige Glaubwürdigkeit der Politik, die darauf achten muss, dass die Regelungen in den verschiedenen Rechtsmaterien konsistent zueinander passen. Von daher werbe ich dafür, dass Sie das Papier von Herrn Borchert als Anregung nehmen, die Synchronisation der verschiedenen Rechtsgebiete herzustellen. Das ist eine Aufgabe, welche die Familienpolitik nachhaltig integral sichern könnte.

Herr Petropulos:
Das Problem der Familienpolitik liegt nicht in einem Mangel an guten Vorschlägen, sondern sie zeichnet sich dadurch aus, dass eine grundlegend andere Prioritätensetzung notwendig ist. Dabei ist für den Politiker die Umsetzbarkeit der Maßnahmen und die Zumutbarkeit für die Bevölkerung der einzige Orientierungspunkt. Politik ist nämlich die Kunst des Möglichen. Aber Politik muss auch die Kunst sein, das Notwendige möglich zu machen. Das Bewusstsein und die Bereitschaft zu einer Umorientierung sind in breiten Teilen der Bevölkerung noch gar nicht vorhanden. Eine entscheidende Verantwortung liegt deshalb bei der Politik, die strukturell dazu neigt, Konflikte und Dissonanzen zu beschönigen, anstatt sie klar zu benennen und damit eine Handlungsgrundlage zu schaffen. Mit dem Verschweigen entzieht sich die Politik die Möglichkeit zu größeren Strukturreformen. Ausgangspunkt für fundamentale oder weitreichende Veränderungen in der Familienpolitik muss die Erkenntnis sein, dass Strukturen wirklich grundlegend geändert werden müssen. Die bestehenden Lösungskonzepte werden das System nicht dauerhaft tragen können. Den Wiesbadener Entwurf zeichnet aus, dass hier im ersten Teil eine sehr ausführliche Auseinandersetzung

VI. Symposium mit dem Hessischen Ministerpräsidenten

mit den so genannten Patentrezepten stattfindet. Ein wichtiger Teil der politischen Aufklärungsarbeit müsste die nüchterne Situationsanalyse sein. Damit können dann die Grundlagen für neue Handlungskonzepte geschaffen werden.

Herr Kaufmann:
Herr Ministerpräsident, die Politik unterschätzt immer die exponentiell verlaufenden Bevölkerungsprozesse. In den Entwicklungsländern gibt es ein enormes Progressionspotenzial. Selbst wenn die Geburtenrate auf zwei Kinder sinkt, wächst die Bevölkerung noch weitere Jahrzehnte. Das umgekehrte Problem existiert in den hoch industrialisierten Ländern und speziell in den konservativen Ländern wie Deutschland, Italien, Spanien und Japan. Es sind typischerweise Länder, in denen eine tendenziell patriarchale Familienauffassung existiert. Hier wird das Tätigkeitsfeld der Mutter immer noch als ein ökonomisch nicht existenter Bereich aufgefasst. Dieser Punkt erklärt, warum wir hier eine niedrige Geburtenquote haben. Der Grund ist nicht ökonomisch, sondern kulturell bedingt. Deutschland steht bereits am Anfang einer Bevölkerungsimplosion, die sich insbesondere auf die erwerbstätige Bevölkerung bezieht. Es ist damit zu rechnen, dass die Bevölkerungsentwicklung in Zukunft eine viel größere Rolle für die ökonomische Entwicklung spielen wird. Nicht zuletzt, weil es einen Nachfragerückgang in den essentiellen lebensnotwendigen Gütern geben wird, während die Nachfrage nach Luxusgütern nach wie vor hoch bleiben wird. Die Alterung der erwerbstätigen Bevölkerung wird mannigfaltige Probleme mit sich bringen. Es wird in den nächsten Jahrzehnten eine Intensivierung der Verteilungskonflikte geben, die wir uns derzeit noch nicht vorstellen können. Sie haben Recht, Herr Ministerpräsident, wenn Sie darauf hinweisen, dass die Sozialleistungsquote nicht beliebig gesteigert werden kann. Doch die Konsequenz ist ein Verteilungskonflikt, in dem die Familien sehr schlechte Karte haben, weil sie nicht organisiert sind und deshalb keine Macht ausüben können. Nur Personen, die eine öffentliche Verantwortung haben, können den Familien noch ihren Platz in der Gesellschaft sichern. Aber jede Investition in die Familie ist eigentlich eine Investition in die Zukunft. Wenn man diesen Gedanken deutlicher in die Politik einbringen könnte, dann gäbe es die Chance, auch die Wirtschaft für ein Verständnis zu mobilisieren, das Familienpolitik als eine wirtschaftsförderliche Politik begreift.

Frau Riedel:
Herr Ministerpräsident, ich möchte Ihnen seitens des Deutschen Frauenrates eine Entscheidungshilfe bei der Suche nach den politischen Prioritäten geben. Der Fokus wurde hier bislang auf eine qualitativ hervorragende Ganztagsbetreuung und Ganztagsschule gelegt, die im Interesse der Fortentwicklung der Bildung – auch unter dem Stichwort „PISA-Studie" – und auch im Interesse der Vereinbarkeit von Erwerbstätigkeit und Familienarbeit für Mütter und Väter ist. Letzteres ist der Schwerpunkt, den der Deutsche Frauenrat artikulieren möchte: Wir denken, dass es aus frauenpolitischer Sicht neben der Klärung der finan-

ziellen Situation der Familien sehr darauf ankommt, dass Frauen nachhaltig die Möglichkeiten erhalten, ihre Existenz durch eigene Erwerbstätigkeit sicher zu stellen. Damit sind aus Sicht des Deutschen Frauenrates alle Überlegungen im Hinblick auf ein Erziehungsgehalt indiskutabel. Dieses endet nämlich nach der Erziehungszeit und die Frauen müssen über diese Zeit hinaus ihre Existenz sichern. Die Zeit zwischen Erziehung und Rente zu überbrücken, ist auf dem heutigen Arbeitsmarkt schlicht unmöglich.

Zu Herrn Borchert: Zur Entlastung der Sozialsysteme auf der Beitragsseite ist meines Erachtens noch gar nicht richtig ausführlich diskutiert worden. Deshalb eine Anmerkung: Wir kennen aus der Rentendebatte das Wort von der Stärkung des Versicherungsprinzips, das immer verwendet wurde, wenn festgestellt wurde, dass das Geld des Sozialbudgets nicht ausreicht. Damit standen dann auch immer gleiche verschiedene Sozialleistungen zur Disposition. Es ist aber sicherzustellen, dass diese reduzierten Beitragsleistungen nicht immer wieder zur Disposition stehen. Wir haben sehr oft die Situation, dass auf der Bundesebene Gesetze beschlossen werden, die auf kommunaler Ebene aus Finanzierungsgründen nicht ausgeführt werden können: Das betrifft immer wieder die Kinderbetreuungseinrichtungen. Die Frage ist, ob bei der Neuregelung des Bund-Länder-Finanzausgleichs nicht andere Maßstäbe für die Mittelzuweisung hätten eingeführt werden können. Zum Beispiel demographische Werte, welche die Altersstufen der Region unter dem Fokus des Betreuungsbedarfs in den Blick nehmen, der ja mit hohen Kosten verbunden ist. Gute Betreuungseinrichtungen sind im Wettbewerb um Unternehmensansiedelungen immer ein Standortvorteil. Es ist die Aufgabe der Politik, für die Finanzierung Sorge zu tragen.

Herr Wingen:
Herr Ministerpräsident, in Ihrem Eingangsstatement haben Sie eine Reihe von zu klärenden Fragen aufgeworfen. Sie haben den Paradigmenwechsel angesprochen, der tatsächlich gut überlegt sein muss. Ich möchte nun kein Einzelthema aufgreifen, sondern angesichts der Anwesenheit der Sozialministerin Frau Lautenschläger und der Wissenschaftsministerin Frau Wagner auf eine meiner früheren Bemerkung zurückkommen. Die Strukturfehler und Probleme in der Familienpolitik sind auch in den Desideraten der wissenschaftlichen Grundlagen begründet. Deshalb sollte man über einen bundesweit ersten Lehrstuhl für Familienwissenschaft oder -forschung nachdenken. Ein solcher Lehrstuhl rentiert sich, wenn es darum geht, die Grundlagen für einen Paradigmenwechsel in der Familienpolitik zu begründen. In einer familienorientierten Gesellschaftspolitik gibt es in Deutschland Nachholbedarf. Es geht darum, mit einem interdisziplinären Ansatz praxisorientierter Familienwissenschaft Neuland zu betreten.

VI. Symposium mit dem Hessischen Ministerpräsidenten

Ministerin Wagner:
Meine Damen und Herren, ich freue mich sehr, dass dieser Kongress in der Schalterhalle der alten Hauptpost der Landeshauptstadt stattfindet. Leider können wir als Mitglieder der Landesregierung und des Parlaments nicht durchgängig an dieser Tagung teilnehmen, weil parallel dazu Plenarsitzungen stattfinden.

Ich würde gerne die Frage von Herrn Wingen beantworten. Es gibt an den sozialwissenschaftlichen Fachbereichen der fünf hessischen Universitäten, an anderen bundesdeutschen Universitäten und außeruniversitären Forschungseinrichtungen durchaus familienwissenschaftliche Schwerpunkte. Da wir in der Wissenschaft interdisziplinär denken müssen, halte ich isolierte Lehrstühle, die nur einen Schwerpunkt abdecken, nicht für wünschenswert. In einer ganzen Reihe von Fragen gibt es Überschneidungen, gerade im Bereich der historischen Untersuchung der Frauenbewegung, der historischen Untersuchung der Veränderung der Demographie und der Veränderung der Familie.

Aber ich möchte noch etwas anderes ansprechen und frage mich, ob das auf der Tagung bisher eine Rolle gespielt hat. Ich gehöre zu den wahrscheinlich von Ihnen kritisierten Menschen, die kinder- und familienlos sind. Das sind mittlerweile 45 % bis 50 % unserer Bevölkerung. In Kassel bestehen 45 % der Bevölkerung aus allein stehenden Ein-Personen-Haushalten. Dieser Prozentsatz wird sich nicht durch die Korrekturen an bestimmten Veränderungen innerhalb der vorhandenen Systeme umkehren lassen. Wir haben einen potenziellen Gebärstreik der Frauen, der mit der Situation der Erwerbsmöglichkeiten und der Verbindung von Familie und Beruf zusammenhängt. Die Vereinbarkeit von Familie und Beruf betrifft in diesen Zusammenhang natürlich beide Elternteile, ihre Leistungen, Pflichten und Lasten gegenüber ihren Kindern. Deshalb möchte ich fragen, ob in der bisherigen Diskussion die Frage des Familienbildes, die Definition der heutigen Familie eine Rolle gespielt hat? Ich selbst habe nämlich eine Familie. Das ist ein Clan von 13 Erwachsenen und fünf Kindern. Die nenne ich eine Verantwortungsgemeinschaft, in der ich eingebunden bin und für deren Belastung ich keine steuerliche Entlastung erhalte. Die Ein-Personen-Haushalte leisten mit den hohen Steuerabgaben einen Teil für die Erziehung der Kinder. Aus diesem Grund sind wir in der FDP weitgehend von dem alten Begriff der Familie abgekommen und reden von Verantwortungsgemeinschaften, die ganz unterschiedlicher Art sein können. Sie können ebenfalls für Kinder und Jugendliche verantwortlich sein. Wenn ein solcher Paradigmenwechsel bereits begonnen hat, dann sollten wir nicht nur innerhalb des alten Familiensystems über Veränderungen am Sozial- und Steuersystem nachdenken, sondern die Frage thematisieren, wie man die für die nächste Generation verantwortlichen Menschen in Verantwortungsgemeinschaften einbinden kann. Das passiert derzeit weder auf wissenschaftlicher noch auf politischer Ebene ausreichend. Die demographische Entwicklung ist nicht umzukehren und auch die französischen Konzepte funktionieren längst nicht mehr. Wir werden nicht von der 1,4 Kinderfamilie wegkommen, wenn wir nicht diese große Gruppe der Ein-Personen-Haushalte mit in die Verantwortung für die nächste Generation einbeziehen.

Herr Borchert:
Vielen Dank Frau Wagner. Sie haben einen sehr spannenden Aspekt thematisiert, der bisher so pointiert überhaupt noch nicht zur Sprache kam. Herr Kaufmann, der bereits zum Familienbild Stellung genommen hat, sollte Ihnen antworten.

Herr Kaufmann:
Wenn man über bevölkerungspolitische Fragen spricht, besteht immer die Gefahr, dass man sie in eine Art Familienmoralismus einmünden lässt, der kinderlose Menschen verletzen muss. Ich habe bereits dafür plädiert, den Begriff „Familienpolitik" fallen zu lassen und von einer lebensförderlichen Politik für Kinder zu sprechen. Dieser Begriff bringt auch nicht die diskriminierende Semantik mit sich, unter der manche Menschen den Familienbegriff summieren. Mir scheint, dass gerade in Deutschland der Familienbegriff eine Art parteipolitische Ambivalenz gewonnen hat, die der Lösung der Probleme abträglich ist. Das hängt mit dem konservativen Familienbild und der entsprechenden feministischen Kritik zusammen. Die Aufgabe der Politik ist es nicht, die Familienverhältnisse irgendwie zu strukturieren. Das ist ein Bereich, der in einer liberal konzipierten Gesellschaftsverfassung den Menschen selbst überlassen muss. Aber es ist nicht zu bezweifeln, dass dieses Land eigenen Nachwuchs braucht, und dass es seine Probleme nicht nur durch große Einwanderungen lösen kann. Nur in diesem Sinne sollten wir darüber nachdenken, wie die ökonomischen Bedingungen der Menschen mit Elternverantwortung verbessert werden können. Das geht dann natürlich verteilungstheoretisch zu Lasten derjenigen, die keine Elternverantwortung übernehmen können oder wollen. Hier geht es nicht um eine Kinderlosensteuer, sondern um indirekte Steuerungsmechanismen. Es kann in keinem Fall darum gehen, jemanden für die Kinderlosigkeit zu bestrafen, sondern es geht um den Abbau von Benachteiligungen derjenigen, die Verantwortung für Kinder übernehmen. Die strukturellen Rücksichtslosigkeiten, mit denen die Familien in einer individualistischen Gesellschaft kämpfen, müssen gemindert werden. Zudem müssen – das betrifft insbesondere die Bundesländer – die Sozialisationsarrangements, also Familienpolitik, Bildungspolitik, Wohnungspolitik und Migrationspolitik, stärker vernetzt werden. Vor allem im Bildungswesen, in den Köpfen der Lehrer und der Bildungsbürokratie, muss eine weitere Umorientierung von der Intellektualisierung des Schulwesens zu einer stärkeren Pädagogisierung stattfinden. Die Schulen müssen, wie in Holland heute schon weitgehend realisiert, zu Gemeindezentren werden. Deshalb ist es zuerst notwendig, die Haftpflichtprobleme zu lösen. Die Bundesländer müssten für alle schulischen Aktivitäten eine Haftpflichtversicherung abschließen, weil diese die Gemeinden finanziell zu stark belasten würde. Daneben müssen Hausmeister bezahlt werden, die für die Instandhaltung dieser Gemeindezentren sorgen. Auch wenn vieles mit ehrenamtlichen Kräften abgedeckt werden könnte, muss sich der Staat diese Punkte vorbehalten.

VI. Symposium mit dem Hessischen Ministerpräsidenten

Herr Borchert:
Frau Wagner, wenn wir in diesem Zusammenhang den Begriff der Kinderlosigkeit benutzen, dann hat das nichts mit Biologie oder Moral zu tun. Es geht allein um wirtschaftliche und soziale Sachverhalte. In meiner Terminologie sind auch die Eltern erwachsener Kinder, die ihre wirtschaftliche Leistungsfähigkeit zumindest zu großen Teilen wiedergewonnen haben, in diesem Sinne kinderlos.

Ministerin Wagner:
Meine Aussage war gar nicht moralisch, sondern deskriptiv gemeint.

Herr Beise:
Ich wollte eine Bitte an den Ministerpräsidenten aussprechen. Ich würde mich freuen, wenn Sie in Ihrer Antwort auf diese vielen Fragen etwas konkreter als in Ihrem Eingangsstatement werden würden. Es ist eigentlich eine bequeme Position über alles forschen zu lassen und über alles nachdenken zu können. Nur ist die Familienpolitik schon seit vielen Jahren ein politischer Brennpunkt und nicht mehr neu. Deshalb hätte ich gerne einige etwas konkretere Positionen, da in diesem Zusammenhang harte Verteilungskämpfe anstehen werden. Da nicht mehr Geld zu verteilen ist, geht es um die Frage welche Akzente gesetzt werden sollen. Ihr Artikel in der Sozialen Ordnung ist an manchen Stellen sehr viel deutlicher, als Ihre mündlichen Äußerungen. Daher fände ich gut, wenn Sie auch mündlich noch einmal klar zu einigen Grundsatzfragen Stellung beziehen, zum Beispiel, dass Betreuungsangebote wichtiger als ein 13. Einkommen für Beamte sind.

Frau Fritzen-Herkenhoff:
Ich wollte eine Bemerkung zu einer Äußerung von Ministerin Wagner machen. Sie haben von einem Gebärstreik der Frauen gesprochen; dieser Aussage möchte ich vehement widersprechen. So zweckrational solche Entscheidungen auch sein mögen, es geht weniger um das Gebären, sondern um die Frage, was nach der Geburt mit ihnen passiert. Viele Mütter wären sicher sehr dankbar, wenn der Erziehungsstreik der Väter aufhören würde. Dann würde sich auch die Einstellung zum Kinderwunsch ändern. Mit anderen Worten. Es ist eine lange Tradition, die familienpolitischen Zusammenhänge aus frauenpolitischer Sicht zu beleuchten. Ich wünsche mir in diesem Zusammenhang eine stärkere männerpolitische Diskussion. Hier existiert ein eklatanter blinder Fleck.

Frau Obländer:
Wir brauchen nicht über Familienbilder zu reden. Das Familienbild ist in der Bevölkerung relativ klar: 85 % der Kinder wachsen in Paarfamilien auf, 80 % leben bis zum 18ten Lebensjahr bei ihren beiden leiblichen Eltern und rund 80 % der Kinder haben Geschwister. Damit diese Kinder erzogen werden können, müssen wir Verteilungsgerechtigkeit herstellen. Sonst wird die kommende

Generation keine Kinder mehr bekommen oder es solange herauszögern, bis es nicht mehr klappt.

Herr Raffelhüschen:
Ich muss Ihnen, Herr Ministerpräsident Koch, Ihnen, Frau Ministerin Wagner und Ihnen, Frau Ministerin Lautenschläger, mein Leid klagen. Es ist die Aufgabe des Generationenbilanzierers, dass er die schlechten Ergebnisse deutlich präsentieren muss. Ich bin oftmals derjenige, der den jungen Wilden spielen muss. Ich lege die Generationenbilanzen dar, die deutlich machen, dass es nichts mehr zu verteilen gibt. Ihr Finanzminister wird Ihnen mitgeteilt haben, was die Versorgungslasten des Landeshaushalts in den nächsten zehn bis 15 Jahren mit sich bringen. Auf Bundesebene wachsen die Zuschüsse für die sozialen Sicherungssysteme nicht an, sondern sie explodieren. Es sind aber nicht weitere Gelder zu verteilen, sondern die Ausgaben müssen gekürzt werden. Es muss entschieden werden, wo gekürzt und die finanziellen Mittel zielgenauer eingesetzt werden. Auch den Familien muss gesagt werden, dass sie zukünftig weniger erhalten. Stattdessen reden wir über neue Lehrstühle für Familienpolitik und über die norwegische Familienpolitik, die wesentlich besser sein soll. In Norwegen müssen horrende Gebühren für einen Kindergartenplatz bezahlt werden. In diesem Land bekommt man für Familie sehr wenig. Deutschland ist dagegen sehr großzügig mit seiner finanziellen Unterstützung, allerdings auch enorm restriktiv in einem familienpolitisch nachhaltigen Alltag.

Herr Reißenberger:
Ich bin ein bisschen deprimiert Frau Wagner, wenn Sie sagen, dass Sie immer schon soviel Steuern gezahlt hätten.

Ministerin Wagner:
Das habe ich nicht gesagt.

Herr Reißenberger:
Sie sagten, sie hätten immer viele Menschen mitfinanziert. Aber Sie sind im Zweifelsfall leistungsgerecht besteuert worden. Sie haben bei den Altersversorgungssystemen wahrscheinlich besser als die anderen vorgesorgt. Daneben bin ich ein bisschen deprimiert, dass sich der Ministerpräsident bei seiner Einführung viele Schlupflöcher gelassen hat. Natürlich ist ein Paradigmenwechsel der Bevölkerung schwierig zu vermitteln. Doch die Sozialversicherungssysteme fahren so heftig gegen die Wand, dass die verstreuten Teile danach gar nicht mehr zusammengesetzt werden können. Die Entwicklungen sind dramatisch und hinzu kommen die stets neuen Auflagen des Bundesverfassungsgerichts. Schon 1983 schon hat Bundeskanzler Helmut Kohl vom Familiensplitting gesprochen. Aber hier höre ich von einem „jungen Wilden" der Union, dass er nicht weiß, ob er am Ende die Vorschläge überhaupt aufnehmen kann. Ich denke, dass Sie das einfach müssen. Vielleicht sind Sie ja der Politiker, der es mit einer ehrlichen

Botschaft verdeutlichen könnte, worum es geht. Ich glaube, dass in der Bevölkerung durchaus das Bedürfnis besteht, eine klare Botschaft zu hören. Es gibt viele familienpolitische Positionen, die nur mit einem Ja oder Nein zu beantworten sind.

Herr Petropulos:
Frau Wagner hat ein Verhalten geschildert, das sehr vorbildlich ist. Aus eigenem Antrieb hat sie für andere Verantwortung übernommen. Diese im privaten Umfeld erbrachte Verantwortung, muss auch auf der gesamtgesellschaftlichen Ebene organisiert werden. Die entsprechende Einsicht vorausgesetzt, gibt es bei den Kinderlosen durchaus eine Bereitschaft, ihre Leistungsfähigkeit in den Dienst der anderen zu stellen. Die zentrale politische Aufgabe besteht darin, ein solches Verantwortungsbewusstsein zu schaffen.

Frau Michels:
Ich möchte Frau Wagner auf ein Konzept des wissenschaftlichen Beirates hinweisen, das im Sommer 2001 in Hildesheim auf der Veranstaltung „Gerechtigkeit für Familien" vorgestellt worden ist. Dieses Konzept thematisiert, wie man Kinderlose in die gesamtgesellschaftliche Verantwortung mit einbeziehen kann. Noch eine abschließende Bemerkung: Nachhaltige Bildungspolitik hat überhaupt keine Chance, wenn die regierenden Parteien nicht über die Legislaturperiode hinausdenken wollen oder können. Es ist notwendig, in der Bildungs- und der Familienpolitik einen Konsens herzustellen.

Frau Bruhns:
Herr Ministerpräsident, Sie haben nach Prioritäten gefragt. Die CDU schlägt das Familiengeld vor, das für viele allein erziehende Mütter eine wunderbare Vorstellung ist. Ich habe trotzdem eine andere Vorstellung: Der Wiesbadener Entwurf fordert die flächendeckende Versorgung mit Kindertagesstätten und Ganztagsschulen. Damit würde es wesentlich einfacher sein, ein Kind allein zu erziehen und dabei noch zu arbeiten. Meines Erachtens ist die Möglichkeit einer solchen Versorgung wesentlich wichtiger als das Familiengeld. Herr Raffelhüschen hat zwar angemerkt, dass die Betreuung in Norwegen sehr teuer ist, aber dort gibt es wenigstens Kindertagesstätten, die diese Bezeichnung verdienen. In Hamburg ist es sehr schwierig, einen Krippenplatz zu bekommen, und die Kosten für eine Tagesmutter sind mindestens so hoch wie die Kosten für einen norwegischen Montessori-Kindergarten für unter 3-Jährige. In der Schulzeit werden die Schwierigkeiten für allein Erziehende dann nochmals größer: Die PISA-Studie hat gezeigt, dass die Bereitstellung von Kinderhortplätzen alleine nicht reicht, wenn diese als Verwahrungsstätten verstanden werden. Die pädagogischen Aufgaben können von den Familien nicht mehr vollständig geleistet und müssen vom Staat übernommen werden. Das Familiengeld sollte stattdessen

lieber in die Infrastruktur fließen, um Kinder die nicht nur zu verwahren, sondern um schon ab dem dritten Lebensjahr die Erziehung und Ausbildung der Kinder zu fördern.

Herr Schober:
Herr Ministerpräsident, ich habe eine Frage zu dem in Ihrem Artikel angesprochenen Familiengeld. Es sollen für die ersten drei Lebensjahre 600 € und ab dem dritten Lebensjahr 300 € im Monat ausgegeben werden. Ist das wirklich Ihre Position oder ist es nur die Position der CDU/CSU? Ist es eine familienpolitische Übergangs- oder eine Dauerlösung? Zuletzt die interessanteste Frage: Wie soll ein solches Familiengeld finanziert werden?

Herr Döring:
Wenn ein Fremder der bisherigen Diskussion gefolgt wäre, könnte er vermutlich den Eindruck gewinnen, dass Deutschland in dramatischen Problemlagen steckt, die unlösbar wären. Doch das ist nicht mein Eindruck. Deswegen würde ich gerne einige Dinge aus meiner Sicht zurechtrücken. Wir sollten nicht vergessen, dass es – wenn wir die wirtschaftliche Entwicklung in Westdeutschland seit 1960 nehmen – eine Verdreifachung des wirtschaftlichen Wohlstands gegeben hat. Auf dieses real etwa verdreifachte BIP bezogen stehen heute deutlich höhere Anteile für sozialstaatliche Zwecke zur Verfügung. In den 1960er Jahren lagen diese bei 20 % bis 25 % und sind heute auf etwa 33 % gestiegen. Wir müssen uns auf das Hauptproblem konzentrieren: die Armut. Wir haben heute in der Zentrierung der Mittel des sozialstaatlichen Systems eine eindeutige Fehlallokation. Alle Studien zeichnen das gleiche Bild: Die geringste Betroffenheit von Einkommensarmut ist bei den Älteren zu finden. Im mittleren Alter liegt sie höher und am stärksten sind die Jungen von der Armut betroffen. Für diese gesellschaftliche Schieflage bezahlen wir auch demographisch.

Ein weiterer Aspekt, der mir zu wenig angeklungen ist. Die Probleme von Ehe und Familie und die demographischen Schwierigkeiten wurden bereits erörtert. Aber das im Wiesbadener Entwurf – in dem in der Tat sehr interessante Ansätze stecken – gezeichnete Bild muss verbreitet werden und die Situation in 20 Jahren ins Auge fassen. In der Demographie geschieht das, bezüglich des Arbeitsmarktes aber nicht und Frau Wagner hat Recht, bezüglich der Lebensformen wird es ebenfalls zu wenig praktiziert. Die Bedingungen können durch die richtigen Rahmenbedingungen durchaus beeinflusst werden. Aber drei Entwicklungen werden unabhängig davon fortschreiten: Erstens wird es auf dem Arbeitsmarkt zu einer stärkeren Differenzierung der Erwerbstätigkeit und damit der Erwerbsbiografien kommen. Im Zuge dieses Prozesses, der alle modernen Industrieländer betrifft, wird es – zweitens – zu einer stärkeren Differenzierung der Einkommensverteilung kommen. Das kann vom Staat nur sehr begrenzt gesteuert und nur an bestimmten Stellen kompensiert werden. Drittens wird vermutlich auch der Wandel der Lebensformen fortschreiten. Die Menschen werden ihren Wertvorstellungen gemäß sehr unterschiedliche Formen wählen.

Auch diese Entwicklung ist nur sehr begrenzt zu beeinflussen. In Frankfurt wird das sehr deutlich: 50 % bis 55 % sind hier Single-Haushalte, also die kleinste nicht weiter teilbare Einheit von Familie. Diese Entwicklung wird weitergehen. Das Entscheidende ist in dieser Situation nicht, dass Geld fehlen würde; wir sind in keiner Elendssituation. Ich glaube, dass in diesem Kontext zwei sehr entscheidende Dinge getan werden müssen: Erstens muss sicherlich materiell etwas getan werden zur besseren materiellen Unterstützung der Familien mit einem niedrigen Einkommen. Zweitens muss stärker auf Situationen moderner Ökonomien reagiert werden. Eine dieser Situationen ist eine stärkere Differenzierung auf dem Arbeitsmarkt und die stärkere Entwicklung zeitvariabler Arbeit, die von starken Einkommensdifferenzierungen begleitet wird. Das System weist derzeit zwei Mängel auf: Zum einen wir haben eine Begrenzung der Versicherungspflicht, die in das moderne Bild nicht hineinpasst. Sie zentriert sich nahezu allein auf abhängige Arbeit. Die Scheinselbstständigkeit ist eher Juristenbeschäftigungsprogramm, als das sie zu dauerhaften Lösungen beiträgt. Eine Ankopplung der Versicherungspflicht an jegliche Form von Erwerbstätigkeit läge auch im Interesse der Eltern und der Kindererziehenden. Das würde auch die finanzielle Basis des Systems stabilisieren. Ein zweiter Aspekt zielt auf die Alterssicherung und die anderen Systeme. Durch Wilfrid Schreiber beeinflusst, wurde in der Adenauer-Ära eine vernünftige Entscheidung gefällt. Das System sollte zeit- und einkommensproportional gestaltet werden. Heute hat das eine blockierende Funktion in Bezug auf die Probleme, die spezifisch Kinder und allein Erziehende haben. Dem Anspruch der Männer und Frauen, zeitweilig zu arbeiten und sich um ihre Kinder zu kümmern muss man entgegenkommen: Durch bessere Betreuungsmöglichkeiten, bei denen im europäischen Vergleich ein eklatanter Rückstand besteht. Hier liegen die richtigen Handlungsansätze, die relativ schwierig umzusetzen sind. Allerdings ist das traditionelle Bild von Ehe und Familie nicht wieder zu reaktivieren. Leitbilder entwickeln sich in einer Gesellschaft und können nicht vorgegeben werden. Sie können höchstens durch bestimmte Bedingungen beeinflusst oder stärker unterstützt werden.

Ministerin Lautenschläger:
Ich möchte nicht über ein Leitbild der Familie diskutieren, sondern ich möchte die Bedeutung der Kinder herausstellen. Das Interessante am Wiesbadener Entwurf bezüglich der Frage der Reformen des Sozialstaats ist der Gesichtspunkt der demographischen Entwicklung. Obwohl keine endgültigen Antworten gegeben werden können, teilen alle die Auffassung, dass die Steuerpolitik sich neu orientieren und mit der Rentenpolitik verknüpft werden muss. Dabei geht es tatsächlich nicht nur um den finanziellen Aspekt, sondern auch um die Frage, welcher Weg politisch mehrheitsfähig ist. Es geht darum, Herr Raffelhüschen hat es angesprochen, wie das vorhandene Geld gerecht verteilt werden kann. Für mich liegt der Ansatzpunkt bei den Kindern. Bei der Verteilung müssen wir die Entwicklung der Kinder beachten. Deswegen ist die Diskussion zwischen dem Familiensplitting und dem Familienrealsplitting in Verbindung mit der Rente

eine sehr interessante. Diese beiden Aspekte dürfen nicht getrennt voneinander betrachtet werden, d.h. es geht eigentlich um die Frage, wie die sozialen Sicherungssysteme für die Zukunft gewappnet werden können. Diese Frage muss besonders unter dem Gesichtspunkt beantwortet werden, dass wesentlich weniger Jüngere immer mehr Ältere dauerhaft finanzieren müssen. Aber die Kinder dürfen nicht noch mehr belasten werden, als es ohnehin schon geschieht. Es geht nicht um die Fragen, ob Singles hoch genug belastet werden oder wie das Kindergeld zu staffeln ist. Es geht um eine gerechte Belastung der Familie und die Rückkehr zu einem ausgeglichenen Steuersystem. Dabei spielt nicht nur die finanzielle Sicherung eine große Rolle, sondern es ist dauerhaft auch eine ideelle Frage. Wie schaffen wir ein anderes Klima für Familien? In diesem Land stören sich die anderen Menschen daran, wenn die Kinder im Restaurant nicht still sitzen. Das erlebt jede Familie mit Kindern und deshalb fragt man sich manchmal, warum eigentlich alle über Familienfreundlichkeit reden. Das Verständnis für Kinder ist anscheinend nicht mehr vorhanden. Hier müssen wir ansetzen und die Frage in den Vordergrund stellen, wie wir mit den Familien und mit den Kindern umgehen. Welche Wertigkeit haben die Kinder in Deutschland? Müssen wir sie nicht mehr in den Vordergrund stellen?

Der nächste Ansatzpunkt liegt in der Vereinbarkeit von Familie und Beruf, die im Wesentlichen die Frauen betrifft – auch wenn ich mir eine andere Situation wünschte. Deshalb werden wesentlich bessere und flexiblere Kinderbetreuungseinrichtungen benötigt. Das ist natürlich eine Aufgabe, die ein Bundesland leisten muss, aber ich bin der Auffassung, dass wir in Hessen den richtigen Weg gehen. Es werden flexible Angebote geschaffen, um den Nachholbedarf im Bereich der unter 3-Jährigen zu decken.

Aber auch hier sollte der Gedanke an die Kosten nicht ausgeblendet werden. Es muss darüber nachgedacht werden, wie die sozialen Sicherungs- und Steuersysteme so gestaltet werden können, dass Familien nicht schon von Vornherein benachteiligt werden. In einem nächsten Schritt müssen die Angebote für die Familien geschaffen werden. Welche Grundangebote müssen jedem zur Verfügung gestellt werden und welche Angebote muss sich eine Familie oder allein Erziehende zusätzlich leisten, wenn sie sich für die Erwerbsarbeit entschieden haben? Das muss den Familien frei gestellt werden. Ich möchte aber die pädagogische Verantwortung nicht gänzlich an die Betreuungseinrichtungen abgeben. Die Verantwortung für den Lebensentwurf tragen nach wie vor die Eltern, egal für welchen Entwurf sie sich entscheiden.

Ich verweise auch auf die PISA-Studie. Im Bildungssektor kann noch soviel Geld investiert werden, aber wenn sich anschließend niemand dafür verantwortlich fühlt, versickern diese finanziellen Ressourcen und die großen Probleme verstärken sich. Deswegen ist es wichtig den lokalen und den globalen Gesichtspunkt diskutieren: Wie gehen wir mit den Kindergärten, Horten und Schulen um und wie können die sozialen Sicherungssysteme so gestaltet werden, dass dadurch kein dauerhafter Nachteil für die Familien entsteht.

VI. Symposium mit dem Hessischen Ministerpräsidenten

Ministerpräsident Koch:
Ich finde die Diskussion ist ein interessantes Beispiel für das Wechselspiel zwischen Politikern und Journalisten. Es ist immer ein Risiko, Journalisten zu solchen Veranstaltungen einzuladen, obwohl ich es generell für richtig erachte. Politiker sind in der öffentlichen Wahrnehmung anscheinend entweder Ignoranten oder Staatsmänner. Es wird aber oftmals übersehen, dass es sich in der Frage der Familienpolitik um einen sehr komplizierten, handwerklichen Prozess handelt. Jede Entscheidung setzt sich aus unterschiedlichen Prozessen zusammen, die miteinander verglichen und abgewogen werden müssen. Das ist ein schwer zu kommunizierender Prozess. Journalisten würden am liebsten darüber berichten, was der Ministerpräsident und die Hessische Landesregierung bezüglich einer zukünftigen Familienpolitik denken und planen. Aus journalistischer Perspektive ist dieser Wunsch nur allzu verständlich, aber Sie müssen sich noch ein wenig gedulden. Diese Veranstaltung will keine Entscheidungen herbeiführen, aber sie zeigt, dass sich die Hessische Landesregierung intensiv mit der Familienpolitik beschäftigt. Trotzdem hat jeder eine eigene Meinung und meine habe ich im erwähnten Artikel in der „Sozialen Ordnung" dargelegt.

Ich stelle fest, dass die Generation meiner Eltern es für vertretbarer gehalten hat, das materielle Risiko und die Unkalkulierbarkeit der Konsequenzen des Aufziehens von Kindern zu privatisieren und das Risiko, das aus Alter und Gesundheit entsteht, zu kollektivieren. Wir befinden uns nun in der Situation, in der sich herausgestellt hat, dass diese Antwort für die drei Sicherungssysteme nicht stimmt. Es ist ersichtlich geworden, dass wir die Gesundheits- und Alterssicherung auch teilweise individualisieren müssen und in einer Wohlstandsgesellschaft auch individualisieren können. Dagegen müssen wir im Bereich der Familienpolitik einen größeren Teil als bisher gesellschaftlich verantworten. Im Prinzip müssen wir darüber nachdenken, wie die politischen Modelle in die Gesetzgebung konvertiert werden können. Das ist aber ungeheuer schwierig, weil sich vielen Menschen in Deutschland jede Individualisierung von Gesundheitsrisiken als eine Bedrohung darstellt. Zu dieser Konversion gehört also die Überzeugungsarbeit, dass bestimmte Neuerungen der sozialen Sicherungssysteme keine Bedrohung darstellen müssen. Der Ausschlag der Aufregung war schon nach der Äußerung von Hannelore Rönsch auf dem historischen Parteitag sehr groß (Anmerkung: Es ging um eine Ausgleichsabgabe für Kinderlose). In diesem Zusammenhang stellt sich dann wieder die Frage, wie ein politischer Paradigmenwechsel unter dem Gesichtspunkt von Fairness in einer Gesellschaft vollzogen werden kann. Wir müssen sicherlich kollektivere Verantwortungsgemeinschaften zurückgewinnen. Der Wechsel, den wir derzeit im Bereich der Sozialhilfe und Wohlfahrtsstaatsreform diskutieren, soll die Gesellschaft nicht amerikanisieren.

Wenn eine Kinderbetreuung notwendig ist, sollte nicht nur die Frage diskutiert werden, wo der nächste Kindergarten ist. Für eine flächendeckende Ausstattung mit Kindergärten brauchen wir zehn Jahre. Wenn die Kinderbetreuung aber auch mit Tagesmüttern sichergestellt werden könnte, braucht eine flächendeckende Organisation der Kinderbetreuung vielleicht nur drei oder vier Jahre. In anderen Ländern ist es aber auch eine Selbstverständlichkeit, dass sich die Großeltern an der Kinderbetreuung beteiligen und dafür auch umziehen. Kann der Staat einen Beitrag leisten, wenn die Großeltern in der Nähe der Tochter ziehen und bereit sind, das Kind zu betreuen? Welcher Aufwand muss betrieben werden, um die Verantwortungsgemeinschaft Familie in einem größeren Umfang zu definieren? Eine größere Verantwortungsgemeinschaft ist für die Gesellschaft in jedem Fall wesentlich attraktiver, als wenn die Beteiligten Sozialhilfe beziehen. Die Instrumente zur Herstellung einer solchen Verantwortungsgemeinschaft sind am Ende wahrscheinlich noch sehr viel vielfältiger, wenn man erst einmal eine Diskussion darüber führen würde.

Ich bin auf das Familiengeld angesprochen worden. Ich glaube, dass die Umsetzung eines solchen Ansatzes nach dem gegenwärtigen Wissensstand der Politik nicht unterhalb eines halben Jahrzehnts erwartet werden kann. Auch hier stellt sich die Frage der Umsetzbarkeit. Wie können die politischen Mehrheiten organisiert werden? Das Familiengeld kann in einem ersten Schritt eine vernünftige Veränderung von Korridoren zu Gunsten der Familie herstellen, die danach weitere Schritte erleichtern. Deshalb werbe ich dafür, das Familiengeld nicht – wie Herr Borchert – für einen Irrweg zu halten, sondern erst einmal den Korridor zu erweitern. Das ist eine aus meiner Sicht legitime Diskussion zwischen einem grundsätzlichen und einem pragmatischen Ansatz. Ich glaube, dass das Familiengeld möglich ist, wenn man die Steigerung von anderen Sozialsystemen kappt. Dadurch gewinnt man einen Verteilungsspielraum von 30 bis 40 Milliarden, in der Endausbaustufe 60 Milliarden Mark. Eine ähnliche Debatte haben wir schon einmal im Kontext der Bildung geführt. Hans Eichel hat erklärt, für die Bildung bestehe kein finanzieller Spielraum mehr. Doch wenn man den Bildungshaushalt jährlich um 7 % bis 8 % steigert, den Rest des Haushalts aber nur um 1,5 % gewinnen wir einen anderen Verteilungsspielsraum. Das beweisen wir in Hessen jetzt seit drei Jahren und deshalb wird es auch an anderen Stellen funktionieren. Deshalb werbe ich sehr dafür, sich zunächst einmal mit dem Gedanken des Familiengeldes zu beschäftigen, als den Paradigmenwechsel anzustoßen, der dann wirkungslos verpufft. Dennoch muss die Debatte um einen solchen Paradigmenwechsel geführt werden, für den eine Gesellschaft ihre Zeit braucht.

Wie könnte nun dieser politische Rahmen aussehen? Das Bundesverfassungsgericht hat entschieden, dass die Angemessenheit der Unterhaltszahlungen im Steuerrecht Beachtung finden muss. Nur haben die Startchancen meines Erachtens auch mit der materiellen Ausstattung des Elternhauses zu tun und – jetzt polemisiere ich – die Auffassung des Bundesverfassungsgerichts hat die Startchancen einiger Kinder verschlechtert und die der anderen nicht verbessert. Das ist nicht die Frage von ein paar Bankdirektoren, die ihre Vermögensanteile auf die Kinder verteilen. Diese Methode zur Minderung der Steuerlast mithilfe der Kinder ist in der Bundesrepublik Deutschland relativ weit verbreitet. Das betrifft auch die oberen 3 % der Einkommensbezieher, aber insbesondere verändert die Praxis den Mittelstand. Es kommt zu einer Nettovergünstigung der hohen Einkommensempfänger und zu einer Nettobelastung der Menschen mit geringeren Einkünften. Die höheren Einkommen werden zukünftig gegenüber den allein Erziehenden bevorzugt und das muss ausgeglichen werden, da verhalte ich mich gar nicht ideologisch. Aber ich hätte gerne eine Antwort auf die Frage, ob das Modell eines Kindergeldes mittels eines Umsatzsteuerausgleichs praktikabel ist. Man muss auch überprüfen, ob das zu mehr Gerechtigkeit führt, bevor man Umsatzsteuerrückzahlungen einführt. Dasselbe Problem tritt anschließend beim Familienrealsplitting auf. Helmut Schmidt hat vor 15 Jahren schon dagegen protestiert, dass er selbst keine seiner Steuererklärungen mehr versteht. Es muss aber einer durchschnittlichen Familie auch praktisch ermöglicht werden, dass sie die Abschreibung des Kinderzimmers in die Steuererklärung einrechnen kann. Je mehr sie die Abschreibungen pauschalisieren, desto näher kommt man aus meiner Sicht einem einfacheren System, wie dem französischen. Je stärker es sich differenziert, desto schwerfälliger und komplizierter wird es. Es ist auch schwerer zu kontrollieren und eröffnet damit wieder Schlupflöcher. Im Prinzip ist es aber richtig, dass die Familie im Steuerrecht berücksichtigt werden muss. Aus meiner Sicht gibt es daran keinen Zweifel. Wir haben Herrn Borchert gebeten, uns einen Entwurf zu präsentieren, damit er nicht dauernd als Privatmann vor dem Bundesverfassungsgericht klagt, sondern der Hessischen Landesregierung einmal seine Position zur Vereinfachung der Debatte darlegt. Am Ende des Diskussionsprozesses bleibt natürlich die Frage, was davon politisch umgesetzt werden soll. Ich will aber zuerst einmal Unruhe und den Konflikt. Im Zweifelsfall soll die Süddeutsche Zeitung dreimal hintereinander schreiben, dass Ministerpräsident Koch sich immer noch nicht entschieden hat. Dann wird nämlich zumindest über das berichtet, über das ich nachdenke und diskutiere. Ich weiß, dass ich mir als Politiker nur für eine begrenzte Zeit das Nachdenken erlauben kann. Das einzige, was ich Journalisten abverlange, ist hinzunehmen, dass sie auch über den Diskussionsprozess und nicht nur über die gefällten Entscheidungen berichten sollen. Sonst wird nämlich niemandem verständlich, warum die Entscheidung so getroffen wurde. Darum wurde auch dieser Diskussionsprozess eingeleitet. Zum einen habe ich hier an einigen Stellen durchaus das gesagt, was ich persönlich denke, ohne dabei andere Minister oder andere Parteien einzubinden. Zum anderen habe ich aber auch deutlich gemacht, wo ich noch wirklich offene Fragen habe. Diese Veranstaltung mit vielen Wissenschaftlern und Verbänden findet ja deshalb statt, weil ich meine, dass Herr Borchert im Wiesbadener Entwurf noch nicht alle Fragen schlüssig beantwortet hat. Er kann deshalb von mir nicht verlangen, dass ich große Prinzipen aufgebe, ohne zu wissen, was das für die Menschen bedeutet. Ich habe zu analysieren, damit die politischen Kräfte gemäß ihrer Programme gebündelt werden können. Die konservativ-liberale Regierung hat in den Jahren 1982 bis 1998 viele Gesetzesinitiativen angestoßen und dabei oft um das richtige Paradigma gestritten. Die CDU ist über einen längeren Zeitraum im Gegensatz zur FDP davon ausgegangen, dass sich nicht ein Erziehungsberechtigter, sondern die Mütter die ersten drei Jahre um die Kinder kümmern sollten. Der Erziehungsurlaub und das Erziehungsgeld sollten das möglich machen. Heute steht für die CDU fest, dass die FDP in der Diskussion ein Stück weiter war. Es ist klar, dass diese Aufgabe nicht nur von den Frauen erfüllt werden sollte, weil die jungen Frauen das auch nicht akzeptieren werden. Dass die CDU heute in allen Kommunalparlamenten Krippen beantragt, die sie damals verhindert hat, ist eine Folge dieser Veränderung. Da hat die CDU vor 20 Jahren eine andere Position gehabt. Aber sie verändert in bestimmten Teilen auch ihre eigenen gesellschaftspolitischen Einstellungen. Im Dresdener CDU-Programm steht beispielsweise der Satz, man müsse prüfen, ob auch andere als ausschließlich die Lohneinkommen zur Berechnung von Sozialbeiträgen herangezogen werden sollten. Weit mehr als die Hälfte meiner Partei hält eine solche Forderung sicherlich für einen potenziellen revolutionären Handstreich. Ich halte diese Forderung aber für einen richtigen Denkansatz. Solche Veränderungsprozesse können mit Wissen, Engagement und Multiplikation beschleunigt werden. Deshalb bin ich für jede Provokation dankbar, weil Sie meine Arbeit als Politiker letztlich erleichtert. Denn wenn alle Fakten transparent gemacht werden, kann sich niemand mehr gegen diese Positionen demokratisch wehren. Diese Erfahrung habe ich zusammen mit Ruth Wagner gemacht. Wir haben bisher jedes Problem gelöst, das noch nicht aufbereitet worden ist, weil wir es nicht leiden können, dass so viele wichtige Dinge liegen bleiben. Ich bin allerdings froh, dass die FDP nicht mehr ganz so sozialliberal wie das Wetter denkt. Das ist der Grund, warum wir eine Koalition miteinander eingehen konnten.

Herr Borchert:
Die Umsatzsteuerproblematik wurde bislang noch gar nicht erörtert. Dieses Feld ist nämlich europarechtlich sehr problematisch. Bei den indirekten Steuern haben wir große Probleme, weil nationale Souveränitäten mittlerweile beschnitten werden.

Frau Mayer:
Bei den familienpolitischen Fragen ist die Diskussion immer sehr engagiert und letztlich kommt sie immer auf die Fragen der Verteilungs- und der Belastungsgerechtigkeit. Die Belastungsungerechtigkeit liegt insofern vor, weil Menschen mit Kindern in allen Gesellschaftsschichten meistens ein bisschen ärmer werden. Ich frage mich, ob angesichts dieser Belastungen die Dringlichkeit der Entscheidungen nicht offensichtlich sein müsste. Herr Döring hat sehr eindringlich gezeigt, dass allein Erziehende und vor allem die Kinder von allein Erziehenden einen großen Bestandteil der Sozialhilfeempfänger ausmachen. Sind Sie nicht meiner Meinung, dass die Lösung dieses Problems nicht ein halbes Jahrzehnt oder länger warten darf, sondern dass es sofort in Angriff genommen werden muss? Ich glaube wie Frau Fritzen-Herkenhoff, dass es keinen Gebärstreik gibt, sondern dass jede Frau bei ihrem Kinderwunsch zu überlegen hat, ob sie nicht in der Position der allein Erziehenden landet. Die Scheidungszahlen sprechen für

eine solche Einschätzung. Allein Erziehende haben mehrere Handicaps. Zum einen können sie ihre Kinder nicht heiraten. Das wäre nämlich ein enormer steuerlicher Vorteil, weil sie in einer Wirtschaftsgemeinschaft mit den Kindern schlechter als in der Wirtschaftsgemeinschaft von Ehepaaren leben. Sie sind nicht in der Lage, ihre Belastungen entsprechend steuerlich geltend zu machen. Das ist der große Nachteil. Der andere liegt in dem Verbot von Kinderarbeit. Ehepaare, die keine Kinder haben, arbeiten in der Regel beide und finanzieren den gemeinsamen Lebensunterhalt. An dem Wiesbadener Entwurf von Herrn Borchert gefällt mir besonders gut, dass das Setzen von Prioritäten eingefordert wird. Das betone ich besonders gegenüber den anwesenden Politikern. Sie können natürlich auch die Wirtschaftsgemeinschaft der Ehe weiterhin fördern. Dann können viele gutverdienende Ehepaare durch die steuerliche Begünstigung ihre Arbeitszeit reduzieren, damit sie mehr Freizeit haben. Den allein erziehenden Eltern ist diese Möglichkeit in der Regel verbaut, da sie auf das Lohneinkommen angewiesen sind. Sie können also weiterhin die Ehe fördern, aber Sie können auch auf die Situation der allein Erziehenden eingehen. Sie erhielten damit gleichzeitig die Chance, die Sozialhilfeetats ein wenig zu reduzieren. Sie könnten natürlich auch beschließen, dass die allein Erziehenden alles selbst verdienen müssen. Dann gäbe es aber weiterhin eine unglaubliche Benachteiligung der Kinder von allein Erziehenden. Denn eine solche Regelung würde bedeuten, dass sie auf einen erheblichen Teil der Elternzeit verzichten müssten. Die Kinder von Ehepaaren, die über das Ehegattensplitting zu einer Reduzierung der Steuerlast nutzen und so ihre Arbeitszeit reduzieren, wären dann gegenüber Kindern von allein Erziehenden privilegiert. Deshalb interessieren mich Ihre familienpolitischen Pläne. Ich glaube nämlich, dass Sie nicht mehr allzu viel Zeit haben, denn jeden Tag überlegen sich Frauen und ihre Männer, ob sie Kinder bekommen wollen oder nicht.

Frau Ott:
Ich möchte einen Punkt aufgreifen, der mir in der Diskussion am meisten aufgefallen ist. Hier wird eine sehr zweigleisige Diskussion geführt. Auf der einen Seite geht es um die Finanzierung der Sicherungssysteme und die Frage, wie viel Geld noch für familienpolitische Leistungen übrig bleibt. Dann wird aber gelegentlich angemerkt, dass die finanziellen Ressourcen nicht das einzige sind. Derzeit wird sehr abstrakt über Familienleitbilder geredet. Auf der anderen Seite haben wir etliche Wortmeldungen ausschließlich von Frauen, die sich auf einen Nenner bringen lassen: Sie wollen ihre Elternschaft selbstverantwortlich gestalten können. Diese Forderung ist wichtiger als der Ruf nach Geld und ich möchte Sie bitten, diese Voten ernst zu nehmen.

Herr Wingen:
Ich möchte zum Familiengeld nur kurz anmerken, dass ich hierin einen Weg zu einer qualitativen Weiterentwicklung des Erziehungsgeldes erkenne.

Sie haben nach den Startchancen von Kindern in den unterschiedlichen Einkommensschichten gefragt. Das ist eine Frage, die einer seriösen Antwort bedarf, die ich aus dem Stand nicht geben kann. Es gibt sowohl horizontale Umverteilungseffekte zwischen Familien und Kinderlosen wie auch vertikale Umverteilungseffekte von oben nach unten. Das Bundesverfassungsgericht hat sich aufgrund seines steuerrechtlichen Ansatzes zunächst einmal mit dem horizontalen Effekt beschäftigt, aber Hinweise gegeben, dass auch der andere vertikale Aspekt einer Überprüfung bedarf.

Zur Kinderbetreuung wäre noch einiges zu sagen. Skandinavien wird immer wieder als Vorbild und das gelobte Land beschworen. Vor Jahren gab es hier sowohl hohe Kinderzahlen als auch eine hohe Erwerbstätigkeit. Seitdem bekannt wurde, dass die Geburtenrate in Schweden im Verlauf der 1990er Jahre um 30 % zurückgegangen ist, ist es aus den Mustertabellen verschwunden, während Norwegen blieb. In Norwegen hat eine christdemokratische Regierung eine Regelung eingeführt, die eine Transferleistung für diejenigen Eltern vorsieht, die keine außerhäusliche Kinderbetreuung in Anspruch nehmen. Die Höhe der Transferleistung entsprach fast den staatlichen Aufwendungen für den Platz der außerhäuslichen Kinderbetreuung. Wer den Platz nur halbtags in Anspruch nahm, bekam die Hälfte als Transferleistung ausgezahlt. Damit bietet Norwegen ein interessantes Beispiel für das Zusammenspiel von außerhäuslicher Kinderbetreuung und Transferleistungen. Die Politik muss kein konkretes Familienbild favorisieren, sondern möglichst große Freiheitsspielräume für unterschiedliche Lebensentwürfe schaffen, je nach dem Lebensmuster der Einzelnen.

Meine letzte Bemerkung: Ich möchte Sie bitten, Ihr Augenmerk auch auf die jetzt beginnenden Arbeiten zu einem Verfassungsentwurf für die EU zu richten. Dort wird die Sozial- und Familienpolitik eine Rolle spielen. Bisherige Überlegungen zum Verfassungsentwurf sehen gerade für die Familienpolitik sehr restriktiv nur die nationale Zuständigkeit vor. Das möchte ich hinterfragen, weil wir längst eine europaweite Verantwortung auch für familienpolitische Zusammenhänge haben. Ich rate davon ab, die Familienpolitik, die eine gesellschaftliche Querschnittspolitik darstellt, nur auf der nationalen Ebene zu behandeln.

Herr Borchert:
Vielen Dank, Herr Wingen. Ich bin froh, dass wir heute Abend noch viele interessante Aspekte gehört haben, die bisher vielleicht zu kurz kamen, weil die Diskussionszeiten zu knapp waren. Ich erlebe diesen Diskussionsprozess als ein spannendes Experiment, das sich allein durch diesen heutigen Abend gelohnt hat. Ich freue mich nun auf das Schlusswort von Herrn Ministerpräsident Roland Koch.

Ministerpräsident Koch:
Ich muss jetzt aufpassen, dass ich keinen neuen Streit eröffne. Zunächst will ich darauf hinweisen, dass die Hessische Landesregierung die Rahmenbedingungen für das Familienleben oder das Leben mit Kindern eben nicht nur unter dem

VI. Symposium mit dem Hessischen Ministerpräsidenten

Gesichtspunkt von materieller Zuwendung sieht. Ministerin Lautenschläger hatte das bereits ausgeführt. Die Rahmenbedingungen der Gesellschaft sollen eine möglichst große Freiheit zur eigenen Gestaltung der Lebensbedingungen geben. Nachdem wir in den hessischen Grundschulen innerhalb von drei Jahren flächendeckend ein halbtägiges Betreuungssystem eingeführt haben, diskutieren wir im Augenblick darüber, wie wir in den weiterführenden Schulen vorgehen sollen, was ein ganztägiges Angebot beinhalten kann und wie man die pädagogische Relevanz von Kindergärten im Hinblick gleicher Ausgangsbedingungen für die Grundschule anders definieren kann. FDP und CDU diskutieren die Frage, ob man den Kindergarten für das fünfte Lebensjahr, d.h. das letzte Jahr vor der Schule, zu einer Vorschule umgestalten kann. Oberflächliche Kalkulationen zeigen, dass Hessen dafür mit Kosten in einer Größenordnung von 65 bis 80 Millionen Euro rechnen müsste. Das ist ein größerer finanzieller Faktor, als ein Politikbereich normalerweise in einer Legislaturperiode zur Verfügung hat. Dabei ist die ganztägige Betreuung in diese Kalkulation noch gar nicht aufgenommen. Wir sprechen also schon über relativ große Projekte und sind zweifellos entschlossen, diese Veränderung weiterzuführen. Dass diese Rahmenbedingungen geschaffen werden müssen, ist aus meiner Sicht völlig unstreitig und nur eine Frage des zeitlichen Ablaufs.

Bei dem EU-Recht sind die Bundesländer immer sehr vorsichtig, weil jede Kompetenz, die man an die EU-Kommission abtritt, zu sehr umfänglichen Regelungen führt. Wenn man Beamte mit einer Regelung beauftragt, fühlen sie sich aus verschiedenen Gründen immer verpflichtet, das gleich richtig zu regeln. Dabei entstehen so viele Details, damit man sicher sein kann, dass jede Eventualität ausgeschlossen ist. Die spannende Frage in der derzeitigen Diskussion des Konvents ist, wie scharf die Kompetenzgrenzen sein werden. In der Sozialpolitik ist das ein großes Problem. Weil die Unterschiede in der Sozialpolitik und die Konversionszeiten in der Sozialpolitik wahrscheinlich zu den dramatischsten innerhalb der europäischen Union gehören, geben wir ungern Kompetenzen ab. Ich bin der Auffassung, dass die Regierungskonferenz in Lissabon, die Notausgleichssysteme zwischen den Sozialregeln einführen wollte, schon zu weit gegangen ist.

Natürlich trifft mich der Vorwurf, dass ich schneller handeln muss, um die Zukunft der Kinder nicht aufs Spiel zu setzen. Aber ich glaube, dass die Politik in unserem Lande unter kurzfristigen Maßnahmen leidet, die ergriffen werden, damit die Leute nicht merken, dass eine richtige Lösung eigentlich länger gedauert hätte. Die Gesundheitspolitik ist dafür ein gutes Beispiel. Mein Ziel ist es, Veränderungen in verkraftbaren Schritten herbeizuführen. In einem halben Jahr kann in einem demokratisch sehr kompliziert strukturierten Land wie der Bundesrepublik Deutschland nicht sehr viel passieren. In 18 Monaten passiert in der nationalen Gesetzgebung gerade gar nichts. Acht Monate davon wird Wahlkampf gemacht und in den anschließenden zehn Monaten muss sich die neue Regierung erst einmal finden. Deshalb haben wir einen sehr begrenzten Zeithorizont. Viele in meiner Umgebung sagen, dass ein Zeitraum von fünf Jahren vergleichsweise mutig ist. Es ist einfach nicht realistisch, einen großen Lösungsansatz zu verkünden. Das lassen die Bedingungen, unter denen wir in Deutschland unsere Gesetze machen, nicht zu. Auch ich bin damit nicht immer glücklich. Deshalb sollte man auf der Ebene der Bundesländer durchaus etwas ausprobieren können. Wenn alles zu einem nationalen Gesetz erhoben werden soll, dann dauert das sehr lange. Familienpolitik kann man in den Ländern nur in den engen Grenzen der Sozialressorts gestalten, nicht aber die Bedingungen der Steuer- und sozialen Transfersysteme. Eine Veränderung in einem halben Jahrzehnt ist deshalb ein extrem ehrgeiziges Ziel. Wenn Politiker dafür ein halbes Jahr ansetzen, das Vorhaben aber misslingt, werden sie wieder der Sprücheklopferei beschuldigt. In einem Privatunternehmen kann man kurzfristig entscheiden. In einem zehnköpfigen Vorstand scheiden die Leute, die eine Entscheidung nicht mittragen wollen, gegebenenfalls mit einer Abfindung aus. Doch es besteht nun einmal ein Unterschied zwischen der Demokratie und einem privaten Unternehmen. In der Politik gibt es viele Gremien und auch viele Bürger sind an den Entscheidungsfindungsprozessen beteiligt. Es gibt Vorentwürfe und Entwürfe, die Gesetzgebung und die Überprüfung der Gesetzgebung, die Rechnungshofsicherheit, demokratische Diskussionen, um Belastungen auszugleichen, der Interessenausgleich in Volksparteien und anderes.

Die Langsamkeit der Demokratie wirkt sich nicht immer zum Nachteil unserer Gesellschaft aus. Eine Kurskorrektur ist in einer demokratischen Gesellschaft aus den verschiedensten Gründen eine komplizierte Angelegenheit, die sehr viel Atem braucht. Es ist eine Chance, viele Bürger an den demokratischen Prozessen zu beteiligen, bevor die Entscheidung zu Stande kommt. Wenn das nicht mehr so wäre, würde die Mitwirkung der Bürger in den demokratischen Prozessen eingeschränkt.

Die Veränderungen, die wir hier diskutieren, werden die Gesellschaft in Zukunft stark beeinflussen. Die jetzigen Weichenstellungen werden Deutschland in einer extremen Geschwindigkeit verändert. Aber ich vermeide die Illusionen zu erwecken, in einem halben Jahr sei die Welt eine andere, weil sie das nicht sein wird. Ich hoffe, dass ich Ihren Tatendrang mit diesen Aussagen nicht bremse, denn das ist nicht meine Absicht. Eine Veränderung wird nur kommen, wenn die Diskussion wirklich mit großem Engagement geführt wird. Ich versichere Ihnen, dass wir die Diskussion und den Wiesbadener Entwurf sehr ernst nehmen. Ich verspreche Ihnen aber nicht, dass wir alles auch so umsetzen.

VII. Der „Wiesbadener Entwurf" aus Sicht von Ökonomen

Kommentar zum „Wiesbadener Entwurf" einer familienpolitischen Strukturreform

Prof. Dr. Bert Rürup

Dem Verfasser des „Wiesbadener Entwurfs" ist uneingeschränkt zuzustimmen, wenn behauptet wird, dass es die Politikfelder „Familie" und „Bildung" sind, auf denen maßgeblich entschieden wird, ob die alternde deutsche Wohlstandsgesellschaft auch in der mittleren und ferneren Zukunft zu den reichen und sozialpolitisch komfortabel ausgepolsterten Nationen zählen wird. Die Intention, der Familienpolitik eine deutlich höhere Priorität zuzumessen ist daher uneingeschränkt zu begrüßen.

Meine Aufgabe ist es nicht, diesen engagierten Diskussionsbeitrag hinsichtlich seiner Intention zu prüfen oder durchzusehen, welche der vorgeschlagenen Maßnahmen ich mittragen würde, sondern wie Konsistenz und Validität des Textes aus ökonomischer Perspektive zu beurteilen sind.

Das Fazit dieser Prüfung ergibt, dass dieser Entwurf leider – sowohl im Konzeptionellen als auch im Faktischen – eine ganze Reihe von Unzulänglichkeiten aufweist und damit die Gefahr besteht, dass dem guten und richtigen Anliegen eine Art „Bärendienst" erwiesen wird.

Der Text ist geprägt und durchdrungen von einem ausgeprägten antiindividualistischen und damit in Teilen letztlich auch antidemokratischen Fundamentalismus: Gut ist demnach alles das und nur das, was geeignet sein könnte, die Einkommensposition der Familien nach Maßgabe der Kinderzahl zu verbessern.

Diese fundamentalistische „Engführung", um einen Begriff des Entwurfs aufzunehmen, führt dazu, dass die Wahrnehmung rechtlicher, empirischer und auch ökonomischer Gegebenheiten oft nur selektiv erfolgt, d.h. es wird nur das vorgetragen, was (vermeintlich) die eigene Position stützt.

Ich möchte meinen Kommentar in einen mehr konzeptionellen und einen mehr faktischen Teil gliedern. Den Bereich der Rentenversicherung möchte ich – im Hinblick auf die Stellungnahme des VDR – weitgehend aussparen.

1. Konzeptionelle Anmerkungen

(1) Als erstes ist zu bemerken, dass Familienpolitik in dem vorliegenden Text in allererster Linie auf eine reine Umverteilungspolitik beschränkt zu sein scheint. Dem Entwurf liegt eine Umverteilungsphilosophie zu Grunde, die durch das a priori geprägt ist, dass eine Gesellschaft nur dann gerecht, menschenwürdig und zukunftsfähig ist, wenn alle Gesellschaftsmitglieder im Prinzip die gleichen Konsumchancen haben. Gelegentlich driftet die Verteilungsargumentation sogar ins Absurde, z.B. wenn der Nachweis geführt wird, dass die ökonomische Benachteiligung der Kinderreichen sich auch ökologisch katastrophal auswirke.

> „Die infolge der Kindererparnis entstehenden Einkommensüberhänge wandern nämlich nahezu zwangsläufig in den ökologisch besonders schädlichen Luxuskonsum: Fernreisen, exotische Ernährungsgewohnheiten, übermäßiger Wohnraumverbrauch mit hohen Energiekosten etc., so dass die Energiebilanz eines kinderlosen Deutschen ohne weiteres der von hundert Indern gleichkommen dürfte."

Konsequent zu Ende gedacht, müsste aus energiebilanztheoretischer Sicht aus diesem Befund ein Plädoyer für einen sofortigen Stopp jeglicher Bevölkerungsreproduktion in unserem Lande folgen, da jedes Kind in Deutschland ungleich viel mehr Energie verbraucht als ein indisches Kind, von einem Kind in Burkina Faso ganz zu schweigen.

Eine egalitätsorientierte Politik – auch wenn sie familienpolitisch motiviert ist – bedarf in einer freiheitlich-liberalen Gesellschaftsordnung wie die der Bundesrepublik Deutschland einer validen Begründung, in der auch die allokativen und die die gesamtwirtschaftliche Entwicklungsdynamik beeinflussenden Konsequenzen einer solchen Politik thematisiert werden.

Leider wird aber die Frage, ob es durch die geforderte exzessive Zunahme der staatlichen Umverteilungsaktivitäten nicht zu negativen Beschäftigungs- und Wachstumseffekten kommt und mithin die Gesellschaft zwar im Sinne des Entwurfes „familiengerechter" wird, aber dafür wirtschaftlich stagniert bzw. an wirtschaftlicher Dynamik einbüßt, an keiner Stelle angeschnitten geschweige denn angemessen behandelt.

(2) Eine liberale und demokratische Gesellschaftsordnung (und damit auch unsere) basiert auf der Grundannahme, dass das Individuum, der Einzelne immer am besten weiß, was gut für ihn ist. Die für eine Marktwirtschaft konstitutive Konsumentensouveränität ist Ausfluss dieser Annahme ebenso wie die „one man or one woman – one vote"-Regel bei der demokratischen Wahl. Akzeptiert man dieses a priori, dann ist die bewusste Kinderlosigkeit ein ebenso legitimer Lebensentwurf, wie das Leben in der Großfamilie.

Man wird hier und heute davon ausgehen können, dass – in aller Regel – kein Kind gegen den Willen der Mutter bzw. der Eltern empfangen und geboren wird. Erfüllt sich ein Paar oder eine Frau einen Kinderwunsch, wird man davon ausgehen können, dass dies – in aller Regel – im vollen Bewusstsein auch der damit verbundenen Verpflichtungen und Belastungen geschieht. Wer diese Position negiert, muss den Beweis der Unmündigkeit des Individuums antreten oder sich um eine – durchaus mögliche – andere Begründung der Familienpolitik bemühen.

Die allermeisten Kinder werden heute geboren, weil sich die Mütter oder die Eltern von der Erfüllung ihres Kinderwunsches eine Bereicherung ihres Lebens erwarten, eine Befriedigung ihrer individuellen Wünsche. Die Sicherung der eigenen Altersversorgung, die Stabilisierung der staatlichen Sicherungssysteme oder eine Erhöhung des zukünftigen Produktionspotenzials der Gesellschaft können als relevante Geburtsmotive ausgeschlossen werden. Wenn es so ist, dass Kinder in Erkenntnis der gesellschaftlichen Rahmenbedingungen freiwillig gezeugt und erzogen werden, kann sich eine staatliche Familienpolitik nicht nur aus den mit der Erziehung verbundenen ökonomischen Belastungen bzw. den verringerten Konsumchancen legitimieren und wird auch daher das alles dominierende Ziel nicht darin sehen können, einen kinderbedingten – heutzutage letztlich freiwilligen – Konsumverzicht der Erziehenden voll zu kompensieren. Ziele oder Defizite der Familienpolitik nur an Einkommensdifferenzen bzw. unterschiedlichen Konsumchancen festzumachen, ist daher aus ordnungstheoretischer Perspektive problematisch und verstellt den Blick für eine auch ökonomisch konsistente Familienpolitik auf der Basis der „externen Effekte".

(3) Ein (vermutlich nicht nur in meinen Augen) verfassungsrechtlich bedenklicher Ausfluss eines familienpolitischen Fundamentalismus ist das (als Notlösung) vorgeschlagene „Familienwahlrecht". Ein Familienwahlrecht, will es etwas anderes sein als nur eine Absenkung des Wahlalters, zielt darauf ab, einem Familienoberhaupt nach Maßgabe der Kinderzahl mehr Stimmen zu gewähren als Kinderlosen.

Durch die Brille des Ordnungstheoretikers betrachtet wäre es eine eklatante Verletzung des Prinzips, dass über Wahlen zumindest ansatzweise Präferenzen der Individuen offenbart werden sollen. Gemeinschaften wie den Familie mag ein besonderer Status in der Gesellschaftsordnung zugebilligt werden, sie sind aber nicht Träger von Präferenzen.

Wer als Jurist – und sei es als Notlösung – ein Familienwahlrecht einfordert, hätte meines Erachtens explizit den verfassungsrechtlichen Rang des Individuums gegenüber der Familie abgrenzen müssen.

(4) Schließlich und endlich führt die bereits erwähnte „Engführung" der Perspektiven dazu, die Unterscheidung zwischen Steuern, sprich Zwangsabgaben ohne Gegenleistungen und Beiträgen, sprich Vorleistungen für genau definierte Ansprüche, zu ignorieren. Die Verdrängung dieses Unterschiedes zwischen Steuern, die nur der Staat erheben darf und Beiträgen führt dann auch zu der Forderung, die Beitragsbemessungsgrenzen abzuschaffen und als „Luxusfreibeträge" zu bezeichnen, obwohl sie in unserer Rechts- und Gesellschaftsordnung konstitutiv sind, um das unverzichtbare Umverteilungsmoment unserer obligatorischen Sozialversicherungen zu begrenzen. Bemerkenswert ist zudem, dass von

einem Juristen alle die Urteile des Bundesverfassungsgerichtes negiert werden, die verlangen, dass im Bereich der Geldleistungen jeder Beitragszahlung ein entsprechender Leistungsanspruch entgegenzustehen hat.

(5) Steuern werden ausschließlich nach ihren Verteilungswirkungen beurteilt, allokative Anreizwirkungen oder jeglicher Lenkungszweck werden negiert. Eine Ökosteuer z.b., die die Kinderzahl berücksichtigen würde, wäre unter ökologischen Aspekten genau so falsch, wie die derzeitigen Bereichsausnahmen.

Und die Analyse des staatlichen Abgabensystems, die in dem Fazit mündet, dass die Quote der „ungerechten Verbrauchsteuern" gestiegen und die der „familiengerechten Einkommensteuer" heruntergefahren ist, ignoriert die gesamte Diskussion der letzten 20 Jahre hinsichtlich einer effizienz- und wachstumsorientierten Besteuerung.

2. Konkrete Schwachstellenanalyse

Im Folgenden sollen einige wichtige Fehler, Übertreibungen und Einseitigkeiten vorgestellt werden, die geeignet sind, der guten Absicht des Textes eher zu schaden denn zu nutzen.

(1) Es gibt – das ist unstrittig und ein brennendes Problem – Kinderarmut bei uns und zwar insbesondere bei allein erziehenden Frauen und sehr kinderreichen Familien. Jenseits des Hinweises auf „die Familie, deren Kraft versiegt" ist, unterbleibt in diesem Kontext aber eine Unterscheidung in „Armut wegen Verminderung der Erwerbstätigkeit" und „Armut wegen der Unterhaltskosten". Die Erwerbsquote von Müttern mit Kindern unter drei Jahren liegt bei ca. 25 %. Die Tatsache, dass die Sozialhilfequoten mit steigendem Alter der Kinder und damit zunehmender Erwerbsarbeit rückläufig sind, kann als Indiz dafür gelten, dass für die Gruppe der Allein Erziehenden die Verminderung der Erwerbstätigkeit und nicht die Kinder die alleinige oder dominante Armutsursache ist. Im Übrigen fehlen jegliche Überlegungen zu einem möglichen Zusammenhang zwischen Kinderarmut und Frauenerwerbstätigkeit.

(2) Es wird – und dies ist ein gravierender Mangel – nicht auf die zahlreichen internationalen Befunde und Erkenntnisse eingegangen, dass – sofern die infrastrukturellen Bedingungen vorliegen – Frauenerwerbstätigkeit und Geburtenrate positiv miteinander korrelieren. Gerade eine Familienpolitik, die im Rückgang der Geburtenrate ein Problem sieht, sollte in einer Gesellschaft mit einer hohen Bildungsbeteiligung des weiblichen Bevölkerungsteils, wie dies glücklicherweise in Deutschland der Fall ist, sich nicht auf Umverteilungspolitik reduzieren, sondern auch – und vielleicht gerade – eine erwerbsorientierte Dimension haben, sprich auf eine Vereinbarkeit von Mutterschaft und Berufstätigkeit abzielen, um die wahrscheinlich relevanten Opportunitätskosten der Kindererziehung zu senken.

(3) Die Zentralhypothese, dass der Sozialstaat durch seine Abgabenbelastung die Familien deklassiere und deshalb die Geburtenzahlen zurückgehen, wird behauptet aber empirisch nicht belegt. Und es wird völlig ignoriert, dass Frauen

VII. Der „Wiesbadener Entwurf" aus Sicht von Ökonomen 409

heute „emanzipiert" sind, eigene Präferenzen haben und diese durchsetzen können und gegebenenfalls keine Kinder bekommen wollen und zwar unabhängig vom sozialrechtlichen Rahmen. Das diesem Entwurf zu Grunde liegende Familienbild, ist offensichtlich das einer Familie, die aus einem männlichen Familienoberhaupt und einer nichtberufstätigen Ehefrau mit Kindern besteht.

(4) Es wird problematisiert, ob Deutschland den absehbaren „brain-drain", den ein Exodus der besten Nachwuchskräfte mit sich bringt, durch Zuwanderung ausgleichen kann. Nicht erwogen, geschweige denn diskutiert wird, ob das vorgeschlagene familienpolitische Umverteilungsprogramm nicht gerade einen solchen „brain-drain" von kinderlosen high-potentials aus Deutschland heraus akzeleriert.

(5) Anders als behauptet hat die hinsichtlich ihrer – im Übrigen nicht zutreffend beschriebenen – AHV hoch gelobte Schweiz den „Problemfall Frau" nicht gelöst, die Erwerbsquoten von Müttern liegen unter 50 %, die Kinderarmut ist auch in der Schweiz ein drängendes Problem, und die Altersarmut ist trotz des vorbildlichen Alterssicherungssystems etwa zehnmal höher als in Deutschland (1,3 v.H. zu 13 v.H.). Diese Differenz erklärt sich im Übrigen nur zum Teil durch die in Deutschland höhere Dunkelziffer bei der Altersarmut

(6) Die Aufwendungen der gesetzlichen Krankenkassen für Rentner liegen nicht bei ca. 80 v.H., es sind 47,5 %.

(7) Weil viele familienfreundliche Minijobs weggefallen seien, wird die seit 1999 geltende Versicherungspflicht für geringfügig Beschäftigte beklagt, gleichzeitig aber eine umfassende Volksversicherung nach Maßgabe der AHV, der ersten Schicht des Schweizer Systems gefordert, wo es im Prinzip keine Freistellung von Geringverdienern gibt. (Auf Antrag können sich Arbeitnehmer mit einem Einkommen bis zu 2000 Franken im Jahr beitragsfrei stellen lassen.)

(8) Das Argument, dass eine Umstellung der Altersversorgungssysteme auf das Kapitaldeckungsverfahren keinen Ausweg aus diesen Schwierigkeiten biete, sondern sogar bedeutend mehr Probleme schaffen als lösen würde, wendet sich vom Ansatz her gegen einen „Popanz". Denn niemand, von ganz wenigen „Elfenbeinturmwissenschaftlern" abgesehen, will in Deutschland eine komplette „Umstellung" der Alterssicherung auf das Kapitaldeckungsverfahren. Worum es geht, ist eine zunächst die Leistungsrücknahmen bei den Sozialrenten ersetzende und langfristig dann ergänzende Kofinanzierung der Umlagerenten und Kapitalrenten.

Die Ausführungen sind zudem von einer – abgewogen formuliert – ausbaufähigen Rezeption der einschlägigen Regale füllenden Literatur zum Thema „kapitalgedeckte Altersvorsorge" der letzten 30 Jahre gekennzeichnet.

Die folgenden fünf Gründe gegen ein ergänzendes Kapitalrentensystem, nämlich
- die Demographieanfälligkeit der Kapitalmärkte aufgrund der Verschiebung des Sparer/Entsparer-Verhältnisses,
- der Befürchtungen eines Kapitaltransfers insbesondere in die demographisch jungen Schwellenländer,

- die begrenzte Aufnahmefähigkeit der Kapitalmärkte,
- die Benachteiligung des Mittelstandes und
- die Vorstellung alterssicherndes Kapital sei „eingesperrt",

halten auch weder im Einzelnen noch in ihrer Summe einer ökonomischen Prüfung stand.

Das Umlageverfahren vertraut auf die Stabilität und Ergiebigkeit der nationalen Erwerbseinkommen, das Kapitaldeckungsverfahren vertraut auf die Stabilität und Ergiebigkeit der nationalen und internationalen Kapitaleinkommen. Jedes dieser Finanzierungssysteme hat spezifische Vorteile und Schwächen und reagiert anders auf ökonomische und demographische Veränderungen. Von daher sollte es – sogar jenseits aller allokationstheoretischen Überlegungen – klar sein, dass ein mischfinanziertes Alterssicherungssystem, welches eben nicht nur auf einer Wertschöpfungskomponente basiert, stabiler und auch effizienter ist, als ein nur aus den Lohn- oder den Erwerbseinkommen finanziertes System.

(9) Es wird beklagt, dass im Zuge der demographischen Entwicklung, die Verteilungskonflikte in der Zukunft immer schärfer und in intergenerativer Hinsicht die Nachwuchsgenerationen zunehmend benachteiligt würden. Dies ist in der Tendenz richtig. Dass dies aber nicht zuletzt eine Folge des im Wiesbadener Entwurf favorisierten Umlageverfahrens ist, wird nicht vermerkt. Stattdessen wird versucht, diesen Verteilungsbefund mithilfe des „Generational Accounting" zu quantifizieren. Zustimmend wird eine Studie von Bernd Raffelhüschen, mit den Worten resümiert, „dass die Bilanz des Generational Accounting für den Geburtsjahrgang 1936 beispielsweise noch mit einem Positivsaldo von 270.000 Mark (Männer) abschließt, aber bereits für den Geburtsjahrgang 1956 der Saldo jedoch bei Null liegt und danach fortlaufend verschlechtert". Damit soll belegt werden, dass die Alten die Jungen ausbeuten oder zumindest, dass sie sich wesentlich besser stellen. Dieser Schluss aus diesen Berechnungen ist nicht nur unzulässig, sondern schlicht falsch. Beim Generational Accounting handelt es sich um eine reine zukunftsbezogene Rechenmethode, Zahlungsströme, die in der Vergangenheit geleistet wurden, werden daher nicht berücksichtigt. Die Bilanz eines 65-jährigen Rentners (Jahrgang 1936) muss daher stark positiv sein, da er in der Zukunft in der Hauptsache Transfers in der Form von Rentenleistungen erhält und da die Beitragsleistungen und Steuerzahlungen, die er in der Vergangenheit bereits gezahlt hat, in diese Bilanz nicht einbezogen werden. Im Gegensatz dazu hat ein im Ausgangsjahr Neugeborener natürlich noch alle zu leistenden und zu empfangenden Zahlungsströme vor sich, woraus sich dann für ihn eine negative Bilanz ergibt. Ein Vergleich zwischen der Bilanz eines Nulljährigen und eines 65-Jährigen ist mit Hilfe des Verfahrens daher nur dann möglich, wenn sie über die gleiche Restlebensdauer erfolgt, was recht selten sein dürfte.

Auf der Seite 124 wird dieses Konzept ein zweites Mal benutzt. Dort wird ein „auf ökologische Fragen erweitertes „Generational Accounting" gefordert. Laurence Kotlikoff und Alan Auerbach (die Erfinder und Entwickler des Generational Accounting) würden den Verfasser des Entwurfes auf ihren Schultern durch den Campus der Universität Boston bzw. Berkeley tragen, wenn er dazu irgend einen konkreten Hinweis geben könnte, denn bislang ist es nicht einmal möglich die intertemporalen Verteilungswirkungen von Sachinvestitionen, geschweige denn Humankapital zu erfassen.

(10) Bei der Analyse der Rentenreform, die in weiten Teilen sachlich unzutreffend ist, wird die unzureichende Familiengerechtigkeit des Altersvermögensgesetzes beklagt, ohne die regressiven und kinderzahlabhängigen Begünstigungen überhaupt zur Kenntnis zu nehmen.

In Punkt 2 a (S. 80) wird die Beschränkung der kindbezogenen Höherbewertung von Beitragszeiten auf Zeiten ab 1992 beklagt, da Verbesserungen regelmäßig erst für Rentenzugänge ab dem Jahr 2025 gewährt würden. Hier wird übersehen, dass unterdurchschnittlich verdienende Frauen mit Kindern bis 1991 durch die Rente nach Mindesteinkommen gefördert werden, so dass sich eine nahtlose Förderung (bis 1991 durch die Renten nach Mindesteinkommen und ab 1992 durch die kindbezogene Höherbewertung von Beitragszeiten) ergibt.

In Punkt 2b wird davon gesprochen, dass Frauen, die Kinder erziehen und deshalb auf eine Erwerbstätigkeit verzichten, Schwierigkeiten hätten, die geforderten 25 rentenrechtlichen Jahre für die kindbezogene Höherbewertung von Beitragszeiten zusammenzubekommen. Dieses Argument übersieht, dass auch die Kinderberücksichtigungszeiten (Zeiten von der Geburt des 1. Kindes bis zum 10. Lebensjahr des letztgeborenen Kindes) bei der Erfüllung dieser 25 Jahre mitzählen. Viele Kinder erziehende Frauen werden daher die Wartezeitvoraussetzung für die Förderung erfüllen.

In Punkt 2c werden Stichtagsprobleme thematisiert. Wie erwähnt, bringt die kindbezogene Höherbewertung von Beitragszeiten keine Stichtagsprobleme mit sich, weil diese neue Leistung eine Fortsetzung der Grundzüge der Rente nach Mindesteinkommen darstellt, die auf Kinder erziehende Erwerbstätige konzentriert wird. Hier wird eine – nicht vorhandene – Stichtagsproblematik mit einer anderen – tatsächlich gegebenen – Stichtagsproblematik vermischt, die seit 1992 existiert, also nichts mit der aktuellen Rentenreform zu tun hat. Hierbei geht es um die Dauer der Kindererziehungszeiten (für Geburten bis 1991 ein Jahr und für Geburten ab 1992 drei Jahre). Eine Gleichstellung aller Geburten würde Mehrausgaben von 24 Mrd. DM jährlich für Bestand und Zugang auslösen. Das Bundesverfassungsgericht hat zur Stichtagsproblematik ausgeführt, dass die Forderung, der Gesetzgeber müsse im Interesse sozialer Gerechtigkeit überall strikte Gleichförmigkeit schaffen, dazu führen könne, dass Reformen von vornherein ganz unterbleiben. Die verfassungsrechtlichen Zweifel in Bezug auf die Stichtagsregelungen werden aber nicht hinreichend begründet.

In Punkt 2c Nr. 3 wird behauptet, dass bei der Rente nach Mindesteinkommen „alle einkommensschwachen Jahre ohne zeitliche Begrenzung aufgewertet" werden. Dies ist falsch. Begünstigt werden nur die Kalendermonate mit vollwertigen Pflichtbeiträgen vor dem 1. Januar 1992.

Hätte sich der Verfasser dieses Textes bei der Beurteilung der Verteilungswirkungen der Zulagenforderung des Altersvermögensgesetzes die Mühe gemacht, Berechnungen anzustellen, wäre er wohl kaum zu seiner auf Vermutungen gestützten Forderung gekommen, dieses Gesetz abzuschaffen.

3. Fazit

Die unbefriedigende Fundierung des Wiesbadener Entwurfs, sein fundamentalistisches Design und die zahlreichen Fehler schaden der guten und im Grundsatz unterstützungswerten Absichten.

Reiche Alte – Arme Junge? Verteilungskonflikte zwischen und innerhalb der Generationen*

Notburga Ott

Das Thema „Reiche Alte – Arme Junge" halte ich für falsch gestellt. Es ist jedoch bezeichnend für das Problem, auf das ich hier besonders eingehen möchte – nämlich, dass bei der Diskussion über den so genannten „Generationenvertrag" immer nur zwei Generationen betrachtet werden. In einer realen Welt, in der viele überlappende Generationen gleichzeitig leben, ist dies eine Vereinfachung zur Veranschaulichung der ökonomischen Beziehungen zwischen Eltern- und Kindergeneration, die jedoch meines Erachtens zu kurz greift. Um das Verhältnis der Generationen in unserer Gesellschaft systematisch beschreiben und die Wirkungsweisen unserer institutionellen Regelungen adäquat analysieren zu können, ist es notwendig, konzeptionell drei Generationen zu betrachten. Die mittlere, in der Produktion aktive Generation stellt mit ihrer Wertschöpfung die Konsum- und Versorgungsmöglichkeiten aller - auch der Kinder- und der Rentnergeneration – bereit. Damit handelt es sich zunächst einmal immer um ein Verteilungsproblem zwischen den Generationen und die Frage nach dem Generationenvertrag ist die Frage nach der Regelung der Verteilungsansprüche. Inwieweit daraus auch Verteilungskonflikte innerhalb der Generationen entstehen, soll später betrachtet werden. Die Güter- und Finanzströme zwischen den Generationen stellen sich bei unserem heutigen Rechtssystem folgendermaßen dar: die mittlere Generation zahlt über ein kollektives Sicherungssystem (Renten-, Kranken- und Pflegeversicherung) Leistungen an die Rentnergeneration gemäß deren Ansprüchen und erwirbt damit eigene Ansprüche an die Kindergeneration. Darüber hinaus werden gegenüber der Rentnergeneration auch noch private Leistungen – überwiegend Pflegeleistungen – erbracht. Gegenüber der Kindergeneration werden privat Versorgungs- und Erziehungsleistungen erbracht sowie kollektiv über das Steuer- und teilweise soziale Sicherungssystem öffentliche Bildungs- und Betreuungseinrichtungen und andere Realtransfers bereit gestellt und im Rahmen des Familienlastenausgleichs private Leistungen unterstützt. Von der Rentnergeneration fließen Kapitalströme in Form von Erbschaften und Vermögensübertragungen an die mittlere Generation zurück. Soweit das

---

* Dieser Text wurde schon publiziert in Lehner, Franz (Hrsg.), Erbfall Zukunft. Vordenken für und mit Nachkommen. Jahreskongress des Wissenschaftszentrums Nordrhein-Westfalen 5. bis 6. Oktober 2000. München – Mering: Rainer Hampp Verlag 2001, S. 147-150.

Staatsvermögen die Staatsschulden überschreitet, findet auch eine kollektive Vererbung statt (vgl. die Grafik).

Wenn nun dieses System der Verflechtung zwischen den Generationen für die Zukunft nicht mehr tragfähig scheint, ist zu fragen, ob mit den Regelungen falsche Anreize gesetzt werden, die die Individuen dazu veranlassen, ihren Vorteil zu Lasten anderer zu suchen. Und weiter ist zu fragen, ob diese Verteilungskonflikte in den Regelungen zwischen den Generationen angelegt sind oder innerhalb der Generationen stattfinden. Um es gleich vorweg zu nehmen: beides trifft zu. In den inter- und intragenerationalen Beziehungen sind zweifach falsche Anreize gesetzt, die letztlich darauf beruhen, dass private und kollektive Vertragsbeziehungen nebeneinander bestehen, nicht systematisch aufeinander bezogen sind und daher jeweils unvollständig und damit ausbeutbar sind:

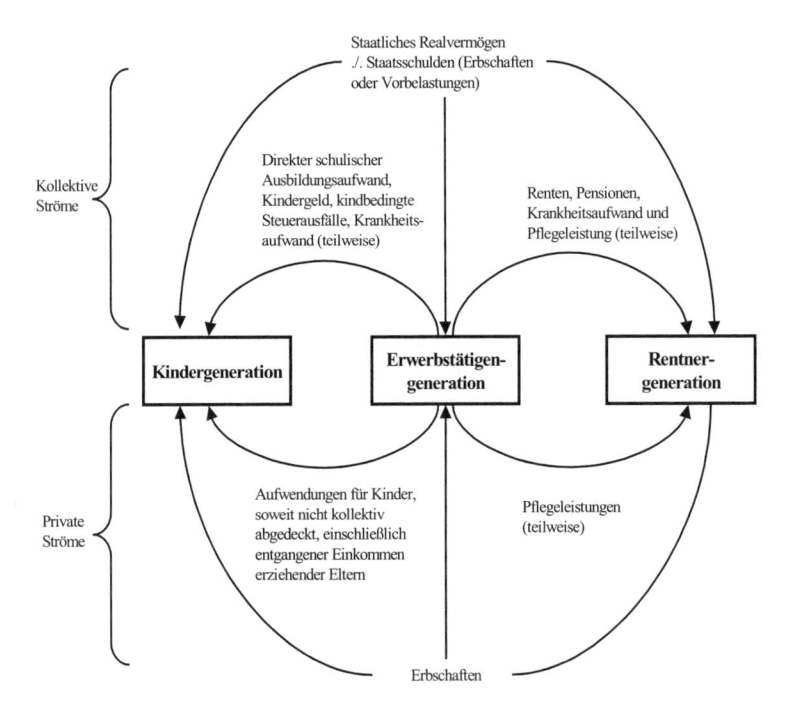

[Grafik: Darstellung der kollektiven und privaten Ströme zwischen Kindergeneration, Erwerbstätigengeneration und Rentnergeneration.

Kollektive Ströme:
- Staatliches Realvermögen ./. Staatsschulden (Erbschaften oder Vorbelastungen)
- Direkter schulischer Ausbildungsaufwand, Kindergeld, kindbedingte Steuerausfälle, Krankheitsaufwand (teilweise)
- Renten, Pensionen, Krankheitsaufwand und Pflegeleistung (teilweise)

Private Ströme:
- Aufwendungen für Kinder, soweit nicht kollektiv abgedeckt, einschließlich entgangener Einkommen erziehender Eltern
- Pflegeleistungen (teilweise)
- Erbschaften]

(1) Die mittlere Generation entscheidet über die Bildung des Kapitalstocks, der der nächsten Generation zur Produktion zur Verfügung steht. Dabei handelt es sich sowohl um Sach- wie Humankapital, das beides in ausgewogenem Verhältnis für eine optimale Produktion zur Verfügung stehen muss. Diese Kapitalbildung findet überwiegend privat statt. Allerdings haben sich die Anreize zugunsten einer Sachkapitalbildung (das auf individueller Ebene z.T. als Finanzkapital gehalten wird) verschoben. Während bei Finanz- und Sachvermögen im

individuellen Austausch der Generationen eine direkte Gegenleistung gefordert werden kann (und momentan auch keine drastische Entwertung der Vermögenswerte erwartet werden muss), sind Investitionen in das Humankapital der Kindergeneration mit einen sog. „hold up"-Problem verbunden. Waren in Zeiten ohne ein kollektives Alterssicherungssystem hier Leistung und Gegenleistung zwischen den Generationen innerhalb des Familienverbandes abgesichert, so steht heute der privaten Humankapitalinvestition kein Anspruch auf eine private Gegenleistung im Alter, die mit hinreichendem Nachdruck eingefordert werden kann, entgegen. Zudem können solche privaten Leitungen von den Kindern häufig gar nicht erbracht werden, da sie bereits die Ansprüche der Rentenversicherten an das Alterssicherungssystem mit ihren Beiträgen befriedigen müssen.

(2) Auf der kollektiven Ebene zeigt sich dagegen genau das komplementäre Problem. Die Ansprüche an das kollektive Sicherungssystem basieren auf Leistungen an die vorherige Generation und nicht auf Leistungen an die nachfolgende Generation. Es besteht daher auch aus dem kollektiven System heraus kein Anreiz, in das Humanvermögen der Kindergeneration zu investieren. Verzichtet man auf private Leistungen an Kinder und erwirbt hohe Ansprüche im Rentensystem, die dann von der nächsten Generation beglichen werden, deren Humanvermögensbildungskosten jedoch von anderen Gesellschaftsmitgliedern getragen wurden, ist dies zwar ein systemgerechtes Verhalten, das jedoch faktisch eine Umverteilung zu Lasten der Kinder Erziehenden darstellt. Es handelt sich hier dann um einen innergenerationalen Verteilungskonflikt.

(3) Nun kann man nicht unbedingt behaupten, dass Investitionen in das Humanvermögen der nächsten Generation ausschließlich privat stattfinden. Über Bildungssystem und familienpolitische Leistungen werden in nicht unerheblichem Maße auch kollektive Leistungen erbracht. Allerdings stehen auch diesen keine direkten Gegenleistungen gegenüber. Diese Leistungen sind ausschließlich steuerfinanziert, wodurch wiederum keine Ansprüche an das Alterssicherungssystem entstehen. In dem Maße, in dem im Zuge der Globalisierung und der Telekommunikation die Gruppe der Steuerzahler und der Rentenberechtigten auseinander fallen, da auch Arbeitsentgelte (sei es legal durch Abwanderung oder illegal durch Einkommensverschleierung) zunehmend der Besteuerung entzogen werden können, zerfällt auch die implizite Koppelung von Leistungen an die Kindergeneration und Altersversorgungsanspruch.

Eine Lösung für diese Problematik besteht darin, den Generationenvertrag auf kollektiver Ebene zu komplettieren. Ein solcher Vorschlag wurde bereits von einigen Vätern unseres Rentensystems vorgelegt, der jedoch nicht umgesetzt wurde.[1] Dieser geht von der Eigenverantwortung jeder Generation für sich selbst aus. Dies bedeutet, dass alle Leistungen an die Kindergeneration – seien sie privat oder kollektiv – als Kredit anzusehen sind, der in Form einer Altersversorgung zurückbezahlt wird. Ein solches System könnte man als „humankapitalgedecktes Rentensystem"[2] bezeichnen. Aufgrund von nicht versicherbaren

---
1 Vgl. Schreiber (1964).
2 Vgl. Werding (1999).

Einkommens- und Karriererisiken werden sich derartige Beziehungen nicht ausschließlich über private Kreditmärkte von selbst organisieren. Daher ist es staatliche Aufgabe, diese intragenerationellen Kreditbeziehungen zu organisieren und damit die kollektive Verantwortung einer Generation für die Wertschöpfungsmöglichkeiten der nächsten Generation als Basis der eigenen Alterssicherung deutlich zu machen.

Literatur

Schreiber, W. (1964), Kindergeld im sozio-ökonomischen Prozess, Köln.

Werding, M. (1999), Umlagefinanzierung als Humankapitaldeckung: Grundrisse eines erneuerten „Generationenvertrages", in: Jahrbücher für Nationalökonomie und Statistik, Vol. 218, S.193-217.

4. Diskussionsteil nach den Referaten von Prof. Dr. Bert Rürup und Notburga Ott

Herr Borchert:
Als Moderator muss ich mir hier eine Auseinandersetzung verkneifen, werde sie aber in die Druckfassung einbringen. Aber es gibt ohnehin viele Wortmeldungen.

Herr Adam:
Frau Ott und Herr Rürup haben sich zu Eigenverantwortung, Subsidiarität und Individualisierung bekannt, aber auch viel von Gesellschaft, System und Umverteilung gesprochen. Die Eltern sind zu Selbstverantwortung und Einsatz bereit. Aber die Gesellschaft und das politische System hat sie über die letzten Jahrzehnte systematisch benachteiligt, entmündigt und abhängig gemacht. Das kann man an den einschlägigen Urteilen des Bundesverfassungsgerichtes ablesen.

Auch ist es richtig, dass die Renten unsicher sind; nur die Folgerung, dass ein Mischsystem deshalb besser sei, kann ich nicht nachvollziehen. Die Rechnung, die da aufgemacht wird, kann und wird nicht aufgehen, weil die junge Generation abwandern kann. Der rheinische Kapitalismus befindet sich in einem Verfallsstadium, und in diesem Stadium ist er für junge Leute nicht mehr attraktiv.

Herr Petropulos:
Herr Rürup hatte am Wiesbadener Entwurf kritisiert, dass die Umverteilungskomponente sehr im Mittelpunkt stände. Doch die Dimension der unterschiedlich verfügbaren Einkommen kann man nicht ausblenden; das zeigt sich ganz eklatant auf dem Wohnungsmarkt, wo es für Familien schwierig ist, die bedarfsgerechten Wohnungen zu finden. In den Großstädten haben die Haushalte mit hohen verfügbaren Einkommen Wohnungen in zentralen Lagen, während das mit Kindern finanziell gar nicht möglich ist und die Familien in die Randbezirke verwiesen werden. Dort stimmt aber die Infrastruktur nicht und so werden auch dort die Belastungen für die Familien wiederum größer. Durch die Wohnungswahl werden also auch die Lebenschancen unterschiedlich verteilt. Deswegen ist die Umverteilungsfrage von eminenter Bedeutung bei der Wahrnehmung von gesellschaftlichen Lebens- und Teilhabechancen.

Herr Borchert:
Wenn wir bei der Grenzbelastung die parafiskalische Belastung zusammenrechnen und auf die Durchschnittsfamilie mit Durchschnittseinkommen und zwei Kindern beziehen, stellen wir fest, dass diese schon in einer astronomischen Weise belastet werden. Jedenfalls dann, wenn wir die Prämisse teilen, dass nur das frei verfügbare Einkommen nach Deckung des Existenzminimums Aufschluss darüber gibt, wie belastbar eine Familie ist. Dann liegen die Familien mit ihrer Belastung weit höher als 60 %.

Ich möchte klarstellen, dass es im Wiesbadener Entwurf nicht um Umverteilung, sondern um eine gerechte Gestaltung der Eingriffe des Staates, d.h. eine gerechte Verteilung der Lasten geht. Die belastungsgerechte Ausgestaltung der Steuer hat nichts mit Umverteilung zu tun und die Sozialbeitragspflicht sollte daran erinnern, dass es ein Solidargebot gibt. Dieses sollte den Staat daran hindern, auf der Eingriffsseite sogar noch härter zuzuschlagen, als dies bei den Steuern der Fall ist.

Frau Riedel:
Herr Rürup, Sie haben sich zu den Verbrauchssteuern geäußert und den Wiesbadener Entwurf in diesem Kontext kritisiert. Ich fand die Argumentation des Wiesbadener Entwurfs an dieser Stelle sehr bestechend: Verbrauchssteuern belasten am meisten diejenigen, die proportional den größeren Anteil ihres verfügbaren Einkommens für den Konsum aufwenden müssen. Ich wäre ihnen dankbar, wenn Sie Ihre Kritik vielleicht nochmals ausführen könnten.

Herr Kaufmann:
Aus meiner Sicht hat der Wiesbadener Entwurf mit Verteilung zu tun, aber nicht mit Umverteilung. Es geht darum, die falsche Umverteilung rückgängig zu machen. Herr Rürup hat aber zu Recht kritisiert, dass die allokative Seite zu wenig thematisiert worden ist. Aber Sie wollen doch sicherlich nicht behaupten, dass ein Bevölkerungsrückgang allokativ wünschenswert wäre.

Herr Krüsselberg sagte, dass Kinder in erster Linie als Investition betrachtet werden müssen. Ihr Individualnutzen kann zwar auch konsumtheoretisch interpretiert werden, aber primär ist die Investition. Ich wollte dann noch etwas zur Schweiz sagen: Wenn ich richtig verstehe, beziehen sich die 13 % auf die im System enthaltenen Ergänzungsleistungen. In der Schweiz haben sie auf diese Weise ein verteilungstheoretisch höchst effektiv gesichertes Existenzminimum, während wir in Deutschland in der Sozialhilfe eine sehr hohe Dunkelziffer haben. Auch bei der Betrachtung der Armutsquoten hat die Schweiz ein System entwickelt, das eine geringe Steuerprogression mit einer hohen Armutsvermeidung verbindet. Auch die Frauenrenten sind in der AHV durchschnittlich so hoch wie die Männerrenten. Allerdings hat die Schweiz wie Deutschland die Mutterschaftsversicherung vernachlässigt.

VII. Der „Wiesbadener Entwurf" aus Sicht von Ökonomen

Herr Hankel:
Die Behauptung, Mischsysteme wären per se unempfindlicher, ist keineswegs richtig. So könnte dann ja auch ein Weinpanscher argumentieren. Mischsysteme vermengen nämlich ein vermeintlich sicheres System der Einkommensübertragung mit einem unsicheren der Kapitaldeckung. Die Börsenentwicklung der 1930er Jahre und der Gegenwart zeigt deutlich, dass solche Systeme weniger Sicherheit bringen. Auch künftige Zahlungen aus Kapitalentgelt oder Auflösung gehen immer zu Lasten des Realeinkommens der aktiven Generation. Deswegen stellt die Kapitaldeckung keinen Vorteil, sondern eher einen Nachteil dar.

Frau Welskop-Deffaa:
Herr Rürup, Sie haben heute betont, dass Familienpolitik eine der zentralen Zukunftsfragen sei. Ich würde gerne von Ihnen wissen, was Sie dann als wirkliche familienpolitische Maßnahme vorschlagen würden. Ihre Hauptantwort scheint mir darin zu bestehen, dass Rahmenbedingungen geschaffen werden, so dass Mütter ein Erwerbsarbeitsverhältnis aufnehmen können. Das kann nicht die einzige Antwort auf die tatsächlichen familienpolitischen Herausforderungen sein. Außerdem haben Sie konstatiert, die Beitragsbemessungsgrenze sei unabdingbar notwendig, um ein System der sozialen Pflichtversicherung zu legitimieren. Selbst wenn man berücksichtigt, dass Beiträge eine andere Qualität als Steuern haben, scheint es mir zulässig zu sein, in einem auf Beiträgen basierenden System auf eine Beitragsbemessungsgrenze zu verzichten und auch das Äquivalenzprinzip nicht streng aufzufassen. Ein soziales Sicherungssystem muss sich dadurch qualifizieren, dass es soziale Umverteilungselemente erhält. Andernfalls bräuchten wir gar keine Sozialversicherungen.

Frau Mayer:
Bei Herrn Rürup war viel von Selbstverantwortung und Individuum die Rede. Sie haben gesagt, dass das Individuum am besten weiß, was für es gut ist. Würden sie denn in dem Sinne, da sie Umverteilungen und Ausgleichungen ablehnen, fordern, dass wir das ganze System abschaffen? Mir scheint es im Moment die logische Konsequenz, dass wir den Volljährigen die Verantwortung für die Vorsorge übertragen. Dann hätten alle mit 18 die gleichen Startchancen. Die Kinder würden für die Alten vorsorgen und so die familiären Beziehungen wieder stärken. Selbstverantwortung bedeutet, dass sich jeder durch seine Lebensführung und durch die Schaffung eines familiären Kreises absichert.

Herr Rürup:
Ich wurde aufgefordert, nicht meine politischen Familienvorstellungen vorzutragen, sondern den Wiesbadener Entwurf aus ökonomischer Perspektive ohne Kenntnis der gestrigen Diskussion zu würdigen. Deswegen würde ich das erste Argument gegen meine Einwände zurückweisen. Ich kann auch nicht verstehen, dass ich unsachlich argumentiert haben soll. Deshalb einige Anmerkungen zu den systematischen Anfragen.

Zunächst zu Herrn Kaufmann: Ich halte den Bevölkerungsrückgang gerade aus ökonomischer Perspektive für problematisch. Ab 2010 wird die Erwerbsbevölkerung um 1,4 % zurückgehen und wenn produktionstechnologisch nichts geschieht, bedeutet das einen Rückgang des Wachstums um 1 % pro Jahr. Damit reduziert sich auch der Spielraum für die Umverteilung. Deswegen ist die Familienpolitik auch aus ökonomischer Perspektive entscheidend. Hier besteht kein Dissens. Ich habe dagegen mit meiner Kritik versucht zu zeigen, dass relevante Alternativen zum derzeitigen System nicht thematisiert worden sind. Die Marktökonomie basiert auf Individualismus, der die Grundlage unseres ökonomischen Instrumentariums darstellt. Wir haben keine kollektivistische Wirtschafttheorie; deshalb müssen wir notwendigerweise das individualistische Konzept zu Grunde legen. Ökonomie muss immer in zwei Dimensionen denken: In allokativen Wirkungen, d.h. in Wachstum- und Beschäftigungswirkung, und in distributiven Wirkungen. Herr Adam sprach von der Abwanderung der „High Potentials". Könnte ein Umverteilungsprogramm diese Wanderbewegung möglicherweise nicht noch verschärfen? Das wäre dann eine allokative Konsequenz. Diese Allokationsdimension fehlt völlig im Wiesbadener Entwurf. Sie wird an keiner Stelle thematisiert. Genau diese Dimension habe ich zu denken versucht: Nicht nur in Umverteilungskategorien zu denken, sondern die daraus entstehenden möglichen Wachstums- und Beschäftigungsnachteile mit zu berücksichtigen. Was nützt es, wenn ein Kuchen gleich verteilt wird, der Kuchen aber schrumpft. Ich sage ja nicht, dass ich das Anliegen des Wiesbadener Entwurfs falsch finde. Meinem familienpolitischen Konzept liegen natürlich auch Umverteilungselemente zu Grunde. Aber Familienpolitik kann sich nicht in schierer Einkommensverteilung erschöpfen, zumal wenn man der Emanzipation der Frauen und ihrer Partizipation am Wirtschaftsleben Rechnung tragen will. Für mich hat eine moderne familienpolitische Konzeption auch eine gewisse Erwerbsorientierung, d.h. es kann nicht nur um die Umverteilung von Einkommen gehen, sondern die Familienpolitik muss z.B. durch Ganztagsschulen flankiert werden. Es ist ein Skandal, dass ein Land wie Deutschland noch überwiegend Halbtagsschulen hat. Die Einrichtung einer Ganztagsschule würde sehr viel mehr zu ökonomischer Chancengleichheit beitragen als die Erhöhung des Kindergeldes um 15 €. Jedes Kind verursacht Kosten, Aufzugskosten und Opportunitätskosten. Die Aufzugskosten liegen bis zum 18. Lebensjahr bei ungefähr 375 € pro Monat. Diese Aufzugskosten kann der Staat möglicherweise kompensieren, ungefähr 50 % werden derzeit erstattet. Aber sehr viel relevanter sind die Opportunitätskosten, die das Ergebnis der Einkommenserwartungen sind. Dank unserer Bildungspolitik haben wir eine ziemlich gleiche Bildungspartizipation von Männern und Frauen. Mit der Humanbildung der Frauen steigen natürlich deren Einkommensansprüche und damit steigen die Opportunitätskosten. Diese Opportunitätskosten kann kein Staat durch Umverteilung beseitigen. Weil dieser entscheidende Aspekt ausgeblendet wird, ist eine ausschließlich an Umverteilung orientierte Politik dysfunktional. Bei einer gleichen Bildungsbeteiligung wird zuerst der Geburtstermin des ersten Kindes herausgezögert. In den letzten 10 Jahren ist das erstge-

VII. Der „Wiesbadener Entwurf" aus Sicht von Ökonomen 421

bärende Alter von 27 auf 29 Jahre gestiegen. Dafür liefern die Opportunitätskosten die ökonomische Erklärung. Deshalb müssen die Konsumchancen ausglichen werden. Gleichzeitig muss die Chance eröffnet werden, diese Opportunitätskosten durch die Erleichterung der Aufnahme von Erwerbsarbeit auszugleichen. Deshalb müssen Betreuungseinrichtungen existieren, um auf diese Weise die Opportunitätskosten zu senken. Damit könnte ein Teil der Familienarmut reduziert werden. Selbstverständlich brauchen wir auch eine Umverteilung, aber diese bestände aus positiven Anreizen. Empirisch lässt sich belegen, dass der Staat die Geburtenzahlen nicht durch monetäre Anreize beeinflussen kann, sondern eher durch staatliche Dienstleistungen und Infrastrukturangebote – die in Deutschland weitgehend fehlen. Weil aber die Allokationsdimension und die Anreizwirkung für die Erwerbstätigkeit im Wiesbadener Entwurf meines Erachtens völlig ausgeblendet werden, ist es ein „kastrierter" Entwurf. Er passt so nicht zu den derzeitigen gesellschaftlichen Entwicklungen. Aus diesem Grund sollte die Übertreibung herausgenommen und zumindest erwogen werden, dass es Zusammenhänge zwischen Umverteilung, Beschäftigung und Wachstum gibt.

Wenn jemand von gerechter Verteilung spricht bedeutet das für mich natürlich Umverteilung, weil die gerechte Verteilung offensichtlich eine andere als die Marktverteilung ist. Wenn Sie behaupten, die gerechte Verteilung sei keine Umverteilung, kann man das rhetorisch verteidigen, ökonomisch, inhaltlich nicht. Jede Veränderung der Marktverteilung ist Umverteilung. Deshalb ist der Wiesbadener Entwurf sehr auf Umverteilung fixiert. In diesem Kontext fragt der Ökonom immer nach der Anreizwirkung und den direkten Grenzbelastungen. Deshalb müssen die Allokations- und die Beschäftigungswachstumswirkungen thematisiert werden.

Noch ein Wort zur Mischfinanzierung: Insbesondere in einer alternden Gesellschaft liegt der Realzins langfristig über dem Reallohn. Wenn das nicht der Fall wäre, müsste sich ein rational handelnder Staat unendlich verschulden. Wenn aber der Realzins über der Wachstumsrate und damit dem Lohnsummenwachstum liegt, heißt das, dass ein etabliertes mischfinanziertes oder kapitalgedecktes System längerfristig immer eine höhere Effizienz hat. Man darf dabei natürlich nicht Kapitalmarktrisiken mit Kohortenrisiken verwechseln. Ein Börsentief muss die Altersversicherung für eine Generation nicht schlechter werden lassen. Ein kapitalgedecktes System ist natürlich aufgrund der Globalisierung der Kapitalmärkte einer Infektion von Kapitalmarktkrisen ausgesetzt. Aber ein umlagefinanziertes System ist gegenüber Arbeitsmarktkrisen, demographischen und politischen Krisen anfällig. Deshalb stellt sich die Frage nach dem richtigen Mischungsverhältnis zwischen Effizienz und Stabilität. Aber die Behauptung, das Umlagesystem sei a priori das bessere System, ist eine ökonomische Mindermeinung.

Wenn der Staat einen bestimmten Umverteilungsauftrag erfüllen will, dann muss er dafür über Geld verfügen. Er muss sich dieses Geld so beschaffen, dass es möglichst geringe negative Allokationswirkungen hat und das bedeutet eine effizienz- oder wachstumsorientierte Besteuerung. In einer Gesellschaft, die durch eine hohe Kapitalmobilität gekennzeichnet ist, ist es schwierig, eine Faktorenbesteuerung durchzuführen. Belastet der Gesetzgeber die Produktionsfaktoren durch direkte Steuern, entzieht sich das Kapital der nationalen Steuer. Das bedeutet, dass dadurch zunehmend der Faktor Arbeit belastet wird. Um das zu verhindern, muss das System der Verbrauchsversteuerung in den Vordergrund gerückt werden. Der Verbrauch ist die einzige Bemessungsgrundlage, die nicht auswandern kann. Um das System gerecht zu justieren, kann man die Mehrwertsteuer intelligent ausgestalten. Sehr viele Güter und Dienstleistungen, beispielsweise Mieten, sind steuerfrei. Zudem gibt es den ermäßigten Steuersatz von 7 % auf Lebensmittel und danach erst den Regelsteuersatz von 16 %. Zudem ist die Mehrwertsteuer bis zu einem relativ hohen Einkommensintervall nicht so regressiv, wie man vermutet. Je geringer das Einkommen ist, desto größer ist der nicht besteuerte Anteil.

Herr Borchert:
Ich will drei Bemerkungen machen: Sie werden bei jeder ehrlichen Verteilung von Kinderlosen zu Familien dieselben Allokationsprobleme bekommen, die hier offen ausgewiesen sind. Auch die Infrastruktur müsste familiengerecht finanziert werden. Sie versäumen es zudem darzustellen, wie sich eine 100prozentige Frauenerwerbsquote auf die Rentenprobleme der Zukunft auswirkt. Die Rentenfinanzierung würde natürlich viel schwieriger. Genauso profitieren wir zukünftig bei den Renten durch Anspruchserleichterungen, die die Massenarbeitslosigkeit mit sich bringt. Warum sie aber ein Rentensystem, dass auf der Zerstörung des familiären Unterhalts beruht, als marktliberal bezeichnen, bleibt mir unklar.

Herr Rürup:
Ich habe über das gegenwärtige Rentensystem kein Wort gesagt, obwohl ich es natürlich für renovationsbedürftig halte. Ich habe dieses System auch mit keinem Wort als das marktkonformere oder als das liberalere verteidigt.

Der „Wiesbadener Entwurf" aus Sicht der Familienökonomik

Prof. Dr. Hans-Günter Krüsselberg

1. Einleitung

Walter Eucken, einer der bedeutendsten Vordenker zum Thema „Soziale Marktwirtschaft", vertrat wohlberechtigt ganz grundsätzlich die Meinung, wirtschafts- und gesellschaftspolitische Diskussionen gelangten regelmäßig dann rasch an einen toten Punkt, wenn sie das Ordnungsproblem nicht in seiner Gesamtheit sähen. An diese Mahnung sollte gedacht werden, wenn, wie es hier geschieht, über konzeptionelle Anstöße zu einer familienpolitischen Strukturreform des Sozialstaates verhandelt wird. Die Frage, welchen Stellenwert Familienpolitik in einer Sozialen Marktwirtschaft haben soll, wie sie in ihrer Gesamtstruktur beschaffen sein soll und wie die Abstimmung mit anderen Teilbereichen der Politik aussehen soll, ist angesichts der erkennbaren Defizite in dieser Sparte von Politik *zu einer ordnungspolitischen Herausforderung höchsten Rangs* geworden.

2. Der „Wiesbadener Entwurf"

2.1. Das generelle familienpolitische Defizit

Für das generelle familienpolitische Defizit findet Jürgen Borchert im historischen Rückblick auf die Entwicklung in der Bundesrepublik Deutschland folgende Begründung: „In der neuen Ordnung verschwand das Bewusstsein für den überragenden Wert reproduktiver Arbeit." Gemeint ist die in den Familienhaushalten geleistete werteschaffende Arbeit, vornehmlich im Sinne der Leistungen für die nachwachsende Generation. Die „neue Ordnung" hat bei ihm keinen eigenen Namen. Ihre Ortsbestimmung vollzieht sich eher über eine kritische Bemerkung zu dem, was *gegenwärtig nicht möglich* ist; er fordert deshalb:

> „Familien müssen in den Stand versetzt werden, ihre Kinder aus dem selbst erwirtschafteten Einkommen zu unterhalten, statt in die Rolle von Almosenempfängern gedrängt zu werden."[1]

---

1 Wiesbadener Entwurf, S. 25.

Das ist eine Wendung, die an Ludwig Erhards Mahnungen Mitte der 1950er Jahren erinnert, die Einkommensverwendung nicht zu „sozialisieren", die Lebensplanung nicht zu „kollektivieren, den Einzelnen nicht zu „entmündigen", indem man ihn vom Kollektiv oder vom Staat zunehmend „abhängig macht". In den 1970er Jahren registriert Erhard die politische Propagierung und Durchsetzung von politischen Programmen, die versorgungsstaatliche Züge haben und nicht das leisten, was er seit Beginn seiner Politik Sozialer Marktwirtschaft für wünschenswert hält: die Bewahrung einer „Freiheit", von dem Ertrag der eigenen Arbeit soviel behalten zu können, dass jeder Einzelne seine Existenz, sein Schicksal und dasjenige seiner Familie selbst zu gestalten in der Lage ist.[2] Jürgen Borchert registriert als zentrales Element des Bewusstseinswandels die Verdrängung der Alterssicherung auf familiärer Basis durch ein umlagefinanziertes System der Rentenversicherung: Seines Erachtens ging der mit Abstand stärkste Schub „zur Sozialisierung des Kindernutzens" von der Rentenreform aus.[3] Sie bescherte den Familien in Deutschland bereits 1990 eine „Transferausbeutung" in Höhe von rund 120 Milliarden DM. Generell urteilt Jürgen Borchert: „Keine Rechtsordnung hat es jemals fertig gebracht, die Notwendigkeit von Geburt und Kindererziehung so zu negieren, wie es die unsrige mit ihrer sozusagen jungfräulich erzeugten Rente tut", sie führt zu „kollektivem Fehlverhalten"[4].

2.2. Das ordnungspolitische Problem

Das ordnungspolitische Problem ist klar erkannt: „Die Behandlung von Ehe und Familie ist bisher weder im Familienrecht selbst noch im Steuer- und Sozialversicherungsrecht und erst recht nicht im Verbund dieser Rechtsbereiche konsistent gelungen."

Mit dieser Diagnose konstatiert Jürgen Borchert das Faktum einer hohen Dringlichkeitsstufe für eine Politik des Abbaus der familialen *Überlast als Folge des gegebenen Systems* der Besteuerung und der Sozialabgaben. Vorrangig für den Umbau des Sozialsystems werden für ihn die Kriterien für die Durchsetzung der sozialen Sicherungsziele in der Familienpolitik. Um eine Referenzposition als Maßstab für das Anzustrebende in der Familienpolitik zu erhalten, wird empfohlen, den Blick auf die Situation in der Bundesrepublik zur Zeit der 1960er Jahre zu richten. Damals erreichte das Entlastungsniveau für Familien seinen „Höchststand". Seinerzeit – während Erhards Kanzlerschaft –, so rechnet es uns Jürgen Borchert heute vor, – blieb eine Drei-Kinder-Familie mit Durchschnittseinkommen einkommensteuerfrei, auf heute hochgerechnet – empfing sie zusätzlich DM 8.000 an Kindergeld, – all das in einer Zeit, in der die familiale Belastung durch Verbrauchssteuern und Sozialversicherungsbeiträge nur etwa die Hälfte des gegenwärtig zu Zahlenden ausmachte. Seitdem befindet sich

---

[2] Ludwig Erhard, Wohlstand für alle. Gütersloh 1963, S. 151.
[3] Vgl. Wiesbadener Entwurf, S. 54 f.
[4] Wiesbadener Entwurf, S. 57 f.

das System auf dem Weg vom Stillstand zum Rückschritt.[5] „Die regressive Belastungsstruktur des Abgabensystems"[6] führt zu „Kinder- und Familienarmut"; jedenfalls ist gegenwärtig „die relative Einkommenslage der Familien schlechter denn je"[7]. Das veranlasst zu steigenden Einsparungen im Bereich der Humanvermögensbildung. Mit steigender Kinderlosigkeit verstärken sich die Begünstigungen Kinderloser. Deutschland altert und lässt die „Kraftquelle Familie" versiegen.

Der Wissenschaftliche Beirat für Familienfragen misst seit vielen Jahren alle familienpolitischen Aktivitäten daran, ob sie *drei Grundprinzipien der Gerechtigkeit* genügen. Einmal geht es um das Prinzip der Gleichwertigkeit von Familientätigkeit und Erwerbstätigkeit, ein Prinzip, das wegen der Koppelung der Leistungen des Systems der sozialen Sicherung an die Existenz von (Erwerbs-)Arbeitsverträgen in der Bundesrepublik Deutschland zu Lasten der Familientätigkeit zutiefst verletzt wird. Zum anderen geht es um das Prinzip der Vereinbarkeit von Familientätigkeit und Erwerbstätigkeit, ein Prinzip, das deshalb als in der Gegenwart kaum lösbar gilt, weil die Zeitmuster für beide miteinander rivalisieren und darüber hinaus ungeklärt ist, wem Vereinbarkeit als Wunschvorstellung erscheint. Mit dem dritten Gerechtigkeitsprinzip, dem Prinzip der Wahlfreiheit zwischen Familientätigkeit und Erwerbstätigkeit, wird der eigentliche Konflikt sichtbar. Alle Prinzipien haben nach Ansicht des Beirats gleichen Rang. In dessen Gutachten „Familie und Arbeitswelt" verlautete schon 1984, Gleichwertigkeit, Vereinbarkeit und *Wahlfreiheit* seien unverzichtbare familienpolitische Postulate.

2.3. Einkommenssicherheit als bedeutende Voraussetzung für Wahlfreiheit

Ohne die Gewährleistung dieser Postulate wird die These: Menschen könnten zwischen einer Entscheidung für Familientätigkeit oder Erwerbstätigkeit frei wählen! – für eine überwältigend große Zahl von Familien zu einer Lebenslüge. Nur unter dieser Voraussetzung aber dürften Eltern in der Gegenwart bereit sein, sich für jene Zahl von Kindern zu entscheiden, die ihren Meinungsäußerungen entspricht und die deutlich über dem heutigen Stand der Geburten liegt. Dass diese Voraussetzung nicht gewährleistet ist, begründet einen massiven Handlungsbedarf für Politik (vgl. im Folgenden Abschnitt 4.).

3. Ein vorläufiges Fazit

Nach unserer Ansicht bleibt das Problem der Vereinbarkeit von Familientätigkeit und Erwerbstätigkeit ungelöst, solange das *Prinzip der Gleichwertigkeit* dieser beiden gesellschaftlich notwendigen Arbeitsarten im Alltag der Welt der Institutionen nicht verankert ist. In der modernen Sozialpolitik ist der Arbeit-

---

5 Vgl. Wiesbadener Entwurf, S. 57 ff.
6 Wiesbadener Entwurf, S. 60 ff.
7 Wiesbadener Entwurf, S. 33 ff.

nehmerschutz weit entwickelt. Im Hinblick auf die Notwendigkeit von *Familienmitgliederschutz* wird bisher lediglich von einem dringenden Bedarf geredet. Das aber ist der Bedarf, dessen Gewährleistung Jürgen Borchert einfordert. Seine dazu vorgelegten Gedanken zielen auf den Abbau aktueller Ungerechtigkeiten in der Familienpolitik. Grundlegend werden seine Ideen zur Erweiterung des verfassungsrechtlichen Schutzes von Familien. Dazu zählen vor allem die Beitragsäquivalenz von Familienarbeit und Erwerbsarbeit für Leistungen der Alterssicherungssysteme, das „Familiensplitting" und das Familienwahlrecht als „Notlösung". Es steht schlecht um unsere Gesellschaft, wenn die Verteidiger des Status Quo ihm und seinen Mitstreitern, deren Zahl zu wachsen scheint, nur noch hilflos und zugleich arrogant mit „Fundamentalismus"-Vorwürfen glauben erfolgreich entgegentreten zu können.

4. Grundlegender Handlungsbedarf

4.1. Keine Soziale Sicherung ohne Humanvermögensbildung

Ich habe schon vor der Wiesbadener Tagung vermerkt, es schiene inzwischen partei- und interessenpolitisch opportun zu werden, kompetenten, überparteilich argumentierenden Sozialwissenschaftlern und (Bundesverfassungs-) Richtern *„Familienfundamentalismus"* vorzuwerfen.[8] Bert Rürup hat während der Veranstaltung zum Wiesbadener Entwurf meine Einschätzung bestätigt. Fundamentalistisches Denken wird von ihm bei jenen entdeckt, die sich im Gegensatz zu ihm weigern, „die Wahrnehmung rechtlicher, empirischer und auch ökonomischer Gegebenheiten" völlig unkritisch, rein affirmativ zu vollziehen. Seine Vorwürfe zielen vor allem auf jene, die seit Jahrzehnten – bislang vergeblich – von „main-stream"-Ökonomen und von Bundesregierungen unterschiedlicher Couleur verlangen, die „generativen" Beiträge von Familien als eine originäre Beitragsleistung zur Sozialen Sicherung anzuerkennen, (konkret: eben nicht als „versicherungsfremde" Elemente zu denunzieren).

Solche Beitragsäquivalenz wurde zwar in wiederholt anstehenden Entscheidungen vom Bundesverfassungsgericht gleichfalls gefordert. Der „Rentenexperte" Rürup attestierte ihnen allerdings flugs einen lediglich „begrenzten Gebrauchswert" und bewies damit, dass die in der wissenschaftlichen Diskussion gewonnenen Einsichten über die konstitutive Bedeutung der Bildung von Humanvermögen für die Stabilität der Sozialen Sicherungssysteme von Politikberatern seines Typs immer noch nicht verstanden worden zu sein scheinen. Vielleicht werden sie auch wider besseres Wissen ignoriert. Dann aber muss gefragt werden, wem diese Variante von Politikberatung dienen soll. Bislang scheint es vornehmlich um die Stabilisierung der Definitionsmacht der „Herrschenden" zu gehen – einschließlich der institutionalisierten Sicherungssysteme. Dazu zählt offensichtlich deren „Fähigkeit", die Stimmen zur Unwirksamkeit zu bringen,

---

8 Vgl. Krüsselberg, Hans-Günter, Reichmann, Hans (Hrsg.), Zukunftsperspektive Familie und Wirtschaft. Grafschaft: Vektor Verlag 2002, S. 79 ff.

die von jeglicher Maßnahmendiskussion erwarten, dass sie sich zunächst um eine *Analyse der gesellschaftlich grundlegenden Tatsachen* bemüht.

Auf dem Auge, das auf Tatsachen blicken will, ist jeder blind, der den „demographischen Faktor" in der Rentenversicherung allein im Kontext einer alternden Bevölkerung wahrnimmt. Die „Schieflage" im Aufbau der Bevölkerungsstruktur ist eine Folge des Geburtenrückgangs. Gerade Ökonomen dürften nicht argumentieren wollen, das habe mit Kosten und Erträgen nichts zu tun. Dabei kann es keinen Zweifel daran geben, dass das herrschende Sicherungssystem mit einem gravierenden Strukturfehler behaftet ist, gewiss ist dieser nicht so einzuschätzen, als könne er als eine politisch zu vernachlässigende Größe betrachtet werden. Empirisch ist es mehrfach belegt, dass die Phase des Zusammenlebens von *Eltern und Kindern deutlich stärker mit einem Verschuldungsrisiko belastet* ist als die Altersphase. In Deutschland geraten junge Familien wegen ihrer Bereitschaft, Kinder zu haben, in wirtschaftliche und auch soziale Bedrängnis (Helga Schmucker). Diese heute oft als potenzielle Armut bezeichnete Bedrängnis aufzuheben ist eine zentrale Aufgabe moderner Familienpolitik.

Bereits seit den 50er Jahren des letzten Jahrhunderts ist dieses Problem erkannt. Seit damals betonen hochqualifizierte Sozialwissenschaftler und sozialpolitische Praktiker, dieses sich infolge gesellschaftlicher Veränderungen ergebende Problem potenzieller wirtschaftlicher und sozialer Bedrängnis durch Elternschaft begründe *einen alle anderen sozialpolitischen Aufgaben an Bedeutung weit überragenden politischen Handlungsbedarf*. Die „neue" sozialpolitische Großaufgabe (bereits) des 20. Jahrhunderts bestehe darin, *die Lasten für das Aufbringen der jungen Generation „gerecht" zu verteilen*. Die Politik folgte diesen Mahnungen nicht. Sie betrieb eine Politik der Schließung der versorgungspolitisch gesehen eher *nachrangigen Lücke in der Altersversorgung* und leugnet dauerhaft den damit begangenen Verstoß gegen die gebotene Wahrung der Gerechtigkeit zwischen den Generationen. Empirisch und politisch stellt sich dieses Problem heute als noch gravierender dar als in den inzwischen längst vergangenen 1950er Jahren.

4.2. Kinder- und Familienarmut im Wohlfahrtsstaat: Fehlsteuerung und Versagen des deutschen Umverteilungssystems

Wohlgemerkt: Seit den 1950er Jahren war prognostiziert worden, dass in einem Staat, der die „Arbeiterklasse" mit umfassenden Maßnahmen vor Notlagen zu schützen begann, die hinfort zu erwartende „*Neue Armut*" durch die Merkmale weibliches Geschlecht, Frauen im Alter und Kinderreichtum geprägt werde. Es ist atemberaubend beschämend, dass erst in der unmittelbaren Gegenwart, in der sich die wirtschaftlichen Schwierigkeiten in Deutschland häufen, dieser Tatbestand – sagen wir – politisch aktenkundig wird. Parallel zu einer Rentendiskussion, die von einer „Kinderrente" zur Deckung des lebensnotwendigen Bedarfs von Kindern nichts wissen will, meldet *der „Erste Armuts- und Reichtumsbericht"* der Bundesregierung: „Ein erhöhtes Armutsrisiko tragen vor allem junge

Familien mit kleinen Kindern, da im Zuge des Aufbaus eines Familienhaushalts ein erhöhter finanzieller Bedarf besteht." „Armut von Kindern ist vielfach eine Folge geminderter Erwerbs- und Einkommenschancen ihrer Eltern"[9].
Vor diesem Hintergrund dürfte eine ziemlich aktuelle Nachricht besondere Beachtung verdienen. Im Weltentwicklungsbericht 2000/2001 mit dem Titel: „Bekämpfung der Armut" verweist die Weltbank auf eine Studie über die „realen Welten des Wohlfahrtskapitalismus"[10]. Danach zeigen die Ergebnisse der politischen Maßnahmen in der Bundesrepublik Deutschland zum Abbau von Armut im Zeitraum von 1985 bis 1994 keinen nennenswerten Erfolg. Das sei eine Folge der Ideologie des praktizierten Systems der Umverteilung, meint die Weltbank[11] und *unterstreicht* damit *die von uns seit langem vertretene Position*.

4.3. Reform an „Haupt und Gliedern" unverzichtbar

Absolut zwingend ist vor diesem Hintergrund die Folgerung, dass wegen seiner gesellschaftlichen Fehlleistungen das gesamte Umverteilungssystem der Bundesrepublik Deutschland, das System der Sozialtransfers und das der Besteuerung, in seiner *Undurchschaubarkeit* und *Unwirksamkeit im Hinblick auf seine Zielsetzung* zur Disposition stehen müsste – für eine Reform *an Haupt und Gliedern*. Das Dispositionspotenzial ist nicht gerade wenig. Bei dieser Annahme deckt sich die derzeitige finanzielle Verfügungsmasse für Sozialreformen zumindest mit dem Volumen des aktuellen Sozialbudgets, das schon 1999 den Wert von 668 Milliarden Euro erreichte. Niemand sollte also davon reden, es sei nirgendwo ein beachtlich großer Fonds zur Finanzierung des aktuellen Umgestaltungsbedarfs auszumachen. Schon seit Jahrzehnten blockieren die von der Weltbank genannten, in der Fachwelt seit 1950 nachgewiesenen und kritisierten Ideologien die notwendigen Reformen. Der Preis dieser *Denkblockade* ist ein schleichender nachhaltiger Verzehr der volkswirtschaftlichen Vermögenssubstanz, *nicht nur, doch* vor allem im Bereich des Humanvermögens. Seit einem halben Jahrhundert geht die deutsche theoretische Variante einer zukunftsorientierten Familienpolitik von der Feststellung aus, dass Kinder zwar nur zwanzig Prozent der Gesellschaft ausmachen, jedoch hundert Prozent der Zukunft. In der aktuellen Armutsdebatte *muss* Tony Blair bemüht *werden*, um diese Basisthese in der aktuellen deutschen Politikdebatte unterbringen zu können. Kann er die Denkblockade auflösen?

---

9 Bundesministerium für Arbeit und Sozialordnung (Hrsg.), Lebenslagen in Deutschland. Der erste Armuts- und Reichtumsbericht der Bundesregierung. Bericht (Band 1) 1999, S. 16f., 90f. 92.
10 Goodin, Robert E., Dirven, Henk-Jan, Headey, Bruce, Muffels, Ruud, The Real Worlds of Welfare Capitalism. Cambridge University Press 1999.
11 Die Weltbank (Hrsg.), Jahresbericht 2000, S. 140.

4.4. Eilbedarf

Es bleibt dabei: Noch scheint die absolute Höhe der bestehenden, wenngleich abschmelzenden Vermögenspotenziale des „gelähmten Riesen" Bundesrepublik Deutschland (Krengel) das Ausmaß seiner „Lähmung" zu verdecken und zugleich den Blick auf die konkret verfügbare Verfügungsmasse für Sozialreformen zu versperren. Doch ohne die Bereitschaft, die fundamentalen Einsichten in die Überlebensfähigkeit von Gesellschaften zur Richtschnur politischen Handelns zu machen, wird es weiterhin nicht nur „Lähmung", sondern *viele „kleine Katastrophen"* geben.

Literatur

Bundesministerium für Arbeit und Sozialordnung (Hrsg.), Lebenslagen in Deutschland. Der erste Armuts- und Reichtumsbericht der Bundesregierung. Bericht (Band 1) 1999.

Die Weltbank (Hrsg.), Jahresbericht 2000.

Goodin, Robert E., Dirven, Henk-Jan, Headey, Bruce, Muffels, Ruud, The Real Worlds of Welfare Capitalism. Cambridge University Press 1999.

Krüsselberg, Hans-Günter, Reichmann, Hans (Hrsg.), Zukunftsperspektive Familie und Wirtschaft. Grafschaft: Vektor Verlag 2002.

Ludwig Erhard, Wohlstand für alle. Gütersloh 1963.

VIII. Familien- und Sozialpolitik international

Familien- und Bevölkerungspolitik in Europa

Prof. Dr. Hans-Joachim Schulze

1. Einleitung

Ein kurzer Beitrag über Familienpolitik in Europa ist nahezu eine „mission impossible". Dennoch ist es möglich verschiedene Wege einzuschlagen. Der hier eingeschlagene Weg hat drei Stationen. Zunächst geht es um ein paar Hinweise zum Thema Familie und Familienpolitik und wenige Worte zum Thema Europa (2). Sodann möchte ich Befunde zum Thema vorstellen, die gekennzeichnet sind durch ihre Heterogenität in punkto Europa-Abgrenzung, Definition der Familienpolitik, der Anlage der Untersuchung und der beobachteten oder vermuteten Folgen der Existenz bzw. der Wirkung von Politik (3). Abschließen möchte ich mit einem thesenartigen Plädoyer für eine europäische Initiative zur Verstärkung der Politik und der Wirkungsforschung auf dem Gebiet der Familie (4).

2. Familie, Familienpolitik und Europa

Wird von Familie gesprochen, so wird damit „Einheit", „Zusammengehörigkeit", „Verbundenheit" assoziiert. Die Frage ist, was wird in der Familie eigentlich nun zusammengehalten? Wenn man sich an die Sichtweisen heute lebender Menschen hielte, so fände man eine unendliche Menge an bestehenden Familiendefinitionen vor, die beim einen eine Katze und beim andern ein Kaninchen mit einschließen. Lässt man ausschließlich Menschen zu in der Familiendefinition, so kann man sich an Klassiker der Familiensoziologie halten und Émile Durkheim zu Rate ziehen. Für ihn ist Familie eine Kombination aus zwei Elementen, nämlich der Ehe und der Elternschaft. Wenn wir davon ausgehen, dass heute Ehe und unverheiratete Partnerschaft Äquivalente sein können, dann ist auch Partnerschaft ein Element von Familie. Die Tatsache, dass ein Paar ein Kind hat, also „Eltern" ist, ergibt das zweite Element von Familie nämlich *Elternschaft*. Hielte man sich an diese Regel, dann wäre von Ein-Eltern-Familien nicht zu reden, sondern nur von Alleinerziehenden. Warum ist es sinnvoll, Partnerschaft und Elternschaft deutlich zu scheiden? Die Unterscheidung bezieht sich auf zwei verschiedene Gesichtspunkte.

VIII. Familien- und Sozialpolitik international

(1) Zum einen sind Partnerschaft und Elternschaft kategorial verschieden. Partnerschaft bezieht sich auf die exklusive soziale Beziehung zwischen zwei erwachsenen Menschen ungleichen Geschlechts, die durch die Betreffenden selber gewählt wurde und die auf Liebe beruhen soll und – neben anderen Dingen – in einem gegenseitigen sexuellen Privileg. Elternschaft dagegen schließt Sexualität zwischen biologischen oder sozialen Eltern und deren Kinder aus und begründet die Aufgabe der Versorgung, der Zuwendung und der langandauernden Verpflichtung der Erwachsenen gegenüber dem Nachwuchs. Das ist anders in der Ehe oder Partnerschaft: diese exklusive Beziehung ist kündbar und die Kündigung kann gerade mit dem Argument der „fehlenden" Liebe begründet werden.

(2) Zum andern ist zu beobachten, dass in den letzten Jahrzehnten in steigendem Masse Lebensformen von zwei und mehr Menschen entstanden sind, in denen von Partnerschaft im soeben angesprochenen Sinn keine Rede ist. Entweder handelt es sich um Erwachsene, die ihre Kinder ohne Partner – also nach einer Scheidung oder außerhalb jeder Partnerschaft - versorgen oder es handelt sich um gleichgeschlechtliche Paare, die Kinder aus einer anderen Verbindung mitbringen, adoptiert haben oder durch eine Reproduktionsform erhalten haben, die besonderes ärztliches Spezialistentum erfordert.

Die Unterscheidung von Partnerschaft und Elternschaft hat Konsequenzen für die Abgrenzung des zweiten Begriffs, nämlich der Familienpolitik.

Auf den Begriff der *Bevölkerungspolitik* will ich nur kurz und *ablehnend* eingehen, weil er mir weniger denn je sinnvoll erscheint: Wo die traditionelle Basis des Bevölkerungsaufbaus entfallen ist, wonach es selbstverständlich schien, dass der volle Status des Mannes und der Frau nur erreicht werden konnte über Vaterschaft bzw. Mutterschaft, ist die Entwicklung der Bevölkerung eine Resultante der Entscheidung von – potenziellen – Eltern, also auf Mikroniveau. Die Entwicklung kann nicht mit einer konstanten, selbstverständlichen und hohen Bereitschaft zur Reproduktion rechnen und dafür mal mehr oder mal weniger günstige Randbedingungen schaffen.[1] Außerdem passt ein Begriff, der prätendiert etwas mit dem Kollektiv Bevölkerung zu tun ohne mit den potenziellen oder faktischen Partnern und Eltern zu kommunizieren kaum in eine demokratische Perspektive. Sachlich gehe ich davon aus, dass eine Familienpolitik Implikationen für die Bevölkerungsentwicklung haben kann und dass eine gute Familienpolitik somit in ihrer Wirkung auch Bevölkerungspolitik sein kann, während umgekehrt Vorbehalte geltend zu machen sind.

Wird *Familienpolitik* begriffen als der Satz an staatlichen Maßnahmen und Regulierungen, der geeignet ist die (1) Familienbildung, d.h. die Entstehung von Familie und Elternschaft und (2) den Familienalltag zu beeinflussen, ist das eine Einstiegsdefinition, die viel umfasst. Der Vorteil der Definition ist, dass sie absieht von der Frage ob es sich eine explizite oder implizite Form der Politik

---

[1] Vgl. Bagavos und Martin (2001).

handelt. Dadurch werden unterschiedliche politische Systeme vergleichbar unter einem Gesichtspunkt.

Das *Problematische* an der Definition wird dann deutlich, wenn wir feststellen, dass viele Lebensformen heute nicht mehr aus einer Verschränkung von Partnerschaft und Elternschaft bestehen. Streng genommen ist Familienpolitik dann eine *Exklusionspolitik*, die neue Formen des Zusammenlebens außen vor lässt. Dies ist insofern problematisch, da gerade in der Erziehung eine der Hauptfunktionen privater Lebensformen mit Kindern zu sehen ist, die gemäß dem *human resource approach* von zentraler Bedeutung ist für die Aufrechterhaltung des Lebenshaltungsniveaus der reichen, westlichen Länder, wo die Leistungsfähigkeit der Kinder der wichtigste Produktionsfaktor wird. Je seltener Kinder sind, desto sorgfältiger muss man mit ihnen umgehen, so könnte die Direktive lauten, die sich daraus ableitet. Also wäre Familienpolitik zu ergänzen durch eine *Elternschaftspolitik* für z.B. diejenigen Lebensformen, in denen Eltern leben, die ihre Kinder allein erziehen.

Auch wenn dieser Begriff nicht Karriere machen wird, jedoch man muss sich jedoch im Klaren darüber sein, dass (1) die zentrale Legitimation der Intervention in die Lebensbedingungen und -formen privater Menschen darin liegt, dass einer Klasse von Menschen ohne Intervention Probleme drohen, die für diese selbst und für ihre Mitmenschen negative Folgen zeitigen können – so gesehen sind *Kinder* eine wichtige, vielleicht die wichtigste Zielgruppe; (2) wenn wir von Familienpolitik und nicht von Elternpolitik reden, dann besteht die Gefahr, dass wir diejenigen, die nicht in der Lebensform Familie leben, ausblenden. Der Testfall ist die Position der allein Erziehenden und deren Kinder. Die Befunde geben Anlass zur Annahme, dass diese Gruppe mithilfe des Familienbegriffs mehr oder weniger ausgeschlossen wird (siehe unten).

Ein weiterer Aspekt sei kurz angefügt. Der Begriff Familienpolitik – ob mit oder ohne Einbeziehung von Elternpolitik – kann zur Annahme verführen, dass eine Maßnahme, die auf Familienbildung oder Familienalltag gerichtet ist, das erreicht, wofür es eingerichtet wurde. Nichts wäre falscher als das.[2] Politik und Familie stehen im Verhältnis der *Selektivität* und der *Interaktion* zueinander und es besteht keineswegs ein Verhältnis der Unter- oder Überordnung. Aus dieser Sicht scheint so zu sein, dass die Politik die Bedeutung der Familie und der Elternschaft strukturell unterschätzt bzw. die Wirkungen der Politik auf Familie gar nicht berücksichtigt und die Familie bzw. Eltern nicht in der Lage sind, ihre Interessen bei der Politik wirksam anzumelden.

Nur noch kurz zu Europa: Was Europa betrifft, so ist festzustellen, dass damit heute meist Westeuropa gemeint ist. Oftmals wird es gleichgesetzt mit der Europäischen Union, jedoch ist das sicher nicht befriedigend, unter anderem da diese Einheit seit ihrer Gründung erheblich gewachsen ist und dies Wachstum noch nicht abgeschlossen ist.

---

2 Das ist die Lehre, die wir aus einem subtilen Beitrag von Strohmeier (2002) ziehen können.

VIII. Familien- und Sozialpolitik international

3. Befunde

Befunde, die sich unter dem Stichwort Familienpolitik sammeln lassen, zeichnen sich aus durch ihre a) Heterogenität in punkto Europa-Abgrenzung, und b) der Definition von Familienpolitik, c) der Anlage der Untersuchung (beschreibend oder analysierend) und d) der beobachteten oder vermuteten Politik und e) deren möglicher Wirkung.

Bei der Darstellung möchte ich vom groben zum feinen, vom Beschreibenden zum Analysierenden vorgehen. Zunächst ein paar Resultate aus einer zusammenfassenden und beschreibenden Sicht auf die Familienpolitik in Europa, was die Periode nach dem 2. Weltkrieg betrifft. Es wurden vier Indices für eine Familienpolitik finanzieller Art für ost- und westeuropäische Länder berechnet und deren Entwicklung in einer Zeitreihe abgebildet.[3] Die sich ergebenden Trends für diese 4 Indices ergeben grafisch ausgedrückt folgendes Bild:

Abbildung 1: Trends in Cash Benefits for Families, 1947-1997
(Average for 17 Western European Countries)

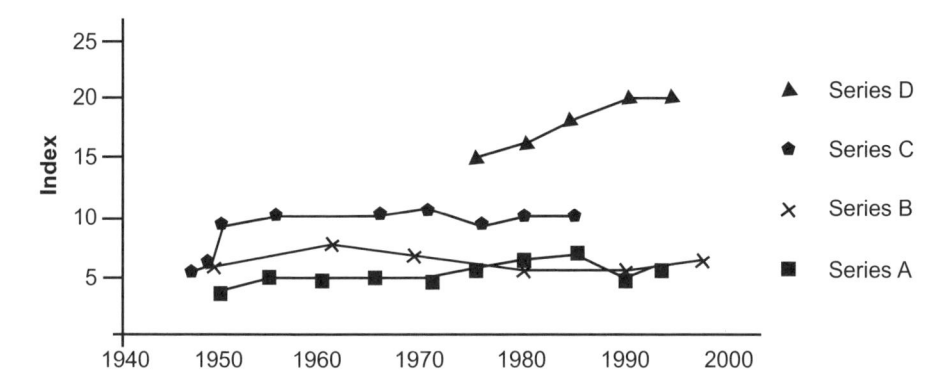

Der *Index A* bezieht sich auf finanzielle Leistungen, die pro Kind im Alter zwischen 0 und 14 Jahren erbracht werden, als Anteil des Bruttosozialprodukts pro Kopf. *Index B* betrifft Geldzuwendungen an eine Familie mit zwei Kindern, ausgedrückt als Prozentsatz eines durchschnittlichen Leistungseinkommens eines Mannes, der in der Produktion arbeitet. *Index C* umfasst direkte und indirekte finanzielle Leistungen an eine Familie mit zwei Kindern, ausgedrückt als Prozentsatz eines Durchschnittseinkommens eines Arbeiters in der Produktion. *Index D* beruht auf direkten und indirekten Zahlungen an eine Familie mit zwei Kindern und *einem* Verdiener mit einem Einkommen, das gleich ist mit dem eines Mannes in der Produktion, ausgedrückt als *zusätzliches* verfügbares Einkommen für eine Familie im Vergleich zu einem kinderlosen Einzelverdiener. Das Ergebnis der Untersuchung lässt sich zusammenfassend so darstellen:

---

3 Vgl. Gauthier (1999): S. 946 Figure 1.

Alle Zahlenreihen zeigen einen sehr *flachen* Verlauf für die Periode von 1947 bis 1997. Nur der Index D (er misst die Zahlungen an Kinder bei einer nicht erwerbstätigen Frau, deren Mann Geld verdient) stieg deutlicher an.

„Der Trend der staatlichen Ausgaben für Familien steht damit in scharfem Kontrast zu jenem Trend, der die Höhe der staatlichen Ausgaben insgesamt kennzeichnet. In den OECD Ländern haben sich die Ausgaben (als Prozentsatz des Bruttosozialprodukts) in der Zeit zwischen 1960 und 1990 mehr als verdoppelt, sie stiegen von 12 auf 28 %."[4]

Zugleich ist festzustellen, dass die Ausgaben des Staates für Familien in der Mitte der 1970er Jahre nicht deutlich weniger wurden, obwohl sich neue politische und ökonomische Konstellationen ergaben, die den Wohlfahrtsstaat unter Druck setzten. Überdies sind in den Zahlenreihen erhebliche Unterschiede zwischen den Ländern „ausgebügelt", denen wir uns nun zuwenden.

(2) Das European Observatory on National Family Policies hat in den 1990er Jahren mit einer vergleichenden Publikation zur Familienpolitik zur familienpolitischen Einsicht über EU-Europa beigetragen. Unter anderem wurde untersucht, wie das Arbeitseinkommen vor Steuern („Gros"), das Arbeitseinkommen nach Steuern („Post-tax"), das verfügbare Einkommen nach Hinzurechnung eines „Familienpolitikpaketes" („Post ben") und das verfügbare Einkommen aussieht, wenn die Wohnkosten abgezogen sind („AHC"). Um die Sache noch präziser zu machen wurde die Berechnung bei verschiedenen Familientypen im Vergleich vorgenommen, um Verteilungseffekte sichtbar machen zu können.[5] Die abhängige Variable, das verfügbare Einkommen, ist jeweils gemessen in der Kaufkraftparität in Pfund Sterling im Monat.

Wir wollen uns *zwei Familientypen* herausgreifen und beginnen mit einem Elternpaar mit drei Kindern im schulpflichtigen Alter, das als Leistungseinkommen 0,5 eines Durchschnittsverdienstes erzielt – wahlweise wurde das gesetzlich festgelegte Minimumeinkommen hierfür eingesetzt, wenn dies höher war als ein halbes Durchschnittseinkommen.

---

[4] Gauthier (1999): S. 946.
[5] Ditch Barnes und Bradshaw (1996): p.61.

VIII. Familien- und Sozialpolitik international   435

*Abbildung 2: Redistributive effects – couple with three children, one earner
0.5 average earnings*

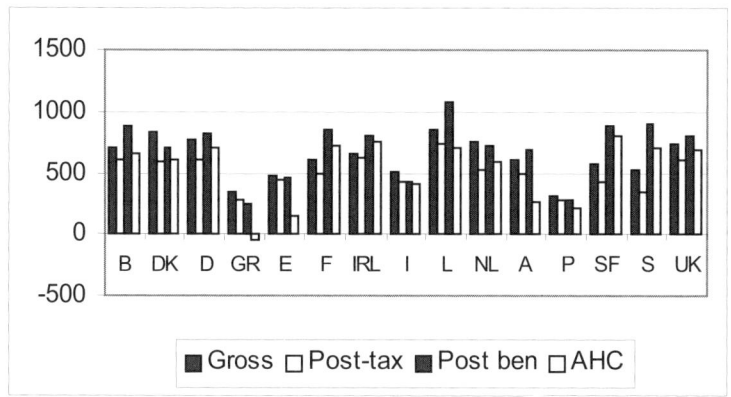

[Bar chart showing Gross, Post-tax, Post ben, AHC values for countries: B, DK, D, GR, E, F, IRL, I, L, NL, A, P, SF, S, UK; y-axis from -500 to 1500]

(Quelle: Ditch, Barnes und Bradshaw (1996): p.61, Figur 4.1.a)

Es handelt sich bei diesem Familientyp um eine größere Familie, die als arm angesehen werden kann. In den Ländern Belgien, Dänemark, Frankreich und Luxemburg ist das Minimumeinkommen höher als das gewählte Einkommen. DK und L starten mit den höchsten Leistungseinkommen. Nach Abzug der Steuern ist L immer noch vorn, jedoch ist DK abgefallen hinter B, UK und IRL. Wenn man die Transferzahlen addiert, dann bleibt L vorn und steigen S, UK B und SF nach oben. Wenn man die Wohnkosten in Rechnung stellt, ergibt sich eine neue Reihenfolge, wobei durch relativ hohe Wohnförderung SF, F, IRL, S, UK und D die höchste Position einnehmen.

Man ersieht aus dieser Modellrechnung vier Befunde: (a.) Das Leistungseinkommen determiniert nicht, was der Familie als verfügbares Einkommen zusteht. (b.) Im Laufe des Umverteilungsprozesses wechselt die Rangfolge der Länder. (c.) In der Gruppe der Länder, die verbleibt, wenn man von L, den südlichen EU-Ländern und Österreich absieht, ergibt sich eine relativ homogene Gruppe (Spannweite zwischen 700 und 900 Pfund Sterling pro Monat). (d.) In den meisten Ländern bringen die staatlichen Zahlungen an Familien nur etwas mehr als nur den Ersatz für bezahlte Steuern – selbst bei diesem Familientypus. In einigen Ländern (DK, NL und den südlichen Ländern) wird selbst das nicht erreicht.

Wenden wir uns einem Familientyp zu, der besteht aus zwei Eltern mit zwei schulpflichtigen Kindern; die Eltern erzielen beide jeweils ein Leistungseinkommen, das 1,5mal so hoch ist wie das Durchschnittseinkommen. Es handelt sich also um eine „gutverdienende Standardfamilie".

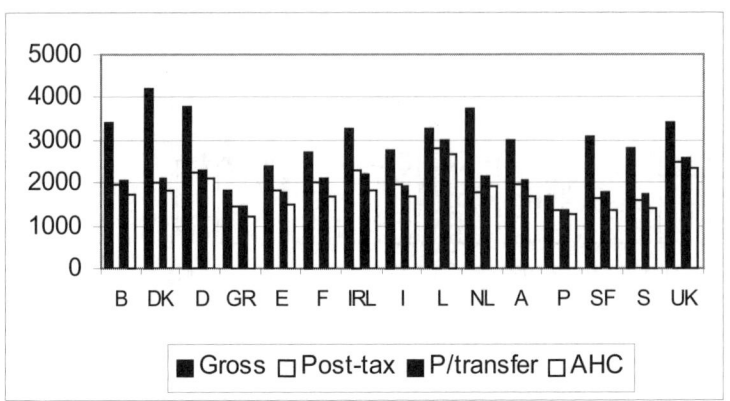

Abbildung 3: Redistributive effects – couple with two children, two earners, 1.5 average plus 1.5 average earnings

(Quelle: Ditch, Barnes und Bradshaw (1996): p.61, Figur 4.1.b)

Wenn man den Umverteilungsprozess anschaut, dann ist festzustellen, dass kein Land die Familie nach Abzug der Steuern und der Zahlung der Familienleistungen besser stellt. Es sind aber erhebliche Rangverschiebungen zu eruieren. Die Familien in DK, D, NL haben die höchsten Einkommen. Nach der Besteuerung und nach den familienpolitischen Leistungen sind L und UK ganz vorn. In allen Ländern zahlen die Familien mehr Steuern als sie als Transfers empfangen – die Steuerlast ist eine stärkere Determinante des verfügbaren Einkommens als das Leistungseinkommen.

(3) Wenden wir uns nun dem Thema *Armut* zu und stellen uns die Frage, wie viel Kinder mit zwei Eltern bzw. in Ein-Eltern-Familien in Armut leben. Auf der Basis der Luxembourg Income Study ergibt sich folgendes Resultat:[6]

---

6 Vgl. Barnes (2000).

VIII. Familien- und Sozialpolitik international

Tabelle 1: Percentage of Children living in poor households, by household type and age of youngest child, circa 1990 – LIS

	Couple households		Lone parents	
	Child under 6	Child over 6	Child under 6	Child over 6
Belgium	5.1	4.6	22.7	5
Denmark	4.7	4.3	10.6	6.5
Germany	8.7	11.5	46.2	14.5
Spain	16.6	16.7	31.1	27
Italy	11.7	15.5	21.5	17.5
Netherlands	7	8.7	55.5	26.4
Finland	2.9	3.7	6.7	6.1
Sweden	3.9	3.4	6.8	4.2
United Kingdom	22.8	17.4	46.3	47.9
Norway	3.1	3.2	8.6	8.7
Czech Republic	1.7	1.4	18	5.2
Hungary	12.8	6.3	32.7	7.5
Poland	20.4	16.3	14.4	22.2
Russia	27.6	19.5	49.8	38.6
Slovakia	1.8	2.1	6.4	5.5
Israel	13.9	17.1	20.7	31.7
Taiwan, ROC	13	18.1	24.1	31.5
Canada	11.4	11.7	48.7	39.2
United States	20.4	18.4	66.3	44

Source: Original analysis by Jun-Rong Chen, University of New York
(Quelle: Barnes (2000): S. 46, Tabelle 2.6.)

Die Daten zeigen, dass die Anteile armer Kinder größer sind, wo es sich um Kinder im Alter bis zu sechs Jahren handelt; die Kindererziehung verhindert oder erschwert den Zugang zum Arbeitsmarkt. Der Unterschied ist schwach bei den 2-Eltern-Familien. Bei allein Erziehenden sind die Armutsraten besonders hoch, wenn die Kinder unter sechs Jahre alt sind; sie nehmen in den meisten Fällen ab, wenn die Kinder in der Schule sind. Von den EU-Ländern, die in der Tabelle enthalten sind, zeigen bei den unter 6-Jährigen mit einer Erziehungsperson die NL, UK und D die höchsten Prozentsätze: grob gesagt ist *jedes zweite Kind einer/s allein Erziehenden hier arm.* Der Begriff der Familienpolitik, scheint diejenigen Lebensformen tendenziell auszuschließen, die nicht aus einer

Kombination von Partnerschaft und Elternschaft bestehen und lediglich Elternschaft kennen.

(4) Im Folgenden will ich mich einem speziellen Thema zuwenden und dabei von einer Beschreibung zur empirischen Analyse überwechseln. Es geht um die Wirkung des Eltern- bzw. Mutterschaftsurlaubs auf die Gesundheit des Kindes. Die Fragestellung ist von besonderer Relevanz, wenn wir davon ausgehen, dass das Humanvermögen die zentrale Ressource der westeuropäischen Länder ist und dass die Bildung des Humanvermögens besonders stark in den ersten Lebensjahren beeinflusst wird. Eine Untersuchung von 16 europäischen Ländern bezog den Zeitraum von 1969 bis 1994 in die Analyse ein.[7] Die Analyse beruht auf Aggregatdaten und bezieht sich auf das Maximum an Elternurlaub, das durch die relevanten Regeln bestimmt wird. Die Regularien zeigen die bereits mehrfach angetroffene Heterogenität der nationalen Regelungen und reichen etwa von 64 Wochen und 90 % Einkommen in Schweden bis zu zwölf Wochen und 100 % Einkommen in den Niederlanden und zehn Wochen in der Schweiz, wobei die Bezahlung abhängt von der Versicherung des Inanspruchnehmers bzw. der Inanspruchnehmerin. Der Durchschnitt aller Regelungen bezüglich der Wochen bezahlter Elternurlaub zeigt einen Anstieg im Berichtszeitraum:

Abbildung 4: Average weeks of paid parental leave

(Quelle: Ruhm (2000): S. 943, Figur 1)

---

7 Vgl. Ruhm (2000) und hier die Länderliste auf S. 936.

VIII. Familien- und Sozialpolitik international 439

Die ökonometrische Analyse Ruhms zur Wirkung des Elternurlaubs auf die Gesundheit von Kindern gelangt zu folgendem Ergebnis:

Abbildung 5: Parental leave effects in models with supplemental regressors

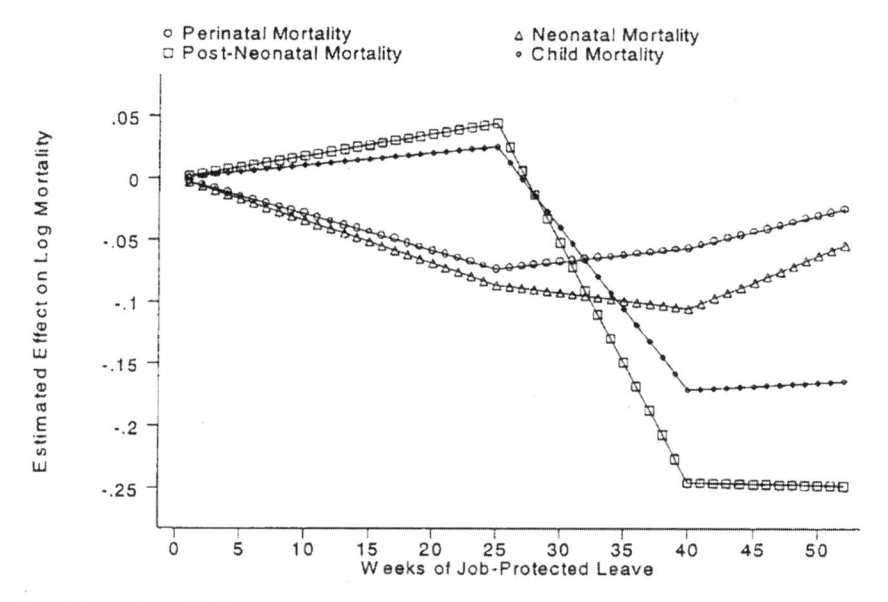

(Quelle: Ruhm (2000), S. 951, Figur 4)

Der Umfang des Elternurlaubs hat einen deutlich reduzierenden Effekt auf die Sterblichkeit von Kindern. Die Berechungen lassen prognostizieren, dass eine Erweiterung des Urlaubs um zehn Wochen die Mortalität von Kleinkindern zwischen 2,5 % und 3,4 % reduziert, wobei der Grad der Reduktion davon abhängt, welche Spezifizierungen des Modells erfolgen. Ein unbezahlter Elternurlaub zeigt keinen Zusammenhang mit der Sterblichkeit von Kleinkindern, was dadurch erklärt werden kann, dass Eltern unter diesen Bedingungen nicht geneigt sind, frei zu nehmen. Eine kurze Phase des Elternurlaubs hat keinen (erwünschten) Effekt. Auch auf andere Aspekte der Gesundheit von Kindern hat die Regelung des Elternurlaubs einen positiven Effekt. Der Autor kommt aufgrund von Modellberechnungen zum Schluss, dass eine Investition in den Elternurlaub eine gesellschaftlich sinnvolle Investition ist.

(5) Während beim Elternurlaub mehr besser ist als weniger, gilt das nicht notwendigerweise für alle politischen Maßnahmenbereiche. Ich möchte die Ergebnisse einer aktuellen Publikation zum Thema Wirkungen der außerfamilialen Kinderbetreuung auf Kinder vorstellen, um zu zeigen, was ich meine und weise hier bereits darauf hin, dass mehr investiert werden muss, um die Wirkungen auch politisch bestimmter Maßnahmen für Kinder und deren Entwicklung und

Lebensqualität so genau wie möglich zu bestimmen. 2001 publizierte der international renommierte Forscher Jay Belsky einen Aufsatz unter der Überschrift „Entwicklungsrisiken sind (noch) verknüpft mit frühkindlicher Betreuung"[8]. Ich stelle diese Ergebnisse vor, weil Europa keine vergleichbare Studie zu bieten hat und weil sie familienpolitische Relevanz besitzt. Die Analyse einer Langzeituntersuchung des National Institute of Child Health and Human Development (NICHD) in den USA richtete sich auf 1.300 Kinder in der Periode zwischen von Geburt bis zum Alter von fünf Jahren, deren Familien in zehn Städten in den USA leben. Diese Untersuchung ist neben einer noch im Druck befindlichen Studie[9] die einzige Forschungsarbeit, in der nicht nur die *Dauer* des Besuchs der Kinderbetreuung in Monaten und Jahren gemessen wurde, sondern auch die *Stunden* der Inanspruchnahme pro Woche, die *Art der Kinderbetreuung*, die *Qualität der Kinderbetreuung* und die *Interaktion* in der Familie über die Jahre. Diese umfassendste publizierte Studie auf diesem Gebiet kommt zum Ergebnis[10], dass unter der Bedingung, dass

(a) Kinder sehr früh in ihrem Leben (d.h. vor Erreichen des ersten Lebensjahres), (b) relativ viele Stunden (zu denken ist an mehr als zehn Stunden pro Woche), (c) über 54 Monate Kinderbetreuungseinrichtung(en) besuchen und (d) Wechsel in der außerfamilialen Kinderbetreuung erfahren (Art der Einrichtung und Personal) ein deutlich höheres Niveau externalisierender Probleme, d.h. aggressives und störendes Verhalten als ihre Alterskollegen zeigen – nach Aussage der Kindergartenbetreuer, der Mütter und der Vorschullehrer. Dieses Ergebnis bleibt stabil, wenn sehr viele Variablen kontrolliert werden (u.a. SES, bürgerlicher Stand, Ausbildungsniveau der Mutter) und auch die Qualität der Kinderbetreuung.

Zugleich macht diese Langzeituntersuchung auch deutlich, dass unter den drei Bedingungen, Familienmerkmale, frühkindliche Betreuung und Armut, der Familie der größte gemessene Effekt zugerechnet werden kann. Geringer als der *Familieneinfluss* (sensitives und responsives Elternverhalten) und untereinander gleich groß sind die Einflüsse der *außerfamilialen Kinderbetreuung* (kumulierte Stunden über 4,5 Jahre) und *Armut* auf die kindliche Entwicklung.[11] Auch kleine Effekte auf dem Gebiet problematischen Verhaltens fallen ins Gewicht, wenn viele und zunehmend *mehr* Kinder durch steigende, frühe Inanspruchnahme außerhäuslicher Betreuung von Kindern davon betroffen sind und darum ist hier Familienpolitik von Bedeutung – auch und gerade im vorsorgenden Sinn, da kleine Abweichungen sich auf die Dauer zu großen Abweichungen entwickeln können.[12]

---

8 Belsky (2001).
9 Sagi et al. (2002).
10 Vgl. Belsky (2001): S. 854.
11 Vgl. Belsky (2001): S. 855.
12 Vgl. Caprara und Zimbardo (1996).

Die „Haifa Study of Early Child Care"[13] untersucht die Frage inwiefern Kinder in verschiedenen außerfamilialen Kinderbetreuungseinrichtungen in verschiedenem Masse ein sicheres *Bindungsverhalten* gegenüber ihrer Mutter zeigen. Die umfangreiche Studie (N=758), die das gesamte Schichtenspektrum der israelischen Bevölkerung umfasst und auch die familiäre Mutter-Kind-Interaktion berücksichtigt, kommt zum Ergebnis, dass die Art der Kinderbetreuung zusammenhängt mit der Wahrscheinlichkeit einer sicheren Mutter-Kind-Bindung.

Tabelle 2: Zusammenhang zwischen Klassifikation des Bindungsverhaltens bei Kindern im Alter von 12 Monaten und Typ der Kinderbetreuung

Typ Kinderbetreuung	Sichere Kind-Mutter-Bindung		Unsichere Kind-Mutter-Bindung	
	N	%	N	%
Mutter	208	74	75	26
Verwandte	82	**81**	19	19
Entlohnte Kinderbetreuung	120	71	49	29
Betreuungsfamilie	39	72	15	28
Kinderbetreuung in einer Einrichtung	81	54	70	**46**

Quelle: Sagi et al. (2002) (im Druck).

Die Befunde zeigen deutlich, dass die Betreuung von Kleinkindern innerhalb von Einrichtungen generell (und bei einem Verhältnis von Betreuern zu Kindern, das kleiner ist als 1:3) zusammenhängt mit einem deutlich höheren Risiko einer unsicheren Kind-Mutter-Bindung. Die unsichere Bindung kann im Laufe des weiteren Lebens des Kindes in eine sichere Bindung übergehen soweit es signifikante Sozialkontakte erfährt, jedoch ist sie eine Hypothek im Leben des Kindes, die oft noch lange Auswirkungen hat auf die soziale Kompetenz und speziell die Elternkompetenz der betreffenden Person.[14] Deswegen muss es ein Ziel sein, das Ausmaß unsicherer Kind-Eltern-Bindungen gering zu halten und vorbeugend zu handeln.

(6) Die Ergebnisse der nachfolgend genannten zwei Studien stammen aus einem europäischen Familienforschungsprojekt, das in zehn Ländern stattfand und in zwei Phasen vorging. In der ersten Phase wurde auf der Basis eines Kohortenansatzes in zehn europäischen Ländern Frauen am Beginn der Familienphase und Frauen im Beginn der empty-nest-Phase je zu Beginn und zu Ende der

---

13 Sagi et al. (2002).
14 Vgl. Baartman und De Mey (2000); Schuengel, Bakermans-Kranenburg und Van Ijzendoorn (1999).

1980er Jahre des abgelaufenen Jahrhunderts miteinander verglichen.[15] Im zweiten Teil des Projekts geht es um die komparative Untersuchung der Länder in verschiedenen Bereichen.[16] Zwei der dazu gehörenden Studien sollen knapp vorgestellt werden.

(A) Die erste Studie bearbeitet die Frage ob sich die Lebensformen einer Alterskohorte von Frauen (im Alter, in welchem im Durchschnitt das erste Kind geboren wird) im Lauf von zehn Jahren verändert haben im Sinne der Polarisierung, d.h. der zahlenmäßigen Zweiteilung der Lebensformen zwischen der Kernfamilie (Ehe oder Partnerschaft *und* Elternschaft) einerseits und allen anderen privaten Lebensformen andererseits.[17]

Im Sinne der Fragestellung nach einem möglichen Zusammenhang zwischen Familienpolitik und Familienbildung ist es nun wichtig zu wissen, ob das Ausmaß der Veränderungen in der Wahl der Kernfamilie durch junge Frauen zu Beginn und zu Ende der 1980er Jahre einen Zusammenhang zeigt mit der Verfügung über Kinderbetreuungseinrichtungen – m.a.W. der familienpolitischen Intervention im Dienstleistungsbereich, der so genannten Dienstleistungsstrategie, in der Nähe der Familien – in den entsprechenden Ländern. Die Frage nach dem möglichen Zusammenhang zwischen Familienstruktur auf der Aggregatebene und Ausstattung mit Kinderbetreuungsplätzen ist deswegen von Bedeutung, da wir in allen ausgewählten Ländern eine hohe Bereitschaft von Frauen finden, sich an der Erwerbsarbeit zu beteiligen. Soll diese Absicht verwirklicht werden, so ist bei gegebener geschlechtsspezifischer Arbeitsteilung davon auszugehen, dass die Nachfrage nach Erwerbstätigkeit dort mit dem Wunsch zur Familienbildung kollidiert, wo die Betreuungseinrichtungen für Kinder in geringem Masse vorhanden sind. Als eine wahrscheinliche „Lösung" dieses Konflikts, so ist anzunehmen, werden junge Frauen eine andere Lebensform wählen. Wir vermuten, dass die Verminderung der Wahl der Kernfamilie als Lebensform zusammenhängt mit dem familienpolitisch mehr oder weniger geförderten Angebot an Kinderbetreuungsplätzen.

Das Resultat der Korrelation erfüllt unsere Erwartungen, wonach die Polarisierung von privaten Lebensformen zusammenhängt mit dem Angebot an Kinderbetreuung (N=10, Spearman's rho = -,501; der vorsichtig geschätzte Effekt ist $\mu^2=.25$). Das Ergebnis lässt sich folgendermaßen zusammenfassen: Je höher der Grad der Polarisierung in der demografischen Dimension, hier Kernfamilie vs. andere private Lebensformen, je geringer ist der familienpolitisch gesteuerte Grad der Versorgung junger Familien mit Kinderbetreuungsplätzen.

(B) Aus dem gleichen Projekt soll ein anderes Resultat präsentiert werden, das denselben Sachverhalt aus einer anderen Sicht unterstreicht. Von der Annahme ausgehend, das Familienpolitik in ihrem Bezug auf die Modernisierung

---

15 Vgl. Kaufmann et al. (1997).
16 Vgl. Kaufmann et al. (2002).
17 Vgl. Schulze und Tyrell (2002).

von Geschlechtsrollen durch zwei Dimensionen abzubilden ist, werden vier Typen nationaler Familienpolitikregimes unterschieden.[18]

Tabelle 3: Familienpolitiktypologie in Bezug auf die Modernisierung von Geschlechtsrollenbeziehungen.

	ökonomische Intervention	
Ökologische bzw. Dienstleistungsintervention	Schwach	**Stark**
Schwach	Indolenz	Behinderung
Stark	Intensivierung	Neutralität

Quelle: Künzler (2002).

Theoretisch ist davon auszugehen, dass zwischen der Familienpolitiktypologie und der Modernisierung der Geschlechtsrollenbeziehungen eine Korrespondenz besteht:

„The intensification countries support only two-earner-families, the neutrality countries support both one-earner-families and two-earner-families, the indolence countries obstruct two-earner-families without supporting one-earner-families and the inhibition countries combine this obstruction with incentives given to one-earner-families. Societal ranking follows this expected ranking only in parts. The neutral countries, not the intensification countries, are most advanced at the combined indicator of overall modernization; regime type explains 31.5 per cent of the variance between countries. In neutral countries, the lowest differences between women's and men's employment rates in 1995 were found; regime type explains 42.7 per cent of variance. In neutral countries, next to no differences were found between young women's and men's participation in higher education and these countries showed the most equitable division of unpaid work between women and men, too; regime type explains 33.8 per cent and 22.9 per cent of variance. *Together with the intensification countries, the neutrality countries had a much higher total fertility rate in 1994 than the indolence and inhibition countries.*"[19]

Quasi unterhalb dieses allgemeinen Ergebnisses zeigt sich, dass einige Bereiche der Geschlechtsrollenbeziehungen einen deutlich größeren Zusammenhang mit *Fruchtbarkeit* aufweisen. Der in Korrelationskoeffizienten ausgedrückte größte gemessene Einfluss ist dem Faktor zuzuschreiben, der in einer eher an der

---

18 Künzler (2002).
19 Künzler (2002) (Hervorhebung durch H.-J. S.).

Gleichheit der Geschlechter orientierten Arbeitsteilung in der Hausarbeit in der Periode von 1980 bis 1997 besteht (r=0.674; μ^2= 0.229). Die zweithöchste Korrelation bezieht sich darauf, wie die Geschlechter am Arbeitsmarkt teilnehmen. Je größer die Differenz zwischen der Erwerbsbeteiligung von Frauen und Männern in den 1990er Jahren war, desto geringer war die landesspezifische totale Fruchtbarkeitsrate (r =-0.621; μ^2=0.427).

Die genannten zwei Faktoren sind wichtiger als das allgemeine Modernisierungsniveau eines Landes und etwa die Existenz moderner Geschlechtsrollenorientierungen in der Bevölkerung. Die Ergebnisse Künzlers lassen sich dahingehend interpretieren, dass das Ausmaß der Verwirklichung einer ausgeglicheneren Arbeitsteilung in der Partnerschaft als innerfamilialem Kennzeichen und die gleichgewichtige Einbeziehung von Männern und Frauen in die Erwerbstätigkeit als Familienpolitikstrategie zusammen als Elemente eines synergetischen Wirkungszusammenbegriffen werden können.

4. Schlussfolgerungen

Abschließen möchte ich mit einem Plädoyer für eine europäische Initiative zur Verstärkung der Forschung und Politik auf dem Gebiet der Familie. Was können wir aus diesen Ergebnissen lernen für eine Familienpolitik auf europäischem Niveau? Um ein Bild zu gebrauchen: Wenn eine bestimmte Krötenart vom Aussterben bedroht ist, weil durch ihr Biotop eine Straße läuft, der sie hilflos ausgesetzt sind, dann wird eine ökologisch sensible Gemeinde z.B. einen Tunnel für Kröten bauen und so die tierischen und die menschlichen Interessen aufeinander abzustimmen trachten. Von diesem Bild ausgehend möchte ich einige Perspektiven der europäischen Familienpolitik skizzieren:

(1) Der Begriff der Familienpolitik muss um den der *Elternschaftspolitik* erweitert werden, da wir sonst schon im Namen eine bedenkliche Selektivität einbauen.

(2) Familien, Eltern und Kinder bedürfen einer größeren Aufmerksamkeit durch die Politik. Die Politik muss die Rahmenbedingungen für familiäres Leben und das Leben der Mitglieder in seiner Vielfalt verbessern und die Freiheitsgrade dafür erhöhen. Dafür ist es erwiesenermaßen sinnvoll, Politik sowohl im Rahmen der Dienstleistungsstrategie (z.B. außerfamiliale Kinderbetreuung) als auch im Rahmen der monetären Strategie (z.B. bezahlter Elternurlaub) zu etablieren und diese Strategien aufeinander abzustimmen.

(3) Die Veränderung der Frauenrolle ist in vielen politischen Systemen nicht ausreichend berücksichtigt. Die Veränderung der Männerrolle ist in ihren Bedingungen noch viel zu wenig profiliert. Es muss Ernst gemacht werden mit der Absicht, Frauen und Männer gleichberechtigt an Familie, Elternschaft, Arbeit, Ausbildung und Freizeit zu beteiligen und die nächste und nähere Umgebung für kleine und größere Kinder einzurichten.

VIII. Familien- und Sozialpolitik international

(4) Der Umbau der staatlich beeinflussbaren Lebensbedingungen für Erwachsene, die die Sorge für Kinder tragen, und für Kinder selbst ist in verschiedenen Ländern Europas unterschiedlich weit vorangekommen. Die Politik muss sich auf einen Dialog mit Eltern und Kindern einlassen, um in Erfahrung zu bringen, was nötig und dringlich ist.

(5) Familienpolitik ist nicht deswegen gut, weil sie mehr Geld ausgibt, sondern, wenn sie Geld für erwiesen sinnvolle Aufgaben ausgibt. Dazu ist Forschung nötig. Um wirklich gute Resultate zu erzielen, muss die Sozialforschung groß angelegt werden, longitudinal sein und sie muss Eltern und Kinder in verschiedenen Lebenskontexten beobachten. Das ist nicht billig, jedoch hat die Einrichtung der Welt für Kinder, Eltern und Familien Vorrang, will man erreichen, dass diejenigen Erwachsenen, die den Wunsch haben, Eltern zu werden, die dazu erforderlichen Lebensumstände vorfinden und dass Kinder ein Leben erfahren, das sie ermutigt und qualifiziert.

(6) Folgende Maßnahmen erscheinen gerechtfertigt durch die Forschungsergebnisse:

a.) Ausbau des bezahlten Mutterschafts- und Vaterschaftsurlaubs.

b.) Ausbau der Arbeitsplatzgarantie für Eltern, die sich um die Erziehung von Kinder kümmern.

c.) Finanzielle Regelungen, die es Eltern erlauben, ohne ökonomischen Zwang zu entscheiden, wie sie Kinder betreuen oder betreuen lassen wollen.

d.) Ein qualitativ gutes Angebot an Kinderbetreuung, das auch den Bedürfnissen der Kinder, nämlich den Umgang mit anderen Kindern, entgegenkommt.

e.) Die Armut von Eltern und Kindern ist generell zu bestreiten; vor allem allein Erziehende bedürfen hier der besonderen Aufmerksamkeit.

Literatur

Baartman, H.E.M. & De Mey, L. (2000). Protecting, reporting and supporting: Child abuse and the assessment of risks in the Netherlands. In: M. Freeman (Editor), Overcoming child abuse: A window on a world problem (pp. 281-304). Aldershot etc.: Ashgate, Dartmouth,

Bagavos, C. & Martin, C. (2001). Sinkende Geburtenraten, Familienstrukturen und politische Reaktionen. Synthesebericht. Wien: Österreichisches Institut für Familienforschung.

Barnes, H. (2000). Children and social exclusion in Europe. In: H.-J. Schulze (Editor), Stability & Complexity: Perspectives for a child-oriented family policy (pp. 39-57). Amsterdam, Oxford, Boston: VU University Press.

Belsky, J. (2001). Emanuel Miller Lecture. Developmental risks (still) associated with early child care. Journal of Child Psychology and Psychiatry, Vol. 42, Number 7, October, S. 845-859.

Caprara G.V. and Zimbardo PG (1996). Aggregation and amplification of marginal deviations in the social construction of personality and maladjustment. European Journal of Personality, 10 (2), S. 79-110.

Ditch, J., Barnes, H. & Bradshaw, J. (1996). A synthesis of national family policies 1995. European Observatory on National Family Policies/Commission of the European Communities: Social Policy Research Unit, University of York, England.

Gauthier, A. H. (1999). Historical trends in state support for families in Europe (post- 1945). Children and Youth Services Review, Vol. 21, Numbers 11/12, S. 937-965.

Kaufmann, F.-X., Kuijsten, A., Schulze, H.-J. and Strohmeier, K.P. (Eds.) (1997). Family Life and Family Policies in Europe. Volume 1. Structures and Trends in the 1980s. Oxford: Clarendon Press.

Kaufmann, F.-X, Kuijsten, A.+, Schulze, H.-J. & Strohmeier, K.P. (Eds.) (2002). Family Life and Family Policies in Europe. Volume 2. Problems and Issues in Comparative Perspective. Oxford: Oxford University Press.

Künzler, J. (2002). Paths towards a modernization of gender relations, policies, and family building. In: F.-X. Kaufmann, A. Kuijsten +, H.-J. Schulze & K.P. Strohmeier (Eds.)(2002). Family Life and Family Policies in Europe. Volume 2. Problems and Issues in Comparative Perspective. Oxford: Oxford University Press, S. 252-298.

Ruhm, C.J. (2000). Parental leave and child health. Journal of Health Economics, 19, S. 931-960.

Sagi, A., Koren-Karie, N., Gini, M., Ziv, Y. & Joels, T. (2002). The Haifa study of early child care. Child Development (in press).

Schuengel, C, Bakermans-Kranenburg; M. J. and Van IJzendoorn, M. H. (1999). Frightening maternal behavior linking unresolved loss and disorganized infant attachment. Journal of consulting and clinical psychology, 67, No. 1, S. 54-62.

Schulze, H.-J. (2002). What happened to the European family in the 1980s? The Polarisation between the family and other forms of private life. In: F.-X. Kaufmann, A. Kuijsten +, H.-J. Schulze and K. P. Strohmeier (Editors), Family Life and Family Policies in Europe. Volume 2. Problems and Issues in Comparative Perspective. Oxford: Oxford University Press, S. 69-119.

Strohmeier, K. P. (2002). Family Policy - How does it work? In: F.-X. Kaufmann, A. Kuijsten +, H.-J. Schulze & K.P. Strohmeier (Eds.) (2002). Family Life and Family Policies in Europe. Volume 2. Problems and Issues in Comparative Perspective. Oxford: Oxford University Press, S. 321-362.

Familien- und Sozialpolitik in Zeiten der Globalisierung?

Prof. Dr. Wilhelm Hankel

1. Zusammenfassung

(1) Mit der Globalisierung entwächst die (Volks-) Wirtschaft zunehmend staatlicher Aufsicht und Kontrolle – auch der des Sozialgesetzgebers. Der leidlich beschäftigungssichere, weil standortgebundene Sektor, der mittelständische, schrumpft. Das heimat- und ortsgebundene Humankapital verliert immer mehr Arbeitsplätze vor der Haustür und seine mühsam erkämpften Rechte.

Dennoch ist das Thema uralt, es beschäftigte schon die ökonomischen Klassiker. Nur: Ihr von neoliberaler Theorie und Politik übernommenes Credo, dass die Unterordnung unter die Marktbefehle der Weltwirtschaft allen beteiligten Vorteile bringt: optimale Arbeitsteilung, niedrige Produktionskosten, freies Kapital für Innovationen, steigendes Realeinkommen für alle ist längst widerlegt. Die Weltwirtschaft hat sich dramatisch verändert. Sie beschränkt sich nicht mehr auf einige wenige am Binnenmarkt nicht produzierbare Raritäten und Luxusartikel: Edelmetalle, Gewürze, Zobelfelle. Die Revolution der modernen Verkehrs- und Kommunikationsmittel hat praktisch alle Binnenmarkt- zu Weltmarktproduktion gemacht; Binnen- und Weltmärkte bilden für immer mehr Produkte und Dienstleistungen eine Einheit. Das gilt vor allem für das transportabelste und kommunikationsabhängigste aller Güter und Dienste – den finanziellen Service. Die Finanzwelt ist daher noch „grenzenloser" geworden als die Welt der Produktion. Und: Sie transportiert nicht nur Wohlstand, sondern Krisen auf Krisen. Deswegen kann kein bürgerfreundlicher Staat auf ein Mindestmaß an Standortschutz, Sicherung der Arbeitsplätze und Kapitalkontrollen verzichten. Die von (fast) allen Parteien bejahte Europa-Politik löst keines dieser Probleme, sie verschärft sie. Gemeinsamer Markt und gemeinsames Geld sind kein Gegengewicht zu Globalisierung und weltweit deregulierten Kapitalmärkten. Sie sind andere Worte für dieselbe Sache, nämlich eine Forcierung der inneren Grenzenlosigkeit und Globalisierungsfolgen. Nationale Arbeitsplätze und (mühsam erkämpfte) Arbeitsrechte werden noch unsicherer und bedrohter. Deswegen muss der Sozialstaat auf nationaler Ebene gestärkt und im Hinblick auf die neuen Herausforderungen umgerüstet werden. Doch Globalisierung wie Europäisierung zerstören mit vereinten Kräften seine Finanzierungsbasis.

(2) Auch die demographische Wende ist für Ökonomen kein neues Kapitel. Sie haben sie nur unter anderem Vorzeichen diskutiert: als „malthusianische Armut" infolge von Überbevölkerung, wie sie noch immer in vielen Teilen der („Dritten") Welt droht. In den reichen Industrieländern des Westens ist die Kinderarmut weitgehend Folge des falsch konzipierten Sozialstaates. Er alimentiert die Erwerbsunfähigkeit der Alten, nicht die der Jungen. Während die Altersrenten öffentlich finanziert werden, müssen die Ausbildungskosten der Kinder überwiegend privat bestritten werden – aus dem Familieneinkommen. Das führt automatisch zur Abwälzung dieser Kosten über Verkleinerung der Kinderzahl oder zu ihrer Vermeidung. Nur: Diese privat verständliche Reaktion verursacht soziale Ungerechtigkeiten und kaum zu beziffernde soziale Kosten. Die schrumpfenden Erwerbstätigen-Jahrgänge werden über Gebühr belastet – bis zur Grenze ihrer Leistungsbereitschaft. Die Gesellschaft beraubt sich ihrer wichtigsten Zukunftsressource: ihres künftigen Humankapitals. Eigentlich müsste sie diesen Ausfall durch forcierte Kapitalbildung ersetzen, denn nur so lässt sich die individuelle Arbeitsleistung (Arbeitsproduktivität) nachhaltig steigern. Die Gesellschaft müsste Konsum, Luxus und Freizeit einschränken, um den Ausfall an ungeborenem Humankapital wieder wettzumachen. Weil das Gegenteil der Fall ist, vernichtet sie ihr eigenes reales Wachstumspotenzial und schmälert so fortlaufend die Finanzierungsbasis des Sozialstaates. Während seine Ausgaben für Altersrenten und Folgekosten (Pflege, Gesundheit), demographisch bedingt, steigen, halten seine Einnahmen, ebenfalls demographisch bedingt, damit nicht Schritt.

Dennoch kann die Finanzierungskrise des Sozialstaates nur bedingt biologisch (oder „biometrisch") erklärt – oder gelöst werden. Eine genauere Analyse seiner Einnahme- Ausgaben-Strukturen zeigt erhebliche Möglichkeiten für längst fällige Reformen und Korrekturen. Sie betreffen die Bemessungsgrundlage (Finanzierungsbasis), den Kreis der Berechtigten, den gesetzlichen Rahmen und den Finanzierungsmodus.

Eine Ausweitung der Bemessungsgrundlage vom „Pflichtversicherteneinkommen" auf das gesamte Volkseinkommen, also eine Vollfinanzierung nach Schweizer Modell unter Einbeziehung aller Erwerbseinkommen (einschließlich Gewinnen, Kapitaleinkünften und Einkommen aus dem Ausland), würde die laufenden Einnahmen um bis zu 60 % steigern, die individuellen Beitragssätze (und Lohnnebenkosten) um annähernd denselben Prozentsatz senken.

Eine Heraufsetzung des Renteneintrittsalters allein auf das (praktisch außer Kraft gesetzte) gesetzliche Ruhestandsalter von 65 würde eine weitere Einsparung von bis zu 25 % der heutigen Auszahlungen bringen. Wer Rentner ist oder wird, bestimmt nicht das Alter, sondern der Gesetzgeber oder allenfalls der Arzt.

Alle Untersuchungen zum Thema „Frührente und Arbeitsmarkt" zeigen dasselbe Bild: Die Unternehmen entlasten sich von Lohnzahlungen, denn die geräumten Arbeitsplätze werden wegrationalisiert oder durch Überstunden ausgeglichen, Gesellschaft und Sozialstaat übernehmen dafür die gestiegenen Sozialkosten.

VIII. Familien- und Sozialpolitik international

Im Gegensatz zu den Kosten der Altersicherung bieten die ebenfalls alterungsbedingt steigenden Kosten der Krankenversicherung die Möglichkeit einer weitgehenden Privatisierung. Im Gegensatz zum Rentensystem fällt hier mit der Aufhebung der (noch dazu abweichend von der Altersicherung) festgelegten „Pflichtversicherungsgrenzen" der Unterschied zwischen „gesetzlicher" und „privater" Krankenversicherung fort. Bei allgemeiner Versicherungspflicht für alle erwerbstätigen Deutschen entstünde (ebenfalls nach Schweizer Modell) ein freier Dienstleistungsmarkt bei individuell freier Arzt-, Krankenhaus- und Krankenkassenwahl. Er wäre, wie die Beispiele aus Ländern mit vergleichbarer Regelung zeigen (USA, Schweiz), der größte und dynamischste der Volkswirtschaft. Denn für seine Gesundheit hat jeder Geld übrig – zumindest für die Kasse, die dafür aufkommt. In diesem Gesundheitsmarkt könnten bis zu zwei Millionen und mehr medizinisch tätige Heiler und Helfer beschäftigt werden. Gesundheitsreform und Beschäftigungsprogramm wären identisch. Mit der Arbeitgeberseite wäre gesetzlich oder tariflich zu klären, welchen Beitrag sie auch nach Aufhebung der betrieblichen Zuzahlungspflicht zu den Krankenkassenkosten ihrer Beschäftigten leistet. Denn am Grundsatz der Arbeitgeberbeteiligung ist nicht zu rütteln.

Addiert man die Summe der durch die oben skizzierten Systemreformen möglichen Entlastungen und Einsparungen errechnet sich ein in die Dutzende von Milliarden € gehender Spielraum für die Übernahme der bislang am sträflichsten vernachlässigten sozialen Gesellschaftsaufgabe: der Finanzierung des künftigen Humankapitalpotenzials: der Kinder und Jugendlichen. So wie jedes Wolfsrudel weiß, dass es von seinem Nachwuchs lebt und nur mit diesem überlebt, muss auch die Gesellschaft diesen sichern. Dieses verlangt eine gesetzliche Grundlage für eine pauschale (und realwertgesicherte) Beteiligung des Sozialstaats an den Kosten der Kinderaufzucht und -ausbildung. Familien, die sich dieser Aufgabe stellen, haben Anspruch auf einen Ausgleich zu Lasten derjenigen und deren Einkommen, die auf ihren späteren Unterhalt durch die Kinder anderer Leute spekulieren.

Das führt zur letzten in diesem Zusammenhang zu diskutierenden Frage: Verdient der jetzt geplante volle oder teilweise Übergang von der beitragsfinanzierten zur kapitalgedeckten Altersrente den Namen „Reform"? Er beruht auf einer dreifachen Illusion. Die erste besteht darin, dass man sein eigenes (zuvor erspartes Vermögen) aufzehrt oder von seinen Erträgen lebt. Übertragen wird nur der Anspruch: der Rechtstitel. Die Zahlung selber (gleich viel, ob aus Zins oder Veräußerung) finanziert immer derjenige, der die Zinsen aufbringt oder das Vermögen ankauft – und dies zu Lasten seines laufenden Einkommens. Die Vorstellung, man könne in der Geld- und Marktwirtschaft seine Rente (eine spätere Zahlung) individuell vorfinanzieren und man brauche dazu weder ein System noch Dritte, ist bestenfalls naiv, bei offizieller Behauptung wird sie jedoch amtlicher Etikettenschwindel. Jede in die Zukunft verlegte Auszahlung stellt eine zeitlich versetzte Einkommensübertragung dar, hat also nichts mit „Deckung" zu tun. Die zweite Illusion ergibt sich aus der ersten. Für die Jungen und Aktiven macht es keinen Belastungsunterschied aus, ob sie ihren Rentenbeitrag offen leisten (im Abzugsverfahren) oder volkswirtschaftlich versteckt, indem sie auf die Güter und Dienste verzichten, die ihnen die Rentner aus Zins- oder Kapitaleinkommen laufend „wegkaufen". Ihr Realeinkommensverzicht ist in beiden Fällen derselbe und gleichgroß. Jede nachfolgende Generation muss die vorangegangene (die ihr ja auch ihr Wissen, Human- und Realkapital hinterlässt) aus ihrem laufenden Einkommen finanzieren – die Alternative dazu wäre der Rückfall in die Barbarei!

Bleibt als dritte Illusion die Vorstellung, die Kapitaldeckung der Renten führe zu höherer gesellschaftlicher Kapitalbildung (sparen) insgesamt. Die vorliegenden Untersuchungen lassen daran jeden Zweifel offen. Wer gezwungen ist, mehr für sein Alter zu sparen, kann weniger für andere Zwecke sparen: er könnte sein Haus mit Hypotheken finanzieren statt aus eigenen Mitteln, sein Auto leasen oder in Raten zahlen statt in bar usw.

Das Fazit liegt auf der Hand: Deutschlands Sozialstaat wird weder durch die Globalisierung obsolet noch durch die demographische Wende unfinanzierbar. Im Gegenteil: Die Folgen beider Trends machen ihn unverzichtbarer denn je. Gäbe es ihn nicht schon längst: Er müsste jetzt, angesichts der neuen Herausforderungen einer grenzenlosen Welt- und Geldwirtschaft, neu erfunden werden. Aber er muss an Haupt und Gliedern reformiert werden. Keine der oben skizzierten Varianten und Möglichkeiten ist bisher ernstlich geprüft oder angegangen worden. Das muss sich ändern

(3) Jede Institutionen-Reform braucht ihr makroökonomisches Umfeld. Das zeigt sich besonders deutlich bei den Finanzierungschancen. Auch das Volkseinkommen als Finanzierungsgrundlage von Sozialstaat und Familienlastenausgleich macht davon keine Ausnahme. Kein Volkseinkommen ist eine „gegebene" Größe. Es ist immer steigerbar – mit Kapitalbildung, Arbeitsproduktivität und einer effizienten, den Leistungswillen der Wirtschaft beflügelnden Wachstumspolitik des Staates, zwar nicht grenzen-, aber doch zeitlos. Das gilt auch dann, wenn Globalisierung und Europäisierung die überkommenen Instrumente staatlicher Wirtschaftspolitik blockieren oder zur Wirkungslosigkeit verdammen. Auch ein Staat, der weder auf Zölle, Zinsen noch auf Wechselkurse zurückgreifen kann, ist in der Lage, das wirtschaftliche Klima in seinem Land zu verbessern und als Rahmengesetzgeber wie öffentlicher Investor starke Impulse für nachhaltiges Wirtschaftswachstum zu geben. Er kann auf die Einkommenspolitik der Sozialpartner einwirken (im „Bündnis für Arbeit") und über die regionale wie sektorale Strukturpolitik gefährdeten Standorten und Zonen (wie den neuen Bundesländern) Zeit- und Anpassungshilfen für ihre Überlebensstrategien gewähren. Wie auch immer dieser wirtschaftsbelebende und strukturenverändernde policy-mix aussieht: Wenn dessen Ziele überzeugen, lassen sich die für ihre Verwirklichung benötigten Mittel aufbringen.

VIII. Familien- und Sozialpolitik international   451

2. Hintergründe und Folgen der Globalisierung

a.) Mit der Globalisierung wird ein Uralt-Problem der Ökonomen akuter denn je. Theoretisch beschäftigt es sie Ökonomie seit ihren Anfängen. Es handelt sich um die unterschiedliche Mobilität von Arbeit und Kapital.

Schon Adam Smith und David Ricardo wiesen daraufhin, dass unternehmerisches Sach- und Finanzkapital wesentlich mobiler sei als menschliche Arbeitskraft. Was wir inzwischen als Humankapital bezeichnen, sei heimat- und ortsgebunden. Menschen unserer Kultur seien keine Nomaden. Den Volkswirtschaften drohten aus dieser Diskrepanz keine Gefahren, denn die Kapitalbewegung zwischen ihnen reguliere sich über den Preis-Gewinn-Mechanismus. Im Kapitalzuflussland ermäßigten (sich bislang hohe) Renditen, im Kapitalabflussland zögen sie an. Über diesen bei freien Kapitalmärkten stets funktionierenden Renditen-Ausgleich stelle sich ein alle Weltwirtschaftspartner zufrieden stellendes Gleichgewicht der internationalen Kapitalströme her: eine welt-optimale Verteilung des verfügbaren Kapitalbestandes. Elastische Lohnstrukturen verstärkten den Kapitalausgleichs-Mechanismus. Unzureichende Renditen (Kapitalgewinne) könnten über Lohnkürzungen aufgebessert, zu hohe, unerwünschtes Kapital anlockende Renditen über Lohnanstiege nach unten korrigiert werden. In dieser Welt(wirtschaft) elastischer Preise, Zinsen und Löhne drohten den beteiligten Volkswirtschaften weder Wohlstands- noch Beschäftigungsverluste.

Gefahren für nationale Standorte und Arbeitsplätze könnten aus den Mobilitätsunterschieden der beiden Produktionsfaktoren Kapital und Arbeit nicht hergeleitet werden. Im Gegenteil: Freier und grenzenloser Güter- und Kapitalverkehr seien notwendige Bedingungen für eine weltweit optimale Arbeitsteilung und billigste Produktionskosten in den beteiligten Volkswirtschaften. James Steward Mill, der Samuelson der ökonomischen Klassik, schwärmte für die freie Weltwirtschaft als einer Wohlfahrtsmaschine für alle an ihr beteiligten Nationen.[1]

b.) Die Weltwirtschaft vor 1914 bestätigte diesen Optimismus. Sie war, wenn keine Wohlfahrts- so doch eine Krisenlösungsmaschine. Kapital floss aus den reichen Niedrigzins- in die (kapital-)armen Hochzinsländer, Güter- und Kapitalexporte nach Übersee verstetigten Wachstum und Konjunkturen in den industriellen Kernländern. Dies lag jedoch weniger, wie sich im Nachhinein zeigte, an den von den Lehrbüchern unterstellten elastischen Preis-, Zins- und Lohnstrukturen. Es lag am Charakter der damaligen Weltwirtschaft: ihrem Volumen, Sortiment und ihren Finanzierungsusancen. Sie war eine total andere als heute. Ihr Schwergewicht lag bei einem runden Dutzend, dem Massenkonsum endogener Luxusartikel: Edelmetallen, Gewürzen, seltenen Rohstoffe, teuren Pelzen. Es waren Güter, die weder den Binnenmärkten Konkurrenz machten noch die Volkswirtschaften zu schmerzlichen Anpassungen und Umstellungen ihrer Produktionsstrukturen zwangen. Die Welthandelsgüter waren ebenso komplementär wie teuer, denn sie mussten in ihren Preisen die im Vergleich zu heute astrono-

---

[1] Samuelson, P. A., Nordhaus, W. D. Economics, 1985 Kap. 38.

mischen Transportkosten und -risiken abdecken. Sie brachten dem Handel enorme Gewinne, waren aber für die Produktion weder Konkurrenzfaktor noch Rationalisierungszwang. Auch der internationale Kapitalverkehr war kein Störfaktor. Er war an konkrete, wenn auch zuweilen riskante, Großprojekte gebunden: den Ausbau von Eisenbahnen in fernen Ländern (USA, Russland, Türkei) oder internationaler Wasserstraßen, wie den Suez- oder Panamakanal. Sein Finanzierungsinstrument waren fundierte Portfolio-Titel (wie Anleihen und Aktien), während bankkreditfinanzierte Direktinvestitionen und Staatsschulden nur einen Bruchteil der Rolle spielten, wie heute. Noch zu Beginn des 20. Jahrhunderts wunderte sich J. M. Keynes, mit wie wenig internationalem Kapitalaufkommen und -verkehrsvolumen das 19. Jahrhundert seine, sogar verglichen mit heute, beachtliche Weltwirtschaftsexpansion finanziert hatte – und wie krisenfrei.[2]

Es war also weit weniger der Marktmechanismus der Preise, Zinsen, Löhne (bei allseits starren Wechselkursen), der das Funktionieren der Weltwirtschaft erklärte. Es war ihre Struktur. Letztere hat sich verändert, – während die alte Elastizität der Preise, Zinsen usw. durch die neue der Wechselkurse ersetzt wurde!

c.) Dennoch wurden die alten Lehrbuchvorstellungen unbesehen (zu pari) in die gegenwärtige neoklassisch oder neoliberal gefärbte Globalisierungsdebatte übernommen worden. Sie kennt nur Globalisierungsgewinner und keine -verlierer, denn alle Teilnehmer der offenen Weltwirtschaft haben jetzt die Chance, ihre Volkswirtschaften zu optimieren und auf die für sie kostengünstigsten und wett-bewerbstärksten Strukturen umzustellen. Fortgeschrittene Industrieländer verzichten auf jene Arbeitsstätten und -plätze, die sie ohnehin nicht mehr halten können; ihr dort gebundenes Human- und Finanzkapital wird frei für produktivere und rentablere Innovationen und Arbeitsplätze im Hochlohnbereich. Arme Entwicklungsländer erhalten zusätzlichen Auftrieb, indem sie die Alt-Strukturen der Industrieländer übernehmen und so wirksam ihre Armut bekämpfen können. Denn für die IT-Welt der Moderne sind sie noch nicht reif!

Die Weltwirtschafts-Realitäten des 21. Jahrhunderts sagen jedoch etwas ganz anderes. Erste Zweifel am liberalen Credo tauchten bereits in der Weltwirtschaftskrise der 1930iger Jahre auf. Der „Schwarze Freitag" im Oktober 1929 löste eine von den USA ausgehende weltweite Kettenreaktion politischer Systemkrisen aus. Der weltweit freie und Kapitalverkehr transportierte über Nacht nicht mehr Wohlstand, sondern Krisen. Um sich vor ihnen zu schützen, verhängten immer mehr Länder eine Kapital-Quarantäne. Sie schränkten die internationale Kapitalmobilität ein oder hoben sie auf. Keynes diagnostizierte spöttisch, aber treffend: Immer dann, wenn die Ehe zwischen Investor und Financier geschieden werde, entwickle sich der Finanz-Kapitalismus zum Spielcasino. Spekulationskrisen an den Weltkapitalmärkten und -börsen würden zu Alltagsroutine und -gefahr.[3]

d.) Keynes widerlegte zwar das liberale Credo, wonach die bedingungslose Unterwerfung der Binnen-Volkswirtschaft unter das Diktat der Welt-Marktwirt-

---

[2] Keynes, J. M. The Economic Consequences of the Peace, 1920/24 Kap.1.
[3] General Theory, 1936, Kap. 12.

VIII. Familien- und Sozialpolitik international

schaft der einzig richtige Weg zu nationaler Prosperität und Vollbeschäftigung sei. Sein Gegenmodell der weitgehenden Abschottung von den internationalen Güter- und Kapitalmärkten war jedoch nur um den Preis wachsender Unfreiheit und Verarmung der Völker zu verwirklichen. Die totalitären Regime (Kommunismus, NS-Staat) missbrauchten von Auslandszahlungen zur Verbreitung und Perfektionierung ihres Staatsterrors. Menschen, denen man die Konten gesperrt hatte, konnte man an der Auswanderung zu hindern und in GULAG und KZ zu Tode quälen. Auch den westlichen Demokratien gelang es erst im und durch den Zweiten Weltkrieg ihre Massenarmut und -arbeitslosigkeit restlos zu überwinden.

Folgerichtig sah das (maßgeblich von Keynes entworfene) Bretton Woods System der monetären Nachkriegsordnung nur Teilliberalisierungen des internationalen Kapitalverkehrs vor. Keynes wollte seinen Wohlfahrtsstaat weder durch hausgemachte noch durch importierte Krisen gefährden. Zum anderen musste Vollbeschäftigungspolitik für alle Nationen möglich sein und nicht nur für einige, noch dazu auf Kosten anderer. Das wiederum verlangte ein Mindestmaß an weltweiter Kapitalverkehrskontrolle und -regulierung.

Das Fehlen einer internationalen Kapitalmarkt-Ordnung wurde dem Bretton Woods System zum Verhängnis. Der fortschreitende Abbau nationaler Kapitalverkehrskontrollen – Folge der sich in allen westlichen Staaten einstellenden Normalisierung – wurde durch keine Regelung für den grenzüberschreitenden Kapitalverkehr kompensiert und gesichert. An diesem laissez-faire zerbrach die im IWF institutionalisierte Währungskooperation der Weltmarktteilnehmer (1971/73). Der IWF ist seitdem nur noch eine „Hilfs-GmbH" im Falle akuter Krisen, die freilich inzwischen zum Dauerzustand geworden sind.

e.) Damit herrscht in der Weltwirtschaft faktisch dasselbe laissez-faire wie im 19. Jahrhundert, nur dass sich die weltwirtschaftlichen Strukturen und Bedingungen von Grund auf verändert haben. Was die damaligen Lehrbücher für optimal hielten, gilt nicht mehr. Den offensichtlichen Globalisierungsgewinnern stehen ebenso offensichtliche -verlierer gegenüber, die klassische „win win" Situation für alle Beteiligten gibt es nicht mehr. Die Gründe liegen auf der Hand. Die heutige Weltwirtschaft kontrastiert zu der alten in vier – entscheidenden – Punkten:

(1) Die Zahl der weltwirtschaftlichen Akteure und Teilnehmer hat sich dramatisch vermehrt. Vor 1914 gab es ein gutes Dutzend unabhängiger, Welthandel betreibender Länder und etwa eben so viele gleichberechtigte, im Goldstandard vereinte Währungen. Inzwischen (mit Entkolonisierung und Auflösung der Vielvölkerstaaten) hat sich die Zahl der Länder und Währungen mehr als verzehnfacht; der IWF registriert über 180 Mitglieder und Währungen. Da es für diese Währungen keine gemeinsame (und neutrale) Wechselkursbasis über die Golddeckung mehr gibt, übernehmen führende Nationalwährungen deren Funktion: US-Dollar, auf Teilmärkten (Europa, Fernost) auch andere, wie DM, neuerdings €, und Yen. Diese in-

ternationalen Leitwährungen sind damit sowohl privilegiert wie im Stande, beträchtliche Unruhe in das System zu bringen und es zu destabilisieren.

(2) Die nicht minder dramatische Verbilligung der Transport- und Kommunikationskosten durch die neuen Verkehrsmittel und elektronischen Medien hat den Kreis der welthandelsfähigen Güter (und Dienste) gewaltig ausgeweitet. Aus den wenigen Weltwirtschaftsgütern ist ein unübersehbares Heer geworden! Fast jedes an einen festen Produktionsstandort gebundene Binnengut ist potenziell ex- und importabel – mag es noch sperrig sein und kapitalaufwendig produziert werden, wie ein Auto, eine Hochleistungsmaschine oder ein Consultingbüro. Damit gibt es für immer mehr Produkte, Produktionsmittel (Investitionen) und Dienstleistungen nur noch einen Markt – den globalen. Am auffälligsten wird dies am transportabelsten und informationsabhängigste aller Güter – dem Geld. Nicht zufällig ist der Finanzmarkt der globalste (und damit dezentralste) aller Märkte geworden, für den weder Zeit- noch Währungs- noch Landesgrenzen mehr existieren. Folgerichtig können sich Global Player ihre Finanzierung „ubiquitär" beschaffen, da, wo diese dank Steuer-, Aufsichts-, Auflagen- und Mindestreservefreiheit am billigsten erhältlich ist – in den neuen Finanzzentren und Billigzinsoasen der Erde, von Lichtenstein, Luxemburg über Cayman-Island bis Hongkong oder Singapur.

(3) Die Folge der neuen Grenzen- und Standortlosigkeit von Massengütern wie qualifizierten Dienstleistungen ist ihre Bedrohung durch die globale Konkurrenz: Der Anbieter mit den geringsten Kosten macht das Rennen und erobert den Markt.

(4) Dadurch kommt es zum zunehmenden Verfall der staatlichen und wirtschaftspolitischen Regulierungskompetenz. Diese endet an der Staatsgrenze. Wenn sich die wirtschaftlichen Grenzen ausweiten oder, wie die finanziellen, im globalen All auflösen, entwächst die Wirtschaft jeglicher Kontrolle und Aufsicht. Für das in diesem Teil der Wirtschaft beschäftigte Humankapital entfallen Fürsorge- und Schutzfunktion von Sozialstaat und Gewerkschaften. Eine Zeit lang kann der Staat die aus der Globalisierung resultierenden Arbeitsplatz- und Einkommensverluste ausgleichen oder abmildern, aber nicht verhindern.

f.) Fazit: Die moderne und zunehmend diffuser werdende Weltwirtschaft verwandelt ihre Teilnehmer: bislang national gesteuerte Volkswirtschaften in „duale" Ökonomien. In ihrem kräftig wachsenden weltmarktabhängigen und modernen Sektor regiert sich die Wirtschaft, gehorcht nur noch den Marktgesetzen. In ihrem traditionellen, standortgebundenen Binnensektor, der freilich unter starkem Konkurrenzdruck des anderen schrumpft, herrscht noch die alte Staats- und Sozialordnung. Während der eine Sektor – er ist weitgehend identisch mit den großen Kapitalgesellschaften – Rendite und shareholder value verpflichtet ist, dominieren im anderen überwiegend paternalistisch geführte mittelständischen Personalgesellschaften. Nur: Dieser traditionelle Sektor stellt in Deutschland noch immer zwei Drittel der Arbeits- und 80 % der Ausbildungssätze sowie fast die Hälfte aller privaten Investitionen. Er kommt, weil er ihnen nicht ausweichen kann, seinen Sozial- und Steuerpflichten nach. Nur: Diese Heimstatt für das standortgebundene Humankapital –Menschen, deren kulturelle oder familiäre Verwurzelung oder berufliche Situation (sie reicht von Über- bis Unterqualifizierung) es nicht zulassen, dass sie zu Wirtschaftsnomaden (mit oder ohne Green Card) werden – verliert fortlaufend Marktanteil und Beschäftigungsgewicht. Dem Refugium der lokalen, regionalen und nationalen Arbeitsplätze-Refugium droht die Doppel-Konkurrenz: die äußere der Weltmärkte und die innere „gemeinsamen Märkte" in Europa. Ob Agrar-, Arbeits- oder Geldmarkt: Diese Märkte sind noch grenzenloser (und damit globaler) als die Weltmärkte. Europäische Integration ist nur ein anderes Wort für die auf Europa konzentrierte Globalisierung, weswegen es unverständlich ist, warum sie große Teile der Politik von rechts bis links, von rot bis grün, von schwarz bis blau in ihr das Gegengewicht (und -gift) zur Globalisierung sehen. EU und Europäischer Währungsunion sind deren Verstärkung – weswegen sie sich größter und verständlicher Beliebtheit bei den Global Player, Welt-Multis und Marktgewaltigen erfreuen. Doch warum bei sozial verpflichteter Politik und Gewerkschaften ist unverständlich!

Mit Globalisierung und sie verstärkenden Integration in Europa werden die Marktkräfte insgesamt so unberechenbar wie sonst nur die Naturgewalten.[4] Der Staat als Kontrollinstanz für die Einhaltung der Bürgerrechte als Schützer vor Faustrecht, Willkür und Entrechtung wird entmachtet. Und der Sozialstaat, diese nach dem Rechtsstaat zweite große (und bislang unverlierbare) Errungenschaft von Aufklärung und (nicht nur) Französischer Revolution, steht vor der Frage, wie er auf diese Herausforderung reagiert.[5] Von seiner Antwort hängt es ab, ob und wie er überlebt oder ob er sich von der Geschichte verabschiedet. Er war dann nur eine gut hundertjährige, wenn auch hoffnungsvolle Episode!

3. Falsches und Richtiges zur demographischen Wende

a.) Noch bis vor kurzem fürchtete die ökonomische Wissenschaft die Verbreitung der „malthusianischen Armut" als Folge unaufhaltsamer Überbevölkerung. In vielen Teilen der Dritten und halbentwickelten Welt ist diese Gefahr noch immer Realität. Terrorismus-Erforscher führen sogar die neueren Gewaltausbrüche gegen reiche Nationen – allen voran die USA – auf den enormen Überschuss an jungen und perspektivlosen und daher aggressiven Männern (zwischen 15 und 30 Jahren) in den Armutszonen der Erde zurück, besonders den Ländern islamischer Kultur und Tradition. Komme zudem westliche Ausbildung ohne hinreichende Berufschancen dazu, sei es ein Leichtes, Piloten für Mord- und Selbstmordflugzeuge zu motivieren.

---

[4] Die verstärkte Integration wird durch Funktionsträger vertreten und forciert, die die personifizierte Verantwortungslosigkeit darstellen, denn kein Parlament und keine Volksabstimmung kontrolliert sie!
[5] Vgl. Hankel, Wilhelm, in: Hickel, Wilhelm, Strickstrok, rororo-aktuell 2001 S.181 ff.

Im reichen Westen geht die umgekehrte Furcht um: Geburtenrückgang und Flucht aus der Familie drohen das humane wie kulturelle Band zwischen Jung und Alt, Erwerbstätigen und Ruheständlern zu zerreißen – eine Gefahr, die mehr bedroht als Staat und Gesellschaft, nämlich auch die zwischenmenschlichen Beziehungen in Ehe und Familie. Die Zeiten der erst bäuerlichen und später großbürgerlichen Familie, in der die Versorgung der Noch-nicht-Erwerbsfähigen (Jungen) und der Nicht-mehr-Erwerbsfähigen (Alten) privat geregelt werden konnte, sind unwiderruflich vorbei. Der westlichen Industriegesellschaft hätte schon vor hundert und mehr Jahren der Rückfall vorzivilisatorische Barbarei gedroht, wenn nicht der Sozialstaat der Familie die Sorge für die Pflege der Nicht-Erwerbsfähigen, (die sonst verkommen wären!), abgenommen hätte.

Ein schwer erklärbares Paradoxon liegt jedoch darin, dass in den meisten westlichen Sozialstaaten das Schwergewicht des öffentlichen Unterhalts für die Nicht-Erwerbstätigen bei den Alten liegt, nicht bei den Jungen. Diese soziale Asymmetrie ist unverständlich, denn sie provoziert geradezu die Flucht in die kinderarme bzw. kinderlose Kleinfamilie – nämlich dann, wenn Aufzucht- und Ausbildungskosten der Kinder stärker steigen als das oder die Einkommen der Eltern. Genau dieses ist in den westlichen Gesellschaften, den reicheren wie den ärmeren, seit längerem der Fall und erklärt deren fast schon säkularen Geburtenrückgang. Der Konstruktionsfehler im Sozialsystem führt zum Verlust des Überlebensinstinkt, der jedem Wolfsrudel an- und eingeboren ist; denn ohne Nachwuchs kann keine Gesellschaft dauerhaft überleben.

Für eine kapitalorientierte Gesellschaft und ihre Wirtschaft bedeutet dies, dass sie auf ihre wichtigste Zukunftsressource verzichtet: ihr in den Jungen gespeichertes (aber entwicklungsfähiges) Humankapital. Indem die Gesellschaft an ihren Kindern spart, macht sie sich sowohl ärmer wie unsolidarischer. Eigentlich müsste die Gesellschaft das ihr fehlende (weil ungeborene) Humankapital durch ein Mehr an volkswirtschaftlicher Kapitalbildung, Produktivität und Arbeitszeit ersetzen. Doch das Gegenteil ist der Fall: Die neue Freiheit von der Verantwortung für den Nachwuchs begünstigt Konsum, Freizeit und ein Leben auf Pump. Dabei wiegen kinderlose Paare und Singles entweder in der Illusion, sie bräuchten gar keinen Sozialstaat, denn sie könnten im Alter bequem und komfortabel von ihrem eigenen (individuell ersparten) Vermögen leben oder in der anderen, sie könnten als Trittbrettfahrer des Sozialstaates bei gleichbleibenden oder nur mäßig steigenden Beiträgen ihren Lebensunterhalt im Alter aus der Arbeit und Wertschöpfung von fremder Leute Kinder bestreiten. Die eine Illusion ist so fatal wie die andere. Die von der amtlichen Propaganda für eine „kapitalgedeckte" Rente sogar mit amtlichem Gütesiegel verbreitete Illusion, man könne seine Alterssicherung gleichsam im Voraus kaufen und ansparen, beruht auf der Verwechslung von nominellem (juristischen) Anspruch und realer (wirtschaftlicher) Bewertung dieses Anspruchs. Was ein Vermögensanspruch morgen oder noch später wirtschaftlich wert ist: in Kapital wie Kapitaleinkünften entscheidet einzig und allein der Markt, und der ist weder vorherseh- noch berechenbar, wie die derzeitige Börsenbaisse gerade wieder vor Augen führt. Niemand kann künftige Kapitalwertschwankungen und Zahlungsausfallrisiken ausschließen geschweige denn wegreden! Die andere – und gefährlichere – Illusion besteht darin, dass die individuell gesparten, in Wahrheit auf Dritte abgewälzten Nachwuchskosten beliebig und auf Dauer „sozialisiert" werden könnten – über den Sozialstaat. Kinderlose Familien sowie Singles machen sich von einem Sozialstaat abhängig, der „dank" ihres Verhaltens früher oder später zusammenbricht, vielleicht sogar noch zu ihren Lebzeiten. Denn er ist bei permanent wachsenden Ausgaben und ebenso permanent schrumpfenden Einnahmen nicht mehr lange finanzierbar. Überspitzt, aber im Trend schon heute erkennbar: Die Flucht aus den Privatkosten für den Nachwuchs führt erst in den Ruin des Sozialstaates, dem der Ruin des Gesamtstaates auf dem Fuße folgt. Denn beide müssen zu ihrer Finanzierung auf reale Wertschöpfung und das aus dieser abgezweigte Beitrags- und Steueraufkommens zurückgreifen. Lässt sich eine Wirtschaft, Welt- oder Volkswirtschaft, ohne „lebendes" Humankapital denken? Schwerlich: Denn die Wirtschaft, die ihr Sozialprodukt (oder Volkseinkommen) einzig und allein aus Kapital erwirtschaftet und verdient, ist noch nicht erfunden. Und würde sie jemals erfunden, entbehrte sie jeglichen Sinnes und Zwecks; denn „totes" Sach- oder Finanzkapital kann alleine und für sich weder Renditen erwirtschaften noch gebrauchen oder verbrauchen. Der shareholder value ist für den holder da, nicht für den share! Zwar lässt sich der Ausfall an Humankapital bis zu einem gewissen Grade durch produktivitätssteigerndes Realkapital kompensieren – aber niemals restlos zu 100 %.

b.) Damit wird deutlich:
(1) Lebendes Humankapital ist als Ressource unersetzlich. Das gilt sowohl für die Erwirtschaftung der realen Wertschöpfung und Einkommen wie die Aufteilung dieses aktiv erwirtschafteten „Volks"-Einkommens zwischen Erwerbstätigen und Nicht-Erwerbstätigen, sei es Alten oder Jungen. Zur Finanzierung sozialstaatlicher Aufgaben und Ausgaben aus Einkommensübertragungen gibt es keine Alternative. Die gerade jetzt wieder in Deutschland geführte Debatte über eine Verbilligung der Sozialstaatskosten durch Ersatz der Beitragsfinanzierung durch eine individuelle Kapitaldeckung oder Ansparleistung führt in die Irre. Zwar kann jeder einen Anspruch auf spätere Renten- und Zinszahlungen im Vorhinein erwerben: durch anzahlen oder kaufen. Nur, wir sahen schon: Was diese Ansprüche bei anstehender Realisierung wert sind, bestimmen der Markt und die Leute, die als Schuldner und Investoren mit diesem Kapital arbeiten. Entscheidend ist jedoch: Diese Zahlungen werden aus dem demselben aktiven Arbeitseinkommen abgezweigt, das die aktiv erwerbs- und berufstätige Generation zu jenem Zeitpunkt erwirtschaftet. Was immer den kapitalbesitzenden Rentnern und Sparern gezahlt wird, geht der lohn- und einkommensabhängigen „Arbeiterklasse" verloren. Deswegen macht es für diese keinen Unterschied, ob sie ihren Sozialbeitrag direkt (und offen) aus dem Einkommen leistet oder indirekt (und verschleiert) zur Kasse gebeten wird über die ihrem Zugriff entzogenen Kapital- und Zinseinkünfte

der Rentnerklasse. Im einen wie im anderen Fall gehen die Sozialeinkommen zu Lasten der Arbeitseinkommen, findet Einkommensverteilung, aber keine Vermögens(um-)verteilung statt. Der Teil des Volkseinkommens, der an die Nicht-erwerbstätigen geht, wird so oder so dem Realeinkommen der jeweils Aktiven entzogen. An dieser Logik des Einkommenskreislaufes führt kein Weg vorbei, wie bereits vor über einem halben Jahrhundert Gerhard Mackenroth, der geistige Vater der deutschen Sozialstaatsreform von 1957 klargestellt hat.[6]

(2) Dennoch ist die „soziale Last" einer Gesellschaft keine starre biologisch (oder „biometrisch") vorgegebene Größe. Sie hängt weder allein von der Alterspyramide noch der Einbeziehung der Nachwuchskosten in die soziale Finanzierung ab. Eine einfache Formel macht die wechselseitigen Zusammenhänge und politischen Einflussmöglichkeiten klar. Das Verhältnis der Sozialeinkommensbezieher (S) – wobei offen bleibt, ob es nur alte oder auch junge gibt – bezogen auf die Zahl der aktiv verdienenden Zahler (Z) plus einer aus humanitären Gründen nicht zu unterschreitenden Mindestrente (R) kann ja immer nur aus der Summe der persönlich verdienten Arbeitseinkommen (E) und ihrem persönlichen Beitrag oder Belastungskoeffizienten (b) bezahlt werden. (b) ergibt sich aus: S/Z (der sozialen Last) mal R/E (der volkswirtschaftlichen Einkommensbelastung), woraus wiederum folgt, dass S mal R (die Summe aller Sozial- und Renteneinkommen) stets Z mal E mal b gleich sein muss: der Summe aller persönlich verdienten Arbeitseinkommen abzüglich dem individuellen Beitrags- und Belastungskoeffizienten. Die entscheidende Frage lautet nun nicht, wie in vielen Diskussionen zu diesem Thema immer wieder unterstellt wird: Wie hoch kann oder darf dieser Belastungsfaktor (b) sein? Sie lautet vielmehr: Was kann (oder muss) man politisch tun, um (b) in Grenzen zu halten oder sogar zu verringern, wenn er als zu hoch, leistungsfeindlich oder ungerecht gegenüber den Zahlern (Z) empfunden wird? Dazu zeigt die Formel zwei ebenso logische wie politisch zu beschreitende (Aus-)Wege auf: Man kann die S/Z (die soziale Last) verringern, indem man für die Alten das Renteneintrittsalter heraufsetzt, ihre Lebensarbeitszeit ihrer deutlich verlängerten Lebenszeit anpasst und für die Jungen die Schul- und Ausbildungszeiten verkürzt: sowohl die Lehrmittel verbessert wie ihrer gewachsenen Lernkapazität Rechnung trägt. Und man kann gleichzeitig und parallel dazu Z mal E (die Summe der persönlichen Arbeitseinkommen) nachhaltig steigern, indem man Beschäftigung und Produktivität der Arbeitswelt verbessert.

(3) Daraus folgt drittens und entscheidend: Der Sozialstaat lässt sich im Zeitalter der Globalisierung, der Europäischen Integration und Wende in der Demographie nicht mehr durch noch so radikale Reformen seiner Institutionen allein retten, des Renten-, Gesundheits- Ausbildungswesens und

---

6 Vgl. Hankel, Wilhelm, Zweig G. Volkswirtschaftliche Grundfragen der Sozialreform, 1956.

durch neue und notwendige Akzente in der Familienpolitik. So unverzichtbar und un-aufschiebbar diese auch sind: Alle vier obigen Determinanten (oder Variablen) der Sozialstaatsbelastung für den einzelnen Leistungserbringer (oder Arbeitseinkommensbezieher) müssen makroökonomisch auf ihre inneren Reserven und Veränderungsmöglichkeiten hin überprüft und den neuen Realitäten angepasst werden. Denn weder S (Zahl der Sozialeinkommensbezieher) noch Z (Zahl der aktiv Verdienenden) noch E (Summe der persönlich verdienten Einkommen) sind starre, unveränderbare Größen. Dasselbe gilt für R, die individuelle Mindestrente. Alle diese Symbole stehen für ein Reformprogramm, das zu einer neuen und integrierten Wirtschafts-, Beschäftigungs-, Sozial- und Familienpolitik zusammengefasst werden muss.

4. Die neue Sozialstaatspolitik

a.) Die stärkste (und zudem für den Arbeitsmarkt gefährlichste!) Verteuerung des deutschen Sozialstaats liegt in der (zu) engen Fassung der Größe E. Das gesamte Volkseinkommen (Personal- plus Gewinn- plus Kapitaleinkommen) ist größer als die Summe der persönlich verdienten Arbeitseinkommen. Deswegen würde eine Ausweitung der Sozialversicherungspflicht (für Altersrenten wie Krankenversicherung) auf alle Einkommensbezieher die gesamtwirtschaftlich Finanzierungsbasis dieser Systeme verbreitern sowie die individuelle Beitragsbelastung (die mehr oder minder identisch mit den „Lohnnebenkosten" ist) deutlich senken: in beiden Fällen um annähernd 60 %. Dieses „Schweizer Modell" verbilligt nicht nur die Sozialsysteme nachhaltig. Es verbessert die Attraktivität des Humankapitals am Arbeitsmarkt, denn seine um die Absenkung der Lohnnebenkosten verbesserte Rentabilität nimmt deutlich zu. Die neu erschlossenen Finanzierungsspielräume erlauben die Aufnahme neuer, bislang sträflich vernachlässigter Aufgaben wie der Einbeziehung der jungen Noch-nicht-Erwerbsfähigen und damit den Einstieg in den bislang verweigerten „Familienlastenausgleich". Zudem vereinfacht es den Sozialausgleich und damit indirekt das jeweilige Steuersystem. Man braucht keine (oder nur geringere leistungsfeindliche Steuern für die Reichen), wenn man bei gleicher prozentualer Belastung der Zahler (Z) Höchstgrenzen für die Auszahlungen festlegt: Die sozial nicht (oder weniger) Bedürftigen zahlen für die noch Bedürftigeren. Sowohl das deutsche System der Renten- wie Krankenversicherung ließen sich über dieses System der allgemeinen und solidarischen Versicherungspflicht auf Jahrzehnte hinaus sanieren – sogar bei Übernahme zusätzlicher Pflichten und Kosten.

b.) Ein weiteres, zu Buche schlagendes Entlastungspotenzial enthält die Größe S. Selbst wenn sie um die jungen Noch-nicht-Erwerbsfähigen erweitert wird, bringen der Verzicht auf die Frühverrentung und die Heraufsetzung des Renteneintrittsalters (auf 70 Jahre oder höher) Milliardengewinne an Einsparpotenzial. Allein die strikte Einhaltung des derzeit noch gesetzlichen Ruhestandsalters von 65 Jahren würde das Rentenauszahlungsvolumen um annähernd 25 % reduzieren – eine Summe, die ausreicht, um jeden Bundeszuschuss zur Alterssicherung überflüssig zu machen.[7] Mit einer zusätzlichen Belastung des Arbeitsmarktes ist kaum oder allenfalls marginal zu rechnen. Denn alle vorliegenden Untersuchungen bestätigen, dass die Frühverrentung keine neuen Arbeitsplätze schafft, sondern lediglich Überstunden und innerbetriebliche Rationalisierungsprozesse fördert.

Eine generelle Krankenversicherungspflicht für alle Deutschen (Erwerbstätige, Rentner, Arbeitslose) würde nicht nur den Arbeitsmarkt von weiteren Lohnnebenkosten entlasten (Krankenkassenbeiträgen von derzeit 14 %), sondern den Markt für das Gesundheitswesen zum größten und dynamischsten Dienstleistungsmarkt der Volkswirtschaft aufsteigen lassen – nach dem Muster der USA, aber ohne deren Nicht-Versicherungsdefizite. Die in der medizinischen Forschung und Anwendung steckenden Leistungsreserven könnten erschlossen und die Zahl der im Gesundheitswesen Beschäftigten (von 2,5 Millionen Menschen) leicht verdoppelt werden. Allein eine solche – ebenfalls auf Schweizer Vorbild – basierende Gesundheitsreform wäre ein durchgreifendes Beschäftigungsprogramm, das sich weitgehend selber (aus seiner in alternden Gesellschaften strukturell steigenden Nachfrage nach medizinischer Versorgung) selbstfinanziert.

c.) Selbst das erweiterte E unserer Formel ist keine Konstante. Zwar sind der traditionellen makroökonomischen Wachstums-, Beschäftigungs- und antizyklischen Finanzpolitik des Staates – wie sie das GG in Art. 119 auf der Grundlage des Stabilitäts- und Wachstumsgesetzes von 1967 vorschreibt – durch die Europäischen Verträge (von Maastricht und Amsterdam) die schlagkräftigsten Instrumente entzogen worden – ohne Ersatz auf der höheren EU-Ebene. Den Euro-Staaten stehen weder Zölle noch Zinsen noch Wechselkurse zur Wirtschaftsbelebung zu Verfügung. Insofern lähmen gemeinsamer Markt und Währungsunion ihre Aktivitäten weit mehr als jede Globalisierung.

Dennoch ist das nicht das Ende jedweder Wirtschaftspolitik. Ihre Ansätze liegen in der konzertieren Einkommenspolitik („Bündnis für Arbeit") sowie der regionalen und sektoralen Strukturpolitik. Letztere mit den Schwerpunkten Reindustrialisierung, Infrastruktur und gezielte Großprojekte können erhebliche Einkommenseffekte auslösen und die Spielräume für potenzielles Wirtschaftswachstum erweitern. Die Förderung des wirtschaftlichen Wachstums ist und bleibt nicht nur die beste Form der Einkommens- und Beschäftigungspolitik. Sie entlastet den Sozialstaat von Ausgaben (Arbeitslosigkeit, ABM) und führt ihm neue Mittel zu.

Weder zunehmende Alterung noch abnehmender Nachwuchs sind Argumente für sozialstaatlichen Abbau. Im Gegenteil: Sie verlangen mehr sozialstaatliche Leistungen der Familienförderung und mehr private wie öffentliche Investitionen der gesamt- wie privatwirtschaftlichen Effizienzsteigerung als je zuvor. Beides ist finanzierbar, zumal wenn es gelingt den Rückgang des Hu-

---

[7] Damit wäre auch die zweckentfremdete Ökosteuer wäre kein Thema mehr.

VIII. Familien- und Sozialpolitik international

mankapitals durch seine gesteigerte Produktivität auszugleichen. Höhere Produktivität des Humankapitals durch berufliche Qualifizierung (bessere Ausbildung) und staatlich gefördertes Wirtschaftswachstum in den heimischen Regionen sind die makropolitische Antwort auf die Standort- und Arbeitsplatzbedrohung durch das globale und extrem volatile Finanzkapital und die Belastung der heute lebenden arbeitenden Generation durch die demographischen Wende. Nur ist es ein Problem, das sich bei richtiger Sozialstaats- und Familienpolitik vielleicht schon in der nächsten Generation ausgewachsen haben könnte.

5. Diskussionsteil zu den Referaten von Prof. Dr. Hans-Günter Krüsselberg, Prof. Dr. Hans-Joachim Schulze und Prof. Dr. Wilhelm Hankel

Frau Ott:
Ich möchte die Frage der Frustration der Mütter nochmals aufgreifen. Frustrierte Mütter sind auch ein Problem für die Kinder. Ich behaupte, die meisten Mütter würden im ersten Lebensjahr gerne zu Hause bleiben und die spannende Entwicklung ihrer Kinder mitverfolgen. Das ist aber keine Frage der heutigen Kinderbetreuung, sondern eine grundsätzliche Frage der Lebensbedingungen für Familien.

Ein Punkt zu Herrn Hankel: Sie haben gesagt, die beste Sozialpolitik sei eine gute Wachstumspolitik. Man kann aber auch umgekehrt behaupten, eine gute Wachstumspolitik brauche eine gute Sozialpolitik. Nur gut abgesicherte Menschen sind risikobereit und motiviert. Darüber hinaus noch eine grundsätzliche Bemerkung, die mit einer Bemerkung von Herrn Borchert zusammenhängt. Herr Borchert sagte, dass jede gerechte Verteilung die gleichen Anreizwirkungen hat. Ich würde hingegen behaupten, dass es davon abhängt, wie diese Verteilung zu Stande kommt. Umverteilung hat ganz andere Anreizwirkungen, als wenn die im Vorfeld vorhandenen allokativen Fehlanreize beseitigt werden, also Bedingungen geschaffen werden, so dass der Markt die gewünschten Ergebnisse schafft. Man muss den Markt dazu zu bewegen, die gewünschten Ergebnisse zu schaffen, und nicht anschließend umverteilen.

In unserer Gesellschaft existieren sehr viele kreditäre Beziehungen, die als zweifacher Transfer ausgestaltet sind. Kinder erhalten von ihren Eltern, aber auch von der Gesellschaft sehr viele Leistungen. Eigentlich kann erwartet werden, dass das gut gebildete Humanvermögen im Erwachsenenalter höhere Steuern zahlt. In einer geschlossenen Gesellschaft kommt dies einer kreditären Beziehung gleich. Eltern bekommen Kindergeld, das sie später über Steuern zurückzahlen. Jegliche phasenspezifische Steuerfinanzierung ist im Prinzip eine kreditäre Beziehung. Die erhaltenen Leistungen gibt der Empfänger über das Steuersystem zurück. Wenn dieser Zyklus nicht mehr transparent ist, kommt es zu Verteilungskonflikten. Deshalb muss in unserem Sozialversicherungssystem deutlich werden, dass es sich um ein Geben und Nehmen handelt. Es geht darum, die Systemlogiken deutlich zu machen und nicht um eine schnelle Umverteilung. Die Verteilungskonflikte sind durch Globalisierung viel größer geworden. Die kreditäre Beziehung zwischen Individuum und Gesellschaft funktioniert, wenn wir eine geschlossene Gesellschaft haben. Aber wenn sich diejeni-

VIII. Familien- und Sozialpolitik international

gen, die mit viel Humankapital ausgestattet wurden und viele Investitionen empfangen haben, dieser Rückzahlung über das Steuersystem durch Auswanderung entziehen, kollabiert das System. Steuerfinanzierte Systeme sind – das ist ein zusätzliches Problem in der Globalisierung – leicht auszubeuten. Deswegen müssen die steuerfinanzierten Leistungen stärker in die Systemlogiken verankert werden.

Herr Kaufmann:
Zunächst eine Bemerkung zur frühkindlichen Entwicklung. Gerade zwischen sechs und 18 Monaten entwickeln die jungen Menschen feste Bindungen. Ich würde die Grenze sogar auf zwei Jahre erhöhen. Nach zwei Jahren ist kein Problem mehr gegeben. Zu Herrn Borchert: In der Schweiz werden Vermögenseinkünfte zur Alters- und Hinterlassenenversicherung nur substitutiv herangezogen, also dann, wenn die Personen keine Arbeitseinkünfte haben. Das wird im Wiesbadener Entwurf falsch dargestellt.

Herr Borchert:
Danke. Der Wiesbadener Entwurf erläutert nur, wie sich das Schweizer Modell finanziert und dass bei den Beschäftigteneinkommen ein besonderer Prozentsatz ausgewiesen ist. Das Prinzip ist insofern wichtig, nicht die Einzelheiten.

Herr Schwarz:
Einige Bemerkungen zu den Ausführungen von Herrn Hankel, der auch Ausführungen zum Arbeitsmarkt gemacht hat. Wenn es uns gelänge, die vielen Millionen Arbeitslosen in Arbeitsverhältnisse zu bringen, wäre der größte Teil unserer so genannten Belastungsprobleme überwunden. Wenn es uns gar gelänge zu einer Erwerbsbeteiligung der 1960er Jahre zurückzukehren, hätten wir für die nächsten Jahrzehnte überhaupt keine Probleme mehr. Nun ist es aber nicht so einfach, Arbeitsplätze zu schaffen, was insbesondere für die Forderungen nach Frauenerwerbstätigkeit gilt. Es fehlt nämlich an der nötigen Qualifikation und unsere Arbeitskräfte sind zu teuer.

Noch ein Wort zur Frauenerwerbstätigkeit: In der amtlichen Statistik wird jegliche Beschäftigung, auch die geringfügige Beschäftigung der Zeitungsausträgerin, als Beschäftigung gewertet. Bald haben wir zwar so viele weibliche wie männliche Arbeitskräfte, aber über 40 % sind Teilzeitarbeitskräfte. Es gibt etwa sechs Millionen geringfügig Beschäftigte, die von ihren Einkünften nicht leben können.

Frau Höhn:
Herr Schulze, die Diskussion lässt die Frage offen, ob wir uns über Gerechtigkeit für Familien oder über demographische Komponenten unterhalten. Im Programm steht, dass Sie über Bevölkerungspolitik in Europa sprechen wollten, das haben Sie aber nicht getan. Zu Herrn Hankel: Ich glaube es wäre besser, wenn Sie Ihre Skepsis gegenüber den Bevölkerungsprognosen aufgeben. Die Irrtümer

der Bevölkerungsprognosen beruhen darauf, dass es die Demographen bis vor 30 Jahren nicht für möglich gehalten haben, dass das Geburtenniveau so weit herabsinken würde, und dass man den Anstieg der Lebenserwartung und den Rückgang der Altersterblichkeit ebenfalls nicht für möglich gehalten hat. Beide Faktoren sind nun eingetreten und die Bevölkerungswissenschaftler sind sich einig, dass es zu einer weiteren Alterung kommen wird. Wenn man diese Prognosen heranzieht und im Übrigen alle anderen ökonomischen und politischen Rahmenbedingungen konstant hält, dann gibt das Anlass zu großer Besorgnis. Aber Sie haben nun in Ihrem Beitrag herausgearbeitet, dass es eine Reihe von Möglichkeiten gibt, die das verhindern können. Man muss es nur tun!

Herr Krüsselberg:
Ich nehme das Stichwort vom schrumpfenden mittelständischen Sektor auf. Als der selbstständige mittelständige Sektor noch eine Höhe von 12,5 % hatte, hatten wir keine Arbeitslosigkeit. Mit dem Mittelstand passiert in politisch-ökonomischer Perspektive genau das, was mit der Familie passiert. Er wird ausgebeutet, ohne dass er wirklich klein zu kriegen wäre. Die mittelständische Wirtschaft hat im Grunde die gleiche Sozialstruktur wie ein vernünftig geführter Familienhaushalt, und die strukturellen Rücksichtslosigkeiten in diesen Bereichen sind vergleichbar. Ich bin nicht sicher, dass der mittelständische Sektor in einer globalisierten Welt tatsächlich an Bedeutung verliert. Ich glaube eher, dass er noch an Bedeutung gewinnen wird, weil auch der wanderungsbereite Mensch, das mobile Humanvermögen, ohne Familie nicht auskommen kann. Ohne die Rückkoppelung und die Regenerationsmöglichkeit in der Familie und damit auch die Standortgebundenheit und die Unmittelbarkeit der Dienstleistungen ist keine Gesellschaft überlebensfähig. Deshalb wird der mittelständische Sektor gesellschaftlich wieder aufgewertet werden müssen.

Frau Wessig:
Zunächst möchte ich gerne zu den Ausführungen von Herrn Schulze eine Ergänzung vornehmen. Es gibt neue Studien über Kinder vom ersten Lebensjahr bis zum Eintritt ins Schulalter und es wird untersucht, ob die Kinder Entwicklungsstörungen haben, wenn sie in einer Ganztagseinrichtung sind, die ein qualitätsgebundenes Konzept hat. Diese Studie ist auch in den USA durchgeführt worden. Das Ergebnis: die Kinder hatten keine Störungen.

Was die Karrierefreudigkeit von jungen Frauen angeht gibt es ebenfalls eine neue Studie. 2001 sagten im Rahmen der Studie „Future Women" 78 % der jungen Frauen zwischen 23 und 28, dass sie lieber wieder die Kindererziehung als die Anstrengungen einer weiblichen Karriere in der Männerwelt wählen würden. Da ging es nicht so sehr um den Kinderwunsch, als vielmehr den harten Wettbewerb in der Öffentlichkeit.

VIII. Familien- und Sozialpolitik international 465

Frau Diller-Murschall:
Ich möchte nur noch etwas ergänzen: Bis Anfang der 1990er Jahre war das System der frühkindlichen Betreuung und das Kindergartensystem in den USA äußerst unterentwickelt – wenn auch regional sehr unterschiedlich.

Herr Maywald:
Ich kenne die NICHD Studie sehr gut und glaube, dass ihre Darstellung in Deutschland Anlass zu erheblichen Missverständnissen gegeben hat. Eine große Gruppengröße, ein häufiger Wechsel der Erzieherinnen und eine schlechte Ausstattung führen bei den Kindern zu Problemen. Das ist im Grunde genommen banal. Aber die NICHD Studie hat als wesentliches Ergebnis ergeben, dass die Tagesbetreuung unabhängig vom Eintrittsalter der Kinder und unabhängig von der Qualität und der Dauer der Tagesbetreuung, praktisch keinen Einfluss auf die Qualität der Eltern-Kind-Bindung hat. Das ist das wesentliche Ergebnis der größten repräsentativen Untersuchung aus den USA. In der Konsequenz heißt das gerade für die deutsche Diskussion, dass sich Eltern kein schlechtes Gewissen machen müssen, wenn sie ihr Kind in Tagesbetreuung geben. In Deutschland geht es vor allem um das zweite bis fünfte Lebensjahr, da in diesem Zeitraum die Tagesbetreuung unzureichend ausgebaut ist. Eine weitere Konsequenz der Studie ist, dass wir umgekehrt auch keine kompensatorischen Hoffnungen mit der Tagesbetreuung verknüpfen sollten. Die Eltern-Kind-Bindungen werden sich dadurch nicht verbessern. In einer dritten Konsequenz kommt es insbesondere auf die Qualität der Tagesbetreuungen an. Die Ausstattung der Tagesbetreuung, die Personalausbildung und die Stabilität der Bezugspersonen spielen eine große Rolle.

Frau Michels:
Ich erlaube mir immer eine gewisse Skepsis gegenüber wissenschaftlichen Studien. In den USA wurde zum Beispiel eine Zeit lang eine gewisse Verwahrlosung von Kindern allein Erziehender behauptet. Das war das Ergebnis einer Untersuchung. Ein paar Jahre später wurde festgestellt, dass diese Verwahrlosung ein Phänomen ist, das man bei allen Kindern vorfindet, die in Armut aufwachsen – unabhängig von der Lebensform der Eltern. In Deutschland wurde festgestellt, dass in den psychologischen Beratungsstellen vor allem allein Erziehende sitzen. Daraus kann man aber noch nicht die Aussage ableiten, dass die allein Erziehenden massive Probleme mit ihren Kindern haben. Vielmehr haben allein Erziehende ein erhöhtes Problembewusstsein.

Herr Petropulos:
Zunächst eine Bemerkung zu Herrn Hankel: Ich habe nicht verstanden, wie man die Einnahmen und so die Gestaltungsmöglichkeiten der Kommunen erhöhen könnte, ohne dass das Problem der Standortkonkurrenz, also auch der Möglichkeit der Standortverlagerung auftritt.

Herr Schulze hat die populäre These vertreten, dass mehr Frauenerwerbstätigkeit und mehr Kinderbetreuung automatisch mehr Geburten mit sich bringen. Aber in den Musterländer Schweden und Frankreich korrespondiert die Geburtenrate auch mit dem Wirtschaftswachstum. In Frankreich haben die Geburten seit Mitte der 1990er Jahre parallel zu einem Wirtschaftswachstum zugenommen, das deutlich über dem deutschen lag. Das eindrucksvollste Beispiel gegen diese These ist aber Ostdeutschland. Hier ist die Betreuung der Infrastruktur hervorragend ausgebaut, aber der Mangel an Arbeitsplätzen hat den Geburteneinbruch mit sich gebracht. Die wirtschaftliche Sicherheit, die wirtschaftlichen Perspektiven sind also eine zentrale Größe. Die schlichte Formel, dass mehr Kinderbetreuung zu einer erhöhten Geburtenrate führt, geht nicht auf.

Herr Borchert:
Das ist im vorliegenden Wiesbadener Entwurf noch einmal deutlich unterstrichen worden.

Herr Wingen:
Ich möchte zum Beispiel Schweden Stellung nehmen. Trotz der guten Möglichkeiten der außerfamiliären Kinderbetreuung ist die Geburtenrate in Schweden im Verlauf der 1990er Jahre um 30 % zurückgegangen. Es geht in der Familienpolitik immer um Freiräume für unterschiedliche Optionen für unterschiedliche Lebensentwürfe. Die Zusammenhänge sind eben nicht monokausal.

Ich wollte ergänzend nachtragen, dass die allein Erziehenden und die nichteheliche Familie seit Jahrzehnten Familie im Sinne des Art. 6 Abs. 1 GG sind. Ich gehe nun noch einen Schritt weiter und stelle die Frage, ob die gleichgeschlechtliche Partnerschaft mit Kindern nicht in dieses Familienverständnis als Eltern-Kinder-Gemeinschaft mit hineingehört. Wir bräuchten dann auch keinen neuen Begriff an Stelle von Familienpolitik; denn sie zielt wesentlich gerade auch auf die Elternschaft. Die ehebezogene Familie ist nur eine familiale Lebensform, wenn auch die bis heute dominante.

Noch ein Wort zur Einordnung der demographischen Problematik. Auf dem Hintergrund einer nicht rückläufigen Bevölkerung ist auch ein Wirtschaftswachstum viel leichter zu erreichen, als auf dem Hintergrund von Bevölkerungsschrumpfung.

Abschließend: Bisher ist der von mir angemahnte Prozess eines stärkeren Durchdenkens der intertemporalen Einkommensumschichtung von Lebenseinkommen des Einzelnen in der praktischen Politik nicht angestoßen worden. Der Schreiber'sche Ansatz betrifft das Individuum und geht sehr stark von der Eigenverantwortung aus. Der Einzelne verdient in seiner Erwerbsphase Einkommen und lebt davon nicht nur im Rentenalter, sondern er verlagert sein Erwerbseinkommen auch in seine Kindheitsphase. Das nannte Wilfrid Schreiber die „Kindheits- und Jugendrente", ein Kredit, ein Vorgriff auf das spätere Erwerbseinkommen des Einzelnen. Aus dieser Perspektive bekommt die Umverteilung einen ganz anderen Charakter. Es ist die Umschichtung von Lebensein-

VIII. Familien- und Sozialpolitik international

kommen des Einzelnen auf eine Phase, in der er noch nicht erwerbstätig ist. Die Eltern bekommen das Geld treuhändlerisch für das Kind, aber eigentlich geht es von dem Einzelnen und seiner intertemporalen Umschichtung von Lebenseinkommen aus.

Herr Borchert:
Frau Ott hat die kreditären Beziehungen beschrieben. Es handelt sich um die gleichen technischen Vorgänge von gerechter Belastung und Entlastung und insofern sind die ökonomischen Konsequenzen dieselben.

Herr Schulze:
Ich bin auf die Bevölkerungspolitik nicht eingegangen, weil diese meines Erachtens in einer Familienpolitik enthalten ist. Familienpolitik ist mit einem kommunikativen Verständnis verbunden, während Bevölkerungspolitik eine instrumentalisierte Formel ist. Familienpolitik kann immer Bevölkerungspolitik sein, wenn sie es auch nicht sein muss.

Zur Qualität des Kindergartens: Das eigentlich spannende dieser Untersuchung aus den USA war, dass die Konsequenzen der langfristigen Inanspruchnahme der außerhäuslichen Betreuung für das Kind in einem Problemverhalten des Kindes gefunden wurden. Die Qualität des Kindergartens spielt dabei statistisch keine Rolle. Hier spielen vermutlich Faktoren eine Rolle, die mit den Entwicklungsbedingungen von Kleinkindern zu tun haben und die durch die Qualität des Arrangements nicht zu erfassen sind. Die Erwartung, dass sich die Qualität des Kindergartens auf das Wohlbefinden des Kindes und auf seine Entwicklungsmuster auswirkt, kann statistisch nicht nachgewiesen werden. Es ging in den von mir geschilderten Ergebnissen immer um die Frage von problematischen Verhaltensmustern, die am Kind abzulesen sind. Diese Risiken sind bei den Kindern vorhanden, die sehr lange Zeit und schon sehr früh in außerfamiliärer Betreuung sind. Nochmals: Die Qualität der entsprechenden Betreuungsarrangements spielt dabei keine Rolle.

Herr Hankel:
Wir werden über die Zwillingsbeziehung von Sozial- und Wachstumspolitik nie in Streit geraten. Das Humankapital, mit dem Akzent auf Human, ist durchaus kreditfinanzierungsfähig. Es ist eigentlich eine Frage der Risikoübertragung. Der Sozialstaat könnte fehlendes Steuergeld durch eine Garantie ersetzen. Er würde eine zusätzliche Finanzierungsquelle erschließen, die weit über das BAföG hinaus nutzbar gemacht werden könnte. Ich könnte mir auch eine volle Einbeziehung der Kapitaleinkünfte vorstellen; das ist letztlich Sache des Gesetzgebers darüber zu befinden.

Zu Herrn Schwarz: Über den Arbeitsmarkt können wir leider gar nicht kompetent reden, weil in Deutschland alle Statistiken über ihn falsch sind. Die offiziellen sind falsch, weil große Teile fehlen. Gleichzeitig fehlt in unserer Beschäftigungsstatistik die illegale Arbeit. Wenn wir die uns unbekannten Komponenten saldieren würden, würde die Arbeitslosigkeit wahrscheinlich sogar kleiner werden. Aber das wissen wir nicht genau. Darum wäre ein ganz wichtiger Beitrag, mehr Licht in die Arbeitsmarktstatistiken zu bringen. Die jüngsten Maßnahmen zum Kombilohn sind da natürlich nicht sehr hilfreich, weil sie das Bild neuerlich verschleiern. Eine vorhandene Arbeit, die es schon immer gegeben hat, wird jetzt zwecks Erlangung der Zuschüsse gemeldet. Damit erscheint sie zwar in der Statistik, stellt aber keinen zusätzlichen Arbeitsplatz dar. Es wäre auch schon viel gewonnen, wenn man sich auf die Kriterien des internationalen Arbeitsamtes beziehen würde. Wir haben in Deutschland eine Abgrenzung, die mit den internationalen Standards nicht kompatibel ist.

Frau Höhn, ich wollte die Werte der Bevölkerungsprognosen, besonders der kurzfristigen, nicht herunterspielen. Langfristig müssten wir sicher sein, dass es eingebaute und externe Korrekturmöglichkeiten gibt. Sie haben eine wichtige volkspädagogische und auch politische Funktion: Sie sind ja Alarmsignale. Sie zeigen ein Problem und den Handlungsbedarf auf.

Was Frau Wessig sagt, beruhigt mich sehr. Dann sind die Chancen der Bevölkerungsentwicklung sehr viel positiver zu sehen. Wenn das Alternativeinkommen für Frauen steigt, dann wird der Spielraum für neue Familiengründungen größer. Wir müssen alles tun, dass dieses Einkommen weiter steigt. Dann wird sich der Bevölkerungstrend auf natürliche Weise – nämlich durch den Wunsch junger Frauen Kinder vor dem 30 Lebensjahr zu gebären – ins Positive wenden.

Zu Herrn Petropulos: Mittelpunkt der Stagnation ist der katastrophale Verfall der öffentlichen Investitionen. Sie sind nicht erst im letzten Jahr zurückgegangen, sie gehen kontinuierlich zurück. Deswegen wäre eine Gemeindefinanzreform überfällig, die die Kapitalmarktfähigkeit der Kommunen wieder herstellt. Diese ist wegen der Überschuldung heute praktisch auf Null gesunken. Eine solche Reform wäre nicht nur ein Beitrag für eine bessere Infrastruktur und eine bessere Konjunktur, sondern auch für die Standortattraktivität. Es gibt derzeit eine sehr aggressive Politik zwischen den Bundesländern, beispielsweise durch das Angebot von Standortzugaben und billigen Grundstücken. Europa ist durch seine interne Globalisierung zu einem Kontinent des aggressiven Standortwettbewerbs geworden. Eine finanzielle Unterstützung der Kommunen führt zu einer wesentlichen Entlastung der Konjunktur und ist ein Mittel im Kampf gegen die Abwanderung von Kapital.

Einen Punkt hat niemand erwähnt: die unglaubliche Steuerpolitik der rotgrünen Regierung, die ausgesprochen mittelstandsfeindlich ist. Die Einheitlichkeit der Unternehmensbesteuerung wurde aufgegeben und das obwohl sie für mich eigentlich fast ein Grundrecht ist. Es ist unverständlich, dass man Kapitalgesellschaften einen niedrigeren Steuersatz als Personalgesellschaften gibt. Das führt zu Verwüstungen im Ertragsbild, die im Dezemberbericht der Deutschen Bundesbank 2001 nachgelesen werden können. Diese Förderpolitik für Große hat die Steuerflucht überhaupt nicht begrenzt. Sie hat sie eher vergrößert, denn die Rückzahlungen aus jetzt erlassenen Steuerschulden überschreiten bei weitem

VIII. Familien- und Sozialpolitik international

die Zahlungen. Nicht nur das die Kapitalgewinnsteuer keinen Ertrag bringen soll, sondern dass Minusergebnisse ausgewiesen werden, besagt, dass der Grundgedanke der Leistungsgerechtigkeit konterkariert worden ist. Das ist natürlich ein starkes Plädoyer für die Umrüstung auf die indirekten Steuern. Indirekte Steuern sind die einzigen, die kapitalfluchtneutral sind, denn sie haben nichts mehr mit dem Unternehmen sondern nur noch mit den Konsumausgaben zu tun. Wir müssen natürlich intelligente Lösungen finden, um einen Freibetrag für Familien und Kinder einzuführen. Aber das ist durch Variationen der Sätze durchaus denkbar.

Herr Borchert:
Hier muss ich anmerken, dass europarechtlich Probleme drohen. Das ist bei der Mehrwertsteuer sehr deutlich.

Herr Hankel:
Ich widerspreche ungern einem Gastgeber, aber die Mehrwertsteuer kann europarechtlich durchaus integriert werden, weil sie ein Preisbestandteil des europäischen Wettbewerbs wird. Deswegen können wir in Europa mit unterschiedlichen Sätzen operieren. Sie werden dann im firmeninternen Wettbewerbskampf einkanalisiert. Das ist ein ganz anderer Sachverhalt, als die Einkommenssteuer, die aus den Gewinnen bezahlt werden muss. Diese Mehrwertsteuer regt zumindest nicht zur zusätzlichen Kapitalflucht an, sondern ist diesbezüglich neutral. Ihr Problem liegt in der Erhebung, denn die indirekte Steuer wird dann von der Wirtschaft einbehalten und abgeführt. Das bedeutet eine Verlagerung von Verwaltungsaufwand in die Wirtschaft.

IX. Stellungnahmen von Verbänden und Wissenschaftlern zum „Wiesbadener Entwurf"

Stellungnahme des Familienbundes der Katholiken zum Wiesbadener Entwurf

Der Familienbund der Katholiken (FDK) bestätigt den in dem Wiesbadener Entwurf vorgelegten analytischen Befund zur Situation von Familien in Deutschland und insgesamt die aufgezeigten familienpolitischen Strukturdefizite des Sozialstaates. Der FDK begrüßt ausdrücklich die Initiative, die Herr Dr. Borchert mit dem vorliegenden Diskussionspapier für eine familienpolitische Strukturreform des Sozialstaats angeregt hat. Der FDK stellt eine „verbale Aufgeschlossenheit" von verantwortlichen Politikern in der Bewertung der Situation von Familien in unserer Gesellschaft fest, muss aber zugleich eine „weitgehende Verhaltensstarre" bei den Verantwortlichen in der Umsetzung beklagen. Moderne Familienpolitik muss zur Kenntnis nehmen, dass es in unserer Gesellschaft unterschiedliche Vorstellungen darüber gibt, was Familie ist, wer zu einer Familie gehört und wie die Aufgaben in einer Familie verteilt sein sollen. Familienpolitik kann damit nicht ein bestimmtes Modell von Familie im Auge haben, sie muss vielmehr ihre Maßnahmen darauf ausrichten, dass Familien in unserer Gesellschaft ihre Vorstellungen für ihre Familie besser verwirklichen können. Vor diesem Hintergrund muss Familienpolitik die unterschiedlichen familialen Lebensentwürfe berücksichtigen. Gleichwohl sieht der FDK in der auf Ehe gegründeten Familie die beste Voraussetzung, dass Partnerschaft dauerhaft gelingen kann und Kinder sich entfalten können. Vor diesem Hintergrund hat trotz der pluralen Familienformen der grundgesetzlich verbriefte besondere Schutz von Ehe und Familie nach wie vor seine Gültigkeit. Folgende Kernbereiche der Familienpolitik sind für den FDK wichtig:

1. Wirtschaftliche Rahmenbedingungen

Das Armutsrisiko Nr. 1 in Deutschland heißt Kind. Umverteilungsprogramme beseitigen keine Armut. Das Familienfördergesetz hat allenfalls horizontale Steuergerechtigkeit bewirkt, zugleich aber die Förderung von Familien drastisch eingeschränkt und die soziale Schieflage zu Lasten von Familien mit niedrigem Einkommen verschärft. Darüber hinaus hat es in beträchtlichem Umfang Elemente eines „In sich Transfer" (von jedem Euro Kindergelderhöhung zahlen die

Familien im Durchschnitt 38 Cent selbst). Verlierer sind kinderreiche und allein erziehende Familien. Mit der Forderung nach einem einheitlichen Kindergeld von 215 € je Kind und Monat hat der Familienbund einen maßvollen, konstruktiven Vorschlag für die Umsetzung der Entscheidung des Bundesverfassungsgerichts vorgelegt

2. Vereinbarkeit von Familien- und Erwerbstätigkeit

Nach Auffassung des FDK müssen Eltern eine freie Entscheidung darüber treffen können, ob und in welchem Umfang sie die Aufgaben der Familientätigkeit und Einkommenserzielung miteinander aufteilen. Voraussetzungen dazu sind auf der einen Seite materielle Rahmenbedingungen (Transferleistungen), die einen Verzicht auf Einkommenserzielung zu Gunsten von Familientätigkeit erst möglich machen und auf der anderen Seite Rahmenbedingungen einer familiengerechten Arbeitswelt sowie bedarfsgerechte Betreuungsangebote, auch für unter dreijährige und über sechsjährige Kinder.

3. Sozialversicherungssysteme

Ein wesentliches Merkmal struktureller Rücksichtslosigkeit gegenüber Familien liegt in der Konstruktion der Sozialversicherungssysteme, insbesondere der gesetzlichen Rentenversicherung, die Kinderlosigkeit prämiert. Erforderlich ist ein familiengerechter Umbau des Generationenvertrages. Der FDK hat dazu ein Konzept vorgelegt, bei dem u.a. bei Einbeziehung aller Einkünfte eine bedarfsgerechte Grundsicherung, Perspektiven einer eigenständigen Alterssicherung von Frauen, eine angemessene Gleichbewertung von Erwerbs- und Familientätigkeit und der Tatbestand der unterbrochenen Erwerbsbiografien Berücksichtigung finden. Der Prüfauftrag zum Pflegeversicherungsurteil muss zur weitergehenden Reform der gesetzlichen Rentenversicherung führen.

4. Ehegattensplitting

Nach Auffassung des FDK ist das Ehegattensplitting die am besten geeignete Form der Ehegattenbesteuerung. Die Ehe ist eine Gemeinschaft des Erwerbs und Verbrauchs. Das System des Ehegattensplittings sorgt dafür, dass sich unabhängig vom Verhältnis der erzielten Einkommensanteile eine gleiche Gesamt-Steuerschuld ergibt. Darüber hinaus entfallen mehr als 90 % des Ehegattensplittingvolumens auf Arbeitnehmerhaushalte, 75 % auf Familienhaushalte. Die Einführung eines Familiensplittings, wie es der Wiesbadener Entwurf vorschlägt, sieht der FDK kritisch: Ein Familiensplitting führt zur Erosion des Leistungsfähigkeitsprinzips bei der Einkommensbesteuerung, darüber hinaus ergeben sich ungerechtfertigte und sozial-dysfunktionale kindbezogene Entlastungswirkungen.

5. Familienwahlrecht

Die Diskussion um ein Familienwahlrecht hat die öffentliche Wahrnehmung für eine stärkere Berücksichtigung von Familienbelangen in allen gesellschaftlichen Bereichen gefördert. Der FDK empfiehlt für den kirchlichen Bereich das Familienwahlrecht.

6. Familiengeld

In dem Konzept des Familiengeldes der CDU sieht der FDK das Bemühen, die dramatisch wirtschaftliche Lage von Familien spürbar zu verbessern. Dieses Anliegen wird von Seiten des FDK vom Ansatz her begrüßt, zentrale Fragen sind jedoch weiterhin ungeklärt. Diese betreffen vor allem die Fragen der Finanzierung und die Verrechnung mit anderen familienpolitischen Leistungen.

7. Fazit

Insgesamt fehlt der Politik die Vision einer zukünftigen solidarischen Gesellschaft, die in besonderer Weise die Lebenssituation von Familien berücksichtigt und damit keinem tagespolitischen Aktionismus folgt. Gefordert ist eine Familienpolitik, die sich als umfassende
Gesellschaftspolitik versteht. Jegliches politisches Handeln muss auf Teilhabegerechtigkeit und Generationengerechtigkeit zielen. Dazu bedarf es auch der notwendigen Bewusstseinsbildung auf allen Ebenen, in allen Regionen und mit allen Beteiligten, denn: „Ohne Familien ist kein Staat zu machen!"

Stellungnahme der Katholischen Arbeitnehmer Bewegung zum Wiesbadener Entwurf

Die Katholische Arbeitnehmer Bewegung (KAB) begrüßt die Initiative, die mit dem „Wiesbadener Entwurf" zur familienpolitischen Strukturreform des Sozialstaates eröffnet wurde. Die KAB bestätigt die vorgelegte Situationsanalyse und sieht ebenso dringenden Handlungsbedarf in der „Familiengeldpolitik". Vordringliche Aufgabe von Staat und Gesellschaft ist, gerechte wirtschaftliche und soziale Rahmenbedingungen zu schaffen, damit Familien ihr Lebenskonzept mit Kindern dauerhaft leben können. Familien dürfen grundsätzlich nicht schlechter gestellt werden als kinderlose Paare oder allein Stehende. Familien dürfen nur im Rahmen ihrer Leistungsfähigkeit besteuert werden. Gefordert ist eine Freistellung des Existenzminimums hinsichtlich der Sachkosten sowie des Betreuungs- und Erziehungsaufwandes. Sämtliche kindbezogenen Leistungen müssen dynamisiert werden. Die KAB fordert 215 € pro Kind und Monat Kindergeld. Erziehungsgeld und Elternzeit haben sich als Instrumente einer familienphasenspezifischen Ausgestaltung der Familienpolitik grundsätzlich als Beitrag zur besseren Betreuung von Kleinkindern durch die Eltern und zur finanziellen Absicherung der Familien in der Phase der frühkindlichen Erziehung bewährt. Unerlässlich ist jedoch eine finanzielle Weiterntwicklung und zeitliche Ausweitung notwendig. Die KAB fordert mindestens 510 € pro Monat sowie eine laufende Anpassung an die Einkommens- und Preisentwicklung.

1. Familien- und Erwerbstätigkeit

Ebenfalls sind Rahmenbedingungen für ausreichende Beschäftigungsmöglichkeiten zu schaffen. Angesichts der Massenarbeitslosigkeit, durch die Familien besonders betroffen sind, müssen alle Anstrengungen unternommen werden, neue Konzepte zu entwickeln, um zusätzliche Arbeitsplätze zu schaffen. Es müssen darüber hinaus gesellschaftliche und betriebliche Rahmenbedingungen hergestellt werden, die Mütter und Väter gleichermaßen die souveräne und partnerschaftliche Entscheidung über ihre Beteiligung am Familien – und Erwerbsleben ermöglichen. Das Prinzip der Gleichrangigkeit und Gleichwertigkeit von Erwerbs- und Familienarbeit muss durch die Sicherstellung von Wahlfreiheit für Mütter und Väter umgesetzt werden.

Eine echte und nachhaltige familienverträgliche Strukturreform auf dem Arbeitsmarkt ist unverzichtbar, denn Arbeitslosigkeit stellt einen wesentlichen

Faktor für die zunehmende Verarmung von Familien und die Sozialhilfeabhängigkeit von Kindern dar.

Neben der Erwerbsarbeit müssen auch nicht bezahlte Arbeitsformen (z.B. Familienbetreuung, Kindererziehung und Pflegetätigkeit) ideell wie monetär anerkannt und mit rechtlichem Rahmen gesichert werden. Auch andere Formen gesellschaftlichen und sozialen Engagements besonders im familiären Umfeld bedürfen entsprechender Anerkennung.

2. Sozialversicherungssysteme

Ein wesentliches Merkmal struktureller Rücksichtslosigkeit gegenüber Familien liegt in der Konstruktion der Sozialversicherungssysteme, insbesondere der gesetzlichen Rentenversicherung, die Kinderlosigkeit prämiert. Erforderlich ist ein familiengerechter Umbau des Generationenvertrages. Der KAB hat dazu ein Konzept vorgelegt, bei dem u.a. bei Einbeziehung aller Einkünfte eine bedarfsgerechte Grundsicherung, Perspektiven einer eigenständigen Alterssicherung von Frauen, eine angemessene Gleichbewertung von Erwerbs- und Familientätigkeit und der Tatbestand der unterbrochenen Erwerbsbiografien Berücksichtigung finden. Der Prüfauftrag zum Pflegeversicherungsurteil muss zur weitergehenden Reform der gesetzlichen Rentenversicherung führen.

3. Familiengeld

In dem Konzept des Familiengeldes der CDU sieht die KAB das Bemühen, die dramatisch wirtschaftliche Lage von Familien spürbar zu verbessern. Die KAB teilt jedoch nicht die Änderung des familienpolitischen Konzeptes, zumal Finanz- und Zeitplan ungeklärt sind.

Die KAB fordert eine Familienpolitik, die sich als umfassende Gesellschaftspolitik versteht und Teilhabe- und Generationengerechtigkeit umsetzt.

Stellungnahme des Deutschen Familienverbandes zum Wiesbadener Entwurf

Der Deutsche Familienverband (DFV) begrüßt ausdrücklich, dass mit dem „Wiesbadener Entwurf" endlich einmal die Anstrengung unternommen wird, über das Klein-Klein der Tagespolitik hinaus Grundzüge einer familienpolitischen Strukturreform aufzuzeigen, die nicht nur den Entscheidungen des Bundesverfassungsgerichts „hinterher hecheln".

Die Analysen und Zielvorstellungen des „Wiesbadener Entwurfs" bestätigen den DFV, der seit Jahren darauf hinweist, dass Familien nicht per se arm sind, sondern arm gemacht werden. Denn sie erhalten nicht nur keinen angemessenen Ausgleich für ihre Leistungen, sie werden zudem durch staatliche Abgaben in weit stärkerem Maße belastet als kinderlose Haushalte, weil bei der Erhebung der Abgaben ihre tatsächliche wirtschaftliche Leistungsfähigkeit nicht berücksichtigt wird. Das gilt insbesondere für die Verbrauchssteuern und die Sozialversicherungsabgaben: Während bei der direkten Einkommensbesteuerung sächliches Existenzminimum, Betreuungs- und Erziehungsbedarf von Kindern weitgehend freigestellt sind, werden die indirekten Steuern – die in den letzten Jahren kontinuierlich gestiegen sind und weiter steigen werden – unterschiedslos auch auf den Kindesunterhalt bzw. das Kindesexistenzminimum erhoben. Auch die Sozialversicherungsbeiträge unterscheiden nicht danach, ob der Sozialversicherungspflichtige Kinder erzieht und unterhält oder nicht – für die Pflegeversicherung hat darauf das Bundesverfassungsgericht bereits explizit hingewiesen und eine Neuregelung eingefordert. Bevor von Familienförderung überhaupt die Rede sein kann, müssen erst einmal diese schiefhängenden Belastungswirkungen gerade gerückt werden.

Schieflagen gilt es auch auf der Leistungsseite der Sozialversicherungssysteme zu beseitigen. Dies gilt namentlich für die Rentenversicherung, die ausgerechnet dort zu niedrigeren Leistungsansprüchen führt, wo mehrere Kinder erzogen wurden und damit gerade die zentrale Garantieleistung zur Bestandssicherung des „Generationenvertrages Rente" erbracht wurde – eine Situation, die der Entwurf zu Recht als „Transferausbeutung" bezeichnet. Die im bestehenden System enthaltenen Kinderkomponenten sind unzureichend ausgebaut und wirken teilweise – wie die Höherbewertung von Kinderberücksichtigungszeiten – ungerecht, willkürlich und zufällig. Dazu kommt die paradoxe Tatsache, dass alle Verbesserungen in der Rente für Eltern von den eigenen Kindern finanziert werden und nicht durch eine Umverteilung von Kinderlosen zu Familien.

Es spricht vieles dafür, dass ein reines Drehen an Stellschrauben solange wenig Erfolg versprechend ist, wie die ganze Maschinerie nicht stimmt. Die im „Wiesbadener Entwurf" vorgeschlagene Einführung einer dualen Eltern- und Geldbeitragsrente, die Abkoppelung der Sozialversicherung vom Arbeitsverhältnis und die Anbindung des sozialen Sicherungssystems an die Einkommensteuerschuld nach dem Vorbild des Solidaritätszuschlags bei Einbeziehung aller Steuerbürger und aller Einkunftsarten können aus Sicht des Deutschen Familienverbandes ein Modell für das notwendige Umsteuern in der Familien- und Sozialpolitik aufzeigen.

Als Vorgaben für die künftige Familienpolitik stellt der Deutsche Familienverband im Einzelnen folgende Forderungen auf:

Grundforderung Steuergerechtigkeit für Familien: Familien dürfen auf das Existenzminimum ihrer Kinder keine direkten oder indirekten Steuern zahlen. Das hat mit Familienförderung noch gar nichts zu tun!

In der Einkommensteuer ist dafür im Jahr 2002 mindestens ein Kinderfreibetrag von insgesamt 5.656 € erforderlich, der natürlich regelmäßig dynamisiert bzw. erhöht werden muss. Die Freistellung dieses Betrages von der Einkommensteuer ist für alle Familien durch die Zahlung eines Kindergeldes gem. § 31 EStG sicherzustellen. Das im „Entwurf" angedachte Familientarifsplitting kann sich aufgrund der scharf progressiven Wirkung und des bei mehreren Kindern zurückgehenden Effektes problematisch gestalten und wird daher eher kritisch beurteilt. Mehrwertsteuern und sonstige Verbrauchsteuern, die auf dem Kindesexistenzminimum lasten, müssen den Familien über das Kindergeld zurückerstattet werden.

Familien brauchen einen Familienleistungsausgleich, der einen Bogen der Gerechtigkeit vom Ausgleich der Familienleistungen in der aktiven Phase (Kindergeld, Erziehungsgeld) bis hin zur Lebensgerechtigkeit für Erziehende im Alter (Rente) schlägt:

1. Kindergeld

Um für alle Familien das Kinderexistenzminimum von der Einkommensteuer frei zu stellen und für einkommensschwächere Familien die Familienförderung spürbar zu verbessern, fordert der DFV die zügige Anhebung des Kindergeldes auf 265 € pro Kind und Monat. Dieser Betrag entspricht für 2002 der steuerlichen Wirkung des vom DFV geforderten Kinderfreibetrages beim Spitzensteuersatz (48,5 %). Wenn der Spitzensteuersatz sinkt, kompensiert dies lediglich die notwendige Dynamisierung des Existenzminimums angesichts des steigenden Preisniveaus. Im Sinne der auch im „Wiesbadener Entwurf" geforderten „Transferhygiene" muss vom Finanzamt ausgewiesen werden, wie viel Steuerrückzahlung und wie viel tatsächliche Förderung das Kindergeld für die einzelne Familie enthält. Mittelfristig ist eine weitere Anhebung des Kindergeldes erforderlich, um Familien die Mehrwertsteuern und sonstige Verbrauchsteuern zurückzuerstatten, die auf dem Teil des Kindesexistenzminimums lasten, der nicht durchs Kindergeld abgedeckt ist. Geht man – in konservativer Schätzung – von einer indirekten Steuerbelastung von nur 23 % aus, erfordert dies bereits eine Erhöhung des Kindergeldes auf rd. 330 €. Wenn diese Forderungen zügig und konsequent umgesetzt werden, ist zugleich sichergestellt, dass einkommensschwache Familien für den Unterhalt ihrer Kinder nicht mehr auf Sozialhilfe angewiesen sind.

2. Erziehungsgeld

Der „Wiesbadener Entwurf" weist zu Recht darauf hin, dass die bestehenden Einkommensgrenzen das Erziehungsgeld zu einer Nothilfeleistung machen, die nur noch Familien mit einem Einkommen unterhalb des Existenzminimums ungekürzt erhalten. Damit sicher gestellt ist, dass wieder, wie bei Einführung 1986, Familien mit Durchschnittseinkommen die volle Leistung erhalten, müssen die Einkommensgrenzen massiv angehoben und die Einkommensfreibeträge für weitere Kinder auf die Höhe des sächlichen Kindesexistenzminimums angehoben werden. Ausgehungert ist auch die seit 1986 nicht mehr angepasste Höhe von 600 DM: Der DFV fordert eine schrittweise Erhöhung des Bundeserziehungsgeldes auf 600 € und eine bundeseinheitliche Verlängerung auf drei Jahre. Gemeinsam mit Kindergeld und weiteren Leistungen wie Wohngeld ergibt sich für Erziehende mit kleinen Kindern ein nahezu existenzsichernder Betrag, der z.B. allein Erziehende wirkungsvoll vor Sozialhilfeabhängigkeit schützt.

3. Rente/Sozialversicherungssystem

Der DFV hält – ebenso wie der „Wiesbadener Entwurf" – eine grundlegende familienorientierte Umgestaltung des Renten- und Sozialversicherungssystems für erforderlich. Dies gilt vor allem im Hinblick auf Mehrkinder-Familien. Der DFV unterstützt dabei ausdrücklich die im „Entwurf" geäußerte Skepsis gegenüber der Vermutung, dass das „Elternrentenproblem" sich quasi automatisch auf dem Wege einer Vollzeiterwerbstätigkeit von Erziehenden lösen ließe. Die notwendige Umgestaltung des Renten- und Sozialversicherungssystems muss folgenden Zielsetzungen genügen:
- Eine Erziehende mit drei Kindern muss aus der Leistung Kindererziehung im Alter eine existenzsichernde Rente erhalten.
- Die Erziehendenrenten müssen durch eine Umverteilung der Rentenansprüche von Kinderlosen zu Familien, insbesondere Familien mit mehreren Kindern, finanziert werden, nicht durch die eigenen Kinder oder die Erhöhung von Verbrauchsteuern.
- Die Beitragserhebung der Rentenversicherung und der anderen Sozialversicherungssysteme muss die tatsächliche wirtschaftliche Leistungsfähigkeit der Beitragszahler beachten. Dafür muss die Beitragsberechnung an der Einkommensteuerschuld anknüpfen, in der bereits die Kinderfreibeträge berücksichtigt sind. Dabei müssen alle Steuerbürger (also auch Selbständige und

Beamte) und alle Einkunftsarten ohne Beitragsbemessungsgrenze, aber mit einer Leistungsbegrenzung (z.B. nach dem Vorbild des Schweizer Modells) einbezogen werden. Bis zur Umsetzung dieser Reformen bietet sich für notwendige Rentenverbesserungen im bestehenden System das Instrument der rentenrechtlichen Kindererziehungszeiten an, die schrittweise von jetzt drei auf sechs Jahre verdoppelt werden müssen.

- Eltern brauchen Maßnahmen, die ihnen eine Vereinbarung von Familien- und Erwerbsarbeit in der von ihnen gewünschten Form ermöglichen, die die Lebensrealität von Mehrkinder-Familien nicht aus dem Blick verlieren und die auch ein angstfreies Nacheinander von Erziehungs- und Erwerbsphasen möglich machen:
- Der Erziehungsurlaub (heute: Elternzeit) muss als wertvolles und sinnvolles Instrument in seiner eigentlichen Zielsetzung erhalten bleiben: nämlich Eltern Zeit für die Erziehung ihrer Kinder in den ersten drei Lebensjahren zu geben. Eine weitere Aufweichung dieses Zeitraums weg von dieser Lebensphase lehnt der DFV ab.
- Viele Eltern wünschen sich nach der Elternzeit eine Teilzeitstelle, z.B. bis zur Einschulung der Kinder. Der Rechtsanspruch auf Teilzeitarbeit muss familienorientiert so umgestaltet werden, dass er für Erziehende auch wirklich nutzbar ist und ihre Arbeitszeitwünsche nicht von Arbeitgebern und Arbeitsgerichten abgeschmettert werden.
- Leichtere Umstiege zwischen Familienarbeit und Erwerbsarbeit setzen eine viel weiter gehende Flexibilisierung von Arbeitszeit voraus, als wir sie bislang kennen – nämlich das Bewusstsein dafür, dass die Lebensarbeitszeit für Erziehungs- und Erwerbsphasen Zeit lässt, wenn wir die Phase der Erwerbstätigkeit nicht immer weiter durch lange Ausbildungszeiten und immer frühere Frühverrentungen künstlich verknappen. Und echte Wahlfreiheit setzt vor allem eine gewandelte Einstellung des Einzelnen und der Gesellschaft zum Wert der Erziehungsarbeit voraus: Müttern und Vätern in der Erziehungsphase darf nicht das Gefühl vermittelt werden, auf dem gesellschaftlichen und persönlichen Abstellgleis gelandet zu sein.
- Familien brauchen altersgerechte Kinderbetreuungsangebote, die das Wohl des Kindes in den Vordergrund stellen und nicht die Bedürfnisse der Wirtschaft: Für Kinder unter drei Jahren muss Familienpolitik vorrangig die Familie in die Lage versetzen, ihre Kinder selbst zu betreuen, wenn sie das will. Dort, wo Fremdbetreuung nötig ist, muss es bedarfsorientierte Angebote geben, die so familiennah wie möglich sind. Für Kinder im Vorschulalter (3-6 Jahre) muss der Halbtagskindergarten im Rahmen des Rechtsanspruchs der Rechtsanspruch auf einen Kindergartenplatz kostenfrei gestellt werden, denn es handelt sich dabei nicht nur um Betreuung, sondern vor allem um Vorschulerziehung. (Für Schulen gibt es ja auch keine Elternbeiträge!) Für Schulkinder muss es verlässliche Schulzeiten und eine feste Betreuungszeit von 8 bis 14 Uhr geben. In weiterführenden Schulen sind außerdem nachmit-

tägliche Betreuungsangebote in der Schule bzw. Ganztagsschulen als freiwilliges Wahlangebot sinnvoll.
- Generell muss die steuerliche Berücksichtigung von tatsächlich entstehenden Betreuungskosten verbessert werden – z.B. auch, um kinderreiche Erziehende in ihrer Familienarbeit zu entlasten.
- Familien brauchen keine faule Gegenfinanzierung: Der DFV lässt sich nicht darauf ein, Politikern und Ministerien vorzurechnen, wie notwendige familienpolitische Verbesserungen finanziert werden sollen. Er sagt allerdings sehr klar, dass der Staat nicht den Familien selbst das Geld abnehmen darf, das er ihnen dann mit milder Hand zurückgibt. Schnitte ins Ehegattensplitting, die Ehepaare mit Kindern schlechter stellen, lehnt der DFV deshalb ab.

Stellungnahme des Deutschen Frauenrates zum Wiesbadener Entwurf

1. Zusammenfassung – Grundaussage

Wir wollen mit Kindern leben. Kinder sind kein Naturalbeitrag zu den Systemen der sozialen Sicherung. Die Erfahrungen in den europäischen Nachbarländern lehren uns, dass die Geburtenzahlen dort hoch sind, wo gute Kinderbetreuungseinrichtungen eine hohe Frauenerwerbsquote ermöglichen.

2. Thesen

(1) Die finanzielle Situation der Familien muss gestärkt werden – aber: finanzielle Anreize allein reichen nicht aus, um ein familien- und kinderfreundliches gesellschaftliches Klima zu schaffen.

(2) Der Deutsche Frauenrat fordert die politisch Verantwortlichen auf, umfassende Strukturen zu schaffen, die die Vereinbarkeit von Erwerbs- und Familienarbeit für beide Eltern ermöglichen. Dies ist unverzichtbare Voraussetzung einer geschlechtergerechten Familienpolitik, die es Müttern und Vätern ermöglicht, die eigene Existenz nachhaltig durch Erwerbsarbeit zu sichern und zugleich Familie zu leben.

(3) Dazu müssen hochwertige Bildungs- und Betreuungseinrichtungen für Kinder jeder Altersstufe flächendeckend, ganztägig und kostenlos zur Verfügung gestellt werden. Kinder brauchen Kinder. Die Finanzierung dieser Einrichtungen darf nicht an Kompetenzzuweisungen zwischen Bund, Ländern und Kommunen scheitern.

(4) Ganztagsschulen – auch mit neuen und reformierten Bildungsinhalten, z.B. der geschlechtergerechten Vermittlung von Alltags- und Sozialkompetenz – müssen geschaffen werden.

(5) Arbeitszeitpolitik muss einen Beitrag leisten zur Vereinbarkeit von Familien- und Erwerbstätigkeit für Väter und Mütter.

(6) Die realistische Freistellung der Existenzminima aller Familienmitglieder von der Steuerpflicht muss beibehalten werden.

(7) Transferleistungen (Kindergeld) sind einkommensunabhängig auszugestalten.

Stellungnahme des Verbandes Deutscher Rentenversicherungsträger zum Wiesbadener Entwurf

Der „Wiesbadener Entwurf" stellt eine Reihe von familienpolitisch orientierten Maßnahmen zur Reform der Sozialversicherung und des Steuersystems zur Diskussion. Ausgehend von den Thesen der „Transferausbeutung der Familien" und der „solidarwidrigen Verteilungsmechanismen der Rentenversicherung" wird insbesondere ein Systemwechsel in der Alterssicherung gefordert. An die Stelle der erwerbsbezogenen gesetzlichen Rentenversicherung soll eine Volksversicherung für die gesamte Bevölkerung treten, wobei die bestehenden „Sonderversorgungssysteme" für Beamte und Selbstständige ggf. als Zusatzsysteme auszugestalten sind. Die Beiträge zur Sozialversicherung sollen nach dem Muster des „Solidaritätszuschlags" an der Einkommensteuer ausgerichtet werden und alle personengebundenen Einkommen ohne Beitragsbemessungsgrenze erfassen. Auf der Leistungsseite ist in Anlehnung an das „Schweizer Modell" ein Korridor von Mindest- und Höchstrenten vorgesehen. Die lohn- und beitragsbezogenen Renten sollen durch ein „duales System aus Eltern- und Geldbeitragsrenten" ersetzt werden, wobei die herkömmlichen „monetären" Renten halbiert und die Renten von Eltern entsprechend der Kinderzahl erhöht werden. Zur „Korrektur der Überlasten im Steuersystem" werden ferner die Einführung eines Familiensplittings oder Familienrealsplittings sowie ein „Rücktransfer" der Verbrauchssteuern in Form von Kindergeld vorgeschlagen. Im Folgenden sollen schwerpunktmäßig diejenigen Maßnahmen analysiert und bewertet werden, die das System der gesetzlichen Rentenversicherung betreffen.

1. Die gesetzliche Rentenversicherung: Status quo und Zukunftsperspektiven – „Problemdiagnose" unzulänglich

Der im „Wiesbadener Entwurf" vorgeschlagene Umbau der gesetzlichen Rentenversicherung (GRV) beruht auf der Annahme, dass das geltende System „gegenüber den neuen Herausforderungen versagt" habe, „schlicht anachronistisch geworden und in dieser Form vor dem sich bereits deutlich abzeichnenden Zusammenbruch nicht mehr zu retten" sei (Teil 3, II.). Diese Beschreibung der aktuellen Situation und der Zukunftsperspektiven der gesetzlichen Rentenversicherung geht an der Realität vorbei. Der „Wiesbadener Entwurf" blendet nicht nur die in der Vergangenheit und Gegenwart unter Beweis gestellte Leistungsfähigkeit des Rentensystems aus, sondern nimmt auch die Auswirkungen der seit

1989 beschlossenen Reformen – insbesondere auch der Rentenreform 2001 – nicht hinreichend zur Kenntnis.

2. Keine „rasant steigende(n) Beitragssätze"

Die unzureichende Problemdiagnose zeigt sich bereits bei der Behauptung, dass die demografische Entwicklung spätestens ab 2010 „rasant steigende Beitragssätze in der Sozialversicherung" erzwinge (Teil 1, II.4). Für den Bereich der Rentenversicherung haben die mit dem Rentenreformgesetz 1992 eingeleiteten Reformen zu einer erheblichen Reduzierung des Beitragssatzanstiegs geführt. Wurde vor dieser Reform auf der Basis des damals geltenden Rechts für 2030 ein Beitragssatz zur Rentenversicherung von 36 bis 41 % erwartet, so ist nach den zwischenzeitlich erfolgten Rechtsänderungen mit deutlich niedrigeren Beitragssätzen zu rechnen. Hauptziel der Rentenreform 2001 ist es, den Beitragssatzanstieg bis zum Jahr 2020 auf 20 % und bis zum Jahr 2030 auf 22 % zu begrenzen.

Nach einer aktuellen Modellrechnung (Anlage) wird es – ausgehend von einem Beitragssatz in Höhe von derzeit 19,1 % – möglich sein, den Beitragssatz bis zum Jahr 2010 auf 18,7 % zu senken. Beitragssatzdämpfend wirken in dieser Phase insbesondere die niedrigeren Rentenanpassungen aufgrund der Einführung der zusätzlichen kapitalgedeckten Altersvorsorge. Im Zeitraum bis 2020 ist dann ein vor allem demografisch bedingter Beitragssatzanstieg um rund einen Prozentpunkt (auf 19,8 %) zu verzeichnen. In den folgenden zehn Jahren wird der Beitragssatz um weitere 2,3 Prozentpunkte steigen und 2030 schließlich eine Höhe von 22,1 % erreichen.

3. Renten steigen auch in Zukunft

Die Renten werden auch künftig weiter steigen, wegen der modifizierten Rentenanpassungsformel allerdings etwas langsamer als bisher. Dass steigende Beiträge – wie im „Wiesbadener Entwurf" behauptet – „zu immer niedrigeren Renten" führen (Teil 3, XV.2), ist falsch. Auch an anderen Stellen des Entwurfs finden sich hinsichtlich der Höhe der Renten und der Einkommenssituation von Rentnerinnen und Rentnern undifferenzierte Aussagen. So wird im Zusammenhang mit dem Thema der „Asymmetrie zwischen Jung und Alt" die Einkommens- und Vermögenssituation der heutigen Senioren unter Bezugnahme auf Rentnerehepaare als „glänzend" beschrieben (Teil 1, II.10.a). Geht es dagegen um die Leistungsfähigkeit der gesetzlichen Rentenversicherung, wird auf die „Altersarmut speziell von Müttern" (Teil 2, I.3) und die „bereits heute deutlich" unter dem Sozialhilfeniveau liegende „Durchschnittsrente" (Teil I, II.6, Fn. 25) verwiesen. Der Vergleich mit dem Schweizer System schließlich führt in dem Entwurf zu dem nicht näher belegten Ergebnis, dass die gesetzliche Rentenversicherung in Deutschland „für mehr als zwei Drittel der Rentner" bereits heute keine Lebensstandardsicherung biete und in Zukunft dazu noch viel weniger in der Lage sei (Teil 3, V.).

Zu berücksichtigen ist zunächst, dass die im Entwurf erwähnte Durchschnittsrente von rund 609 € monatlich (durchschnittlicher Rentenzahlbetrag aus allen Renten an Männer und Frauen im Rentenzugang 2000, alte Bundesländer) wenig aussagekräftig ist, da in diesen Wert z.B. auch Regelaltersrenten aus nur wenigen Versicherungsjahren oder niedrige Waisenrenten einfließen und zudem nicht zwischen Männern und Frauen differenziert wird. Je nach betrachteter Rentenart (z.B. Rente wegen verminderter Erwerbsfähigkeit, Altersrenten an langjährig Versicherte, Witwenrenten etc.) ergeben sich ganz unterschiedliche Durchschnittswerte. Niedrige Renten sind schließlich auch nicht generell mit Altersarmut gleichzusetzen, da im Einzelfall mehrere Renten kumulieren und/oder mit Versorgungen aus anderen Alterssicherungssystemen bzw. sonstigem Einkommen zusammentreffen können. Nach den Ergebnissen der Studie Alterssicherung in Deutschland 1999 (ASID 1999) verfügten in den alten Ländern Ehepaare mit einem Ehemann ab 65 Jahren über ein durchschnittliches monatliches Nettogesamteinkommen von 3.905 DM und Witwen über 2.200 DM. In den neuen Bundesländern beliefen sich die durchschnittlichen monatlichen Nettogesamteinkommen für Ehepaare auf 3.488 DM und für Witwen auf 2.166 DM (vgl. Tabelle).

Tabelle: Nettogesamteinkommen im Alter ab 65 Jahren nach Haushaltstyp – DM pro Monat

Haushaltstyp [1]	alte Länder			neue Länder		% von West	
	1999	Anstieg 1992/99	Anstieg 1986/99	1999	Anstieg 1992/99	1999	1992
Ehepaare	3.905 DM	11%	45%	3.488 DM	55%	89%	64%
alleinst. Männer	2.720 DM	6%	43%	2.304 DM	66%	85%	54%
alleinst. Frauen	2.180 DM	12%	48%	2.024 DM	59%	93%	65%
davon:							
Witwen	2.200 DM	13%	47%	2.166 DM	64%	98%	68%
geschiedene Frauen	1.866 DM	5%	44%	1.468 DM	42%	79%	58%
ledige Frauen	2.225 DM	12%	63%	1.621 DM	42%	73%	58%

1) Allein Stehende 65 Jahre und älter, Ehepaare: Ehemann 65 Jahre und älter.
Quelle: Bieber/Klebula (2001).

4. Rentenreform 2001: Mehr Generationengerechtigkeit

Die Rentenreform 2001 führt schließlich auch zu einer gleichmäßigeren intergenerativen Verteilung der demografischen Belastungen. Dies wird im „Wiesbadener Entwurf", der eine „zunehmende Asymmetrie" zwischen Jung und Alt und eine „Verschärfung der Verteilungskonflikte" konstatiert (Teil 1, II.10), nicht hinreichend berücksichtigt. Die verringerten Rentenanpassungen in Kombination mit der staatlichen Förderung der privaten Zusatzvorsorge tragen dazu bei, dass sich das Verhältnis von Beiträgen zu Leistungen insbesondere für die nach dem Jahr 1970 geborenen Versicherten in der gesetzlichen Rentenversicherung verbessert. Nach den vorliegenden Untersuchungen sind die Geburtsjahrgänge ab 1971 die Gewinner der aktuellen Rentenreform; je jünger der Geburtsjahrgang, desto höher ist die Nettoentlastung.[1] Auch der Sozialbeirat geht in seinem Gutachten zum Rentenversicherungsbericht 2001 davon aus, dass die Rentenreform 2001 einen relevanten Beitrag zur Generationengerechtigkeit leistet.[2]

5. Grundprinzipien der Rentenversicherung weiterhin gültig

Im „Wiesbadener Entwurf" wird ferner ausgeführt, dass „im gegenwärtigen Sozialversicherungssystem weder das Äquivalenzprinzip noch das Renteneigentum die realen Sachverhalte korrekt beschreiben" (Teil 3, XV.2). Soweit der Eigentumsschutz von Rentenansprüchen und -anwartschaften nach Art. 14 Abs. 1 GG in Frage gestellt wird, steht dies in Widerspruch zur ständigen Rechtsprechung des Bundesverfassungsgerichts und zur herrschenden Meinung in der Literatur.[3] Rentenansprüche und -anwartschaften tragen als vermögenswerte Güter die wesentlichen Merkmale verfassungsrechtlich geschützten Eigentums und genießen deshalb den Schutz der Eigentumsgarantie.[4] Sie sind dem Rechtsträger nach Art eines Ausschließlichkeitsrechts privatnützig zugeordnet, beruhen auf nicht unerheblichen Eigenleistungen des Versicherten und dienen seiner Existenzsicherung.[5]

Das ebenfalls beanstandete Äquivalenzprinzip ist ein wesentlicher Grund dafür, dass Rentenansprüche und -anwartschaften dem Eigentumsschutz des Art. 14 GG unterliegen. In der Rentenversicherung ist das Äquivalenzprinzip in Form der „Teilhabeäquivalenz" verwirklicht. Danach hat jeder Versicherte, wenn er in Rente geht, in dem Umfang Teil an den Leistungen der Rentenversicherung, in dem er im Laufe seines Arbeitslebens selbst zur Finanzierung beigetragen hat. Um den verfassungsrechtlich geschützten Anteil des Einzelnen an der Umverteilungsmasse zu klassifizieren, hat das Bundesverfassungsgericht den Begriff der „Rangstelle" geprägt[6]. Es ist vor diesem Hintergrund nicht er-

---

[1] Eitenmüller, Reformoptionen für die gesetzliche Rentenversicherung: Auswirkungen der Rentenreform 2001 und die Verteilung der Umstiegskosten, Prognos-AG Basel, August 2001, Kurzfassung, S. 4. Siehe auch das Gutachten des Sozialbeirats zum Rentenversicherungsbericht 2001, BR-Drucks. 994/01, S. 131, Tz. 22.
[2] Eitenmüller (2001).
[3] BVerfGE 55, 114 (131); 58, 81 (109); 100, 1 (32); weitere Nachweise bei Ruland, DAngVers 2000, 169 (171).
[4] BVerfGE 53, 257 (290); 100, 1 (32).
[5] Ständige Rechtsprechung, vgl. etwa BVerfGE 69, 272 (300); 72, 9 (18); 76, 220 (235).
[6] BVerfGE 54, 11 (28).

IX. Stellungnahmen von Verbänden und Wissenschaftlern 485

sichtlich, dass der Äquivalenzbegriff für den Bereich des Rentenversicherungsrechts – wie behauptet – noch einer Klarstellung bedürfen soll (Teil 3, XV.2.c).

6. Leistungen der gesetzlichen Rentenversicherung für Frauen und Familien – Solidarität und sozialer Ausgleich in der gesetzlichen Rentenversicherung

Die im „Wiesbadener Entwurf" geforderte grundlegende Umgestaltung des Rentensystems wird im Wesentlichen mit der „systematischen Benachteiligung" (Teil 2, VII.) und „Transferausbeutung" (Teil 3, vor I.; Teil 3, IV.) der Familien durch „solidarwidrige Verteilungsmechanismen" (Teil 2, VII.) der Rentenversicherung begründet. Auch diese Kritik trägt den tragenden Grundsätzen und Zielen des Rentensystems nicht Rechnung. Darüber hinaus wird nicht berücksichtigt, dass die gesetzliche Rentenversicherung in erheblichem Umfang Leistungen für Frauen und Familien erbringt.

Die gesetzliche Rentenversicherung ist solidarisch, weil in ihr – anders als bei einer privaten Versichertengemeinschaft – der versicherungsmäßige Risikoausgleich vom Ausmaß des individuellen Risikos unabhängig ist. Während private Versicherungen risikobezogene Beiträge erheben, also nach Geschlecht, Eintrittsalter, Vorerkrankungen, Zahl der Familienmitglieder und Ähnlichem unterscheiden, richten sich die Beiträge zur gesetzlichen Rentenversicherung allein nach dem Arbeitsverdienst. Vor allem das Risiko der vorzeitigen Erwerbsminderung wird unabhängig von Vorerkrankungen oder vom Alter des Versicherten abgesichert. Zu Gunsten von Frauen wirkt sich aus, dass ihre höhere Lebenserwartung in der Rentenversicherung weder bei den Beiträgen noch bei der Höhe der monatlichen Leistungen berücksichtigt wird.

In der gesetzlichen Rentenversicherung findet zudem – anders als in der Privatversicherung – ein sozialer Ausgleich statt. Zeiten mit niedrigen Verdiensten werden unter bestimmten Voraussetzungen höher bewertet, als es der tatsächlichen Beitragszahlung entspricht. Sozialrelevante Unterbrechungen der Erwerbstätigkeit (z. B. wegen Ausbildung, Krankheit, Arbeitslosigkeit, Kindererziehung oder Pflege etc.) führen nicht zu Lücken in der Versicherungsbiografie, sondern werden als Pflichtbeitragszeiten bzw. als Anrechnungs- oder Ersatzzeiten bei der Rentenberechnung berücksichtigt.

7. Anrechnung von Kindererziehungszeiten

Kindererziehungsbedingte Lücken in der Erwerbsbiografie werden inzwischen durch zahlreiche Regelungen kompensiert. Seit 1986 werden Kindererziehungszeiten bei der Rentenberechnung wie Entgelte rentenbegründend und rentensteigernd berücksichtigt. Für Geburten ab 1992 werden pro Kind 36 Kalendermonate (für frühere Geburten zwölf Kalendermonate) als Kindererziehungszeiten angerechnet. Mütter der Geburtsjahrgänge vor 1921 in den alten bzw. vor 1927 in den neuen Bundesländern erhalten eine besondere Kindererziehungsleistung, deren Höhe der Rente aus einem Jahr Kinderziehungszeit entspricht.

Die Kindererziehungszeiten werden mit einem Entgeltpunkt pro Jahr (nach heutigen Werten 25,31 € in den alten bzw. 22,06 € in den neuen Bundesländern) bewertet und zusätzlich zu anderem Einkommen berücksichtigt. Mütter oder Väter werden danach so gestellt, als hätten sie während der Kindererziehungszeiten ein durchschnittliches Einkommen von jährlich 28.518 € erzielt und daraus Beiträge in Höhe von rund 5.447 € entrichtet (Werte 2002). Hieraus errechnet sich für ein nach 1992 geborenes Kind ein monatlicher Rentenanspruch in Höhe von derzeit knapp 76 €.

Die Beiträge für Kindererziehungszeiten trägt der Bund und damit der Steuerzahler. Dies ist ordnungspolitisch der einzig richtige Weg der Finanzierung, weil der Familienlastenausgleich auch im Hinblick auf die Alterssicherung eine gesamtgesellschaftliche Aufgabe ist, an der sich Beamte, Richter, Selbstständige etc. zu beteiligen haben. Kinder haben „bestandssichernde" Bedeutung nicht nur für die Rentenversicherung, sondern für alle Alterssicherungssysteme und letztlich für Staat und Gesellschaft insgesamt. Ein aus Mitteln der Rentenversicherung finanzierter Familienlastenausgleich würde zudem höhere Einkommen entlasten und niedrigere Einkommen belasten. Daher kann und darf der Familienlastenausgleich nicht mit Mitteln der Rentenversicherung finanziert werden. Der Familienlastenausgleich ist Aufgabe der gesamtgesellschaftlichen Solidargemeinschaft.

8. Berücksichtigungszeiten wegen Kindererziehung

Zeiten der Erziehung eines Kindes bis zum 10. Lebensjahr sind darüber hinaus Kinderberücksichtigungszeiten. Diese Zeiten erhöhen die Rente nicht unmittelbar. Die Kinderberücksichtigungszeiten können aber im Rahmen der Gesamtleistungsbewertung durch eine höhere Bewertung der beitragsfreien Zeiten indirekt eine Rentenerhöhung bewirken. Außerdem helfen sie – vor allem Frauen – bei der Erreichung der 35-jährigen Wartezeit.

9. Aufwertung niedriger Pflichtbeiträge vor 1992

Frauen kommt auch die bisherige Mindestbewertung von geringen Arbeitsentgelten (Rente nach Mindesteinkommen) für Zeiten vor 1992 zugute. Diese alle Niedrigverdiener erfassende Regelung hat Teilzeitarbeit, aber auch die eingeschränkte Arbeit während der Kindererziehung begünstigt.

10. Aufwertung niedriger Pflichtbeiträge ab 1992

Die Rentenreform 2001 baut den Familienlastenausgleich in der gesetzlichen Rentenversicherung weiter aus. Teil der Neuregelung ist eine Höherbewertung von Pflichtbeitragszeiten, die Eltern begünstigt, die während der Kinderberücksichtigungszeit erwerbstätig sind und nur unterdurchschnittlich verdienen. Die Entgeltpunkte werden um 50 % auf höchstens einen Entgeltpunkt (= Durchschnittsverdienst) erhöht. Die höchstmögliche Förderung beträgt dabei pro Jahr 0,3333 Entgeltpunkte, für sieben Jahre (Berücksichtigungszeit nach Ablauf der Kindererziehungszeit) also etwa 2,3 Entgeltpunkte. Das ergibt pro Kind einen zusätzlichen monatlichen Rentenanspruch von 58,22 € in den alten Bundesländern und von 50,74 € in den neuen Bundesländern. Da die Neuregelung als Fortsetzung der bis 1991 geltenden Höherbewertung von niedrigen Pflichtbeiträgen (Rente nach Mindesteinkommen) gedacht ist, werden nur Zeiten ab 1992 erfasst.

Der Kindererziehung bis zum 10. Lebensjahr ist die häusliche Pflege eines Kindes bis zu seinem 18. Lebensjahr gleichgestellt. Mütter oder Väter, die wegen gleichzeitiger Erziehung bzw. Pflege von zwei oder mehr Kindern nicht erwerbstätig sein können, erhalten eine Gutschrift an zusätzlichen Entgeltpunkten, die der höchstmöglichen Förderung von erwerbstätigen Eltern entspricht.

Die Höherbewertung soll außerdem nur für Personen gelten, die der Rentenversicherung über einen längeren Zeitraum hinweg angehören. Der Anspruch besteht daher nur dann, wenn insgesamt 25 Jahre an rentenrechtlichen Zeiten vorliegen, wozu auch die Kinderberücksichtigungszeiten zählen. Wie eine aktuelle Untersuchung der Auswirkungen der Neuregelung auf der Basis der Erhebung „Altersvorsorge in Deutschland 1996" (AVID '96) zeigt, erfüllen nahezu alle der in die Erhebung einbezogenen Frauen (Geburtsjahrgänge 1936 bis 1955 mit eigenem GRV-Konto) diese Voraussetzung. Die Untersuchung bestätigt ferner, dass die meisten Frauen mit Kindern von der Regelung profitieren.[7] Diese stellt damit neben den Kindererziehungszeiten einen weiteren Baustein zur Verbesserung der eigenständigen Alterssicherung von Frauen dar.

11. Neuregelung der Hinterbliebenenrenten

Auch bei den Hinterbliebenenrenten trägt der Gesetzgeber kindererziehungsbedingten Sicherungslücken Rechnung. Zwar wird die nach neuem Recht geleistete Hinterbliebenenrente von 60 % auf 55 % der Versichertenrente abgesenkt. Für Hinterbliebene, die Kinder in deren ersten drei Lebensjahren erzogen haben, erhöht sich die Hinterbliebenenrente aber um Kinderzuschläge. Die Neuregelung soll auch für Witwen oder Witwer, die nur ein Kind erzogen haben, einen angemessenen Ausgleich für die abgesenkte Hinterbliebenenrente sicherstellen. Die Kinderkomponente beträgt deshalb für das erste Kind zwei Entgeltpunkte, für jedes weitere Kind einen zusätzlichen Entgeltpunkt. Danach erhöht sich die monatliche Rente bei einem Kind nach heutigen Werten um 50,62 € in den alten und 44,12 € in den neuen Bundesländern. Für jedes weitere Kind kommt ein Zuschlag von zurzeit 25,31 € (alte Bundesländer) bzw. 22,06 € (neue Bundesländer) hinzu. Viele Witwen und Witwer mit mehreren Kindern werden damit im Ergebnis künftig besser gestellt. Die Gesamtschau der wichtigsten elternbe-

---

7 Stegmann, DRV 2001, 753 (759 f., 768).

günstigenden Regelungen im Rentenrecht (Kindererziehungszeiten, Höherbewertung niedriger Pflichtbeiträge, Zuschläge zu Witwen-/Witwerrenten) ergibt damit allein für das erste Kind Rentenansprüche von bis zu rund 185 € im Monat (alte Bundesländer). Diesem Rentenzahlbetrag steht derzeit ein Beitragswert von rund 38.700 € gegenüber. Hier von einem „rechtsstaatliche(n) Skandal der Behandlung der Kindererziehung in den Alterssicherungssystemen" (Teil 3, I.4) zu sprechen, geht an der Sache vorbei.

12. Zeiten der nicht erwerbsmäßigen Pflege

Zu den frauen- und familienbezogenen Regelungen gehört auch, dass Personen, die Angehörige nicht erwerbsmäßig pflegen, Rentenansprüche erwerben. Mehr als 90 % der pflichtversicherten Pflegepersonen sind Frauen. Je nach Pflegestufe und wöchentlichem Pflegeaufwand werden sie auf der Basis von maximal rund 75 % des aktuellen Durchschnittsentgelts (maximal 80 % der Bezugsgröße) in der Rentenversicherung pflichtversichert. Die Beiträge werden von den Pflegekassen übernommen. Für ein Jahr Pflege erhöht sich die Rente danach derzeit um bis zu rund 20 € im Monat (alte Bundesländer). Damit trägt auch diese Regelung wesentlich dazu bei, dass Lücken in der Erwerbsbiografie geschlossen werden.

13. Geringfügige Beschäftigung

Was die geringfügigen Beschäftigungsverhältnisse (325-Euro-Jobs) betrifft, so wird im „Wiesbadener Entwurf" mehrfach behauptet, dass geringfügig Beschäftigte „Beiträge ohne jeden Leistungsanspruch" zahlen müssten (Teil 3, II.; Teil 3, XV.2.c); „Millionen hinzuverdienende Mütter mit geringfügigen Erwerbseinkünften" würden dadurch „zur Kasse gebeten" (Teil 2, V.). Diese Darstellung der Neuregelung der geringfügigen Beschäftigungsverhältnisse ist falsch. Bei versicherungsfreien geringfügig entlohnten Beschäftigungen (und das ist die Mehrzahl der Fälle) zahlt allein der Arbeitgeber einen Pauschalbeitrag in Höhe von 10 % des Arbeitsverdienstes zur Krankenversicherung (sofern eine Mitgliedschaft in der gesetzlichen Krankenversicherung besteht) und in Höhe von 12 % des Arbeitsverdienstes zur Rentenversicherung. In der Rentenversicherung erhält der Arbeitnehmer hieraus Zuschläge an Entgeltpunkten zu seiner Rente sowie in begrenztem Umfang Wartezeitmonate. Damit führt eine versicherungsfreie geringfügige Beschäftigung gerade auch bei den angesprochenen Müttern zu einer – wenn auch wegen der niedrigen Beiträge nur geringen – Erhöhung ihrer Rente, obwohl sie selbst keine Beiträge zahlen. Darüber hinaus besteht für geringfügig Beschäftigte die Möglichkeit, auf die Rentenversicherungsfreiheit zu verzichten und den Pauschalbeitrag des Arbeitgebers mit eigenen Beiträgen in Höhe von derzeit 7,1 % des Arbeitsverdienstes auf den vollen Rentenversicherungsbeitrag aufzustocken. Die geringfügig Beschäftigten erwerben in diesem Fall volle Leistungsansprüche in der Rentenversicherung.

14. Schließung rentenmindernder Lücken junger Versicherter

Durch das Rentenreformgesetz 2001 werden darüber hinaus rentenmindernde Lücken junger Versicherter gezielt geschlossen, die durch Krankheit, Schwangerschaft/Mutterschaft oder Arbeitslosigkeit im Wesentlichen zwischen dem 17. und 25. Lebensjahr, also vor oder kurz nach dem Eintritt in das Erwerbsleben, entstanden sind. Diese Zeiten werden künftig auch dann als Anrechnungszeiten berücksichtigt, wenn durch sie eine versicherungspflichtige Beschäftigung nicht unterbrochen wird. Diese Neuregelung wirkt sich auf die Versicherungsverläufe von Frauen ebenfalls positiv aus. Verbessert wurde ferner die Berücksichtigung von schulischen Ausbildungszeiten. Zeiten einer Schul- bzw. Hochschulausbildung, die nach Vollendung des 17. Lebensjahres liegen, werden für einen Zeitraum von bis zu acht Jahren als Anrechnungszeiten anerkannt. Davon erhalten wie bisher die ersten drei Jahre mit Ausbildungszeiten eigenständige Entgeltpunkte.

15. Leistungen zur Rehabilitation

Die Leistungen der gesetzlichen Rentenversicherung beschränken sich nicht auf die Absicherung im Alter. Die Rentenversicherung ist auch für Leistungen zur medizinischen Rehabilitation ihrer Versicherten und zu deren Teilhabe am Arbeitsleben zuständig. Im Rahmen der medizinischen Rehabilitation werden u.a. auch Heilbehandlungen für Kinder erbracht.

16. Bewertung der Reformvorschläge – Systemwechsel verfassungsrechtlich nicht geboten

Im „Wiesbadener Entwurf" wird durchgängig suggeriert, dass die „gegenwärtige Rechtslage" einen „permanente(n) Verfassungsverstoß" (Teil 3, IV.3) darstelle, die „wesentlichen Verteilungsfragen vom Bundesverfassungsgericht bereits geklärt" seien und „die jeweiligen Verfassungsaufträge" (nur) noch „der Umsetzung" harrten (Zusammenfassung, 6.). Zur Begründung wird vor allem auf die Rechtsprechung des Bundesverfassungsgerichts, insbesondere auf die jüngsten Urteile zur Pflegeversicherung, verwiesen. Untersucht und ausgewertet wird die einschlägige Rechtsprechung aber allenfalls partiell und oberflächlich. Ein verfassungsrechtliches Gebot zum Umbau der gesetzlichen Rentenversicherung nach Maßgabe der Vorschläge des „Wiesbadener Entwurfs" lässt sich aus der Rechtsprechung des Bundesverfassungsgerichts jedenfalls nicht ableiten.

17. Entscheidungen des Bundesverfassungsgerichts vom 7. Juli 1992[8] und 12. März 1996[9]

In seinem Urteil vom 7. Juli 1992 hat das Bundesverfassungsgericht betont, dass „der Staat nicht gehalten (ist), jegliche die Familie treffende Belastung auszugleichen oder jeden Unterhaltspflichtigen zu entlasten. [...] Ebenso wenig folgt aus Art. 6 Abs. 1 GG, dass der Staat die Familie ohne Rücksicht auf sonstige öffentliche Belange zu fördern hätte. Die staatliche Familienförderung durch finanzielle Leistungen steht unter dem Vorbehalt des Möglichen im Sinne dessen, was der Einzelne vernünftigerweise von der Gesellschaft beanspruchen kann. [...] Demgemäß lässt sich aus der Wertentscheidung des Art. 6 Abs. 1 GG in Verbindung mit dem Sozialstaatsprinzip zwar die allgemeine Pflicht des Staates zu einem Familienlastenausgleich entnehmen, nicht aber die Entscheidung darüber, in welchem Umfang und in welcher Weise ein solcher sozialer Ausgleich vorzunehmen ist. [...] Insoweit besteht vielmehr grundsätzlich Gestaltungsfreiheit des Gesetzgebers."[10] Dieser Gestaltungsrahmen steht dem Gesetzgeber auch im Bereich der Alterssicherung zur Verfügung: Insbesondere ergibt sich nach der Rechtsprechung des Bundesverfassungsgerichts aus dem Grundgesetz „keine Pflicht des Gesetzgebers, hinsichtlich der Begründung von Rentenanwartschaften die Kindererziehung der Beitragszahlung gleichzustellen. Angesichts des in der Rentenversicherung [...] geübten Umlageverfahrens, das verfassungsrechtlich nicht zu beanstanden ist, sind Kindererziehung und Beitragszahlung nicht gleichartig. [...] Die unterschiedliche Funktion der beiden Leistungen für das Rentensystem rechtfertigt auch ihre Ungleichbehandlung bei der Begründung von Rentenanwartschaften."[11]

Das Gericht hat den Gesetzgeber gleichwohl verpflichtet (nachdem er zuvor schon die Kindererziehungszeiten eingeführt hatte), die durch Kindererziehung bedingten Nachteile bei der Altersversorgung in weiterem Umfang als bisher auszugleichen. Wie der Gesetzgeber diese Reform inhaltlich gestaltet, bleibt ihm überlassen. Das Gericht machte insoweit nur Vorschläge. Auch darf der Gesetzgeber nach Ansicht des Gerichts bei der Festlegung der Reformschritte die jeweilige Haushaltslage und die finanzielle Situation der gesetzlichen Rentenversicherung berücksichtigen. Dem Gericht schien ein weiterer Ausbau der Kindererziehungszeiten ein geeignetes und systemgerechtes Mittel zu sein, die Benachteiligung Kindererziehender in der Alterssicherung abzubauen. Auch stehe das Grundgesetz einer „maßvollen" Umverteilung innerhalb der gesetzlichen Rentenversicherung zu Lasten kinderloser und kinderarmer Personen nicht entgegen. Ebenso lasse das Grundgesetz „Raum für eine Änderung der Hinterbliebenenversorgung mit dem Ziel, bei Witwen- und Witwerrenten stärker ... darauf abzustellen, ob der überlebende Ehepartner durch Kindererziehung oder Pflege-

---

8 BVerfGE 87,1 („Trümmerfrauen").
9 BVerfGE 94, 241.
10 BVerfGE 87, 1 (35 f.).
11 BVerfGE 87, 1 (39 f.).

IX. Stellungnahmen von Verbänden und Wissenschaftlern

leistungen in der Familie am Erwerb einer eigenen Altersversorgung gehindert war."[12] Die Entscheidung vom 12. März 1996[13] beanstandete, dass nach damaligem Recht auf die für die Kindererziehungszeiten gutgeschriebenen zusätzlichen Entgeltpunkte die in dieser Zeit durch eine Erwerbstätigkeit erworbenen eigenen Rentenanwartschaften angerechnet wurden.

Diesen Aufträgen ist der Gesetzgeber dadurch nachgekommen, dass seit Juli 1998 Kindererziehungszeiten und parallel liegende andere Beitragszeiten additiv berücksichtigt werden. Außerdem ist die Bewertung der Zeiten von 75 % des Durchschnittsverdienstes auf 100 % angehoben worden. Mit den beschriebenen Maßnahmen der Rentenreform 2001 (Höherbewertung von Pflichtbeitragszeiten während der Kindererziehung, Kinderzuschläge zur Hinterbliebenenrente) hat der Gesetzgeber den Familienlastenausgleich im Sinne der Vorgaben des Bundesverfassungsgerichts weiter ausgebaut.

18. Urteile des Bundesverfassungsgerichts zur Pflegeversicherung vom 3. April 2001[14]

Auch aus den Urteilen des Bundesverfassungsgerichts zur Pflegeversicherung vom 3. April 2001 lässt sich keine Verpflichtung zur Umgestaltung des Rentenversicherungssystems in dem im Entwurf dargestellten Sinne ableiten.

Nach Ansicht des Gerichts ist es mit Art. 3 Abs. 1 GG nicht zu vereinbaren, dass Mitglieder der sozialen Pflegeversicherung, die Kinder betreuen und erziehen und damit neben dem Geldbeitrag auch einen „generativen Beitrag" zur Funktionsfähigkeit eines umlagefinanzierten Sozialversicherungssystems leisten, mit einem gleich hohen Pflegeversicherungsbeitrag belastet werden wie Mitglieder ohne Kinder. Das Gericht hat den Gesetzgeber daher aufgefordert, bis zum 31. Dezember 2004 eine verfassungsgemäße Neuregelung zu treffen. Innerhalb dieser Frist soll auch die Bedeutung des zitierten Urteils für andere Zweige der Sozialversicherung geprüft werden.

Abgesehen davon, dass das Urteil selbst für den Bereich der sozialen Pflegeversicherung viele Fragen offen lässt,[15] gibt es gute Gründe, die gegen eine Übertragung des Handlungsauftrages auf die gesetzliche Rentenversicherung sprechen. Wie auch der Sozialbeirat[16] feststellt, stehen die Urteile zur Pflegeversicherung in der Konzeption der oben erwähnten Entscheidung vom 7. Juli 1992, in der betont wurde, dass Kindererziehung und Beitragszahlung nicht gleichartig sind und vom Gesetzgeber hinsichtlich der Begründung von Rentenanwartschaften auch nicht gleichgestellt werden müssen. Das Bundesverfassungsgericht ist der „Frage der Beitragsäquivalenz der Kindererziehung" – an-

---

12 BVerfGE 87, 1 (40 f.).
13 BVerfGE 94, 241.
14 1 BvR 1629/94 u. a.
15 Dazu Ruland, NJW 2001, 1673 ff.; Stellungnahme des Sozialbeirats zu Urteilen des Bundesverfassungsgerichts zur Pflegeversicherung vom 3. April 2001 hinsichtlich ihrer Bedeutung für die gesetzliche Rentenversicherung", BT-Drucks. 14/6099.
16 Sozialbeirat (2001), Tz. 13.

ders als im „Wiesbadener Entwurf" behauptet (Teil 3, IV.3) – in der Entscheidung von 1992 nicht ausgewichen; es hat dem Gesetzgeber – im Gegenteil – explizit den Gestaltungsspielraum zugebilligt, die „Leistungen" Beitrag und Kindererziehung aufgrund ihrer unterschiedlichen Funktionen ungleich zu behandeln. In dem einschlägigen Urteil zur Pflegeversicherung führt das Gericht – unter ausdrücklicher Bezugnahme auf die Entscheidung von 1992 – ferner aus, dass „aus dem Verfassungsauftrag, einen wirksamen Familienlastenausgleich zu schaffen, [...] sich konkrete Folgerungen für die einzelnen Rechtsgebiete und Teilsysteme (nicht ableiten lassen). Insoweit besteht vielmehr grundsätzlich Gestaltungsfreiheit des Gesetzgebers".[17] Es kann deshalb – anders als im „Wiesbadener Entwurf" (Teil 3. III.; Teil 3, IV.3) – nicht davon ausgegangen werden, dass die frühere Rechtsprechung des Bundesverfassungsgerichts durch die Urteile zur Pflegeversicherung überholt sei.

Darüber hinaus ist zu beachten, dass in der sozialen Pflegeversicherung die Erziehungsleistung zwangsläufig nur auf der Beitrags- und nicht auf der Leistungsseite berücksichtigt werden kann. Eine familienspezifische Differenzierung der Leistungsseite ist – worauf auch der Sozialbeirat zu Recht hinweist[18] – nicht möglich, da die Pflegeleistungen in Abhängigkeit vom individuellen Bedarf festgesetzt werden müssen und dieser unabhängig von der Tatsache einer früheren Kindererziehung ist. In der durch Lohn- und Beitragsbezogenheit geprägten gesetzlichen Rentenversicherung kann ein Ausgleich dagegen auch auf der Leistungsseite erfolgen. Dort findet ein effektiver Familienlastenausgleich – wie oben ausgeführt – auch bereits statt. Im Vergleich zu Entlastungen auf der Beitragsseite in Form einer Beitragssatzstaffelung oder eines Freibetrages ist die Berücksichtigung der Kindererziehung bei den Rentenleistungen auch aus der Sicht des Sozialbeirats die „systemadäquatere, zielgenauere und sachgerechtere" Lösung.[19]

19. Urteil des Landessozialgerichts Nordrhein-Westfalen vom 22. Oktober 2001[20]

Gestützt wird die Auffassung, dass sich die Urteile des Bundesverfassungsgerichts zur Pflegeversicherung auf die gesetzliche Rentenversicherung nicht übertragen lassen, auch durch ein aktuelles Urteil des Landessozialgerichts Nordrhein-Westfalen. Der Kläger begehrte in dem der Entscheidung zu Grunde liegenden Verfahren Befreiung von der Beitragspflicht zur gesetzlichen Rentenversicherung, hilfsweise eine Verminderung der Beitragshöhe sowie eine Erstattung gezahlter Beiträge. Er stützte seine Klage u. a. darauf, dass er als Vater dreier Kinder dadurch in seinem Recht aus Art. 3 Abs. 1 GG i. V. m. Art. 6 Abs. 1 GG verletzt sei, dass er in gleicher Weise zur Zahlung von Rentenversicherungsbei-

---

17 1 BvR 1629/94, Absatz-Nr. 46, http://www.bverfg.de.
18 Sozialbeirat (2001), Tz. 34.
19 Sozialbeirat (2001), Tz. 34.
20 L 3 RA 38/99.

IX. Stellungnahmen von Verbänden und Wissenschaftlern   493

trägen herangezogen werde wie rentenversicherungspflichtig Beschäftigte ohne Kinder. Im Rahmen des Berufungsverfahrens nimmt er insoweit auch auf die Entscheidung des Bundesverfassungsgerichts vom 3. April 2001 Bezug. Das Landessozialgericht hat die Berufung des Klägers als unbegründet zurückgewiesen. Insbesondere sieht das Gericht in der uneingeschränkten Heranziehung des Klägers zu Rentenversicherungsbeiträgen keinen Verstoß gegen Art. 3 Abs. 1 GG i. V. m. Art. 6 Abs. 1 GG. Es sei nicht verfassungswidrig, die Betreuung und Erziehung von Kindern bei der Bemessung des Beitrags zur gesetzlichen Rentenversicherung nicht zu berücksichtigen. Die Urteile des Bundesverfassungsgerichts zur Pflegeversicherung seien auf die gesetzliche Rentenversicherung nicht übertragbar.

20. Zum Vorschlag einer Reform in Anlehnung an das „Schweizer Modell"

Die Vorschläge des „Wiesbadener Entwurfs" zur Neustrukturierung der Alterssicherung lehnen sich an das so genannte Schweizer Modell an, das im Entwurf jedoch nur oberflächlich und zum Teil falsch dargestellt wird. So wird behauptet, dass die Beiträge zur Alters- und Hinterlassenversicherung (AHV), die zusammen mit der Invalidenversicherung und den Ergänzungsleistungen die erste Säule des Schweizer Rentensystems bildet, „ohne Beitragsbemessungsgrenzen auf alle personengebundenen Einkommen erhoben (werden), also auch auf Dividenden, Zins- oder Mieteinkünfte" (Teil 3, V.). Abhängig Beschäftigte zahlen Beiträge jedoch nur aus ihrem Lohn, Selbstständige nur aus ihrem Erwerbseinkommen (jeweils ohne Beitragsbemessungsgrenze). Bei Nichterwerbstätigen richtet sich die Beitragshöhe u.a. nach dem Vermögen. Hierzu gehören jedoch nur Sparbücher, Wertpapiere, Liegenschaften etc., nicht jedoch die Vermögenserträge. Nichterwerbstätige zahlen Beiträge auch nicht unbegrenzt, sondern nur bis zu einem Maximalbeitrag von 10.100 CHF (6.872,04 €) im Jahr.

Im „Wiesbadener Entwurf" wird ferner suggeriert, dass die Alters- und Hinterlassenenversicherung mit ihren Mindest- und Höchstrenten (die aktuellen Beträge für Altersvollrenten nach 44 bzw. 42 Beitragsjahren (Männer/Frauen) lauten entgegen den Aussagen im Entwurf (Teil 3, V.): Minimalrente 1.030 CHF (= 698,24 €), Maximalrente 2.060 CHF (= 1.396,47 €)) bei niedrigeren Beitragssätzen ein „deutlich" höheres Leistungsniveau als die deutsche gesetzliche Rentenversicherung erreiche. Welche Rentenarten im Einzelnen in den Vergleich der „Durchschnittsrenten" beider Länder einfließen, bleibt jedoch unklar. Es wird auch nicht berücksichtigt, dass die erste Säule des Schweizer Rentensystems nur den „Existenzbedarf" decken soll. Selbst dieses Ziel wird allein mit der AHV-Rente in vielen Fällen nicht erreicht; rund 13 % der Altersrentenbezieher sind daher auf (sozialhilfeähnliche) Ergänzungsleistungen angewiesen. In Deutschland beziehen dagegen nur 1,3 % der Personen, die 65 Jahre und älter sind, Sozialhilfe (1998).

Die Lebensstandardsicherung wird in der Schweiz nur im Zusammenspiel mit der – im „Wiesbadener Entwurf" nicht erwähnten – beitragsfinanzierten beruflichen Vorsorge als zweiter Säule des Schweizer Rentensystems realisiert, die anders als in Deutschland obligatorisch ist und im Vergleich zur Alters- und Hinterlassenenversicherung weit weniger Umverteilungselemente enthält. Ein Vergleich der Rentensysteme darf sich daher nicht nur formal auf die jeweiligen ersten Säulen beschränken, sondern muss auch dem unterschiedlichen Zuschnitt des Gesamtsystems Rechnung tragen. Die im Entwurf (Teil 3, V.) zitierte Ehepaarrente (Aufstockung der Rentenansprüche auf 150 %), mit der angeblich in der Schweiz die „Versorgungslücke viel weiter geschlossen" wird als in Deutschland, ist schon Anfang 1997 abgeschafft worden. Es wird ferner nicht erwähnt, dass auch die Alters- und Hinterlassenenversicherung vor demografischen und wirtschaftlichen Herausforderungen steht und deshalb in den vergangenen Jahren mehrfach reformiert worden ist.

Auch im europäischen Vergleich sind „universale Sicherungssysteme für alle Bevölkerungsgruppen" im Übrigen allenfalls als Basissysteme (und nicht als „Vollversicherungsmodell" – Teil 3, II. des Entwurfs) ausgestaltet, die durch in der Regel obligatorische, an ein Arbeitsverhältnis anknüpfende betriebliche Systeme ergänzt werden. In Schweden wurde die frühere Volksrente sogar abgeschafft und durch ein einkommens- und beitragsbezogenes Rentensystem ersetzt. Vielfach gehen Reformbestrebungen dahin, im Hinblick auf die in allen Industriestaaten zu verzeichnenden demografischen und ökonomischen Belastungen Äquivalenzelemente in den Umlagesystemen zu stärken oder auf kapitalgedeckte (betriebliche oder private) Formen der Alterssicherung auszuweichen. Volksversicherungssysteme wie in der Schweiz werden denn auch – anders als im Entwurf – nicht als Modell für eine Ausweitung solidarischer Umverteilung verstanden, sondern von den Befürwortern kapitalgedeckter Alterssicherungssysteme als Beispiel dafür angeführt, wie umlagefinanzierte Rentensysteme mit ihren Solidarelementen auf eine Basissicherung „zurückgefahren" und teilweise durch kapitalgedeckte Vorsorgeformen ersetzt werden können.

21. Volksversicherung mit steuerähnlichen Beiträgen keine Lösung

Mit der im „Wiesbadener Entwurf" vorgeschlagenen Einbeziehung aller Personengruppen in ein Alterssicherungssystem würden die demografischen Belastungen außerdem nur auf die Zukunft verlagert. Zwar wären am Anfang mehr Beitragszahler vorhanden, so dass für die angestrebte Umverteilung ein zusätzliches Beitragsaufkommen zur Verfügung stünde. Im Zeitablauf stiegen dann aber auch die Ausgaben, da entsprechend mehr Renten finanziert werden müssten.[21] Dies gilt vor allem dann, wenn die im Entwurf behaupteten (aber nicht näher belegten) bevölkerungspolitischen Wirkungen des Modells tatsächlich eintreten

---

21 So auch der Sachverständigenrat zur Begutachtung der gesamtwirtschaftlichen Entwicklung in seinem Jahresgutachten 2001/02, BR-Drucks. 991/01, Tz. 254 ff.

würden: Bei steigender Geburtenzahl müssten dann langfristig immer weniger Kinderlose und „Kinderarme" für immer mehr „Elternrenten" aufkommen.

Zu berücksichtigen ist ferner, dass die vorgeschlagene Ausgestaltung des Beitrags als Zuschlag zur Einkommensteuer zusammen mit den Änderungen auf der Leistungsseite die Grenze zwischen Beitrags- und Steuerfinanzierung unscharf werden lässt. Die Ausführungen zum Gebot der Steuergerechtigkeit (Teil 3, III.) zeigen, dass zwischen den Finanzierungsinstrumenten nicht klar getrennt wird und die unterschiedlichen Grundsätze, die für die Steuer- und die Beitragsfinanzierung gelten, nicht aufgezeigt und auch nicht berücksichtigt werden. Der Entwurf geht kurzerhand davon aus, dass für steuer- und beitragsfinanzierte Systeme dieselben Grundsätze zu gelten haben. Eines der Merkmale des Beitrags – im Vergleich zur Steuer – ist jedoch, dass zwischen Aufwendungen und Leistungen ein gewisses Verhältnis besteht, das allerdings in den verschiedenen Versicherungszweigen unterschiedlich eng ausgestaltet sein kann und regelmäßig durch den Aspekt des sozialen Ausgleichs modifiziert wird. Eine Abkehr vom Äquivalenzprinzip in der im „Wiesbadener Entwurf" geforderten Weise würde die Beziehung aber weitgehend auflösen und vor allem auch den für die Versicherten wirkenden Schutz der Rentenanwartschaften als Eigentum im Sinne des Grundgesetzes entfallen lassen. Auch unter Akzeptanzgesichtspunkten dürfte die vorgeschlagene Neubemessung der „Beiträge" nachteilig sein.

Schließlich würde der geforderte Systemwechsel auch eine Reihe von Übergangsproblemen aufwerfen. Da die im alten Rentensystem bereits erworbenen Ansprüche zusätzlich zu den Ansprüchen aus dem neuen System („Elternrenten") finanziert werden müssten, würde die jeweils aktive Generation zunächst doppelt belastet. Sie selbst erhielte – trotz unter Umständen weit höheren Beitragszahlungen – dafür aber ggf. nur reduzierte Leistungen im Alter.

22. Argumente gegen das „Elternrenten-Modell" weiterhin gültig

Das im „Wiesbadener Entwurf" vorgestellte „duale System aus Eltern- und Geldbeitragsrenten" (Teil 3, IV.1) ist schon vor vielen Jahren diskutiert und aus guten Gründen abgelehnt worden.[22] Die damals vorgetragenen Gegenargumente haben weiterhin Gültigkeit. Bereits die Grundannahme des Modells, dass „monetäre" und „generative" Beiträge zum Rentensystem strikt gleich zu gewichten seien, ist – wie oben ausgeführt – mittels der Rechtsprechung des Bundesverfassungsgerichts nicht zu belegen. Wie das Bundesverfassungsgericht zu Recht ausführt, kann der in Form der Kindererziehung geleistete Beitrag im Unterschied zu den „monetären" Beiträgen der Erwerbstätigen nicht sogleich wieder in Form von Rentenzahlungen an die ältere Generation ausgeschüttet werden; generative und monetäre Leistungen sind also schon von ihren Funktionen her verschieden.[23]

---

22 VDR (Hrsg.), Fakten und Argumente zum Thema „Elternrente": ja oder nein?, Frankfurt am Main 1995; Rahn, DRV 1994, 727 ff.; Ebert, SozSich 1993, 97 ff.
23 BVerfGE 87, 1 (40).

Die Verengung des Blickwinkels auf das generative Verhalten trägt zudem der Bedeutung von ökonomischen Faktoren wie Arbeitsproduktivität oder Wirtschaftwachstum für die Alterssicherung nicht hinreichend Rechnung. So ist z.b. in Westdeutschland das reale Bruttosozialprodukt zwischen 1950 und 1990 um 473 % gestiegen, während sich in demselben Zeitraum die Zahl der Erwerbstätigen – also der „demografische" Faktor – nur um 42 % erhöht hat. Realkapitalbildung und Produktivitätssteigerungen haben das heutige Rentenniveau damit weit stärker beeinflusst als die Veränderungen des Erwerbspersonenpotenzials. Auch wer spart, produziert oder Arbeitsplätze schafft, leistet einen Beitrag zum Sozialprodukt und zur Sicherung der Altersversorgung.

Für das „duale Modell" werden im „Wiesbadener Entwurf" (unter Berücksichtigung von Mindest- und Höchstrenten) beispielhaft folgende Rentenzahlbeträge pro Monat vorgeschlagen: Mindestrente 639,12 €, Durchschnittsrente bei 40-jähriger Beitragszahlung 767 €, „Geldbeitragsrente" maximal 894,77 €, Elternrenten pro Kind in Höhe von jeweils 255,65 € bis zu einer Maximalrente von 1.533,90 € (Teil 3, V.). Bei den „Geldbeitragsrenten" zeigt sich zunächst, dass die Minimalrente sich in etwa auf Sozialhilfeniveau bewegt, die Durchschnittsrente nach immerhin 40-jähriger Erwerbstätigkeit die Minimalrente nur um rund 128 € übersteigt und auch die Spanne zwischen Minimal- und Maximalrente lediglich knapp 256 € beträgt. Wie ein solches System – jedenfalls für Kinderlose – überhaupt noch Anreize zur Aufnahme einer (langjährigen) Erwerbstätigkeit setzen soll, bleibt ungeklärt. Die Erziehung von drei Kindern führt demgegenüber zu Rentenansprüchen in Höhe von rund 767 €, also zu dem Betrag, den ein kinderloser Durchschnittsverdiener nach 40 Versicherungsjahren erreichen kann. Die „Elternrenten" wären im Vergleich zu den „Geldbeitragsrenten" damit unverhältnismäßig hoch. Kindererziehung würde im Vergleich zur Erwerbsarbeit überbewertet. Zudem wäre die Proportionalität zwischen dem früheren Erwerbseinkommen und der Rente nicht mehr gewährleistet. Schließlich geht ein solches Modell auch über die vom Bundesverfassungsgericht für zulässig erachtete „maßvolle" Umverteilung innerhalb der Rentenversicherung weit hinaus.

Darüber hinaus führen auch die „Elternrenten" nicht – wie im „Wiesbadener Entwurf" hinsichtlich der rentenrechtlichen Kindererziehungszeiten beanstandet – zu einem „intragenerationellen Ausgleich zwischen Kinderlosen und Eltern auf derselben Jahrgangsstufe" (Teil 3, IV.3). Vielmehr sind es auch im „dualen System" die erwerbsfähigen Kinder der elternrentenberechtigten Generation, die die „Elternrenten" mit Beiträgen aus ihrem gesamten Einkommen finanzieren müssen.

23. Fehlen eines Finanzmodells

Da der „Wiesbadener Entwurf" für die vorgestellten Reformvorschläge außerdem kein Finanzmodell zur Verfügung stellt, bleiben Aussagen zur Finanzierung und zu möglichen Verteilungswirkungen der Maßnahmen vage oder bewegen sich allenfalls im spekulativen Bereich. Die „Verteilungsressourcen" für die „Elternrente" sollen – so der Entwurf – erst noch ermittelt werden (Teil 3, V.). Gleichwohl soll bereits feststehen, dass die Realisierung des Reformmodells „eine deutliche Absenkung der Beitragssätze" zur Folge hätte (Zusammenfassung, 4.). Auch diese Aussage wird nicht belegt. Auf eine fundierte Darstellung und Analyse der gesamtwirtschaftlichen Auswirkungen der vorgeschlagenen Reformmaßnahmen wird im Entwurf ebenfalls verzichtet.

24. Fazit

Der im „Wiesbadener Entwurf" geforderte Systemwechsel in der Alterssicherung ergibt sich weder aus der Rechtsprechung des Bundesverfassungsgerichts noch ist er mit dem Verweis auf das – im Entwurf nur oberflächlich bzw. fehlerhaft dargestellte – „Schweizer Modell" zu begründen. Die Schaffung eines universalen Sicherungssystems für alle Bevölkerungsgruppen ist zudem mit dem gegliederten System der Alterssicherung unvereinbar und auch politisch nicht durchsetzungsfähig. Das vorgeschlagene „duale System aus Eltern- und Geldbeitragsrenten" führt zu einer extremen Überbewertung der Kindererziehung und geht damit im Ergebnis über mögliche schrittweise Verbesserungen des Familienlastenausgleichs in der Alterssicherung weit hinaus. Sinnvoll ist dagegen der Ansatz, durch den Abbau von Defiziten im Bereich der Kinderbetreuungsangebote und Ganztagsschulen die Rahmenbedingungen für eine Vereinbarkeit von Familie und Erwerbstätigkeit zu verbessern. Ein notwendiger Ausbau des Familienlastenausgleichs sollte im Übrigen verstärkt über steuerliche Entlastungen und/oder staatliche Transferleistungen realisiert werden.

Literatur

Bieber/Klebula (2001): Ergebnisse der Studie Alterssicherung in Deutschland 1999, Bundesarbeitsblatt.
Eitenmüller (2001): Reformoptionen für die gesetzliche Rentenversicherung: Auswirkungen der Rentenreform 2001 und die Verteilung der Umstiegskosten, Prognos-AG Basel, August 2001, Kurzfassung.
Gutachten des Sozialbeirats zum Rentenversicherungsbericht (2001): BR-Drucks. 994/01.
Sachverständigenrat zur Begutachtung der gesamtwirtschaftlichen Entwicklung, Jahresgutachten 2001/02: BR-Drucks. 991/01.
Stellungnahme des Sozialbeirats zu Urteilen des Bundesverfassungsgerichts zur Pflegeversicherung vom 3. April 2001 hinsichtlich ihrer Bedeutung für die gesetzliche Rentenversicherung" (2001): BT-Drucks. 14/6099.
VDR (Hrsg.) (1995): Fakten und Argumente zum Thema „Elternrente": ja oder nein?, Frankfurt am Main.

Anlage

Modellrechnung zu den Finanzwirkungen der Rentenreform 2001 – Stand der Schätzung: Vom 16. bis 19. Oktober 2001 fand in Bonn eine Vorausschätzung der Einnahmen, der Ausgaben und des Vermögens von ArV und AnV in Abstimmung zwischen BMA, BVA, BfA und VDR statt, die am 26. Oktober 2001 nach der Bekanntgabe der wirtschaftlichen Eckdaten abgeschlossen wurde. Als Basisdaten lagen die unterjährigen Rechnungsergebnisse für die Monate Januar bis September 2001, die Beitragseinnahmen in den Monaten Januar bis September 2001 und die Abrechnungsergebnisse der Rentenzahlungen durch die Post in den Monaten Januar bis Oktober 2001 vor. Es wurde ein Rechnungsergebnis für das Jahr 2001 aus den unterjährigen Ergebnissen hochgerechnet. Anschließend wurden auf der Basis der Schätzwerte für das Jahr 2001 mittelfristige Modellrechnungen über die Finanzentwicklung durchgeführt. Die Strukturfaktoren zur Fortschreibung der Renten wurden für das Jahr 2002 aus einer Einschätzung der Rentenausgaben nach der unterjährigen Entwicklung des laufenden Jahres und unter Berücksichtigung des erwarteten Rückgangs der monatlichen Rentenzuwächse aufgrund der stärker wirkenden Abschläge bei der Inanspruchnahme vorzeitiger Altersrenten abgeleitet. Für die Rentenausgaben der Jahre 2003 bis 2005 wurden Ergebnisse des Rentenmodells verwendet. Gleiches gilt für die Vorausschätzung der langfristigen Finanzentwicklung. Als wirtschaftliche Eckdaten wurde ein vom BMA zur Verfügung gestellter Datenkranz zu Grunde gelegt. Die Eckdaten entsprechen denen, die auch der mittleren Variante im Rentenversicherungsbericht 2001 zu Grunde gelegt sind. Die nachfolgende Modellrechnung beruht auf dem Rechtsstand AVmEG/AVmG, zudem wird das Gesetz zur Bestimmung der Schwankungsreserve in der ArV und AnV berücksichtigt. Dieses Gesetz regelt die bei der Beitragssatzfestsetzung zu gewährleistende Höhe der Mindestschwankungsreserve neu. Danach ist für die Jahre 2001 bis 2003 der Beitragssatz so zu bestimmen, dass die voraussichtlichen Beitragseinnahmen zusammen mit den Zuschüssen des Bundes und den sonstigen Einnahmen unter Berücksichtigung von Entnahmen aus der Schwankungsreserve ausreichen, um die voraussichtlichen Ausgaben zu decken und sicherzustellen, dass die Mittel der Schwankungsreserve am Ende des Kalenderjahres wenigstens 80 % einer durchschnittlichen Monatsausgabe entsprechen. Bisher war dagegen eine Mindestschwankungsreserve zum Jahresende in Höhe einer Monatsausgabe gefordert. Auf der Grundlage dieser Neufassung konnte mit dem Gesetz gleichzeitig der Beitragssatz für das Jahr 2002 auf 19,1 % festgelegt, ein andernfalls erforderlicher Anstieg des Beitragssatzes auf 19,4 % abgewendet werden. Die Modellrechnung berücksichtigt zudem die Reduktion des zusätzlichen Bundeszuschusses in Höhe von knapp 300 Mio. € aufgrund der aktuellen Schätzung des Aufkommens der Mehrwertsteuer. Von der neu gefassten Regelung zur Verstetigung des Beitragssatzverlaufs sieht die Rechnung ab; es handelt sich somit um den „unverstetigten" Beitragssatz.

Jahr	Beitragssatz	Schwankungsreserve-Soll >= 0,8 MA.	
		akt. Rentenwert 2. Hj.	Nettorentenniveau
2001	19.1	25.31406	68.8
2002	19.1	25.88	69.9
2003	19.1	26.41	69.9
2004	19.0	26.93	70.6
2005	19.0	27.49	69.7
2010	18.7	30.87	70.3
2015	19.1	35.57	70.8
2020	29.8	40.81	70.0
2025	20.8	46.73	68.9
2030	22.1	53.18	68.4

Stellungnahme des Bundesverbands allein erziehender Mütter und Väter zum Wiesbadener Entwurf

Der analytische Teil des Wiesbadener Entwurfs ist eine Ohrfeige für die Familienpolitik dieser und der vergangenen Jahre. Im Hinblick auf die ursprünglichen Denkmodelle, die das System Sozialstaat in Gang gesetzt haben, ist das, was daraus geworden ist, ein verheerender Fall von „gut gemeint ist das Gegenteil von gut gemacht". Ausgerechnet ein Rentensystem hat die Altersarmut von Müttern hervorgebracht hat. Das Verhältnis der Nettoeinkommen von kinderlosen jungen Ehepaaren zu jungen Familien ist trotz groß herausgestellter familienpolitischer Maßnahmen nahezu unverändert geblieben. Keine Steuerreform, keine Freibeträge, keine Kindergelderhöhungen konnten verhindern, dass sich die materielle Lage der Familien seit 1961 drastisch verschlechterte.

Der analytischen Teil des Entwurfs, der an Deutlichkeit nichts zu wünschen übrig lässt, hat aus Sicht des Bundesverbands allein erziehender Mütter und Väter (VAMV) trotzdem einen entscheidenden Mangel: Er lässt die wirtschaftliche Situation allein Erziehender vollkommen außer Acht. Deshalb schlagen wir vor in Teil 2, wo es um die Ursachen der Verarmung von Familien geht, ein Kapitel aufzunehmen, dass sich damit befasst, die unzureichenden familienpolitischen Instrumente insbesondere in ihrer Wirkung auf Einelternfamilien zu untersuchen. In diesem Zusammenhang kritisieren wir die Lohnsteuertabelle im Anhang: Zum Vergleich der Pro-Kopf-Einkommen in unterschiedlichen Familienformen wird eine Einelternfamilie mit 60.000 DM Einkommen verwendet. Dabei kommt der Entwurf zu dem Schluss, dass allein Erziehende besser gestellt sind als Paarfamilien mit zwei Kindern. Diese Darstellung ist irreführend. Es gibt kaum Einelternfamilien mit diesem Einkommen. Der Armuts- und Reichtumsbericht der Bundesregierung kam im vergangenen Jahr zu folgendem Ergebnis: Über 60 % der Einelternfamilien verdienen so wenig, dass sie noch nicht einmal steuerpflichtig sind – also auch von Freibeträgen nichts haben. Auch aus dem Armutsbericht der Hans-Böckler-Stiftung, des DGB und des Paritätischen Wohlfahrtsverband von Oktober 2000 ist bekannt, dass Ein-Eltern-Familien über das durchschnittlich niedrigste Pro-Kopf-Einkommen verfügen. Es beträgt monatlich 1.258 DM (ledig), bzw. 1.397 DM (geschieden). Paare (unter 45 Jahren) ohne Kinder verfügen dagegen über ein Pro-Kopf-Einkommen von 2.662 DM. Eine Studie der Arbeiterwohlfahrt hat ebenfalls ermittelt, dass Einelternfamilien und Familien mit drei und mehr Kindern am stärksten von Armut bedroht sind – wenn sie nicht schon in Armut leben.

IX. Stellungnahmen von Verbänden und Wissenschaftlern

1. Rente

Der VAMV argumentierte bei der großen Anhörung zur Rentenreform im Deutschen Bundestag, dass es höchst ungerecht ist, dass auch noch die, die durch die Erziehung von Kindern das Fortbestehen des Umlageverfahrens garantieren, ab 2002 privat vorsorgen sollen. Ausgerechnet sie sollen privat für das Alter vorsorgen, um das demografische (!) Defizit auszugleichen. Aus den Zahlen, die wir bei dieser Anhörung vorlegten, ließ sich unschwer ablesen, dass gering und durchschnittlich verdienende Alleinerziehende – also die Mehrheit der über zwei Millionen allein Erziehenden – kein Geld übrig haben, um zusätzlich etwas zur Seite zu legen. Nach der Einkommens- und Verbrauchsstichprobe von 1998 haben Alleinerziehende monatlich 249 DM zum Sparen übrig. In den neuen Bundesländern liegt die Ersparnis einer allein Erziehenden mit einem Kind sogar nur bei 165 DM. Davon kann man die vorgesehene Kürzung des Rentenniveaus nicht ausgleichen. Wir forderten, Eltern von der Senkung des Rentenniveaus auszunehmen. Eine Abgeordnete der SPD verwies uns damals darauf, sich mit diesem Vorschlag lieber an den Weihnachtsmann zu wenden. Was würde diese Abgeordnete wohl zu dem vorliegenden Entwurf sagen? Kindererziehung allein muss zu einer eigenständigen, existenzsichernden Rente führen. Zu dieser logischen Schlussfolgerung kommen im Grundsatz die Autoren des Wiesbadener Entwurfs. Das ist auch unsere Position. Zudem halten wir das Schweizer Alterssicherungssystem für eine überdenkenswerte Alternative zum deutschen Rentensystem. Nur mit einer Ausdehnung der Versicherungspflicht auf die gesamte Wohnbevölkerung unter Aufhebung der Beitragsbemessungsgrenze können die ungleich verteilten Lasten zwischen Singles und Familien, zwischen Jung und Alt, zwischen Arm und Reich gerechter geschultert werden. Es ist unstrittig, dass Kindererziehung eine der beiden Leistungen zur Bestandssicherung unseres Rentensystems ist. Das hat das Bundesverfassungsgericht in mehreren Urteilen ausgeführt. In diesem Zusammenhang bekommt das Bundesverfassungsgerichtsurteil vom 7. Juli 1992, das so genannte „Mütter-Urteil", eine besondere Bedeutung: Danach steht dem Schutz der Rentenanwartschaften durch Art.14 Abs.1 GG einer maßvollen Umverteilung innerhalb der gesetzlichen Rentenversicherung zu Lasten kinderloser Personen nichts im Weg.

2. Ganztagsschulen

Weniger gutheißen können wir die dürftigen Bemerkungen zur Ganztagsschule und ganztägigen Kinderbetreuung: Die Autoren warnen vor einer Überlastung erwerbstätiger Mütter und Väter, die dem „erhöhten kompensativen Zuwendungsbedarf ganztägig fremdbetreuter Kinder nachkommen müssen". Schließlich müsse man sich auch der Auswirkungen auf die „binnenfamiliäre Kommunikation" annehmen, die von Pädagogen und Kinderärzten als „alarmierend defizitär" bezeichnet werden. Kommunikation, bzw. die Gestaltung derselben und ihre Bedeutung, die diese in der Familie hat, lassen sich zum Glück nicht so banal von außen manipulieren. Auch ist ihre Qualität nicht davon abhängig, wie viel Zeit Eltern und Kinder miteinander verbringen. Dieses grundlegende und wichtige Thema sollte im Wiesbadener Entwurf entweder gründlich recherchiert werden oder unbehandelt bleiben.

Wenn Sie von Lehrern und Lehrerinnen hören, wie viele Stunden Kinder jeden Nachmittag vor dem Fernsehen, auf der Straße oder vor dem PC verbringen, dann ist es für die Mitglieder unseres Verbandes schwer einzusehen, dass Spielen und Lernen mit anderen Kindern in Kindergarten, Hort oder Ganztagsschule etwas ist, was zu Hause durch besondere Zuwendung kompensiert werden muss. Der Leserin und dem Leser einen unbewiesenen Zusammenhang zwischen Ganztagsbetreuung und defizitärer Kommunikation innerhalb einer Familie nahe zu legen, halten wir für unredlich und schädlich. Wenn es das Anliegen des Wiesbadener Entwurfs ist, dass „Familien in den Stand versetzt werden müssen, ihre Kinder aus dem selbst erwirtschafteten Einkommen zu unterhalten, statt in die Rolle von Almosenempfängern gedrängt zu werden", dann müssen auch die Strukturen unseres Bildungssystems zulassen, dass Mütter und Väter existenzsichernd erwerbstätig sein können. Es ist an dieser Stelle müßig, über die Vorteile und Nachteile von Ganztagsschulen zu diskutieren. Aber wenn wir von der PISA-Studie eines gelernt haben, dann dies: Mit unserem Halbtags-Schulwesen können wir europaweit nicht mehr mithalten. Was sich der VAMV zum Thema Ganztag überlegt hat, kann man in der Broschüre „Kinder in guten Händen – Bildung in hellen Köpfen" des VAMV nachlesen.

3. Familienverträglichkeitsprüfung

Statt der Einrichtung eines Ministeriums für Familie und Ökologie schlägt der VAMV in Übereinstimmung mit dem Bundesforum Familie vor, eine Institution ähnlich der Stiftung Warentest einzurichten, die Familienverträglichkeitsprüfungen durchführt. Wir stellen uns vor, Gesetze auf ihre Familienverträglichkeit und Zukunftswirkung zu untersuchen und gegebenenfalls zu modifizieren, bevor sich rechtskräftig werden. Auf den Sachverstand unserer Politiker und Politikerinnen können sich Familien leider, das zeigt der Wiesbadener Entwurf zu genüge, nicht verlassen.

4. Splitting-Modelle

Der VAMV favorisiert nach wie vor eine grundsätzliche Abkehrung von Splittingmodellen und plädiert für die Einführung der Individualbesteuerung. Ohne hier in die Einzelheiten gehen zu können: Wie widersinnig das Steuersystem ist, zeigt schon die Tatsache, dass Einelternfamilien künftig wie Singles besteuert werden. Dass der VAMV dagegen eine Verfassungsklage anstrengt, ist inzwischen wahrscheinlich hinlänglich bekannt. Die dazugehörige Kampagne heißt schlicht: „Ich bin kein Single".

5. Zusammenfassung

Zusammenfassend erscheint uns der Wiesbadener Entwurf gut geeignet, um die Missstände in der deutschen Familienpolitik nicht nur aktuell, sondern auch in ihrer Entwicklung aufzuzeigen. Besonders die Beschreibung der Verteilungsmechanismen im Steuer- und Rentensystem geben Aufschluss über grundsätzliche, systemimmanente Defizite. Bedauerlicherweise scheint der Entwurf jedoch von einem eher konservativen Familienbild getragen zu sein. Dass auf die prekäre wirtschaftliche Situation der Einelternfamilien nicht eingegangen wird, dass sie im Gegenteil in der Lohnsteuertabelle als Gewinner auftauchen, befremdet uns. Im Kontext mit den Ausführungen zur Ganztagsbetreuung beschleicht uns das ungute Gefühl, dass Einelternfamilien mit ihren durchaus differenziert zu sehenden Lebensumständen nicht wahrgenommen worden sind. Abschließend möchten wir darauf hinweisen, dass die in Angriff genommenen Strukturreformen, nicht zu einer Zementierung geschlechtsspezifischer Arbeitsteilung führen dürfen. Diese Gefahr bestünde, wenn für einen Elternteil noch mehr Anreize geschaffen würden, zu Hause zu bleiben. Vor diesem Hintergrund sind wir erleichtert, dass der Wiesbadener Entwurf mit seinen Rechenbeispielen das Familiengeld ad absurdum geführt hat.

Stellungnahme der Arbeiterwohlfahrt zum Wiesbadener Entwurf

1. Zur materiellen Lage von Familien

Wie nicht nur der erste Armuts- und Reichtumsbericht der Bundesregierung[24] sondern auch der Bericht zur AWO/ISS-Studie: „Gute Kindheit-Schlechte Kindheit? – Armut und Zukunftschancen von Kindern und Jugendlichen in Deutschland"[25] ausweisen, hat sich der Anteil der Kinder am Bezug von Sozialhilfe seit 1965 auf nahezu das 16fache erhöht: Schon 1992 lag der Anteil von Kindern und Jugendlichen (bis 18 Jahren), die Sozialhilfe bezogen, bei mehr als 30 %, ihre Sozialhilfequote lag bei 9 %: Jede elfte Person unter 18 Jahren erhielt Sozialhilfe. Bis 1998 war dieser Anteil auf 37,2 % gestiegen: schon jedes siebte Kind war von Armut betroffen, jeder dritte Sozialhilfeempfänger war ein Kind unter 18 Jahren. Darüber hinaus sind bis zu 500.000 Kinder von Obdachlosigkeit bedroht oder schon betroffen – wie geschätzt wird.

Damit ist die Dominanz der Altersarmut durch die Armut von Kindern und Jugendlichen abgelöst worden: Während die Gruppe der über 65-Jährigen in den 1960er Jahren ein Viertel der Bezieher von Sozialhilfe in der Bundesrepublik stellte, ging dieser Anteil 1998 auf 6,1 % zurück.[26] Es muss also eine „Infantilisierung" der Armut festgestellt werden. Damit tragen Familien mit mehreren Kindern ein hohes Armutsrisiko. In besonders prekärer Lage finden sich die Kinder von allein Erziehenden: Mittlerweile leben über 56 % der Sozialhilfe beziehenden Kinder in Haushalten von allein Erziehenden.[27] Die mangelnde Unterstützung von Familien wurde vom Bundesverfassungsgericht in den 1990er Jahren in mehreren Urteilen gerügt. Doch haben die daraufhin erfolgten Verbesserungen nicht vermocht, den Trend umzukehren, wie der „Wiesbadener Entwurf einer familienpolitischen Strukturreform"[28] in seinem analytischen Teil belegt. Danach besteht ein deutliches Auseinanderklaffen von frei verfügbaren Einkommensteilen (nach Abzug aller Steuern und Sozialversicherungsbeiträgen) zu Lasten von Familien mit einem oder mehreren Kindern gegenüber Kinderlo-

---

24 „Lebenslagen in Deutschland- Erster Armuts- und Reichtumsbericht", BT-Drucksache 14/5990.
25 Arbeiterwohlfahrt, Sozialbericht (2000).
26 Nationaler Armuts- und Reichtumsbericht 2001, Anhangtabelle II.8.
27 Nationaler Armuts- und Reichtumsbericht 2001, Anhangtabelle II.8.
28 Der „Wiesbadener Entwurf" einer familienpolitischen Strukturreform des Sozialstaates – Diskussionspapier (2002).

sen, Ledigen oder Ehepaaren ohne Kinder, das sich sogar nach dem Steuertarif 2002 noch verschärft.

Bei der Einkommensteuer müsse nicht nur das Existenzminimum der Kinder, sondern der ganze nach den Vorschriften des Familienrechts geschuldete Unterhalt freigestellt werden, fordert der Entwurf. Ein Familiensplitting nach französischem Vorbild käme auch in Betracht. Diese steuerlichen Benachteiligungen von Familien mit Kindern werden auch durch die indirekten Steuern, die die ärmeren Schichten mit einer notwendigerweise hohen Konsumquote besonders hart treffen, bewirkt. So wirkt die seit April 1999 eingeführte Ökosteuer im doppelten Sinn zu Lasten der Geringverdiener: zum einen durch die erhöhten Energiekosten, zum anderen durch ihre Verwendung zur Senkung der Rentenbeiträge, von denen Geringverdiener kaum profitieren. Daher sollten die auf dem Kindesunterhalt lastenden Verbrauchssteuern den Eltern in Form von Kindergeld erstattet werden.[29]

Die Arbeiterwohlfahrt (AWO) tritt für den Ausbau der Familienförderung durch eine maßvolle Begrenzung des Ehegattensplittings wegen seiner unausgewogenen Entlastungswirkungen ein. Es führt im Einkommensteuertarif 2005 zu einem maximalen Entlastungseffekt von 8.700 € jährlich und ist nicht nur bei kleinem und mittlerem Einkommen, sondern auch bei Ehepaaren, die beide verdienen, deutlich geringer und bei gleichem Einkommen beider Partner gleich null. Darüber hinaus gehen allein Erziehende völlig leer aus, da die Voraussetzung der Entlastung allein an dem Tatbestand der Ehe ansetzt und die Kinder völlig unberücksichtigt lässt. Die AWO spricht sich nur für die Beschränkung des Ehegattensplittings aus, als Anerkennung für Erziehungs- und Pflegeleistungen, die in der Familie erbracht werden. Es sollte überprüft werden, ob das derzeitige Splittingsystem durch das Realsplitting ersetzt werden kann, was einen Finanzierungsbeitrag von rund drei Mrd. € ausmachen würde. Der restliche Finanzierungsbedarf sollte durch die Reduzierung von Subventionen aufgebracht werden. Überlegungen, das Erziehungsgeld zur Refinanzierung einzubeziehen, hält die AWO für falsch.

Den so genannten „edukatorischen Effekt", dass nämlich Ehefrauen durch das Ehegattensplitting davon abgehalten werden, eine eigene Erwerbsarbeit aufzunehmen, lehnt die Arbeiterwohlfahrt ab. Das Bundesverfassungsgericht hatte in seinem Urteil zum Familienlastenausgleich vom 10. November 1998 schon festgestellt, es dürfe „im Hinblick auf die durch Art. 6 Abs.1 Grundgesetz geschützte Entscheidungsfreiheit der Ehegatten kein wirtschaftlicher Druck zur Verhinderung der Erwerbstätigkeit der Frau ausgeübt werden" und daher entschieden, dass zu dem Existenzminimum, das von der Steuer freigestellt werden müsste, auch der Betreuungsbedarf von Kindern gehört, unabhängig davon, wie er gedeckt wird. Allerdings ist die Begrenzung des Ehegattensplittings nur dann zu befürworten, wenn die eingesparten Finanzmittel uneingeschränkt zur Förderung von Kindern und deren Familien eingesetzt werden. Die AWO sieht im

---

29 Der „Wiesbadener Entwurf" einer familienpolitischen Strukturreform des Sozialstaates – Diskussionspapier (2002).

Beschluss des Bundesverfassungsgerichts vom 10. November 1998 zur Besteuerung von Familien mit Kindern einen wichtigen Beitrag zur familiengerechten sozialstaatlichen Ordnung. Da die CDU/CSU/FDP-Regierung auf verschiedene in der Vergangenheit ergangene Urteile nicht reagiert hat, bürden die weitgehenden Vorgaben des Bundesverfassungsgerichts die Last, Gerechtigkeit herzustellen, der neuen Regierung auf.

Die AWO stellt in ihren Forderungen zum Familienentlastungsgesetz die Kinder in den Mittelpunkt. Für alle Kinder muss ein sozial-kulturelles Mindesteinkommen gesichert sein. Jedes Kind muss dem Staat gleich viel wert sein, unbeschadet seiner sozialen Herkunft.

- Dazu muss es ein gerechtes und transparentes Lastenausgleichssystem geben, das sowohl den steuerlichen wie auch den sozialen Ausgleich einfach und überschaubar regelt.
- Die gezielte Förderung von Kindern unterschiedlicher sozialer Herkunft muss die Zukunftschancen aller verbessern.
- Die materielle verbesserte Lage von Familien darf nicht zu Lasten der Infrastruktur, z.B. im Rahmen der Jugendhilfe gehen.

Die von der Bundesregierung vorgeschlagene Kombination von Kindergeld und Freibetrag ist in Anbetracht der geringen finanziellen und rechtlichen Spielräume ein realistischer Weg zur Erfüllung des Urteils des Bundesverfassungsgerichts. Der Anteil des Kindergeldes bei der Familienentlastung sollte jedoch erhöht werden, um die finanzielle Entlastung auch für untere Einkommen spürbar zu machen.

Kinder aufzuziehen ist mit finanziellem und persönlichem Aufwand verbunden. Die alleinige Betrachtung des Einkommens, ohne die Zahl der zu versorgenden Personen zu berücksichtigen, führt strukturell zu einer im Verhältnis überdurchschnittlichen Belastung der Familien mit Kindern. Neben dieser finanziellen Benachteiligung haben Eltern mit Kindern verhältnismäßig hohe Kosten für Betreuung und Erziehung zu tragen, die von großer gesellschaftlicher Bedeutung sind, aber bisher nicht ausreichend gewürdigt werden.

Die von der Bundesregierung vorgelegten Ansätze zur Erfüllung des Verfassungsgerichtsurteils sind bisher jedoch eher die rein finanzwirtschaftlich dominierte, technische Erfüllung des Urteils und keine gesellschaftliche Reform des Familienlastenausgleichs. Neben der steuerlichen Seite der Familienentlastung müssen auch andere Familienleistungen und die infrastrukturellen Leistungen eines Staates einbezogen werden. Langfristig kann ein großer Teil der familienpolitischen Leistungen (Kindergeld, Ausbildungsfreibeträge, Erziehungsgeld, Mutterschaftsgeld, Ausbildungsförderung) zusammengefasst und ein entsprechender Gesamtbetrag für die Erziehungs- und Betreuungsleistungen festgelegt werden. Dies würde die Transparenz des Familienlastenausgleichs erhöhen.

Im Durchschnitt wird für das Existenzminimum, für die Betreuungsleistungen und für den Erziehungsbedarf eines Kindes eine Summe von 793 € benötigt. Dies würde einer Förderung von fast 409 € monatlich entsprechen. Heute wird weder das Existenzminimum von Kindern freigestellt noch wird es durch Transferleistungen garantiert. Hat das Verfassungsgericht nur die steuerliche Gerechtigkeit im Auge, so muss aus gesellschaftspolitischen Gründen die soziale Gerechtigkeit als zusätzliches Element der Familienentlastung hinzugefügt werden. Dabei sollte der Familienlastenausgleich in der aktuellen Diskussion nicht mit dem Familienleistungsausgleich verwechselt werden. Während der Lastenausgleich versucht, die Mehrbelastung für die Kindererziehung auszugleichen, würden durch den Familienleistungsausgleich die gesellschaftlichen Leistungen der Kindererziehung anerkannt. Jedoch liegt eine gesellschaftliche Anerkennung dieser Leistung noch in weiter Ferne.

2. Vereinbarkeit von Familie und Beruf

Ein besonderes Problem ist dabei die Vereinbarkeit von Berufs- und Familienarbeit für beide Elternteile, insbesondere aber für die Frau. Die AWO ist im Gegensatz zum „Wiesbadener Entwurf" nicht der Meinung, dass die Vereinbarkeitsdiskussion „Züge einer Alibidiskussion" trägt[30] und hält das Argument, dass die niedrige schwedische Geburtenziffer dies beweise, nicht für stichhaltig. Frankreich mit seinem im Vergleich zur Bundesrepublik sehr viel besseren und reichhaltigerem Angebot an qualifizierten Kinderbetreuungseinrichtungen und Ganztagsschulen steht mit einer Geburtenziffer von 13,1 Lebendgeburten auf 1000 Einwohner an dritter Stelle nach Irland und Island.[31] Daher tritt die AWO dafür ein, dass der Erziehungsurlaub so ausgestaltet wird, dass er von beiden Eltern zu gleichen Teilen genommen werden muss, sofern es sich nicht um allein Erziehende handelt. Der nicht beanspruchte Teil verfällt. Das Ausscheiden eines Elternteils aus dem Erwerbsleben – meist ist es die Frau – darf nicht durch Erziehungsgeld „prämiert" werden, das zudem ungeeignet ist, arbeitsmarktpolitische Probleme zu lösen. Der Ausbau des Angebots an Kindergärten, Kinderbetreuungseinrichtungen (Krippen, Horte), Ganztagsschulen, Jugendhilfe, Freizeiteinrichtungen und andere Familienhilfen muss dringend in ein Konzept des Familienlastenausgleichs einbezogen werden, ohne dass er zu Lasten der unmittelbaren finanziellen Entlastung geht. Er ist ein wichtiges Element zur Entlastung der Familie und zur Herstellung von Chancengleichheit für alle Kinder.

Das Bundesverfassungsgericht erkennt zwei Formen der Belastung an. Zum einen sieht es eine Mehrbelastung durch die Existenz eines Kindes, die die Leistungsfähigkeit eines Haushaltes mit Kindern im Verhältnis zu Haushalten ohne Kinder verringert und durch einen Freibetrag auszugleichen ist. Darüber hinaus verringern die Kinderbetreuungskosten die Leistungsfähigkeit des Haushaltes. Daher sind diese Kosten aus der Besteuerung auszunehmen.

Zur Erfüllung des Verfassungsgerichtsurteils gibt es verschiedene Alternativen, die aber nicht alle realisierbar sind oder von der AWO aus der Sicht der

---

30 S. 50, FN130
31 Eurostat Luxemburg, 2002.

sozialen Gerechtigkeit abgelehnt werden. Die AWO lehnt eine reine Freibetragslösung zur Familienentlastung ab, weil sie sozial ungerecht ist und die Familienlasten rein nach der Steuerkraft der Familien beurteilt. Kosten und Lasten, die auch von Familien mit geringem oder keinem Einkommen getragen werden, finden keine Berücksichtigung. Dagegen wäre ein Kindergrundfreibetrag sozial gerechter als eine Freibetragslösung, weil sie am unteren Ende der Steuerbelastung ansetzt und deshalb die hohen Einkommen nicht bevorzugt entlastet. Da eine reine Kindergeldregelung zwar die sozial gerechteste aber auch die teuerste wäre, würden die öffentlichen Haushalte mit über 25 Mrd. € ab dem Jahr 2002 belastet. Damit würde es in anderen Bereichen der sozialen Sicherung zu finanziellen Verschlechterungen kommen und eine Finanzierung wäre allein mithilfe einer Mehrwertsteuererhöhung machbar. Das würde von der AWO nur dann befürwortet, wenn die finanzielle Belastung der öffentlichen Haushalte verkraftbar bleibt und die Belastung der unteren Einkommen durch die Steuererhöhung geringer wäre als die Entlastung durch das Kindergeld. Ähnliches gilt für die Einführung eines bedarfsgerechten Kindergeldes, das noch dem Bedarf der Kinder ähnlich wie die Sozialhilferegelsätze gestaffelt ist. Die von der Bundesregierung vorgeschlagene Kombination von Kindergeld und Freibetrag ist in Anbetracht der geringen finanziellen und rechtlichen Spielräume ein realistischer Weg zur Erfüllung des Urteils des Bundesverfassungsgerichts. Die hohe Zahl in Armut aufwachsender Kinder macht eine Entlastung von Familien im unteren Einkommensbereich und eine Besserstellung von Sozialhilfe beziehenden Familien mit Kindern dringend erforderlich. Es ist nicht hinnehmbar, dass Kinder zum Armutsrisiko geworden sind. Von den drei Millionen Sozialhilfeempfängern sind über eine Millionen Kinder. Ursachen hierfür sind zum einen die hohe Arbeitslosigkeit und zum anderen das Versagen der vorgeschalteten Sicherungssysteme sowie die hohe Belastung niedriger Arbeitnehmereinkommen. Eine Reform des Familienlastenausgleichs, der diesen Aspekt nicht berücksichtigt, lehnt die AWO ab. Auch eine mögliche Finanzierung der Familienentlastung durch eine Mehrwertsteuererhöhung hält die AWO für falsch, weil hier besonders diejenigen betroffen werden, die entlastet werden sollen. Besonders problematisch ist diese Finanzierungsart für Sozialhilfeempfänger, die nach heutiger Rechtslage nicht nur keine Entlastung für ihre Familienarbeit beziehen würden, sondern auch noch überproportional belastet würden. Einer Mehrwertsteuerfinanzierung könnte die AWO nur zustimmen, wenn die Entlastung durch eine reine Kindergeldlösung höher wäre als die Mehrwertsteuerbelastung.

3. Reform der Sozialhilfe

Die Sozialhilfesätze setzen in der Bundesrepublik die offizielle Armutsgrenze fest, die nicht nur für das Steuerrecht entscheidend ist, sondern auch unmittelbare Auswirkungen auf die Existenz der auf Sozialhilfe angewiesenen Bürger hat. Ihre Höhe wurde bis zum 1. Juli 1990 nach dem so genannten Warenkorbmodell festgelegt, zu dem ein bestimmter Bedarf angenommen wurde. Danach wurde es durch ein Bedarfbemessungssystem auf der Basis eines Statistikmodells abgelöst. Hier werden die Konsumgewohnheiten von Haushalten mit niedrigem Einkommen als Maßstab genommen für eine die Bedürfnisse abdeckende Lebensführung. Die Sozialhilfesätze werden also von der Exekutive selbst ermittelt. Dabei ist in der Tat zu fragen, ob diese wichtige Entscheidung – nämlich die Festlegung der Armutsgrenze – nicht gesetzlich geregelt werden müsste, wie im „Wiesbadener Entwurf" gefragt wird. Die Arbeiterwohlfahrt fordert eine zentrale Reform der Sozialhilfe, um den Betroffenen wieder eine eigenständige Lebensführung zu ermöglichen, sie wieder in die vorgelagerten Sicherungssysteme zu integrieren, Arbeit statt Sozialhilfe zu fördern, bürokratischen Aufwand zu reduzieren sowie die Kommunen finanziell zu entlasten. Die Bundesregierung und der Bundestag sollten sich verbindlich darauf festlegen, eine Reform der Sozialhilfe auszuarbeiten, die die folgenden Eckpunkte berücksichtigen müsste:

- Die Regelsatzfestlegung müsste im Ergebnis das jetzige System vereinfachen und die Situation von Familien besonders berücksichtigen. Diese Vereinfachung – auch durch sinnvolle Pauschalen – muss bedarfsorientiert sein.
- Um das Prinzip Hilfe zur Selbsthilfe zu stärken, sollten ein partnerschaftliches Hilfeplanverfahren entwickelt, gesetzlich verankert, die notwendige Infrastruktur bereitgestellt und die Vernetzung der beteiligten Dienste sichergestellt werden.
- Zur Verbesserung der Integration von Sozialhilfeempfängern in den Arbeitsmarkt ist die Zusammenarbeit zwischen Sozial- und Arbeitsämtern verpflichtend auszubauen, sowie die Beschäftigungsförderung eng mit dem angesprochenen Hilfeplansystem zu verknüpfen.
- Einzelne Punkte des BSHG mit Regelungsbedarf sind neu zu regeln und in ein neues Buch SGB III zu überführen (z.B. Krankenversicherung von Sozialhilfeempfängern, Schuldnerberatung etc.)
- Die Situation von Kindern in der Sozialhilfe muss besonders berücksichtigt und die materielle Situation von Familien mit Kindern stärker einbezogen werden.
- Ausreichende und bedarfsgerechte Betreuungsmöglichkeiten für Kinder bis 14 Jahren müssen zur Verfügung stehen.
- Ein besonderes Fördersystem, das die Zukunftschancen benachteiligter Kinder und Jugendlicher verbessert, muss bereitgestellt werden.

Doch werden durch diese Regelung Kinderbetreuung und -erziehung von Familien, die von der Sozialhilfe leben, nicht berücksichtigt. Die Kindergelderhöhung wird voll auf die Sozialhilfe angerechnet und damit bleibt der für die Kinder zur Verfügung stehende Betrag gleich. Einzige Entlastung erhalten die Kommunen, die die Kindergelderhöhung voll von den Sozialhilfekosten abziehen können. Positiv wirkt sich die Kindergelderhöhung auf die Sozialhilfeschwelle aus. Die Sozialhilfeschwelle sinkt und bewirkt damit einen Arbeitsanreiz für Niedrigverdiener.

Ein Problem bei der Sozialhilfe bleibt im Fall der Familienentlastung die Nachrangigkeit. Sie müsste eingeschränkt werden, so dass Familienentlastung und Arbeitsanreiz nicht gegeneinander stehen. Jede sozialpolitisch erkämpfte Erhöhung der Sozialhilfe aufgrund von Regelsatzsteigerungen bewirkt eine Senkung des Arbeitsanreizes. Es ist jedoch nicht vertretbar, dass die Familienlasten von Sozialhilfeempfängern weniger bzw. gar nicht berücksichtigt werden. Deswegen ist es dringend erforderlich, dass die Kindergelderhöhung nicht auf die Sozialhilfe angerechnet werden darf.

Eine Möglichkeit wäre ein erhöhtes Kindergeld knapp über den Sozialhilferegelsätzen für Kinder. Dieses nach dem Alter gestaffelte Kindergeld würde individuell anstelle der Sozialhilfe ausgezahlt und nicht angerechnet. (bedarfsgerechtes Kindergeld).

4. Sozialversicherungssysteme

Nach dem „Wiesbadener Entwurf" sind die Familien „gerade dem Ausbau der staatlichen Aktivitäten, dabei insbesondere der Sozialversicherung, zum Opfer gefallen, weil bei deren Finanzierung elementare Gerechtigkeitsgrundsätze missachtet wurden." (S. 6) „Renten können in Deutschland nur aufgrund der ‚Enteignung' genuin erworbener Unterhaltsansprüche der Eltern gegenüber ihren Kindern und ihre Überleitung in Sozialsysteme gezahlt werden" was einen Verstoß gegen die Grundrechte der Eltern bedeute. (S. 53/57). Babyjahre seien hierfür keine Lösung, weil der Transfer zwischen belasteten Kindern und begünstigten Müttern stattfinde, statt eines Ausgleichs zwischen Kinderlosen und Eltern.

Diese Probleme seien nur durch einen grundsätzlichen Umbau der Sozialversicherungssysteme zu lösen, da sie für Kinderlose zu systemspezifischen Vorteilen führen, die zugunsten der Eltern ausgeglichen werden müssten. Dazu sollte eine Volksversicherung unter Einbeziehung aller Personengruppen und aller personengebundenen Einkommen mit einem Korridor von Mindest- und Maximalrenten für die Rentenleistungen nach Art des Schweizer Modells geschaffen werden. Dazu müsste die Sozialversicherung vom Arbeitsverhältnis abgekoppelt und nach dem Muster des Solidaritätszuschlags an die Einkommenssteuer angebunden werden. Kindererziehung müsse als per-se-Beitrag für die Alterssicherungssysteme angesehen werden und wie im Schweizer Modell zu Erziehungsgutschriften für Eltern führen.

Im Wiesbadener Entwurf wird auch die Einführung der Pflegeversicherung als schwerer Fehler kritisiert. Da sich das Pflegerisiko ganz überwiegend auf Personen über 70 Jahre auswirkt, würden neue Transferströme an die Seniorengeneration fließen und damit an eine Generation, deren wirtschaftliche Situation sehr viel besser ist als die junger Familien. Die in der Wiesbadener Erklärung vorgeschlagenen Reformen in der Pflege- und Rentenversicherung sind genau zu prüfen. Vor allem der demografische Wandel wird langfristige Reformen in der Pflegeversicherung notwendig machen. Dabei ist jedoch darauf zu achten, dass die Interessen der Betroffenen im Vordergrund stehen. Dies könnte sehr leicht bei der Forderung nach einem steuerfinanzierten Leistungsgesetz mit Bedürftigkeitsprüfungen nach dem Muster der Sozialhilfe vernachlässigt werden.

Literatur

„Lebenslagen in Deutschland- Erster Armuts- und Reichtumsbericht", BT-Drucksache 14/5990.
Arbeiterwohlfahrt, Sozialbericht (2000).
Nationaler Armuts- und Reichtumsbericht 2001.
Der „Wiesbadener Entwurf" einer familienpolitischen Strukturreform des Sozialstaates – Diskussionspapier (2002).
Eurostat Luxemburg, 2002.

Stellungnahme des Deutschen Caritasverbandes zum Wiesbadener Entwurf

Der Deutsche Caritasverband (DCV) dankt der Hessischen Landesregierung für die Vorlage des „Wiesbadener Entwurfs" (WE). Der WE ist eine sozial- und familienpolitische Offenbarung. Dass die integrale Perspektive der Bildungs- und Zuwanderungspolitik und die Länder- und Kommunalebene nicht in allen Details berücksichtigt werden konnte, ändert nichts an der Richtigkeit der Analyse und der Forderungen zur Reform des deutschen Steuer- und Sozialversicherungssystems, wie sie im WE enthalten sind. In bislang einzigartiger Weise verknüpft der WE bereichsübergreifend die relevanten Aspekte zu einer Gesamtschau, die dem interessierten Leser die wahren Zusammenhänge „wie Schuppen von den Augen fallen lässt". Gleichzeitig wird deutlich, welche gigantische „Umverteilungsmaschinerie" in den letzten 40 Jahren in Deutschland in Gang gesetzt wurde, die die Familien systematisch und eklatant benachteiligt und Kinderlosigkeit prämiert in einer Weise, die letztlich zum Kollaps des deutschen Sozialstaates führen muss, wenn nicht einschneidende Änderungen unverzüglich umgesetzt werden. Der WE zeigt hier gangbare Wege auf. Den politisch Verantwortlichen ist zu wünschen, dass sie den Mut finden, im Interesse der Zukunft Deutschlands unpopuläre Entscheidungen zu treffen und ungerechtfertigt erworbene Besitzstände sozialpflichtig zu machen.

1. Kinder- und Familienpolitik als Teil einer Nachhaltigkeitsstrategie

Nachhaltigkeit ist der entscheidende Maßstab und Kompass für die Beantwortung der drängenden Zukunftsfragen unserer Gesellschaft. Ehe und Familie sind zentrale Fundamente unserer Gesellschaft. Kinder sind unsere Zukunft. Eine Nachhaltigkeitsstrategie ist zum Scheitern verurteilt, wenn sie nicht die „strukturelle Rücksichtslosigkeit" der Gesellschaft gegenüber Familien (siehe Fünfter Familienbericht) und den damit einhergehenden Besorgnis erregenden demographischen Wandel mit seinen Gefährdungen für die gesellschaftliche Innovationsfähigkeit beseitigt. Familien erbringen unverzichtbare Leistungen. Sie vermitteln Kindern emotionale Sicherheit, soziale Fertigkeiten und Alltagskompetenzen, die für ein Gelingen des Lebens von zentraler Bedeutung sind. Mit ihren Erziehungs-, Bildungs-, Betreuungs- und Versorgungsleistungen übernehmen sie unentgeltlich einen großen Teil der gesellschaftlichen Wertschöpfung.

In den Familien wird das Humanvermögen einer Gesellschaft aufgebaut und gesichert. Durch ihre Leistungen, auch in der Alten- und Krankenpflege, sind sie die wichtigsten Glieder im sozialen Sicherungssystem. Die Verbesserung der Rahmenbedingungen für Familien ist eine Investition in die Zukunft unserer Gesellschaft.

Der DCV fordert: Die „strukturelle Rücksichtslosigkeit" der Gesellschaft gegenüber Familien muss beendet werden. Der sich daraus ergebende Maßnahmenkatalog reicht von der wirtschaftlichen, sozialen und beruflichen Absicherung von Eltern – unabhängig vom Grad ihrer Erwerbstätigkeit – über die öffentliche Bereitstellung von Kinderbetreuungseinrichtungen sowie über eine familienverträgliche Gestaltung der (Erwerbs-)Arbeitswelt bis hin zur Vermittlung von Erziehungskompetenz und zur Unterstützung der Eltern bei der Erziehung. Es bedarf eines umfassenden, gesamtgesellschaftlichen Konzepts zur Förderung von Familien.

2. Die bildungspolitische Bedeutung der Familie erkennen

Das in Familien vermittelte und angeeignete Humanvermögen stellt die wichtigste Voraussetzung und wirksamste Grundlage der lebenslangen Bildungsprozesse dar. Die Qualität des kulturellen und sozialen Kapitals, das Kindern in ihren Herkunftsfamilien vermittelt wird, erweist sich als die wirksamste Grundlage für schulische Lernprozesse. Der Wissenschaftliche Beirat für Familienfragen beim Bundesfamilienministerium beklagte jüngst, die öffentliche Debatte zur Pisa-Studie vernachlässige die Bildungsprozesse in Familien und die diesbezüglichen Herausforderungen an die Familienpolitik. Die deutliche Schullastigkeit der aktuellen Reformdiskussion sei nur schwer nachvollziehbar. Ob und inwieweit schulisches Lernen gelingt, ist, abgesehen von Temperament und Intelligenz, eine Folge der elterlichen Erziehungs- und Beziehungskompetenz. Die für das Lernen relevanten Kompetenzen und Bereitschaften bilden sich in der alltäglichen Erfahrung mit den Eltern, die in ihrer Weise auf die frühen Schritte der Kinder reagieren und damit mehr oder weniger gute Voraussetzungen für das schulische Lernen schaffen.

Die Anregungen, die für eine gute soziale und kognitive Entwicklung geboten sein sollten, können sicherlich nicht vollständig in der Familie oder von der Familie bereitgestellt werden. Aber auch in dieser Hinsicht übernehmen die Eltern eine wichtige Rolle, denn nur sie können dafür sorgen, dass ihr Kind Einrichtungen besuchen und Angebote wahrnehmen kann, in denen ergänzt wird, was die Familienumwelt Kindern nicht oder nicht in wünschenswertem Maße bieten kann. Bildung braucht Zeit – auch für diejenigen, die solche Bildungsprozesse unterstützen sollen. Erfolgreiche lebensbegleitende Bildungsprozesse haben insofern auch die Verfügbarkeit von Elternzeit im Alltag zur Voraussetzung.

Gleichzeitig sind Eltern einerseits mit dem Rückgang von allgemein verbindlichen und tatsächlich gelebten Wertvorstellungen in unserer Gesellschaft konfrontiert; andererseits lösen sich traditionelle, familienunterstützende Strukturen (zum Beispiel Verwandtschaft oder Nachbarn) immer weiter auf. Somit stellt verantwortliche Elternschaft heute weitaus höhere Ansprüche an die Erziehungskompetenz von Eltern, als dies bei früheren Generationen der Fall war.

Der DCV fordert: Maßnahmen zur Unterstützung und Verbesserung des Zusammenlebens von Eltern und Kindern und zur Förderung der Bildungsprozesse in Familien. Dabei bilden Maßnahmen zur Verbesserung der Erziehungskompetenz der Eltern durch Bildungs- und Beratungsangebote in einem Verbund, der die Vielfalt der Beratungsdienste integriert, einen wichtigen Schwerpunkt.

Die interkulturelle Öffnung der entsprechenden Angebote muss sichergestellt werden. Gegebenenfalls sind für Migrant(inn)en spezielle Maßnahmen anzubieten, um für deren Kinder eine optimale Begleitung der schulischen Förderung zu gewährleisten.

3. Leistungsgerechtigkeit für Familien im Steuerrecht verwirklichen

Kinder sind hierzulande das Armuts- und Berufsrisiko Nummer eins. Wer sich dennoch zur Familiengründung entschließt, muss sich mit – im Vergleich zu anderen gesellschaftlichen Gruppen – besonders tiefen Einschnitten in seine wirtschaftlichen und damit unausweichlich auch persönlichen Gestaltungsmöglichkeiten abfinden. Der relative Abstand des Lebensstandards von Familien mit Kindern zu Ehepaaren, Lebensgemeinschaften und allein Stehenden ohne Kinder hat sich entgegen aller politischen Absichtsbekundungen auch in den vergangenen Jahren weiter vergrößert. Ziel muss es sein, diesen Abstand deutlich zu verringern.

Zuerst muss es darum gehen, das deutsche Steuer- und Sozialversicherungssystem leistungsgerecht auszugestalten. Eltern sind nicht arm, sondern der Staat hat sie in den letzten 40 Jahren in verfassungswidriger Weise arm gemacht. Kinderkosten sind fast ausschließlich privat zu tragen, spätere Erträge aus Steuern und Sozialversicherungen kommen hingegen der Allgemeinheit zugute. Dies hat das Bundesverfassungsgericht bereits mehrfach festgestellt.

Der DCV vertritt den Standpunkt, dass Erziehungsarbeit und Erwerbsarbeit gleichwertig sind und auch so behandelt werden müssen. Den Familien ist zuallererst einmal das zu belassen, was ihnen über ihr Einkommen verfügbar ist. Hierzu gehört vor allem:

Das Kinderexistenzminimum muss steuerfrei gestellt werden. Der DCV fordert, den Unterhalt der Eltern an ihre Kinder in Höhe von mindestens 7.300 € pro Jahr steuerfrei zu stellen. Dies entspricht den Vorgaben des Bundesverfassungsgerichts, wonach zum Existenzminimum auch ein Erziehungs- und Betreuungsfreibetrag zu gewähren ist, unabhängig davon, ob die Eltern ihr Kind selbst betreuen oder es betreuen lassen. Indirekte Steuerlasten wegen Kindesunterhalts sind den Eltern in Form von Kindergeld zu erstatten.

4. Maßstab für die Ausgestaltung der Sozialversicherungsbeiträge sollte das Steuerrecht sein

Im Steuerrecht gilt der Grundsatz der Besteuerung nach der wirtschaftlichen Leistungsfähigkeit. Es ist schwer einzusehen, weshalb für die Sozialversicherungssysteme dieses Gerechtigkeitsgebot nicht gelten soll. Denn aus dem Unterschied zwischen einheitlichem Beitragssatz und progressivem Steuersatz folgt, dass eine Beitragsfinanzierung sozialer Lasten vor allem die begünstigt, die hohe Einkommen haben und die daher bei einer Steuerfinanzierung mit einer höheren Belastung zu rechnen hätten.

Doppelt begünstigt sind die, deren Einkommen oder dessen Spitzenbetrag überhaupt nicht beitragspflichtig ist. Das Prinzip der Lastengleichheit aller Bürger(innen) darf nicht nur auf das Steuerrecht beschränkt sein. Allein die Qualifikation einer Abgabe als Sozialversicherungsbeitrag reicht nicht aus, um die Durchbrechung des Prinzips der Lastengleichheit zu rechtfertigen.

Der DCV unterstützt die Forderung einer Ausgestaltung der Sozialversicherungsbeiträge nach dem Muster des Steuerrechts, wie dies beispielsweise beim Solidaritätszuschlag geschieht. Dies heißt, die gesamte Wohnbevölkerung und alle personengebundenen Einkommen werden beitragspflichtig, das Existenzminimum wird beitragsfrei gestellt und die Bemessungsgrenzen werden spürbar erhöht oder entfallen ganz. Im gleichen Zug könnten die Beitragssätze spürbar abgesenkt werden.

5. Leistungsgerechtigkeit für Familien in der Renten-, Kranken- und Pflegeversicherung verwirklichen

Das Bundesverfassungsgericht hat mehrfach sowohl die Rentenversicherung als auch die Pflegeversicherung wegen eklatanter Benachteiligung der für das umlagefinanzierte System bestandssichernden Erziehungsleistung für verfassungswidrig erklärt. Die Verfassungsrichter sind der Meinung, dass die Behandlung der Familien in der Sozialversicherung dem Grundgesetz widerspricht. Sie fordern ein striktes Gegensteuern. In ihrem Pflegeversicherungsurteil aus dem Jahr 2001 haben sie die Beitragsgestaltung in der Pflegeversicherung für verfassungswidrig erklärt. Es ist ein Verstoß gegen den Gleichheitsgrundsatz, dass Versicherte mit Kindern den gleichen Beitrag zahlen müssen wie Versicherte ohne Kinder. Eine Beitragsermäßigung berücksichtigt die verminderte Leistungsfähigkeit infolge der Unterhaltsaufwendungen für die Kinder während des Zeitraums der Kindererziehung und führt damit das im Einkommensteuerrecht bekannte Leistungsfähigkeitsprinzip auch in der Sozialversicherung ein. Das Gericht hat dem Gesetzgeber nur deshalb eine so lange Korrekturfrist bis zum 31. Dezember 2004 gesetzt, weil er die Auswirkungen dieser Rechtsprechung auch auf die anderen Sozialversicherungszweige, etwa die Rentenversicherung, zu prüfen hat. Diesen Verfassungsauftrag umzusetzen ist eine der drängernsten und schwierigsten sozialpolitischen Herausforderungen für diese Legislaturperiode.

Darüber hinaus hat das Bundesverfassungsgericht bereits 1992 einen Finanzierungsvorschlag für die Umverteilung in der Rentenversicherung gemacht: „Der Schutz der Rentenanwartschaften durch Art. 14 Abs. 1 GG steht einer maßvollen Umverteilung innerhalb der gesetzlichen Rentenversicherung zulasten kinderloser und kinderarmer Personen nicht entgegen."

Der DCV fordert: Die aus familienpolitischer Sicht notwendigen Korrekturen im Bereich der Sozialversicherung müssen sich entsprechend den verfassungsrechtlichen Vorgaben künftig am Grundsatz der Gleichwertigkeit von einbezahlten Versicherungsbeiträgen und erbrachter Kindererziehungsleistung orientieren. Eine Frau, die drei Kinder erzogen hat, muss auch später eine Rente erhalten, die über dem Sozialhilfeanspruch eines allein Stehenden liegt.

Darüber hinaus bedarf es einer Entlastung der Familien in der aktiven Phase der Kindererziehung. Die Beitragsentlastungen in der Sozialversicherung müssen den gesamten Bruttolohn umfassen, einschließlich des Arbeitgeberanteils. Die Entlastungswirkung soll nicht einkommensabhängig, also insbesondere nicht progressiv gestaltet werden (wie es bei einer Verringerung der Beitragssätze je Kind der Fall wäre). Daraus ergibt sich eine Freibetragslösung, bei der für einen bestimmten festen Betrag vom Einkommen kein Beitrag zu zahlen ist. Der Freibetrag soll den durchschnittlichen Ausgaben für ein Kind entsprechen. Diese Ausgaben setzt der DCV (gemeinsam mit dem Familienbund der Katholiken) mit 125 % des steuerlichen Kinderexistenzminimums an. Daraus ergibt sich ein jährlicher Freibetrag in Höhe von 8.625 € pro Kind.

6. Familien durch Erziehungsgeld fördern

Wenn in einem ersten Schritt den Familien im Steuer- und Sozialversicherungsrecht jenes belassen wird, was sie selbst entsprechend dem Gebot der Leistungsgerechtigkeit und dem Gleichheitsgebot in Art. 3 GG erwirtschaften, dann besteht in einem zweiten Schritt darüber hinaus aus Art. 6 GG folgend das Gebot, Familien wirksam zu fördern. Der Staat sollte dabei in einem ersten Schritt alles tun, damit Kinder in den ersten drei Lebensjahren durch einen Elternteil Vollzeit betreut und erzogen werden können, wenn die Eltern dies wünschen. Dieses ist durch entsprechende finanzielle Förderung zu ermöglichen.

Der DCV fordert, auch für Familien, die nicht in der Armutszone leben, eine Erhöhung des Erziehungsgeldes. Der Bezug von Erziehungsgeld muss für die durchschnittliche Familie wieder der Normalfall sein. Der Anspruch muss bundesweit auf volle drei Jahre ausgeweitet werden. Allein für den Inflationsausgleich seit 1986 muss das Erziehungsgeld von 300 auf 450 € angehoben werden.

7. Besondere Bemessungsgrenzen in der Sozialhilfe während der Elternzeit einführen

Schwangere, allein Erziehende und Eltern, die während der dreijährigen so genannten Elternzeit auf (ergänzende) Sozialhilfeleistungen angewiesen sind, weil sie sich der Kindererziehung widmen und – vorübergehend – nicht ausreichendes Erwerbseinkommen erzielen, können erst dann Sozialhilfeleistungen erhalten, wenn sie in ihren gesamten Lebensumständen auf Sozialhilfeniveau „abgesunken" sind. Dies ist ein Verstoß gegen die Vorgaben des Bundesverfassungsgerichts in dessen Entscheidung zur Neuregelung des § 218 Strafgesetzbuch aus dem Jahr 1993. Dort heißt es: „Die der Mutter geschuldete Fürsorge der Gemeinschaft umfasst die Verpflichtung des Staates, darauf hinzuwirken, dass die Schwangerschaft nicht wegen einer bestehenden oder nach der Geburt des Kindes drohenden materiellen Notlage abgebrochen wird."

Der DCV fordert: Das Bundessozialhilfegesetz ist dahingehend zu ändern, dass dieser Personenkreis während der Elternzeit nicht gezwungen ist, Wohnraum, Auto oder Lebensversicherung zu verwerten, um Sozialhilfeleistungen beziehen zu können.

Integrierte Familien- und Bildungspolitik: Vorstellung der Ergebnisse aus der Arbeit der Konrad-Adenauer-Stiftung

„Kinder des vorschulfähigen Alters nicht nur in Aufsicht zu nehmen, sondern ihnen eine ihrem Wesen entsprechende Betätigung zu geben; ihren Körper zu Kräftigen, ihre Sinne zu üben und den erwachenden Geist zu beschäftigen [...] besonders Herz und Gemüt zu leiten." (Friedrich Fröbel, 1843)

Das deutsche Bildungssystem steht heftig in der Kritik und mit ihm das deutsche Kinderbetreuungssystem. Ein Land, das existenziell von gut ausgebildetem Humankapital abhängt, erscheint mit den aktuell vielfältig dokumentierten Voraussetzungen schlecht gerüstet im Zeitalter der Globalisierung, der Wissensgesellschaft. Es wird immer deutlicher, dass die Zukunftsfähigkeit Deutschlands eng mit der gesellschaftlichen und politischen Bereitschaft zusammenhängt, dieses Humankapital, also unsere Kinder, angemessen auf die Wissensgesellschaft und ihre Anforderungen vorzubereiten und ebenso angemessen in sie zu investieren.

Bildung ist mehr als reine Wissensvermittlung. Sie muss vor allem Denkfähigkeit und Motivation entwickeln und fördern, um lebenslanges Lernen und einen flexiblen Umgang mit Wissen und Fähigkeiten zu ermöglichen. Die Grundlagen hierfür, die so genannten Schlüsselkompetenzen, werden bereits in der frühen Kindheit gelegt. In keiner Lebensphase sind die Voraussetzungen so günstig, die Ausbildung von Grundlagen so chancenreich wie in den ersten Jahren. Der spätere Lernerfolg ist von dieser Phase maßgeblich abhängig; wird sie nicht genutzt, ist dies kaum zu kompensieren.

Trotz dieser grundlegenden Bedeutung frühkindlicher Bildung erfährt der entsprechende Sektor in Deutschland kaum die gebührende Beachtung: Eltern klagen über eine zu geringe Zahl an Plätzen – nicht nur ein Manko zur Vereinbarkeit von Familie und Beruf – bei zu großen Gruppen und zu wenig Fachpersonal. Erzieher und Erzieherinnen fühlen sich angesichts veränderter gesellschaftlicher und familiärer Erwartungen nicht hinreichend auf ihren Berufsalltag vorbereitet, sind angesichts der erwarteten Leistungen äußerst schlecht bezahlt. Die wenigen Experten zur Frühpädagogik – diese Disziplin fristet ein Schattendasein in Deutschland – beklagen das Ungleichgewicht von Erziehungs-, Bildungs- und Betreuungsauftrag in den Einrichtungen, das Ausbildungsniveau des Personals und die mangelnde Verknüpfung von Elementarbereich und Schule. Die Kommunen fühlen sich angesichts der zu bewältigenden finanziellen Belastungen bei hochwertigen Kindertageseinrichtungen überfordert und allein gelassen. Die für Bildung zuständige Landesebene blendet ihre Verantwortung für die Aus- und Weiterbildung der Erzieher und Erzieherinnen weitgehend aus.

Auf dem Hintergrund dieser Befunde war die Zielsetzung des Projekts „Kinder in besten Händen?!" die Entwicklung eines Konzepts, das die Trias von Bildung, Erziehung und Betreuung in inhaltlicher wie personeller Hinsicht ausgestaltet, konkrete politische Ansätze aufzeigt und beispielhafte Modelle an die Hand gibt. Im Jahr 2001 wurden in Expertengesprächen, Podien und Fachtagungen, die in Kooperation mit den Bildungswerken im gesamten Bundesgebiet durchgeführt wurden, folgende Ergebnisse und Reformempfehlungen erzielt. Ausführliche Darstellungen der Reformvorschläge sind in der Publikation „Kinder in besten Händen? – Bildung von Anfang an!" Projekt des Teams Frauen- und Familienpolitik der Konrad-Adenauer-Stiftung im Jahr 2001 nachzulesen.

- *Die Gleichrangigkeit von Bildung, Erziehung und Betreuung* bei einem ganzheitlichen Bildungsbegriff; auf dieser Grundlage sollen bundesweite Qualitätskriterien geltend gemacht werden.
- *Bildung von Anfang an*: Dem Stellenwert frühkindlicher Bildung muss im Rahmen der deutschen Bildungsdebatte sowie bei grundlegenden Reformen umfassend Rechnung getragen werden.
- *Reform der Aus- und Weiterbildung des Personals* durch die gemeinsame Qualifizierung von Erziehern und Erzieherinnen, Sozialpädagogen und Sozialpädagoginnen und Lehrern und Lehrerinnen in grundlegenden pädagogischen Ausbildungsinhalten mit der Folge einer angemesseneren Bezahlung insbesondere der Erzieher und Erzieherinnen. Dadurch wird begünstigt die besonders für Jungen notwendige stärkere Einbeziehung auch männlicher Erzieher und Vorbilder sowie eine
- *engere Verzahnung von formeller und informeller Bildung* durch die Verbindung von Kindertagesstätten, Jugendhilfe, Schule und Familien; beispielhaft sind in diesem Zusammenhang „Häuser für Kinder und Familien" bzw. Mütterzentren.
- *Verbindung der Ressorts Bildung und Familie*, wie im August 2000 in einem ersten Schritt im Saarland (seit Mitte des Jahres auch Rheinland-Pfalz) vollzogen, wo der Bereich „Kindertagesstätten" in das Bildungsressort integriert wurde und der Elternbeitrag für vorschulische Einrichtungen schrittweise abgeschafft werden soll.

Abschließend soll betont werden, dass es im Rahmen eines grundlegend erneuerten familienpolitischen Konzepts wie dem „Wiesbadener Entwurf" unverzichtbar ist, neben der ja durchaus üblichen Beachtung sozialpolitischer Aspekte vor allem eine enge Verbindung zwischen bildungs- und familienpolitischen Zielen und Instrumenten zu erkennen und umzusetzen. Dies umso mehr, als auf diesem Wege nachhaltigere, also auch präventive Arbeit auf Landes- und kommunalpolitischer Ebene geleistet werden kann.

Sabine Fritzen-Herkenhoff

Anmerkungen zum so genannten Wiesbadener Entwurf

Im Folgenden sollen kurz zusammengefasst einige Kommentare zum „Wiesbadener Entwurf" dargelegt werden.

1. Befund und Diagnose: Was bleibt zu tun?

Der vorliegende Entwurf konzentriert sich schwerpunktmäßig auf die Darstellung des Befundes und einer Diagnose der deutschen Familienpolitik in den letzten Jahrzehnten. Diese Analyse ist meines Erachtens im Ganzen als gelungen zu betrachten: Er wird zumindest hinreichend deutlich, dass hier erhebliche Fehlentwicklungen nachweisbar sind, die entscheidende Korrekturen, d.h. praktisch einen Paradigmenwechsel in der Familienpolitik erforderlich machen.

Allerdings erscheint mir auch die Analyse noch ergänzungsbedürftig und verbesserungsfähig. Um die Diagnose noch überzeugender zu gestalten, erscheint es mir wichtig, mindestens drei Aspekten besondere Aufmerksamkeit zu widmen.

(a) Die Theoretische Begründung der Notwendigkeit einer Familienpolitik lässt sich mithilfe der so genannten ökonomischen Theorie der Familie m.E. noch vertiefen und auf diese Weise – vor allem gegen die Kritik von Ökonomen – weniger angreifbar machen.[32]

(b) Die Quantifizierung der monetären Belastungen sollte umfassend und differenziert verdeutlicht und vor allem durch Rückgriff auf einschlägige Literatur noch weiter abgesichert werden.

(c) Dabei ist besonders wichtig, dass die zur Begründung herangezogene Literatur in ihren quantitativen Befunden konsistent ist. So steht und fällt die Überzeugungskraft der Befunde von Herrn Kollegen Birg und Herrn Kollegen Raffelhüschen andererseits mit dem Ausmaß, in dem sich diese Befunde als kompatibel erweisen. Sollte sich daher auch nur der Schein eines Widerspruchs zeigen, muss in jedem Fall durch Aufklärung bzw. Auflösung von (scheinbaren) Widersprüchen Kritikern der Wind aus den Segeln genommen werden.

---

32 Vgl. dazu z.B. Ribhegge, Hermann, Ökonomische Theorie der Familien. In: Ramb, D.-Rh., Tietzel M. (Hrsg.), Ökonomische Verhaltenstheorie. München: Verlag Vahlen: 1993, S. 63-87, sowie die dort angegebene weiterführende Literatur.

2. Zur Therapie: Wie sieht der Korrekturbedarf aus?

Im Wiesbadener Entwurf wird zwar nicht nur die Notwendigkeit einer „neuen" Familienpolitik begründet, sondern auch eine globale Vorstellung davon vermittelt, wie der gebotene Korrekturbedarf gedeckt werden sollte. Allerdings bleibt das Konzept noch so offen, ja amporh, dass vor allem die wichtige Frage, welche wachstums- und beschäftigungspolitischen Effekte mit dem vorgeschlagenen Paradigmenwechsel der Familienpolitik verbunden sind, (noch) nicht beantwortet werden kann. Eine Beantwortung dieser Frage ist aber für die politische Durchsetzbarkeit des Konzepts von ganz wesentlicher Bedeutung.

Um auf diese und andere grundlegende Fragen eingehen zu können, müssen vor allem vier Vorentscheidungen getroffen werden, und zwar folgende:

(a) Soll die familienpolitische Reform – gemessen an der Sozialquote – aufkommensneutral finanziert werden oder wird eine weitere Erhöhung für nötig und vertretbar gehalten?

(b) Wo liegt die akzeptable Belastungsquote derer, die durch die Reform stärker als vorher zur Kasse gebeten werden? Soll dabei die verfassungsrechtliche Grenze beachtet werden?

(c) Welche Rolle werden künftig Arbeitgeberbeiträge (zur Rentenversicherung) spielen? Ganz konkret heißt dies: Werden auch in Zukunft die Löhne von den Tarifpartnern festgelegt und die Beitragssätze von der Politik? Oder sollte nicht die Chance einer Erweiterung der Bemessungsgrundlage dazu benutzt werden, mit der Illusion aufzuräumen, als handele es sich hier um „Zuzahlungen" der Arbeitgeber?

(d) Sollen Höchstbemessungsgrenzen völlig wegfallen oder nur erheblich erhöht werden?

M.E. sollte die Regelung so aussehen, dass die Sozialquote keineswegs erhöht wird, die Finanzierung wettbewerbsneutral erfolgt, die individuellen Abgabenbelastungen die vom Verfassungsgericht angedeuteten Grenzen nicht überschreiten und zum Prinzip der Lohnwahrheit bzw. Lohnklarheit übergegangen wird (d.h. der so genannte Produzentenlohn zum Bruttolohn wird) und es „Arbeitgeberbeiträge" nicht mehr gibt.

3. Noch offene Flanken

Auch wenn selbstverständlich nicht alle mit der Familienpolitik und dem in Aussicht genommen Paradigmenwechsel verbundenen Probleme ausführlich behandelt werden können, so scheint es mir doch wichtig, dass noch zwei Aspekte wenigstens kurz erwähnt werden, um zu verdeutlichen, dass die damit verbundenen Probleme erkannt, aber im Rahmen dieses Entwurfs nicht behandelt bzw. gelöst werden können.

(a) Der vorliegende Entwurf ist von einem tiefen beschäftigungspolitischen Pessimismus geprägt. Obgleich Beschäftigung und Arbeitslosigkeit gar nicht thematisiert werden, wird doch implizit offenbar unterstellt, dass das Beschäftigungsproblem auch in Zukunft keiner Lösung zugeführt werden kann. M.E. wird damit freilich auch die Umsetzung des Entwurfs erschwert. Umgekehrt ausgedrückt: Je mehr es gelingt, die hohe Arbeitslosigkeit abzubauen, umso größer wird die Wahrscheinlichkeit, dass die erforderliche Korrektur in der Familienpolitik politisch durchsetzbar (weil finanzierbar) wird. Deshalb sollte die Politik zumindest aufgefordert werden, hier in einem ähnlich grundsätzlich Anlauf zu versuchen, dem Problem der Arbeitslosigkeit wirksam den Kampf anzusagen! Das liegt im Übrigen auch im unmittelbaren Interesse der wirtschaftlichen Sicherung der Familien.

(b) Ein Problemkomplex, der bisher überhaupt noch nicht thematisiert wird, ist die Frage nach der Finanzierung eines Hochschulstudiums. Zwar wurde auf der Tagung in Wiesbaden auf den Zusammenhang zwischen Familienpolitik und Bildungspolitik verwiesen, aber die spezielle Frage, wie künftig ein Studium finanziert werden soll, wurde noch gar nicht gestellt. Deshalb würde ich auch hier vorschlagen: Diese wichtige Frage sollte gestellt, braucht aber im „Wiesbadener Entwurf" nicht beantwortet zu werden. Entscheidend ist aber auch in diesem Fall, dass die wohl nicht mehr zu umgehende Reform der Studienfinanzierung ein von den hier behandelten Aspekten der Familienpolitik getrenntes Problem darstellt und nach anderen Regeln zu gestalten sein wird.[33]

4. Fazit

Durch diese Kommentare ist nicht beabsichtigt, den Text möglichst umfangreich werden zu lassen. Vielmehr erscheinen mir diese Ergänzungen und Vertiefungen erforderlich, um die politischen Durchsetzungschancen der „neuen" Familienpolitik zu erhöhen. Nach meiner Auffassung nämlich ist ein tragfähiges und überzeugendes Konzept eine unabdingbare, wenngleich noch keineswegs auch schon ausreichende Bedingung politischer Durchsetzbarkeit. Doch gibt es Beispiele dafür, dass politische Fortschritte immer dann erzielt wurden, wenn gut durchdachte und wissenschaftlich fundierte Konzepte vorlagen, die politischen Promotoren (mit Fachkompetenz) die Chance boten, sich zu profilieren.

Prof. Dr. Werner Zohlnhöfer

---

[33] Hier gibt es neuere Konzepte, die mit dem anvisierten Paradigmenwechsel der Familienpolitik durchaus kompatibel sind. Vgl. dazu Bätzel, M., Hochschulfinanzierung in der Sozialen Marktwirtschaft. Berlin 2003 (im Druck).

Anhang

Abkürzungsverzeichnis

ABM	Arbeitsbeschaffungsmaßnahme
Abs.	Absatz
AHV	Alters- und Hinterlassenenversicherung (Schweiz)
Art.	Artikel
AnV	Angestelltenversicherung
AQTIV	Aktivieren, Qualifizieren, Trainieren, Investieren Vermitteln
ArV	Arbeiterrentenversicherung
ATZ	Altersteilzeit
AVmEG	Altersvermögensergänzungsgesetz
AWO	Arbeiterwohlfahrt
BaföG	Bundesausbildungsförderungsgesetz
BBG	Beitragsbemessungsgrenze
BErzGG	Bundeserziehungsgeldgesetz
BfA	Bundesversicherungsanstalt für Angestellte
BGB	Bürgerliches Gesetzbuch
BIP	Bruttoinlandsprodukt
BM	Bundesministerium
BMA	Bundesministerium für Arbeit
BMAS	Bundesministerium für Arbeit und Soziales
BMF	Bundesministerium für Familie
BMFJ	Bundesministerium für Familie und Jugend
BMFSFJ	Bundesministerium für Familie, Senioren, Frauen und Jugend
BMfJFFG	Bundesministerium für Jugend, Familie, Frauen und Gesundheit
BSHG	Bundessozialhilfegesetz
BSP	Bruttosozialprodukt
BT	Bundestag
BA	Bundesversicherungsanstalt für Arbeit
BVerfG	Bundesverfassungsgericht
CDU	Christlich Demokratische Union
CHF	Schweizer Franken
CSU	Christlich Soziale Union
DDR	Deutsche Demokratische Republik
DFV	Deutscher Familienverband

DGB	Deutscher Gewerkschaftsbund
DIW	Deutsches Institut für Wirtschaft
DJI	Deutschen Jugendinstitutes
EBS	European Business School
EGV	Vertrag zur Gründung der Europäischen Gemeinschaft
ETZ	Elternteilzeit
EU	Europäische Union
EVS	Einkommens- und Verbraucherstichprobe
FAZ	Frankfurter Allgemeine Zeitung
FBRVG	Gesetzes zur Finanzierung eines zusätzlichen Bundeszuschusses zur gesetzlichen Rentenversicherung
FDP	Freiheitlich Demokratische Partei
FLA	Familienlastenausgleich
FR	Frankfurter Rundschau
gem.	gemäß
GG	Grundgesetz
ggf.	gegebenenfalls
GKV	Gesetzlichen Krankenversicherung
GmbH	Gesellschaft mit beschränkter Haftung
GRV	Gesetzlichen Rentenversicherung
GULAG	russ. *G*lavnoje *U*pravlenije *Lag*erej – Hauptverwaltung des Straflagersystems in der Sowjetunion (1930-1955)
HMdF	Hessisches Ministerium der Finanzen
HMS	Hessisches Ministerium für Soziales
IFO	Institut für Wirtschaftsforschung
IG BAU	Industriegewerkschaft Bauen-Agrar-Umwelt
ILO	International Labour Office
i.S.	im Sinne
inkl.	inklusive
IRSS	Internationale Revue für soziale Sicherheit
IT	Informationstechnologien
IW	Institut der deutschen Wirtschaft Köln
IWF	Internationaler Währungsfond
IZA	Institut zur Zukunft der Arbeit
Kfz	Kraftfahrzeug
KZ	Konzentrationslager
m.a.W.	mit anderen Worten
MdB	Mitglied des Bundestages
m.E.	meines Erachtens
MA	Monatsangaben
MwSt.	Mehrwertsteuer
NICHD	National Institute of Child Health and Human Development

OECD	engl. Organization for Economic Cooperation and Development
	Organisation für wirtschaftliche Zusammenarbeit und Entwicklung
PC	Personal Computer
PISA	Programme for International Student Assessment
SGB	Sozialgesetzbuch
SGb	Die Sozialgerichtsbarkeit
SPD	Sozialdemokratische Partei Deutschlands
SZ	Süddeutsche Zeitung
TEK	Transfer-Enquete-Kommission
u.a.	unter anderem
u.U.	unter Umständen
UN	Vereinte Nationen; engl. United Nations
USA	United States of America
v.H.	von Hundert
VAMV	Verband allein erziehender Mütter und Väter
VDR	Verband Deutscher Rentenversicherungsträger
WEG	Wachstums- und Beschäftigungsförderungsgesetz
z.B.	zum Beispiel
ZEW	Zentrum für Europäische Wirtschaftsforschung

Teilnehmerverzeichnis

Wissenschaftler

Prof. Dr. Herwig Birg
Universität Bielefeld

Prof. Dr. Diether Döring
Akademie der Arbeit, Universität Frankfurt

Prof. Dr. Wilhelm Hankel
Universität Frankfurt

Prof. Dr. Paul Kirchhof
Universität Heidelberg

Prof. Dr. Franz-Xaver Kaufmann
Universität Bielefeld

Prof. Dr. Hans-Günther Krüsselberg
Universität Marburg

Prof. Dr. Joachim Lang
Universität Köln

Prof. Dr. Notburga Ott
Universität Bochum

Prof. Dr. Raffelhüschen
Universität Freiburg im Breisgau

Prof. Dr. Bert Rürup
Universität Darmstadt

Prof. Dr. Hans-Joachim Schulze
Vrije Universität Amsterdam

Prof. Dr. Karl Schwarz
Wiesbaden

Erich Stutzer
Statistisches Landesamt Baden-Württemberg
Familienwissenschaftliche Forschungsstelle

Dr. Kerstin Wessig
Aktion Kinderfreundliches Hessen e.V./Kronberg

Prof. Dr. Max Wingen
Ministerialdirektor im Bundesministerium für Familie a.D.

Prof. Dr. Werner Zohlnhöfer
Universität Mainz

Institutionen und Verbände

Dr. Christiane Hohmann-Dennhardt
Richterin des Bundesverfassungsgerichts (Erster Senat)

Prof. Dr. Charlotte Höhn
Bundesinstitut für Bevölkerungsentwicklung

Ilsa Diller-Murschall
AWO Bundesverband e.V.

Reiner Sans
Deutscher Caritasverband e.V.

Frauke Obländer-Garlichs
Deutscher Familienverband

Christa Riedel
Deutscher Frauenrat e.V.

Dr. Jörg Maywald
Deutsche Liga für das Kind

Ulrich Schneider
Der Paritätische Wohlfahrtsverband Gesamtverband e.V.

Kostas Petropulos
Heidelberger Büro für Familienfragen und Soziale Sicherheit (HBF)

Karl Heinz Schulz
Evangelische Aktionsgemeinschaft für Familienfragen

Elisabeth Bußmann
Familienbund der Deutschen Katholiken

Sabine Fritzen-Herkenhoff
Konrad-Adenauer-Stiftung

Eva Orth
Mütterzentren Bundesverband

Hannelore Weskamp
SOS-Mütterzentrum

Inge Michels
Verband allein erziehender Mütter und Väter, Bundesverband e.V.

Verband deutscher Rentenversicherungsträger

Eva M. Welskop-Deffaa
Zentralkomitee der deutschen Katholiken

Frau Wurster
Hessisches Ministerium für Finanzen

Medien

Dr. Konrad Adam
Politischer Chefkorrespondent „Die Welt" in Berlin

Marc Beise
Süddeutsche Zeitung

Annette Bruhns
Der Spiegel

Arne Daniels
STERN

Henning Krumrey
Focus Magazin

Susanne Mayer
Die Zeit

Eva Quadbeck
Rheinische Post

Michael Reißenberger
SWR Karlsruhe

Gottlob Schober
SWR Mainz

Barbara Thurner-Fromm
Stuttgarter Zeitung